PHILIPPIKA
Altertumswissenschaftliche Abhandlungen
Contributions to the Study
of Ancient World Cultures

Herausgegeben von / Edited by
Joachim Hengstl, Andrea Jördens,
Torsten Mattern, Robert Rollinger,
Kai Ruffing, Orell Witthuhn

180

2024
Harrassowitz Verlag · Wiesbaden

LIBENS LAETUS MERITO

Festschrift für Wolfgang Spickermann
zum 65. Geburtstag

Herausgegeben von Margit Linder,
Werner Petermandl, Christoph Schäfer
und Leif Scheuermann

2024

Harrassowitz Verlag · Wiesbaden

Bis Band 60: Philippika. Marburger altertumskundliche Abhandlungen.

Gefördert durch:
Lehrstuhl für Digitales Historisches Erbe an der Universität Trier
Rektorat der Universität Graz
Centre for Military Studies – Graz
Profilbereich Dimensionen Europas an der Universität Graz

Bibliografische Information der Deutschen Nationalbibliothek
Die Deutsche Nationalbibliothek verzeichnet diese Publikation in der Deutschen
Nationalbibliografie; detaillierte bibliografische Daten sind im Internet
über https://dnb.de/ abrufbar.

Bibliographic information published by the Deutsche Nationalbibliothek
The Deutsche Nationalbibliothek lists this publication in the Deutsche
Nationalbibliografie; detailed bibliographic data are available on the internet
at https://dnb.de/.

Informationen zum Verlagsprogramm finden Sie unter
https://www.harrassowitz-verlag.de/

© Otto Harrassowitz GmbH & Co. KG, Wiesbaden 2024
Das Werk einschließlich aller seiner Teile ist urheberrechtlich geschützt.
Jede Verwertung außerhalb der engen Grenzen des Urheberrechtsgesetzes ist ohne
Zustimmung des Verlages unzulässig und strafbar. Das gilt insbesondere
für Vervielfältigungen jeder Art, Übersetzungen, Mikroverfilmungen und
für die Einspeicherung in elektronische Systeme.
Gedruckt auf alterungsbeständigem Papier.
Druck und Verarbeitung: Memminger MedienCentrum AG
Printed in Germany
ISSN 1613-5628   eISSN 2701-8091
ISBN 978-3-447-12208-5   eISBN 978-3-447-39544-1

Wolfgang Spickermann
am Steuerruder der Allegra

Inhalt

Vorwort IX

Jan N. Bremmer
Lucian's *Peregrinus*, the *Letters* of Ignatius and the *Martyrdom of Polycarp*:
Chronology and Intertextuality 1

Monika Frass
Ritter bei Martial. Equites zwischen Ansehen und Verruf 17

Ursula Gärtner
Was haben uns Töpfe zu sagen? Zu sprechenden Dingen bei Avian 37

Manfred Hainzmann
Urbaniciani aus Noricum: Eine Neubewertung 55

Marietta Horster
Vivas: Über das „Leben" der Kleininschriften innerhalb und außerhalb
von Inschriften-Editionen 69

Anne Kolb
Sie aber ging, die lieblich lächelnde Aphrodite nach Kypros.
Votive von Titus und Domitian für die Aphrodite von Alt-Paphos 81

Stefano Magnani
Religione e diaspora: le comunità palmirene in Dacia e Numidia
a confronto 97

Krešimir Matijević
Marcus Antonius und die Parilia des Jahres 44 v. Chr. 115

Dietmar Mieth
Der adelige Meister Eckhart als geistlicher Abenteurer 125

Fritz Mitthof
Valentinian, Equitius und die Ballistarium-Inschrift aus Wien 143

Karl Peitler
Exemplum et Imitatio.. 151

Patrick Reinard
Bemerkungen zum Codex Gissensis:
Goten in der papyrologischen Überlieferung............................. 169

Jörg Rüpke
„Wo man singt, da lass' Dich ruhig nieder, böse Menschen haben keine Lieder":
Musik und die Bildung radikaler religiöser Gruppen..................... 189

Christoph Schäfer
Ankunft im Hafen – Schiffe, Verkehr und Verbindungen im Römischen Reich. 199

Peter Scherrer
Die Gotenepisoden in Eugippius' Vita sancti Severini –
historische Begebenheiten oder theologische Konstruktionen?............. 215

Charlotte Schubert
Das Netzwerk der antiken Philosophie:
Die Placita philosophorum bei Eusebius und Plutarch 227

Meret Strothmann
Pragmatik ohne Dogma – Zur Organisation früher Christengemeinden 247

Klaus Tausend
KA-PA-TI-JA. Eine Priesterin auf ‚Abwegen' 261

Sabine Tausend
Semnonische Sibyllen? Überlegungen zur ethnischen Zugehörigkeit
germanischer Seherinnen.. 273

Reinhold Wedenig
Kaiserzeitliche Bleisiegel und Plombengraffiti aus Iuvavum – Salzburg... 287

Rainer Wiegels
Ma(u)rusier, Osrhoener und das Heer des Maximinus Thrax 307

Greg Woolf
Mobility on the Peripheries of Roman Temperate Europe 333

Vorwort

Am 16. Juli 2024 begeht Univ.-Prof. Dr. habil. Wolfgang Spickermann seinen 65. Geburtstag – ein Umstand, den die Herausgeber:innen und Autor:innen dieser Schrift zum Anlass genommen haben, dem Jubilar, akademischer Tradition folgend, in Form einer kleinen Festschrift die Ehre zu erweisen und ihm auf diesem Wege für sein unermüdliches Wirken zu danken.

Der vorliegende Band entstand, und dies spiegelt den Charakter Wolfgang Spickermanns deutlich wider, gegen den ausdrücklichen Wunsch des Geehrten, der in mehreren Gesprächen darauf bestand, dass man wegen ihm kein großes Aufhebens machen solle. Dass diese Zurückhaltung keinesfalls seinem internationalen fachlichen Renommee entspricht, zeigt die sofortige Bereitschaft der in diesem Band versammelten Autor:innen, sich mit einem Beitrag zu beteiligen. Es ist den Herausgeber:innen nicht zuletzt deshalb ein Anliegen, diese Würdigung des Wirkens von Wolfgang Spickermann zu Wege zu bringen, weil er auf seine unaufgeregte, offene und pragmatische Art sich selbst nie besonders herausstellen wollte und stets das gemeinsame Arbeiten in den Vordergrund gerückt hat.

Dies gründet nach Selbstaussagen des Jubilars in seiner Herkunft aus dem Ruhrgebiet, dem er bis heute zutiefst verbunden ist. 1959 in Oberhauen-Sterkrade geboren, engagierte sich Wolfgang Spickermann früh in der katholischen Jugendarbeit und knüpfte über von ihm organisierte Ferienaufenthalte für Jugendliche aus dem Ruhrgebiet ein enges Band mit dem Markt Neufelden in Oberösterreich, das bis heute besteht. Nicht zuletzt wirkt er dort als langjähriger Obmann des Vereins zur Erhaltung der Burg Pürnstein und des kulturellen Erbes von Neufelden.

Wolfgang Spickermann studierte Theologie und Geschichte an der Ruhr Universität Bochum. Nach einem Abschluss mit Staatsexamen schlug er nicht, wie ursprünglich geplant, die Laufbahn als Lehrer ein, sondern wandte sich trotz anderer Offerte aus dem Bereich der Theologie der Alten Geschichte zu und promovierte an der Universität Osnabrück bei Rainer Wiegels mit der Dissertation „Mulieres ex voto. Untersuchungen zur Götterverehrung von Frauen in Gallien, Germanien und Rätien im 1.–3. Jh. n.Chr".

Eine wichtige Station im wissenschaftlichen Werdegang Wolfgang Spickermanns war in der Folge das Max-Weber-Kolleg der Universität Erfurt, welches er von 2011 bis 2013 leitete und dem er bis heute als Fellow verbunden ist. Mit der Professur für Religionsgeschichte des Mittelmeerraumes in der römischen Antike war er dort Teil der DFG-Kollegforschergruppe „Religiöse Individualisierung in historischer Perspektive" und initiierte als Geschäftsführer des Interdisciplinary Center of E-Humanities in History and Social Sciences unter anderem zusammen mit der Universität Trier den „adaptiven, interaktiven, dynamischen Atlas zur Geschichte (AIDA)".

Im Oktober 2013 wurde Wolfgang Spickermann in der Nachfolge von Ingomar Weiler als Professor an das Institut für Alte Geschichte und Altertumskunde (seit 2019 Fachbereich des neugegründeten Instituts für Antike) nach Graz berufen, die Stadt, die ihm gemeinsam mit seiner Frau Claudia schnell zu einer zweiten Heimat geworden ist.

Pars pro toto für die zahlreichen Aktivitäten Wolfgang Spickermanns in Graz sei hier lediglich seine Tätigkeit als einer der Leiter des seit 2017 vom FWF und der DFG geförderten Internationalen Graduiertenkollegs „Resonante Weltbeziehungen in sozio-religiösen Praktiken in Antike und Gegenwart" der Universitäten Graz und Erfurt angeführt.

Die Forschungsschwerpunkte von Wolfgang Spickermann liegen im Bereich der Religionsgeschichte und der römischen Epigraphik, aber auch in der digitalen Geschichte sowie der Kultur- und Geistesgeschichte des 2. Jh. n. Chr. Dem Satiriker Lukian von Samosata, dem er sich nach eigenen Aussagen durchaus wesensverwandt fühlt, hat er zahlreiche Aufsätze gewidmet.

Die Studierenden kennen Wolfgang Spickermann als äußerst engagierten Lehrer. Für viele Jungakademiker:innen war und ist er ein beherzter Mentor und Förderer, der ihnen – ohne dabei jemals den Status als Vorgesetzter geltend zu machen – stets hilfreich zur Seite steht und der darüber hinaus vor der schwierigen, ja oft prekären, Lebenssituation, die den Einstieg in die Berufswelt der geisteswissenschaftlichen Fächer häufig begleitet, die Augen nie verschlossen hat. Im Kolleg:innenkreis hat sich Wolfgang Spickermann als verlässlicher und äußerst tatkräftiger Mitstreiter einen Namen gemacht und es auch in schwierigen Zeiten und angespannten Situationen weder an positiver Energie noch an Humor missen lassen. Zudem macht ihn seine herzliche und offene Persönlichkeit in Kombination mit seinem breiten Fachwissen und seiner Dialogfreudigkeit zu einem geschätzten Diskussionspartner, mit dem wir uns noch viele anregende Gespräche wünschen

Die vorliegende Festschrift hätte sich nicht realisieren lassen ohne die großzügige finanzielle Unterstützung durch den Lehrstuhl für Digitales Historisches Erbe an der Universität Trier, das Rektorat der Universität Graz, das Centre for Military Studies – Graz sowie durch den Profilbereich: Dimensionen Europas an der Universität Graz. Wir sind all diesen Institutionen zu großem Dank verpflichtet. Zu danken haben wir aber auch dem Verlag Harrassowitz und seinem Leiter, Herrn Stephan Specht, sowie den Herausgebern der Reihe „Philippika" und last but not least Frau Andrea Stabel, die für die schöne Umsetzung von Satz und Layout verantwortlich zeichnet.

Graz, im Juli 2024

Margit Linder
Werner Petermandl
Christoph Schäfer
Leif Scheuermann

Lucian's *Peregrinus*, the *Letters* of Ignatius and the *Martyrdom of Polycarp*: Chronology and Intertextuality

Jan N. Bremmer

Looking at the bibliography of Wolfgang Spickermann's rich and varied oeuvre, one cannot be but struck by his interest in Lucian, to whom he has dedicated many an article. It may therefore not be out of place to dedicate a contribution to his Festschrift to precisely this author. In addition, I have chosen a work of Lucian that has also drawn Wolfgang's attention: *On the Death of Peregrinus*. However, I am here not so much interested in his death, which he has discussed in detail,[1] but in the question as to when Lucian wrote this work. This date may also help to throw light, as I will argue, on the time of composition of two much-discussed early Christian writings, the *Letters* of Ignatius and the *Martyrdom of Polycarp*. However, my interest in this piece is not so much the Christian career of Peregrinus as a whole which I have studied several times.[2] What the three mentioned works connects is their attention to martyrdom. Now martyrdom is a familiar subject in research regarding Ignatius and Polycarp, but less in that of *Peregrinus*. I will therefore start with a few observations on the latter, taking into account recent literature (§ 1), after which I will turn to the question of the chronology of *Peregrinus* by zooming in on two philosophers, Celsus and Kronios, who have not received sufficient attention in this respect (§ 2). I will conclude with a few remarks on the consequences of that dating for our understanding of Ignatius and Polycarp (§ 3).

---

1   Spickermann, Wolfgang. "Der brennende Herakles. Lukian von Samosata und Proteus-Peregrinos." In *Martyriumsvorstellungen in Antike und Mittelalter*, edited by Sebastian Fuhrmann and Regina Grundmann. Leiden 2012, 111–32.
2   Bremmer, Jan N. "Peregrinus' Christian Career" (2007¹). Reprinted and updated in my *Maidens, Magic and Martyrs in Early Christianity = Collected Essays I*. Tübingen, 2017, 65–79, which has been overlooked by Amsler, Frédéric. "Les sarcasmes de Lucien sur les chrétiens dans sa lettre *Sur la mort de Pérégrinos*." *Schweizerische Zeitschrift für Religions- und Kulturgeschichte* 112 (2018) 75–90; "Lucian on Peregrinus and Alexander of Abonuteichos: A Sceptical View of Two Religious Entrepeneurs." In *Beyond Priesthood: Religious Entrepreneurs and Innovators in the Roman Empire*, edited by Richard L. Gordon *et al.* Berlin and Boston 2017, 47–76, and "Marcion and Peregrinus." *Studia Patristica* 99 (2018) 75–85.

1 Lucian's *Peregrinus*, the *Martyrdom of Polycarp* and the *Letters* of Ignatius

As is well known, Lucian pays detailed attention to Peregrinus' Christian career in chapters 11–14. He mentions that "he (Peregrinus) learned the wondrous wisdom of the Christians, by associating with their priests and scribes in Palestine" (11). Given that the term was still fairly uncommon in this period, it is noteworthy that Lucian mentions the name of the Christians three times in these chapters:[3] apparently, he felt it necessary to make sure that his readers would understand whom he meant. It would not be long before Peregrinus rose to such a position that "they considered him as their own god … next after that other one, to be sure, whom they still worship, the mortal, who was crucified in Palestine because he introduced this new mystery cult into the world" (11).[4] Lucian wants to stress the intense manner with which the Christians honoured Peregrinus, but at the same time he clearly intends to show the ridiculousness of it all by arguing that Jesus, whom he evidently considered to be the founder of Christianity, was a mortal and crucified. In fact, he even mentions the crucifixion twice as he somewhat later calls Jesus "that crucified sophist" (13).[5]

The mention of Jesus as 'sophist' should not necessarily be taken in a negative sense. We find a most likely parallel in Lucian's *Lovers of Lies*, where Ion says:

> everyone knows about the Syrian from Palestine, the expert in it (τὸν ἐπὶ τούτῳ σοφιστήν), how many he takes in hand who fall down in the light of the moon, roll their eyes and fill their mouths with foam. Yet he raises them up and sends them away normal in mind, delivering them from their straits for a large fee … by adjuring the demon and, if he does not obey, threatening him, he drives him out. Indeed, I actually saw one coming out, with a black and smoky complexion (16, tr. Harmon, adapted).

Scholars have long discussed the identity of this sophist. Peter von Möllendorff has objected to an identification with Jesus on the grounds that the passage is written in the present time, but that is hardly a decisive argument and overlooks the fact that the relevant chapter is full of allusions to the Gospels, as Theodor Zahn (1838–1933), the most learned New Testament scholar at the turn of last century, already saw.[6] Lucian clearly depicts Jesus as one of the contemporary exorcists and magicians, who indeed asked a considerable fee

---

3   See the evidence collected in Bremmer, *Maidens, Magic and Martyrs*, 7–12.
4   Luc. *Per.* 11: ὡς θεὸν αὐτῶν ἐκεῖνοι ἡδοῦντο… μετὰ γοῦν ἐκεῖνον ὃν ἔτι σέβουσι, τὸν ἄνθρωπον, τὸν ἐν τῇ Παλαιστίνῃ ἀνασκολοπισθέντα, ὅτι καινὴν ταύτην τελετὴν εἰσήγεν ἐς τὸν βίον. For text and interpretation, I follow von Möllendorff, Peter. "Dieser ans Kreuz geschlagene Sophist". Vom Umgang mit religiösen Erweckern bei Lukian." In *"Das Paradies ist ein Hörsaal für die Seelen". Religiöse Bildung in historischer Perspektive*. Tübingen 2018, 85–100 at 94.
5   For Lucian's idea of crucifixion, see Cook, John G. *Crucifixion in the Mediterranean World*. Tübingen 2019², 250–54, but note that Zahn, Theodor. *Ignatius von Antiochien*. Gotha 1873, 593 sees Christian influence on Lucian's depiction of the protagonist's crucifixion in his *Prometheus*.
6   Von Möllendorff, "Dieser ans Kreuz geschlagene Sophist", 93–94, but see Zahn, *Ignatius von Antiochien*, 592–93 (with detailed references from the Gospels); similarly also Planck, Adolph. "Lucian und das Christenthum." *Studien und Kritiken* 24 (1851) 826–902 at 890–92.

for their services, whereas Jesus, just like the apostles in their Apocryphal Acts, always performed exorcisms and miracles for free.[7] Interestingly, the description of the black demon is not derived from the Gospels, but demons are regularly black in early Christian literature, from which, presumably, Lucian also derived this detail.[8]

But let us return to Peregrinus. After a while, he was thrown in prison, where he was visited by "old women, widows and orphans" (12). The mention of these particular visitors has something derogatory,[9] but it is also an interesting pagan illustration of the care given by the early Christians to their prisoners, who were often destined to become martyrs.[10] In the end, "he was freed by the then governor of Syria, a man who was fond of philosophy" (14), whom Werner Eck has convincingly identified as Sergius Paullus, the *legatus Augusti pro praetore* of Syria in 144, whose philosophical interests are well established.[11] As we will argue for an around AD 180 date of the *Peregrinus* (§ 2 below), it is important to observe that Peregrinus' Christian period took place nearly 40 years before Lucian penned an account of it.

And indeed, how would Lucian know that "people came even from the cities in Asia, sent by the Christians at their common expense, to succour and defend and encourage the hero" (13)? As Peregrinus was, most likely, locked up in Caesarea Maritima, the capital of the province, it is rather astonishing that people came even from Asia Minor. It is therefore not surprising that Theodor Zahn commented: "es sind dies die Gemeinden, welche Lucian aus den briefen des Ignatius kannte". In addition to various other arguments, Zahn also cites the fact that Lucian parodied the expression θεοδρόμος in Ignatius (*Pol.* 7.2) with the expression νερτεροδρόμους (41), as was already seen by the learned English theologian John Pearson (1613–1686).[12] In fact, whereas earlier studies of *Peregrinus*

---

[7] See the evidence collected in Bremmer, *Maidens, Magic and Martyrs*, 201, where this passage has to be added.

[8] For full bibliography, see Bremmer, *Maidens, Magic and Martyrs*, 139 note 29; add Schusser, Theresia. *Christliche religiöse Gewalt im spätantiken Ägypten*. Münster 2023, 101–02. The passage has been overlooked in the discussion of blackness in Lucian by Derbew, Sarah F. *Untangling Blackness in Greek Antiquity*. Cambridge 2022, 129–57.

[9] As is rightly noted by Stewart, Eric. "You are not a man, none of you are men! Early Christian masculinity and Lucian's the Passing of Peregrinus." *HTS Teologiese Studies / Theological Studies* 75/4 = https://hts.org.za/ index.php/ hts/article/view/5609, accessed 5 January 2024.

[10] See Nicklas, Tobias. "Ancient Christian care for prisoners: First and second centuries." *Acta Theologica* 36, Suppl. 23 (2016) 49–65.

[11] Eck, Werner. "Sergius Paullus, der Liebhaber der Philosophie in Lucianus *Peregrinus Proteus*." *RhM* 137 (2014) 221–24, to be added to Nesselrath, Heinz-Günther. "Lucian on Roman Officials." In *Intellectual and Empire in Greco-Roman Antiquity*, edited by Philip R. Bosman. London and New York 2018, 178–88.

[12] Zahn, *Ignatius von Antiochien*, 525–38; see also Pearson, John. *Vindiciae Epistolarum S. Ignatii*. Cambridge 1672, 5–6; Denzinger, Heinrich. *Ueber die Aechtheit des bisherigen Textes der Ignatianischen Briefe*. Würzburg1849, 88–89; Planck, "Lucian und das Christenthum," 852–55; Völter, Daniel. *Die ignatianischen Briefe auf ihren Ursprung untersucht*. Tübingen 1892, 103–19 (with improbable conclusions, which do not affect the parallels signalled). Whereas these all noted that Lucian parodied Ignatius, Zwierlein, Otto. *Die Urfassungen der Martyria Polycarpi et Pionii und das Corpus Polycarpianum*, 2 vols. Berlin and Boston 2014, 2.405–07, unpersuasively suggested the reverse,

concentrated on its perceived anti-Christian contents,[13] the later nineteenth century had much more of an eye for its close connections with Ignatius and noted a series of parallels between Lucian and Ignatius which leave no doubt that the former had used the *Letters* in order to enrich his picture of Peregrinus.[14] And this has now also been accepted in contemporary scholarship.[15]

Lucian details various beliefs and practices of the Christians, but with our present interest in martyrdom, I will only look at one aspect of these, their belief in the afterlife. As he says: "for the poor creatures have convinced themselves that they will be entirely immortal and live forever, and so they despise death and the greater number of them even willingly deliver themselves into custody."[16] Against the translation of Austin M. Harmon (1878–1950) in the Loeb, my compatriot Victor Schmidt has rightly argued that τὸ μὲν ὅλον ἀθάνατοι means "entirely immortal" and not "first and foremost ... immortal".[17] On the other hand, Peter von Möllendorff translates these words with a paraphrase: "dass sie mit Leib und Seele unsterblich werden",[18] but this introduces a combination that as such is not found in the text. In fact, the early Christians seem to have accepted the Platonic body-soul contrast only gradually,[19] although the combination "soul and body" does occur in the *Martyrdom of Polycarp* (14.2).

In addition, Schmidt also points to a connection with Ignatius. As he notices, the latter writes in his *Letter to the Smyrnaeans* (3.2) that Jesus says to Peter and others meeting him after the resurrection: "'Reach out, touch me and see that I am not a bodiless daimon' (Luke 24.39). And immediately they touched him and believed, having been intermixed with his flesh and spirit. For this reason they also despised death, for they were found to be beyond death."[20] Now Schmidt comments: "Die Körperlichkeit Christi

---

even though in his *Petrus in Rom*. Berlin and New York 2010², 194–201 he had collected a number of striking parallels, which he, strangely, sees only as "Reflexe der zeitgenössischen Sprachidiomatik".

13 Krebs, Johann T. *De Malitioso Luciani consilio religionem, Christianam scurrili dicacitate vanam et ridiculam reddendi*. Leipzig 1769 = *Opuscula academica et scholastica denuo recognita*. Leipzig 1778, 308–324; Eichstädt, Heinrich C. A. *Lucianus num scriptis suis adjuvare religionem Christianam voluerit*. Jena 1820.

14 This shift is not commented upon by Baumbach, Manuel. *Lukian in Deutschland*. München 2001.

15 See Goulet-Cazé, Marie-Odile. "Peregrinus surnommé Proteus." In *Dictionnaire des philosophes antiques* Va, edited by Richard Goulet. Paris 2012, 199–230 at 226.

16 Luc. *Per*. 13: πεπείκασι γὰρ αὑτοὺς οἱ κακοδαίμονες τὸ μὲν ὅλον ἀθάνατοι ἔσεσθαι καὶ βιώσεσθαι τὸν ἀεὶ χρόνον, παρ' ὃ καὶ καταφρονοῦσιν τοῦ θανάτου καὶ ἑκόντες αὑτοὺς ἐπιδιδόασιν οἱ πολλοί.

17 Schmidt, Victor. "Lukian über die Auferstehung der Toten." *VigChris* 49 (1995) 388–92, which is unconvincingly rejected by Pilhofer, Peter *et al*. *Lukian, Der Tod des Peregrinos*. Darmstadt 2005, 63 note 46 (by Pilhofer); like Schmidt, already Planck, "Lucian und das Christenthum," 871. Rather similar to Harmon's translation is also König, Jason. "The Cynic and Christian Lives of Lucian's *Peregrinus*." In *The Limits of Biography*, edited by Brian McGing and Judith Mossman. Swansea 2006, 227–54.

18 Von Möllendorff, *"Dieser ans Kreuz geschlagene Sophist"*, 95.

19 See Bremmer, Jan N. "Body and Soul in the Pre-Valerian Christian Martyr Acts." In *Der Nous bei Paulus und in seiner Umwelt*, edited by Jörg Frey and Manuel Nagele. Tübingen 2021, 259–78.

20 Ignatius, *Smyrn*. 3.2: Καὶ εὐθὺς αὐτοῦ ἥψαντο καὶ ἐπίστευσαν, κραθέντες τῇ σαρκὶ αὐτοῦ καὶ τῷ πνεύματι. Διὰ τοῦτο καὶ θανάτου κατεφρόνησαν, ηὑρέθησαν δὲ ὑπὲρ θάνατον, tr. Bart D. Ehrman, Loeb.

nach seiner Auferstehung wird in diesem Text stark hervorgehoben, und genau wie Lukian fährt Ignatius ohne Übergang fort: Διὰ τοῦτο (vergl. παρ' ὃ bei Lukian) καὶ θανάτου κατεφρόνησαν (vergl. καὶ καταφρονοῦσιν τοῦ θανάτου)." Schmidt concludes from this parallel that we should not deny Lucian some knowledge of Christian theology but, given the many other parallels with Ignatius (see Appendix II), I would rather suggest that he has been influenced by the text of Ignatius at this point.[21]

Lucian continues with a comment that the Christians believed to have eternal life, which he does not detail in any way. And indeed, in his time the Christian ideas about heaven were still in full development, and he may not have had any precise information in this respect. It is different with the connection he makes between their despisal of death and willingness to deliver themselves into custody, presumably to be martyred. We do not have to believe that the greater number of Christians opted for voluntary martyrdom. That is undoubtedly a Lucianic exaggeration, perhaps inspired by a reference to people wanting to imitate Polycarp in the *Martyrdom* (19), in order to stress the credulity of the Jesus followers,[22] but he certainly was right in seeing a connection between the willingness to die and the belief in an eternal life as well as the practice of voluntary martyrdom.[23] As it happens, we find both of these aspects of early Christianity in the *Martyrdom of Polycarp*, which mentions a Phyrgian, Quintus, who had come forward voluntarily, even had urged others to do so, but, presumably, sacrificed when he saw the wild animals (4). And when tied to the stake, Polycarp expresses his faith "in the resurrection unto eternal life" (14.2).

The combination of these two aspects from *Polycarp* in *Peregrinus* is hardly chance, as scholars have long argued that Lucian was inspired by the former account. Whoever takes the textual and content parallels into account, as presented in Appendix 1, can have no doubts about the literary dependence of Lucian on *Polycarp*. Somewhat oddly, Zahn, like recently Paul Hartog, argued that Lucian did not know the actual text of the *Martyrdom*, but had heard rumours about Polycarp's martyrdom.[24] However, an unprejudiced look at the textual parallels shows that this is highly unlikely. There can be no doubt that Lucian had read a proper text of the *Martyrdom*.

---

21 Schmidt, "Lukian über die Auferstehung der Toten," 391.
22 This aspect is stressed by Hilton, Allen R. *Illiterate Apostles: Uneducated Early Christians and the Literates Who Loved Them*. London 2018, 38–40.
23 For a full bibliography of voluntary martyrdom, see Bremmer, *Maidens, Magic and Martyrs*, 74 note 62; add Middleton, Paul. "Early Christian Voluntary Martyrdom: A statement for the defence." *JThS* 64 (2013) 556–73; Recla, Matthew. *Rethinking Christian Martyrdom: The Blood or the Seed?*. London and New York 2022, passim.
24 Zahn, *Ignatius von Antiochien*, 524; similarly, Hartog, Paul. "Lucian of Samosata's *Death of Peregrinus* and Second-Century Christian Martyrdom." *Studia Patristica* 74 (2016) 57–69.

2 Celsus, Kronios and the Date of *Peregrinus*

The *Peregrinus* is often paired with another work of Lucian, that is, *Alexander or the False Prophet*. This does not necessarily mean that they were written at the same time, but that seems an obvious inference.[25] Now the latter was written rather late in Lucian's career when he was a minor official, probably an *eisagôgeus*, at the court of the Prefect of Egypt.[26] It is one of the merits of Peter Thonemann's recent commentary on the *Alexander* that he has corroborated earlier identifications of Celsus to whom the work is addressed (c. 1) with the author of not only a work called *Against the Magicians* (c. 21), which was also known to Origen (*CC* 1.68), but also of *True Doctrine*, the anti-Christian work that owns its fame to Origen's attempt at refuting it in his *Contra Celsum* – in short, an author who must have been a man after Lucian's heart.[27] Consequently, it is not unreasonable to suppose, as has recently been argued by several authors, that Lucian knew Celsus' work and alluded to it with some precise verbal echoes, "such as the use of the verb ἀνασκολοπίζειν about the crucifixion of Jesus, the idea that the Church is a θίασος or that Jesus was a γόης".[28]

Unfortunately, though, we do not know that much about Celsus. Yet we are not wholly without any knowledge, as some information can be plausibly gleaned from Origen's writing, however polemical. As regards the date of Celsus' writing, Thonemann has noted two passages in the *Alexander*, where Lucian seems to react to the text of Celsus.[29] This gives a *terminus ante quem*, as Lucian wrote the treatise after the death of Marcus Aurelius in 180 (c. 48). A *terminus post quem* is constituted by Celsus' mention of the followers of Marcellina (*CC* 5.62), a Gnostic teacher who flourished in the time of Bishop Anicetus of Rome (c. 157–168).[30] This all points to a date in the reign of Marcus Aurelius,

---

25 See Zwierlein, *Petrus in Rom*, 194 note 62, who, after listing the bibliography, notes: "Wenn also 'Alex' erst nach 180 entstand, spricht nichts gegen ein benachbartes Datum für den inhaltlich verwandten 'Peregrinus'."

26 Leest, Johannes vander. "Lucian in Egypt," *GRBS* 26 (1985) 75–82; Thonemann, Peter. *Lucian, Alexander or the False Prophet*. Oxford 2021, 1; add to Thonemann's fairly complete bibliography: Auffarth, Christoph. "Menschen reisen zu den Göttern, Götter reisen zu den Menschen: *Religio migrans* in Abonuteichos und am Schwarzen Meer." *Phasis* 18 (2015) 25–47.

27 Thonemann, *Lucian, Alexander*, 8, 162–63.

28 Morlet, Sébastien. "The Reception of the *Alēthēs Logos*." In *Celsus in his World. Philosophy, Polemic and Religion in the Second Century*, edited by James Carleton Paget and Simon Gathercole. Cambridge 2021, 297–321 at 305, accepted as indeed a likely echo of Celsus by William Horbury, *ibidem*, 324–25, in his response to Morlet.

29 Thonemann, *Lucian, Alexander*, 92–93 (c. 15 and Or. *CC* 7.9), 157 (c. 60 and Or. *CC* 2.55, following Mitchell, Margaret M. "Origen, Celsus, and Lucian on the 'Dénoument of the Drama' of the Gospels." In *Reading Religions in the Ancient World: Essays Presented to Robert McQueen Grant on His 90th Birthday*, edited by David E. Aune and Robin D. Young. Leiden 2007, 215–36, not taken into account by Nesselrath, Heinz-Günther. "Pagan challenge and Christian response, or How Origen uses Lucian of Samosata to deal with Celsus' attack on Christianity." *Moscow University Bulletin, Series 9: Philology* 2 (2020) 90–98.

30 Unfortunately, virtually nothing is known about Marcellina, see Lewis, Nicola D. "Women in Gnosticism." In *Patterns of Women's Leadership in Early Christianity*, edited by Joan E. Taylor and Ilaria L. E. Ramelli. Oxford 2021, 109–29 at 118–21.

a date also reached by the best studies of Celsus' chronology.³¹ Unfortunately, though, we do not know when exactly within this reign we should place Celsus' work, as no precise proposed date has gained a majority adherence, and I have no new arguments to advance this problem.

What kind of philosopher was Celsus?³² As Thonemann observes, the problem with Celsus is that the narrator of *Alexander* praises Epicurean ideas (cc. 25, 47, 61), whereas one gets the impression from Origen that Celsus was a Middle Platonist, even though he states that from other writings Celsus is found to be an Epicurean (*CC* 1.8). Now a look at the whole of his work shows that Origen was not immediately clear about the philosophical conviction of Celsus. At first, he thought that Celsus was an Epicurean, but gradually he realised that the latter was a Platonising scholar.³³ It seems to go against Ockham's razor to assume two philosophers called Celsus working at the same time in the same place, and it may well be that Celsus changed his opinions in the course of time.³⁴ Alternatively, as Thonemann argues,³⁵ Lucian and Origen may have used whatever philosophical persona suited them best. However, if Origen made the mistake of seeing Celsus as an Epicurean, Lucian may also have got the same impression because of a superficial reading of the *True Doctrine*. Or did he perhaps stress the Epicurean side of Celsus because he was less taken by the Platonising one?³⁶ In any case, there can be no doubt that Epicureanism was attractive enough in Alexandria for Dionysius, who was the bishop of Alexandria from 248–264, to write a treatise against it.³⁷

And indeed, various arguments suggest that Celsus was an Egyptian and probably lived and worked in Alexandria. As Al Baumgarten has observed, "Since he (Celsus) alluded to phenomena well known in Egypt and performed by those who had learned from the Egyptians (*CC* 1.68), it seems reasonable to assume that this was where Celsus derived his knowledge. This conclusion derives some support from Celsus' four references to a

---

31 Rosenbaum, Hans-Udo. "Zur Datierung von Celsus' Ἀληθὴς λόγος." *VigChris* 26 (1972) 102–11; Burke, Gary T. *Celsus and Late Second-Century Christianity*. Diss. U. of Iowa 1981, 49–60; Frede, Michael, "Celsus Philosophus Platonicus." In *ANRW* 36.7 (1994) 5183–5213 at 5190 (from AD 160–240).

32 For the evidence, see Goulet, Richard. "(no.) 67 Celsus." In *Dictionnaire des philosophes antiques II*, edited by Richard Goulet. Paris 1994, 254–55; Whittaker, John. "(no.) 68 Celsus." *Ibidem*, 255–56.

33 Thus van Winden, Jacobus (Bertram).C.M. "Notes on Origen, Contra Celsum." *VigChris* 20 (1966) 201–13 at 204–07; Fleischer, Kilian J., *Dionysios von Alexandria, De natura (περὶ φύσεως): Übersetzung, Kommentar und Würdigung. Mit einer Einleitung zur Geschichte des Epikureismus in Alexandria*. Turnhout 2016, 197–211.

34 As suggested by Schwartz, Jacques. *Biographie de Lucien de Samosate*. Brussels 1965, 24.

35 Thonemann, *Lucian, Alexander*, 9, 63.

36 For Lucian's negative opinion of (Middle-)Platonic philosophers, see Nesselrath, Heinz-Günther. "(Middle) Platonic philosophers in Lucian." *Bulletin of the Institute of Classical Studies* 66 (2023) 78–84.

37 For this early work of Dionysios, see Bienert, Wolfgang. *Dionysius von Alexandrien. Das erhaltene Werk*. Stuttgart 1972, 63–74; Fleischer, *Dionysios von Alexandria*.

certain Dionysius, an Egyptian musician (*CC* 3.17, 19; 6.41; 8.58)".[38] In fact, when Celsus wants to compare the religion of the Christians to another one, he chooses that of the Egyptians, of whose temples he gives a detailed description (*CC* 3.17–18). In addition, from all the pagan Mysteries mentioned by Origen, he was clearly best informed about those of Antinoos, the emperor Hadrian's much younger boyfriend, who drowned in the Nile in 130.[39] Celsus had compared the cult of Antinoos to that of Jesus, a claim Origen returns to several times (3.36–38, 5.63, also mentioning that Antinoos was worshipped as a god (8.9): apparently, the figure of Antinoos was still alive in Origen's lifetime.[40] Finally, Maren Niehoff has made a plausible case that the Jew in Celsus' work, whom he repeatedly cites, was an educated Alexandrian.[41] This all, combined with the Alexandrian origin of Origen, makes the case for Celsus being an Egyptian and working in Alexandia not a certain one, but certainly not an implausible one, the more so, as he is the dedicatee of Lucian while the latter worked in Alexandria.[42]

Let us now turn again to the *Peregrinus*. The treatise is written in the form of a letter to a certain Kronios, who is mentioned one more time (*c.* 37), but whose identity remains obscure by lack of any informative details.[43] However, a philosopher Kronios, who lived in the second half of the second century, is mentioned several times in the ancient sources. His philosophical conviction is not easy to identify and ancient and modern scholars waver between him being a Neopythagorean or a Platonist.[44] Now John Whittaker, who wrote the lemma on Kronios for the authoritative *Dictionnaire des philosophes antiques*,

---

[38] Baumgarten, Albert I. "The Rule of the Martian in the Ancient Diaspora'." In *Jews and Christians in the First and Second Centuries: How to Write their Histories*, edited by Peter J. Tomson and Joshua J. Schwartz. Leiden 2013, 398–430 at 403.

[39] See Bremmer, Jan N. "Early Christianity and the Pagan Mysteries: Esoteric Knowledge?" In *Apocryphal and Esoteric Sources in the Development of Christianity and Judaism*, edited by Igor Dorfmann-Lazarev. Leiden 2021, 88–104 at 99 note 54 (full bibliography); add Sfameni Gasparro, Giulia. "Dèi nuovi, dèi sensibili: Antinoo e Glicone. Esempi di "invenzione" del sacro nel II sec. d.C." *Annali di scienze religiose* 15 (2022) 43–131 at 46–89.

[40] Thompson, Trevor W. "Antinoos, The New God: Origen on Miracle and Belief in Third-Century Egypt." In *Credible, Incredible. The Miraculous in the Ancient Mediterranean*, edited by Tobias Nicklas and Janet Spittler. Tübingen 2013, 143–72.

[41] Niehoff, Maren. "A Jewish Critique of Christianity from the Second Century: Revisiting the Jew Mentioned in *Contra Celsum*." *JECS* 21 (2013) 151–75, supported with further arguments by Alexander, Philip, "Celsus' Judaism." In *Celsus in His World*, 327–59.

[42] The Alexandrian possibility is mentioned but not explored in depth by Carleton Paget and Gathercole in the "Introduction" to their *Celsus in his World*, 10–11.

[43] Marquis, Émeline. "Lecteur modèle et manipulation du lecteur : le rôle de Cronios dans *Sur la mort de Pérégrinos* de Lucien." *Bulletin de l'Association Guillaume Budé* 2007, 112–22 and "Lucien de Samosate, *Sur la mort de Pérégrinos*. l'épistolaire au service de la polémique." In *Conflits et polémiques dans l'épistolaire*, edited by Élisabeth Gavoille and François Guillaumont. Tours 2015, 95–106. Note this this Kronios (Cronius) is lacking in the *Prosopographia Imperii Romani*² C 1599 and *PIR*² C 1308.

[44] Lakmann, Marie-Luise. *Platonici minores: 1. Jh.v. Chr. – 2. Jh.n. Chr. Prosopographie. Fragmente und Testimonien mit Deutscher Übersetzung*. Leiden 2016, 158–62.

writes that he had never been in Alexandria.⁴⁵ But how do we know? We know literally nothing about his life and whereabouts. In an attempt to locate Kronios, Christopher Jones points out that the name Kronios was popular in Ionia.⁴⁶ This is true to a certain extent. The relevant volume V.A of the *Lexicon for Greek Personal Names* has 11 entries, of which 6 belong to Ionia, 4 to Pontos and 1 to Troas. All but one of these date from before the first century AD and the only one that does not is dated "1 BC – 1 AD". In other words it is not immediately obvious to look for the name in Ionia in the second half of the second century. But there is a perfectly plausible alternative.

In general, theophoric names with Kronos were not popular in the Greek world,⁴⁷ but that was different in Egypt, where Kronos had been identified with Geb, the Egyptian god of the earth.⁴⁸ The difference with Greece is demonstrated by Egyptian onomastics: The database Trismegistos states that Kronios is attested 221 times for 139 different individuals and Kronides 32 times for 24 different individuals.⁴⁹ On the basis of the onomastic evidence, it seems not implausible to think of Kronios as an Egyptian. Given the closeness of *Peregrinus* to *Alexander*, the Egyptian popularity of the name Kronios, and the prominence of the latter in the *Peregrinus*, the inference suggests itself that the *Peregrinus* was also written in Alexandria.

3   Final Considerations

There can be no doubt that chronological investigations regarding Lucian and his works are rarely successful. The author gives very little autobiographical information and continuously hides his own identity behind all kinds of personae.⁵⁰ In that respect, my contribution cannot claim to have made great advances in our knowledge. Yet an investigation into the chronology combined with an eye for intertextuality with Christian writings suggests the following conclusions. When Lucian was in Alexandria at the end of his career, or perhaps even somewhat earlier, he took notice of the emerging literature of the Jesus followers, in particular the *Letters* of Ignatius and the *Martyrdom of Polycarp*, and

---

45   Whittaker, John. "(no.) 223 Cronios." In *Dictionnaire des philosophes antiques II*, 527–28.
46   Jones, Christopher P. *Culture and Society in Lucian*. Cambridge Mass. and London 1986, 20 note 77.
47   Parker, Robert. "Theophoric Names and Greek Religion." In *Greek Personal Names*, edited by Simon Hornblower and Elaine Matthews. Oxford 2000, 53–79 at 58.
48   For Geb/Kronos see Holm, Carl E. *Griechisch-Ägyptische Namenstudien*. Uppsala 1936; Velde, Herman te. "Geb." In *Lexikon der Ägyptologie II*. Wiesbaden 1979, 427–29; Angelo Geissen and Manfred Weber, "Untersuchungen zu den ägyptischen Namensprägungen," *ZPE* 144 (2003) 277–300 at 280–84, 289; Rodney Ast and Roger Bagnall. "The *endelechisterion* of Kronos." *APF* 55 (2009) 193–98.
49   See https://www.trismegistos.org/ref/, accessed 11 January 2024.
50   See, most recently, Diarra, Myriam. "La mise en scène de soi chez Lucien. De la fausse (auto) biographie à la véritable autofiction." In *Mixis. Le mélange des genres chez Lucien de Samosate*, edited by Émeline Marquis and Alain Billault. Paris 2017, 149–69; Saïd, Suzanne. "Le 'je' de Lucien." In *L'Invention de l'autobiographie d'Hésiode à saint Augustin*, edited by Marie-Françoise Baslez et al. Paris 2018, 295–316. For the *Peregrinus*, see Kuin, Inger N.I. *Lucian's Laughing Gods*. Ann Arbor 2023, 218–23.

used these to add details to his picture of Peregrinus.[51] As it seems fairly certain that he had read Celsus' *True Discourse*, the latter's treatise may well have inspired him to further readings in Christian literature. Lucian's likely usage of Celsus gives us a *terminus post quem* for the latter and confirms the dating to the reign of Marcus Aurelius. His use of the *Martyrdom of Polycarp* refutes recent attempts at dating that work to the third of even later centuries.[52] The intertextuality with Ignatius does not help us to confirm the late dating of his *Letters*,[53] but it is not unlikely that Lucian used recent Christian literature for his purposes.

I will conclude with one last observation. When one looks back to the scholarly literature of the nineteenth century, one cannot be but struck by the fact that scholars like Theodor Zahn and Adolf von Harnack (1851–1930), to mention just the very best, were equally at home in pagan as in early Christian literature. In the course of the twentieth century we can see a fateful 'parting of the ways' in that scholars of Greek and Roman literature no longer found it necessary to study early Christian literature and vice versa. Yet both pagans and Christians lived in the same world and undoubtedly interacted in various ways. Our understanding of the second century will only improve if we look at both these worlds together and not in separation.[54]

APPENDIX I: POLYCARP AND PEREGRINUS[55]

In this Appendix, I list the textual correspondences noted by, especially, Schwartz, Jacques (1914–1992). "Note sur le martyre de Polycarpe de Smyrne." *Revue d'histoire et de philosophie religieuses* 52 (1972) 331–35 between the *Martyrdom of Polycarp* and *Peregrinus*, but I follow the text of Dehandschutter, Boudewijn (1945–2011). *Polycarpiana*. Leuven 2007, 3–22:

---

51 The best survey of possible allusions to and quotations of biblical literature by Lucian is Zahn, *Ignatius von Antiochien*, 592–94, which has been overlooked in more recent studies of Lucian.
52 *Contra* Moss, Candida. "On the Dating of Polycarp: rethinking the place of the Martyrdom of Polycarp in the history of Christianity." *Early Christianity* 1 (2010) 539–74; Zwierlein, *Die Urfassungen der Martyria Polycarpi et Pionii*.
53 For the dating problem of these *Letters*, see most recently: Vinzent, Markus. *Writing the History of Early Christianity: from Reception to Retrospection*. Cambridge 2019, 266–464; Bremmer, Jan N. "The Place, Time and Author of the Ignatian Letters: an onomastic approach." In *Die Datierung neutestamentlicher Pseudepigraphen. Herausforderungen und neuere Lösungsansätze*, edited by Wolfgang Grünstäudl and Matthias Schmidt, Tübingen 2021, 405–33. These studies appeared too late to be taken into account by Lookadoo, Jonathon. "The Date and Authenticity of the Ignatian Letters: An Outline of Recent Discussions." *Currents in Biblical Research* 19 (2020) 88–114.
54 I am most grateful to Raphael Brendel for comments and to Michael Scott Robertson for kindly correcting my English.
55 Both Appendices are somewhat expanded versions from Bremmer, "The Place, Time and Author of the Ignatian Letters," 426–27.

Polycarp	Peregrinus
VIII.3 θορύβου τηλικούτου ὄντος ... ὡς μηδὲ ἀκουσθῆναί τινα δύνασθαι, cf. IX .1 θόρυβος ἦν μέγας ἀκουσάντων ὅτι Πολύκαρπος συνείληπται.	32 τὰ μὲν οὖν εἰρημένα πολλά ἦν. ἐγὼ δὲ ὀλίγων ἤκουσα ὑπὸ πλήθους τῶν περιεστώτων
XI.2 εἰ τῶν θηρίων καταφρονεῖς, φέρε ὃ βούλει.	33 ὃν χρὴ τρόπον θανάτου καταφρονεῖν τέλει τὰ δεδογμένα
XII.1 μὴ ... ταραχθέντα ὑπὸ τῶν λεγομένων πρὸς αὐτόν τὸ πρόσωπον αὐτοῦ χάριτος ἐπληροῦτο	ὁ πρεσβύτης οὐ μετρίως ἐθορυβήθη ἤδη νεκρικῶς τὴν χρόαν
XIII.1–3 φρύγανα ... πυράν 2 ἀποθέμενος ... ἐκεκόσμητο	35 πυρὰν ... δᾷδες ... φρυγάνων 36 ἀποθέμενος... ἐν ὀθόνῃ (cf. XV.2 ὀθόνη) ῥυπώσῃ
XV.2 ὡς λιβανωτοῦ πνέοντος XIV.1 ἀναβλέψας εἰς τὸν οὐρανὸν XV.1 μεγάλης δὲ ἐκλαμψάσης φλογὸς	36 εἶτα ᾔτει λιβανωτόν, ὡς ἐπιβάλοι ἐπὶ τὸ πῦρ εἶπεν ἐς τὴν μεσημβρίαν ἀποβλέπων περιεσχέθη ὑπὸ τῆς φλογὸς πολλῆς ἠρμένης
XV.2 ἄρτος ὀπτώμενος εὐωδίας τοσαύτης ... λιβανωτοῦ ... ἀρωμάτων	37 ὠπτημένον γέροντα οὐ γὰρ ἡδὺ (cf. *Fug*. 1: τοσαύτη εὐωδίας, ... τῶν ἀρωμάτων καὶ ἐν λιβανωτῷ)
XVI.1 ἐξῆλθεν περιστερά	39 γὺψ ἀναπτάμενος ἐκ μέσης τῆς φλογὸς
XVII.1 ἐστεφανωμένον ... στέφανον	40 κοτίνῳ τε ἐστεμμένον

Although sceptical about the connection, Zahn, *Ignatius*, 525, compares the response of Polycarp to the proconsul (*Mart. Pol.* 9) with Peregrinus' words about the life led à la Heracles (*Per.* 33). Hartog, Paul. "Lucian of Samosata's *Death of Peregrinus* and Second-Century Christian Martyrdom." *Studia Patristica* 74 (2016) 57–69 adds as parallels "the notion of physically clinging to the protagonist, the topic of imitation, the prophetic character of the protagonist, the premonition of being burned to death, the role of 'eyewitnesses' testifying to the spectacular, the reflection of the danger of hyper-elevating Christian leaders, the gathering of remains or relics, and ritualized memorialization in a revered location".

APPENDIX II: IGNATIUS AND PEREGRINUS

In Appendix II, I list the correspondences noted by Schim van der Loeff, Herman P. (1879–1949). *Onderzoek naar de herkomst en de strekking der zeven brieven van Ignatius in de korte recensie*. Diss. Leiden 1906, 102–16, with some corrections and omitting the less probable ones but also adding some parallels, also from Zwierlein, *Petrus in Rom* (above, note 12), 197–201:

Ignatius	*Peregrinus*
Eph 1.2: Ignatius is δεδεμένον ἀπὸ Συρίας ; see also *Eph*. 3.1 and 21.2; *Smyrn* 11, cf. *Rom* 5: Ἀπὸ Συρίας μέχρι Ῥώμης; more in Zwierlein, *Petrus*, 197 note 173	4: τὸν ἐν Συρίᾳ δεθέντα,
Ignatius describes his own fate in his *Letters*	5: Peregrinus is praised by Theagenes
Eph 19: Ignatius calls his letters βιβλίδια	11: Peregrinus also wrote books
Rom 1: Ignatius admonishes the brothers not to try liberating him	12: the Christians try in vain to liberate Peregrinus
Ignatius' letters often mention ἀγάπη and εὐχαριστία	12: For Peregrinus δεῖπνα ποικίλα εἰσεκομίζετο καὶ λόγοι ἱεροὶ αὐτῶν ἐλέγοντο
Rom 5: οὐ παρὰ τοῦτο (his prisonhood) δεδικαίωμαι	13: because of his prisonhood, Peregrinus receives presents
Eph 1–2 and passim: Ignatius is visited by bishops, presbyters and deacons	13: Peregrinus is visited by the most prominent men of the congregations
Eph, Mgn, Tr, Rom: envoys visit Ignatius in his prison in Smyrna	13: envoys from cities in Asia Minor visit Peregrinus in his prison
Smyrn. 13.2: Διὰ τοῦτο καὶ θανάτου κατεφρόνησαν	13: παρ' ὃ καὶ καταφρονοῦσιν τοῦ θανάτου
Rom 5: Ignatius is accompanied by soldiers	16: Peregrinus is δορυφορούμενος by the Christians
Ignatius sends letters to a number of cities	41: Peregrinus sends letters to nearly all known cities
The content of Ignatius' *Letters* consists especially of prescriptions and admonitions	41: Peregrinus' letters contain διαθήκας τινὰς καὶ παραινέσεις καὶ νόμους
Smyrn. 11.2: χειροτονῆσαι τὴν ἐκκλησίαν ὑμῶν θεοπρεσβύτην; see also *Polyc*. 7.2, *Philad*. 10.1	41: τινας ἐπὶ τούτῳ πρεσβευτὰς τῶν ἑταίρων ἐχειροτόνησεν

Bibliography

Alexander, Ph.: "Celsus' Judaism." In *Celsus in his World. Philosophy, Polemic and Religion in the Second Century,* edited by J. Carleton Paget and S. Gathercole. Cambridge 2021, 327–59

Amsler, F.: "Les sarcasmes de Lucien sur les chrétiens dans sa lettre *Sur la mort de Pérégrinos.*" *Schweizerische Zeitschrift für Religions- und Kulturgeschichte* 112 (2018) 75–90

Ast R./Bagnall, R.: "The *endelechisterion* of Kronos." *APF* 55 (2009) 193–98

Auffarth, Ch.: "Menschen reisen zu den Göttern, Götter reisen zu den Menschen: *Religio migrans* in Abonuteichos und am Schwarzen Meer." *Phasis* 18 (2015) 25–47

Baumbach, M.: *Lukian in Deutschland*. München 2001

Baumgarten, A. I.: "The Rule of the Martian in the Ancient Diaspora." In *Jews and Christians in the First and Second Centuries: How to Write their Histories,* edited by P. J. Tomson and J. J. Schwartz. Leiden 2013, 398–430

Bienert, W.: *Dionysius von Alexandrien. Das erhaltene Werk*. Stuttgart 1972

Bremmer, Jan N.: "Lucian on Peregrinus and Alexander of Abonuteichos: A Sceptical View of Two Religious Entrepeneurs." In *Beyond Priesthood: Religious Entrepreneurs and Innovators in the Roman Empire,* edited by R. L. Gordon et al. Berlin and Boston 2017, 47–76

Bremmer, Jan N.: *Maidens, Magic and Martyrs in Early Christianity = Collected Essays I*. Tübingen 2017

Bremmer, Jan N.: "Peregrinus' Christian Career" (2007¹). Reprinted and updated in my *Maidens, Magic and Martyrs in Early Christianity = Collected Essays I*. Tübingen 2017, 65–79

Bremmer, Jan N.: "Marcion and Peregrinus." *Studia Patristica* 99 (2018) 75–85

Bremmer, Jan N.: "Body and Soul in the Pre-Valerian Christian Martyr Acts." In *Der Nous bei Paulus und in seiner Umwelt,* edited by J. Frey and M. Nagele. Tübingen 2021, 259–78

Bremmer, Jan N.: "Early Christianity and the Pagan Mysteries: Esoteric Knowledge?" In *Apocryphal and Esoteric Sources in the Development of Christianity and Judaism,* edited by I. Dorfmann-Lazarev. Leiden 2021, 88–104

Bremmer, Jan N.: „"The Place, Time and Author of the Ignatian Letters: an onomastic approach." In *Die Datierung neutestamentlicher Pseudepigraphen. Herausforderungen und neuere Lösungsansätze,* edited by W. Grünstäudl and M. Schmidt, Tübingen 2021, 405–33

Burke, G. T.: *Celsus and Late Second-Century Christianity*. Diss. U. of Iowa 1981

Carleton Paget, J./Gathercole, S.: "Introduction." In *Celsus in his World. Philosophy, Polemic and Religion in the Second Century,* edited by J. Carleton Paget and S. Gathercole. Cambridge 2021, 10–11

Cook, J. G.: *Crucifixion in the Mediterranean World*. Tübingen 2019²

Denzinger, H.: *Ueber die Aechtheit des bisherigen Textes der Ignatianischen Briefe*. Würzburg 1849

Derbew, S. F.: *Untangling Blackness in Greek Antiquity*. Cambridge 2022

Diarra, M.: "La mise en scène de soi chez Lucien. De la fausse (auto) biographie à la véritable autofiction." In *Mixis. Le mélange des genres chez Lucien de Samosate*, edited by É. Marquis and A. Billault. Paris 2017, 149–69

Eck, W.: "Sergius Paullus, der Liebhaber der Philosophie in Lucianus *Peregrinus Proteus*." *RhM* 137 (2014) 221–24

Eichstädt, H. C. A.: *Lucianus num scriptis suis adjuvare religionem Christianam voluerit.* Jena 1820

Fleischer, K. J., *Dionysios von Alexandria, De natura (περὶ φύσεως): Übersetzung, Kommentar und Würdigung. Mit einer Einleitung zur Geschichte des Epikureismus in Alexandria.* Turnhout 2016

Frede, M.: "Celsus Philosophus Platonicus." In *ANRW* 36.7 (1994) 5183–5213

Geissen, A./Weber, M.: "Untersuchungen zu den ägyptischen Namenprägungen." *ZPE* 144 (2003) 277–300

Goulet, R.: "(no.) 67 Celsus." In *Dictionnaire des philosophes antiques II*, edited by R. Goulet. Paris 1994, 254–55

Goulet-Cazé, M.-O.: "Peregrinus surnommé Proteus." In *Dictionnaire des philosophes antiques* Va, edited by R. Goulet. Paris 2012, 199–230

Hartog, P.: "Lucian of Samosata's *Death of Peregrinus* and Second-Century Christian Martyrdom." *Studia Patristica* 74 (2016) 57–69

Hilton, A. R.: *Illiterate Apostles: Uneducated Early Christians and the Literates Who Loved Them.* London 2018

Holm, C. E.: *Griechisch-Ägyptische Namenstudien.* Uppsala 1936

Jones, Ch. P.: *Culture and Society in Lucian.* Cambridge Mass. and London 1986

König, J.: "The Cynic and Christian Lives of Lucian's *Peregrinus*." In *The Limits of Biography*, edited by B. McGing and J. Mossman. Swansea 2006, 227–54

Krebs, J. T.: *De Malitioso Luciani consilio religionem, Christianam scurrili dicacitate vanam et ridiculam reddendi.* Leipzig 1769 = *Opuscula academica et scholastica denuo recognita.* Leipzig 1778

Kuin, I. N. I.: *Lucian's Laughing Gods.* Ann Arbor 2023

Lakmann, M.-L.: *Platonici minores: 1. Jh.v. Chr. – 2. Jh. n.Chr. Prosopographie. Fragmente und Testimonien mit Deutscher Übersetzung.* Leiden 2016

Leest, J. van der.: "Lucian in Egypt," *GRBS* 26 (1985) 75–82

Lewis, N. D. "Women in Gnosticism." In *Patterns of Women's Leadership in Early Christianity*, edited by J. E. Taylor and I. L. E. Ramelli. Oxford 2021, 109–29

Lookadoo, J.: "The Date and Authenticity of the Ignatian Letters: An Outline of Recent Discussions." *Currents in Biblical Research* 19 (2020) 88–114

Marquis, É.: "Lecteur modèle et manipulation du lecteur: le rôle de Cronios dans *Sur la mort de Pérégrinos* de Lucien." *Bulletin de l'Association Guillaume Budé* (2007) 112–22

Marquis, É.: "Lucien de Samosate, *Sur la mort de Pérégrinos*. l'épistolaire au service de la polémique." In *Conflits et polémiques dans l'épistolaire*, edited by É. Gavoille and F. Guillaumont. Tours 2015, 95–106

Middleton, P.: "Early Christian Voluntary Martyrdom: A statement for the defence." *JThS* 64 (2013) 556–73

Mitchell, M.M. "Origen, Celsus, and Lucian on the 'Dénoument of the Drama' of the Gospels." In *Reading Religions in the Ancient World: Essays Presented to Robert McQueen Grant on His 90th Birthday*, edited by D.E. Aune and R.D. Young. Leiden 2007, 215–36

Morlet, S.: "The Reception of the *Alēthēs Logos*." In *Celsus in his World. Philosophy, Polemic and Religion in the Second Century*, edited by J.C. Paget and S. Gathercole. Cambridge 2021, 297–321

Moss, C.: "On the Dating of Polycarp: rethinking the place of the Martyrdom of Polycarp in the history of Christianity." *Early Christianity* 1 (2010) 539–74

Nesselrath, H.-G.: "Lucian on Roman Officials." In *Intellectual and Empire in Greco-Roman Antiquity*, edited by Ph.R. Bosman. London and New York 2018, 178–88

Nesselrath, H.-G.: "Pagan challenge and Christian response, or How Origen uses Lucian of Samosata to deal with Celsus' attack on Christianity." *Moscow University Bulletin, Series 9: Philology* 2 (2020) 90–98

Nesselrath, H.-G.: "(Middle) Platonic philosophers in Lucian." *Bulletin of the Institute of Classical Studies* 66 (2023) 78–84

Nicklas, T.: "Ancient Christian care for prisoners: First and second centuries." *Acta Theologica* 36, Suppl. 23 (2016) 49–65

Niehoff, M.: "A Jewish Critique of Christianity from the Second Century: Revisiting the Jew Mentioned in *Contra Celsum*." *JECS* 21 (2013) 151–75

Parker, R.: "Theophoric Names and Greek Religion." In *Greek Personal Names*, edited by S. Hornblower and E. Matthews. Oxford 2000, 53–79

Pearson, J.: *Vindiciae Epistolarum S. Ignatii*. Cambridge 1672

Pilhofer, P. et al.: *Lukian, Der Tod des Peregrinos*. Darmstadt 2005

Planck, A.: "Lucian und das Christenthum." *Studien und Kritiken* 24 (1851) 826–902

Recla, M.: *Rethinking Christian Martyrdom: The Blood or the Seed?* London and New York 2022

Rosenbaum, H.-U.: "Zur Datierung von Celsus' Ἀληθὴς λόγος." *VigChris* 26 (1972) 102–11

Saïd, S.: "Le 'je' de Lucien." In *L'Invention de l'autobiographie d'Hésiode à saint Augustin*, edited by M.-F. Baslez et al. Paris 2018, 295–316

Schmidt, V.: "Lukian über die Auferstehung der Toten." *VigChris* 49 (1995) 388–92

Schusser, Th.: *Christliche religiöse Gewalt im spätantiken Ägypten*. Münster 2023

Schwartz, J.: *Biographie de Lucien de Samosate*. Brussels 1965

Sfameni Gasparro, G.: "Dèi nuovi, dèi sensibili: Antinoo e Glicone. Esempi di ‚invenzione' del sacro nel II sec. d.C." *Annali di scienze religiose* 15 (2022) 43–131

Spickermann, W.: "Der brennende Herakles. Lukian von Samosata und Proteus-Peregrinos." In *Martyriumsvorstellungen in Antike und Mittelalter*, edited by S. Fuhrmann and R. Grundmann. Leiden 2012, 111–32

Stewart, E.: "You are not a man, none of you are men! Early Christian masculinity and Lucian's the Passing of Peregrinus." *HTS Teologiese Studies / Theological Studies* 75/4 = https://hts.org.za/ index.php/ hts/article/view/5609 (accessed 5 January 2024)

Thompson, T.W. "Antinoos, The New God: Origen on Miracle and Belief in Third-Century Egypt." In *Credible, Incredible. The Miraculous in the Ancient Mediterranean*, edited by T. Nicklas and J. Spittler. Tübingen 2013, 143–72

Thonemann, P.: *Lucian, Alexander or the False Prophet*. Oxford 2021

van Winden, J.(B.).C.M. "Notes on Origen, Contra Celsum." *VigChris* 20 (1966) 201–13

Velde, Herman te.: "Geb." In *Lexikon der Ägyptologie II*. Wiesbaden 1979, 427–29

Vinzent, M.: *Writing the History of Early Christianity: from Reception to Retrospection*. Cambridge 2019

Völter, D.: *Die ignatianischen Briefe auf ihren Ursprung untersucht*. Tübingen 1892

von Möllendorff, P.: "'Dieser ans Kreuz geschlagene Sophist'. Vom Umgang mit religiösen Erweckern bei Lukian" In *"Das Paradies ist ein Hörsaal für die Seelen." Religiöse Bildung in historischer Perspektive*. Tübingen 2018, 85–100

Whittaker, J.: "(no.) 68 Celsus." In *Dictionnaire des philosophes antiques II*, 255–56

Whittaker, J.: "(no.) 223 Cronios." *Ibidem*,527–28

Zahn, Th.: *Ignatius von Antiochien*. Gotha 1873

Zwierlein, O.: *Petrus in Rom*. Berlin and New York 2010²

Zwierlein, O.: *Die Urfassungen der Martyria Polycarpi et Pionii und das Corpus Polycarpianum*, 2 vols. Berlin and Boston 2014

Ritter bei Martial
Equites zwischen Ansehen und Verruf

Monika Frass

Martial bietet in seiner umfassenden Epigrammsammlung ein reiches Repertoire an Verhaltensstudien seiner Mitmenschen. Vertreter:innen verschiedener sozialer Gruppierungen von Sklav:innen bis zu Angehörigen des Kaiserhauses finden sich hier, in ihren alltäglichen Bemühungen, das Leben im kaiserzeitlichen Rom mit all seinen Herausforderungen zu meistern. In satirisch-bissigen Versen spiegeln sich Aktivitäten und Charaktere, eingebettet in zeitspezifische römische Normen und Werte.[1] Diese werden vor allem fassbar durch die Fokussierung abweichender Verhaltensformen in der für Martial typischen überzeichneten Weise: „Das in fast allen Epigrammen … eingesetzte Mittel ist die vielfach als witzig empfundene Kontrastierung von Sein und Sein-Sollen sowie die von Schein und Wirklichkeit".[2] Unter den vielfältigen sozialen ‚Charakterstudien' befinden sich auch ‚Ritter', Vertreter des ordo equester, dem Martial, wie die nur bedingt fassbaren biographischen Details erkennen lassen, ebenso angehörte: „Das wenige, was wir über das Leben Martials wissen, verdanken wir fast ausschließlich Äußerungen des Dichters in seinen Epigrammen, und diese dürfen wir nur unter Vorbehalt biographisch auswerten, da an vielen Stellen mit poetischer Selbststilisierung des Ichs zu rechnen ist …".[3]

---

1   Zu Martials Leben und Werk vgl. Walter 1996, 28; Walter 1998, 223; Sullivan 1991, 159; Livingstone / Nisbet 2010, 108–111 zur Bedeutung der Gattung Satire für Rom und Martial. Zur Person und zu Arbeitsmethoden Martials im Überblick Holzberg 1988 und 2002; Grewing (Hg.) 1998; Spisak 2007.
2   Walter 1998, 224; vgl. auch Classen 1993, 224: „Martial bietet beides, Lebensnähe und Heiterkeit, und dazu viel mehr. Denn wie seine Gedichte lehren, kennt er die Menschen und weiß sie zu beobachten; er vermag sie zu durchschauen und scheut sich nicht, sie zu verspotten oder zu kritisieren. Dazu bedient er sich des Epigramms, dessen vielfältige Möglichkeiten er nutzt, sein ernstes Anliegen nicht ohne Heiterkeit vorzutragen, doch so, daß dort, wo der Witz beherrschend in den Vordergrund tritt, die ernste Absicht nicht verlorengeht. Durch die Verbindung von delectare, docere und monere sucht er die Menschen anzusprechen, um sie zur Reflexion, zur Selbstbesinnung zu führen und damit zu sich selbst."
3   Holzberg 1988, 11.

Status und Verhalten römischer Ritter
1 Selbstbetrachtung und Ritterideal

Gestreut finden sich Hinweise auf Eigenschaften und Werte, die Martial mit dem Ideal des Ritters verbindet. Dabei ist mitunter sein eigenes „Ich" als klares Richtmaß erkennbar, das er geschickt mit vielen Abweichungen zu kontrastieren vermag. In seinem Bemühen, vor allem den Stellenwert von Reichtum als Hauptkriterium des ritterlichen Status zu relativieren – da er diesem als eques pauper[4] wohl selbst nur bedingt zu entsprechen scheint – werden diese Ideale deutlich formuliert, als Kritik an fragwürdigen zeitgenössischen Emporkömmlingen in den Reihen des ‚altehrwürdigen' Ritterstandes. Römische ritterliche Werte wie Geist (ingenium), Bildung (studium), wobei der Dichtkunst natürlich ein besonderer Stellenwert zugesprochen wird,[5] sowie Charakter (mores) und Herkunft (genus) werden vorrangig genannt.[6] Zudem wird der Ritterstatus mit den Standardkriterien stolz (superbus), edel (nobilis) und wohlhabend (locupletus) verbunden,[7] ebenso wie mit gewissem Ansehen, wenn er durch Statussymbole, wie beispielsweise einer standesgerechten eines Ritters würdigen Kleidung, der Toga, als achtbar (conspiciendus) bezeichnet wird.[8]

Diese Werte sind es, die Martial – dem Meister der spitzen Feder – als Richtschnur für die Beurteilung des (Fehl-)Verhaltens seiner ritterlichen Zeit- und Standesgenossen dienen. Seine Kritik, wiederholt auf der Basis persönlicher Rechtfertigungsstrategien, richtet sich gegen deviante Aktionen diverser meist namentlich genannter, realer[9] und fiktiver Persönlichkeiten: „Kritik an wenigen, konkreten Personen hätte ihre eigene Reichweite von vornherein sehr begrenzt, weil sie dem hörenden und lesenden Publikum zwar einen

---

4 Mart.5,13; vgl. Walter 1998, 231 und 1996, 164–165; zu den autobiografischen Details der Vermögensverhältnisse Martials siehe umfassend Kißel 2022, 165–185; Byrne 2004, 256. Zum Begriff pauper bei Mart.5,13 auch Julhe 2019, 76: „One must not take at face value the adjective pauper, even if it is given pride of place at the end of the first line, nor the other many references Martial makes elsewhere in his books to his paupertas. Such declarations are known to be part of the beggar's post (‚medicant façade'), as well as of the novelistic and satiric tradition of which Petronius and Juvenal are the best-known examples. This so-called ‚poverty', however is to be seen not in absolute but in relative terms, and therefore constitutes, strictly speaking, a state of inferiority." Zur Situation verarmter Ritter siehe auch Mratschek-Halfmann 1993, 140–146.

5 Mart.5,13; vgl. Mratschek-Halfmann 1993, 143: zu diesem Epigramm und Martials Vermögensverhältnissen als pauper eques: „Ein Minimalcensus von 400.000 Sesterzen war demnach als Voraussetzung für die Standeszugehörigkeit eines eques Romanus notwendig, als Kriterium für den Reichtum seines Besitzers jedoch nicht ausreichend … ." Dazu passend auch Mart.4,40 zum sozialen Aufstieg seines Gönners Postumus von gleichem Stand in den Rang eines Senators, somit wohl eines ehemaligen pauper eques, eines wie Martial für sich selbst formuliert keineswegs Mittellosen, sondern nur einer Person geringen Vermögens.

6 Mart.5,27.

7 Mart.5,35.

8 Mart.9,49.

9 Kißel 2022, 67: „Offenbar real und mit Klarnamen sind fürderhin Personen, die nur en passant Erwähnung finden, also weder Inhalt noch Pointe eines Gedichtes bestimmen, beim Leser jedoch als bestens bekannt gelten dürfen und so den Realitätsbezug des jeweiligen Gedichtes schärfer konturieren vermögen."

momentanen Lacher entlockt, ihm aber zugleich gestattet hätte, sich nicht selbst angesprochen zu fühlen. Fiktive und dabei redende Namen hingegen ermöglichen es, durch indirekte Anrede und Dialogisierung ein lebendiges, pointiertes Gedicht zu schaffen und gleichzeitig dem Hörer/Leser, wo immer er auch sei, nahezulegen, darüber nachzudenken, ob er nicht vielleicht selbst gemeint ist."[10]

2 Ritter zwischen Schein und Sein

Abweichungen vom ritterlichen Ideal sind für Martial in vielen Facetten alltäglicher Verhaltensweisen seiner Standesvertreter fassbar. Dabei können vor allem zwei spezifische Formen von Verhaltensmustern festgestellt werden: Der Kampf um Prestige spiegelt sich wiederholt in Untugenden wie Arroganz und Anmaßung sowie in Geiz und Gier kaiserzeitlicher Ritter, aber auch möglicher Pseudoritter, in Vortäuschung falscher Identität. Dabei sind gewisse Typisierungen und Charaktere erkennbar. Martial gelingt es sowohl aus der Perspektive des Zusehers als auch aus persönlicher Sicht eines Betroffenen seinen Zeigefinger humoristisch mahnend gegen Abweichungen von der ‚Standesnorm' zu erheben und gleichzeitig gesellschaftliche Missstände aufzuzeigen.[11]

2.1 *Arroganz und Anmaßung*

Eine besondere ‚Kulisse' für das Wirken seiner ritterlichen Zeitgenossen bietet Martial das römische Theater. Durch die Präsenz der wichtigsten ständischen Gruppierungen Roms bildet diese Vergnügungsstätte und ihr Publikum gleichsam einen gesellschaftlichen Mikrokosmos, somit das Abbild des realen sozialpolitischen Lebens. Der Dreiheit der ‚Ständeordnung' – der Senatoren, der Ritter und der Plebs – wird durch genaue Sitzordnung bei öffentlichen Aufführungen seit republikanischer Zeit Rechnung gezollt, wie die lex Roscia theatralis 67 v. Chr. zeigt. Die Bemühung um klare(re) ständische Abgrenzungen lag, wie notwendige Änderungen dieser Regelungen noch unter Augustus und Domitian zeigen, wohl im Bemühen sozialen Aufruhr unter den Zuschauern zu vermeiden,[12] und somit generell im Interesse der Kaiser zur Stabilisierung der innerpolitischen gesellschaft-

---

10 Kißel 2022, passim mit umfassender Untersuchung zur Namengebung bei Martial, mit Betonung der durchaus gegebenen individuellen Realität hinter den Namen bei Martial; vgl. dagegen Walter 1998, 229 mit weiterführenden Literaturhinweisen zu ‚ficticious names'.

11 Vgl. auch Hartmann 2016, 55 zur zeitpolitischen Aussage dieser Epigramme: „Da die Szenen bei Martial häufig aus einer beobachtenden Perspektive geschildert werden, genauer sich diese aus der Sicht des weiter oben im Theater platzierten populus, lesen sich diese Epigramme Martials wie literarisierte Schmähungen aus den hinteren Reihen. Man kann darin vielleicht einen Ersatz für die durch Domitian verbotenen Schmähschriften erkennen, die zuvor im Theater offenbar zirkulierten." Zu Martial und Domitian siehe auch Spisak 1999, 69–83.

12 Zu Aufständen im Publikum und nötigen Regelungen durch Augustus siehe Suet. 44,1: „Da die Zuschauer bei den Schauspielen über die Stränge schlugen und sich ganz und gar zügellos verhielten, griff er auch mit Verfügungen ordnend ein."

lichen Ordnung: „Augustus hatte durch die lex Iulia theatralis die ersten vierzehn Sitzreihen unmittelbar hinter der Orchestra (dort saßen die Senatoren) für die Ritter reserviert, und Domitian schärfte als censor dieses Gesetz, wohl im Jahre 88 und 89, wieder ein; ähnliche Regelungen galten auch für den Circus und das Amphitheater."[13]

Trotz vordergründig übereinstimmender Kennzeichen der Zugehörigkeit zum Ritterstand – Ernennung durch den Herrscher, Mindestvermögen (400.000 Sesterzen) und Statussymbolen (Ritterring und angustus clavus) – lässt sich jedoch eine gewisse Inhomogenität dieser Gruppierung feststellen. Nicht nur die Höhe und die Quellen des Vermögens, die beruflichen Aktivitäten und die Gründe der ausschließlich kaiserlichen Ernennung, konnten durchaus vielfältig sein; letztere waren beeinflusst durch bestimmte wirtschaftliche Erfolge, besondere familiäre Netzwerke oder militärische Leistungen. Wie die zahlreichen satirischen Anspielungen nicht nur Martials zeigen, war die Frage nach gerechtfertigter Zugehörigkeit zum ordo equester auch in seiner Zeit brandaktuell. Bereits unter Augustus war eine Sonderregelung für die Gruppe der verarmten Ritter für die Rehabilitierung ihres Ansehen auch bei Theaterbesuchen von Nöten: „Weil aber die meisten Ritter während der Bürgerkriege ihr väterliches Vermögen aufgebracht hatten und deshalb nicht wagten, sich Theateraufführungen von den vierzehn Reihen aus anzuschauen, denn sie hatten Angst bestraft zu werden, verkündete Augustus öffentlich, daß das Gesetz betreffs der Sitzordnung bei Aufführungen nicht in den Fällen anzuwenden sei, in denen Ritter selbst oder ihre Väter das Vermögen besessen hatten."[14]

Das Theater und auch andere Stätten öffentlicher Veranstaltungen werden durch die sichtbare Abgrenzung der Stände zum besonderen Schauplatz sozialer Kontrolle, mit Möglichkeiten für öffentliche – wie das Beispiel verarmter Ritter zeigt – gefürchtete[15] Sanktionierungen bei Vergehen gegen die reglementierte Sitzordnung durch in den Augen der Masse und der Aufseher unberechtigte Inanspruchnahme der Plätze. Sitzplatzverweise erfolgten vorrangig in den umkämpften Reihen der seit Augustus immer zahlreicher werdenden Ritterschaft,[16] wie die Epigramme des 5. Buches wiederholt verdeutlichen vor den Augen des sensationslüsternen Publikums.[17]

---

13 Walter 1998, 232; Hartmann 2016, 42–46 mit Überblick über die wichtigsten Etappen der Genese der Sitzordnung seit Beginn des 2. Jh.v. Chr., „zu einer immer kleinteiligeren Festlegung von Sitzplätzen" (42); zur lex Roscia, der Zuweisung der 14 Sitzreihen für Ritter seit 67 v. Chr. vgl. Neumeister 1991, 199f. Zur Unklarheit über mögliche Sondersitze für verarmte Ritter siehe Hartmann 2016, 47f. Dazu auch Canobbio 2002, 35–40.
14 Suet.Aug.40; vgl. Mratschek-Halfmann 1993, 46 zur unterschiedlichen Vermögenslage von Rittern zwischen Minimalcensus von 400.000 Sesterzen und ‚Existenzminimum' sowie wirklichem Reichtum: „Erst vor dem Hintergrund der Armut der gewöhnlichen Ritter aber läßt sich ermessen, welche Kluft die Mehrheit von ihnen, die gerade den Rittercensus oder wenig mehr besaßen, von jener Spitzengruppe reicher Ritter trennte, die sich während einer Generation aus nur etwa 600 ritterlichen Prokuratoren und höhere Präfekten sowie einigen wenigen persönlichen Vertrauten der Kaiser zusammensetzte."
15 Siehe Suet.Aug.40.
16 Vgl. Hartmann 1993, 146 zur Aufnahme neuer Ritter aus den Reihen seiner wichtigen Funktionsträger wie Prokuratoren, Präfekten, aber auch Vertrauten.
17 Zur sozialen Kontrolle auch Walter 1998, 230: „Die Mitglieder der römischen Gesellschaft sahen

2.1.1 Blender und Prahler

So erntet Phasis Spott und Hohn durch die Enthüllung seiner ‚Identität' durch den Theateraufseher Leitus. Die bekundete Freude des anmaßenden Theaterbesuchers über die ‚Revitalisierung' der Sitzordnung durch Domitian, dominus et deus,[18] wird durch seinen Platzverweis mehr als getrübt. Trotz äußerlicher Luxussymbole wie Purpurmantel (lacernae) und arrogantem Gehabe (supinus, adrogantes lacernae) wird er von Leitus[19], da wohl nicht standesgerecht, in beschämender Weise von seinem Platz vertrieben: „Die einschlägigen Epigramme Martials beschreiben echte Hochstapler, die sich mit Kleidung und Worten als Ritter ‚verkleiden', nicht Leute, die einfach besser sehen wollen und deshalb Plätze einnehmen, die ihnen nicht zukommen."[20] Wenn Phasis zuletzt wieder in die Zuschauerreihen der plebs, der von ihm in überheblicher und herablassender Weise geschmähten ‚gemeinen' Masse (turba) zurückzukehren gedrungen wird, zeigt sich die Kritik Martials am Verhalten eines wohl spezifischen besonders wohlhabenden, aber trotz offen und bewusst zur Schau gestellten Vermögens nicht standesgerechten der dignitas equestris würdigen Personenkreises seiner Zeit.[21]

> „Gerade als Phasis das Edikt unseres Herrn und Gottes,
> durch das die Sitzverteilung strenger festgelegt wird
> und die Ritterschaft ihre (von Plebejern)
> gesäuberten Bankreihen zurückbekommt –
> gerade als er kürzlich im Theater dieses Edikt lobte,
> Phasis, rot leuchtend in seinem Purpurgewand,
> und mit überheblicher Miene stolz sich brüstete:
> ‚Endlich kann man bequemer sitzen,

---

sich also einer verhältnismäßig intensiven sozialen Kontrolle ausgesetzt, einer Kontrolle, die über zahlreiche und wirkungsvolle Sanktionsinstrumente (öffentliche Schmähung, Gerede, Gerüchte u.a.m.) verfügte".

18 Mart.5,8; vgl. auch Mart.5,23. Zu dieser besonderen Titulierung Domitians durch Martial siehe Schindler 2000, 254: „Die hochgestochene Bezeichnung Domitians als dominus deusque scheint freilich ein wenig aus dem Rahmen zu fallen. Auf diese Titulierung bezieht sich Sueton (Domitian 13): Im Namen seiner Steuerbeamten habe Domitian voller Arroganz ein amtliches Rundschreiben mit den Worten diktiert: ‚Unser Herr und Gott befiehlt folgendes' (dominus et deus noster hoc fieri iubet)"; er relativiert dies jedoch gleichzeitig (255) durch den Hinweis auf die gebotene Ehrerbietung Martial seinem Gönner Domitian gegenüber für seine Wohltaten, seine Ernennung in die gehobene gesellschaftliche Position (vgl. Mart.3,95).

19 Als Leitus und Oceanus bezeichnete Theaterordner, die mehrfach in der Funktion des Platzverweisers genannt werden; dazu auch Kißel 2022, 69, der Oceanus und Leitus unter dem Begriff dissignatores subsumiert; vgl. auch Schindler 2000, 254–258.

20 Walter 1998, 232; vgl. auch Schindler 2000, 255: „Interessant sind die beiden Schlussverse, welche die Pointe enthalten ... Phasis, der so stolz sein Gewand vorgeführt hatte, wird hier gar nicht mehr als Person angesprochen – auch sein Name fällt nicht mehr –, sondern der Befehl ergeht an die lacernae (erneut im Plural ob ihrer Bedeutsamkeit!), nachdem der Windbeutel zu einem Nichts zusammengeschrumpft war."

21 Mart.5,8. Zur detaillierten Analyse dieses Epigramms siehe Schindler 2000, 254–258.

nunmehr ist die Ritterehre wiederhergestellt,
und vom Pöbel wird man nicht mehr bedrängt oder beschmutzt' –
gerade als er solcherlei mit zurückgeworfenem Haupte äußerte,
befahl Leitus diesem arroganten
Purpurmantel aufzustehen."[22]

Am Beispiel auffälliger und kostbarer Gewandung in farbenprächtigen Mänteln (lacernae, paenulae) und wertvollen Togen werden Schein und Sein – nicht nur von Rittern – wiederholt plakativ thematisiert (siehe oben). Die Entzauberung von ‚Blendern' und ihrer Machenschaften zählt zu den besonderen Anliegen des Satirikers. Leben in unerschütterlicher Muße und Gelassenheit, in Prunk und Pracht, ohne den dafür nötigen finanziellen und standesgemäßen Hintergrund, findet ein bitteres Ende, das Martial mit und ohne Nennung von Protagonisten, nicht nur im Bereich des Theaters spöttisch präsentiert. So wird sogar mitunter der Verkauf des Ritterringes, des symbolischen Standeszeichens, nötig, wenn das Gesamtvermögen für Kleidung und Entourage verwendet, bzw. verschwendet wird. Einzelheiten dieser aufwendigen Lebensweise werden an einer namentlich nicht genannten Person konkretisiert. Neben Kleidung werden dabei auch dessen von Klienten in Toga sowie von langhaarigen Pagen geleitete Eskorte genannt; dazu ein neu mit Gurten und Vorhängen ausgestatteter Tragsessel. Dies alles jedoch trügt, da die Verpfändung des Ringes zum Minimalwert dem existentiellen Grundbedürfnis Essen gilt.

„Den ihr hier gemächlich und mit ziellosen Schritten herumlaufen seht,
der, amethystfarben gekleidet, den Weg mitten durch die Saepta Iulia nimmt,
den auch mein Publius nicht mit seinen Umhängen übertrifft,
selbst Cordus nicht, die Nummer eins unter den Trägern eleganter Reisemäntel,
dem eine Eskorte von Klienten in der Toga und von langhaarigen Pagen folgt (5)
und ein Tragsessel, neu ausgestattet mit Vorhängen und Gurten,
– der hat eben, eben erst der Bank des Cladus
für knapp acht Geldstücke seinen (Ritter-)Ring verpfändet, um damit sein Essen bezahlen zu können."[23]

Die Folgen des strikten Verbots der unrechtmäßigen Sitzplatzwahl für den einfachen Bürger spiegeln sich auch in weiteren Epigrammen Martials am Beispiel von Versuchen, die neu aktualisierten wohl vordem gelockerten Regelungen der Sitzordnung zu unterlaufen. So scheitert auch Bassus an dieser Neuverordnung, geschaffen durch die von Martial wohl nicht ganz uneigennützig bewusst betonte ‚Fürsorge' Domitians (placidis censoris cura), wenn er sich wie gewohnt in den Reihen der Ritter niederlässt: Es gelingt ihm trotz neuer exklusiver Luxusgewänder, vorher in grün coloriert, nun in Form von scharlachrotem oder verbotenem purpurnem Gewand nicht, den wahren ‚nichtritterli-

---

22 Mart.5,8.
23 Mart.5,25.

chen' Status vor den Augen des wachsamen Aufsehers zu verbergen,[24] er wird auf Grund des fehlenden Mindestzensus als Hochstapler[25] entlarvt, als Prahler und Stutzer,[26] wie Martial nicht zuletzt mit einer Kleidermetapher zeigt:

> „In der Farbe der Gräser warst du gekleidet, Bassus,
> solange die Platzordnung im Theater außer Kraft war.
> Nachdem die Fürsorge eines milden Zensors sie wiedererstehen ließ
> und weniger dubiose Ritter auf den Platzanweiser hörten,
> glänzt du nur in scharlachtriefendem oder purpurgefärbtem
> Gewand und glaubst, du könntest ihm so ein Schnippchen schlagen.
> Mäntel im Wert von vierhunderttausend gibt es nicht, Bassus,
> oder es müßte mein Cordus als erster ein Pferd besitzen."[27]

2.1.2 Traditionalisten und Verharrer

Das Erlangen von ‚Prestige' durch Blendung mit eleganter kostbarer Kleidung ist ein für Martial ebenso kritikwürdiges Verhalten wie die bewusste Vorspiegelung von Reichtum oder fälschlicher Abstammung. Diese Varianten sind in unterschiedlicher Kombination im Zusammenhang mit Pseudorittern in den Epigrammen bei Martial bezeugt. Wird der Wert der Kleidung durch Hinweise auf die kostbare Purpurfärbung angegeben, so sind bei der schamlosen Vorgaukelung von Vermögen auch konkrete Zahlenangaben fassbar. Durch die Einbeziehung von Objekten des täglichen Lebens – wie beispielsweise Hausinventar – bestimmter sozialer Schichten gelingt Martial jedoch in humoresker Weise die Aufdeckung der wahren Identität eines vermeintlichen Ritters. So wird Euclides, durch das plötzliche Herausfallen eines großen Hausschlüssels aus seinem Gewand, als Angehöriger einer nicht näher definierten sozial minderen Klasse entlarvt. Der Versuch einen

---

24 Vgl. Hartmann 2016,52–54 zu Geboten, Verboten und Übertretungen der Kleiderordnung in Verbindung mit kaiserzeitlichen Veranstaltungen: „Auch einige Epigramme Martials lassen den Schluss zu, dass farbenfrohe Mäntel bei den Reichen der Stadt sehr in Mode waren. Neben der Purpurfarbe werden bei Martial auch scharlachrote, amethystfarbene, grüne, blaue und weiße Mäntel erwähnt, die gern bei den Spielen ausgeführt wurden, offenbar als legale Alternative zum verbotenen Purpurmantel." Zur übersteigerten Selbstdarstellung um jeden Preis, siehe Sen.epist.114,21: „Grellfarbige Regenmäntel anziehen, eine durchsichtige Toga tragen – kurz und gut, nichts unterlassen, was den Leuten in die Augen fallen könnte; sie ziehen überall bewußt die Aufmerksamkeit auf sich und nehmen, wenn sie nur auffällig wirken, jeden Tadel in Kauf."
25 Mart.5,23.
26 Mart.5,23. Die Eitelkeit des Bassus wird vor allem durch den Vergleich mit Cordus fassbar, (Mart.2,57).
27 Mart.5,23. Zu Bassus den Möchtegernreichen, siehe auch Kißel 2022, 36: „Ansonsten ist sein Bild jedoch durchgehend von prekären Einkünften bestimmt. Sein kleines Landgut wirft kaum Erträge ab, so daß er Fleisch und Gemüse zukaufen muß (III 47; 58). Durch prächtige lacernae sucht er sich als Ritter zu erweisen (V 23), ohne diese Mäntel auch nur bezahlen zu können (VIII 10)." Seine Schamlosigkeit wird selbst Martial, der ihm freundschaftlich verbunden zu sein scheint, zu dreist, wenn er ihn der hemmungslosen homosexuellen Unzucht bezichtigt, trotz gewinnbringender Heirat mit einer mehr als ansprechenden Dame (12,97).

besonderen Platz im Theater zu erschleichen, wird somit durch ein widriges Geschick konterkariert, trotz kostbarer Kleidung und unermüdlicher Betonung seiner ertragreichen auswärtigen Besitzungen und der Schilderung seiner edlen Abstammung und beeindruckenden Ahnenreihe (bis zur mythischen Leda) wird er vom unbeeindruckten Theaterwächter Leitus verscheucht.[28]

> „Noch während Euclides in scharlachrotem Gewand laut renommierte,
> von seinem Landsitz bei Patrae erwirtschafte er zweihunderttausend,
> mehr noch von seinem Gut am Stadtrand von Korinth,
> während er seinen langen Stammbaum von der schönen Leda herleitete
> und mit dem Platzanweiser Leitus rang, der ihn verjagen wollte,
> da fiel diesem stolzen, edlen und wohlhabenden Ritter
> plötzlich ein großer Schlüssel aus dem Bausch des Gewandes;
> Niemals, Fabullus, war ein Schlüssel boshafter."[29]

Noch deutlichere Hinweise auf die Vertreibung von Bürgern aus den gewohnten Reihen und somit Auswirkungen des Domitianischen Edikts auf das einfache Volk werden im verzweifelten Bemühen des Nanneius fassbar. Er kämpft um Beibehaltung seines üblichen Platzes in der ersten Reihe des Theaters. Unwillig den Befehlen des Theateraufsehers zu entsprechen, versucht er, in erbärmlicher Verfassung, trotz mehrmaliger Verweise, seinen Platz auf jede mögliche Weise zu halten, trotz erkennbarer Antipathie der neuen Platzinhaber. Gerade diese Beschreibung gibt Einblick in die reale Welt der Zuschauer im Rahmen von Spielen, zwischen dem Versuch der Beachtung des Reglements und der Übertretung der Verordnungen wegen persönlicher Befindlichkeiten bzw. Eitelkeiten. Trotz mehrfacher Aufforderung zum Verlassen des Platzes verharrt Nanneius zuletzt in den privilegierten Reihen, zwar so unauffällig wie möglich zwischen Sitzen und Stehen, in einer peinlichen Kompromisslösung für ihn und weitere berechtigte Sitzplatzinhaber: „Der Unverfrorenheit in seinem sozialen wie moralischen Verhalten ist nur vorübergehend Erfolg beschieden: Sein Versuch, vor der Öffentlichkeit als Ritter aufzutreten, scheitert am Theateraufseher."[30] Martial bietet somit eine deutliche Kontrastierung sozialer Schichten zwischen (durchaus auch wohlhabenden) Angehörigen der plebs und der equites, aber gleichzeitig wohl auch zwischen den zahlreichen Kategorien von Rittern, wie dem in der Kaiserzeit vermehrt in den Ritterstand aufgestiegenen Amtsadel, oder den verarmten equites bzw. den Pseudorittern seiner Zeit, treffend mit Bildern aus dem Alltagsleben, im Rahmen von Festen und Spielen.

> „Gewohnt, immer in der ersten Reih zu sitzen,
> als es noch erlaubt war, dort Platz zu nehmen,
> mußte Nanneius, zwei- oder dreimal aufgescheucht, sein Lager verlegen,

---

28 Mart.5,35.
29 Mart.5,35.
30 Kißel 2022, 110 zu Mart.5,14.

und ließ sich zwischen den Stühlen förmlich als dritter
hinter Gaius und Lucius nieder.
Von dort lugt er hervor, die Kapuze über den Kopf gezogen,
und schaut sich mit einem Auge – ein abstoßender Anblick! – die Spiele an.
Von da vertrieben, begibt sich der elende Kerl auf den Gang hinaus,
und halb abgestützt auf dem äußersten Ende der Bank
und widerwillig akzeptiert, betont er vor den Rittern
mit dem einen Knie, daß er sitze, und vor Leitus, daß er stehe."[31]

2.1.3 Intellektuelle – Materialisten – und ‚Sexisten'

Unterschiede zwischen Vertretern unterschiedlicher sozialer Stände – so zwischen Freigelassenen und Vertretern des altehrwürdigen ritterlichen Standes – werden nicht nur im wirtschaftlichen Bereich, sondern zudem auch auf intellektueller Ebene fassbar. Am Beispiel seiner eigenen Person bietet Martial – keineswegs unbescheiden – eine weitere ‚Positivfolie' des Rittertums subjektiv aus dem Blickwinkel des Dichters. Bescheidener Besitz, gepaart mit Bildung und Ansehen durch literarischen Ruhm werden über den aus intellektueller Sicht ‚banalen' Reichtum ‚Jedermanns' und damit verbundenem ‚billigem' Ruf der homines novi und möglichen ‚Mammonritter' gestellt. Die bildhaften Darstellungen des Reichtums von Callistratus durch Hinweise auf seine imposanten Häuser, ruhend auf hundert Säulen, die vollen Geldtruhen sowie wirtschaftlichen Gewinne aus Ägypten und der Provinz Gallien gelten jedoch, so Martials Gesamturteil, als wertlos gegenüber seinen Vorstellungen von wahren ritterlichen Werten. Seine Ansichten dienen aber wohl nicht zuletzt der Rechtfertigung seiner eigenen Lebenssituation, in Hinblick auf sein Vermögen, seine Herkunft und sein dichterisches Genre: „Epigram 5.13 is an illustration of Martial's polemical attitude towards those who show contempt for his relative poverty, his Spanish provincial origins, or his choice to write in the epigrammatic genre. These are the three types of inferiority which we perceive indirectly through the feelings they arouse in the poet: an economic inferiority, a geographic inferiority, and a literary inferiority."[32]

---

31 Mart.5,14.
32 Julhe 2019, 88 zum Selbstwert Martials und seinen persönlichen Verteidigungsstrategien: „It is to be noted that these feelings are part and parcel of a complex system of (self-)defence: the poet may seem on occasion to assimilate to the prevailing values he is confronted with; nevertheless, he soon turns the situation around and asserts his superiority by daringly claiming as his the characteristics which critics had put forward as proof of his inferiority. Of course, Martial has chosen neither to be poor nor to be Spanish, but he faces up to his economic situation, accepting it as the shocking consequence of a calling he has embraced, and claims his Hispanicity as the noble mark of his literary individuality. Above all, in his response to Callistratus, he stresses that he has gained fame in the so-called minor genre of the epigram, a fame that is superior to the material riches the freed slave of Greek origins proudly accumulated. Martial's readers have conferred upon him universal and immortal glory, the source of true endless riches. Therefore he pays them homage as, owing to them, all the vulgar upstarts have become the victims of his resounding revenge." Zur materiellen Lebenssituation Martials siehe auch Kißel 2022, 165–185.

„Zugegeben, Callistratus: ich bin und ich war immer ohne großes Vermögen,
aber doch kein unbekannter oder übel beleumundeter Ritter,
vielmehr liest man mich ausgiebig überall in der Welt und sagt, auf mich
deutend: ‚der da ist es‘,
und was der Tod wenigen nur, das hat mir bereits das Leben gewährt.
Dein Dach dagegen ruht auf hundert Säulen,
und deine Geldtruhe setzt den ganzen Reichtum eines Freigelassenen in Umlauf;
dienen muß dir die weite Flur von Syene am Nil,
und das gallische Parma schert dir zahllose Herden.
So sind wir beide, ich und du, doch was ich bin, kannst du nicht sein:
Was du bist, kann jeder beliebige aus dem Volke sein."³³

Die Sitzordnung im Theater bildet immer wieder ein beliebtes Sujet zur Präsentation und Kontrastierung von Verhaltensweisen und Charakteren. Sein eigener ritterlicher Status, der ihn als Inhaber eines der prestigeträchtigen Plätze ausweist, bietet ihm dabei auch Gelegenheit zum Auftritt in eigener Sache, um das Fehlverhalten und den minderen Status bestimmter Personen wie Naevolus aufzuzeigen: „Ich sitze dort, wo dich der Theateraufseher verscheucht".³⁴ Verärgerung, in diesem Fall, über mangelnden Respekt des Naevolus – Martial muss immer als erster grüßen – veranlasst den Dichter mit seinem eigenen cursus honorum zu prahlen, um seine gesellschaftliche Position zu verdeutlichen. Dabei werden einige wichtige biographische Details³⁵ fassbar, wie die Würdigung durch zwei Caesaren, der Erhalt von Auszeichnungen und das ius trium liberorum. Betont wird auch die Bekanntheit seiner Person und seiner Werke, die Verbreitung seines Ansehens in weiten Teilen des Reiches, sowie der Rang eines Tribuns in Rom. Martial verweist mit Genugtuung auf seine Beziehungen zum Kaiserhaus und die durch ihn mehrfach initiierte und gelungene Verleihung des Bürgerrechts für Bittsteller. Die Suche Martials nach der vermeintlichen persönlichen Überlegenheit des Naevolus, zur Erklärung seines anmaßenden Verhaltens und der Verletzung der ‚Grußordnung‘ endet in einer vernichtenden ‚Entblößung‘ seines satirischen Opfers, wenn er dessen Überlegenheit ausschließlich in den besonderen Praktiken seiner homosexuellen Neigung finden will. Die ehrenhaft erworbene gesellschaftliche Position Martials wird somit dem ‚gleichwertigen‘ Stand des Naevolus gegenübergestellt, dessen ‚Mehrverdienst‘ er jedoch einzig auf den sexuellen Bereich reduziert.³⁶

---

33 Mart.5,13; dazu vor allem Julhe 2019, 73–88.
34 Mart.3,95,12; zum wiederholten Eingreifen der Theaterdiener, Leitus und Oceanus, siehe auch Kißel 2022, 69.
35 Vgl. auch Mart.5,13 zur Bedeutung seines dichterischen Ruhms und idealen ritterlichen Werten.
36 Zur mehrfach genannten, facettenreichen Person des Naevolus bei Martial siehe Kißel 2022, 109f. Naevolus' außerordentlicher Wohlstand wird dabei ebenso deutlich, wie seine Tendenz zum Geiz (Mart.2,46) und auch seine homosexuellen Vorlieben: „als pathicus läßt er sich von seinem puer nehmen" (Kißel 2022, 110 zu Mart.3,71 und 95); zudem wird seine Großzügigkeit in persönlich schweren Zeiten im Gegensatz zur grußlosen und menschenverachtenden Arroganz in unbeschwer-

„Niemals sagst du als erster: Sei gegrüßt, sondern erwiderst, Naevolus,
    immer nur meinen Gruß,
wo doch sogar ein Rabe gewöhnlich als erster grüßt.
Sag' mir bitte, Naevolus, warum du das immer von mir erwartest!
Du bist ja, so meine ich, nicht besser, Naevolus, oder mir überlegen.
Zwei Caesaren würdigten mich, sie verliehen mir Auszeichnungen
Und gaben mir den Status eines Vaters von drei Kindern.
In vieler Leute Mund bin ich und werde gelesen, einen in allen
    Landstädten bekannten Namen
Gibt mir der Ruhm, ohne daß ich auf den Scheiterhaufen warten müßte.
Auch darin liegt eine gewisse Bedeutung: Rom sah mich im Rang eines Tribunen,
und ich sitze dort, wo dich der Theateraufseher aufscheucht.
So viele Menschen wie über mich durch Caesars Gnade römische Bürger
    geworden sind,
so viele Diener, vermute ich, hast du nicht einmal.
Doch du läßt dich von hinten nehmen, Naevolus, und wackelst hübsch
    mit dem Hintern.
Ja, nunmehr bist du mir überlegen, Naevolus, Sieger bist du: Sei gegrüßt!"[37]

Rittertum vorbildlicher Art ist für Martial auch mit bestimmten Vorstellungen des Erscheinungsbildes und persönlichem Profil verbunden. Potentielle Aspiranten für den Ritterstand bzw. aus uns unbekannter Ursache im Grenzbereich zum Ritterzensus schwebende Personen wie Didymus werden nach diesen Maßständen be- bzw. verurteilt. Strikt auf die Eigeninteressen des persönlichen Aufstiegs fokussiert, dabei in verächtlicher Manier gegen die Masse der Armen agierend, wird Didymus zur Zielscheibe des Spottes für Martial. Ist für ihn schon der zensusabhängige Theaterplatz fraglich, so ist aufgrund der eunuchenartigen Erscheinung des Didymus – die für Martial auch im Widerspruch zum Erwerb des Theaterplatzes und der Ritterwürde zu stehen scheint – in jedem Fall, die Rolle eines Ehemannes tabu:[38]

„Obwohl du unmännlicher bist als ein schlaffer Kastrat
und weichlicher als der Buhlknabe von Celaenae
den der verschnittene Priester der in Exstase versetzenden Mutter heulend anruft,
redest du immer nur von Theatern, von Sitzreihen und Erlassen,
von der Festtracht der Ritter, von den Iden, den Spangen und dem Ritterzensus
und zeigst mit deiner glattpolierten Hand auf die armen Leute.

---

    ten Phasen seines Dasein thematisiert. Vgl. jedoch auch Naevolus als verna eques, der sich als Beischläfer seinen Lebensunterhalt verdient bei Iuvenal (Iuv.9,10 und 9,147).
37 Mart.3,95.
38 Mart.5,41. Zur möglichen sozialen Identität des Didymus siehe Kißel 2022, 70 und 97, der ihn als ehedem reich und hoffärtig, möglicherweise aber verarmt (Mart.3,31), mit einem Bordellbesitzer (Mart.12,43) in Verbindung bringt.

> Ob du in auf Ritterbänken sitzen darfst,
>> das werde ich noch sehen, Didymus, auf denen für Ehemänner hast du nichts zu suchen."³⁹

Zweifelhafter Aufstieg in die Reihen der Ritter, aber ebenso unbarmherziger Abstieg bietet Martial Stoff für seine satirischen Gesellschaftsstudien. Seine Kritik zielt dabei wiederholt auf aus seiner Sicht unwürdige Vertreter dieses Standes, die gerade in der Kaiserzeit die Reihen der altehrwürdigen Ritter (über-)füllten. Auch der cursus honorum des Cinnamus lässt aus der Sicht Martials zu wünschen übrig, war es doch seine Herrin, die dem bekanntesten Barbier (tonsor) der Stadt, wohl durch Finanzierung seines Ritterzensus einen Zugang zum ordo equester ermöglichte. Durch nicht näher erläuterte Vergehen (eventuell durch Wucher),⁴⁰ muss Cinnamus in Verbannung und Richtung Sizilien die Stadt verlassen, um sich dort, wie Martial nicht ohne Häme bemerkt, einem ungewissen Schicksal zu stellen, bestenfalls wieder als Barbier.⁴¹

> „Du der bekannteste Barbier in der ganzen Stadt,
> und daher durch der Herrin Geschenk zum Ritter gemacht,
> bist jetzt in die sizilischen Städte und in das Reich des Ätna geeilt,
> Cinnamus, als du vor den strengen Gesetzen des Forums fliehen mußtest.
> Mit welchem Beruf wirst du jetzt, unnütz geworden, die Last der Jahre tragen?
> Unglücklich und verbannt; was fängst du da mit Ruhe an?
> Nicht Redner, nicht Grammatiker; nicht Schulmeister,
> nicht Kyniker oder Stoiker kannst du sein,
> auch nicht deine Stimme und dein Klatschen dem Theater der Sikuler verkaufen.
> Was dir bleibt, Cinnamus, ist nur eins: du wirst wieder Barbier sein müssen."⁴²

Anmaßung und Arroganz verbindet Martial jedoch nicht nur mit dem Verhalten von Rittern und Pseudorittern, sondern sieht auch Angehörige dieser Gruppe als Opfer gesellschaftlich Höherstehender, wie im Falle von Gellia, einer ehrgeizigen Dame der feinen Gesellschaft. In ihrer Absicht mindestens einen Senator (latus clavus) zu ehelichen verschmäht sie einen Ritter, wie ihn selbst, mit Überzeugung. Mit gekonnter Häme weiß Martial zu berichten, dass sie letztendlich weit unter ihrem senatorischer Anspruch, nur einen wenig ruhmreichen Ehemann in der Position eines Amtsdieners (cistibero) für sich gewinnen konnte.⁴³

---

39 Mart.5,41.
40 Mart.7,64; vgl. Kißel 2022, 94, der auf einen Cinnamus mit Bezug zu Wucher (Mart.9,92,7) verweist.
41 Mart.7,64. Dass hier möglicherweise keine gleichwertige berufliche Tätigkeit angesprochen wird, sondern ein besonderes „Inselvergnügen" wie Schafscheren, würde dem satirischen Geist Martials durchaus entsprechen (vgl. Kißel 2022, 94).
42 Mart.7,64.
43 Mart.5,17. Zur wiederholt bei Martial erwähnten ‚heuchlerischen' Gellia siehe Kißel 2022, 103 mit Stellenverweisen.

Ehefrauen waren jedoch zur Nachkommenschaft nicht unbedingt notwendig, wie ein weiteres Epigramm verdeutlicht, das ein wenig standesbewusstes Verhalten von equites erkennen lässt. Um seinen Wunsch nach Söhnen zu erfüllen, schwängert der Ritter Quirinalis einfach seine Mägde und wird auf diese Weise, wie Martial spöttisch vermerkt, Vater einer Großfamilie von Ritter-Sklaven (equites vernae).

„Eine Ehefrau (uxor) müsse er nicht haben, meint Quirinalis,
doch er will Söhne haben, und er fand
die Lösung dafür. Er vögelt seine Mägde
und füllt so Haus und Hof mit Ritter-Sklaven."[44]

2.2 Geiz und Gier

Martials Charakterstudien sind, durchaus im Eigeninteresse, reich an Schilderungen von Freigiebigkeit und Unterstützungen durch Freunde und Verehrer seiner Werke. Ebenso komplex sind aber auch seine Hinweise auf die Kehrseite der Medaille, die Spendenverweigerer, die auch in den Reihen seines Standes in verschiedenen Verhaltensmustern erscheinen.

2.2.1 Freunde, Klienten und Patrone

Die unrechtmäßige Inanspruchnahme des Sitzplatzes im Theater wegen fehlendem Mindestzensus wird bei Martial nicht nur mit der Anmaßung von praepotenten ‚Pseudorittern' kombiniert, sondern auch mit dem Fehlverhalten vermögender Zeitgenossen. Nicht nur die unterschiedlich motivierten ‚Deplazierten' sind es, die im Mittelpunkt seiner Sozialkritik stehen, sondern diejenigen, die dem Platzverweis eines eventuell ehemals angesehenen, nun eventuell verarmten ‚Opfers' durch Leitus, den Theaterwächter, tatenlos beiwohnen. Gerade sie gilt es nach Ansicht des Dichters aufzurütteln zur freiwilligen Spende zugunsten des Vertriebenen mit ihren im Überfluss vorhandenen und unnützen Ausgaben vorbehaltenen Reichtümern:

„Vierhunderttausend hast du nicht, Chaerestratus, steh' auf!
Sieh, da kommt Leitus: Los, flieh', lauf, versteck' dich!'
Ruft ihn etwa – hurra! – jemand zurück, wenn er weggeht?
„Öffnet etwa ein Freund – Hurra! – großzügig die Geldkiste?"[45]

Wertlos erscheinen Martial die exotischen Finessen in Form von Düften und Farben, das Versprengen von roten Parfumwolken über den Sitzreihen und das Triefen von ausgegossenem Safran; ebenso die finanziellen Aufwendungen für den Erwerb des Ritterstatus einzig zum Zweck des Zuschauens bei Wagenrennen, um einen der zahlreichen Siege des Scorpus beizuwohnen. Er fordert durch anstelle dessen in einen Aufruf vielmehr finan-

---
44 Mart.1,84.
45 Mart.5, 25, 1-6.

zielle Großzügigkeit für Mitbürger in erkennbaren Nöten.[46] Er ist sogar bereit, einem solchen Gönner in seinen Versen ewigen Ruhm zu verschaffen; ist sich aber des Misserfolgs seines Aufrufes selbst in den eigenen Reihen seiner Leser und sogenannten Freude sicher:

„O du, so nutzlos reich, o du Heuchler von Freundschaft:
Du liest diese Verse und lobst sie? Was für ein Ruhm dir entgeht!"[47]

Neben Verschwendung von Reichtum für fragwürdige Ausgaben anstelle von sozialen Bedürfnissen empört sich Martial jedoch auch über generellen Geiz bei steigendem ritterlichem Vermögen. Die Rolle ritterlicher Gönner wird auch hier kritisch beleuchtet. Findet sich doch Martial selbst als Bittsteller unter der Klientel wohlhabender Persönlichkeiten, wie die wiederholten Aufrufe an potentielle Spender zeigen.[48] Bittere Enttäuschung über das unsoziale Verhalten von Reichen, wie es bereits im Falle des Chaerestratos angeklungen ist, wird auch in einem weiteren Epigramm fassbar. So äußert Martial sein Bedauern über das ‚unritterliche' Verhalten seines auserwählten Patrons Postumus, dessen Persönlichkeit für ihn einzig und allein ausschlaggebend war, für diese Entscheidung. Dies obwohl es, wie er – nicht gerade unbescheiden – betont, prestigeträchtigere Anwärter für ein Patronat gegeben habe, so beispielsweise aus den Reihen der Pisonen und dem Hause Senecas. Nach langjähriger inniger Verbundenheit mit Postumus sieht Martial sich nun getäuscht im Verhalten seines ʼGönnersʼ. Solange dieser ein wenig vermögender Ritter war, wie er selbst,[49] war eine geringfügige Unterstützung verständlich und akzeptabel. Beklagt wird von Martial, dass an diesem zurückhaltenden Spendenverhalten von Postumus auch nach enormem Macht- und Vermögenszuwachses zum Bedauern Martials, keine Änderung zu konstatieren war:

„Nunmehr kannst du Geschenke machen, nunmehr verschwenden, mit Ehren überhäuft
und reich an Geld und Macht: Ich bin gespannt, Postumus, was du tust.
Nichts tust du, und für mich ist es zu spät, mir einen anderen Patron zu suchen.
Ist das in deinem Sinn, Fortuna? – Postumus hat (uns) hereingelegt."[50]

---

46 Mart.5,25,7–9: „Ist das, ich bitte euch, nicht besser, / ... / als vierhunderttausend auszugeben für einen Gaul, der davon nichts merken / kann, damit golden die Nase von Scorpus überall glänzt". Vgl. Kißel 2022, 40 zur Person des Chaerestratos: „Chaerestratos gehört mangels Vermögen nicht auf die Ritterbänke; doch nutzt Martial das Motiv hier einmal nicht zum Spott, sondern zu einem Aufruf, für den Mittellosen zu spenden ...".
47 Mart.5,25,11f.
48 Zur durchaus nicht rosigen materiellen Lage Martials siehe Kißel 2022, 165–185.
49 Vgl. auch Mratschek-Halfmann 1993, 143 zur Wertigkeit dieses Vermögensstandes.
50 Mart.4,40, 7–10; zum Geiz dieses Patrons siehe auch Mart.4,26. Zu Postumus auch Kißel 2022, 51f.; 176; vgl. Kißel, 2022, 115 zur Identifikation eines weiteren Postumus – den Küsserkönig – in den Epigrammen Martials (vor allem in Buch 2). Die Forderung nach Preisgabe der Identität des Postumus bleibt unerfüllt, aus Furcht vor dessen Rache (Mart.2,23).

Der Verlust für Martial hält sich, trotz Einstellung seiner morgendlichen Klientenbesuche bei Postumus in bescheidenen Grenzen, wie die Berechnung für ein Jahr mit summa summarum 2 mal 30 bzw. 3 mal 20 Sesterzen als ‚Lohn' zeigt. Das Äquivalent dafür in Kleidung ergibt ein vernichtendes Ergebnis, wie seinem ‚Mäzen' dennoch so vorsichtig wie möglich verkündet: „Verzeih: für eine kleine Toga, Postumus, zahle ich mehr".[51]

Wiederholt finden sich Hinweise auf die schlechte Ausbeute für Klienten bei ihren Patronen. So wichtig diese für die aufstrebenden Funktionsträger und Standesvertreter – auch Ritter – Roms als Klientel waren, so unbedankt scheint ihre Position im Alltag der Reichen zu sein. Als Stimme der unbemittelten Klienten reicher Patrone und gleichzeitig in eigener Angelegenheit wendet sich Martial auch an den Kaiser,[52] um auf diese unbefriedigende Situation zu verweisen und ihn um eine wahre großzügige ‚Freundschaft' zu bitten:

„Wer unbemittelt ist, erhält für die Freundschaften, die er pflegt, keinen Dank.
Wer schenkt Reichtum dem alten treuen Gefährten,
oder wer erhält von einem Ritter, den er selbst dazu gemacht hat, das Geleit?"
...
Da nun, das alles keine Freunde sind, sei du, Caesar einer."[53]

2.2.2   Eigennützige und Selbstgerechte

Nicht nur gegenüber anderen konnte sich Geiz manifestieren. Martial verweist empört auf Vertreter des Ritterstandes, die, selbst bei ausreichendem Vermögen, nicht bereit waren, sich selbst ein angenehmes Leben zu leisten. Sie praktizierten vielmehr das Gegenteil, verschlechterten ihren Lebensstil und vernachlässigten ihre existenziellen Grundbedürfnisse. Scaevola, ein bekannter Name eines angesehenen altrömischen Geschlechts,[54] wird dabei als Paradebeispiel genannt. Wie bei der Beschreibung der Luxusobjekte von Pseudovermögenden (siehe oben), so werden auch hier in satirischer Überzeichnung Details dieser armseligen Lebensweise durch manische ‚Sparsamkeit' sichtbar, die Fortunas Gaben bewusst missachten: Der von Scaevola ersehnte Reichtum von einer Million und

---

51   Mart.4,26,4.
52   Zu den Bittgesuchen Martials an den Kaiser und seine Wünsche siehe Kißel 2022, 173f. Zur Figur des bei Martial wiederholt genannten Maecenas als Idealpatron für Dichter siehe Byrne 204, 255–265; vgl. dazu auch Mart.10,73 zu einem willkommenen Geschenk, die überraschende Zusendung einer ‚ausonischen' Toga durch einen geschätzten Gönner; siehe auch Mart.9,49 zur Gabe des Dichters Parthenius an Martial, einer ehemals ansehnlichen, eines Ritters würdigen, in seinen Werken ‚besungenen', nun jedoch verschlissenen Toga. Wie auch in seinen weiteren sogenannten ‚Mantelgedichten' verbirgt sich auch hier ein Aufruf zur Gewandspende an den ‚bedürftigen' Satiriker; zu diesen ‚Gedichten' siehe Kißel 2022, 178f.
53   Mart.5,19; vgl. jedoch auch Mart.14,122 mit Hinweis auf die nunmehr fehlenden Geschenke von Freunden, und das Glück desjenigen, der in der Klientel eines Ritters dient, dem er selbst dazu verholfen hat. Das Resümee Martials über die Großzügigkeit Domitians scheint retrospektiv jedoch keineswegs positiv. Die Hortung von Luxus des Kaisers – auf Kosten des Volkes und der Götter – wird posthum offenkundig (Mart.12,15).
54   Kißel 2022,128: „Martial nennt die Opfer seines Spottes teilweise mit den Namen von historisch bedeutendsamen Angehörigen der Oberschicht (Cinna, Cotta, Scaevaloa)."

die Erhebung in den Ritterstand werden nicht für ein vordem ersehntes freigiebiges und glückliches Leben verwendet, sondern vielmehr für strenge Selbstkasteiung:

> „Viel schmutziger ist seitdem die Toga und schlechter das Reisecape,
> Das Leder am Schuh dreifach und vierfach geflickt.
> Von zehn Oliven werden die meisten immer aufbewahrt,
> ein einziger gedeckter Tisch bietet zwei Mahlzeiten an.
> Und vom Rotwein aus Veji trinkt man den dicken Bodensatz;
> Ein As nur kostet dich lauwarmer Erbsenbrei, ein As nur die Liebe."[55]

So ist es nicht verwunderlich, dass Martial hier Betrug und Wiedergutmachung fordert, wenn er den Wortbrüchigen im Stile realer Vergehen zu Gericht zitiert bzw. zur Umkehr seines Lebensstiles auffordert, um der erwünschten göttlichen Gabe auch entsprechende Ehre zu erweisen.[56]

Betrüblich ist für Martial auch die bittere Erkenntnis der Benachteiligung des Poetenstandes durch Fortuna: . Während aus aller Herren Länder soziale Aufsteiger dem Wohlstand frönen und auch Neureiche aus Unterschichten bis in den Ritterstand emporsteigen, friert ein einheimischer gebildeter Bürger Roms augenscheinlich in armseliger Gewandung, dessen einziger ‚Makel' sein Dichterlos zu sein scheint, wie Martials Panegyrik auf seinen Kollegen erkennen lässt:

> „Scheint dir, Fortuna, das recht und billig?
> Ein Bürger nicht Syriens oder Parthiens,
> auch nicht ein Ritter vom kappadokischen Sklavenmarkt,
> sondern ein Landsmann aus dem Volk von Remus und Numa.
> Ein angenehmer, redlicher und untadeliger Freund,
> in beiden Sprachen gelehrt, mit dem einzigen,
> freilich großen Fehler: Er ist ein Dichter –
> dieser Mevius friert in schwärzlichem Kapuzinermantel (cucullus),
> im Purpurgewand glänzt der Maultiertreiber Incitatus."[57]

Bedenkliches ‚Sparen' diagnostiziert Martial auch im Falle des Ritters Calliodorus. Sein Hohn richtet sich wie so oft gegen ein soziales Fehlverhalten eines Standesvertreters, hier zwischen Geiz und Gier. Beanstandet wird die unehrenhafte Übertragung der Privilegien dieses Ranges an den namentlich nicht genannten Bruder durch Calliodorus. Die Unredlichkeit dieses ‚nepotistischen' Gehabes wird von Martial metaphorisch mit dem einsitzigen Staatspferd verdeutlicht: „Glaubst du, zwei könnten auf einem Pferd sitzen?" Dieser Fall der eigennützigen Bruderliebe wird aber auch am Beispiel der Sitzordnung im Theater thematisiert, an der Singularität eines Ehrenplatzes in den Reihen der Ritter, die

---

55 Mart.1,103.
56 Mart.1,103
57 Mart.10,76.

es für Martial demonstrativ zu verteidigen gilt: „Obwohl ihr nur einer sein könnt, willst du, Calliodorus, zu zweit sitzen?" Konstruktive Lösungsvorschläge für diese ‚rationelle' Platzwahl werden bei Martial geboten, wenn er Calliodorus dazu auffordert, aufzustehen bzw. sich mit seinem Bruder im Sitzen abzuwechseln:[58]

> „Steh auf, einen grammatikalischen Fehler (‚soloikismos'), Calliodorus begehst du! Oder aber mach's wie die Söhne der Leda: Zusammen mit dem Bruder sitzen, das kannst du nicht: Wechsle dich im Sitzen mit ihm ab, Calliodorus!"[59]

Ungebührliches Verhalten von Rittern durch Maßlosigkeit wird ebenso durch das kritische Auge des Satirikers betrachtet. Beschämende Habgier beim Konsum von kaiserlichen Weinspenden wird von Martial am Beispiel eines Sextilianus in humoristischer Weise aufgezeigt: „tantus lautet seine – von Martial mit einem schlüpfrigen Kommentar bedachte – Lieblingsvokabel."[60] Gilt der erhobene Zeigefinger in erster Linie dem übermäßigen Alkoholkonsum wie auch die Titulierung dieses Epigramms vermittelt „ein versoffener Ritter bei einer kaiserlichen Weinspende", so wird implizit doch eine Kritik am sozialen Fehlverhalten des Sextilianus, stellvertretend für weitere zeitgenössische (un-)ritterliche Standesgenossen vermittelt.

> „Da ein Ritter zweimal fünf Marken erhielt, wieso
> Trinkst du dann, Sextilianus, allein für zweimal zehn?
> Den kaiserlichen Dienern wäre schon längst das warme Wasser zum
> Nachschenken ausgegangen,
> würdest du Sextilianus, nicht unvermischten Wein trinken."[61]

Von seinem Agieren ist jedoch nicht nur die anonyme Allgemeinheit betroffen, sondern mitunter auch Martial selbst, da Sextilianus, wie der Dichter bitterlich beklagt, die für ihn üblicherweise reservierten Gaben u.a. anlässlich der Saturnalien (munera), nunmehr eigennützig für sein Liebesleben, seine domina verschwendet.[62]

---

58 Mart.5,38; zu Calliodorus vgl. auch Kißel 2022, 89 mit Hinweis auf die materialistisch berechnende Einstellung dieses Egozentrikers (zu Calliodorus auch Mart.10,11; 10,31).
59 Mart.5,38.
60 Kißel 2022, 118 zu Mart.1,11; 1,26 und 10,29.
61 Mart.1,11. Zum maßlosen Alkoholkonsum des Sextilianus siehe auch Mart. 1,26: „Sextilianus, so viel wie fünf Bänke (subsellia) zusammen trinkst du / allein: Vom Wasser schon könntest du bei so einem Quantum betrunken sein."
62 Mart.10,29: „Die Schüssel, die du mir sonst zur Zeit des Saturn schicktest, die hast du jetzt Sextilianus an deine Geliebte geschickt, und das grüne Horusgewand, das du ihr an den Mars genannten Kalenden spendetest, wurde von meiner Toga gekauft. Drei Mädchen bekommst du jetzt gratis: Mit den für mich bestimmten Geschenken vögelst du sie." vgl. Kißel 2022, 118.

3 Fazit

Unterschiedliche Vertreter des ordo equester werden im Werke Martials fassbar. Darunter finden sich reiche Aufsteiger, aus ihrem Stand ausgeschlossene, verbannte oder verarmte Ritter, ebenso wie Möchtegernritter, die sich anmaßend in den Rängen der Privilegierten tummeln. Vor allem das Theater und seine reglementierten Zuschauerränge bieten Martial reiches Potential für entsprechende Charakterstudien. Humoristisch und mit scharfem Spott werden seine Protagonisten in ihren alltäglichen Interaktionen im kaiserzeitlichen Rom gezeichnet, in ihrem bemühten Kampf um Einfluss und Prestige. Es sind, nicht überraschend, vor allem negative Eigenschaften die Martial mit seinen zeitgenössischen Standesvertreten verbindet. Die vorrangigen Untugenden, die er dabei konstatiert und moniert, sind Arroganz und Anmaßung, Geiz und Gier, die am Bespiel bestimmten Persönlichkeiten präsentiert werden: wir finden den Typus des Blenders und Prahlers dabei ebenso wie den des Intellektuellen, des Materialisten, Sexisten u.a.m. Dass Martial selbst der Gruppe der ‚Emporkömmlinge', der durch den Kaiser ernannten Aufsteiger in den Ritterstand angehört, wird von ihm keineswegs verleugnet. Er ist es aber auch, der den Idealtypus eines Ritters definiert, an dessen Stärken er seine devianten zeitgenössischen Ritter misst. Dies mag auch erklären, warum er Werte wie Bildung und Intellekt als besonders wesentlich für seine Standesgenossen betrachtet und Reichtum – ein für ihn selbst nur durch schwer erworbene Unterstützung potentieller Gönner erfüllbares Kriterium – mit deutlicher, jedoch wohl auch ‚neidvoller', Verachtung straft.

Martial bietet somit gekonnt, wenn auch tendenziös, mit spitzer satirischer Feder, eine gelungene gesellschaftskritische Studie am Beispiel des ordo equester, einer heterogenen Gruppe kaiserzeitlicher Ritter, deren Zusammensetzung vor allem seit Augustus einem merkbaren sozialpolitischen Wandel unterworfen war.

Textedition

M. Valerius Martialis. Epigramme (lat.-dt.), herausgegeben und übersetzt von P. Barié und W. Schindler, Darmstadt 1999

Literaturverzeichnis

Byrne, Sh. N.: „Martial's fiction: Domitius Marsus and Maecenas." *Classical Quarterly* 54 (2004) 255–265
Canobbio, A. (Hg.): *La lex roscia theatralis e Marziale: Il ciclo del libro V: introduzione, edizione critica, traduzione e commento.* Como 2002 (= Biblioteca di Athenaeum 49)
Classen, C. J.: *Die Welt der Römer.* Berlin, New York 1993 (= Untersuchungen zur antiken Literatur und Geschichte 41)
Grewing, F. (Hg.): *Toto notus in orbe. Perspektiven der Martial-Interpretation.* Stuttgart 1998

Julhe, J.-C.: „Social inferiority and poetic inferiority – Martial's revenge in his epigrams: A commentary on Martial 5.13." In: *Complex inferiorities*, hg. von S. Matzner und St. Harrison Oxfort 2019, 73–88

Holzberg, N.: *Martial*. Heidelberg 1988

Holzberg, N.: *Martial und das antike Epigramm*. Darmstadt 2002

Kißel, W.: *Personen und persona in den Epigrammen Martials*. Stuttgart 2022 (= Palingenesia 132)

Hartmann, E.: *Ordnung in Unordnung. Kommunikation, Konsum und Konkurrenz.* Stuttgart 2016

Livingstone, N./Nisbet, G.: *Epigram*. Cambridge 2010 (= Greece & Rome, New surveys in the classics 38)

Mratschek-Halfmann, S.: *Divites et praepotentes. Reichtum und soziale Stellung in der Literatur der Prinzipatszeit*. Stuttgart 1993

Neumeister, Ch.: *Das antike Rom: Ein literarischer Stadtführer*. München 1991

Schindler, W.: „Anschwellen und abschwellen als Mittel der Satire in Martials Epigramm V 8." *Forum Classicum* 4 (2000) 254–258

Spisak, A. L.: „Martial on Domitian: A socio-anthropological perpective." Classical Bulletin 75 (1999) 69–83

Spisak, A. L.: *Martial. A social guide*. London 2007

Sullivan, J. P.: *Martial. The unexpected classic*. Cambridge 1991

Walter, U.: *Soziale Normen in den Epigrammen Martials*. In: *Toto notus in orbe. Perspektiven der Martial-Interpretation,* hg. von F. Grewing. Stuttgart 1998, 220–242

Was haben uns Töpfe zu sagen?
Zu sprechenden Dingen bei Avian*

Ursula Gärtner

1   Einleitung

Dass Tiere sprechen, ist in Fabeln nicht verwunderlich. Sprechende Tiere, die für die meisten Nichtfachleute sogar das Spezifikum der Fabel ausmachen, sind aber nur ein Teil der Handelnden in Fabeln, wenn auch der größte. Doch daneben gibt es Fabeln mit lediglich menschlichen Protagonisten oder mit göttlichen Akteuren, ja sogar mit Pflanzen. Allerdings sind die Vertreter all dieser Gruppen zumindest belebt, selbst Pflanzen wachsen, ernähren sich und sterben. Doch wie steht es mit unbelebten Dingen? Es ist erstaunlich, dass in antiken Fabeln Dinge eine gewisse Rolle spielen, und zwar nicht allein als Objekte, die dann eine Handlung auslösen, sondern als Akteure, die sogar kommunizieren. Beschränken werde ich mich im Folgenden auf Sachobjekte; Akteure wie Regen oder Fluss sind erst einmal außen vor gelassen. Die Übergänge sind freilich fließend. Meine sicher noch unvollständige Übersicht zum Auftauchen von Dingen in den Fabelsammlungen der Antike mag das veranschaulichen;[1] aufgenommen wurden nur Gegenstände, die zumindest konstituierend für die Handlung sind. Bei dem schlechten Überlieferungsstand vieler antiker Fabelsammlungen ist eine Aussage natürlich immer mit Vorsicht zu machen. Dennoch lassen sich gewisse Tendenzen erkennen.

Bei Aesop[2] spielen Dinge als echte Akteure kaum eine Rolle, sie lösen in der Regel eine Handlung aus und werden ggf. kommentiert, so die Theatermaske (27 P.[3]), oder sind Objekt der Begierde wie das Fleisch (133 P.), das der Hund aus Gier nach dem Fleisch seines Spiegelbilds aus dem Maul fallen lässt, oder die Tierhaut (135 P.), die die Hunde fressen wollen. Die quietschende Wagenachse (45 P.) wird von den Ochsen, die den Wagen zie-

---

*   Da ich weiß, dass dem Jubilar Phaedrus nicht der liebste Autor ist, ich aber zu Fabeln arbeite, sei hier der Versuch unternommen, mit einem anderen lateinischen Fabelautor Resonanz zu erwecken. Der vielleicht ‚skurril' anmutende Titel mag an so manches gemeinsame Mittagessen im gleichnamigen Lokal erinnern.
1   Eine Einführung zu den Fabelsammlungen bietet Holzberg (2012); vgl. Gärtner (2015), 13–21.
2   Mit Aesop ist hier die meist als *Collectio Augustana* bezeichnete Sammlung griechischer Prosafabeln vermutlich aus dem 2./3. Jh. n. Chr. gemeint. Das dort gesammelt Material ist freilich z. T. sehr viel älter.
3   Zu den Abkürzungen der Ausgaben mit unterschiedlichen Zählungen s. Literaturverzeichnis.

hen, empört angesprochen. Die Feile kommt gleich zweimal vor: einmal nur als Objekt, an dem sich ein Wiesel seine Zunge vernichtet (59 P.), einmal jedoch als sprechender Akteur – hier gibt sie der Viper nichts mit dem Hinweis, sie selbst nehme ja nur (93 P.).

Bei Phaedrus, der als Erster im 1. Jh. n. Chr. lateinische Fabeln in Senaren als Gedichtsammlung vorlegte, sind Dinge wichtiger: Bisweilen sind sie nur Objekt der Begierde, wie der Käse (1,4), der die Rolle des Fleischs aus Aesop. 133 P. spielt, oder die Tierhaut (1,20) vergleichbar mit Aesop. 135 P. In einer ganzen Reihe von Fabeln werden Dinge von Akteuren gefunden und dann kommentiert, so die Maske (1,7), die Amphore (3,1), die Perle (3,12), der Kamm (5,26 Z. [=5,6 G.]) und die Lyra (app. 12 Z. [=14 G.]). Hiervon werden aber nur die Amphore bzw. der Weinrest (3,1) und die Perle (3,12) direkt angesprochen. Selbst spricht bei Phaedrus von den Dingen nur die Feile (5,8 Z. [=4,8 G.]) in leichter Abwandlung bzw. Umgewichtung zu Aesop (93 P.).

Bei Babrios, der vermutlich zwischen dem 1. und 3. Jh. n. Chr. eine Fabelsammlung in Hinkjamben verfasste, finden wir in den erhaltenen Fabeln zwei Gegenstände: Einmal (79) ist das Fleisch wieder nur Auslöser der Begierde wie in Aesop. 133 P.; einmal hingegen wird ein Leuchter zur Hauptperson (114), er spricht (wenn auch nur indirekt wiedergegeben) und erhält eine Antwort.

Bei *Romulus*, der Sammlung lateinischer Prosaversionen aus dem 4. Jh. n. Chr., entsprechen die Fabeln von Perle (1,1 [=1 Th.]), Fleisch (1,5 [=6 Th.]; vgl. Käse) und Feile (3,12 [=62 Th.]) den Fabeln bei Phaedrus. Sonst nicht überliefert ist die Fabel vom Schwert (4,20 [=94 Th.]). Sie gehört zum Typ ‚Akteur findet Gegenstand'. Hier findet ein Wanderer auf der Straße ein Schwert; auf die Frage, wer es zu Boden geworfen habe, antwortet es, nur einer, es selbst aber viele.

Bei Avian schließlich, der um 400 n. Chr. eine Sammlung von 42 lateinischen Fabeln in elegischen Distichen schrieb, gibt es zwar weniger Texte, bei denen Dinge eine Rolle spielen, als bei Phaedrus, allerdings gleich drei, in denen Dinge reden, nämlich Töpfe (11), Horn (39) und Tontopf (41). Zu zweien, 11 und 41, finden wir klare Parallelen in der *Paraphrasis Bodleiana* 124 K. (=172 Cr.) und 147 K. (=193 Cr.) und zu einer, 39, bezeichnende Unterschiede zu 131 K. (=179 Cr.), sodass davon auszugehen ist, dass diese Fabeln auch bei Babrios zu lesen waren.[4] Im Folgenden sollen diese Aviangedichte näher betrachtet werden. Augenmerk liegt dabei auf der besonderen Ausgestaltung bei Avian;[5] anschließend seien noch Überlegungen zur Anordnung sowie zu einer poetologischen Deutung angestellt.[6]

---

4 Dies ist insofern wichtig, als man heute i.d.R. davon ausgeht, dass Avian für seine Ausgestaltung direkt auf die griechischen Fabeln des Babrios zurückgriff. Diese sind jedoch nicht alle überliefert; in der *Paraphrasis Bodleiana* aus dem 14./15. Jh. n. Chr. finden sich allerdings griechische Prosaparaphrasen, die sich auf verlorene Babriosfabeln zurückführen lassen.

5 Über den empirischen Dichter Avian lassen sich nur Vermutungen anstellen; vermutlich schrieb er um 400 n. Chr. im Umfeld von Macrobius; zur Einführung s. Holzberg (2022), 9–23. Im Folgenden ist mit ‚Avian' das Bild des Autors gemeint, das sich aus Text und Kontext erschließen lässt. Zum Autorbild vgl. Tischer/Gärtner/Forst (2022); zu Autorbildern bei Fabeldichtern vgl. Gärtner (2022a).

6 Die Forschungsliteratur zu Avian ist übersichtlich; einen Überblick bietet Holzberg (2022), 9–23. Zu den hier behandelten Fabeln gibt es keine eingehenden Interpretationen. Hinweise lassen sich

2 Textanalysen

2.1 Avian. 11 [7]

Eripiens geminas ripis cedentibus ollas,
    insanis pariter flumen agebat aquis.
sed diuersa duas ars et natura creauit:
    aere prior fusa est, altera ficta luto.
dispar erat fragili et solidae concordia motus,　　　　5
    incertumque uagus amnis habebat iter.
ne tamen elisam confringeret aerea testam,
    iurabat solitam longius ire uiam.
illa timens ne quid leuibus grauiora nocerent,
    et quia nulla breui est cum meliore fides,　　　　10
„quamuis securam uerbis me feceris," inquit,
    „non timor ex animo decutiendus erit.
nam me siue tibi, seu te mihi conferat unda,
    semper ero ambobus subdita sola malis."

Ein Fluss entriss zwei Töpfe von zurückweichenden [=überschwemmten] Ufern und führte sie in gleicher Weise mit sich in seinen wütenden Wassern. Aber die zwei schuf unterschiedliche Kunst und Natur: Aus Erz war der erste gegossen, der andere war geschaffen aus Ton. Ungleich war für den zerbrechlichen und den festen der Einklang der Bewegung, und der unstete Fluss hatte einen unsicheren Lauf. Damit er als eherner dennoch den irdenen Topf nicht anschlage und zerbreche, schwor er, weiter entfernt den üblichen Weg zu gehen. Jener fürchtete, dass Schwereres dem Leichten irgendwie schade, und weil es für den Kleinen kein Vertrauensverhältnis mit dem Stärkeren gibt, sagte er: „Obwohl du mich mit deinen Worten sicher gemacht hast, wird die Furcht dennoch nicht aus dem Herzen gestoßen werden. Denn sei es, dass mich mit dir, sei es, dass dich mit mir eine Woge zusammenträgt, immer werde ich allein beiden Übeln ausgeliefert sein."

Die Fabel greift wohl eine Fabel von Babrios auf, deren Paraphrase folgendermaßen lautet (ParaBodl. 147 K. [=Aes. 378 P.; 355 Ch.; Babr. 193 Cr.; fr. 20 LaP./L.]):[8]

ὅτι ἐπισφαλής ἐστι βίος πένητι δυνάστου ἅρπαγος πλησίον παροικοῦντος.

---

　　finden in den Kommentaren bzw. Ausgaben von Cannegieter (1731), Ellis (1887), Cascón Dorado (2005), Solimano (2005), Gaide (1980) und Guaglianone (2000) sowie den Untersuchungen von Küppers (1977) und Scanzo (2001).
7　Avian wird zitiert nach Guaglianone (1958); die Übersetzungen stammen von mir. Zur Interpretation vgl. Ellis (1887), 70–71; Guaglianone (2000), 350–352; Scanzo (2001), 167–168, 200–201, 242; Gaide (1980), 132; Solimano (2005), 362–365; Cascón Dorado (2005), 257.
8　Die *Paraphrasis Bodleiana* wird zitiert nach Knöll (1877).

χύτραν ὀστρακίνην καὶ χαλκῆν ποταμὸς κατέφερεν. ἡ δὲ ὀστρακίνη τῇ χαλκῇ ἔλεγεν· „μακρόθεν μου κολύμβα καὶ μὴ πλησίον· ἐὰν γάρ μοι σὺ προσψαύσῃς, κατακλῶμαι, κἂν τε ἐγὼ μὴ θέλουσα προσψαύσω."

Dass das Leben gefährlich ist für einen Armen, wenn ein gieriger Mächtiger nebenan wohnt. Einen tönernen und einen ehernen Topf trug ein Fluss abwärts. Der tönerne sagte zum ehernen: „Fern von mir schwimme und nicht in der Nähe. Wenn du mich nämlich berührst, zerbreche ich, auch wenn ich dich gegen meinen Willen berühre."

Dass das Motiv selbst alt ist, zeigt der Beleg aus Sirach, d. h. aus dem 2. Jh. v. Chr., hier in der Version der Septuaginta:[9]

Sirach 13,2

βάρος ὑπὲρ σὲ μὴ ἄρῃς
καὶ ἰσχυροτέρῳ σου καὶ πλουσιωτέρῳ μὴ κοινώνει.
τί κοινωνήσει χύτρα πρὸς λέβητα;
αὕτη προσκρούσει, καὶ αὕτη συντριβήσεται.

Trage nicht eine Masse über deine Kraft und sei nicht zusammen mit einem Stärkeren und einem Reicheren als du. Wie wird ein Topf mit einem Kessel zusammenkommen? Dieser wird anstoßen, und dieser wird zerrieben werden.

Avians Fabel lässt sich gliedern in eine Einleitung (1–6), eine Actio (7–8) und eine Reactio (9–14); ein Pro- oder Epimythium fehlt.[10] Selbst wenn Babrios' Version etwas ausgeformter als die Paraphrase war, wird auf den ersten Blick klar, dass Avian hier stark neugestaltet hat. Insbesondere die lange Einleitung ist bemerkenswert; ferner kommen beide Töpfe zu Wort, und schließlich ist die Aussage deutlich verschoben.

Für eine Fabeleinleitung sind sechs Verse erstaunlich. Das ist umso auffälliger, als diese in ihrer Aussage auf einen Vers gekürzt werden könnten. Dies lässt sich nicht allein durch die Zerdehnung auf Distichen erklären.[11] Man hat schon lange gesehen, dass Avian in Vers 5 mit *dispar* […] *concordia* eine bekannte Junktur von Horaz aufgreift. Dieser fragt in seinem Brief an Iccius, worüber jener nachdenke, und führt dabei auch Empedokles' naturphilosophische Fragen an, darunter eben: *quid uelit et possit rerum* **concordia discors** („was die zwieträchtige Einheit der Dinge will und kann"; epist. 1,12,19). Die Junktur

---

9 Die Septuaginta wird zitiert nach Rahlfs/Hanhart (2006).
10 Selbst wenn das Aufbauschema der Fabel modern ist (vgl. z. B. Dithmar [1997], 190–196), lässt es sich hilfreich zur Analyse antiker Fabeln verwenden, gerade weil dadurch deutlich wird, wie diese Autoren mit dem Aufbau spielen. Vgl. Gärtner (2015), 47–48. Fehlende Pro- oder Epimythien, die die Aussage der Fabel verallgemeinern könnten, haben bei Avian auch bei dieser Fabel zu späteren Ergänzungen geführt; zum Problem der Fehlstellen und späteren Ergänzungen vgl. Poms (2022). Avian überlässt es hier seinen Rezipient:innen, ihre eigene Lehre zu ziehen.
11 Auf die Technik der Zerdehnung durch Distichen hat u. a. Holzberg (2022), 14, aufmerksam gemacht.

finden wir dann noch einmal in Ovids *Metamorphosen* im Zusammenhang der Schöpfung der Lebewesen aus der Erde: *et **discors concordia** fetibus apta est* („und die zwieträchtige Eintracht passt für die Zeugung"; met. 1,433) sowie bei Lucan bei der Ankündigung weiterer römischer Bürgerkriege: *temporis angusti mansit **concordia discors*** („es blieb die zwieträchtige Eintracht der beschränkten Zeit"; 1,98). Diskutiert wurde, ob die Parallelen zu Ovid und Lucan als intertextuelle Bezüge eine Rolle für Avian spielen.[12] Man sollte m. E. nicht nach *dem einen* Bezug suchen, sondern fragen, welche Nuancen die möglichen Subtexte in die Interpretation einbringen können. Diese Frage soll unten noch einmal aufgegriffen werden. Bei der Formulierung selbst ist zunächst der Austausch von *discors* zu *dispar* auffällig. Ich denke nicht, dass dies metrische Gründe hatte, wie Scanzo vermutete.[13] Avian verzichtete zwar auf das etymologische Wortspiel, betonte aber das, was für seine Fabel zentral war: Es ging primär nicht um Eintracht, sondern um die Unterschiedlichkeit zweier verwandter Sachen. Diese Spannung wird für die gesamte Einleitung zum Hauptthema, das dann durchgeführt wird.[14] Das soll im Folgenden in einem *close reading* gezeigt werden.

Schon im ersten Vers werden die Töpfe eingeführt. Hier wird ihre Verwandtschaft betont: *geminas* (1); sicherlich wird das Wort in der Bedeutung „zwei" verwendet, aber das „zur gleichen Zeit Geborensein" klingt mit; sonst hätte man einfach *duas* verwenden können. Zunächst steht ebenfalls noch das gemeinsame Schicksal im Zentrum: Beide Töpfe werden von überschwemmten Ufern gerissen; dies wird zudem durch die Wortstellung und den Binnenreim (-*as*) unterstrichen. Der Übeltäter des Entreißens (*eripiens* 1), der in der Fabel nur Auslöser, aber kein Protagonist ist, wird erst im Pentameter genannt: Es ist ein Fluss, der die Töpfe wahnsinnig in seinen Wassern mit sich führt. Auch hier wird das gleiche Schicksal noch einmal ausdrücklich betont: *pariter* (2).

Das zweite Distichon erklärt nun, wieso das gleiche Schicksal unterschiedliche Wirkung haben kann, was stark adversativ eingeleitet wird: *sed* (3): Aus ‚Zwillingen' werden jetzt lediglich „zwei" (*duas* 3), die getrennt geschaffen wurden, denn unterschiedlich war sowohl die Herstellungsart (*ars* 3) wie das Material (*natura* 3). Die Schicksalsgemeinschaft (*pariter* 2) wird daher durch die Beschaffenheit (***diuersa*** [...] *ars et natura* 3) kontrastiert. Dies wird – typisch für Avian – im Pentameter noch erläutert: Die beiden Materialien Erz und Ton nehmen Anfang (*aere* 4) und Endstellung (*luto* 4) ein und verweisen chiastisch auf *natura* (3) zurück, genauso wie die Herstellungstechnik des Gießens (*fusa* 4) und Töpferns (*ficta* 4) auf *ars* (3) zurückweist. Die Aussage bildet daher die Vorlage für die Folgerung im nächsten Vers: *dispar erat fragili et solidae concordia motus* (5). Ihre unterschiedliche Beschaffenheit macht aus dem an sich gleichen Schicksal (*pariter* 2) eine un-

---

12 Gaide (1980), 132, und Solimano (2005), 363–364, gingen wohl nur von einem Horazbezug aus; Scanzo (2001), 167–168, 200–201, verwies auf den insgesamt horazischen Charakter.
13 *dispăr* verwendet Avian auch sonst statt des üblichen *dispār* (23,8; vgl. 18,10: *impăr*) – ein Vorgehen im Umgang mit Längen und Kürzen, das in der Spätantike nicht ungewöhnlich war; Scanzo (2001), 167–168, 200–201, meinte nun, dass Avian deshalb *discors*, das an dieser Stelle metrisch nicht passte, ersetzt habe.
14 Ansatzweise hat dies Küppers (1977), 75, erfasst, jedoch nicht alle Feinheiten erkannt und etwas herablassend von Avians ‚recht handwerklicher Gestaltung' gesprochen.

gleiche Erfahrung (*dispar* 5), obwohl kein Grund für Zwietracht vorliegt; allein der Einklang der Bewegung (*concordia motus* 5) ist nicht gegeben. Hierbei wird noch einmal auf die Materialität verwiesen, allerdings schon proleptisch zugleich auf die Stabilität: Der Tontopf wird als ‚zerbrechlich' (*fragili* 5) bezeichnet, der eherne als ‚fest' (*solidae* 5).[15] Hier tritt eine Spielerei auf, die Avian weiterverfolgt: Der Strudel des Flusses wird dadurch verdeutlicht, dass sich die Positionen der Töpfe in den Versen chiastisch drehen, denn anders als in Vers 4 wird jetzt der tönerne zuerst genannt. Den Abschluss der Einleitung bildet noch einmal ein Blick auf den Fluss (6), wodurch ein Ring zum ersten Distichon geschlossen wird. Doch während der Fluss dort noch ein *flumen* (2) war, der beide Töpfe zugleich (*pariter* 2) mit sich riss, ist er nun zu einem Strom (*amnis* 6) geworden, dessen Lauf gedoppelt ausgedrückt ist; nicht nur ist er selbst ‚umherschweifend' (*uagus* 6), sein unsteter Weg wird durch das weite Hyperbaton (*incertum* [...] *iter* 6) auch noch abgebildet. Für den Leser ist somit das ungleiche Schicksal der Töpfe naheliegend.

Die Actio ist allerdings überraschend, gerade wenn man auf die Paraphrase der wohl zugrunde liegenden Babriosfabel schaut. Denn dort bittet der *Ton*topf, aus Angst getroffen und zerstört zu werden, den ehernen, fern von ihm zu schwimmen. Hier hingegen ist es der *Erz*topf, der selbst diesen Vorschlag macht und sogar wiederholt oder lange[16] schwört (*iurabat* 8), um den irdenen nicht zu schädigen, den ‚üblichen längeren Weg' (*solitam longius ire uiam* 8) zu nehmen. Subtil wird zudem durch die Wortwahl der Unterschied zwischen *uia* (8), dem bestehenden Weg, und *iter* (6), dem Gehen auch jenseits des Weges, verdeutlicht. Dies ist wohl so zu verstehen, dass das Wasser geradewegs über das überflutete Gebiet fließt, während der übliche Flusslauf weiter entfernt und ggf. gekrümmt verlief. Wie der Erztopf seinen Weg steuern will, ist freilich nicht erklärt. Dass der Erztopf dies eigentlich gar nicht kann und daher leere Versprechungen macht, mag eine mögliche Deutung sein. Vielleicht liegt es jedoch als Fabelsujet näher anzunehmen, dass er dies in der Fabelwelt eben doch kann und der irdene Topf in der Folge nur misstrauisch ist. Vermerkt sei, dass die Töpfe im Vers wieder herumgewirbelt wurden und ihre Position vertauscht haben (*aerea testam* 7).

Die Reactio (9–14) ist dreimal so lang wie die Actio (7–8). Nach einem einleitenden Distichon (9–10) ist dem irdenen Topf sogar eine wörtliche Rede gegönnt (11–14). An sich ist sie gar nicht mehr nötig, denn in diesem Distichon (9–10) werden die Furcht und die abstrahierende Begründung der Rede schon vorweggenommen.[17] Der Tontopf fürchtet, dass ‚dem Leichten' (*leuibus* 9) ‚das Schwerere' (*grauiora* 9) schaden könne; – wieder haben sich die Positionen der Töpfe vertauscht. Es wurde darüber spekuliert, ob der folgende Vers wirklich an dieser Stelle stand oder als ehemaliges Epimythium hier statt eines ausgefallenen Verses eingesetzt wurde.[18] Für Avian ist es aber nicht ungewöhnlich, dass der Pentameter eine ergänzende oder verallgemeinernde Aussage bringt. Die Ver-

---

15 Nicht umsonst ist hier die Konstruktion mit einem *Dativus incommodi* bzw. *commodi* gewählt.
16 Je nachdem, ob man das Imperfekt iterativ, durativ oder sogar konativ deutet.
17 Vgl. Holzberg (2022), 21, der dies als einen typischen Zug der Fabeln Avians hervorhob. Die Vorwegnahme der Pointe gehe einher mit einer Konzentration von vornherein auf das *fabula docet*.
18 Vgl. Cannegieter (1731), *ad loc.*

allgemeinerung zu ‚Klein gegen Groß' wird dadurch unterstrichen, dass die Gegensätze hier ihre Stellung nicht verändert haben, wie es für die Argumentation folgerichtig ist. Die Ergänzung ist indes wichtig, neu wird nämlich zusätzlich der Aspekt der Größe genannt: Insbesondere *breuis* ist auffällig, da die Größe bisher noch keine Rolle spielte. Der Topf ist nicht nur aus Ton, sondern offensichtlich zudem noch kleiner. Ferner tritt der Aspekt des Vertrauens hinzu, *fides* steht betont am Zeilenende (10). Denn nur bei einem vorausgehenden Versprechen bzw. hier einem Schwur, ist der Aspekt der Zuverlässigkeit bzw. des Vertrauens wichtig; sonst hätte der Tontopf schlichtweg Angst. Avian nutzt den Vers zudem, um Phaedrus nebenbei seine Reverenz zu erweisen; denn dort liest man im Promythium zur Fabel 1,5, wo Kuh, Ziege und Schaf zu ihrem Nachteil eine Jagdgemeinschaft mit dem Löwen bilden: *numquam est fidelis cum potente societas* („Niemals gibt es ein zuverlässiges Bündnis mit einem Mächtigen"; Phaedr. 1,5,1). Selbst wenn die Töpfe hier keine *societas* gebildet haben, ist das Vertrauensverhältnis, die *fides*, zentral. Die Fabel erhält dadurch eine Moralisierung und dies wird anstelle eines Epimythiums einem Sprecher in den Mund gelegt.[19]

Somit beginnt der Tontopf seine Rede mit dem Hinweis, dass der Erztopf ihn zwar durch Worte (*uerbis* 11) ‚sicher' (*securam* 11) gemacht habe, seine Furcht aber dennoch nicht aus dem Herzen gestoßen werde.[20] Wir sind in der Fabel, daher hat auch ein Tontopf ein Herz (*ex animo* 12). Mit dem Herz-Thema wird demnach ebenso gespielt, da sich zeigt, dass eine wahre *concordia* (5) nicht möglich war. Das abschließende Distichon liefert eine Begründung (*nam* 13), die von der Sache her an sich nichts Neues beinhaltet. Die Beteuerung des Erztopfs, in der Ferne schwimmen zu wollen, wird nicht aufgegriffen, denn nun kommt die Kraft, der sie ausgesetzt sind, wieder ins Spiel: der Fluss. Hier wird treffend nur von einer Woge (*unda* 13) gesprochen, weil eine große Welle die Distanz zwischen den Töpfen unvorhersehbar wieder verringern kann: Das potenzielle Umherwirbeln der Töpfe wird durch die Wortfolge *me siue tibi, seu te mihi* (13) abgebildet. Wie in der griechischen Paraphrase wird betont, dass, egal wer auf wen trifft, der Tontopf zerbrechen wird. Avian hat in seinem Schlussvers aber eine letzte Pointe untergebracht, denn noch einmal taucht der Aspekt der Gemeinsamkeit durch die Wortwahl *ambobus* (14) auf, doch aus der Gemeinsamkeit ist jetzt aus der Sicht des Tontopfs die Einsamkeit im Unheil geworden – eine eindrucksvolle Wortfolge am Ende der Fabel malt dies aus: ***ambobus** subdita **sola** malis*.

Werfen wir nach dem *close reading* noch einmal einen Blick auf die oben genannten möglichen intertextuellen Bezüge. Anspielungen auf andere Horazpassagen machen es wahrscheinlich, dass für die eindrückliche Junktur *dispar [...] concordia* die erwähnte Horazepistel (epist. 1,12,19) der Subtext war. Verwiesen sei daneben vor allem auf Hor.

---

19 Zur Moralisierung als typischem Zug von Avians Darstellung vgl. Küppers (1977), 118; zum Unterbrechen einer geradlinigen Erzählung durch Reflexionen und allgemeine Aussagen vgl. Küppers (1977), 87–88.

20 Dass die Furcht bleibt, wird zudem durch die Wiederholung von *timens* (9) und *timor* (12) ausgedrückt. Das könnte auf einen konativen Aspekt des *iurabat* (8) schließen lassen; s. Anm. 15. – Ellis (1887), *ad loc.*, betonte wohl zu Recht, dass das Gerundiv in der Spätantike wie ein Futur Passiv verwendet wird.

carm. 1,2, wo die Überschwemmung thematisiert wird, sowohl in der Furcht vor einer neuen Sintflut wie in der aktuellen Tiberüberschwemmung. So wie dort das Vieh werden bei Avian die Töpfe aus ihrer Umgebung gerissen. Vom Tiber heißt es bei Horaz: *uidimus flauom Tiberim retortis | litore Etrusco uiolenter undis | ire* („Wir sahen den hellen Tiber mit seinen vom etruskischen Ufer gewaltsam zurückgeworfenen Wellen daherkommen"; carm. 1,2,13–15). Hier scheinen bei Avian die Begriffe z.T. gezielt ausgetauscht, z.T. übernommen zu sein: *ripis* (Avian. 11,1) – *litore* (Hor. carm. 1,2,14), *ripa* (19); *insanis* (2) – *uiolenter* (14); *aquis* (2) [*unda* 13] – *undis* (14); *uagus amnis* (6) – *uagus* [...] *amnis* (19–20); *iter* (6) – *ire* (15). Allerdings möchte der Tiber Königsdenkmäler und Vestatempel zerstören, während es bei Avian um Töpfe geht. Der auffälligste Bezug ist sicherlich bei Avian die Engführung von *uagus amnis* (6) aus der weiten Sperrung *uagus* [...] *amnis* bei Horaz (19–20), die einen deutlichen Marker darstellt.[21] Wichtig ist schließlich, dass auch in Horazens Gedicht Zwietracht, hier der Bürgerkrieg, beklagt wird, wie in der folgenden Strophe zu lesen.[22] Außerdem ist auf eine Passage aus den Satiren zu verweisen. In seiner Selbstrechtfertigung als Satiriker sagt das Ich: *tamen me | cum magnis uixisse inuita fatebitur usque | inuidia et **fragili** quaerens inlidere dentem | offendet **solido*** („Dennoch wird der Neid ungern immer wieder zugeben, dass ich mit den Großen gelebt habe, und er wird, wenn er versucht, seinen Zahn in Zartes zu schlagen, ihn an Festem verletzen"; sat. 2,1,75–78). Das Motiv, dass der Neid, der Zerbrechliches zu beißen sucht, seinen Zahn an Festem verletzt, verweist auf einen poetologischen Kontext. Es bleibt zu fragen, ob der Bezug zu Avians Töpfen (5) dies aufruft. Der poetologische Aspekt soll am Ende noch einmal aufgegriffen werden.

Blicken wir zurück auf den Ausgangspunkt der Überlegungen zur Intertextualität, so ist nach obigen Ausführungen wohl plausibel, dass die Junktur *dispar* [...] *concordia* vornehmlich auf Horaz verweisen soll. Aus dem Kontrast zwischen existenziellen Fragen der Weltdeutung in Horazens Brief und zwei Töpfen im Fluss bei Avian ergibt sich ein heiterer Kontrast, der allerdings auf den zweiten Blick gar kein Kontrast ist, denn für den Tontopf geht es um die Existenz – und so auch für die Menschen, auf die sich die Fabel ja übertragen lassen soll. Doch sollten die beiden anderen Bezüge gleichfalls berücksichtigt werden: Der Kontext bei Ovids *Metamorphosen* ergibt eine nicht unwitzige Parallele, weil es dort immerhin ebenso um die Schöpfung aus Erde/Ton und die Rolle des Wassers geht; ganz zu schweigen von der Sintflut, die schon vorausgegangen war. Dass bei Lucan schließlich Bruderkriege (*fraterno* [...] *sanguine* 1,95) gemeint sind, lässt den Verlust der Brüderlichkeit zwischen den beiden Töpfen (*geminas* 1) in stärkerem Licht erscheinen. So sollte man hier m.E. alle Subtexte mitklingen lassen; erst dann entfaltet die Fabel ihre Farbigkeit.

Die Fabel wird demnach insgesamt moralisiert sowie politisiert. Der Ausgang bleibt bei Avian wie in der Vorlage offen. Doch ist der Tontopf nun nicht nur dem Fluss ausgesetzt, sondern auch noch der Zuverlässigkeit des Erztopfs. Interessanterweise hat z.B. La

---

21 Dies wird bei Mart. 10,85,3–4 aufgenommen.
22 Hor. carm. 1,2,21–24: *audiet ciuis acuisse ferrum, | quo graues Persae melius perirent, | audiet pugnas uitio parentum | rara iuuentus* („Es wird hören, dass Bürger das Schwert schärften, durch das besser die Perser untergingen, es wird hören von Schlachten die durch die Schuld der Eltern geringe Jugend.").

Fontaine (5,2) in seiner Fabelversion den Fluss gänzlich herausgenommen; hier lädt der Eisentopf den Tontopf zu einer gemeinsamen Reise zu Fuß ein und überwindet die Bedenken des Tontopfs mit der Beteuerung, ihn gegen Stärkere zu schützen. Doch zerbricht jener schon nach 100 Schritten durch das ständige Aneinanderstoßen. Die Moral lautet, dass man sich nur mit Seinesgleichen zusammentun solle. Die Moralisierung ist bei La Fontaine demnach noch viel stärker, die Spannung jedoch herausgenommen.

Die Darstellung bei Avian ist also ganz ihm eigentümlich. Dass es Dinge waren, die hier die Hauptrollen spielten, kann man bei dieser liebevollen Ausgestaltung beinahe übersehen. Auf den ersten Blick werden sie nicht anders behandelt als die übrigen Akteure.

2.2   Avian. 39[23]

Erst sehr viel später begegnet dem Leser wieder ein Gegenstand als Akteur. Es ist ein Horn. Dass es spricht, liegt vielleicht ein wenig näher als bei Töpfen, denn es hat als Signalinstrument ja etwas zu ‚sagen'.

> *Vouerat attritus quondam per proelia miles*
>   *omnia suppositis ignibus arma dare,*
> *uel quae uictori moriens sibi turba dedisset,*
>   *uel quidquid profugo posset ab hoste capi.*
> *interea uotis fors affuit et memor arma*   5
>   *coeperat accenso singula ferre rogo.*
> *tunc lituus rauco deflectens murmure culpam*
>   *immeritum flammis se docet isse piis.*
> *„nulla tuos," inquit, „petierunt tela lacertos,*
>   *uiribus affirmes quae tamen acta meis.*   10
> *sed tantum uentis et cantibus arma coegi,*
>   *hoc quoque submisso (testor et astra) sono."*
> *ille resultantem flammis crepitantibus addens,*
>   *„nunc te maior," ait, „poena dolorque rapit:*
> *nam licet ipse nihil possis temptare nec ausis,*   15
>   *saeuior hoc, alios quod facis esse malos."*

Gelobt hatte einst ein Soldat, der durch die Schlachten zermürbt war, alle Waffen dem daruntergelegten Feuer zu übergeben, sowohl die, die ihm als Sieger die sterbende Schar übergeben hatte, als auch all das, was dem fliehenden Feind entrissen werden konnte. Inzwischen war der Zufall seinen Gebeten günstig, und in Erinnerung daran hatte er begonnen, die Waffen einzeln auf einen entzündeten Scheiterhaufen zu bringen. Da wandte ein Horn mit dumpfem Gemurmel die Schuld von sich und belehrte ihn, dass es unschuldig in die frommen Flammen ginge. „Keine Geschosse erstrebten deine Arme, von denen du behaup-

---

23   Zur Interpretation vgl. Ellis (1887), 123–124; Scanzo (2001), 181–183; 218–219; Solimano (2005), 408–411.

ten könntest, dass sie durch meine Kräfte angetrieben wurden. Doch habe ich nur durch Luftzüge und Klänge die Waffen zusammengetrieben, und dies zudem mit tiefem Ton (ich rufe zudem die Sterne als Zeugen an)." Jener fügte das Widerstrebende den krachenden Flammen hinzu und sagte: „Nun rafft dich größere Strafe und Qual dahin: Denn magst du auch selbst nichts in Angriff nehmen können und wagen, bist du doch umso wilder, weil du andere zu Schlechten machst."

Leider kann hier aus Platzgründen kein *close reading* erfolgen, obwohl es sich lohnte. Für unseren Zusammenhang genügt ein Vergleich mit der vermutlichen Vorlage. Wieder ist die Babriosfabel nicht erhalten. Die Paraphrase lässt jedoch eine ähnliche Vorlage erwarten (131 K. [= Babr. 179 Cr.; fr. 12 LaP./L.; ~Aes. 370 P.; 289 Hsr.]):

ὅτι πλεῖον πταίουσιν οἱ τοὺς κακοὺς καὶ βαρεῖς δυνάστας διεγείροντες πρὸς τὸ κακοποιῆσαι.
σάλπιγγός τις ἦν ἐπιστήμων στρατὸν συνάγων εἰς συμβολὰς πολέμων. οὗτος αἰχμάλωτος ληφθεὶς ἱκέτευε μὴ κτείνειν αὐτόν, ὡς μήτε τινὰ φονεύοντα μήτε κουρσεύοντα, πλὴν τὸ χαλκοῦν τοῦτο βύκανον εἰδέναι. οἱ δὲ εἶπον· „διὰ τοῦτο μᾶλλον τεθνήξῃ, ὅτι σὺ μηδὲν ἰσχύων τοὺς ἄλλους διεγείρεις."

Dass die mehr Unglück haben, die die schlechten und drückenden Mächtigen anregen zum bösen Handeln.
Es gab einen, der die Trompete beherrschte, und er führte ein Heer zu Schlachten mit Feinden. Als er als Kriegsgefangener gefasst war, flehte er, ihn nicht zu töten, da er ja weder jemanden töte noch plündere, sondern nur diese eherne Trompete kenne. Die aber sagten: „Deshalb wirst du noch eher tot sein, weil du, obwohl du selbst nichts vermagst, die anderen antreibst."

Nur vier Dinge seien hier erwähnt: Das Auffälligste ist in unserem Zusammenhang, dass der Trompeter der griechischen Vorlage bei Avian durch ein Ding, nämlich das Horn selbst, ersetzt wird, das zudem noch eine längere Rede erhält.[24] Ferner ist der Gegenstand dezidiert ein Musikinstrument, auch wenn er zu den *arma*, den Waffen, gezählt wird. Sein Laut, tief und rau, wird ebenfalls ausdrücklich erwähnt: *rauco* [...] *murmure* (7), *cantibus* (11), *submisso* [...] *sono* (12).[25] Der Gegenstand wird zudem als negativ dargestellt. Er kann selbst eigentlich nichts, verführt nur andere zum schlechten Handeln. Bei dem kriegsgefangenen Trompeter der griechischen Fabel macht es Sinn, dass er sich mit seinem Argument gegen die Gegner verteidigt. In Avians Fabel ist es nicht dezidiert gesagt, aber Rezipient:innen werden an einen römischen Soldaten gedacht haben. Betont ist, dass es sich ausschließlich um erbeutete Waffen der Feinde handelt; das übliche Motiv, dass man

---

24 Die Folgerung aus der Übersicht in der Einleitung, dass Dinge bei Avian eine wichtigere Rolle spielen, wird also bestätigt.
25 Solimano (2005), 410, verwies darauf, dass der *lituus* eigentlich ein Instrument mit hohem, scharfem Klang war. M.E. setzt Avian hier absichtlich einen Akzent mit dem tiefen ggf. hohlen Klang; vgl. Prop. 3,3,41; s.u.

als alter Soldat *seine* Waffen weiht,[26] wird also verändert. Dies ergibt dann Sinn, wenn das Horn dadurch zu einem feindlichen Gegenstand wird, der dem römischen Soldaten geschadet hat. Es geht also nicht um diffuse Kriegsmüdigkeit oder Pazifismus, so Solimano.[27] Abschließend sei darauf verwiesen, dass es keine auffälligen intertextuellen Bezüge gibt.[28]

2.3 Avian. 41[29]

Die vorletzte Fabel in Avians Sammlung ist ebenfalls einem Gegenstand gewidmet.

> *Impulsus uentis et pressa nube coactus,*
> *ruperat hibernis se grauis imber aquis.*
> *cumque per effusas stagnaret turbine terras,*
> *expositum campis fictile pressit opus.*
> *mobile namque lutum tepidus prius instruit aer,*   5
> *discat ut admoto rectius igne coqui.*
> *tunc nimbus fragilis perquirit nomina testae.*
> *Immemor illa sui, „amphora dicor", ait.*
> *„nam me docta manus rapiente uolumina gyro*
> *molliter obliquum iussit habere latus."*   10
> *„hactenus hac," inquit, „liceat constare figura:*
> *nam te subiectam diluet imber aquis."*
> *et simul accepto uiolentius amne fatiscens*
> *pronior in tenues uicta cucurrit aquas.*
> *infelix, quae, magna sibi cognomina sumens,*   15
> *ausa pharetratis nubibus ista loqui.*
> *haec poterunt miseros posthac exempla monere*
> *subdita nobilibus ut sua fata gemant.*

Getrieben von Winden und in einer dichten Wolke zusammengedrängt war ein schwerer Regen mit winterlichen Wassern losgebrochen. Und als er im Wirbel über die überschwemmten Länder einen See bildete, bedrängte er das tönerne Werk, das auf den Feldern [zum Trocknen] ausgelegt war. Denn den formbaren Ton bereitet zuerst die laue Luft vor, damit er dann lernt, wenn Feuer angelegt ist, richtiger gebrannt zu werden. Da fragte der Sturzregen nach dem Namen des zerbrechlichen Tongefäßes. Sich vergessend sagte jenes: „Amphore nennt man mich. Denn eine gelehrte Hand befahl mir, als die Töpferscheibe rasend Kreise drehte, eine sanft gekrümmte Seite zu haben." „Nur bis jetzt", sagte der, „mag es erlaubt sein, in dieser Form zu bestehen: Denn der Regen wird dich mit seinen Wassern unterdrücken und auflösen." Und zugleich, als es allzu heftig einen Schwall empfangen

---

26 Vgl. z. B. Hor. carm. 3,26,3–4.
27 Solimano (2005), 409.
28 Vgl. Scanzo (2001), 181: Zu *suppositis ignibus*: Verg. Aen. 11,119; Ov. met. 2,810; fast. 4,803–804.
29 Zur Interpretation vgl. Ellis (1887), 127–128; Scanzo (2001), 67–68, 102, 182–183; Solimano (2005), 412–413.

hatte, löste es sich auf und stürzte vornüber besiegt ins zarte Wasser. Das Unglückliche, das sich große Beinamen nahm und es wagte, dies den köchertragenden Wolken zu sagen. Diese Beispiele werden später Elende mahnen können, ihr Schicksal, das den Vornehmen unterworfen ist, zu bejammern.

Auch hier ist ein *close reading* leider nicht möglich. Folgendes ist für unseren Kontext wichtig: Zunächst ist der Aufbau besonders eigenwillig: Einleitung (1–6), Hauptteil 1 (Actio 7, Reactio 8–10), Hauptteil 2 (11–16), Epimythium (17–18). Die Einleitung ist wieder einmal aufwändig ausgeformt; nach einem üblichen Hauptteil mit Actio/Reactio folgt zudem eine Art zweiter Hauptteil, der das Schicksal des törichten Tongefäßes beschreibt, was in anderen Fabeln wie etwa 11 der Phantasie der Rezipient:innen überlassen blieb; das folgende Epimythium ergänzt dies dann noch einmal. Auf das letzte Drittel hätte man streng genommen verzichten können. Ferner gibt es erneut keine direkte Vorlage bei Babrios, doch scheint Avian eine Fabel umgearbeitet zu haben, die ebenfalls in der *Paraphrasis Bodleiana* erhalten ist (ParaBodl. 124 K. [= Babr. 172 Cr.; Aes. 368 P.; 321 Ch.]):

ὅτι τολμηρὸν ἄνδρα καὶ αὐθαδῆ πολλάκις εἰς γῆν κατήγαγε συμφορὰ βίου.
ποταμὸς δι' αὐτοῦ βύρσαν βοείαν φερομένην ἠρώτησε· „τίς καλεῖ;" τῆς δὲ εἰπούσης· „σκληρὰ καλοῦμαι," ἐπικαχλάσας τῷ ῥεύματι εἶπεν· „ἄλλο τι ζήτει καλεῖσθαι· ἐγὼ γὰρ ἤδη ἁπαλήν σε ποιήσω."

Dass einen kühnen und anmaßenden Mann oft der Zufall des Lebens auf den Boden zurückbringt.
Ein Fluss fragte eine Rindshaut, die durch ihn trieb: „Wie heißt du?"; als die sagte: „Hart werde ich genannt.", schlug der mit seinem Strom darauf und sagte: „Suche, anders genannt zu werden; ich werde dich nämlich schon weich machen."

Die Veränderungen in Avians Fabel zur griechischen Fassung sind auffällig: Zunächst hat das Tongefäß statt der Tierhaut die Hauptrolle inne, Gegner ist der Regen statt des Flusses.[30] Avian hat wohl die Haut durch das Tongefäß ersetzt, um zwei Gedichte aufeinander zu beziehen und hierdurch eine tiefere, womöglich poetologische Aussage zu erlangen.[31] Der Regen ist im Erzählzusammenhang logischer, vielleicht ist er nur eine Variatio. In jedem Fall hat der Dichter genügend Bezüge zum ‚Fluss' eingebaut, um auf das Vorbild anzuspielen. War ferner die Fabel 11 eine Hommage an Horaz, so könnte man diese Fabel eine Hommage an die epische – didaktische wie narrative – Dichtung nennen. Der Kürze halber sei dies hier nur tabellarisch dargestellt:[32]

---

30 Der Wasserschwall, der das Gefäß bei Avian schließlich zerstört, wird allerdings als *amnis* (13) bezeichnet; der ‚Fluss' kommt jetzt als Regen gewissermaßen von oben.
31 Wie die Fabel bei Babrios im Detail ausgeformt war, wissen wir nicht. Es könnte aber sein, dass sie einen poetologischen Aspekt hatte, denn das Ich äußert im 1. Prolog, dass es πικρῶν ἰάμβων σκληρὰ κῶλα θηλύνας („die harten Füße der bitteren Iamben weich gemacht"; Babr. 1 prol. 19) habe.
32 Die Parallelen finden sich schon bei Ellis (1887), Scanzo (2001) und Solimano (2005) aufgeführt.

Lucr. 6,511–512:	*copia nimborum turba maiore **coacta** urget et e supero premit ac facit effluere **imbris**.*
Verg. Aen. 11,548–549:	*tantus se nubibus **imber** | **ruperat**.*
Verg. Aen. 3,194–195:	*tum mihi caeruleus supra caput astitit **imber** noctem **hiememque ferens***
Verg. georg. 4,288:	*accolit **effuso** stagnantem **flumine** Nilum*
Verg. georg. 3,165:	*dum faciles animi iuuenum, dum **mobilis** aetas.*
Verg. Aen. 1,123:	***accipiunt** inimicum imbrem rimisque **fatiscunt**.*
Val. Fl. 4,48:	*icta **fatiscit aquis** donec domus haustaque fluctu est;*
Verg. georg. 3,335:	*tum **tenuis** dare rursus **aquas** et pascere rursus*
Verg. georg. 4,410:	*excidet, aut in **aquas tenuis** dilapsus abibit.*
Ov. met. 8,558–559:	*tutior est requies, solito dum flumina currant limite, dum **tenues** capiat suus alueus **undas**.*

Die Bezüge dienen einerseits als Verweis auf die griechische Vorlage. Genannt sei vor allem die Verbindung von Regen-, Sturm- und Flussbildern, durch die Avian trotz seiner neuen Verwendung des Sturzregens auf den Fluss in der griechischen Fabel zurückweist. Andererseits heben sie die Fabel auf ein episches Niveau. Dies betrifft das didaktische Epos, denn der Topf hat noch zu lernen (*instruit* 5; *discat* 6), vor allem aber das narrative Epos. Heitere Ironie klingt zudem an, wenn Avian den Topf mit *infelix quae* (15) tituliert und dieser somit zu einer epischen Gestalt wird – wie z. B. Coroebus im zweiten Buch der *Aeneis*, der nicht auf seine frühere Verlobte Cassandra hörte und so zu Tode kam:

Verg. Aen. 2,345–346:	***infelix** qui non sponsae praecepta furentis | audierit.*

Worum es mir hier aber vor allem geht, ist Folgendes: Es scheint, dass Avian die drei Ding-Fabeln gezielt zu einander in Beziehung gesetzt hat. Die Verbindung von 11 und 41 liegt nahe: Es sind jeweils Töpfe, ja speziell Tongefäße beteiligt, dem tönernen Gefäß droht die Zerstörung. Beide Male spielt eine Wassermasse, insbesondere eine Überschwemmung, eine Rolle. Dies wird noch durch wörtliche Bezüge unterstrichen:

11,4: *ficta luto*	41,5: *lutum*
	41,4: *fictile*
11,5: *fragili*	41,7: *fragilis*
11,6: *amnis*	41,13: *amne*
11,7: *testam*	41,7: *testae*

Doch zwischen 39 und 41 gibt es gleichfalls Bezüge, denn jeweils ist das Feuer entscheidend sowie das Wagnis des Scheiternden:

39,2: *ignibus*	41,6: *igne*
39,15: *ausis*	41,16: *ausa*

Ich könnte auch dies hier vertiefen, möchte aber mit einigen kühneren Überlegungen zur Poetologie schließen.

3 Ton und Erz, klein und groß, laut und leise

Zusammenfassend lässt sich bis jetzt Folgendes festhalten: Zunächst einmal sind die drei Dinggedichte aufeinander zukomponiert. Die kunstvolle Ausgestaltung zeigt ferner, dass Avian Dinggedichten eine besondere Rolle zuweist. Obwohl es sich um Dinge handelt, werden die Gedichte zudem stärker moralisiert, als es die Vorlagen wohl waren. Intertextuelle Bezüge verleihen den Fabeln schließlich je besonderes Kolorit:[33] Fabel 11 gibt sich betont horazisch, Fabel 41 betont episch. Zudem bieten kleine Gedicht über Gefäße zahlreiche Bezüge zur Epigrammatik.[34]

Doch könnten diese Gedichte poetologisch gedeutet werden?[35] Das eingerahmte Gedicht 39 verurteilt das Kriegshorn nicht nur moralisch: Dieses klingt auch rau und tief. Hier ist das Singen (*cantibus* 11) sogar thematisiert. Doch das hilft nichts, das Horn gehört ins Feuer.[36] Dabei mag man an die Verurteilung allen lauten Getöses durch die

---

33 Durch seine zahlreichen intertextuellen Bezüge, deren Bedeutung weit über das hinausgeht, was Scanzo (2001) ansatzweise aufgeführt hat, steht Avian noch ganz in der Tradition der spätantiken Dichtung des 4. Jh., deren Vielfalt z. B. Pelttari (2014) aufgezeigt hat.

34 Gefäße waren in der epigrammatischen Tradition bevorzugter Gegenstand für Aufschriften oder Beschreibungen; man denke etwa an die Gefäße in Martials *Xenia* und *Apophoreta* (z. B. 13,8; 14,98. 106. 116) oder die Phiale in Mart. 3,40; Avians Verse 41,9–10 könnte man z. B. als eine solche Aufschrift lesen.

35 Zur poetologischen Deutung von Avians Fabeln vgl. Gärtner (2022b); Poms (2022).

36 Das Horn oder die Tuba stehen häufig für den Klang des Kriegs, der zugleich das Epos aufruft, von dem sich die kleine Dichtung, für die das Rohr oder die Flöte steht, absetzen will; ein intertextueller Bezug ließe sich durch wörtliche Anklänge vor allem zu dem poetologisch aufgeladenen Gedicht Martials (8,3) herstellen. Dort möchte das Dichter-Ich aufhören zu dichten, wird jedoch von seiner Muse aufgefordert, weiter *nugae* – also kleine durchgefeilte Gedichte im Stil Catulls – zu verfassen: *aspera uel paribus bella tonare modis, | praelegat ut **tumidus rauca** te uoce magister* [...] *angusta **cantare** licet uidearis auena, | dum tua multorum uincat auena **tubas*** („oder willst du im passenden Versmaß Kriege erdonnern lassen, damit dich ein aufgeblasener Lehrer mit rauer Stimme vorliest [...]. Magst du auch scheinen, auf dünnem Rohr zu spielen, solang dein Rohr nur die Tuba der Masse besiegt."; Mart. 8,3,14–22); vgl. Mart. 7,80; 8,55. Wenn Avian im vorletzten Gedicht darauf anspielt, kann dies ein poetologischer Scherz sein, da er nun wirklich aufhört zu dichten. Dies wäre umso geistreicher, als sein Vorbild Phaedrus im Epilog zu Buch 3 (und zu Buch 4) ebenfalls ankündigt aufzuhören, dann aber (in Umkehrung zu Ovids Aussage zu Beginn der *Amores*) statt der drei Bücher fünf verfasst; zu diesem poetologischen Spiel bei Phaedrus vgl. Gärtner (2015), 49. – Im Zusammenhang mit Ovid sei noch eine weitere mögliche poetologische Spielerei erwähnt: Ovid betont zu Beginn der *Amores*, dass sein Epos hervorragend ‚lief', bis Cupido ihm einen Versfuß stahl: *arma graui numero uiolentaque bella parabam | edere, materia conueniente modis. | **par erat inferior uersus** – risisse Cupido | dicitur atque unum surripuisse pedem* („Waffen und Kriege im schweren Rhythmus zu beschreiben schickte ich mich an, wobei der Stoff mit dem Versmaß übereinstimmte. Gleich war der zweite Vers – da soll Cupido gelacht und einen Fuß entrissen haben."; Ov. am. 1,1,1–4). Ovid

kallimacheisch-augusteische Dichtung denken.³⁷ Von den beiden Töpfen aus Fabel 11 ist der zerbrechliche (*fragilis*), leichte (*leuis*), kleine (*breuis*) zu schützen; doch sind dies alles Begriffe, die wieder mit den kalllimacheisch-augusteischen Idealen der kleinen, feinen Dichtung in Einklang zu stehen scheinen. Die Betonung der Gegensätze war durch die Variation des *concordia discors*-Motivs besonders auffällig.³⁸ Ist es Zufall, dass der Tontopf *ficta* (4) ist?³⁹ Kleine durchgefeilte fiktionale Dichtung im Stil eines Horaz hat es schwer, sich gegen Erztöpfe (die, selbst wenn es nicht gesagt wird, lauten Krach machen) durchzusetzen, und genauso die Fabeldichtung, die ja, wie Phaedrus in 1 prol. 7 betont, eine *ficta fabula* ist. Die Amphore in 41 hingegen ist zwar ebenfalls aus Ton, aber sie ist eben noch nicht vollendet, vor allem aber ist sie wortwörtlich aufgeblasen wie überheblich, hat noch nicht genug gelernt, und große Gefäße stehen auch sonst im dichtungskritischen Kontext für hohle Dichtung bzw. Rhetorik. Man denke etwa an Horaz: *an tragica desaeuit et ampullatur in arte?* („oder wütet und tönt er hohl in tragischer Kunst?"; epist. 1,3,14) oder das *Catalepton*: *ite hinc, inanes, ite, rhetorum ampullae, | inflata rhoezo non Achaico uerba* („Geht von hier, ihr eitlen, geht, ihr hohlen Flaschen der Redner, ihr Worte, aufgeblasen von ungriechischem Schwung!"; 5,1–2). Die vielen Bezüge auf die epische Dichtung lassen sich zudem als kritische Ablehnung der Großform lesen.

Lautes Getöse gehört ins Feuer, aufgeblasene epische Dichtung fällt in sintflutartigem Regen in sich zusammen, aber die durchgefeilte Versfabel, die gilt es zu schützen. Auch das könnte uns eine Fabel über Töpfe lehren, so skurril sie zunächst klingen mag.

Literaturverzeichnis

Asper, M.: *Onomata allotria. Zur Genese, Struktur und Funktion poetologischer Metaphern bei Kallimachos*. Stuttgart 1997 (= Hermes Einzelschr. 75)

Cannegieter, H.: *Flavii Aviani Fabulae. Cum commentariis selectis Albini Scholiastae veteris notisque integris I. N. Neveleti et C. Barthii quibus animaduersiones suas adjecit. Accedit ejusdem dissertatio de aetate et stilo Flavii Aviani*. Amsterdam 1731

Cascón Dorado, A.: *Fedro. Fábulas. Aviano. Fábulas. Fábulas de Rómulo. Introducciones, traducción y notas*. Madrid 2005

---

betont also die Gleichheit im ehemaligen Hexameter, während Avian im vorliegenden Distichon die Ungleichheit betont: ***dispar erat*** („ungleich war"; 11,5).

37 Vgl. grundlegend Asper (1997); zur Übernahme in der römischen Dichtung vgl. Wimmel (1960); zur Übernahme in der Fabel vgl. Gärtner (2007) und (2015), 21–37; Spielhofer (2022) und (2023), 51–71.

38 Nicht umsonst hat Hardie (2019), 103–134, ein Kapitel seines Buchs zur lateinischen Dichtung der Spätantike mit „Concord and Discord. Discordia discors" bezeichnet, in dem er dem Aufgreifen des Motivs u. a. bei Claudian, Prudentius, Paulinus, Augustinus, Arator u. v. a. nachgeht. Avian wird dabei leider nicht behandelt.

39 Vgl. 41,4: *fictile*. Zum Motiv der Fiktionalität bei Avian und insbesondere in Einleitungsepistel und erster Fabel s. Gärtner (2022b); zu Phaedr. 1 prol. 7: *fictis iocari nos meminerit fabulis* s. Gärtner (2015), 60–68. Zum Fiktionalitätsdiskurs in der Antike allgemein vgl. Feddern (2018).

Chambry, É.: *Aesopi Fabulae. Recensuit.* Paris 1925 (= Ch.)
Crusius, O.: *Babrii fabulae Aesopeae. Accedunt fabularum dactylicarum et iambicarum reliquiae. Ignatii et aliorum tetrasticha iambica rec. a C. F. Mueller.* Leipzig 1897 (= Cr.)
Dithmar, R.: *Die Fabel. Geschichte, Struktur, Didaktik.* Paderborn u. a. ⁸1997 (= UTB 73)
Ellis, R.: *The Fables of Avianus. Edited with prolegomena, critical apparatus, commentary, excursus and index.* Oxford 1887 (reprint: Hildesheim 1966)
Feddern, St.: *Der antike Fiktionalitätsdiskurs.* Berlin/New York 2018 (= Göttinger Forum für Altertumswissenschaft, Beihefte N. F. 8)
Gärtner, U.: „levi calamo ludimus. Zum poetologischen Spiel bei Phaedrus." *Hermes* 135 (2007) 429–459
Gärtner, U.: *Phaedrus. Ein Interpretationskommentar zum ersten Buch der Fabeln.* München 2015 (= Zetemata 149)
Gärtner, U.: „Aesopi ingenio statuam posuere Attici. The author image in Phaedrus' fables." In *Ut pictura poeta. Author Images and the Reading of Ancient Literature. Autorbilder und die Lektüre antiker Literatur,* hg. von ed. by U. Tischer, U. Gärtner und and A. Forst. Turnhout 2022 (= GIFBIB 29), 201–232 (= Gärtner [2022a])
Gärtner, U.: „Lupus in fabulis. Deconstructing Fables in Ancient Fable Collections." In *Ancient Fables – Sour Grapes? New Approaches,* hg. von ed. by U. Gärtner und and L. Spielhofer. Hildesheim/Zürich/New York 2022 (= Spudasmata 195), 45–75 (= Gärtner [2022b])
Gaide, F.: *Avianus. Fables. Texte établi et traduit.* Paris 1980
Guaglianone, A.: *Aviani fabulae. Recensuit.* Torino 1958
Guaglianone, A.: *Phaedri Augusti liberti liber fabularum. Recensuit.* Torino 1969 (= G.)
Guaglianone, A.: *I favolisti latini.* Napoli 2000
Hardie, Ph.: *Classicism and Christianity in Late Antique Latin Poetry.* Oakland 2019
Hausrath, A.: *Corpus fabularum Aesopicarum. Vol. I. Fabulae Aesopicae soluta oratione conscriptae. Edidit. Fasc. I.* Editionem alteram curavit H. Hunger. Leipzig ⁴1970; *Fasc. II. Indices ad fasc.* 1 & 2 adiecit H. Haas. Editionem alteram curavit H. Hunger. Leipzig 1959 (= Hsr.)
Holzberg, N.: *Die antike Fabel. Eine Einführung.* Darmstadt ³2012
Holzberg, N.: *Spätantike Fabeln. Avianus und Romulus. Lateinisch-deutsch.* Hrsg. u. übers. Berlin/Boston 2022
Knöll, P.: *Fabularum Babrianarum paraphrasis Bodleiana. Edidit.* Wien 1877 (= K.)
Küppers, J.: *Die Fabeln Avians. Studien zu Darstellung und Erzählweise spätantiker Fabeldichtung.* Bonn 1977 (= Habelts Dissertationsdrucke. Klass. Phil. 26)
Luzzatto, M. J./La Penna, A.: *Babrii Mythiambi Aesopei. Ediderunt.* Leipzig 1977 (= LaP./L.)
Pelttari, A.: *The Space that Remains. Reading Latin poetry in late antiquity.* Ithaca/London 2014
Perry, B. E.: *Aesopica. A series of texts relating to Aesop or ascribed to him or closely connected with the literary tradition that bears his name. Collected and critically edited, in part translated from oriental languages, with a commentary and historical essay.* Urbana/Chicago 1952 (= P.)

Poms, Ch.: „Indignata cito ne stet Fortuna recursu. A Study of the Eighth Fable of Avianus and its Promythium." In *Ancient Fables – Sour Grapes? New Approaches*, hg. von U. Gärtner und and L. Spielhofer. Hildesheim/Zürich/New York 2022 (= Spudasmata 195), 253–278

Rahlfs, A./Hanhart, R.: *Septuaginta. Id est Vetus Testamentum graece iuxta LXX interpretes edidit A. Rahlfs. Editio altera quam recognovit et emendavit R. Hanhart.* Stuttgart 2006

Scanzo, R.: *Le fonti classiche di Aviano.* Firenze 2001 (= Oxenford Universale Atheneum 116)

Solimano, G.: *Favole di Fedro e Aviano.* Torino 2005

Spielhofer, L.: „Nets, Rods, Flutes. The Metapoetics of Fishing in the Mythiambi." In *Ancient Fables – Sour Grapes? New Approaches,* hg. von ed. by U. Gärtner und and L. Spielhofer. Hildesheim/Zürich/New York 2022 (= Spudasmata 195), 153–174

Spielhofer, L.: *Babrios. Ein Interpretationskommentar zu den Prologen und den Fabeln 1 bis 17.* Stuttgart 2023 (= Hermes Einzelschr. 125)

Thiele, G.: *Der Lateinische Äsop des Romulus und die Prosa-Fassungen des Phädrus. Kritischer Text mit Kommentar und einleitenden Untersuchungen.* Heidelberg 1910 (Ndr. Hildesheim/Zürich/New York 1985) (= Th.)

Tischer, U./Gärtner, U./ Forst, A. (Hg.): *Ut pictura poeta. Author Images and the Reading of Ancient Literature. Autorbilder und die Lektüre antiker Literatur.* Turnhout 2022 (= GIFBIB 29)

Wimmel, W.: *Kallimachos in Rom. Die Nachfolge seines apologetischen Dichtens in der Augusteerzeit.* Wiesbaden 1960 (= Hermes Einzelschr. 16)

Zago, G.: *Phaedrus. Fabulae Aesopiae. Recensuit et adnotavit.* Berlin/Boston 2022 (= Z.)

Urbaniciani aus Noricum: Eine Neubewertung

Manfred Hainzmann

Unter den epigraphischen Zeugnissen für die stadtrömischen Truppen finden sich, was nicht überrascht, zahlreiche Soldaten aus den Donauprovinzen. Über ihre (genaue) Herkunft geben entweder das Namenformular (mit *origo*), die öffentlichen Ämter einzelner Familienangehöriger oder der Fundort der Sepulkral-, Weih- und Ehreninschriften Auskunft. Anhand dieser Zeugnisse gelingt es auch immer wieder sogenannte ‚Noriker' zu identifizieren,[1] die mit den *praetoriani, equites singulares Augusti, classiarii* und *urbaniciani* in Verbindung standen.

Was unser engeres Quellenmaterial für die *cohortes urbanae* angeht, so stehen sich dort (wie bei den übrigen auch) zwei Gruppen gegenüber: die stadtrömischen Zeugnisse[2] auf der einen und die aus Italien und den Provinzen stammenden Denkmäler auf der anderen Seite. Für die norischen Vertreter aus der Gruppe der *urbaniciani* wird man in beiden fündig[3]. Als Sonderfall gilt, wenn für einen norischen Soldaten sowohl in Rom als auch in der Heimatprovinz ein Inschriftstein vorliegt. Selbiges trifft auf den Virunenser Tiberius Iulius Ingenuus zu. Er bildet hier, zumal von mir bereits an anderer Stelle ausführlich kommentiert,[4] lediglich den Ausgangspunkt dieser Abhandlung:

1 A – Titulus sepulcralis aus Rom[5] (Ende 1. / Anfang 2. Jh. n. Chr.)
*Ti(berius) **Iulius** Ti(beri) f(ilius) / **Cla**(udia tribu) **Ingenuus** / Viruno, mil(es) / coh(ortis) XII urb(anae) ((centuria)) / Naevi sing(ularis) / trib(uni) mil(itavit) ann(os) / VI vix(it) ann(os) XXIV / Pos(tumus) Secundini/us Maximus h(eres) f(aciendum) c(uravit)*

---

1 Sofern sie nicht als *tribules* (Nr. 1+2) und *municipes* (wie die Individuen mit Nr. 1+2+3) zum engeren Kreis der Noriker zählen, sind damit nur Provinzbewohner gemeint, die in hiesigen Inschriften genannt werden (so die Individuen 4+5), unabhängig ihrer ohnehin kaum nachweisbaren regionalen Herkunft. In keinem Fall verbinde ich mit diesem Begriff jedoch eine ethnische Zugehörigkeit. – Hainzmann 2011, 325–330.
2 Siehe nun die umfassende Studie von Cenati 2023.
3 Es sei daran erinnert, dass dieser Terminus technicus bisher nur auf dem Grabstein *CIL* X 5403 = *EDR*-131177 (Aquinum) bezeugt ist: *... militi urbaniciano coh(ortis) XI*.
4 Hainzmann 2023.
5 Cenati 2023, C166. – Freis 1967, 103. – *EDR*-116679.

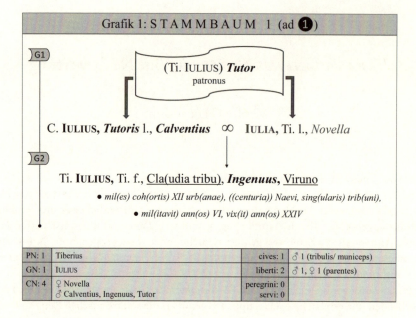

1 B – Titulus sepulcralis⁶ aus Virunum (Ende 1. / Anfang 2. Jh. n. Chr.)
*Ti(berius) Iulius Tutoris l(ibertus) / Calventius et Iulia Ti(beri) l(iberta) / Novella uxor fecer(unt) sibi / et **Ti(berio) Iulio Ingenuo** fil(io) / mil(iti) coh(ortis) XII urb(anae).*
Von unserem zweiten *urbanicianus* kennen wir, da in einem Laterculus der Cohors XIIII überliefert, nur sein Namenformular und seinen Vorgesetzten:

2 – Laterculus urbanicianorum aus Rom,⁷ col. III+V (218 n. Chr.)
col. III, v. 1: **coh(ors) XIIII urb(ana)**
col. V, v. 7: *((centuria)) Saturnini*
v. 8: *Laterano et Rufino co(n)s(ulibus)*
v. 11: ***M(arcus) Aemilius M(arci) f(ilius) Cl(audia tribu) Felicianus I(u)va(vo)***

Felicianus ist Bestandteil jenes Verzeichnisses, in dem die im Jahre 218 ehrenvoll entlassenen Soldaten der XIIII. Stadtkohorte aufgelistet sind. Aufgrund ihrer 20-jährigen Dienstzeit⁸ müssen die hier attestierten *urbaniciani* 197/98 rekrutiert worden sein. Felicianus stand zuletzt unter dem Kommando des Centurio Saturninus. Über seine Familie ist nichts bekannt, ebenso wenig über ein allfälliges munizipales Ehrenamt nach dem Ausscheiden aus dem Militärdienst.

---

6 *CIL* III 4845 = *EDCS*-14500124.
7 Cenati 2023, C84; Freis 1967, 109–113.; Ricci 1993, Ma1; *CIL* VI 32526 = *CIL* VI 3884 = *EDR*-121970 = *EDCS*-53200227.
8 Freis 1967, 47f.

3 – Laterculus urbanicianorum aus Rom,⁹ col. II (168 n. Chr.)

v. 1: *coh(ors) XII urb(ana)*
v. 2: *((centuria)) Marcellini*
v. 3: *Largo et Messalino co(n)s(ulibus)*
v. 14: **C(aius) Vindilius Secundinus Virun(o)**

Auch bei diesem Befund handelt es sich um ein Verzeichnis ehrenvoll entlassener Stadtsoldaten, die 147/48 n. Chr. rekrutiert und nach 20-jährigem Militärdienst in den Veteranenstand eingetreten sind, darunter ein weiterer Virunenser Bürger. Gaius Vindilius Secundinus diente ebenso in der XII. Stadtkohorte wie sein nachmaliger Kommilitone aus der Severerzeit Tiberius Iulius Ingenuus (Nr. 1).

4 – Titulus sepulcralis aus Flavia Solva¹⁰ (211–222 n. Chr.)

Der aus zwei aneinander passenden Fragmenten bestehende und auf Schloss Seggau separat eingemauerte Grabstein¹¹ bedarf nach der jüngsten Restaurierung der Römersteinwand einer Neubewertung. Dies schon deswegen, weil in den bisherigen Veröffentlichungen (darunter vier Datensätze in Onlinedatenbanken) mehrere abweichende Lesarten dargeboten werden (zum Wortlaut siehe Anhang, Tabelle 2).

C(aius) ° Iunius ° Provincialis
viv(us) ° fec(it) ° sibi ° et
Crispinae Finiti ° fil(iae)
uxor[i?] opt(imae)
5 *et ° **Quintinio Catullo***
fil(io) ° opt(imo) ° mil(iti) ° coh(ortis) X urb(anae) pr(aetoriae) An[t(oninianae)]
[e]t Quintini(a)e ° Catull(a)e ° a[n(norum) ---]
[et? Q]uin[tini- ---]N[---?]V[---?]

v. 4: *uxor[i]* – Bisher wurde stets die verkürzte Form VXOR beibehalten. Zwar meine ich auf der Abbildung Lupa-1284/3 noch eine Spur des Schlussvokals zu erkennen, belasse es aber mit einem ergänzten "I" und Fragezeichen. Für den vollen Wortlaut spricht vielleicht der Umstand, dass es in diesem Inschriftenformular keine Abbreviatur mit Wegfall des Endbuchstabens gibt und wir es dort nur mit "echten" Abkürzungen zu tun haben.¹²

---

9 Cenati 2023, C78; Freis 1967, 108f.; Ricci 1993, Nr. 55; *CIL* III 32521 = *CIL* VI 3885 = *EDR*-121553 = *EDCS*-48700178.
10 *HaPo* 22A+B; *ILLPRON*-1413; *RIST*-182; *CIL* III 11722 = *CIL* III 5338 = *LUPA*-1284 (Foto) = *EDCS*-14500650 = *EPSG*-924 = *HD*-037976. – Der als Spolie im Alten Turm des Schlosses zum Vorschein gekommene Grabstein stammt mit Sicherheit aus einer der Solvenser Gräberstraßen.
11 Das linke Teilstück an der Hofwand und das rechte an der Ostseite des Schlosses.
12 Für beide Varianten, d. h. *uxori* vel *uxor(i) opt(imae)*, gibt es aus dem Ager Solvensis Belege, darunter zwei aus Seggauberg: *ILLPRON*-1375 = *LUPA*-1314 und *ILLPRON*-1389 = *LUPA*-446.

v. 6: *pr(aetoriae) An[t(oninianae)]* – die bisherigen Lesarten für die noch gut sichtbaren Komponenten "PR + AN[" schwankten zwischen (1) *P(ia) F(idelis) An[t(oninianae)]*, (2) *p(---) r(---) an(norum?)* und (3) *pr(aetoriae) an[n(orum)*. Nicht nur dass die erste Lesart (mit zwei Beinamen) nur für die Legionen I, II und XXX belegt ist, sie erforderte auch die Korrektur des "R" zu "F".[13] Alle Vergleichsbeispiele für *cohors X urbana* wie auch *praetoria* lassen keinen Zweifel daran, dass der Beiname *Antoniniana* auf beide Truppenkategorien zu beziehen ist. Seine Verkürzung auf die drei Anfangsbuchstaben erfolgte hier allein aus Platzgründen, kennt aber auch ein analoges Formular auf einem thrakischen Grabstein eines Prätorianers.[14] Gegen eine Altersangabe (anstelle des kaiserlichen Beinamens) am Ende von Zeile 6 spricht das Layout dieses Titulus. Selbst wenn man von einem *AN(norum)* ausginge, müsste dann eine mindestens zweigliedrige Ziffer folgen,[15] die jedoch eine Überlänge zur Folge hätte. Bliebe dann als Ausweg nur eine ligierte Form, etwa XXX mit Querstrich. Das wiederum will nicht so recht zum Gesamtbild der Gravur passen, die ja ohne Ligaturen auskommt. Die Schriftgröße wie die Zeilenabstände verraten, dass die beiden letzten Schriftzeilen später hinzugefügt wurden, somit der Titulus anfänglich nur für drei noch lebende Familienmitglieder konzipiert war, wie im Falle des Virunenser *urbanicianus* (Nr. 1B) und eines weiteren norischen Prätorianersoldaten, der gemeinsam mit seinen Eltern genannt wird.[16]

Für die Abfolge zweier, die gleiche Ordnungsziffer tragende Truppenkategorien ohne Kopula gibt es (noch) keine Parallele. Ein (vollständiges) Formular mit Bindewort begegnet allerdings auf einem Grabstein aus der Regio VIII, der einem Soldaten der zwölften Stadt- und danach vierten Prätorianerkohorte gesetzt wurde.[17]

v. 8: *[et? Q]uin[tini----]N[---?]V[---?]* – Das Foto Lupa-1284/4 bestätigt das "VIN" auf der Rahmenleiste des Schriftfeldes, wohingegen die beiden übrigen im CIL vermerkten Buchstaben "N+V" keine deutlichen Spuren hinterlassen haben.[18] Mag sein, dass sie zur Zeit Mommsens noch mehr davon erkennbar war. Für sicher gilt meines Erachtens, dass sie auf einen weiteren, nachträglich eingefügten Familiennamens zu beziehen sind. Man wird sowohl von einem Gentilnomen plus Cognomen als auch einer Lebensaltersangabe der betreffenden Person (Sohn oder Tochter) ausgehen dürfen.

---

13 So auch noch irrig Hainzmann – Pochmarski 1994, Nr. 21A+B, Pochmarski 2007, 270 Nr. 6, nebst *LUPA* und *EDCS* a.a.O.

14 *CIL* III 7414 (Bessapara): *D(is) M(anibus) / Iu(li) Iu(li)ani mil(itis) [c]oh(ortis) [III]* **pr(aetoriae) / Ant(oninianae)** *P(iae) V(indicis) |(centuria) Felicis Aur(elius) Muc[i]/[anu]s {Aur Mucianus⁵ fratri / pientissimo.* – *CIL* VI 32717 mit *coh(ors) I urbana Antoniniana* als derzeit einziges Beispiel für eine Stadtkohorte mit dem kaiserlichen Beinamen.

15 Vgl. den norischen Grabstein eines mit zwanzig Jahren verstorbenen Prätorianers *ILLPRON*-1415 = *CIL* III 5449.

16 *ILLPRON*-509 (Iuenna) = *CIL* III 5073+(p1825): *L(ucio) Barbio Ver/caio aedilicio / et Barbiae Suad/ullae uxori v(ivae) et L(ucio) / Barbio Verano* **mil(iti) / coh(ortis) I praetoriae** *f(ilio) f(ilii) f(ecerunt)*.

17 *CIL* XI 20 (Regio VIII, Aemilia): *T(ito) Flavio T(iti) f(ilio) / Pup(inia) Rufo /* **militi coh(ortis) XII urb(anae) / et coh(ortis) IIII pr(aetoriae)** */ ordinato architec(to) / ...*

18 Vgl. die Umschrift von Kaspar Harb aus dem Jahre 1831 bei Karl – Wrolli 2011, 178.

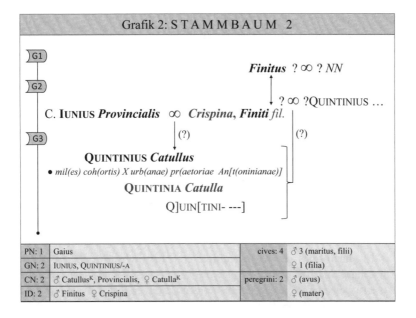

Mit Gaius Quintinius Catullus stoßen wir auf einen *urbanicianus* sive *praetorianus* aus der Severerzeit. Der kaiserliche Beiname *Ant(oniniana)*[19] spricht fraglos für die Errichtung des Grabmonuments zwischen 211 und 222 n. Chr.[20] Ob Catullus unter Caracalla oder bereits unter Septimius Severus rekrutiert worden war, entzieht sich unserer Kenntnis. Gesichert ist hingegen, dass er zunächst der Stadtkohorte angehörte und danach den Wechsel zu den Prätorianern vollzogen hat, was fraglos einen Aufstieg bedeutete.[21]

Der Vergleich mit dem eingangs zitierten Titulus aus Virunum offenbart eine Gemeinsamkeit wie auch Diversität. In beiden Formularen findet sich keine Angabe darüber, welcher Zenturie beziehungsweise welchem Tribun die beiden Soldaten unterstellt waren. Catullus wiederum führt ein anderes Gentilnomen als der Ehegatte seiner noch dem Peregrinestand zugehörigen Mutter Crispina, Tochter des Finitus.[22] Dies scheint mir eher der Abstammung des Catullus vonseiten eines früheren Gatten (und Bürgerrechtsinhabers) der Crispina als einem Namenwechsel[23] (von Iunius auf Quintinius) geschuldet zu sein.

---

19 Eck 2019, 252.
20 Cenati 2023, C246.
21 Siehe dazu die Karriere des Gaius Oppius Bassius, der von der *coh(ors) XIII* und *XIIII urbana* in die *coh(ors) II pr(aetoria)* versetzt wurde: *CIL* IX, 5839/40 = *EDR*-015310/11.
22 Dies ist wohl der Grund dafür, dass Feraudi (= *HD* a.a.O.) die Inschrift in das Jahr vor der *Constitutio Antoniniana* datiert. Was das betrifft, wird man für die Anpassung der Namenformulare wohl einen längeren Zeitraum veranschlagen müssen. – Kakoschke 2012, CN 570,18.
23 Cod. Iust. 9.25.1.

Darüber hinaus erscheinen in beiden Texten die Soldaten ohne Lebensalter und Dienstjahre (vgl. Tabelle 1): ein Zeichen dafür, dass sie vermutlich noch im Einsatz standen. Ihre Eltern rechneten gewiss mit der Rückkehr der Söhne (als Veteranen) in die Heimatgemeinde; und vielleicht haben sie erst auf deren Wunsch beziehungsweise mit deren finanzieller Unterstützung die Familiengrabstätte errichtet.[24]

Kommen wir nun zu unserem vierten Denkmal, ebenfalls einer Grabinschrift aus dem Stadtterritorium von Flavia Solva.

5 – Titulus sepulcralis aus dem Ager Solvensis[25] (1. Hälfte 2. Jh. n. Chr.)

Die Reihe der im Internet und als Printveröffentlichung vorliegenden Transkriptionen dieser Grabinschrift haben ihren Ausgangspunkt im 1873 erschienenen CIL-Band, wenngleich sich Mommsen dabei auf die Vorerhebungen seiner steirischen Mitarbeiter Alfons Muchar[26] und Richard Knabl stützte.[27] Soweit deren Majukelumschriften zu entnehmen, sind seit damals keine weiteren Buchstabenverluste eingetreten. Insofern kann man von einem bis dato mehr oder weniger unveränderten Schriftbefund ausgehen. Mittlerweile stehen für den Inschriftträger bei Lupa-1645/1+2 auch zwei Abbildungen zur Verfügung. Und diese erlauben eine Korrektur der bisherigen Lesungen (vgl. Tabelle 3 im Anhang).

C(aio) °Vind[i]o °Cr[es]-
centi °et °Clau[d(iae)]
Crispinâe °êt °Vînd[io]
Verino °f(ilio) °mil(iti) °c(o)h(or(tis)]
5 *urbanâe ° XIII*

v. 2: *Clau[d(iae)]* – Während in den Zeilen 1, 3 und 4 fraglos nur jeweils zwei Buchstaben zu ergänzen sind, ging man bei dem zweiten Gentilnomen stets von einer Vollschreibung aus. Die Ergänzung von vier Buchstaben führt aber in Zeile 2 zu einer Überlänge, die auch bei einem ligierten "DI" bestehen bliebe. Deshalb gebe ich der Kurzform CLAVD den Vorzug.[28]

vv. 4–5: *c(o)h(or(tis)] / urbanae XIII* – Die auf Mommsen[29] und seine Gewährsleute zurückgehende Leasart *c(o)h(or(tis)...] / urban(ae) a[n(norum) X]XIII* erweist sich anhand der noch deutlich sichtbaren Gravur in doppelter Hinsicht als irrig. Zum einen weil *ur-*

---

24 Zur Nennung von Familienangehörigen auf stadtrömischen Soldatengrabsteinen siehe Panciera 2006, 1445–1450.
25 *ILLPRON*-1474, *RIST* 334, *CIL* III 5503; *LUPA*-1645 (Foto) = *HD*-038926 = *EDCS*-14500812.
26 Muchar 1844, 442.
27 Knabl 1957, 125.
28 Da die Zeilenanfänge keine Einrückungen beinhalten, gehe ich davon aus, dass der Text jeweils bis zum rechten Rand des Schriftfeldes führte. – Zu den auch in Noricum zur Genüge belegten Kurzformen des Gentilnomen siehe die *ILLPRON*-Indizes.
29 Wie aus dem fehlenden Autopsievermerk zu erschließen, hat er diesen Titulus wohl nie selbst gesehen.

*banae*³⁰ mit ligiertem AE eingemeißelt ist,³¹ zum anderen weil zwischen diesem Wort und der nachfolgenden Ziffer XIII keine Buchstabenreste zu erkennen sind. Sehr wohl aber blieb dort, wie auch in den vorangehenden Zeilen, das punctum triangolare erhalten. Selbige Ligatur der Endsilbe AE kam übrigens schon in Zeile 3 für das Cognomen *Crispinae* zum Einsatz, fällt also nicht aus dem Rahmen. Der (vermeintlichen) Lebensaltersangabe, die der Authentizität wegen um den Wert "X" erhöht werden musste, gab man gegenüber der Kohortenziffer wohl auch deshalb den Vorzug, weil das Standardformular in solchen Fällen die Reihenfolge (vgl. Tabelle 1) der offiziellen militärischen Parameter wie folgt dokumentiert: Kohorte + Zählung + Kategorie. Hält man an dieser 'Regel' fest, dann kann die fehlende Kohortenziffer nur in der Lücke nach dem CH[OR ---] gestanden haben. Hier noch einen Buchstabenverlust anzuzeigen, macht keinen Sinn.³² Denn wir kennen inzwischen zwei Inschriftenformulare, die unserem (ausgefallenen) Formulartyp entsprechen, wenn auch in dem einen (a) die Ziffer nicht mehr restituierbar ist und im anderen (b) unerwähnt blieb.

a) Titulus sepulcralis aus der Regio I:³³
L(ucio) Magio Sex(ti) f(ilio) A[em(ilia) ---] / Urgulaniano p[---] / ((centurioni)) speculator(um) prim[o pilo ---] / praef(ecto) vexillario[rum legionum] / trium VIIII V IIII tr[ib(uno) ---] / **trib(uno) coh(ortis) urba[nae ---]** */ Sex(to) Urgulanio Sex(ti) f(ilio) [---] / IIviro auguri Rav[ennae(?) ---] / M<i=E>nturnis praef(ecto) [---] / Corneliae P(ubli) [f(iliae) ---] / Corneliae C(ai) [f(iliae)].*

b) Titulus sepulcralis aus Mauretania Caesariensis:³⁴
Aebutius Rufus / **miles c(o)hortis ur/bana(e)** *((centuria)) Oletani / vixit anni(s) XXXI*

Dass die Inschrift keinen Steinsetzer und Stifter vermerkt haben soll, mutet auf den ersten Blick etwas sonderbar an, ist aber nicht ganz abwegig.³⁵ Gaius Vindius Crescens bleibt der bislang einzige norische *urbanicianus* der XIII. Stadtkohorte. Seine Origo wird in der Grabinschrift nicht erwähnt.³⁶ Das Pseudogentiliz – Vindius,³⁷ abgeleitet aus dem keltischen Personennamen Vindo – verrät jedoch eine Herkunft aus der einheimischen Bevölkerung. Unentschieden bleibt, ob er der Stadtkohorte von Lyon oder Karthago zuzurech-

---

30 Unter den in *EDCS* vorhandenen Datensätzen für die *cohors XIII* erscheint *urbana* fünf Mal im vollen Wortlaut.
31 So ist beim Buchstaben "A" der Ansatz des oberen Querstriches klar auszumachen!
32 So *LUPA* 1645 und *EDCS*-14500812.
33 *AE* 1982, 164. – Ricci 2011, 16 Nr. 3.
34 *AE* 1976, 741. – Ricci 2011, 19 Nr. 3.
35 Man vergleiche den norischen Soldatengrabstein *CIL* III 5476: *Aurelio / Candido / mil(iti) leg(ionis) II / Aug(ustae) an(norum) XX*.
36 Deshalb fällt er nach meiner Definition (siehe oben Anm. 1) nicht zum engeren Kreis der Noriker.
37 Kakoschke 2012, GN 475,3.

nen ist.³⁸ Falls Verinus noch nicht als verstorbenes Familienmitglied angeführt gewesen sein sollte, dann wäre dies eine Parallele zu Iulius Ingenuus (Nr. 1B).³⁹

Tabelle 1

Nr.	Name + Origo	officium	Datierung
1 A	Ti. Iulius Ti. f. Cla(udia) Ingenuus Viruno	*mil(es) coh(ortis)* **XII** *urb(anae)*, *((centuria)) Naevi*, **sing**(*ularis*) **tribuni**; *mil(itavit) ann(os)* VI	E. 1. / A. 2. Jh.
1 B	Ti. Iulio Ingenuo	*mil(iti) coh(ortis)* **XII** *urb(anae)*	
2	M. Aemilius M. f. Cl(audia) Felicianus I(u)va(vo)	*coh(ors)* **XIIII** *urb(ana)*, *((centuria)) Saturnini*	218 n. Chr.
3	C. Vindilius Secundinus Virun(o)	*coh(ors)* **XII** *urb(ana)*, *((centuria)) Marcellini*	168 n. Chr.
4	Quintinio Catullo	*mil(iti) coh(ortis)* **X** *urb(anae) pr(aetoriae) An[t(oninianae)]*	211–222 n. Chr.
5	Vind[io] Verino	*mil(iti) c(o)h[or(tis)] urbanae* **XIII**	1. H. 2. Jh.

Tabelle 1 gibt einen abschließenden Überblick über die hier vorgestellten privaten (Nr. 1B, 3–5) und offiziellen (Nr. 1A, 2) Denkmäler. Demnach verteilen sich unsere fünf Militärs auf vier der insgesamt fünf dem *praefectus urbi* unterstellten Stadtkohorten.⁴⁰ Zwei Virunenser dienten bei der XII. Kohorte, die übrigen Noriker in den Kohorten X, XIII und XIIII. Was noch fehlt, ist ein Beleg für die XI. Kohorte. Wie das Beispiel des Tiberius Iulius Ingenuus (Nr. 1A) illustriert, fanden nur solche Provinzialen Aufnahme in die Stadtkohorten, die bereits im Besitz des Bürgerrechtes standen. Bemerkenswert ist, dass sich bereits in dieser numerisch kleinen Gruppe von *urbaniciani* abzeichnende Muster dreier Inschriftenformulare mit ihren charakteristischen Strukturelementen.

    I) Für in Rom beigesetzte Soldaten (Grabstein des Tiberius Iulius Ingenuus, Nr. 1A);
    II) Für in der Heimatprovinz auf Familiengrabsteinen erwähnte und noch im Dienst stehende Soldaten (Nr. 1B, 4 und 5);⁴¹
    III) Für in stadtrömischen Entlassungslisten attestierte und ebenfalls noch lebende Soldaten (Nr. 2 und 3).

---

38 Freis 1971, 61f. – Der auf *cohors urbana* folgende Relativsatz „*quae est Lugduni / in Africa*" findet sich nur in den Militädiplomen.
39 Pochmarski 2007, 270 Nr. 7 wie auch 277.
40 Freis 1967, 43f.
41 Mit diesen inhaltlich vergleichbar sind zwei Familiengrabsteine von Prätorianern: *CIL* III 5073 (siehe Anm. 16) und *CIL* III 5043.

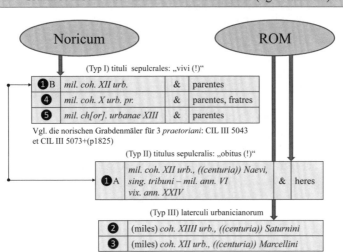

Grafik 3: Inschriften für norische **urbaniciani** (vgl. Tabelle 1)

Ohne Evidenz bleiben (vorerst) die norischen *urbaniciani* als Diplomempfänger sowie als Verstorbene auf norischen (Familien-)Grabsteinen.

In zwei Fällen offenbart das Spektrum der militärischen Komponenten besondere Einblicke: So gibt der stadtrömische Titulus des Tiberius Iulius Ingenuus (Nr. 1A) sowohl Auskunft über die Dienstjahre des Soldaten als auch über die Zenturie, der er zugeteilt war.[42] Letzteres war bei den Laterculi ohnehin die Regel, was die Zeugnisse Nr. 2 und 3 bestätigen. Bei Iulius Ingenuus und Vindius Verinus beobachten wir ferner die Versetzung in eine andere militärische Truppeneinheit. Während ersterer (im Range eines 'immunis')[43] als *singularis tribuni* in das Officium des Tribuns berufen wurde, liefert uns Quintinius Catullus das Beispiel für einen Übertritt aus der Stadtkohorte zu den Prätorianern.

Abkürzungen

AE   L'Année Épigraphique (Paris 1888ff.)
CIL   Corpus Inscriptionum Latinarum (Berlin 1862ff.)
EDCS   Epigraphik-Datenbank Clauss-Slaby *www.manfredclauss.de*
EPSG   Onlineportal Alte Geschichte und Altertumskunde Graz
          https://gams.uni-graz.at/
HaPo   → Hainzmann & Pochmarski 1994

---

42 Die drei Zenturien sind zwei Mal nach dem Cognomen (Marcellinus und Saturninus) und einmal nach dem Gentilnomen (Naevius) des jeweiligen Offiziers benannt.

43 Freis 1967, 71.

HD	Epigraphische Datenbank Heidelberg *https://edh.ub.uni-heidelberg.de/edh/*
ILLPRON	→ Hainzmann & Schubert 1986
LUPA	Ubi Erat Lupa *lupa/at*
RIST	→ Weber 1969

Literaturverzeichnis

Cenati, Ch.: *Miles in Urbe. Identità e autorappresentazione nelle iscrizioni dei soldati di origine danubiana e balcannica a Roma*. Roma 2023

Eck, W.: „Beinamen für stadtrömische Militäreinheiten unter Severus Alexander und dessen angeblicher Triumph über die Perser im Jahr 233." *Chiron* 49 (2019) 251–269

Freis, H.: *Die Cohortes Urbanae*. Graz 1967

Hainzmann, M./Schubert, P.: *Inscriptionum Lapidarium Latinarum Provinciae Norici usque ad annum MCMLXXXIV repertarum indices*. Berlin 1986

Hainzmann, M.: „Ti. Iulius Ingenuus und seine beiden Grabdenkmäler." In *Itineraria I. Entlang der Donau (Festschrift für Peter Scherrer zum 65. Geburtstag)*, hg. von U. Lohner-Urban et alii. Graz 2023, 125–128

Hainzmann, M.: „ ‚Provinz-Identität' und ‚nationale Identität': das Beispiel Noricums." In *Roma generadora de identidades: la experiencia hispana*, hg. von A. Caballos Rufino und S. Lefebvre. Madrid 2011, 321–336

Hainzmann, M./Pochmarski, E.: *Die römerzeitlichen Inschriften und Reliefs von Schloss Seggau bei Leibnitz*. Graz 1994

Kakoschke, A.: *Die Personennamen in der römischen Provinz Noricum*. Hildesheim u. a. 2012

Karl, St./Wrolli G.: „Die Handschrift Leibnitz und dessen Umgebung unter den Römern von Kaspar Harb (1837)." In *Der Alte Turm im Schloss Seggau zu Leibnitz. Historische Untersuchungen zum ältesten Bauteil der Burganlage Leibnitz in der Steiermark*, hg. von St. Karl und G. Wrolli. Wien/Berlin 2011, 133–236

Knabl, R.: „Wallnerberg." *Mittheilungen des Historischen Vereins für Steiermark* 7 (1857) 124–126

Muchar, A. von: *Geschichte des Herzogthums Steiermark I*. Graz 1844

Panciera, S.: „Soldati e civili a Roma nei primi tre secoli dell'impero." In *Epigrafi, Epigrafia, Epigrafisti. Scritti vari editi ed inediti (1956–2005) con note complementary e indici*. Roma 2006

Pochmarski, E.: „Solvenser Soldaten." *Schild von Steier* 20 (2007) 269–291

Ricci, C.: „Balcanici e Danubiani a Roma. Attestazioni epigrafiche di abitanti delle province Rezia, Norico, Pannonia, Dacia, Dalmazia, Mesia, Macedonia, Tracia (I–III secolo)." In *Prosopographica (Beiträge zur wissenschaftlichen Tagung „Prosopographica et historia", Poznan 24.–25. November 1992)*, hg. von L. Mrozewicz und K. Ilski. Poznan 1993, 141–173

Ricci, C.: „In custodiam Urbis: notes on the cohortes urbanae (1968–2010)." *Historia* 60 (2011) 484–508

Weber, E.: *Die römerzeitlichen Inschriften der Steiermark*. Graz 1969

Urbaniciani aus Noricum 65

Tabelle 2: *Variae lectiones* 4 vgl. die Abbildungen LUPA 1284/1-6

CIL III 11722	RIST 182	ILLPRON 1413	EPSG 924	HD 037976	LUPA 1284	EDCS 14500650	Neulesung
C	C(aius)	C(aius)	C(aius)	C(aius)	C(aius)	C(aius)	C(aius)
IVNIVS	Iunius	Iunius	Iunius	Iunius	Iunius	Iunius	Iunius
PROVINCIA-LIS |	Provincialis |	Provincialis |	Provincialis |	Provincialis |	Provincialis |	Provincialis |	Provincialis |
VIV	viv(us)	viv(us)	viv(us)	viv(us)	viv(us)	viv(us)	viv(us)
FEC	fec(it)	fec(it)	fec(it)	fec(it)	fec(it)	fec(it)	fec(it)
SIBI	sibi	sibi	sibi	sibi	sibi	sibi	sibi
ET |	et |	et |	et |	et |	et |	et |	et |
CRISPINAE	Crispinae	Crispinae	Crispinae	Crispinae	Crispinae	Crispinae	Crispinae
FINITI	Finiti	Finiti	Finiti	Finiti	Finiti	Finiti	Finiti
FIL |	fil(iae) |	fil(iae) |	fil(iae) |	fil(iae) |	fil(iae) |	fil(iae) |	fil(iae) |
VX	ux(ori)	ux(ori)	uxor(i)	ux(ori)	uxor(i)	ux(ori)	uxor[i?] ← ••
OPT |	opt(imae) |	opt(imae) |	opt(imae) |	opt(imae) |	opt(imae) |	opt(imae) |	opt(imae) |
ET	et	et	et	et	et	et	et
QVINTINIO	Quintini[o]	Quintinio	Quintinio	Quintini[o]	Quintinio	Quintinio	Quintinio ↓
CATVLLO |	Catullo |	Catullo |	Catullo |	Catullo |	Catullo |	Catullo |	Catullo |
FIL	fil(io)	fil(io)	fil(io)	fil(io)	fil(io)	fil(io)	fil(io)

OPT⌐	opt(imo)	opt(imo)	opt(imo)	opt(imo)	opt(imo)	opt(imo)	opt(imo)
MIL	mil(iti)	mil(iti)	mil(iti)	mil(iti)	mil(iti)	mil(iti)	mil(iti)
COH	coh(ortis)	coh(ortis)	coh(ortis)	coh(ortis)	coh(ortis)	coh(ortis)	coh(ortis)
X	[X]	X	X	[X]	X	X	X ←
VRB	urb(anae)	urb(anae)	urb(anae)	urb(anae)	urb(anae)	urb(anae)	urb(anae)
PR	p(---)	p(iae)	pr(aetoriae)	p(---)	P(iae)	P(iae)	pr(aetoriae) ←
	r(---)	f(idelis)		r(---)	F(idelis)	F(idelis)	↓
AN[⌐	an(norum?) [-]⌐	An[t(oninianae)]⌐	an[n(orum ..)]⌐	an(norum?) [-]⌐	An[t(oninianae)]⌐	An[t(oninianae)]⌐	An[t(oninianae)]⌐ ←
eT	[e]t	e]t	et	et	et	et	et ↓
QVINTINIAE	Quintini(a)e	Quintini(a)e	Quintini(a)e	Quintini(a)e	Quintini(a)e	Quintini(a)e	Quintini(a)e
*CAT*VLLE	C[a]tull(a)e	Catull(a)e	Catull(a)e	C[a]tull(a)e	Catull(a)e	Catull(a)e	Catull(a)e
A[⌐	[an(norum)? ..]⌐	a[n(norum) ..]⌐	a[n(norum) ..]⌐	a[n(norum)? ..]⌐	a[n(norum) ..]⌐	a[n(norum) ..]⌐	a[n(norum) ---]⌐ ↓
			[et				[et?
NI	[---]ni	[---]ni [---]	Q]uin[tini ---]	[---]VEN(?)[---]	[---Q]uin[t---	[---]vin[---	Q]uin[tini- ←
AN[⌐	[an(norum?)]	an(norum)					[---]N[---?] V[---?] ••
V[	[V?]	V					↓

Legende: ← variae lectiones / interpretationes, •• nova lectio

Urbaniciani aus Noricum 67

Tabelle 3: *Variae lectiones* 5 vgl. die Abbildungen LUPA 1284/1-6

CIL III 5503	RIST 334	ILLPRON 1474	HD038926	LUPA 1645	EDCS 14500812	Neulesung
C	C(aio)	C(aio)	C(aio)	C(aio)	C(aio)	C(aio)
VIND*io* |	Vind[i]o	Vind[i]o	Vind[i]o	Vind[i]o	Vind[i]o	Vind[i]o
CR*es*|CENTI	Cr[es]|centi	Cr[es]|centi	Cr[es]|centi	Cr[es]|centi	Cr[es]|centi	Cr[es]|centi
ET	et	et	et	et	et	et
CLAV*diae* |	Clau[diae] |	Clau[diae] |	Clau[diae] |	Clau[diae] |	Clau[diae] |	Clau[d(iae)] | **
CRISPINAE	Crispinae	Crispinae	Crispinae	Crispinae	Crispinae	Crispinae
ET	et	et	et	et	et	et
VIND*io* |	Vind[io] |	Vind[io] |	Vind[io] |	Vind[io] |	Vind[io] |	Vind[io] |
VERINO	Verino	Verino	Verino	Verino	Verino	Verino
F	f(ilio)	f(ilio)	f(ilio)	f(ilio)	f(ilio)	f(ilio)
MIL	mil(iti)	mil(iti)	mil(iti)	mil(iti)	mil(iti)	mil(iti)
CH*or*... |	c(o)h[or(tis) ..] |	c(o)h[or(tis) ..] |	c(o)h[or(tis) --] |	c(o)h[or(tis) --] |	c(o)h[or(tis) ..] |	c(o)h[or(tis)] | **
VRBAN	urban(ae)	urban(ae)	urban(ae)	urban(ae)	urban(ae)	urban(ae)
A*n*	a[n(norum)		a[n(norum)		a[n(norum)	
*x*XIII	X]XIII	XIII	X]XIII	XIII	X]XIII	XIII ←

Legende: ← Variationes, ** nova lectio

Vivas:*
Über das „Leben" der Kleininschriften innerhalb und außerhalb von Inschriften-Editionen

Marietta Horster

Noch im Mittelalter und in der frühen Neuzeit waren motivierende und Segen wünschende Sprüche wie *vivas felix* oder auch *vivas felix in deo* auf geprägten Silberlöffeln, Trinkgefäßen und einer Vielzahl anderer Objekte verbreitet.[1] Weniger gut dokumentiert sind solche Segenswünsche und -sprüche für die Antike, wo sie auf verschiedenen Objektträgern ähnlich beliebt waren, aber das Schicksal der Kleinfunde insgesamt teilen, insbesondere dann, wenn sie in schlechtem Erhaltungszustand sind: Bei älteren regulären Grabungen wurden sie oft nicht umfassend dokumentiert, wenn nicht gar gänzlich vernachlässigt, bei Privatfunden und Raubgrabungen wie auch im Handel galten und gelten die nicht vollständig erhaltenen oder beschädigten Kleinobjekte als wenig attraktiv. Zudem werden sie selbst in gutem Erhaltungszustand in den regionalen Corpora der Inschriften je nach Material und Zustand des Objekts zumeist ebenfalls vernachlässigt. In die Kataloge der Objektgruppen werden die Inschriften zwar aufgenommen, dort aber nicht unbedingt so hervorgehoben, dass sie für den epigraphisch Interessierten leicht zu finden sind.[2]

1 CIL XIII 3.2

Unabhängig davon, dass wir heute in der Organisation des Bandes, in den Kategoriedefinitionen und der Dokumentationsart einiges anders machen würden: Einen der wichtigsten Beiträge zur Kenntnis dieser Textgruppe der Wohlergehens-Wünsche und

---

* Meinem Freund und Kollegen Wolfgang Spickermann gewidmet in Vorfreude auf viele weitere Jahre der Zusammenarbeit zur (Inschriften-)Kultur und Geschichte nicht nur in den beiden germanischen Provinzen des Imperium Romanum.

1 Vgl. etwa Düwel et al. 2002 für die Merowingerzeit mit Funden zumeist aus Grabkontexten.

2 Ein hilfreiches Instrumentarium wie die „Verres de l'Antiquité gréco-romaine: cinq ans de publication" dürfte dank einer elektronische Version die Recherche zu Glasfunden mit Inschriften zumindest für einige Jahre erleichtern. Die digitale Version https://verresantiques.huma-num.fr/ umfasst zurzeit (zuletzt 30.01.2024) die in den Jahren 2001 bis 2012 erschienenen Publikationen in der *Revue Archéologique* und damit den Zeitraum seit 1995.

202 *a* Worms [mus.].
  b [Mainz ap. Reiling rer. antiq. negot.].
  c ampulla nigra.   Remagen [Bonn mus. prov.].
  d Bonn [mus. prov.].
  e Köln [ibi ap. Brunhuber].
  f Köln [ibi ap. Deetgen].
  g Köln [ibi fuit ap. Merlo, iam Bonn mus. prov. (coll. Herstatt)].
  h[1.2] (*h*[1] ampulla nigra) Köln [Bonn mus. prov. (coll. Herstatt)].
  i [Köln ap. Merkens].

  a   VoIoVoΛoMoVoSoƎo

  c   VoIoVoΛoMoVoSo ⋖ :·

  e   VoIoVoΛoMoVoSo:·

  g   VoIoVoΛoMoVoSo⊞o

  h[1]   VoIoVoΛoMoVoSo:

  h[2]   VoIoVoΛoMoSoYo

  i   VIVAMVS

  b   VIVΛMVs

a Zangemeister descr.   Weckerling Paulus-Mus. 1885 p. 91 n. 2 c. imag. tab. III 4; Koehl *Westd. Zeitschr.* 4, 1885 p. 210 c. imag. tab. VIII 2, *Corr.-Bl. für Anthrop.* 1897 p. 61; *Hess. Quartalbl.* s. n. 2 (1897) p. 204.
  b Zangemeister descr.
  c Zangemeister descr. Klein a. B. 87, 1889 p. 77 n. 4459.
  d[1] Zangemeister descr.   Klein l. c. p. 76 n. *A. V.* 793.
  d[2] Rautert a. B. 90, 1891 p. 213.
  e Zangemeister descr.
  f Kamp a. B. 41, 1866 p. 138.

Abb. 1: CIL XIII 10018/202

Trinksprüche auf unterschiedlichen Objektträgern stellt nach wie vor der Faszikel des sogenannten „Instrumentum Domesticum" im *Corpus Inscriptionum Latinarum* für die *Tres Galliae* und Germanien dar (CIL XIII 3.2). Er wurde 1906 auf Basis der Vorarbeiten und Beiträge von Otto Hirschfeld, Karl Zangemeister und Oskar Bohn von letzterem herausgegeben. Dort finden sich unter anderem die Kategorien der Trinkgefäße (*vasa potoria*) und der Gläser (*vascula vitrea*), die im Folgenden im Zentrum stehen werden.

Die großen Kategorien (*vasa Gallica ornata – figulorum nomina* 10011 – *acclamationes* 10012; *(vasa) statunculae formae* 10015; *tituli in vasis – stilo scripti* 10016 – *post argillam coctam scariphati* 10017; *vasa potoria cum titulis pictis* 10018; *signacula medicorum oculariorum* 10021; *anuli et gemmae* 10024; *vascula vitrea* 10025 und einige mehr) haben in der damaligen Systematik nur jeweils eine Nummer erhalten, die mit Unternummern und innerhalb der Unternummern noch einmal mit Buchstaben (bis hin zur Verdopplung und mit Ziffern gekennzeichnet zusätzliche Fallzahlen am selben Ort, siehe Abb. 1) bei (fast) gleicher Inschrift differenziert wurde. Mit den entsprechend eindeutigen ID-Nummern versehen, werden dann die einzelnen Inschriften ohne weitere Kontextualisierung im Detail, aber mit Hinweis auf Fundort (grob, in der Regel nur der Ort bzw. die Stadt) und manchmal auch auf den Aufbewahrungsort aufgeführt (Abb. 1).

Diese Art der zusammenfassenden Nummerierung stellt sicher einen soliden Ansatz der Erfassung der Inschriften dar, die zumindest nach Material und einem grob definierten Objekttyp gegliedert waren. Dabei wurde der Objektcharakter im Detail vernachlässigt und das Vorhandensein oder Fehlen von Dekoration oft nicht erwähnt (vgl. jedoch die Hinweise auf Dekoration in Abb. 2). Trotz ihrer Untauglichkeit für eine Untersuchung der Trinkgefäßtypen oder auch der Trinkkultur in einer Stadt, Region oder auch größeren überprovinzialen Zusammenhängen bietet diese Art der mit einer klaren ID-versehenen Erfassung eine zentrale und notwendige Hilfestellung, um überhaupt einen Eindruck und Überblick von den auf solch vielfältig geformten und dekorierten Objekten vermerkten Texten zu erhalten.

Man könnte sagen, dass das *Corpus Inscriptionum Latinarum* doch genau das enthalte, was sein Titel verspricht: eine Zusammenstellung lateinischer Inschriften. Es ist ein Textcorpus und kein Objektcorpus. Dem entsprechend folgt die Gliederung innerhalb der regionalen Bände einer im 19. Jh. auf Vorläufern beruhenden Entscheidung Theodor Mommsens mit einem gemischten System, das die historischen Interessen der Zeit widerspiegelt.[3] Nach der Region bzw. politischen Struktur (Stadt und Territorium, Conventus, Provinz), die den Rahmen eines Bandes bildet, folgt eine sachbezogene Untergliederung. Die Gliederungskategorien sind Texttypen (wie Weihungen, Ehrungen, Grabinschriften), adressierte Personen (Kaiser, Senatoren, munizipale Amtsträger etwa) und thematisierte Sujets (wie Götter und Kult auch jenseits von Weihungen). Schließlich werden die Inschriften dann beim sogenannten „Instrumentum", sofern dieses überhaupt in einen regionalen Band aufgenommen wurde, nach Objektgruppen und Material gegliedert (Ringe und Siegel, Amphoren und andere Gefäße, Waffen und Rüstung bspw.), während die Texttypen (wie Besitzerinschriften, Herstellerstempel, Fluchtafeln, Akklamationen) die Untergliederung bestimmen. Seriell hergestellte Inschriften wie die Herstellermarkierungen auf Lampen, Amphoren oder Ziegeln wurden nur in wenige der regionalen Bände aufgenommen.[4]

Innerhalb der sehr grob definierten Objektgruppen wie etwa der Trinkgefäße oder der unten angesprochenen Gläser sind die Inschriften dann weder regional noch chronologisch, sondern alphabetisch nach Textanfang bzw. erhaltenem ersten Buchstaben geordnet. So folgen unabhängig von Form und Funktion (abgesehen vom Trinken bzw.

---

3   Vgl. Mommsen 1847. Das regionale Prinzip der Gliederung ist zentral und ermöglicht die Erfassung von Räumen und politischen Strukturen in ihrem Verhältnis zu Rom mit ihren jeweiligen rechtlichen, kulturellen und sozialen Besonderheiten und Traditionen. Allerdings war dies noch nicht im Entwurf für das Vorhaben einer umfassenden Sammlung und Edition lateinischer Inschriften von 1847 so vorgesehen, sondern entwickelte sich erst in den Jahren danach durch Mommsens eigene Arbeit zu den Inschriften des Königreichs Neapel, wie Eck 2020 deutlich macht. Die Sachprinzipien, die im Erstentwurf dominierten, wurden dann dem Regionalen untergeordnet.

4   Lampen – *lucernae fictiles* bspw. in Band CIL VIII 22642–22644. Die Stempel aus Rom und Italien sind als ein Update zu CIL XV (aber auch darüber hinaus) immer wieder aktualisiert unter der Leitung von M. Steinby mit einem internationalen Team unter http://www.bollidoliari.org/index.php zusammengeführt. J. Remesal Rodríguez zeichnet verantwortlich für das „Corpus de epigrafía anfórica latina" zur Erfassung der Epigraphik auf Amphoren, vgl. zur Projektbeschreibung http://ceipac.ub.edu/. Zahlreiche neuere Einzelpublikationen zu diesen Massenprodukten (mit und ohne Inschriften) in der Regel mit einem regionalen Zugriff tragen wesentlich zur Kenntnis der Herstellungsprozesse, des Handels und der Handelswege bei.

vom Getränkedarbieten) auf die seltenen ACCIPE (10018/8 aus Köln)[5] und ADMONET SVMMVS VT BIBAS (10018/9 aus Blanckenheim in der Eifel) viele variantenreiche Inschriften um die Begriffe AMO TE (10018/14–19), AMAS ME (10018/21–27) oder auch VIVAMVS (10018/202; 209–211) und VTERE FELIX (10018/216–217), letzteres auf Trinkgefäße eher selten aufgemalt.

Die meisten der im CIL XIII unter der Sammelnummer 10018 aufgeführten Inschriftentexte auf Trinkbechern stammen aus Köln. Das sagt zwar auch etwas über die städtische Kultur und den Militärstandort aus, vielleicht auch über die die Stadt umgebende Villendichte ebenso wie über das Fabrikationszentrum und den Exportstandort Köln. Die unterschiedliche Repräsentanz im CIL ist aber auch eine Folge der regionalen Tradition und ihrem Umgang mit dem kulturellen Erbe, sie ist eine regionale Folge von politischer Förderung und gesellschaftlicher Akzeptanz der Grabungen im späten 19. Jh. und frühen 20. Jh. Auch die Art der Arbeit und deren Dokumentation war individuell wie regional verschieden. Nicht zuletzt ist im Bereich der mühsamen Sammlung der Kleininschriften die Präsenz im Corpus auch Ausdruck möglicher Schwerpunkte der Netzwerke unter den Kollegen und des Informationszugangs seitens der für diesen Band engagierten Hirschfeld, Zangemeister und Bohn.[6]

2 Trinkgefäße in Keramik und Glas

Die Trinkgefäße sind unter der Nummer CIL XIII 10018 vereint, dabei gibt es insgesamt nur 246 Unternummern, die aber wie beispielsweise bei CIL XIII 10018/197 mit a-z, aa-hh und dann innerhalb dieser Differenzierung noch einmal mit 1–... nummeriert sind. So bildet bspw. die Angabe 10018/197 01–5 ab, dass es sich um fünf verschiedene Trinkgefäße oder Fragmente solcher Gefäße aus Köln handelt, die eine Aufschrift VIVAS trugen, die, wie die Darstellung im CIL zeigt, unterschiedlich mit Punktdekor zwischen einzelnen Buchstaben arrangiert war (197 01–4) oder keine solche Punkte (197 05) hatte. Ein einzi-

---

5 ACCIPE – „nimm (den Becher)" ist nicht nur aus Köln bekannt, wie im CIL dokumentiert, sondern auch aus Mainz, wenn auch mit elaborierterem Text auf einem Tongefäß, CIL XIII 10016/4 vgl. bei Hettner 1889, 270 mit Taf. 10 Abb. 5. 5a, nachgedruckt bei Harter 1999, Taf. 92, Grabbefund 56, R 1059: ACCIPE ME SITIES ET TRADE SODALI, „Nimm meinen Durst und gib ihn den *sodales*" (Mitgliedern des Vereins, Anwesenden beim Treffen/Gelage). Ob das nun auf das Totenmahl bezogen sein soll oder aber die Freunde oder Vereinsmitglieder dem Verstorbenen seinen oder einen Becher mit ins Grab gaben, ist nicht mehr zu eruieren. Wegen einer darin gefundenen Münze des Claudius Gothicus datieren Grab und Inhalt in die Zeit nach 268/70 n. Chr.

6 Autopsievermerke sind im Verhältnis zu anderen Bänden in CIL XIII 3.2 eher selten. Hinweise über Kontakte der drei Editoren geben die archivierten Scheden und die Angaben zu den publizierten Inschriften im CIL; welche darüber hinausgehenden Informationen zu Interpretation und Verständnis der Texte die Briefe in Nachlässen bieten können, zeigt bspw. der von Glock – Schmidt 2009 herausgegebene Teil des Briefwechsels Hermann Dessaus. Darunter befindet sich auch der jenige mit Otto Hirschfeld, vgl. Glock – Schmidt 2009, 257–361. Hierin geht es nur selten um den Austausch über einzelne Inschriften des CIL XIII-Bandes, und nicht ein einziges Mal um einen Text aus dem Bereich des „Instrumentum Domesticum" in Germanien und den *Tres Galliae*.

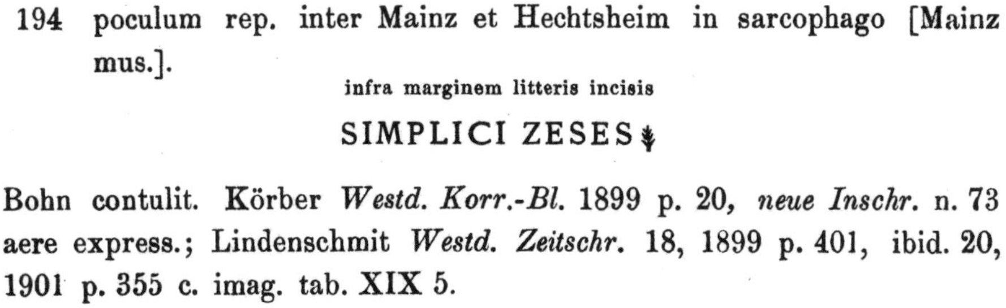

194 poculum rep. inter Mainz et Hechtsheim in sarcophago [Mainz mus.].

infra marginem litteris incisis

SIMPLICI ZESES❦

Bohn contulit. Körber *Westd. Korr.-Bl.* 1899 p. 20, *neue Inschr.* n. 73 aere express.; Lindenschmit *Westd. Zeitschr.* 18, 1899 p. 401, ibid. 20, 1901 p. 355 c. imag. tab. XIX 5.

Abb. 2: CIL XIII 10025/194

ger Keramikbecher war 1906 aus Mainz mit der Aufschrift V•I•V•A•S•• (197 i) bekannt. Ist also der mangels Masse eher leise Mainzer VIVAS-Ruf in bester Gesellschaft und offensichtlich auch ohne den Zusatz FELIX weit im germanisch-ostgallischen Raum gut verbreitet gewesen, waren 1906 weit weniger Nachweise für VIVAMVS (10018/202) bekannt, womit einer der wenigen erhaltenen Mainzer Trinkbecher mit Inschrift (10018/202 b) geschmückt war (Abb. 1).[7]

Wie schon angedeutet, ist einer Studie über Trinkkultur mit dieser Art der Präsentation wenig gedient, da man im Fall der *vasa potoria* (fast) nichts über das einzelne inschriftentragende Objekt erfährt, vor allem aber auch zumeist nichts über den Fundkontext. Eine Vielzahl der Objekte wurde ähnlich wie bei den Gläsern in Gräbern oder funerären Kontexten gefunden und die Entwicklung einer Reihe von solchen „Sprüchen" bekommt nicht erst unter christlichen Vorzeichen eine auf die Nachwelt bezogene Aussagekraft. Ein seltenes Beispiel eines expliziten Hinweises auf die postume Perspektive bietet etwa die Formulierung *in sarcophago* für ein Glas, das zwischen Mainz und der Ende des 19. Jhs. noch unabhängigen Gemeinde Hechtsheim gefunden worden ist, CIL XIII 10025/194 (Abb. 2): SIMPLICI ZESES – „Simplicius, mögest du leben".[8]

Das griechische ζήσῃς wird in lateinischen Inschriften in Variation zu *vivas* und in einigen Fällen sogar auch in der Dopplung damit genutzt.[9] Eine derart latinisierte multilinguale Zusammenführung wie etwa im Fall von *vi]vas multis annis pie / zeses* (CIL XV 7048) ist keineswegs ein provinziales Phänomen oder ein Ausdruck mangelnden Kon-

---

7 Aus dem Kunsthandel bekannt, daher ist der Fundkontext nicht überliefert. Das Objekt wurde von Zangemeister gesehen, wie der Kommentar in CIL XIII überliefert.
8 Zeichnung bei Harter 1999, Taf. 91, Grabfund Nr. 53 (Mainz, Hechtsheimer Str., gefunden 1898 in Grab 7). Vgl. ähnlich VALERI VIVAS CIL XIII 10025/197, cf. ebd., Taf. 57, Nr. 040.
9 So etwa in AE 2000, 1123 aus Augsburg: *Vivas i[n D]eo p(ie) z(eseis)*. Bakker 2001 übersetzt trotz des folgenden Z statt griechisch *pie* ein lateinisches *pie* von *pius*: „Lebe in Gott, sei ehrfürchtig und du wirst leben." Die Glasschale mit dem Dekor des Sündenfalls wurde im Schutt einer Latrine einer mittelkaiserzeitlichen Badeanlage gefunden. Das Gefäß war wohl zumindest ursprünglich nicht für einen funerären Kontext hergestellt worden; Bakker erwägt die Möglichkeit eines rituell-christlichen Kontextes. Wahrscheinlich wurde das Glas aber als Servierschale für den Gebrauch hergestellt, wenn auch mit Christogramm und Inschrift für einen christlichen Haushalt; die Gefäßform weist auf eine Herstellung im 2. Viertel des 4. Jh.

taktes mit Griechischsprachigen.[10] Vielmehr handelt es sich im gerade zitierten Fall um einen in goldenen Lettern geschriebenen Text auf einer mit aufwändiger Figurenszene dekorierten in die spätere Kaiserzeit (?) datierten Glasschale, die aus Rom stammt. Die manchmal gar auf P und Z verkürzten griechischen Wörter in lateinischen Buchstaben PIE ZESES dürfte wohl eher als eine griechisch-elegant anmutende Alternative zum BEBE – VIVAS verstanden worden sein und finden sich bspw. auf Gläsern aus Bonn oder auch auf einem Trinkbecher aus einem Grab in Neuss.[11]

Neben den allgemeinen Segenswünschen, die vor allem ein diesseitig angenehmes und langes Leben, nicht zuletzt im Kontext der gemeinsamen Geselligkeiten, zum Ziel haben, und den auf ein (im heidnischen wie christlichen Sinne) Weiterleben nach dem Tod gerichteten guten Wünschen,[12] die unter anderem im Rahmen des paganen Totenmahls einen prominenten Platz haben können, wie Reliefs verdeutlichen,[13] finden sich die im engeren Sinn echten Trinksprüche.[14]

So stammt von einem gläsernen Trinkgefäß aus Mainz ein *Puer misce tu ed[e et bib]e* und von einem weiteren das *Curre puer m(ihi)*, die beide in ein gastlich-trinkfestes Umfeld gehörten.[15] Umso schöner, dass im feierfreudigen und den schönen Dingen des Lebens zugewandten Mainz (vielleicht auch dem antiken Moguntiacum) zumindest einige wenige Reste von Objekten erhalten geblieben sind, die aus Glas und aus Keramik gefertigt fröhliche Trinksprüche, knappe Akklamationen und Hochrufe enthalten. Es stammen allerdings lediglich 28 Exemplare der in Trier (Luftlinie zu Mainz ca. 120 km) hergestellten Spruchbecherkeramik des 3. und 4. Jhs. aus Mainzer Fundkontexten, während nicht nur mehrere Hundert in Köln gefunden wurden, sondern auch bspw. aus den Körpergräbern von Krefeld mehr als 100 stammen.[16] Aus Trier selbst stammt neben vielen Spruch-

---

10 Gläser mit griechischen Grüßen und Wünschen finden sich selbstverständlich auch in den von CIL XIII 3.2 umfassten Provinzen, XIII 10025/242–249; neueren Datums gehören dazu etwa aus Boulogne-sur-Mer in der Gallia Belgica die zwei Skyphoi mit griechischem ‚Lebe gut'-Spruch, Hoët-van Cauwenberghe – Seillier 2012; ebd. auch Überlegungen zu Status und Bildung des möglichen Besitzers der im Castrum der *classis Britannica* gefundenen Gläser.

11 Follmann-Schulz 1988, Kat. Nr. 379 PIE ZESES (Becher mit Schliff ohne Datierung; Bonn Römerstraße); Kat. Nr. 458: VIVAS CVM TVIS P Z (Kugelabschnittschale mit Gravur, Jagdszene und Inschrift geschliffen, 1. Hälfte 4. Jh.; Bonn, Am Boeselagerhof); Künzl 1997, 202 Kat. NEU 2.

12 Zu den christlichen Akklamationen auf Graffiti aus der christlichen Basilika in Trier wie z.B. VIVAS IN DEO und den mit ihnen auch außerhalb Triers vergleichbaren Kontexten vgl. Binsfeld 2006, 150–154. Die Texte konnten für Diesseits und Jenseits gleichermaßen Bedeutung tragen.

13 Die Totenmahlszene auf dem Cinerarium des Flavius Agricola, CIL VI 17985a, mit seinem anzüglichen bzw. freizügigen Text lässt den Grabinhaber eine „Kasserolle" (Trinkschale mit Stiel bzw. Griff) halten, wenn auch in diesem Fall ohne Inschrift. Bender 2020, 244 weist bei seiner Diskussion des Agricola-Cinerariums auf einen solchen Griff aus Norfolk hin, bei dem ein BIBE / SESE (AE 2011, 627) noch erhalten ist: „Trinke, mögest du leben".

14 Neben Künzl 1997 ist immer noch lesenswert die knappe Darstellung von Bös 1958.

15 CIL XIII 10025/205 mit Zeichnung und näheren Angaben bei Harter 1999, Taf. 59 Nr. 0143; CIL XIII 10025/202.

16 Künzl 1997, 197–200 mit Katalog, MAI 1–28 stammen auch in Mainz meist aus Gräbern; bei den mit „MAI" 1–17 bezeichneten Katalognummern handelt es sich um Bestände in Mainzer Museen mit unbekanntem Fundort.

Keramikbechern auch ein Glasbecher mit einer Arena-Bemalung, der die naheliegende Aufschrift BIBAMUS trägt.[17] Zu den wenigen von Krüger 1909 schon herangezogenen Vergleichsbeispielen gehört ein Glas aus dem dänischen Varpelev mit Tieridyll und einer als *D(a) V(inum) B(onum) P(ie)* interpretierten Inschrift.[18] Anders als auf Glas, bei dem nicht selten nur einzelne Buchstaben auf kleinen Scherben sichtbar sind,[19] finden sich auf gebranntem Ton bei Bechern häufiger solche eindeutigen Aufrufe zum Trinken oder auch Hinweise auf den beliebten Wein VINVM oder das Mischen MISCE als Vorbereitung zum Trinken.[20] Die allgemeinen Segenssprüche aber (*vivas, felix, gaudeas*), die dann mehr noch in der Spätantike und weit danach Verbreitung fanden, sind oft mit einer eindeutig christlichen Aussage oder Darstellung verbunden. Auch hier sind es oft Gräber, die die Überlieferung der Inschriftenträger gewährleisten. Derartige Sprüche werden durch die Verbindung mit dauerhaftem Material zu einer Art Dauer-Akklamationen, die bis in die Ewigkeit oder besser gesagt bis zum hoffentlich gewährten Zugang zum ewigen Leben halten sollten. Vor diesem Hintergrund wird offensichtlich, dass das Motiv jemand hochleben zu lassen, auch über den Tod hinaus Wert hat: postum gilt EYTYXI – „Es möge Dir gut ergehen" nicht weniger, wenn auch anders als zu Lebzeiten.[21] So gibt der Kontext eines Grabfundes nicht zwangsläufig die primäre Bestimmung des beschriebenen Objekts wieder, wie dies bspw. auch bei VITAM BONVM auf einem hohen Glasbecher der Fall sein dürfte, der wohl aus der mittleren Kaiserzeit stammt,[22] oder auch bei VIVAS FELIX, bei dem schon in CIL XIII 10018/212 der Hinweis des Fundortes (Mainz) Kastel mit einem *rep. in sarcophago* präzisiert wurde.

---

17 Krüger 1909 mit Taf. 25 (= AE 1910, 164): *Bibamus / Pulcher et Auriga / Ercules / et Anteus*. Die Namen der Kämpfer, *retiarius* und *secutor*, sind unter den Figuren, die Namen von Herkules und Antaeus (oder Antheus) auf der Basis von deren Statuengruppe notiert; das zentrale *bibamus* ist nicht nur größer, sondern auch am Glasrand gut sichtbar angebracht. Zwei weitere Paare ohne Beischriften gehören ebenfalls zum Arena-Milieu: Wagenlenker und ein ihn anspringender Panther sowie eine Schnecke mit Haus und ein Eichhörnchen. Das außergewöhnliche Glas stammt aus einem südlich von Trier gelegenen Gräberfeld; genaue Fundumstände sind nicht bekannt, da es von einer Privatperson gefunden und dann gehandelt wurde. Vgl. hierzu die Diskussion von Fremersdorf 1984, 122–123.
18 Krüger 1909, 360 Abb. 2 (vermutlich 3. Jh.), vgl. auch Goethert 2012/13, 63. Pfahl 1995/96, 28 schlägt dagegen DVB(itatus) P(inxit) vor.
19 Beispiele von dekorierten Keramikfragmenten bei Goethert 2012/13, 58 mit erhaltenen Buchstaben P (Scherbe a), R (Scherbe b) und C (Scherbe d) aus Trier, Frauenstraße.
20 Vgl. etwa die zahlreichen Hinweise auf MISCE in Künzl 1997, darunter Kat. NEU 1 aus Neuss, Kat. SOB 1 aus Sobernheim bei Bad Kreuznach, Kat. SOI 1 aus Soissons oder in Variation MISCE ME, Kat. XAN 1 aus Xanten und MISCE FELIX, Kat. WIN 1 aus Wiesbaden.
21 Einen Überblick über solche Kopfgläser, die gleichermaßen aus Ost und West des römischen Reiches zu stammen scheinen, gibt von Saldern 2004, 292–305. Ebd., 297 auch Hinweise für solche mit Beischriften versehenen figürlichen Gläser wie bspw. mit dem oben zitierten *Eutychi* aus einem Grab bei Idalium auf Zypern, wobei die figürlichen Gläser aus dem Rheinland nach von Saldern 2004, 301 datieren eher aus der Zeit ab etwa der Mitte des 5. Jhs. Üblicher jedoch sind Herstellertexte auf den Kopf-Gläsern, wie bspw. *Secundus f(ecit)* aus einem kaiserzeitlichen Glas aus Alzey, von Saldern 2004, 302 mit Verweis auf die Publikation von Behrens 1925/26, 73 mit Abb. 23.
22 Harter 1999, Taf. 91 Grabfund Nr. 55 mit R 1066, der eine Münze Hadrians enthalten haben soll.

Viele der schon gefundenen und publizierten Keramik- und Glasscherben mit Buchstabenresten sind nur über Publikationen zu den entsprechenden Objektgruppen zu finden, wie etwa im Fall steilwandiger Becher mit Fischen, bei denen einzig ein „A" unter einem Fisch auf einem Fragment aus Mainz-Weisenau sowie ein „E P" auf einer Mainzer Scherbe erhalten sind.[23] Eine Ergänzung ist nicht möglich, wegen der Platzierung und individuellen Gestaltung dürften die Buchstaben wohl nicht Teil von Herstellerhinweisen sein, sondern auf ein Spruchband hinweisen. Trotz der lückenhaften Überlieferungslage wagte Fremersdorf dennoch die These, dass die Fundorte der erhaltenen Gläser und Fragmente mit Fischen (und Text) auf die Militärstandorte im Rheinland, Österreich und Nordengland verweisen.[24] Weitergedacht wäre das Militär der primäre Abnehmer dieser Objekte gewesen. So wie in diesem Fall durch Form und Fischdekor eine mögliche Klientel (Soldaten) und Verbreitung durch Präferenz angedeutet ist, so wird bspw. für die in Rom hergestellten spät-kaiserzeitlichen und spätantiken Zwischengoldglasgefäßen, in denen Glückwünsche (eg. *vivas*) oder Trinksprüche (eg. *bibas*) in Medaillons stehen konnten, vermutet, dass sie als Neujahrs- oder Hochzeitsgeschenke einer nicht sehr gehobenen – was auch immer das heißen mag – Schicht dienten.[25]

Solche sozialen Kontexte, die vornehmlich durch die Objekttypen, Herkunft oder auch durch mögliche Datierungen aus Fundkontexten eruiert oder zumindest mit guten Gründen vermutet werden können, erschließen sich aus der Benutzung des CIL XIII trotz seiner vielen Inschriften nicht. Auch die Funktion eines Objekts, von dem nur ein Fragment erhalten ist, kann nur bedingt durch die Angaben in einem Inschriften-Katalog erschlossen werden, wenn man einmal von eindeutigen Aufforderungen zum Trinken absieht. Schließlich wird ein VTERE FELIX – „verwende mich froh" oder „benutze mich, so dass es dir wohlergehe" – nicht nur auf Bechern aus Keramik und Glas verwendet, sondern ist ebenso auf anderen Objekten wie etwa Gemmen nachweisbar.[26] Auch VIVAS ist keineswegs exklusiv auf Tafelgeschirr und Trinkgefäße geschrieben, sondern ist beispielsweise auch auf Siegeln und anderen Metallobjekten zu finden.[27]

---

23 Vgl. die Liste gravierter Gläser mit Fischen und Inschriften in Fremersdorf 1980, 127 [= 1970, 67], für Mainz dokumentiert mit Umzeichnung ebd., 121, Nr. 4. 14 mit Abb. 1/6 und 2/2, ebenso Harter 1999, Taf, 57 Abb. 048 und 049. Weitere solcher Scherben mit Fischen und Buchstabenresten aus Raetia, Britannia, Germania Superior, Noricum und Pannonia hat Pfahl 1995/96, 23–25 zusammengestellt.

24 Fremersdorf 1980, 127–128 [= 1970, 67–68]. Köln ist hierbei besonders dominant, nicht nur bei diesem Glasdekor, sondern auch anderen Dekoren bei den steilwandingen Gläsern, so dass Fremersdorf von einer Fabrikation ab etwa 200 n. Chr. bis in die Spätantike in Köln ausgeht, bei der die Verbreitung auf der gut etablierten Handelsbeziehung nicht nur nach England beruhe. Einen Überblick über die Handelsware Glas im kaiserzeitlich römischen Reich bietet von Saldern 2004, 528–621, mit Schwerpunkt für das Rheingebiet ebd., 590–600; für Bereiche außerhalb des Reichs (jedoch ohne auf das in der Dokumentation von Fremersdorf reichlich vorhandene Material im freien Germanien einzugehen) Stern 1991, 149–153.

25 Stern 2001, 139 mit Hinweisen.

26 Eine Kölner Nuppenschale mit *utere felix*, bei Fremersdorf 1962, 33 Nr. 934, mit Taf. 45.

27 VIVAS auf in Mainz und Mainz-Kastel gefundenen Trierer Bechern, CIL XIII 10018/199b = Künzl 1997, Kat. MAI 1; 10018/197i = Künzl 1997, Kat. MAI 21; vielleicht auch VI[...], Kat. MAI

3 Inschriften auf kleinen Objekten – eine große Aufgabe

Nicht zuletzt wegen des großen Interesses am Verstehen von ökonomischem Verhalten, von Warenströmen, Import- und Exportvolumen ebenso wie an der chronologischen Entwicklung von Infrastruktur und Kommunikationswegen werden Herstellernachweise auf Glas und Keramik zunehmend systematisch erschlossen.[28] Diese sind oft mit Buchstaben und Namen gekennzeichnet, häufiger aber auch durch eine graphische Markierung wie etwa eine Rosette charakterisiert, so wie das auch auf Lampen aus Keramik zu finden ist.

Es gibt zahlreiche Anstrengungen die wenigen benannten und die vielen anderen Objektgruppen regional zu erfassen. Die Inschriften werden dabei nach wie vor insofern vernachlässigt, als sie in gedruckten Bänden nicht durch einen Index, in Datenbanken nicht immer durch eindeutige Bezeichnungen gekennzeichnet sind. Dabei sind diese ‚kleinen' Inschriften genauso Teil besonderer kultureller Aktivitäten; sie geben Eindrücke von der Einstellung zu Geselligkeit oder auch zum Tod, vermitteln Hinweise auf Schriftlichkeit und gesprochene Sprache. Durch die sie tragenden Objekte sind sie ein wichtiger Aspekt zur Erfassung regionaler Präferenzen, nicht zuletzt durch die Verbindung mit weiterem Dekor wie etwa Tieridyllen, Tierjagden in der Arena, Mythen und Bibelgeschichten. Die durch die Funktion der Objekte bietet Einblicke in Alltagskontexte ebenso wie in anspruchsvolleres Ambiente ihrer Nutzung.[29] Vor einem solchen Hintergrund wäre es wenig sinnvoll, die Kleininschriften der im CIL XIII 3.2 zusammengefassten Kategorien aus Germanien und den *Tres Galliae* in einer objekt- und kontextbezogenen Zusammenschau mit all den in diesem Band enthaltenen Gruppen in der tradierten CIL-Form weiterzuschreiben; abgesehen davon wäre es angesichts der enormen Zahl der inzwischen

---

27–28; auf der gegenüberliegenden Rheinseite in Kastel außerdem CIL XIII 1008/197k = Künzl 1997, Kat. MZK 2. Andere Objekttypen sind bspw. die Gemmen CIL XIII 10024/520–521 (letzterer in Kombination mit einem Namen), und Ringe auch in Kombination mit dem christlichen Bekenntnis VIVAS IN DEO, wie etwa in CIL XIII 10024/288.

28 Zum Transport und wirtschaftlichen Kontext siehe Wilson 2023. Einen geographischen Überblick zu Objekten mit u.a. auch keltischen Inschriften oder Grafiti bietet das Projekt „Latin Now" von Alex Mullen https://latinnow.eu/. Die Herstellerkennung auf Glas als Bodenmarken hat Pfahl 2012, 212–225 mit Kat.Nr. I.B.2 für das Limesgebiet zusammengestellt. Das bravouröse Vorhaben *Corpus des signatures et marques sur verres antiques* unter der Ägide von D. Foy und M.-D. Nenna hat 2006–2011 drei Bände publiziert: Bd. 1: La France; Bd. 2: Belgique, Luxembourg, Allemagne, Suisse, Slovénie, Hongrie, Croatie, Espagne, Portugal, Maghreb, Grèce, Chypre, Turquie, mer Noire, Proche-Orient, Egypte, Soudan, Cyrénaique, France (addenda); Bd. 3: Grande-Bretagne et addenda : Pays-Bas, France, Allemagne, Suisse, Croatie, Espagne, Portugal, Grèce, Turquie, mer Noire, Proche Orient. Glasstempel Italiens werden in der wachsenden Datenbank des *Corpus dei bolli su vetro* gesammelt, vgl. zur Projektbeschreibung https://www.storiadelvetro.it/wp-content/uploads/2019/03/Tirocinio_Progetto_Corpus_Bolli_Vetro.pdf (zuletzt 29.01.2024).

29 Einen Eindruck von der Vielfalt von Objektformen, Schlifftechniken und Kombinationen von Dekoren und Inschriften auf Glas bietet für schweizer Fundorte Augst und Kaiseraugst Fünfschilling 2015, 59–103, besonders markant in den eingefügten Überblickstabellen mit Hinweisen auch auf vergleichbare Objekte außerhalb der untersuchten Städte, eg. ebd., 94 und 101.

bekannten Stücke so vieler Objektgruppen ein Großvorhaben und damit nicht sehr erfolgversprechend. Dagegen haben die vielen Einzelstudien wie etwa die zu den in Trier hergestellten Trinkspruchbechern und die großen Unternehmungen bspw. zu den Herstellermarken auf Glas gezeigt, wie weit man mit einer systematischen und einzelne Objekte, Formen und Materialien berücksichtigenden Herangehensweise kommen kann: So werden die Inschriften integriert und auch als solche zusammenschauend analysierbar gemacht. Die Anstrengungen vieler Archäologen und Historiker an einem besseren Zugang und einem Verständnis für das, was (nicht nur) an (Mainzer) römischen Kleinfunden mit Inschriften vorhanden ist, mitzuwirken, haben schon viele Früchte getragen – nur ein winziger Ausschnitt davon wurde im vorliegenden Beitrag benannt.[30] Möge das Interesse daran weiterwachsen und gedeihen: VIVANT!

Literaturverzeichnis

Bakker, L.: „Sündenfall in Augsburg." *Archäologie in Deutschland* H. 4 (2001) 38

Behrens, G.: „Römische Gläser aus Rheinhessen." *Mainzer Zeitschrift* 20/21 (1925/26) 62–77

Bender, St.: „Das Grabmonument des Flavius Agricola in Indianapolis (USA) und die Funktion der sogenannten Kasserollen." *Archäologisches Korrespondenzblatt* 50 (2020) 241–248

Binsfeld, A.: *Vivas in deo. Die Graffiti der frühchristlichen Kirchenanlage in Trier.* Trier 2006 (= Die Trier Domgrabung 5)

Bös, M.: „Aufschriften auf rheinischen Trinkgefäßen der Kaiserzeit." *Kölner Jahrbuch für Vor- und Frühgeschichte* 3 (1958) 20–25

Düwel, K./Stein, Fr./Felder, E./Neumann, G./Quast, D./Urbon, B.: „Runische und lateinische Epigraphik im süddeutschen Raum zur Merowingerzeit." In Germanische Datenbank Online https://www.degruyter.com/database/GAO/entry/RGA-E10_11/html?lang=en (zuletzt 29.01.2024)

Eck, W.: „Mommsen und die Entwicklung des topographischen Ordnungsprinzip beim CIL." In *Studi per Ida Calabi Limentani dieci anni dopo „Scienza epigrafica",* hg. von A. Sartori, A. Mastino und M. Buonocore. Faenza 2020, 113–126 (= Epigrafica e Antichità 48)

Follmann-Schulz, A.-B.: *Die römischen Gläser aus Bonn.* Köln 1988 (= Beiheft der Bonner Jahrbücher 46)

Fremersdorf, F.: *Die römischen Gläser mit aufgelegten Nuppen.* Köln 1962 (= Die Denkmäler des römischen Köln 7)

Fremersdorf, F.: „Seltene Varianten steilwandiger römischer Glasbecher des 3. Jahrhunderts aus Köln". In F. Fremersdorf/F. E. Polonyi-Fremersdorf: *Die farblosen Gläser der*

---

30 Es gibt zudem zwei international aktive Gruppen, die sich den Kleininschriften verschrieben haben. Die „Instrumenta Inscripta" und die Vereinigung „Ductus" gehen auf Konferenzen und mit Publikationen dieses spannende Thema immer wieder aus neuen Blickwinkeln und mit neuen Schwerpunkten an.

Frühzeit in Köln, 2. und 3. Jahrhundert. Köln 1984 (= Die Denkmäler des römischen Köln 9), 119–132 – ND: *KJb* 11 (1970) 59–72

Fünfschilling, S.: *Die römischen Gläser aus Augst und Kaiseraugst: Kommentierter Formenkatalog und ausgewählte Neufunde 1981–2010 aus Augusta Raurica. Bd. 1: Text und Formenkatalog*. Augst 2015

Goethert, K.: „Bemalte römische Spruchbecher aus Glas in Trier." *Trier Zeitschrift* 75/76 (2012/13) 55–72

Glock, A./Schmidt, M.G.: „Die Briefe Hermann Dessaus aus der Staatsbibliothek zu Berlin und dem Archiv der Berliner Akademie." In *Hermann Dessau (1856–1931). Zum 150. Geburtstag des Berliner Althistorikers und Epigraphikers. Beiträge eines Kolloquiums und wissenschaftliche Korrespondenz des Jubilars*, hg. von M.G. Schmidt. Berlin 2009, 157–368 (Auctarium n.s. 3)

Harter, G.: *Römische Gläser aus dem Landesmuseum Mainz*. Wiesbaden 1999

Hettner, F.: „Museographie für das Jahr 1888: Schweiz, Westdeutschland, Holland." *Westdeutsche Zeitschrift* 8 (1889) 245–283 (mit Tafeln 3–15)

Hoët-van Cauwenberghe, Ch./Seillier, Cl.: „Deux coupes de verre inscrites découvertes à Boulogne-sur-Mer (F-62)." In *Inscriptions mineures. Nouveautés et réflexions. Actes du premier colloque Ductus (19–20 juin 2008, Université de Lausanne)*, hg. von M.E. Fuchs, R. Sylvestre und C. Schmidt-Heidenreich. Bern 2012, 327–338

Krüger, E.: „Ein gravierter Glasbecher mit Darstellung eines Wagenkämpfers aus Trier." *Bonner Jahrbücher* 118 (1909) 353–369

Künzl, S.: *Die Trier Spruchbecherkeramik. Dekorierte Schwarzfirniskeramik des 3. und 4. Jahrhunderts n. Chr.* Trier 1997 (= Trier Zeitschrift Beiheft 21)

Mommsen, Th.: „Ueber Plan und Ausführung eines Corpus Inscriptionum Latinarum." Nachdruck in: A. von Harnack: *Geschichte der Königlich Preussischen Akademie der Wissenschaften zu Berlin*. Berlin 1900, vol. II, 522–540

Pfahl, St.: „Ein gläserner Fischbecher aus Langenau-Göttingen." *Jahrbücher des Heimat- und Altertumsvereins Heidenheim an der Brenz* (1995/96) 20–36

Pfahl, St.: *Instrumenta Latina et Graeca Inscripta des Limesgebietes von 200 v. Chr. bis 600 n. Chr.* Weinstadt 2012

Saldern, A. von: *Antikes Glas*. München 2004 (= Handbuch der Archäologie)

Stern, E.M.: „Early exports beyond the Empire." In *Roman Glass. Two Centuries of Art and Invention*, hg. von M. Newby und K. Painter. London 1991, 137–154

Stern, E.M.: *Römisches, byzantinisches und frühmittelalterliches Glas, 10 v. Chr.–700 n. Chr. Sammlung Ernesto Wolf*. Ostfildern-Ruit 2001

Wilson, A.: „Latin, Literacy, and the Roman Economy." In *Social Factors in the Latinization of the Roman West*, hg. von A. Mullen. Oxford 2023, 78–98

Sie aber ging, die lieblich lächelnde Aphrodite nach Kypros
Votive von Titus und Domitian für die Aphrodite von Alt-Paphos

Anne Kolb

Sie aber ging, die lieblich lächelnde Aphrodite nach Kypros, nach Paphos, wo ihr heiliger Bezirk und duftender Altar (sind). Und dort wuschen und salbten sie dann die Chariten mit dem heiligen Öl, wie es glänzt auf den ewigen Göttern, und hüllten sie dann in anmutige Gewänder, ein Wunder zu schauen. (Hom., Od. 8,362–366. Übers. Weiher)[1]

In dieser Passage der Odyssee bekundet Homer als frühstes schriftliches Zeugnis die Existenz des Heiligtums der Göttin Aphrodite im Südwesten der Mittelmeerinsel Zypern. Dort bildete der Kultort Paphos, genauer Alt-Paphos oder Palaipaphos, auch noch in der römischen Kaiserzeit eine Sehenswürdigkeit ersten Ranges. Paphos war außerdem in archaischer und klassischer Zeit zugleich der Sitz eines der zyprischen Stadtkönigtümer gewesen. Allerdings wandelte sich der rund 80 m hoch über der Küste gelegene Ort (heute im modernen Kouklia, 1,5 km vom Meer entfernt) nach der Neugründung von Paphos bzw. Neapaphos (beim heutigen Kato Paphos) in der Ebene an der Küste durch den letzten König Nikokles um 320 v. Chr. zum Kultort. Paphos/Neapaphos wurde damals 15 km nordwestlich von Alt-Paphos als neue Hafenstadt und Verwaltungssitz begründet.[2]

Während der römischen Kaiserzeit war das Heiligtum immer noch berühmt und überregional bekannt wegen seines prächtigen Tempels mit zahlreichen edlen Weihgeschenken, aber auch aufgrund seines Orakels. Diese Charakteristika hatten offenbar den älteren Sohn des Vespasian, den späteren Kaiser Titus, dazu bewogen das Heiligtum im

---

1 ἡ δ' ἄρα Κύπρον ἵκανε φιλομμειδὴς Ἀφροδίτη, ἐς Πάφον: ἔνθα δέ οἱ τέμενος βωμός τε θυήεις. ἔνθα δέ μιν Χάριτες λοῦσαν καὶ χρῖσαν ἐλαίῳ ἀμβρότῳ, οἷα θεοὺς ἐπενήνοθεν αἰὲν ἐόντας, ἀμφὶ δὲ εἵματα ἕσσαν ἐπήρατα, θαῦμα ἰδέσθαι (Weiher 2013).
2 Zur Geschichte und Entwicklung des Heiligtums siehe bes. Gardner/Hogart/James 1888; Maier 1954/55, 121–12; Mitford 1980, 1309–1315; Maier/Karageorghis 1984; Maier 1985; Maier 2000; Maier 2006; Maier 2007; zu den Textquellen Näf 2013.

Januar 69 aufzusuchen, nachdem er seine Romreise infolge der Nachricht vom Tod Kaiser Galbas in Korinth wieder abgebrochen hatte.³

Er besichtigte damals die Tempelanlage mit all ihren Monumenten auf das Genaueste, bevor er beim verantwortlichen Priester seine Fragen an die Göttin über seine nähere und weitere Zukunft vorbrachte. Die Weissagungen waren sowohl für die Seefahrt als auch im Hinblick auf die politischen Pläne des Titus überaus günstig, so dass er sich in gehobener Stimmung auf die Weiterfahrt zu seinem Vater nach Syrien machte.⁴

Auf diesen von Tacitus recht ausführlich geschilderten Besuch des Titus in Alt-Paphos verweisen noch weitere Zeugnisse – zum einen eine Notiz Suetons,⁵ zum anderen auch drei archäologische Funde, die als Zeitzeugnisse besondere Bedeutung genießen: So wurde in der römischen Provinzhauptstadt Paphos eine ovale Sardonyx-Gemme in einer Zisterne zusammen mit Funden aus dem ersten vor- und nachchristlichen Jahrhundert gefunden.⁶ Die Gemme mit Adlerdarstellung und Inschrift gehörte offenbar zum Siegelring eines Soldaten der *legio quindecima Apollinaris,* der Legion, die damals im Jahr 69 von Titus als Legat kommandiert wurde. Daszewski geht davon aus, dass der Ringbesitzer, der Titus begleitete, den Rang eines Zenturionen der ersten Kohorte dieser Legion bekleidete.

Von größerem Interesse jedoch sind zwei steinerne Weihgeschenke für Aphrodite, die gemäß ihren Inschriften aus dem flavischen Kaiserhaus stammen.⁷ Die unvollständig erhaltenen Inschriften werfen Fragen auf, deren Erklärung im Folgenden im Zusammenhang mit Überlegungen zu den Besuchern des Kultplatzes in römischer Zeit diskutiert werden. Einführend werden kurz die Quellensituation und die Bedeutung des Aphrodite-Heiligtums von Alt-Paphos skizziert.

---

3   Zur Reise des Titus siehe Tac., Hist. 2,1–4,2; dazu Heubner 1968, 12–25; Morgan 2006, 179f.; Ash 2007, 73- 85; zu den Merkmalen des Heiligtums Tac., Hist. 2,2,1: *atque illum cupido incessit adeundi visendique templum Paphiae Veneris, inclitum per indigenas advenasque.* 2,4,1: *Titus spectata opulentia donisque regum quaeque alia laetum antiquitatibus Graecorum genus incertae vetustati adfingit, de navigatione primum consuluit.*

4   Tac., Hist. 2,4,1: *Sostratus (sacerdotis id nomen erat), ubi laeta et congruentia exta magnisque consultis adnuere deam uidet, pauca in praesens et solita respondens, petito secreto futura aperuit. Titus aucto animo ad patrem peruectus suspensis prouinciarum et exercituum mentibus ingens rerum fiducia accessit.* Dass Tacitus' Bericht möglicherweise Fiktion sei, wie Chilver 1979, 162 angedeutet hatte, widerlegen die dokumentarischen Quellen im Folgenden.

5   Suet. Tit. 5: *Sed ubi turbari rursus cuncta sentit, redit ex itinere, aditoque Paphiae Veneris oraculo, dum de navigatione consulit, etiam de imperii spe confirmatus est.*

6   Daszewski 1973; zur Geschichte der Legion und Titus Kommandantur Wheeler 2000, 276–278. 9

7   Zur Diskussion der Inschriften siehe unten unter Punkt 3. Die Beschäftigung mit Alt-Paphos und seinen Inschriften erfolgte im Rahmen des Zürcher Paphos Projektes, weshalb mein Dank für die Einladung und Kooperation vor allem dem unvergessenen Projektleiter F.G. Maier sowie dem Department of Antiquities of Cyprus gilt; für Hinweise sowie Unterstützung danke ich M.-L. von Wartburg, D. Leibundgut Wieland, A. V. Walser, J. Bartels (alle Zürich) und C. Kokkinia (Athen).

1 Das Heiligtum der Aphrodite in Alt-Paphos

Den Ruhm des Heiligtums von Alt-Paphos, das sich auf einem Plateau über der dortigen Küstenebene im Südwesten der Insel Zypern erhebt, begründet im Ursprung seine Lage: Es befindet sich oberhalb des Ortes, an welchem die «schaumgeborene Göttin» entsprechend der antiken Legende zum ersten Mal dem Meer entstiegen war:[8] *Paphos et quo primum ex mari Venerem egressam accolae adfirmant Palaepaphos.*[9] Dieses Phänomen der Aphrodite Anadyomene erklärt der Reisende J. L. Myres mit seinen Beobachtungen am Strand von Paphos im Winter des Jahres 1913.[10] Er erkannte dort in äußerst stürmischem Wetter in der Abfolge einer hohen ungebrochen an Land schlagenden Welle und einer sich direkt danach brechenden im Effekt die Umrisse einer Person, die sich – mit tropfnassen Armen und langen Haaren – aus dem Meer zu erheben schien. „It looks exactly like a human figure literally ‚rising from the sea,‘ and spreading long hair and dripping arms." Möglicherweise hatten schon die antiken Inselbewohner und Besucher derartige Assoziationen und Imaginationsfähigkeit gehabt.

In der eingangs zitierten Passage des Homer fassen wir zwar das älteste Schriftzeugnis, das die in Alt-Paphos gelegene Anlage aus heiligem Hain und Altar skizziert, jedoch hatten Heiligtum wie auch die dort gepflegte religiöse Praxis eine wesentlich längere Tradition. So bezeugt die archäologische Fundsituation eine lange Baugeschichte, die sich einerseits in den Überresten monumentaler Mauern eines Hofheiligtums vorderorientalischen Typus aus der späten Bronzezeit (Heiligtum I um 1200 v. Chr.) und andererseits Bauten der Kaiserzeit (Heiligtum II vom Ende 1./Anfang 2. Jh.) manifestiert, welche die letzte Stufe der Bauentwicklung bilden. Das nördlich anschließende römische Heiligtum wurde vermutlich als Neubau nach Zerstörungen infolge des Erbebens 76/77 n. Chr. angelegt, wobei die beiden großen kultischen Bankettshallen, in denen jeweils ein erhöhtes Podium einen zentralen Mosaikfußboden umschließt, spätestens im 2. Jh. n. Chr. die Anlage dominierten. Damit wurde das spätbronzezeitliche Heiligtum bzw. relevante Elemente desselben in den Baukomplex der Kaiserzeit integriert. Dieses ungewöhnliche Merkmal zeichnete den Kultplatz aus, indem er aus einer komplexen Gruppe von Einzel-

---

8 Siehe allg. Zur Göttin Aphrodite, bes. ihrer Benennung sowie dem Entstehungsmythus bes. Pirenne-Delforge 1994; zusammenfassend Burkert 2010, 235–240.
9 Mela 2,7,102; siehe auch Tac., Hist. 2,2,3 … *sacratum templum deamque ipsam conceptam mari huc adpulsam.*
10 Myres 1940–145, 99: „In ancient tradition, Aphrodite had her great sanctuary at Paphos, because it was here that she ‚rose to the sea.‘ And there is a very good reason why she should have been supposed to have ‚risen from the sea‘ at Paphos; a natural occurence which it was possible to study and to explain during a spell of very stormy weather in December 1913. […] So steep and resistant is this shingle-beach that in on-shore winds from the south-west – which can be very violent in winter – the swell reaches it unbroken. […] The reflected wave in due course encounters the next incoming swell, and causes it to ‚break‘ into foam […]; so that the ‚breaker‘ shoots up in a column like a waterspout, 10–15 feet high, and falls back in an outward cascade of foam, which may be carried some feet to leeward by the wind. It looks exactly like a human figure literally ‚rising from the sea,‘ and spreading long hair and dripping arms."

bauten bestand, aber dennoch die Grundform des orientalischen Hofheiligtums bis zum Ende seiner Nutzung in der Spätantike beibehielt.[11]

Die zeitlich weit zurückreichende Entstehung des Heiligtums reflektieren zudem kupferzeitliche Idole, die Zeugen eines autochthonen Fruchtbarkeitskultes sind.[12] Daher scheint auch die seit hellenistischer und besonders römischer Zeit bekannte Kultpraxis diesen frühen Ursprung abzubilden: „Das Bild der Göttin ist nicht von menschlicher Gestalt; ein Rundkörper aus einem Stück, erhebt es sich von breiterer Grundlage aus, um dann wie eine Spitzsäule nach oben an Umfang stark abzunehmen." So beschreibt noch Tacitus das Symbol der Göttin, das auch Siegelabdrücke, Ringe, Medaillons und Münzen das Kultmal der paphischen Aphrodite in Form eines konischen Steinblocks, welchen sowohl Tacitus mit seiner Beschreibung als auch der Fund eines kegelförmigen Steinmals (Höhe 1,22 m aus lokalem Gabbro-Gestein) im Heiligtum bestätigt.[13] Diese Verehrung der paphischen Göttin bildet somit das Erbe einer vorgriechischen religiösen Praxis, die über eine jahrhundertelange Kontinuität des Kultes erhalten blieb.

Seit der Archaik beleuchten neben den archäologischen Überresten von Bauten und Weihgeschenken[14] dann numismatische, literarische[15] und insbesondere epigraphische[16] Quellen vorrangig aus hellenistischer und römischer Zeit die Ausgestaltung der religiösen Praxis sowie des Heiligtums, das sich bis in die Spätantike großer Popularität erfreute. Insgesamt betrachtet bildete das Heiligtum der paphischen Aphrodite auch aufgrund seiner über 1600 Jahre ungebrochenen Kultkontinuität (vom 12. Jh. v. Chr. bis ins 4. Jh. n. Chr.) einen der wichtigsten antiken Kultorte von überregionaler Bedeutung.

2   Besucher im Heiligtum

Von diesem Rang des paphischen Aphroditeheiligtums zeugen die erwähnten direkten und indirekten Hinterlassenschaften der Besucher, die aus nah und fern, letztlich so gut wie allen Regionen der antiken Welt nach Zypern kamen. So legen seit Homer die Schriften diverser Literaten, Geographen und Intellektueller nahe, dass sie entweder selbst oder ihre Informanten eine Reise nach Alt-Paphos unternommen hatten. Zur Zeit der römischen Herrschaft in Zypern zeigen dies besonders die Ausführungen von Strabo, Plinius d. Ä.,

---

11 Zuletzt bes. Maier 2006; Maier 2007.
12 Siehe die Literatur in Anm. 1.
13 Tac. Hist. 3,1: *simulacrum deae non effigie humana, continuus orbis latiore initio tenuem in ambitum metae modo exsurgens*. Zum Steinsymbol, das sich heute im Museum von Alt-Paphos befindet, jedoch früher im Museum von Nicosia war, und seinen Darstellungen siehe Myres 1940–145, 53–99; Maier/Karageorghis 1984, 81–117, bes. 99–102 mit Abb. 65, 83, 103, 276 Abb. 247; Maier 1985, 24 mit Taf. 13,6; Maier 2006, 39.
14 Siehe zu den über 9000 analysierten Weihgaben, von denen die Mehrheit aus Terrakotten besteht, Leibundgut Wieland/Frei-Asche 2011.
15 Zuletzt Näf 2013; zu den römischen Münzen siehe Parkes 2004.
16 Gardner/Hogart/James 1888, 225–260; Mitford 1938; Mitford 1946; Mitford 1947; Mitford 1961; Masson 1983; Masson/Mitford 1986; Mitford 1990; Cayla 2018, passim.

Tacitus, Lukian, Pausanias sowie die Berichte über Apollonius von Tyana und als einer der letzten vielleicht auch über Hilarion von Gaza, der Paphos in Ruinen sah und offenbar auf einem Landgut in der Nähe des Heiligtums 21. Oktober 371 auf der Insel verstarb.[17]

Obwohl Cicero während seiner Statthalterschaft in Kilikien (51/50 v. Chr.), zu dessen Amtsbereich Zypern damals gehörte, offenbar Bewohner der Stadt Paphos persönlich kennengelernt hatte, ist nicht bekannt, dass er selbst die Insel und das Heiligtum in Alt-Paphos besucht hatte. Denn aus seiner liebenswürdigen Empfehlung der Paphier beim künftigen Quästor C. Sextilius Rufus im Herbst 49 v. Chr. (?) lässt sich ein Besuch Ciceros in Paphos nicht eindeutig erschließen.[18]

Zahlreiche Besucher brachten der Göttin in ihrem Heiligtum Weihgeschenke dar, die sich seit der frühen Phase des Hofheiligtums orientalischer Prägung (um ca. 1200 v. Chr.) bis weit in römische Zeit verfolgen lassen. Erhalten sind neben einzelnen instrumentellen Gaben (Gewandnadel, Schmuck, Gold- und Bronzeobjekte)[19] vor allem Votivfiguren aus Ton, welche die größte Fundgruppe für die Epoche 7.–5. Jh. bilden, jedoch verliert der Brauch, Terrakottastatuen, insbesondere solche von größerem Format, zu weihen am Ende des 4. Jh. seine Bedeutung.[20] Stattdessen wurden Skulpturen aus Kalkstein, Marmor, diversen Metallen und anderen Materialien geweiht, deren Überreste jedoch nur spärlich erhalten sind.[21] Da mit Ausnahme einer Gewandnadel (2./1. Jh. v. Chr.) und einer Terrakotta-Statuette[22] keine der Votivgaben eine Inschrift trägt oder mit einer solchen in Beziehung zu setzen ist, können deren Stifter und damit wohl Besucher des Heiligtums lediglich vermutet werden: Neben der einfachen Bevölkerung, auf welche die kleinen Weihfiguren aus Ton, hinweisen, gehörten dazu aufgrund der lokalen Produktion von großformatigen Terrakotta-Statuen sowohl Könige, Würdenträger oder begüterte Privatpersonen aus Paphos oder einer anderen zyprischen Stadt als auch Reisende aus der übrigen Mittelmeerwelt, beispielsweise für die früharchaische Zeit aus dem griechischen und syrisch-phönizischen Raum (zwei Marmorköpfe, Fayenceköpfchen, Statuetten im syro-phönizischen Typus), seit der Ptolemäer-Herrschaft aus Ägypten und während der römischen Epoche aus diversen Regionen des Imperium Romanum.

Erst die Inschriften auf den im Heiligtum gefundenen (bzw. ihm zugewiesenen) Statuenbasen und wenigen Altären ermöglichen eine genaue Identifizierung von Besuchern

---

17 Strab. 14,6,3–4 p. 683–654 C; Plin., Nat. 2,210. 5, 130; Tac., Hist. 2,1–4; Lukian, Anth. Gr. 16,163; Paus. 1,14,7; 8,5,2–4. 24,6. 53,7–8; Chariton VIII 2,7–9; Philostr., Ap. 3,58; Hier., Vita Hilar. 30.
18 Cic., Fam. 13,48: *Omnis tibi commendo Cyprios, sed magis Paphios, quibus tu quaecumque commodaris erunt mihi gratissima; eoque facio libentius ut eos tibi commendem, quod et tuae laudi, cuius ego fautor sum, conducere arbitror, cum primus in eam insulam quaestor veneris, ea te instituere quae sequantur alii. quae, ut spero, facilius consequere si et P. Lentuli, necessarii tui, legem et ea, quae a me constituta sunt, sequi volueris. quam rem tibi confido magnae laudi fore.* Nach Hill 1940, 227 hatte Cicero lediglich den Präfekten Q. Volusius zur Rechtsprechung für einige Tage auf die Insel gesandt.
19 Siehe Leibundgut Wieland/Frei-Asche 2011, 152–153 Nr. 1885, 1885bis, 1887–18 91bis.
20 Die seit 650 v. Chr. lokal produzierten Terrakotta-Statuen teilen Wieland/Frei-Asche 2011 in zwei Hauptgruppen nach Grösse: 1) ca. 61 cm bis zu fast Lebensgröße und 2) ca. 25 bis 50–60 cm Höhe.
21 Maier 2006, 45; Leibundgut Wieland/Frei-Asche 2011, 183–187.
22 Leibundgut Wieland/Frei-Asche 2011, 152 Nr. 1886 und 63 Nr. 899.

und Dedikanten von Ehrenstatuen. Sie stammen abgesehen von wenigen Fragmenten mit zyprischen und phönikischen Silbeninschriften (aus dem 5./4. Jh.)[23] zunächst aus der hellenistischen Zeit (rund 110 Inschriften) und zu einem kleineren Teil mit knapp 50 Basen aus der römischen Epoche.[24] Wie das Formular der fast ausschließlich griechischen Texte (mit der Aphrodite im Dativ und dem Geehrten im Akkusativ oder auch Dativ) zeigt, bilden all diese Weihgeschenke für Aphrodite zugleich Ehrungen von Herrschern oder Angehörigen von deren Familie, von zivilen oder militärischen Staatsbeamten, lokalen Amtsträgern, Honoratioren und Priestern. Dies bedeutet, dass die heute verlorenen oder nur in wenigen Resten erhaltenen Statuen (aus Marmor, lokalem Gestein oder Bronze), die ursprünglich auf den steinernen Basen standen, Standbilder der geehrten Personen waren. Die auf diese Weise Geehrten werden zum überwiegenden Teil selbst zu den Besuchern des Heiligtums gehört haben. Neben diesem Hauptanteil an steinernen Weihgeschenken finden sich im Heiligtum nur wenige weitere dauerhafte Donative für Aphrodite. In den römischen Kontext gehören lediglich vier Weihungen, die Stifter im Nominativ und ausschließlich Aphrodite als Empfängerin nennen.

So bezeugt eine quaderförmige Basis, gestiftet von römischen Geschäftsleuten, die in Paphos aktiv waren, für das 1. Jh. v. Chr. eine heute verlorene Statue der Aphrodite:[25]

[Veneri Paphia]ẹ / [cives Romani qui Pa]phi negotiantur / [Ἀφροδίτηι] Παφίαι / [οἱ πραγματευόμενοι ἐν] Πάφωι Ῥωμαῖοι.

Eine weitere Votivinschrift mit dem Dedikanten im Nominativ befindet sich auf dem Bruchstück einer weißen Marmortafel (unbekannter Größe), die seit der Auffindung 1888 offenbar verschollen ist:[26]

[Ἀφρο]δείτῃ Π[αφίᾳ] / [Γάιο]ς (?) Ὀκταούιος [---] / ἰατρός.

Obwohl die Beschreibung kaum Rückschlüsse auf den exakten Monumenttyp der Weihgabe zulässt, ist wegen der Votivformel für Aphrodite, dem Fundort im Tempel sowie dem importierten, daher teuren Marmor – angesichts der privaten Weihung – wohl sinnvollerweise an eine evtl. eher kleinere Statuenbasis zu denken, für welche die Marmortafel als Verkleidung diente.[27] Hinzu kommen dann zwei Votive aus dem flavischen Kaiserhaus.

---

23 Siehe bes. Masson 1983, 103–106 Nr. 6–10; Masson/Mitford 1986, 101–103 Nr. 229–230, 109–111 Nr. 237 Nr. 240.
24 Gardner/Hogart/James 1888, 225–260; Mitford 1938; Mitford 1946; Mitford 1947; Mitford 1961; Mitford 1990; Cayla 2018, passim.
25 Gardner/Hogart/James 1888, 234 Nr. 28 = CIL III 12101 = ILS 7208 = IGRR III 965 = Mitford 1947, 226, Nr. 106 = Mitford 1961, 41 Nr. 113 = SEG 20, 212 = SEG 31, 1360 = Cayla 2018, 302–303 Nr. 198. Die Lesung des E in der früher (IGRR, ILS) nur ergänzten Zeile 1 hat zuerst Christina Kokkinia im Jahr 2009 verifiziert.
26 Gardner/Hogart/James 1888, 228 Nr. 10 = Samama 2013, Nr. 390 = Cayla 2018, 316 Nr. 219.
27 Die übrigen Statuenbasen sind massive Steinblöcke entweder aus Kalkstein oder aus rosafarbenem

3 Votive aus dem flavischen Kaiserhaus

Von besonderem Interesse sind die eingangs erwähnten zwei Weihgeschenke für Aphrodite, die aus dem flavischen Kaiserhaus stammen: Auf den zylindrischen Cippi sind die Namen von Titus und Domitian im Nominativ als Stifter eingemeißelt. Auffällig sind dabei die ungewöhnlich kurzen Bezeichnungen der Söhne des Vespasian, die bisher keine Parallele haben und deren Entstehung Fragen aufwirft.

Im ersten Monument sahen die Ersteditoren und später Terence Mitford ursprünglich einen Rundaltar. Der runde Cippus mit Profilabschluss (oben und unten) aus rosafarbenem lokalem Gestein (local marmor nach Mitford, Höhe: 80 cm, Dm: 67 cm mit Profil, Buchstaben 5–4 cm) weist auf der Oberseite nur ein Dübelloch (Dm. 4 cm) auf im Gegensatz zu den im Heiligtum üblichen quaderförmigen Statuenbasen, die jeweils über mehrere Dübel- oder Standspuren verfügen. Demnach könnte man für den runden Cippus auf einen Altarschaft schließen, der ehemals mit einem Aufsatz für Brandopfer bekrönt war. Dennoch ist auch die Anbringung einer Standplatte für eine Statue der Aphrodite (wegen der Anrufung der Göttin im Dativ) nicht auszuschließen.[28] Damit ist aber der Typus des Weihmonuments nicht eindeutig zu bestimmen. Unterhalb des Profils, also auf dem Schaft, befinden sich zwei Inschriften auf einander gegenüberliegenden Seiten, so dass der Betrachter von jeder Seite aus nur einen Text sehen konnte. Die erste Lesung aus dem Jahr 1888 erbrachte:[29]

a) Ἀφροδείτῃ Παφίᾳ / Δο[μιτί]α[νο]ς Σεβαστό[ς]
b) Ἀφροδείτῃ [Παφίᾳ] / [---]ος Σεβαστό[ς]

Mitford fertigte vor 1947 einen Abklatsch der Inschriften an. Seine erste Lesung entsprach weitestgehend derjenigen von 1888[30]. Später sah er den Stein nochmals im Tempelareal und ergänzte die erste Inschrift auf den Namen des Titus, weshalb nun auch die Reihenfolge der Texte bei der Edition der Chronologie entsprechend angepasst wurde:[31]

a) Ἀφροδείτῃ [Παφίᾳ] / [Τίτο]ς Σεβαστο[ῦ υἱός]
b) Ἀφροδείτῃ Παφίᾳ / Δομιτίανος Σεβαστό[ς]

---

bzw. grauem lokalen Gestein. Nach Connelly 1988, 3 kommt auf Zypern geologischer Marmor nicht vor und musste daher stets importiert werden.

28 Vgl. Cayla 2018, 240 Nr. 114 der das Monument (aus „pierre de Mamonia rose") zunächst als Altar oder zylindrische Basis definiert, in seiner Deutung dann weniger überzeugend eine Standplatte bevorzugt, die wegen der beiden Inschriften gleichzeitig zwei Statuen (Titus und Domitian) getragen haben soll.

29 Gardner/Hogart/James 1888, 253 Nr. 115 = IGRR III 945.

30 Mitford 1947, 209 Anm. 29 allerdings ohne Omikron am Zeilenanfang von b) Z. 2: a) Ἀφροδείτῃ Παφίᾳ / Δομιτίανος Σεβαστό[ς] b) Ἀφροδείτῃ [Παφίᾳ] / [---]ς Σεβαστό[ς].

31 Mitford 1961, 103 Anm. 37 = SEG 20, 177 = Mitford 1990, 2179 Anm. 12.

Abb. 1 (links): Inschrift Alt-Paphos IGRR 945: Domitian, Foto und Rechte A. Kolb
Abb. 2 (rechts): Inschrift Alt-Paphos IGRR 945: Titus, Foto und Rechte A. Kolb

Die Ergänzung von Text a) auf Titus folgt als sinnvolle Lösung aus Text b) mit dem Namen Domitians im Nominativ als Stifter. Rein theoretisch könnte diese Inschrift auf der gegenüberliegenden Seite auch nochmals auf den Namen Domitians ergänzt werden, jedoch fehlt es antiken Parallelen für eine derartige Doppelung derselben Inschrift auf einem Weihmonument. Auch aus Platzgründen (entsprechend der vorhandenen Ordinierung des Textes) ist diese Ergänzung unwahrscheinlich. Da zudem die Nennung von Vespasian neben Domitian wenig plausibel ist und ebenfalls aus Platzgründen entfällt, bleibt nur der Name des Titus, auf den die in dieser Form zentrierte Inschrift auch genau ausgerichtet scheint.

Mitford hielt die beiden Texte damals nicht für gleichzeitig und interpretierte folgendermaßen: Inschrift a) als Weihung für Aphrodite Paphia durch Titus als Kaisersohn „in recognition of his favorable reception in A.D. 69 (Tac. Hist. 2,2–4)" und b) als späteren Zusatz des Domitian während seiner Herrschaft; sein Name wurde in späterer Zeit mutwillig verunstaltet.[32]

---

32 Allerdings verzeichnet Mitford 1961, 103 Anm. 37 die (nur partiell gelungene) Rasur von Domitians Namen, die entsprechend der *damnatio memoriae* nach dem Jahr 96 auf zahlreichen Monu-

In einem weiteren Beitrag jedoch, der postum veröffentlicht wurde, änderte Mitford seine Ergänzung von Titus' Titulatur wieder und bezeichnete den Text als Weihung durch Titus als Kaiser; die zweite Inschrift gab er unverändert:[33]

a) Ἀφροδείτῃ [Παφίᾳ] / [Τίτο]ς Σεβαστό[ς]
b) Ἀφροδείτῃ Παφίᾳ / Δομιτιανός Σεβαστό[ς]

Entsprechend der Namensergänzung liegt es nahe die Weihung des Titus – wie schon von Mitford vorgeschlagen – mit seinem von Tacitus beschriebenen Besuch des Heiligtums zu Beginn des Jahres 69 in Bezug zu setzen. Dafür spricht vor allem der Nominativ, der Titus klar als Dedikanten der Statue ausweist. Schwierigkeiten bereitet dabei jedoch die Titulatur, die weder mit [Τίτο]ς Σεβαστό[ς] noch mit [Τίτο]ς Σεβαστο[ῦ υἱός] in die Zeit vor der Ausrufung des Vespasian als Kaiser am 1.7.69 und seiner Anerkennung durch den Senat im Dezember desselben Jahres (21./22.? 12.69) passt.[34] Noch problembehafteter erweist sich die zweite Inschrift mit der gleichartigen Weihung des Domitian, da er den Bruder nicht auf dessen Reise begleitet hatte und auch später während seiner Herrschaft den Osten des Reiches nicht bereist hatte.[35]

Für beide Probleme liefert auch Mitford keine direkte Erklärung, weist jedoch darauf hin, dass das flavische Kaiserhaus ein auffälliges Interesse an Paphos und am Heiligtum von Alt-Paphos gehabt habe. Darauf deuten neben den Münzen, die unter Vespasian und seinen Söhnen das offene Hofheiligtum zeigen,[36] noch wenige weitere Inschriften hin,[37] welche nahelegen, dass das Kaiserhaus nach dem Erdbeben des Jahres 76/77 Bau- oder Restaurierungsarbeiten im Heiligtum unterstützt hatte.[38] Dieses Argument von Mitford

---

menten reichsweit durchgeführt wurde, nicht im Transskript der Inschrift. Dieser Lesung und Deutung Mitfords folgt noch Kantirea 2008, 97.
33 Mitford 1990, 2179 Anm. 12.
34 Zu den Daten siehe Kienast 2017, 101.
35 Zu Domitians Reisen außerhalb Italiens, die sich auf seine Feldzüge in Germanien und im Donauraum beschränkten, siehe Halfmann 1986, 181–184.
36 Parkes 2004, 79–97.
37 Mitford 1961, 103 Anm. 37 = SEG 20, 1970, 254 = Cayla 2018, 242f. Nr. 118; Gardner/Hogart/James 1888, 240 Nr. 52 = CIL III 12102 = Mitford 1990, 2179 Anm. 12 = Cayla 2018, 242 Nr. 117; Mitford 1990, 2180 Anm. 12 = Cayla 2018, 391 Nr. 346, der Bezug dieses Fragments auf Vespasian durch Mitford bleibt hypothetisch; irrig bezieht Mitford 1990, 2180 Anm. 12 mit IGRR III 944 = Cayla 2018, 236–237 Nr. 110 noch eine Statuenweihung durch die Stadt Paphos angeblich für Vespasian (tatsächlich für Tiberius) ein.
38 Auch Neapaphos war damals schwer zerstört worden und scheint Hilfe von Vespasian und seinen Söhnen erhalten zu haben (siehe zu Inschriften noch unten Anm. 4), was aus dem Beinamen der Stadt als „Flavia" gefolgert wird – wie dies Cassius Dio (54,23,7) bereits auch für Augustus nach dem Erdbeben des Jahres 15 v. Chr. bezeugt, als die Stadt den Beinamen *Augusta* und ein Geldgeschenk erhalten hatte, dazu schon Hill 1940, 234–235; Mitford 1980, 1310–1311: "Flavia, however, could well be Vespasian's reward for the favourable response to Titus at Old Paphos in A.D. 69 – a response which perhaps did much to launch the Flavian dynasty – or, and more probably, a mark of Titus' – or Vespasian's – esteem when in 77 or 78 Paphos suffered yet another earth-quake". Von diesen Argumenten greift Fujii 2013, 99 nur die günstige Prophezeiung auf, kritisiert sie jedoch als

greift dann Jean-Baptiste Cayla auf und folgert auch aus Gründen der Symmetrie der Inschriften, dass beide Texte gleichzeitig zu Lebzeiten des Vespasian eingemeisselt worden seien und daher in gleicher Weise ergänzt werden müssten:

a) Ἀφροδείτῃ [Παφίᾳ] / [Τίτο]ς Σεβαστο[ῦ υἱός]
b) Ἀφροδείτῃ Παφίᾳ / Δομιτιανος Σεβαστο[ῦ υἱός]

Diese Lesung und Deutung überzeugt noch nicht, insbesondere bei Betrachtung der Ordination der Texte. Dabei erscheint zwar die schon von Mitford für Inschrift a) vorgeschlagene Lesung [Τίτο]ς Σεβαστο[ῦ υἱός] als die plausibelste, wenn man ein weitgehend zentriertes Schriftbild rekonstruieren will. Jedoch passt dies für Text b) nicht. Der Text wäre mit Δομιτιανος Σεβαστο[ῦ υἱός] eindeutig zu lang. Daraus folgt, dass in Z. 2 ursprünglich nur Δομιτιανός Σεβαστό[ς] genannt war. Dies bestätigt wohl jetzt der Fund des erwähnten zweiten flavischen Votiv-Monuments, das hier erstmals vorgelegt werden kann.

Östlich des Aphrodite-Tempels wurde vor der Kirche Παναγιὰ Καθολική im Jahr 2008 ein Pendant (in Ausgestaltung von Form und Grösse des Monuments und der Buchstaben) zum eben vorgestellten gefunden: Eine graue zylindrische Basis, die aus einem grossen und einem kleineren oben anpassenden Kalkstein-Fragment besteht (erhaltene Höhe 79 cm oberhalb des Bodens, Dm. 65,5 cm, Buchstaben 5). Das Monument ist oben und hinten abgebrochen und noch im Boden verankert. Erhalten ist der folgende Text:[39]

Παφίᾳ Ἀφροδείτῃ / [[Δομιτιανὸς]] Σεβαστός

Wegen des unvollständigen Erhaltungszustandes ist nicht feststellbar, ob sich auf der Gegenseite ursprünglich eine Inschrift befunden hat. Aufgrund der Gleichartigkeit des Monuments – abgesehen vom Steinmaterial bzw. dessen Farbe – und der Inschrift bildet es offenbar eine Parallele zum besprochenen rosafarbenen Monument. Auch die Rasur in Z. 2 ist wieder nur partiell erfolgt, so dass der Name von Domitian noch lesbar ist. Eine Abweichung allerdings zeigt Z. 1 in der Reihenfolge der Bezeichnung der Ἀφροδείτη Παφίᾳ die hier in umgekehrter Reihenfolge als Παφίᾳ Ἀφροδείτῃ angeführt ist.

Wie bereits angedeutet bietet das Ende von Z. 2 eine neue Erkenntnis: Auf dem Stein ist klar zu erkennen, dass die Bezeichnung des Domitian nach Σεβαστός endet und keine weiteren Buchstaben folgen. Damit ist hier gesichert, dass es sich um die genannte kurze Titulatur handelt, die für Inschriften ungewöhnlich scheint, da sie bisher nicht epigra-

---

hypothetisch in Ermanglung von Belegen, obwohl er in der Fussnote das erläuterte rosa Monument (IGRR III 945) als mögliche Quelle erwähnt, aber auf S. 142 die Hinwendung der Flavier zur Insel nicht bezweifelt. Ehemals folgerten Hill 1940, 234 und Mitford 1980, 1311 als Beleg der Beziehung der Flavier zu Zypern eine Verlegung der Münzstätte vom syrischen Antiochia nach Paphos unter Vespasian, da Münzen der Flavier ein «neues heiliges Jahr» dokumentieren. Dagegen zeigen spätere Forschungen, dass schon unter Galba diese Datierung verwendet wurde und sich die Dislozierung der Münzprägung bisher nicht erweisen lässt, zuletzt Fujii 2013, 141–142.

39 Inv.-Nr. RRKM 501 im epigraphischen Museum in Alt-Paphos. Für das Recht zur Veröffentlichung gilt herzlicher Dank dem Department of Antiquities of Cyprus.

Abb. 3: Inschrift Alt-Paphos Inv.-Nr. RRKM 501, Foto und Rechte A. Kolb

phisch bezeugt ist. Insgesamt betrachtet kommt man damit für das rosa Monument wieder auf die zweite Variante von Mitfords Lesung zurück; d. h. auf zwei nicht gleichzeitig erstellte Inschriften, die hier mit den im Jahr 2009 noch zu lesenden Buchstaben zu gegeben wird:

a) Ἀφροδείτῃ [Παφίᾳ] / [Τίτο]ς Σεβαστο[ῦ υἱός]
b) Ἀφροδείτῃ Παφίᾳ / Δομι[[[τι]ᾳ [ν]ὸ [ς]]] Σεβαστό[ς]

Wie sieht nun der mögliche historische Kontext aus? Nach dem Bericht des Tacitus (Hist. 2,1–4,2) besuchte Titus, der aus dem Osten nach Rom unterwegs gewesen war, um Galba die Loyalität des Vaters und der Truppen zu bekunden, das Heiligtum in Alt-Paphos, nachdem er in Korinth von der Ermordung des Galba am 15.1.69 erfahren und infolgedessen die Rückreise angetreten hatte.[40] Das bedeutet, dass er vielleicht schon im Februar, aber sicher noch im Frühjahr in Alt-Paphos gewesen war. Von dort aus reiste er dann

---

40 Vgl. auch Barzano 1983, 148 Anm. 18, der vermutet, dass Titus die Todesnachricht in Griechenland frühestens am 20./22.2. bzw. 24./25.2. erhielt. Den Dank der flavischen Dynastie für die positive Weissagung in Alt-Paphos sieht er im Ehrentitel *Flavia* (eg. IGRR III 937), den die Stadt Paphos später erhielt.

weiter in das Hauptquartier des Vespasian in Caesarea Maritima zu Beratungen mit dem Vater und den Truppen.[41] Vespasian wurde dann bekanntlich zuerst am 1.7.69 in Alexandria zum Imperator ausgerufen, bevor nach dem Tod des Vitellius die Anerkennung im Senat in Rom Ende Dezember folgte.

Die Aufstellung eines Weihgeschenks erfolgte üblicherweise, nachdem sich ein Wunsch oder eine Prophezeiung durch die göttliche Kraft erfüllt hatte. Demnach hatte Titus ein Weihgeschenk anlässlich seines Besuchs und der Orakelbefragung zunächst lediglich versprochen. Erst nachdem die Weissagung sich mit der Herrscherproklamation des Vespasian erfüllt hatte, war es an der Zeit, das Votum einzulösen, was die Inschrift auf dem rosa Monument durch die Titulatur des Kaisersohnes Titus belegt. Mit seinem Gelöbnis im Zuge der Orakelbefragung hatte Titus demnach im Frühjahr 69 seine Stiftung bereits avisiert bzw. in Auftrag gegeben – vermutlich bei seinem Ansprechpartner vor Ort, dem von Tacitus namentlich benannten Priester Sostratus, der Titus in einer geheimen Aussprache hervorragende Aussichten für die Zukunft geweissagt hatte. Bei der Aufstellung des Weihgeschenks nach der Kaiserproklamation war dann nur ein Text mit Titus als Kaisersohn (Σεβαστοῦ υἱός) konzipiert worden. Schließlich resultierte das Weihdenkmal aus dem persönlichen Besuch und der Dankbarkeit des Titus gegenüber der paphischen Aphrodite. Dies erfolgte vielleicht noch vor der Anerkennung von Vespasians Söhnen als *Caesares* im Osten im Juli / August 69 und dann 70 in Rom,[42] da nicht die übliche Bezeichnung Καῖσαρ – wie etwa auf Münzen für Domitian – verwendet wurde.[43]

Die Nennung des Domitian als Herrscher (Σεβαστός) auf den beiden Votivaltären wäre dann einerseits als Hinzufügung ab 81 n. Chr. auf dem rosa Monument und andererseits als erstmalige Aufstellung des zweiten grauen Monuments zu deuten, wenn man nicht annehmen will, dass Titus bereits im Jahr 69 zwei Votivgaben in Auftrag gegeben hatte. Beide Maßnahmen könnten im Zusammenhang mit einer lateinischen Baustiftung Domitians im Heiligtum stehen, die ein Fragment einer Marmortafel (mit 10 cm hohen Buchstaben) aus den Grabungen in Alt-Paphos zu belegen scheint.[44] Es zeigt Domitian als Regenten im Nominativ. Der Kaiser hatte demnach sehr wahrscheinlich Baumaßnahmen, die evtl. noch von Vespasian nach dem Erdbeben 76/77 initiiert oder begonnen worden waren, in Alt-Paphos durchführen lassen.[45] Im Zuge dieser Arbeiten wurde man vielleicht wieder auf die Weihgabe des Titus aufmerksam und Domitian wollte hier seinem Bruder nicht nachstehen. Auch Sueton betont Domitians Arroganz und Selbstbezogenheit, die sich in Rom darin gezeigt haben soll, dass auf restaurierten Bauten nur noch

---

41 Morgan 2006, 180; zur Laufbahn des Titus vor der Kaisererhebung des Vespasian siehe PIR² F 399; Franke 1991, 252–254 Nr. 7.

42 Siehe Kienast 2017, 105, 109. In Rom fand die Anerkennung erst nach dem Tod des Vitellius am 20./21.12.69 statt Dio 65(66),1,1.

43 Parkes 2004, 80–81, 89.

44 Gardner/Hogart/James 1888, 240 Nr. 52 = CIL III 12102 = Mitford 1990, 2179 Anm. 12 = Cayla 2018, 242 Nr. 117: [Imp(erator)?] Caesa[r ---] / [Dom]itianu[s(?)] / [3]+A+OV[---

45 Auch in Neapaphos belegen zwei weitere unvollständige Inschriften Domitian in den Jahren 84–85/6; ob beides Bauinschriften sind, lässt sich nicht sicher erweisen: SEG 20, 1970, 254 = Cayla 2018, 242f. Nr. 118; AE 1992, 1682 = Cayla 2018, 241f. Nr. 116.

sein Name nicht mehr derjenige des ersten Erbauers festgehalten wurde.[46] Daher wurde auf dem bestehenden rosa Monument, das vermutlich der bei Tacitus erwähnte lokale Priester Sostratus hatte anfertigen lassen – wegen des griechisch abgefassten Textes – , ebenfalls mit aussergewöhnlich kurzer, sonst in Inschriften nicht üblichen Titulatur[47] Domitians Name hinzugefügt.[48] Gleichzeitig könnte Domitian in Erinnerung an die für die flavische Dynastie wunderbar erfüllten Weissagung noch das zweite gleichartige graue Votiv-Monument als Erweiterung gestiftet haben.[49] Somit präsentierten sich Titus und Domitian im überregional bekannten Heiligtum der Paphischen Aphrodite als fromme Huldiger und Domitian zudem als Wohltäter, so dass ihr Ruhm bzw. die Bedeutung der flavischen Dynastie auch von dort ausstrahlen konnte.

Literaturverzeichnis

Ash, R.: *Tacitus: Histories Book II*. Cambridge 2007

Barzano, A.: „Il santuario di Pafo e i Flavi." In *Santuari e politica nel mondo antico*, hg. von M. Sordi. Milano 1983, 140–149

Burkert, W.: *Griechische Religion der archaischen und klassischen Epoche*. 2010²

Cayla, J.-B.: *Les inscriptions de Paphos. La cité chypriote sous la domination lagide et à l'époque impériale*. Lyon 2018

Chilver, G.E.F.: *A Historical commentary on Tacitus' Histories I and II*. Oxford 19179

Connelly, J.B.: *Votive Sculpture of Hellenistic Cyprus*. Nicosia 1988

Daszewski, A.W.: „A legionary gem from Nea Pahos." *RDAC* (1973) 202–211

Franke, T.: *Die Legionslegaten der römischen Armee in der Zeit von Augustus bis Traian*. Bochum 1991

Fujii, T.: *Imperial Cult and Imperial Representation on Roman Cyprus*. Stuttgart 2013

Gardner, E.A./Hogarth, D.G./James, M.R.: „Excavations in Cyprus, 1887–88. On the history and antiquities of Paphos." *Journal of Hellenic Studies* 9 (1888) 149–271

Halfmann, H.: *Itinera principum. Geschichte und Typologie der Kaiserreisen im Römischen Reich*. Stuttgart 1986

Hill, G.: *A History of Cyprus*. 4 Bde. Cambridge 1940–1952

Heubner, H.: *P. Cornelius Tacitus: Die Historien. Kommentar, II*. Heidelberg 1968

Kantirea, M.: „Le culte impérial à Chypre: Relecture des documents épigraphiques." *ZPE* 167 (2008) 91–112

Kienast, D./Eck, W./Heil, M.: *Römische Kaisertabelle*. 6. überarbeitete Auflage, Darmstadt 2017

---

46 Suet. Domit. 5; 13,2.
47 Solch kurze Titulaturen finden sich sonst nur auf Münzen.
48 Vielleicht waren erst damals die Gelder dafür (vollständig) geflossen und der Finanzier Domitian liess daher seinen Namen auf das Monument hinzufügen.
49 Ob dies evtl. auch im Rahmen eines neuen Anordnungskonzeptes (rosa und graue Weihung gegenüber an einem Zugang?) erfolgte, könnte noch erwogen werden.

Leibundgut Wieland, D./ Frei-Asche, L.: *Weihgeschenke aus dem Heiligtum der Aphrodite in Alt-Paphos. Terrakotten, Skulpturen und andere figürliche Kleinvotive, Alt-Paphos 7.* Mainz a. Rh. 2011

Leibundgut Wieland, D.: „Weihgaben aus dem Aphrodite-Heiligtum von Alt-Paphos auf Cypern. Die Votiv-Terrakotten mittleren und grossen Formats." *Archäologischer Anzeiger* (2003) 157–172

Leibundgut Wieland, D.: „Dedicated to the Paphian goddess: Votive offerings from the sanctuary of the Paphian Aphrodite at Palaepaphos." *Medelhavsmuseet* 5 (2009) 145–157

Maier, F. G./Karageorghis, V.: *Paphos. History and Archaeology.* Nicosia 1984

Maier, F. G.: „Zur Stadtgeschichte von Alt-Paphos." *Historia* 3 (1954/55) 121–12

Maier, F. G.: *Alt-Paphos auf Cypern. Ausgrabungen zur Geschichte von Stadt und Heiligtum 1966–1984.* Mainz 1985

Maier, F. G.: „The Sanctuary of Aphrodite in the Roman Period." In *Praktika tou Tritou Diethnous Kyprologikou Synedriou (16–20 Apriliou 1996)*, vol.1. Nicosia 2000, 495–505

Maier, F. G.: *Führer durch Alt-Paphos (Kouklia).* Nicosia 2006

Maier, F. G.: „From regional centre to sanctuary town: Palaipaphos in the Late Classical and Early Hellenistic Period." In *From Evagoras I to the Ptolemies: The Transition from the Classical to the Hellenistic Period in Cyprus. Proceedings of the International Archaeological Conference, Nicosia 29–30 November 2002*, hg. von P. Flourentzos. Nicosia 2007, 17–33

Masson, O./Mitford, T. B.: *Les inscriptions syllabiques de Kouklia-Paphos.* Mainz 1986

Masson, O.: *Les inscriptions chypriotes syllabiques. Recueil critique et commenté. École Française d'Athènes, Études Chypriotes I.* Paris 1983²

Mitford, T. B./ Masson, O.: *The Syllabic Inscriptions of Rantidi-Paphos.* Mainz 1983

Mitford, T. B.: „Contributions to the Epigraphy of Cyprus. Some Pre-Roman Inscriptions from Kouklia." *Mnemosyne* 6 (1938) 103ff.

Mitford, T. B.: „Religious Documents from Roman Cyprus." *The Journal of Hellenic Studies* 66 (1946) 24–42

Mitford, T. B.: „Notes on Some Published Inscriptions from Roman Cyprus." *The Annual of the British School at Athens* 42 (1947) 201–230

Mitford, T. B.: „The Hellenistic Inscriptions of Old Paphos." *Annual of the British School at Athens* 56 (1961) 1–41

Mitford, T. B.: „Roman Cyprus." In *Aufstieg und Niedergang der römischen Welt* II, 7.2 (1980) 1285–1384

Mitford, T. B.: „The Cults of Roman Cyprus." In *Aufstieg und Niedergang der römischen Welt* II, 18.3 (1990) 2176–2211

Morgan, G.: *69 A. D.: The year of four emperors.* Oxford 2006

Myres, J. L.: „Excavations in Cyprus, 1913. The Black Stone on the Site of the Paphian Temple at Kouklia; Aphrodite Anadyomene." *The Annual of the British School at Athens* 41 (1940–1945) 97–99

Näf, B.: *Testimonia Alt-Paphos.* Darmstadt 2013

Parkes, D. A.: *The Roman coinage of Cyprus.* Nicosia 2004

Samama, E.: *Les médecins dans le monde grec: sources épigraphiques sur la naissance d'un corps medical.* Genève 2003

Weiher, A.: *Homer: Odyssee. Griechisch und deutsch.* Übertragung von A. Weiher, mit Urtext, Anhang und Registern, Einführung von A Heubeck. Berlin 2013[14] (= Sammlung Tusculum)

Wheeler, M.: „Legio XV Apollinaris: From Carnuntum to Satala – and beyond." In *Les légions de Rome sous le Haut-Empire,* hg. von Y. Le Bohec. 2000 Lyon, 259–308

Religione e diaspora: le comunità palmirene in Dacia e Numidia a confronto

Stefano Magnani

L'elemento religioso ha costituito uno dei fattori di maggiore rilievo nei fenomeni di diaspora che hanno caratterizzato il mondo antico. Attraverso la partecipazione e l'adesione a comuni realtà cultuali, i singoli membri di una comunità della diaspora potevano rafforzare i legami interni e consolidare il sentimento di una comune identità che attraverso l'esperienza religiosa veniva protetta e preservata. Al tempo stesso, la religione forniva gli strumenti utili all'incontro con il contesto più ampio al cui interno l'elemento diasporico si trovava collocato, tramite lo sviluppo di forme di contatto e di commistione con elementi religiosi esterni che talvolta comportavano anche l'introduzione di innovazioni e varianti nelle prassi tradizionali, o ritenute tali, oltre che l'apertura e l'accoglienza di culti originariamente estranei. La religiosità degli individui lontani dalla patria, infatti, era una pratica dinamica, sia rispetto ai modelli originari sia nel rapporto con le credenze e le forme cultuali incontrate localmente o con quelle introdotte da altri gruppi di espatriati.

Tali considerazioni si applicano anche al fenomeno della diaspora palmirena, noto grazie alle tracce che singoli o gruppi di individui provenienti dall'oasi siriaca di Palmira e dal suo territorio hanno lasciato in diversi luoghi dell'impero romano e che, almeno in alcuni casi, appaiono riconoscibili grazie ai loro specifici connotati religiosi, linguistici e culturali, che essi seppero conservare per lungo tempo anche lontano dalla patria.

Nelle province occidentali, con l'eccezione di Roma[1], il fenomeno della diaspora Palmirena ha lasciato tracce rilevanti in Africa proconsolare/Numidia e, in modo particolare, in Dacia. In entrambi i casi, all'origine del movimento degli individui e della creazione di vere e proprie comunità di migranti furono principalmente ragioni di natura militare, dettate dall'esigenza di sfruttare le abilità degli arcieri montati di origine palmirena nei luoghi in cui le condizioni ambientali e territoriali erano simili a quelle delle regioni di provenienza, come in Africa, e dove esse sembravano meglio adatte per affrontare le armi e gli strumenti tattici degli avversari, come le cavallerie degli Iazigi in Dacia.

---

1   Sulla complessa realtà della comunità palmirena a Roma si rimanda a Equini Schneider 1987; Chausson 1995; Fowlkes-Childs 2016; Terpstra 2016; Bonnet 2018; Magnani 2023; Gnoli 2024, in c.s.

Dacia

Le prime unità militari palmirene in Dacia sono documentate all'inizio del regno di Adriano, forse in stretta connessione con la campagna militare contro gli Iazigi (117–119 d.C.). Si tratta di due reparti speciali di *Palmyreni sagittarii*, il primo impegnato in Dacia settentrionale, ai confini del bacino carpatico[2], e il secondo insediato a *Tibiscum* (od. Jupa)[3], all'incrocio tra le vie che collegavano la capitale provinciale, *Sarmizegetusa* (od. Hunedoara), ai forti danubiani di *Dierna* (od. Orşova) e *Drobeta* (od. Turnu-Severin), verso sud, e di *Lederata* (presso Ram) e *Viminacium* (od. Kostolac), verso ovest.

In seguito, le due unità rimasero stanziate l'una a *Porolissum* e l'altra a *Tibiscum*. Dopo una possibile riorganizzazione come vessillazioni[4], tra l'età di Antonino Pio e quella di Settimio Severo i reparti furono suddivisi in tre *numeri*[5]: il *numerus Palmyrenorum Tibiscensium*, il *numerus Palmyrenorum Porolissensium* e il *numerus Palmyrenorum O*(---), di cui non si conosce la sede[6]. L'iscrizione più recente che ricordi uno di questi reparti, quello di *Porolissum*, si data al 251 d.C.[7].

Le unità palmirene rimasero dunque in Dacia fino agli anni dell'abbandono della provincia. Nel corso di questo lungo periodo la loro composizione mutò radicalmente, poiché furono gradualmente integrate con soldati reclutati localmente[8], ma una componente palmirena dovette rimanere presente fino ai primi decenni del III secolo[9], consentendo di conservare parte dell'originaria fisionomia identitaria. A tale continuità concorsero numerosi fattori. Il più importante fu certamente lo stanziamento e il radicamento dei veterani palmireni nel territorio della Dacia. Attratti dalle opportunità che offriva la nuova provincia e motivati dalle prospettive aperte dall'ottenimento della cittadinanza romana, che consentiva loro di inserirsi ai vertici della società locale, numerosi veterani palmireni, con le loro famiglie, si stabilirono in forma permanente nei *vici* sorti presso gli accampamenti o in altri centri della provincia, partecipando al processo di urbanizzazione e

---

2　*IDR* I, 5 = *RMD* I, 17 = *AE* 1958, 30 = *AE* 1959, 31 = *AE* 1960, 336, da *Samum* (od. Căşei); *CIL* XVI, 68 = *CIL* XVI, Suppl. 215, ad n. 68 = *IDR* I, 6a, da *Porolissum* (presso Moigrad) (tab. I) e da Jibou (tab. II); *RMD* I, 102, frg. n. 2, da Românaşi; databili al 29 giugno del 120 d.C.

3　*IDR* I, 8 = *RMD* I, 27 = *AE* 1967, 395; *IDR* I, 9 = *RMD* I, 28 = *AE* 1977, 696; databili al 31 gennaio o al 12 febbraio del 126 d.C. *RMD* IV, 237, non databile. Cfr. Piso/Țentea 2024, in c.s., e Magnani 2018, 123–127.

4　*IDR* III, 1, 181 = *AE* 1999, 1295 = *ILD* I, 202 (da *Tibiscum*), databile all'età di Antonino Pio; *IGLS* XVII, 1, 203 (da Palmira), databile dall'età di Antonino Pio.

5　Cfr. Piso/Țentea 2024, in c.s. A proposito dei *numeri*, si rimanda a Callies 1964; Southern 1989; Reuter 1999. Per i *numeri* palmireni in Dacia: Țentea 2012, 66–75; cfr. inoltre Bertolazzi 2015, per le province danubiane.

6　Da ultimo, Piso 2021.

7　*AE* 1944, 56.

8　*IDR* III, 5, 559, da *Apulum*; *AE* 1960, 219 = *ILD* I, 690, da *Porolissum*.

9　*ILD* I, 680, da *Porolissum*; *CIL* III, 1471, p.1407 = *IDR* III, 2, 366, da *Sarmizegetusa*; *CIL* III, 7999 = *CIS* 3906 = *IDR* III, 1, 154 = *PAT* 251 = Gorea 2010, 141–142, n. 1, da *Tibiscum*.

municipalizzazione[10]. I figli dei veterani finirono spesso per seguire la carriera paterna[11], garantendo così la formazione di un bacino di reclutamento per gli stessi reparti palmireni o per altri presenti nel territorio[12]. Non meno importante fu poi la continuità nel flusso del reclutamento di individui da Palmira stessa, che sembra essere continuato fino all'inizio del III secolo a. C.[13].

Tale presenza duratura nel tempo ebbe come effetto il trapianto in Dacia dei culti che gli arcieri palmireni recarono con sé, che si irradiarono nei centri della provincia a partire dai loro *castra*[14]. Fra questi, il complesso meglio indagato è quello di *Tibiscum*, che i militi palmireni condivisero prima con la *cohors I sagittariorum milliaria*, poi con la *cohors I Vindelicorum milliaria equitata civium Romanorum* e con il *numerus Maurorum Tibiscensium*[15]. Accanto al *castrum* sorse il *vicus* civile, poi divenuto *municipium* sotto i Severi. Il reparto palmireno sembra essere stato di stanza nel forte identificato come n. IV, che costituisce il complesso meglio indagato e nel quale, nell'ambito di una struttura di tipo basilicale, spesso identificata come *schola*[16] e talvolta definita come "Tempio degli dèi palmireni"[17], sono state trovate tracce dei culti e della religiosità dei militari del *numerus*.

Si riferiscono a questo edificio, verosimilmente, un paio di iscrizioni frammentarie che menzionano un tempio[18] e una *porticus deum* [19], quest'ultima in relazione alla pluralità di divinità che vi erano venerate. Fra queste, compare Bel, che aveva un ruolo centrale nel pantheon di Palmira, dove era venerato assieme a Yarhibol e Aglibol nel tempio che costituiva il centro religioso ufficiale dell'intera comunità[20]. A *Tibiscum* Bel è identificato espressamente come *deus Palmyrenus* su un altare a lui dedicato da *Aelius Zabdibol*, *armorum custos* del locale reparto[21]. Nel medesimo edificio sono state rinvenute due lastre

---

10 Da *Apulum*: *AE* 1997, 1288 = *IDR* III, 5, 2, 714. Da *Porolissum*: *AE* 1971, 387 = *ILD* I, 688; *AE* 1979, 495 = *ILD* I, 707. Da *Potaissa*: *CIL* III, 907 = *CIL* III, 7693. Da *Sarmizegetusa*: *CIL* III, 1471 (p. 1407) = *IDR* III, 2, 366. Da *Tibiscum*: *IDR* III, 1, 136; *IDR* III, 1, 142+149; *CIL* III, 800 = *IDR* III, 1, 166; Gorea 2010, 142, n. 3.

11 Da *Porolissum*: *ILD* I, 680. Da *Tibiscum*: *IDR* III, 1, 153; *CIL*, III, 14216 = *IDR* III, 1, 152; *CIL* III, 7999 = *CIS* 3906 = *IDR* III, 1, 154 = *PAT* 251 = Gorea 2010, 141-142, n. 1; *IDR* III, 1, 155; *IDR* III, 1, 134.

12 Per un elenco degli individui di sicura o probabile origine palmirena in Dacia si rimanda a Magnani 2018, 144-148, e Yon 2018, in part. 54-57.

13 *CIL* III, 7999 = *CIS* 3906 = *IDR* III, 1, 154 = *PAT* 251 = Gorea 2010, 141-142, n. 1; *AE* 1927, 56 = *AE* 1977, 668 = *IDR* III, 2, 20 = *AE* 2004, 1212. Cfr. Magnani 2018, 131-132.

14 Per una visione complessiva delle presenze palmirene in Dacia, con particolare attenzione agli aspetti religiosi, si rimanda a Bianchi 1988; Sanie 1989; Kaizer 2004; Schäfer 2008; Carbó García 2010, in part. 912-936; Gorea 2010; Piso/Ţentea 2011; Piso/Ţentea 2024, in c.s.

15 Il grande complesso sembra avere compreso almeno cinque forti, utilizzanti in tempi distinti; cfr. Timoc 2007 e Marcu 2009, 160-172.

16 Si vedano i dubbi espressi da Marcu 2017, 166-168; ritengono che si tratti di una *schola* Piso/ Ţentea 2024, in c.s.

17 Timoc 2005.

18 *AE* 1999, 1295.

19 *AE* 1999, 1302.

20 Cfr. Dirven 1999, 28, 51-57; Yon 2002, 80, 126-129; Kaizer 2002, 67-79.

21 *IDR* III, 1, 134 = *AE* 1977, 694.

votive, entrambe frammentarie, dedicate a Malakbel, divinità che a Palmira era venerata assieme ad Aglibol in un "giardino sacro"[22]. La prima di queste lastre fu dedicata da *P. Aelius [Ser?]vius*, un *optio* veterano del *numerus Palmyrenorum*, al *deus Malachbel* per la salvezza di tre imperatori che possono essere riconosciuti in Settimio Severo, Caracalla e Geta[23]. Il monumento sarebbe dunque databile tra la fine del 209 e l'inizio del 211 d. C.[24]. La seconda lastra contiene invece un'invocazione all'"ascolto" (lett.: alle orecchie) del *deus [Sol?] Malagbel*[25]. Dallo stesso contesto della *schola* proviene, infine, una lastra votiva frammentaria con dedica al *Genius* del *numerus Palmyrenorum Tibiscensium*, oltre che ai *dii patrii*, per la salvezza di due imperatori non menzionati[26]. Il dedicante sembra essere quello stesso *P. Aelius [Ser?]vius* che nel medesimo luogo aveva posto la dedica al *deus Malachbel*; se così fosse, il documento potrebbe essere datato al regno congiunto di Settimio Severo e Caracalla (198–209 d. C.) o al breve periodo di co-reggenza di quest'ultimo e Geta (211 d. C.). Nella *schola* o "Tempio degli dèi palmireni" sembrano dunque essere stati attivi individui di origini palmirene più o meno lontane, in servizio o veterani, per lo più ufficiali del reparto (e in vesti del tutto ufficiali), in occasione di interventi consistenti e spesso in relazione con le forme di espressione della lealtà nei confronti del potere imperiale.

Numerose attestazioni relative ai culti praticati dai soldati nel *numerus* provengono da altri settori dell'accampamento o da aree adiacenti, anche se la loro collocazione originaria non può essere identificata. Il *Genius* del *numerus* è associato a *Minerva Augusta* in un'ara votiva dedicata da *Valerius Rufinus*, *actarius* del reparto[27], che apparentemente non sembrerebbe avere legami con Palmira. Anche i *dii patrii* sono oggetto della dedica di un altare votivo da parte di un tale *Marcel[lus?]*, milite del locale *numerus*, che, tuttavia, in base all'onomastica, non sembra avere origini palmirene[28]. Questa forma di estensione in veste ufficiale o semi-ufficiale all'interno del reparto militare, anche fra coloro che almeno in apparenza non avevano radici palmirene, dei culti del *Genius* del reggimento o di una entità onnicomprensiva come quella degli dèi patrii, connessi strettamente con l'*origo* dell'unità, si spiega anche in base al fatto che i soldati, indipendentemente dalla loro origine, erano indotti a fare propri i culti che caratterizzano in senso identitario l'unità militare nella quale militavano. Al tempo stesso, l'intero reparto era chiamato ad aderire a culti ufficiali associati strettamente alle attestazioni di lealtà all'imperatore. Ne è un esempio una dedica frammentaria a *Liber Pater* e alla salvezza dell'imperatore Antonino Pio, del cesare Marco Aurelio e degli altri membri della famiglia imperiale, posta in occasione della costruzione di un edificio templare per volontà del governatore della provincia e per opera della *vexillatio Palmirenorum*, sotto la guida del suo comandante[29].

---

22 Kaizer 2002, 124–143.
23 *IDR* III, 1, 142 e 149 = *AE* 1983, 797 = *ILD* I, 207.
24 Kienast/Eck/Heil 2017, 160–161.
25 *AE* 1967, 393 = *IDR* III, 1, 143 e 148 = *AE* 1983, 798 = *ILD* I, 208.
26 *IDR* III, 1, 136 = *AE* 1983, 795 = *ILD* I, 205.
27 Timoc 2006, 277–278, n. 1 = *AE* 2006, 1175 = *ILD* II, 872.
28 *IDR* III, 1, 135 = *AE* 1977, 695.
29 *IDR* III, 1, 181 = *AE* 1999, 1295 = *ILD* I, 202. A *Tibiscum* il culto a *Liber Pater* è ulteriormente attestato: *CIL* III, 1548 (p. 1417) = *IDR* III, 1, 141 = *ILD* I, 204 = *AE* 1983, 799a; *AE* 1999, 1296 =

Una situazione più complessa e articolata emerge in rapporto al culto di una terza divinità palmirena, Yarhibol, che nell'oasi era titolare del culto praticato presso la fonte Efqa, oltre che associato a Bel e Aglibol nella triade centrale del pantheon cittadino[30]. A *Tibiscum*, infatti, un veterano *custos armorum* della *cohors I Vindelicorum* e decurione della colonia di *Sarmizegetusa*, *Aurelius Laecanius Paulinus*, dedicò un altare votivo al *deus Sol Ierhabol* per la salvezza di due imperatori che non sono menzionati nel testo, ma che sono facilmente identificabili con Caracalla e Geta (211 d.C.)[31]. Nell'onomastica di questo individuo nulla lascia trapelare l'eventuale origine palmirena, tuttavia *Paulinus* aveva militato nel reparto di stanza a fianco del *numerus* palmireno e alcuni suoi compagni d'armi erano figli degli arcieri palmireni, così come lo erano molti abitanti di *Sarmizegetusa* e alcuni membri dell'élite politica della colonia. A contatto con i soldati palmireni, *Paulinus* aveva finito per aderire ai culti tradizionali di Palmira, quanto meno a quello di *Ierhabol*, di cui aveva accolto la dimensione solare, probabilmente in connessione con il culto imperiale, che, in quanto dimostrazione di lealtà, costituiva una componente ineludibile dell'universo religioso dei reparti militari. Nonostante il trasferimento nel capoluogo provinciale e la carriera intrapresa nella vita politica locale, il legame di *Paulinus* con il mondo della milizia e con *Tibiscum* non venne affatto meno negli anni, come dimostrano il monumento dedicato a *Ierhabol* e un secondo altare dedicato a *Iuppiter Optimus Maximus*[32] che egli vi fece erigere, rispondendo a un'esigenza personale non solo di devozione, ma anche di memoria e senso di appartenenza.

L'altra sede stabile di una delle unità palmirene fu *Porolissum* (presso Moigrad). Qui sono stati identificati due forti, non distanti tra loro – uno di dimensioni minori sulla collina di Citera e uno maggiore su quella Pomet –, presso i quali sorse il *vicus*, poi divenuto *municipium* nell'età dei Severi. Non è ben chiaro se le truppe palmirene siano state alloggiate nell'uno[33] o nell'altro forte[34], o se a un certo momento siano state trasferite dall'uno all'altro[35]; in ogni caso, esse condividevano questi spazi con altre unità, tra cui la *cohors I Brittonum* e la *cohors V Lingonum*, e forse dal III secolo la *cohors III Campestris*, oltre ad alcuni distaccamenti legionari (*III Gemina* e *VII Gemina Felix*) presenti temporaneamente[36].

Anche qui è stata individuato un edificio identificato, in questo caso esplicitamente, come tempio del *deus patrius* Bel, posto però all'esterno delle vere e proprie strutture militari, in prossimità della porta nord-occidentale del complesso urbano. Un'iscrizione databile alla fase finale del regno di Caracalla ne ricorda la riedificazione, in seguito a un incendio, grazie al sostegno finanziario del *numerus Palmyrenorum sagittariorum*, sotto il comando di *T. Flavius Saturninus*, centurione della *legio V Macedonica*, nell'ambito di

---

ILD I, 203.
30 Kaizer 2002, 143–148.
31 *IDR* III, 1, 137 = *AE* 1977, 697.
32 *IDR* III, 1, 138.
33 Marcu 2009, 87–88.
34 Piso/Țentea 2024, in c.s.
35 Cfr. Opreanu 2018, 370; Marcu 2009, 87.
36 Marcu 2009, 87–88, 99–101.

un intervento pienamente ufficiale che vide la dedica da parte del governatore di rango consolare delle *III Daciae*, il cui nome fu poi eraso, e del procuratore imperiale della *provincia Porolissensis*[37].

Collocato fuori dell'accampamento militare, ai margini della città, il tempio di Bel sembra costituire una sorta di spazio di contatto e interazione tra i vertici dello stato e la milizia, così come tra i soldati e la componente civile del *municipium*. Una base di statua trovata nel tempio reca una dedica al *deus Liber Pater* da parte del beneficiario consolare *Flavius Valentinus*[38], mostrando che il luogo era aperto a una pluralità di culti e riproponendo un'associazione già documentata a *Tibiscum* e non priva di interesse[39].

All'interno del *municipium*, come in altri centri della provincia, si fa notare la componente di matrice palmirena, formata inizialmente dai nuclei di veterani rimasti dopo il congedo e poi dai loro discendenti. Tale componente fu protagonista di uno slittamento cultuale. In epoca severiana *P. Aelius Malachus*, flamine e quinquennale del municipio, ma anche *sacerdos dei* del locale numero, dedicò un'ara votiva a *Iuppiter Optimus Maximus*[40], mostrando tutte le sfaccettature di una ricca interazione sociale, cultuale e più latamente culturale. Egli era quasi certamente un veterano, come indica il legame con il *numerus*, per il quale forse continuava a officiare le funzioni religiose, ma al tempo stesso era membro dell'élite politica della città e dunque impegnato nell'onorare anche privatamente le divinità ufficiali dell'impero e con esse, indirettamente, la figura dell'imperatore. Simile è il caso del suo contemporaneo *P. Aelius Iacubus*[41], anch'egli decurione del municipio e distintosi per la dedica per motivi privati di un'ara votiva a *Iuppiter Optimus Maximus*[42]. Un altro veterano e decurione del municipio, *Valerius Them(es)* o *Them(arsa)*[43], si distinse invece per il culto rivolto a *Silvanus Domesticus*.

I veterani palmireni si insediarono e trasferirono i propri culti anche in contesti provinciali nei quali non erano presenti stabilmente i loro reparti e dove evidentemente essi avevano trovato favorevoli condizioni e opportunità economiche e sociali. Uno di questi luoghi è *Apulum* (od. Alba Iulia); qui il veterano(?) *Aelius Nisa*, nelle vesti ufficiali di sacerdote del culto, dedicò un altare votivo a *Ierhibol*[44]. Tale divinità doveva essere oggetto di un culto particolarmente rilevante ad *Apulum*, con un'ampia risonanza in ambito provinciale e interprovinciale che è testimoniata dalla dedica di un altare votivo al *deus Sol*

---

37 *AE* 1977, 666 = *AE* 1980, 755 = *ILD* I, 663.
38 *ILD* I, 687.
39 Si rimanda a Piso/Țentea 2024, in c.s., che intravvedono una possibile *interpretatio Palmyrena* di *Liber Pater* come Bel.
40 *ILD* I, 680.
41 Il *cognomen* in questo caso deriva da un nome personale di matrice giudaica, assai diffuso a Palmira e presente anche a *Calceus Herculis* (od. El–Kantara) (*AE* 1933, 38); cfr. Yon 2018, 40. Anche se non esplicitamente indicato, si tratta molto probabilmente di un veterano o discendente di uno dei militi palmireni.
42 *ILD* I, 681.
43 *AE* 1971, 387 = *ILD* I, 688.
44 *AE* 1977, 661 = *IDR* III, 5, 102. Nella città era insediata una nutrita comunità di veterani palmireni: *AE* 1997, 1288 = *IDR* III, 5, 714.

Hierobol da parte di un altro sacerdote (*sacerdos numinum*), *Aurelius Bassinus*, di probabili ascendenze palmirene[45], che tuttavia era decurione della colonia di *Aequum*, in Dalmazia[46], dove forse si era trasferito al termine del servizio, pur mantenendo uno stretto legame con i luoghi di provenienza e i culti in essi praticati.

Sarmizegetusa, in quanto capoluogo provinciale, attirò, tra gli altri, numerosi veterani palmireni e le loro famiglie e sembra essere stata la realtà più fervida e articolata dal punto di vista religioso. La presenza dei culti palmireni è infatti attestata da numerosi monumenti votivi e strutture templari che furono frutto di un processo complesso, non direttamente riconducibile ai militari, ma ai veterani o ai loro discendenti, oltre che a nuovi adepti provenienti da altre realtà etnico-culturali con le quali vi fu una forte interazione religiosa.

Un vero e proprio tempio dedicato a *Malagbel* fu edificato a occidente della città, sul Dealul Delineștilor, per l'intervento privato di *Publius. Aelius Theimes*, figlio o discendente di uno degli arcieri palmireni che ricevettero la cittadinanza romana da Adriano, centurione nella *cohors I Vindelicorum* acquartierata a Tibiscum e *duumviralis* a *Sarmizegetusa*[47]. Il tempio era dedicato ai *dii patrii Malagbel, Bebellahamon, Benefal* e *Manavat*[48], nei quali, oltre a Malakbel, si riconoscono la coppia costituita da Belhhammon[49] e da Manawat, venerata nel complesso santuariale realizzzato da membri della tribù dei Bene Agrud sulla collina del Jebel Muntar, a occidente di Palmira, e Fenebal[50], corrispondente a Tanit/*Caelestis*[51].

Theimes aveva dunque ricostruito il proprio universo religioso scegliendo un luogo che rammentasse la collocazione originaria del santuario palmireno e riunendovi culti che riconducevano alla madrepatria lontana e alle specifiche forme di venerazione proprie del ristretto contesto familiare o tribale, e che infine rimandavano al suo percorso personale, di militare al servizio dell'impero[52]. L'atto privato di fondazione del tempio, in quanto compiuto da un membro del consiglio politico della città, costituiva il tramite religioso tra il complesso della comunità civica e i nuclei dei Palmireni insediati a *Sarmizegetusa*, fornendo ai culti palmireni una veste ufficiale. Il tempio era dunque uno spazio di dialogo non solo con gli dèi, ma anche con gli altri membri della comunità civica. Lo stesso *Theimes* fu ulteriormente attivo nel processo di integrazione religiosa e culturale, affiancando

---

45 Cfr. Yon 2018, 39–40.
46 *CIL* III, 1108 = *IDR* III, 5, 103.
47 *CIL* III, 12587 = *IDR* III, 2, 369.
48 *CIL* III, 7954 = *IDR* III, 2, 18 = *AE* 1960, 371 = *AE* 1968, 445.
49 Il nome della divinità così come è riportato nel testo dell'iscrizione, *Bebellhamon*, andrebbe interpretato come Bel Belhamon ovvero "Bel, in qualità di Belhammon"; cfr. du Mesnil du Buisson 1962, 198–199.
50 Si tratterebbe di una variante per Pene Ba'al o «volto di Ba'al»; cfr. du Mesnil du Buisson 1962, 199.
51 Cfr. Gorea 2010, 155–156. Piso/Țentea 2024, in c. s., pensano a una manifestazione di lealtà politica nei confronti di Settimio Severo, sotto il quale si ebbe ampia diffusione del culto di Tanit/*Caelestis*.
52 Per un interessante commento sulla figura di *Theimes*, si rimanda a Haynes 2013, 379–381 ; si veda, inoltre, Piso/Țentea 2022.

ai culti ancestrali la venerazione per *Aesculapius* e *Hygia*[53], che in una provincia fortemente militarizzata come la Dacia avevano grande presa presso l'elemento militare. Dall'area proviene, inoltre, una dedica al *deus sanctus Malagbel* per la salvezza dell'imperatore Severo Alessandro e di sua madre Giulia Mamea, da parte di *Primitivus*, un liberto imperiale e *tabularius* della *Dacia Apulensis*[54], che certamente non sembra avere origini orientali. Il monumento documenta l'importanza acquisita a livello ufficiale, nel complesso provinciale, dal culto di *Malagbel* e dal tempio fatto costruire da *Theimes*.

Numerose altre attestazioni cultuali riguardanti i culti palmireni sono state ritrovate nell'area urbana. Fra queste, da luoghi diversi, un'ara votiva con dedica a *Malagbel* da parte di uno scriba della colonia, *T. Flavius Aper*, che pure non sembra avere origini palmirene[55], una seconda ara frammentaria, con dedica al *deus Sol Malagbel*[56], e una colonnetta frammentaria dedicata forse a *Malagbel* dal *vilicus* imperiale *Epipodius*[57].

Le testimonianze più interessanti provengono però da un'area posta a ridosso del *forum vetus* di *Sarmizegetusa*, dove sono state individuate le strutture di un vero e proprio tempio dedicato alle divinità palmirene[58], al cui interno, oltre a *Malagbel*, che sembra avervi avuto un ruolo centrale, era probabilmente venerato anche *Hierabol*. Al tempio era annessa la sede dei *cultores dei Solis Malagbeli*, di cui una grande lastra frammentaria conserva la lista parziale[59]. Tra i 22 nomi riconoscibili, va notato che solo uno sembrerebbe avere origini orientali ed eventualmente palmirene, *Antonius Barbas*[60], mentre almeno un altro individuo viene identificato come *augustalis* della colonia. Un'altra lastra frammentaria contiene una dedica a *Malagbel*, qualificato forse come *deus Sol Invictus* e probabilmente associato a *Hie*[*rabol*], per la salvezza dell'imperatore Severo Alessandro e di Giulia Mamea[61], in stretto parallelo con quanto documentato nell'area dell'altro tempio sul Dealul Delineștilor. Il legame con il culto della famiglia imperiale negli anni del regno congiunto di Settimio Severo e Caracalla è ulteriormente attestato da una dedica per la salvezza dei due Augusti da parte di un liberto imperiale e *adiutor tabularii*[62], probabilmente da identificare con *Philomusus*, noto da altri documenti[63], uno dei quali recuperato nello stesso contesto[64]. Al *deus* [*Sol*? *Hier*]*abol* è rivolta, infine, una dedica posta dal [*t*]*ribu*[*nus*]? [*Vale*]*ntinus*[65], trovata in un settore del portico del tempio nel quale era col-

---

53 *CIL* III, 7896 = *IDR* III, 2, 152.
54 *CIL* III, 7955+7957 = *IDR* III, 2, 262+364.
55 *AE* 1890, 100 = *CIL* III 12580 = *AE* 1912, 303 = *IDR* III, 2, 264.
56 *CIL* III, 7956 = *IDR* III, 2, 265.
57 *IDR* III, 2, 263 = *AE* 1959, 301.
58 Piso/Țentea 2011; Țentea/Olteanu 2020.
59 *IDR* III, 2, 484 (un singolo frammento) = Piso/Țentea 2011, 118–121, n. 3 = *AE* 2011, 1085 = *AE* 2014, 51.
60 Cfr. Grassi 2012, 38.
61 Piso/Țentea 2011, 116–117, n. 2 = *AE* 2011, 1085.
62 Piso/Țentea/Matei-Popescu 2019, 247–249, n. 2.
63 *CIL* III, 7919 = Piso/Țentea/Matei-Popescu 2019, 245–247, n. 1.
64 Piso/Țentea/Matei-Popescu 2019, 249–250, n. 3.
65 *ILD* I, 283 = *AE* 2004, 1216 = Piso/Țentea 2011, 116, n. 1.

locata una fontana monumentale; così che anche in questo caso sembra essere stata volutamente riprodotta un'associazione che aveva il proprio modello nella patria lontana, dove Yarhibol era venerato presso la fonte Efqa.

Accanto agli dèi della madrepatria, come si è visto, i Palmireni e i loro discendenti non mancarono di venerare divinità estranee al pantheon palmireno. In apparente contrasto con quanto emerge dal contesto del tempio urbano di Sarmizegetusa, dove tra i *cultores* di *Malagbel* non sembrano comparire individui di origini palmirene, sono invece di origine palmirena o comunque orientale alcuni sacerdoti del *numerus Palmyrenorum* O[---] che fecero realizzare un tempio dedicato a *Iuppiter Dolichenus*, per la salvezza dell'imperatore Severo Alessandro e dello stesso *numerus*[66].

Africa proconsularis/Numidia

La presenza di unità palmirene nel territorio della provincia dell'*Africa proconsularis* e quindi della *Numidia* appare per modalità, forme e tempi analoga e parallela a quella in Dacia.

Nel corso della prima metà del II secolo d.C. un'unità di *Palmyreni sagittarii* fu installata a *Calceus Herculis* (El-Kantara), una piccola oasi situata sul versante occidentale del *mons Aurasius* (Aurès), all'imboccatura di una stretta e impervia gola che offriva uno dei pochi punti di passaggio della catena montuosa e che, pertanto, costituiva un punto strategico per il controllo delle comunicazioni tra l'entroterra numidico e le vaste distese sahariane, lungo la strada che collegava *Lambaesis* (Tazoult) a *Vescera* (Biskra)[67]. I caratteri e la morfologia del paesaggio richiamano quelli dell'oasi di Palmira e, da un punto di vista emozionale, dovettero apparire molto familiari agli arcieri palmireni.

Le tracce più antiche della presenza di truppe palmirene a *Calceus Herculis*[68] sono di pochi anni successive alla creazione del presidio, avvenuta presumibilmente a cavallo tra l'età di Traiano e quella di Adriano[69]. Da questo primo nucleo ebbe rapidamente origine il processo insediativo dei veterani nel luogo di stanza e in altri centri della provincia, che comportò anche la presenza e la diffusione dei culti palmireni, oltre a forme di scambio e interazione culturale, di cui la documentazione epigrafica offre solo uno spaccato parziale.

Un nucleo o una piccola comunità di individui provenienti dall'oasi, non necessariamente militari, era presente a *Lambaesis* già nel 149-150 d.C., come indica un epitaffio redatto in latino e in palmireno[70]. In un momento successivo, i *sagittarii Palmyreni* furono organizzati come *numerus Palmyrenorum*[71], la cui attestazione più antica risale

---

66 *AE* 1927, 56 = *AE* 1977, 668 = *IDR* III, 2, 20 = *AE* 2004, 1212. Cfr. Szabó 2004. Per l'onomastica dei sacerdoti, si rimanda a Yon 2018, 47-48 e 52.
67 Sui percorsi antichi tra *Lambaesis* e *Calceus Herculis* si rimanda a Morizot 1998.
68 *CIL* VIII, 2515 = *CIS* 3908 = *PAT* 253.
69 Ibba 2012, 62.
70 *CIL* VIII, 3917 (p. 955) = *CIL* VIII, 18202 = *CIS* 3909 = *PAT* 255.
71 A proposito del *numerus Palmyrenorum* in Africa: Equini Schneider 1988; Le Bohec 1989, 120-140; Reuter 1999, 521-528; Schmidt Heidenreich 2016, 228-230.

al 167-169 d.C.[72]. L'unità rimase stabilmente a *Calceus Herculis* fino all'età Caracalla[73], quando sembra avere avuto luogo il trasferimento del reparto palmireno verso una sede più meridionale e la sua sostituzione col *numerus Hemesenorum*[74]. Negli stessi anni il *numerus Palmyrenorum* è documentato a *Vescera*[75], mentre sotto Severo Alessandro fu di stanza a *Castellum Dimmidi* (Messad)[76]; la testimonianza più recente risale all'epoca di Gordiano III e proviene da El-Gahra[77].

A *Calceus Herculis* i Palmireni contribuirono allo sviluppo di un agglomerato civile, forse un *vicus*, la cui esistenza potrebbe essere documentata da un'iscrizione votiva al *deus Sanctus Malagbel* posta dai *magistri Mucianus Malcus* e *Lisinus Mucianus*[78], nei quali è possibile individuare i responsabili amministrativi dell'insediamento civile[79] o i sacerdoti del culto[80]. Quest'ultima ipotesi sembra preferibile in quanto la divinità è espressamente menzionata, mentre non compare alcun riferimento all'eventuale *vicus*. Si potrebbe dunque pensare all'esistenza di un collegio cultuale. Da notare il fatto che con lo stesso epiteto *Malagbel* era venerato sul Dealul Delineștilor, presso Sarmizegetusa. Come *Malagbel Augustus Sanctus*, il dio fu onorato da *T. Flavius Mansuetus*, un centurione della *legio III Augusta* che era di stanza a *Lambaesis*, il quale certamente era stato distaccato nell'oasi per esercitare il comando dell'unità palmirena[81]. L'uso dell'epiteto *Augustus*, che rimanda alla celebrazione della figura imperiale ed è anche quello portato dalla *legio III*, non ha altre corrispondenze nel caso di *Malagbel*, se non forse in un testo estremamente frammentario e di dubbia interpretazione trovato a Roma[82]. Semplicemente come *deus Malagbel* il dio fu oggetto di una dedica *ex voto* da parte di un tale *Iulius Faustus*, che non sembrerebbe avere origini palmirene[83], e di un'altra da parte di un centurione della legio III, *T. Claudius*, per la salvezza di due Augusti che la menzione del governatore, *A. Iulius Piso*, consente di riconoscere in Marco Aurelio e Commodo, datando il monumento al 177-178 d.C.[84]. Altre espressioni di religiosità nelle quali il reparto palmireno fu formalmente coinvolto comprendono una dedica a *Neptunus Augustus*[85] e alcune attestazioni di lealtà alla figura

---

72 *AE* 1941, 156 = *AE* 1980, 954.
73 *CIS* 3908bis.
74 Sul *numerus Hemesenorum* a *Calceus Herculis* si rimanda a Le Bohec 1989, 115-119.
75 *CIL* VIII, 2486 (953) = *CIL* VIII, 18007, databile all'età di Caracalla.
76 *AE* 1940, 147 = *AE* 1948, 208, si data precisamente al 234 d.C.; si vedano anche *CIL* VIII, 8795 = *CIL* VIII, 18020 = *AE* 1940, 149; *AE* 1940, 150 e *AE* 1948, 219. Sulla presenza palmirena a *Castellum Dimmidi*, cfr. Le Bohec 1989, 123-125.
77 *CIL* VIII, 18026 = *AE* 1992, 1856.
78 *AE* 1933, 43. L'onomastica rimanda a un'origine orientale e presumibilmente palmirena di questi individui; cfr. Yon 2018, 58.
79 Così Lassère 1965, 367, nota 2.
80 Così Le Bohec 1989, 139.
81 *CIL* VIII, 2497.
82 *AE* 1908, 64.
83 *AE* 1901, 114.
84 *AE* 1933, 42 = *AE* 1980, 953.
85 *CIL* VIII, 18008.

dell'imperatore[86] per il tramite del proprio comandante o del governatore della provincia, come nel caso di una interessante dedica a Settimio Severo nella quale compariva anche il cesare Clodio Albino (193–195 d. C.)[87].

Con il trasferimento del reparto si ebbe anche quello del culto a *Malagbel*, che a Castellum *Dimmidi* fu oggetto di un paio di dediche da parte del *numerus Palmyrenorum Severianorum*[88], una delle quali per la salvezza dell'imperatore Severo Alessandro[89]. A queste si aggiunge una dedica per la salvezza dello stesso imperatore e di sua madre, Giulia Mamea, ma la frammentarietà del documento non consente di stabilire se essa fosse rivolta a *Malagbel* o a un'altra divinità[90]. Un'ara con dedica al *deus sanctus Malagbel* da parte di *Macrobius Secundus*[91], un individuo che non sembrerebbe avere espliciti rapporti con il mondo palmireno, proviene da El-Gahra e potrebbe costituire un indizio della diffusione del culto anche al di fuori dell'ambito ristretto del *numerus* e dei militi palmireni. Dalla stessa località è nota anche una dedica che esprime la lealtà del *numerus Palmyrenorum sagittariorum* nei confronti dell'imperatore Gordiano III[92].

Come in Dacia, alcuni veterani e forse anche altri nuclei di Palmireni si spostarono ben presto verso i maggiori centri provinciali e portarono con sé i propri culti. A *Lambaesis*, come si è visto, fin dalla metà del II secolo d. C. la comunità palmirena era stabilmente presente e presumibilmente ben integrata nel contesto locale, nel quale conservava i propri riferimenti culturali. Lo testimonia il culto dedicato a *Ierhobol*, attorno al quale doveva essere stata creata un'organizzazione complessa, come implica la menzione dei *cultores dei Ierhobolis iuniores constituti*[93], protagonisti di una dedica per la salvezza e l'incolumità dell'imperatore Caracalla e di sua madre Giulia Domna, databile al 217 d. C. Sul lato destro della lastra votiva una seconda iscrizione ricorda l'attività di *Iulius Temarsa*, un veterano che a *Lambaesis* fu *sacerdos maior*, evidentemente del culto di *Ierhobol*[94].

Il collegio dei *cultores* di *Lambaesis*, che offre un parallelo interessante con quello noto a *Sarmizegetusa*, sembrerebbe costituire non un'associazione autonoma di *iuvenes*, riunita per onorare una specifica divinità, ma una divisione interna al collegio dei *cultores dei Ierhobolis*, per cui andrebbe presupposta l'esistenza di un equivalente gruppo di *cultores seniores*[95]. La rarità della denominazione dei *cultores iuniores*, che ha un unico parallelo nella vicina provincia di *Mauretania Caesariensis*[96], si accompagna a quella della definizione

---

86 *CIL* VIII, 2502 (p. 953);
87 *AE* 1926, 144.
88 *CIL* VIII, 8795 = *CIL* VIII, 18020 = *AE* 1940, 149; *AE* 1940, 150.
89 *CIL* VIII, 8795 = *CIL* VIII, 18020 = *AE* 1940, 149. Significativamente, uno degli individui elencati tra i dedicanti, C. *Cannius Malc(h)us*, reca ancora un *cognomen* riconducibile a origini orientali.
90 *AE* 1948, 219.
91 *AE* 1888, 2 = *CIL* VIII, 18024.
92 *CIL* VIII, 18026 = *AE* 1992, 1856.
93 *AE* 1967, 572a. Cfr. Janon 1966–1967; Chausa 2000.
94 *AE* 1967, 572b.
95 Belfaida 2008, 167.
96 Un analogo collegio di *cultores iuniores* è ricordato in una dedica alla divinità *Abaddir*, proveniente da *Zucchabar* (od. Miliana) (*CIL* VIII, 21481). Cfr. Janon 1966–1967, 219–230.

di *sacerdos maior*, che trova un solo confronto in Africa proconsolare[97], facendo pensare a specifici sviluppi nel contesto nord-africano, sorti da'interazione tra le differenti comunità e pratiche cultuali. In rapporto alla presenza palmirena a *Lambaesis* va infine sottolineato che il participio *constituti* indica che i membri dell'associazione cultuale avevano sede stabile nell'antico centro[98].

Nel contesto provinciale potrebbe essere identificabile con Yarhibol la divinità ricordata come *Iorchobol* in un'iscrizione da *Vazaivi* (od. Zoui), ove è onorata accanto ai *dii Conservatores*, a *Iuppiter Optimus Maximus*, a *Mercurius* e al *Genius exercitus*[99]. Inoltre, la venerazione per *Sol Hiehribol* risulta documentata più a oriente, in Tripolitania, a Ain el-Auenia, dove la (ri)costruzione di una struttura dedicata al dio, per la salvezza degli imperatori Settimio Severo, Caracalla e Geta (209–211 d.C.), fu operata da una vessillazione della III legione Augusta e dai soldati della *cohors I Syrorum sagittariorum*[100], a testimonianza della diffusione del culto al di fuori del ristretto ambito della diaspora palmirena, sia pure limitata a un contesto militare strettamente contiguo e affine.

Considerazioni conclusive

Coeve e rispondenti a esigenze e dinamiche simili, le comunità palmirene in Dacia e in Numidia mostrano di avere vissuto sviluppi che presentano al tempo stesso, sia dal punto di vista sociale sia da quello delle manifestazioni cultuali, alcune fondamentali analogie ma anche sostanziali differenze. In tale differenziazione ha avuto certamente un ruolo importante il fatto che in Dacia la presenza palmirena fu più consistente dal punto di vista numerico, con l'insediamento stabile di due o tre distinti reparti e la conseguente maggiore articolazione dei rapporti con le altre unità militari, delle forme di radicamento nel territorio e delle manifestazioni di tipo religioso.

Tra le differenze, spicca il fatto che in Dacia si possa intuire una maggiore varietà cultuale di matrice palmirena, con almeno cinque divinità oggetto di venerazione. Tra i membri della diaspora la figura di Malakbel sembra avere assunto un rilievo superiore rispetto a Palmira, ma lo stesso Bel mantiene una funzione centrale, come "dio palmireno". Malakbel e Yarhibol, inoltre, sono oggetto di tentativi "identitari" di ricostruzione del paesaggio cultuale della madrepatria, attraverso la scelta dei luoghi di culto e l'associazione con specifici elementi, come le acque nel caso di Yarhibol. In Africa, invece, nei luoghi della presenza militare palmirena risulta documentato solo il culto a Malakbel, mentre Yarhibol compare ove si insediarono i veterani o furono presenti altri reparti. Questo non significa affatto che il suo ruolo nella religiosità delle comunità palmirene della diaspora

---

97 Una sacerdotessa del culto di Cerere, da *Sicca Veneria* (od. El Kef) (*CIL* VIII, 1623).
98 Cfr. Eckhardt 2021, 76.
99 *CIL* VIII, 17621; cfr. Janon 1966–1967, 225; Dupuis 2020, 325. A *Calceus Herculis* vi è inoltre traccia dell'influenza lasciata dal teonimo nell'onomastica di un paio di individui: *Ierhobol* (*AE* 1933, 104) e *Hobolus* (*CIL* VIII, 2510 = *CIL* VIII, 18006).
100 *AE* 1962, 304 = AE 1992, 1761 = *IRT* 1099.

fosse ridotto o minore. Molto dipende dallo stato frammentario della documentazione, come dimostrano la comune presenza, in Dacia e in Africa, dei collegi di *cultores* legati a Yarhibol. Tali associazioni sembrano costituire una novità della diaspora rispetto alla madrepatria e furono forse sviluppate e collegate alla formazione di una vera e propria rete di relazioni cultuali intessuta tra i sacerdoti e i *cultores* delle diverse comunità, che sembra persino travalicare i limiti provinciali.

In Dacia e in Africa le espressioni religiose da parte dei singoli individui o delle comunità diaspora non si limitarono ai soli culti palmireni, ma compresero anche alcuni culti ufficiali alle divinità del pantheon greco-romano, oltre a quello, altrettanto ufficiale nel contesto militare, del *genius* del reparto militare, molto spesso in associazione al culto imperiale o ad attestazioni di lealtà all'imperatore introdotte da formule augurali come *pro salute*...

Elemento identitario di uno specifico gruppo militare originariamente costituito su base etnica, il fattore religioso trovò nella convivenza dei diversi reparti il mezzo per la diffusione dei culti ancestrali palmireni al di fuori dell'ambiente di origine, tra reclute di diversa provenienza e arruolate in differenti reparti, come mostra il caso di *Aurelius Laecanius Paulinus*. La sua vicenda fu parallela e più o meno contemporanea a quella di *P. Aelius Theimes*. Entrambi gli individui, forse negli stessi anni, militarono nel reparto che affiancava il numerus *Palmyrenorum* a *Tibiscum* e, una volta congedati, si trasferirono a *Sarmizegetusa*, ove ricoprirono funzioni importanti nel governo locale. Legati ai culti palmireni tramite percorsi apparentemente differenti, di acquisizione personale nel primo caso, di eredità familiare nel secondo, entrambi parteciparono attivamente alla loro promozione e diffusione, sia pure con modalità e in misure diverse. L'uno si distinse per il fervore religioso nel nuovo contesto civico, l'altro invece per l'attività profusa nell'antica sede della milizia.

Altri esempi, tra cui quelli dei *cultores* di *Sarmizegetusa*, di *Macrobius Secundus* a El-Gahra o dell'iscrizione da Ain el-Auenia, sembrano confermare che in entrambe le realtà provinciali sia stata attuata qualche forma di proselitismo. Il fenomeno però dovette essere limitato, perché è evidente che, con l'eccezione apparente della testimonianza dalla Tripolitania, non vi sono attestazioni di culti rivolti a divinità palmirene al di fuori dei luoghi nei quali erano presenti individui di origine palmirena o le stesse unità palmirene. Tale diffusione, inoltre, sembra essere avvenuta entro ambiti sociali determinati, ristretti ed elitari: tra i liberti e i funzionari imperiali, in connessione con il culto imperiale stesso; tra gli ufficiali e sotto-ufficiali dei reparti militari; tra i rappresentanti del governo romano; infine tra i membri del governo locale, spesso veterani rimasti nella provincia.

In sostanza, nell'ambito della milizia i culti palmireni furono fatti propri dalle singole unità militari, divenendo i culti del reggimento e rimanendo tali anche in seguito al graduale mutamento nella composizione del reparto[101]. Ciò fece sì che qualche militare del reparto o di altri contigui adottasse culti palmireni e che si moltiplicassero gli atti di devozione ufficiale, a nome dei comandanti delle diverse unità palmirene, che proveniva-

---

101 Cfr. Stoll 2001, 377.

no dall'ufficialità delle legioni dislocate nelle province. Nel contesto civile, i culti furono impiantati ove i veterani palmireni si trasferirono con le loro famiglie, negli stessi *vici* sorti presso i *castra* o in altre realtà urbane. Soprattutto in Dacia, il ruolo civico svolto dai veterani determinò l'acquisizione dei culti palmireni tra quelli cittadini e, di conseguenza, un processo di allargamento del numero dei devoti e dei cultori al di fuori dei soli nuclei di origini palmirene, ma pur sempre all'interno di un medesimo ambiente sociale, quello delle nuove *élites* urbane provinciali. I culti palmireni, dunque, furono alieni da vere e proprie forme di proselitismo e rimasero esclusivi di una ristretta cerchia di adepti.

Bibliografia

Belfaida, A.: "Place des collèges, associations et collectivités dans la vie religieuse de l'Afrique antique. Témoignages épigraphiques." In *Lieux de cultes : aires votives, temples, églises, mosquées, IXe Colloque international sur l'histoire et l'archéologie de l'Afrique du Nord antique et médiévale (Tripoli, 19–25 février 2005).* Paris 2008, 163–175

Bertolazzi, R.: "Notes on the Cults of National *Numeri* Stationed in the Danubian Provinces." In *Culti e religiosità nelle province danubiane. Atti del II Convegno Internazionale Ferrara 20–22 Novembre 2013*, a cura di L. Zerbini. Bologna 2015, 183–206

Bianchi, L.: "I Palmireni in Dacia: comunità e tradizioni religiose." *Dialoghi di Archeologia* 5 (1987) 87–95

Bonnet, C.: "Gli dèi di Palmira nel cuore di Roma." In *Roma, la città degli dèi, La capitale dell'Impero come laboratorio religioso*, a cura di C. Bonnet, E. Sanzi. Roma 2018, 235–250

Callies, H.: "Die fremden Truppen im römischen Heer des Prinzipats und die sogenannten nationalen Numeri. Beiträge zur Geschichte des römischen Heeres." *Bericht der Römisch-Germanischen Kommission* 45 (1964) 13–227

Carbó García, J. R.: *Los cultos orientales en la Dacia romana. Formas de difusión, integración y control social e ideológico.* Salamanca 2010

Chausa, A.: "El sacerdos maior de Lambaesis." In *Geografi, viaggiatori, militari nel Maghreb: alle origini dell'archeologia nel Nord Africa. Atti del XIII Convegno internazionale de L'Africa Romana (Djerba, 10–13 dicembre 1998)*, a cura di M. Khanoussi, P. Ruggeri e C. Vismara. Roma 2000, 1441–1447

Chausson, F.: "Vel Iovi vel Soli : quatre études autour de la Vigna Barberini (191–354)." *Mélanges de l'Ecole française de Rome. Antiquité* 107 (1995) 661–765

Dirven, L.: *The Palmyrenes of Dura-Europos. A Study of Religious Interaction in Roman Syria.* Leiden/Boston/Köln 1999

Dupuis, X.: "Un décurion de l'ala Pannoniorum à Zoui et la présence militaire au nord-est de l'Aurès." *Antiquités africaines* 56 (2020) 323–333

Eckhardt, B.: *Romanisierung und Verbrüderung. Das Vereinswesen im römischen Reich.* Berlin/Boston 2021

Equini Schneider, E.: "Palmireni in Africa: Calceus Herculis." In *L'Africa romana, Atti del 5. Convegno di studio, 11–13 dicembre 1987, Sassari (Italia)*, a cura di A. Mastino. Sassari 1988, 383–395

Equini Schneider, E.: "Il santuario di Bel e delle divinità di Palmira. Comunità e tradizioni religiose dei Palmireni a Roma." *Dialoghi d'Archeologia* 5 (1987) 69–85

Fowlkes-Childs, B.: "Palmyrenes in Transtiberim: Integration in Rome and Links to the Eastern Frontier." In *Rome and the Worlds Beyond Its Frontiers*, edited by D. Slootjes and M. Peachin. Leiden/Boston 2016, 193–212

Gnoli, T.: "La diaspora palmirena a Roma. Riflessioni di metodo sulla base di due noti monumenti." In *Vom Hadrianswall bis nach Indien: Die palmyrenische Diaspora in Europa, Afrika und Asien/Dal Vallo di Adriano all'India: la diaspora palmirena in Europa, Africa e Asia, Beiträge der internationalen Tagung, Atti del Convegno internazionale, Villa Vigoni (CO), 13–16 ottobre 2020,* hg. von M. Sommer, S. Magnani, A. Castiello. Stuttgart 2024, in c.s.

Gorea, M.: "Considérations sur la politisation de la religion à Palmyre et sur la dévotion militaire des Palmyréniens en Dacie." *Semitica et Classica* 3 (2010) 125–162

Grassi, G. F.: *Semitic onomastics from Dura Europos. The names in Greek script and from Latin epigraphs.* Padova 2012

Haynes, I.: *Blood of the Provinces. The Roman* Auxilia *and the Making of Provincial Society from Augustus to the Severans.* Oxford 2013

Ibba, A.: *L'Africa mediterranea in età romana, 202 a.C. –442 d.C.* Roma 2012

Janon, M.: "Cultores dei Ierhobolis iuniores." *Bulletin d'Archéologie Algériénne* II (1966–1967) 219–230

Kaizer, T.: *The religious life of Palmyra: a study of the social patterns of worship in the Roman period.* Stuttgart 2002

Kaizer, T.: "Latin-Palmyrenean inscriptions in the Museum of Banat at Timișoara." In *Orbis antiquus. Studia in honorem Ioannis Pisonis*, edited by L. Ruscu, C. Ciongradi, R. Ardevan, C. Roman, C. Găzdac. Cluj-Napoca 2004, 565–569

Kaizer, T.: "Some considerations about the religious dimension of the so-called Palmyrene Diaspora." In *Vom Hadrianswall bis nach Indien: Die palmyrenische Diaspora in Europa, Afrika und Asien/Dal Vallo di Adriano all'India: la diaspora palmirena in Europa, Africa e Asia, Beiträge der internationalen Tagung, Atti del Convegno internazionale, Villa Vigoni (CO), 13–16 ottobre 2020,* hg. von M. Sommer, S. Magnani, A. Castiello. Stuttgart 2024, in c.s.

Kienast, D./Eck, W./Heil, M.: *Römische Kaisertabelle. Grundzüge einer römischen Kaiserchronologie.* Darmstadt ⁶2017

Lassère, J.-M.: "Un syrien et sa famille à El-Kantara." *Révue des Études Anciennes* LXVII (1965) 353–367

Le Bohec, Y.: *Les unités auxiliaires de l'armée romaine en Afrique Proconsulaire et Numidie sous le Haut-Empire.* Paris 1989

Magnani, S.: "Presenze palmirene in Dacia. Alcune considerazioni su aspetti militari, sociali e religiosi." In Domi forisque. *Omaggio a Giovanni Brizzi*, a cura di S. Magnani. Bologna 2018, 121–148

Magnani, S.: "Sacelli e santuari come luoghi identitari, spazi di contatto, ambiti di mediazione: il caso della comunità palmirena a Roma." In *Intorno a Minerva. Il contatto culturale fra mondo antico e contemporaneità, Atti dell'incontro di Studi Dialogo intorno al sacro (Breno (BS), Sabato 15 ottobre 2022,* a cura di C. Cominelli e S. Solano. Quingentole (Mantova) 2023, 123–135

Marcu, F.: *The internal planning of Roman forts of Dacia*. Cluj-Napoca 2009

du Mesnil du Buisson, R.: *Les tessères et les monnaies de Palmyre. Un art, une culture et une philosophie grecs dans les moules d'une cité et d'une religion sémitiques. Inventaire des collections du Cabinet des Médailles de la Bibliothèque Nationale.* Paris 1962

Morizot, P.: "Les voies romaines de Lambèse à Calceus Herculis (El Kantara, Algérie)." *Antiquités africaines* 34 (1998) 149–155

Opreanu, C. H.: "The Garrison of the Roman Fort at Porolissum (Dacia). The Analysis of the Tile-Stamps." *Open Archaeology* 4 (2018) 365–372

Piso, I.: "N(umerus) P(almyrenorum) O(- - -)." In *Carnuntiner Wege. Festschrift für Manfred Kandler zum 80. Geburtstag,* hg. von D. Beyll, W. Hameter, Ch. Kandler, J. Pietsch, W. Pietsch. = *Römisches Österreich* 44 (2021) 199–205

Piso, I./Țentea, O.: "Un nouveau temple palmyrénien à Sarmizegetusa." *Dacia* LV (2011) 111–121

Piso, I./Țentea, O./Matei-Popescu, F.: "L'affranchi impérial Philomusus, croyant et évergète à Sarmizegetusa." In Varia epigraphica et archaeologica. *Volume dédié à la mémoire de Maria Bărbulescu,* éditeurs A. Avram, L. Buzoianu. Constanța 2019, 245–254

Piso, I./Țentea, O.: "Un nouveau temple palmyrénien à Sarmizegetusa." *Dacia* LV (2011) 111–121

Piso I,/Țentea O.: "Der palmyrener P. Aelius Theimes, Duumviralis der colonia Dacica Sarmizegetusa", Zeitschrift für Papyrologie und Epigraphik 223 (2022) 277–284

Piso, I./Țentea, O.: "Les Palmyréniens dans la diaspora. Le cas de la Dacie." In *Vom Hadrianswall bis nach Indien: Die palmyrenische Diaspora in Europa, Afrika und Asien/ Dal Vallo di Adriano all'India: la diaspora palmirena in Europa, Africa e Asia, Beiträge der internationalen Tagung, Atti del Convegno internazionale, Villa Vigoni (CO), 13–16 ottobre 2020,* hg. von M. Sommer, S. Magnani, A. Castiello. Stuttgart 2024, in c.s.

Reuter, M.: "Studien zu den numeri des Römischen Heeres in der Mittleren Kaiserzeit." *Bericht der Römisch-Germanischen Kommission* 80 (1999) 357–569

Sanie, S.: "Die syrischen und palmyrenischen Kulte im römischen Dakien." In *Aufstieg und Niedergang der römischen Welt,* Teil II: *Principat,* Bd. 18, 2: *Religion (Heidentum: die religiöse Verhältnisse in den Provinzen* [Forts.]), herausgegeben von W. Haase. Berlin/New York 1989, 1165–1271

Schäfer, A.: "Syrische Heiligtümer in der römischen Provinz Dakien." *Das Altertums* 53 (2008) 101–116

Schmidt Heidenreich, Ch.: "Les unités palmyréniennes : une approche historique." In *Les auxiliaires de l'armée romaine. Des alliés aux fédérés, Actes du sixième Congrès de Lyon (23–25 octobre 2014),* textes rassemblés et édités par C. Wolff, P. Faure. Lyon 2016, 223–235

Sommer, M./ Magnani, S./Castiello, A. (Ed.): *Vom Hadrianswall bis nach Indien: Die palmyrenische Diaspora in Europa, Afrika und Asien/Dal Vallo di Adriano all'India: la diaspora palmirena in Europa, Africa e Asia*, Beiträge der internationalen Tagung, Atti del Convegno internazionale, Villa Vigoni (CO), 13–16 ottobre 2020. Stuttgart 2024, in c.s.

Southern, P.: "The Numeri of the Roman Imperial Army." *Britannia* 20 (1989) 81–140

Stoll, O.: *Zwischen Integration und Abgrenzung: Die Religion des Römischen Heeres im Nahen Osten. Studien zum Verhältnis von Armee und Zivilbevölkerung im römischen Syrien und den Nachbargebieten*. St. Katharinen 2001

Szabó, Á.: "Die Bauinschrift des Dolichenums von Sarmizegetusa." In *Epigraphica II. Mensa rotunda epigraphiae Dacicae Pannonicaeque*, ed. G. Németh, I. Piso. Debrecen 2004, 139–161

Țentea, O.: *Ex Oriente ad Danubium. The Syrian Units on the Danube Frontier of the Roman Empire*. Cluj-Napoca 2012

Țentea, O.: "Some Remarks on Palmyreni sagittarii. On the First Records of Palmyrenes within the Roman Army." In Scripta Classica. *Radu Ardevan sexagenarii dedicata*, edited by I. Piso, V. Rusu-Bolindeț, R. Varga, S. Mustață, E. Beu-Dachin, L. Ruscu. Cluj 2011, 371–377

Terpstra, T.: "The Palmyrene Temple in Rome and Palmyra's Trade with the West." In *Palmyrena: City, Hinterland and caravan Trade between Orient and Occident. Proceedings of the Conference held in Athens, December 1–3, 2012*, edited by J.Ch. Meyer, E.H. Seland and N. Anfinset. Oxford 2016, 39–48

Timoc, C.: "Templul palmyrienilor din castrul de la Tibiscum – Jupa." *Patrimonium Banaticum* IV (2005) 115–122

Timoc, C.: "Neue Inschriften aus dem römischen Kastell von Tibiscum." *Analele Banatului* XIV (2006) 277–278

Timoc, C.: "Barăcile soldaților romani de la Tibiscum." *Analele Banatului* XV (2007) 85–96

Yon, J.-B.: *Le notables de Palmire*. Beyrouth 2002

Yon, J.-B.: *L'Histoire par les noms. Histoire et onomastique, de la Palmyrène à la Haute Mésopotamie romaines*, Beyrouth 2018

Marcus Antonius und die Parilia des Jahres 44 v. Chr.

Krešimir Matijević

In seiner aktuellen Antonius-Biographie hat W. Jeffrey Tatum[1] sich relativ ausführlich zu dem Denar RRC 480/22 geäußert.[2] Der Avers der Münze zeigt den bärtigen Marcus Antonius, ohne diesen mittels Legende zu benennen, der Revers zeigt einen *desultor* mit der Legende P. SEPVLLIVS MACER (Abb. 1). Die Prägung lehnt sich eng an die beiden Denare desselben Münzmeisters an, die Caesar bzw. den Tempel der Clementia Caesaris auf dem Avers und jeweils einen *desultor* auf dem Revers zeigen.[3] Während erstgenannter sicher vor den Iden des März geprägt worden ist, diskutiert die Forschung im Falle des letzteren auch eine mögliche spätere Prägung im Jahre 44 v. Chr.[4]

Tatum schreibt zum Antonius abbildenden Denar:

> „It cannot have been long after Caesar's funeral that Antony instructed the moneyer Publius Sepullius Macer to mint a series of denarii on which the consul's head was pictured on the obverse. There Antony was depicted bearded, a sign of mourning, and his head was veiled. To mark his identity as an augur, a *lituus*, the sacred wand employed in taking auspices, was also represented. On the reverse was a *desultor*, an acrobat skilled at leaping from horse to horse in Roman games: this figure was pictured with a palm and a wreath. This coin was modelled on a Caesarian predecessor, one of the dictator's final issues. On the obverse of Caesar's coin, he was portrayed, head veiled, as pontifex maximus; on its reverse this coin bore the *desultor* Antony borrowed for his issue. This *desultor* is very likely a reference to the games in Caesar's honour which were added to the Paralia [sic], a festival which took place on 21 April. Antony will have wanted this coin in circulation before then.
>
> By design, this coin is easy to understand. Here Antony depicts himself as Caesar's devotee but also as a major figure in his own right. This assertion is most obvious in the sheer existence of the coin. Caesar was the first living man whose portrait

---

[1] Tatum 2023, 133.
[2] Für die Forschung zu dieser Prägung bis 2006 siehe Matijević 2006a, 410–412 Nr. 18.
[3] RRC 480/20 und 480/21.
[4] Ausführlich hierzu Matijević 2006a, 407–410 Nr. 16 und Nr. 17.

appeared on a Roman coin. Antony – without sanction from the senate or the people – was now the second. This was a bold move. In this single coin we possess visual evidence of Antony's principal challenge as consul. He must remain loyal to the idea and legacy of Caesar. At the same time, it was vital that he establish his political independence by way of unmistakable individuation within the constraints of his fealty to his old master and friend. Even had he wanted to, Antony could not free himself from his identity as Caesar's champion. And yet it was imperative that he emerge from Caesar's long shadow."[5]

Ohne an dieser Stelle auf die Politik des Antonius sogleich eingehen zu wollen, die ich in Teilen anders deute (siehe unten), sei auf die vielen Unwägbarkeiten hingewiesen, die Tatum bei dieser auf den ersten Blick vielleicht einleuchtenden Interpretation des Denars außer Acht lässt. Als erstes ist herauszustellen, dass die Rolle des Münzmeisters Macer, der für den Revers beider Denare verantwortlich zeichnete – demjenigen, der auf dem Avers Caesar abbildet, und demjenigen, der Antonius zeigt –, gänzlich unberücksichtigt bleibt. Dabei ist es gut möglich, dass der *desultor* einen Hinweis auf die *gens* des Sepullius Macer oder dessen eigenen Erfolg bei zurückliegenden Spielen darstellt.[6] Wenn Tatum zudem die Sichtweise vertritt, dass Antonius den *desultor* bewusst wählte, und zwar für Spiele, die zu Ehren Caesars an den Parilia stattfanden, dann hätte er erläutern müssen, warum das für Caesars eigene Prägung kurz vor seiner Ermordung nicht galt.[7] Unberücksichtigt bleibt ferner die Caesars Bildnis beigegebene Legende: CAESAR PARENS PATRIAE. Dass Antonius sich an dieser Prägung Caesars orientierte, vertritt auch Tatum. Wenn man diesen Schluss zieht, kommt man allerdings kaum umhin, sie mit der Caesar-Statue zu verbinden, welche Antonius Anfang Oktober aufstellen ließ und welche die Inschrift *parenti optime merito* trug.[8] Auch die Frage nach der Zielgruppe für die Prägung, die sich Tatum nicht stellt, wird beantwortet, wenn man die Münze zeitlich in die zweite Jahreshälfte setzt: Es ging um die Veteranen, deren Bestechung durch Octavian von Antonius gekontert werden musste.[9]

Nicht unerwähnt bleiben darf an dieser Stelle ferner, dass der Denar mit Caesars Bildnis als *parens patriae* auf dem Avers und dem *desultor* auf dem Revers bislang nur ein einziges Mal belegt ist, während derjenige des Antonius sich über 50mal erhalten hat.[10] Dies ist ein schlagendes Argument gegen die gleichzeitige Prägung der Caesar und Antonius abbildenden beiden Denare RRC 480/20 und RRC 480/22 nach den Iden des März, wie

---

5 Tatum 2023, 133.
6 So hat Michael Crawford (RRC, S. 361) den *desultor* auf RRC 346/1 als Anspielung auf die Einführung der *ludi Apollinares* durch die *gens* des Münzmeisters C. Marcius Censorinus verstehen wollen; ähnlich Elkins 2021, 357. Siehe ferner Matijević 2006a, 169f. Anm. 259 mit weiterer Literatur.
7 Schlüssiger ist – zumindest in diesem Detail – dagegen die Sichtweise von Alföldi 1953, 9, 43f., der von einer gleichzeitigen Prägung von RRC 480/20, RRC 480/21 und RRC 480/22 ausgeht; siehe dazu aber weiter unten mit Anm. 11.
8 Siehe Cic. fam. 12,3,1 mit Matijević 2006a, 167, 179, 411.
9 Siehe Matijević 2006a, 155–160.
10 Siehe Alföldi 1974, 7f., 11; vgl. Rowan 2019, 59f.

Abb. 1: RRC 480/22
(Eigentümer des Bildes: Fritz Rudolf Künker GmbH & Co. KG, Osnabrück" und
„Lübke & Wiedemann KG, Leonberg")

sie von Andreas Alföldi vorgeschlagen wurde.[11] Andererseits wurde vermutet, dass es sich bei RRC 480/20 vielleicht lediglich um eine Fehlprägung von RRC 480/22 handelt.[12] Letzteres ist nicht auszuschließen, auch wenn eine sehr kurze Emission direkt vor Caesars Ermordung die Seltenheit plausibel erklären kann.

Folgt man der Deutung Tatums, dass Antonius den Denar RRC 480/22 für Spiele hat prägen lassen, dann stellt sich als erstes die Frage, welche Gelegenheiten es grundsätzlich neben den Parilia gab. Belegt sind für das Jahr 44 v. Chr. die Abhaltung der *ludi Megalenses*[13] (4.–10. April), diejenige der *ludi Apollinares*[14] (7.–13. Juli[15]) und diejenige der *ludi Victoriae Caesaris*[16] (20.–30. Juli). Für die Abhaltung der *ludi Ceriales* (12.–19. Ap-

---

11 Siehe Alföldi 1953, 9, 43f.; Alföldi 1974, 7f.; ebenso Elkins 2021, 357; dagegen Woytek 2003, 426f.; Matijević 2006a, 407f.
12 Siehe die Diskussion der Forschung bei Matijević 2006a, 168f. Anm. 258, S. 407f. Nr. 16.; Rowan 2019, 60.
13 Siehe Cic. Att. 14,2,1 mit dem Kommentar von Shackleton Bailey 1967, 214.
14 Siehe Cic. Att. 15,10; 15,11,2; 15,12,1; 15,17,1f.; 15,18,2; 15,26,1; 15,28; 15,29,1; 16,1,1; 16,2,3; 16,4,1; 16,5,1; 16,5,3; App. civ. 3,23f.; Cass. Dio 47,20,2f.; ferner Matijević 2006a, 141–143.
15 Brutus hat, wohl wegen aus seiner Sicht mangelnden Erfolgs dieser Spiele, einen zusätzlichen Tag mit einer *venatio* finanziert; siehe Cic. Att. 16,4,1 mit Matijević 2006a, 141f. Anm. 225. Zur Datierung des Beginns der Spiele Matijević 2005, 64 mit Anm. 66.
16 Zur Einrichtung der *ludi Victoriae Caesaris*: App. civ. 3,28; CIL I², S. 225 (Fasti Maffeiani), 244 (Fasti Amiternini), 322f. (Commentarii diurni); vgl. Inscr. Ital. XIII 2, S. 78 (Fasti Maffeiani), 189 (Fasti Amiternini), 485f. (Commentarii diurni); Bernstein 1998, 329–348. Caesar hatte die Spiele seiner Stammmutter Venus gestiftet. Sie sollten jährlich vom 20.–30.7. begangen werden; anders Ramsey/Licht 1997, 54–57 und Ramsey 2001, 253 Anm. 3 („from 20 to about 28 July"). Im Jahre 46 kombinierte er die Spiele mit den *ludi funebris* für seine Tochter Iulia, was Octavian 44 v. Chr. – wie Weinstock 1971, 368 richtig herausstellt – zweifellos als Vorbild diente; vgl. Suet. Iul. 26,2; Cass. Dio 43,22,3; Plut. Caes. 55. Weitere Berichte zu den *ludi Victoriae Caesaris*: Cic. Att. 15,2,3;

ril) gibt es zwar keinen direkten Beleg dafür, dass sie in diesem Jahr abgehalten wurden, doch ist dies immerhin wahrscheinlich. Die Durchführung der *ludi Florales* (24. April–3. Mai) und diejenige der *ludi Martiales* (12. Mai) ist erst für die frühe Kaiserzeit belegt,[17] wird von Teilen der Forschung aber auch für die späte Republik als wahrscheinlich angesehen.[18] Privat durchgeführte Spiele[19] sowie die Verschiebung[20] der *ludi Ceriales* und/ oder der *ludi Florales* wurden ebenfalls erwogen. Zumindest letzteres ist eher unwahrscheinlich, da die *ludi Megalenses*, die *ludi Apollinares* und die *ludi Victoriae Caesaris* termingerecht stattfanden. Die Diskussion darüber, welche Spiele nach Caesars Ermordung durchgeführt wurden, entscheidet ferner darüber, wann Octavian (eventuell aber auch weitere Personen vor der Ankunft Octavians in Rom) die Ausstellung von Caesars *sella* und Kranz versucht hat, was durchweg verhindert worden ist.[21]

Warum sollte sich Antonius also ausgerechnet auf die Parilia fokussiert haben? Was wissen wir über dieses Fest? Ursprünglich waren die *Parilia* ein Hirtenfest. Ab einem nicht näher bestimmbaren Zeitpunkt wurde an diesem Tag, dem 21. April, zusätzlich die Gründung Roms gefeiert, und mit der Zeit verschmolzen die beiden Anlässe miteinander.[22] Im Jahre 45 erreichte die Nachricht des Sieges von *Munda* die Stadt Rom zufällig[23] oder nicht[24] am Abend vor den *Parilia*, und nach Cassius Dio wurde Caesar zu Ehren beschlossen, dass zukünftig immer zu den *Parilia* des Sieges bei Munda mit Circus-Spielen gedacht werden sollte.[25] Ein Brief Ciceros könnte zusätzlich darüber informieren, dass diese Spiele auch schon in 45 veranstaltet wurden und man die Gelegenheit nutzte, um in der *pompa circensis* eine Statue Caesars mitzuführen, eine weitere Ehre, die dem Dictator verliehen worden war.[26] Doch dies ist keineswegs sicher, da Cicero die Bemerkung über die Prozession am 26.5.45 auf seinem *Tusculanum* fallen lässt, also über einen Monat nach

---

fam. 11,27,7; 28,6; Suet. Iul. 88; Aug. 10,1; Plut. Ant. 16; Serv. Aen. 1,287; 6,790; 8,681; Serv. ecl. 9,47; Sen. nat. 7,17,2. Siehe ferner Matijević 2006a, 144–146.

17 Zu den *ludi Florales* siehe Bernstein 1998, 163–171, 206–223 (mit den Belegen); zu den *ludi Martiales* Bernstein 1998, 346f. Anm. 207 (mit den Belegen).

18 Für eine Abhaltung der *ludi Florales* im Jahre 44 v.Chr. votieren Ramsey/Licht 1997, 34 Anm. 26; Bernstein 1998, 346; Ryan 2000, 244, 246. Für diejenige der *ludi Martiales* sprechen sich Alföldi 1953, 77 und Carter 1996, 380 Anm. 29 aus; abgelehnt von Weinstock 1971, 368; Bernstein 1998, 346f. Anm. 207.

19 Siehe Becht 1911, 96f.

20 Alföldi 1953, 77f.; Saner 1988, 93, 194 Anm. 520; Yavetz ²1988, 73f.

21 Siehe zu dieser Diskussion Matijević 2018, 225–229.

22 Quellen zu den *Parilia* als Hirtenfest: Prop. 4,1,19; Tib. 1,1,35f.; 2,5,83–100. Quellen zu den *Parilia* als Gründungstag Roms: Suet. Cal. 16,4; frg. 178; Cass. Dio 43,42, 3. Vermengung von Hirtenfest und Gründungstag: Ov. fast. 4,721–862; Prop. 4,4,73–80; Vell. 1,8,4; Plut. Rom. 12; Dion. Hal. ant. 1,88,3; Varro rust. 2,1,9.

23 So Halkin 1953, 61 mit Anm. 2.

24 So Carcopino ³1943, 957 mit Anm. 304; Weinstock 1971, 175f; Fishwick 1987, 57f.; Rüpke 1995, 403f.

25 Siehe Cass. Dio 43,42,3.

26 Cic. Att. 13,28,3: *tu hunc de pompa, Quirini contubernalem, his nostris moderatis epistulis laetaturum putas?* Quellen zur Ehre über die Mitführung der Statue Caesars in der *pompa circensis*: Suet. Iul. 76,1; Cass. Dio 43,45,2.

den *Parilia*. In den Mai (17.5.45) gehört auch der Brief, der anscheinend über die gerade errichtete Caesar-Statue im Tempel des Quirinus/Romulus berichtet,[27] was Matthias Gelzer dazu bewegt, den Ehrbeschluss selbst ebenfalls erst in den Mai 45 zu datieren,[28] womit Ciceros Brief sich nicht auf die Parilia beziehen würde und die Caesar-Statue im Jahr 45 also noch nicht Teil der *pompa* zu den Parilia gewesen sein kann.[29] Dies wiederum nehmen Weinstock und andere, aber zu Unrecht, als sicher an.[30] Letztlich ist nicht einmal sicher, dass die Circus-Spiele zu Ehren Caesars an den Parilia des Jahres 45 bereits stattfanden. Nur wenn man die Sichtweise vertritt, dass die Siegesnachricht in Rom nicht zufällig am Abend vor den Parilia bekannt wurde (siehe oben), womit also die Nachricht gezielt zurückgehalten worden wäre, nur dann kann man gleichzeitig annehmen, dass die Vorbereitung der Circus-Spiele an den Parilia zeitlich überhaupt im Bereich des Möglichen lag.

Nach Caesars Ermordung an den Iden des März 44 v. Chr., soviel ist klar, musste der Ehrbeschluss für Caesar an den Parilia an und für sich umgesetzt werden, denn er gehörte zu den *acta Caesaris*: Zu diesen zählten nicht nur die vom Dictator selbst initiierten Gesetze, Senatsbeschlüsse und Dekrete, sondern grundsätzlich alle Beschlüsse während seiner Herrschaft; schließlich konnte er nicht jeden Antrag im Senat und vor dem Volk selbst einbringen.[31] Die Teile der *acta Caesaris*, die der Vergottung des Dictators dienten, wurden von Antonius allerdings durchgängig unterdrückt.[32] Die Mitführung der Caesar-Statue fiel wahrscheinlich unter diese divinisierenden Ehrungen für Caesar; sie konnte nicht in Antonius' Interesse sein.[33] Während er nur ein Priester im Caesar-Kult gewesen wäre, wäre Octavian zum Sohn eines Gottes geworden.

Während Spiele zu Ehren Caesars an den Parilia für Antonius somit zwar grundsätzlich unproblematisch waren, gilt dies keineswegs für die Mitführung der Statue in der *pompa*. Große Teile der Forschung sind sich, wie jüngst Tatum, trotzdem sicher, dass Antonius mit der Prägung RRC 480/22 zum einen auf die Parilia anspielte und zum anderen das Fest selbst nutzte, um seine Verbundenheit zu Caesar zum Ausdruck zu bringen. Kathryn Welch schreibt: Antonius „turned the Parilia of 21 April into a demonstration of support for Caesar, the murdered *parens patriae*. Coinage thought to depict the event

---

27 Cic. Att. 12,48,1 (47,3): *domum tuam pluris video futuram vicino Caesare.*
28 Siehe Gelzer [6]1960, 285 mit Anm. 176.
29 Dass es in Ciceros Brief Att. 13,28,3 vom 26.5.45 nicht um die Parilia geht, wird schon dadurch nahegelegt, dass in den 25 weiteren Briefen seit dem 21.4. keine Rede von dem Fest ist.
30 Siehe Weinstock 1971, 185 Anm. 5. Bernstein 1998, 341f. schließt sich Weinstock an. Beide vertreten die Sicht, dass es sich um die *Parilia* handeln müsse, da Caesar neben Quirinus/Romulus in der *pompa* mitgeführt worden sei. Allerdings sagt Cicero, dass der Haus- also Tempelgenosse des Quirinus (*contubernalis Quirini*), folglich Caesar, in der *pompa* mitgeführt wurde. Über den Anlass lässt er nichts verlautbaren. Auf Cic. Att. 12,48,1 (47,3) gehen Weinstock und Bernstein in diesem Zusammenhang nicht ein! Weitere Zustimmung finden Weinstock und Bernstein trotzdem bei Cole 2013, 132; Latham 2016, 109.
31 Siehe Matijević 2006b, 427f. (mit den Nachweisen).
32 Siehe Matijević 2005, 80–103.
33 Laut Gesche 1968, 28f. handelte es sich bei der Mitführung der Statue Caesars in der *pompa* nicht um die Ehrung eines Gottes; die Ehre habe zudem nur für eine Siegesfeier gegolten. Erst ab 42 v. Chr. sei die Mitführung eines Bildes für den Gott Caesar allgemein üblich geworden.

stressed the title and Antonius' *pietas*".³⁴ Stefan Weinstock ist sich zudem sicher, dass in 44 Caesars Statue, wie schon in 45, „in the company of Quirinus" Teil der *pompa* gewesen sei.³⁵ Angeführt werden für diese Aussage neben dem bereits diskutierten Denar mit dem Abbild des Antonius durchgängig drei schriftliche Quellen: zwei Briefe Ciceros und eine Stelle bei Cassius Dio, die im Folgenden aufgeführt und erörtert werden sollen:

1) Cic. Att. 14,14,1 (28./29.4.44 v. Chr.)
‚Iteradum eadem ista mihi.' coronatus Quintus noster Parilibus! solusne? etsi addis Lamiam, quod demiror equidem; sed scire cupio qui fuerint alii, quamquam satis scio nisi improbum neminem. explanabis igitur hoc diligentius.

„‚Sag' mir das doch noch einmal!' Unser Quintus bekränzt an den *Parilia*? Allein? Auch wenn du Lamia hinzufügst, was mich in der Tat sehr verwundert; aber ich bin doch begierig darauf zu erfahren, wer die anderen gewesen sind, obwohl ich genug weiß: alles Schufte. Du wirst dies also sorgfältiger erklären [müssen]". (Übers. v. Verf.)

Lamia war zwar ein Anhänger Caesars gewesen, Cicero aber freundschaftlich verbunden, was dessen Erstaunen erklärt.³⁶ Zusammen mit Lamia ist Quintus, Ciceros Neffe, (mit weiteren Freunden?) zu den Parilia bekränzt erschienen. Weder von Circus-Spielen, noch von einer *pompa* mit der Statue Caesars, noch von einer Initiative des Antonius ist die Rede. Quintus gerierte sich in 44 zwar kurzzeitig als Anhänger des Antonius, dann aber wieder als Unterstützer von Brutus und Cassius und stellte verschiedentlich abenteuerliche Behauptungen auf, um seine Bedeutung herauszustreichen, ohne dabei aber augenscheinlich von irgendjemandem ernst genommen zu werden.³⁷ Ein weiterer Brief Ciceros, der rund zehn Tage später geschrieben worden ist, bietet kaum Neues.

2) Cic. Att. 14,19,3 (8.5.44)
De coronatis, cum sororis tuae filius a patre accusatus esset, rescripsit se coronam habuisse honoris Caesaris causa, posuisse luctus gratia; postremo se libenter vituperationem subire quod amaret etiam mortuum Caesarem.

---

34 Welch 2012, 126; ähnlich, ohne Erwähnung der Prägung, Tempest 2017, 123. Siehe ferner bereits Sear 1998, 75: „It is tempting to see in the introduction of this type a reference to the Parilian games celebrated on 21 April of each year. In 44 BC the Parilia turned into a celebration of Caesar's victory at Munda, Antony doubtless taking full advantage of the opportunity to stir up public sentiment in support of the Caesarian cause". In einer späteren Publikation konstruiert Welch 2015, 288 aus Cic. Att. 14,3,2 vom 26.4.44 eine Rede des Antonius zur römischen Bevölkerung an den Parilia. In dem Brief werden weder Antonius, noch eine Rede von ihm, noch die Parilia erwähnt; sehr viel vorsichtiger argumentiert Welch zuletzt; siehe Welch 2020, 305 Anm. 15: „an unidentified speaker (probably Antonius) referred to Caesar in a contio of later April 44".
35 Weinstock 1971, 185f.
36 Siehe zu L. Aelius Lama Matijević 2006a, 109 Anm. 184 (mit weiteren Belegen).
37 Siehe Matijević 2006a, 108f. (mit den Nachweisen).

„Über die Bekränzten: als der Sohn [Q. Cicero] deiner Schwester von seinem Vater [Q. Cicero Senior] angeklagt wurde, schrieb er zurück, er habe den Kranz Caesar zu Ehren getragen und der Trauer wegen abgelegt, schließlich [angemerkt], dass er den Tadel gerne entgegennehme, weil er Caesar auch nach dessen Tod noch liebe". (Übers. v. Verf.)

Quintus Junior hat sich also gegenüber seinem Vater gerechtfertigt und sein Verhalten an den Parilia mit seiner Zuneigung gegenüber Caesar verteidigt.

Weitergehende Informationen zu den Spielen an den Parilia bietet nur das dritte relevante Zeugnis, der Bericht des Cassius Dio.

3) Cass. Dio 45,6,4

καὶ μετὰ τοῦτο τὴν πανήγυριν τὴν ἐπὶ τῇ τοῦ Ἀφροδισίου ἐκποιήσει καταδειχθεῖσαν, ἣν ὑποδεξάμενοί τινες ζῶντος ἔτι τοῦ Καίσαρος ἐπιτελέσειν ἐν ὀλιγωρίᾳ, ὥσπερ που καὶ τὴν τῶν Παριλίων ἱπποδρομίαν, ἐποιοῦντο, αὐτὸς ἐπὶ τῇ τοῦ πλήθους θεραπείᾳ, ὡς καὶ προσήκουσαν διὰ τὸ γένος, τοῖς οἰκείοις τέλεσι διέθηκε.

„Danach kam das Fest [aus Anlass] der Vollendung des Venustempels. Einige hatten noch zu Lebzeiten Caesars seine Durchführung versprochen, begnügten sich aber jetzt mit einer recht bescheidenen Art, wie sie es auch bei den Zirkusspielen gelegentlich der Parilien machten; nun richtete Octavius, um die Gunst des Volkes zu gewinnen, die Feier auf eigene Kosten aus und erklärte dies aus familiären Gründen als persönliche Verpflichtung". (Übers. v. O. Veh)

Wenn wir Dio glauben dürfen, fanden zwar Circus-Spiele zu Ehren Caesars an den Parilia statt, aber kaum in einer Weise, die den toten Dictator besonders in Erinnerung gebracht hätte. Das bekränzte Erscheinen des Quintus und seiner Freunde scheint ferner so auffällig gewesen zu sein, dass man hieraus schließen kann, dass kaum jemand anders einen Kranz getragen hat. Das Tragen eines solchen scheint auch erst im Rahmen der Ehrung Caesars in 45 v. Chr. eingeführt worden zu sein.[38]

Dass die von Cassius Dio geschilderte Ausführung der Spiele an den Parilia tatsächlich von bescheidener Form war, wird durch den Vergleich mit den gleichfalls zuerst wenig prachtvoll geplanten *ludi Victoriae Caesaris* bestätigt. Verschiedene weitere Quellen bekräftigen, dass es offensichtlich ein für die Spiele (nach Dio für beide Spiele) verantwortliches Kollegium gab, das sich scheute, diese überhaupt bzw. angemessen auszurichten; Octavian übernahm dies dann im Falle der *ludi Victoriae Caesaris* mit großem Aufwand.[39]

Von Antonius, der die Spiele genutzt hätte, um seine Verbundenheit zu Caesar auszudrücken, ist in keiner der Quellen die Rede. Als Beleg für eine Prägung des Denars RRC 480/22 zu diesem Anlass können sie somit nicht dienen. Ebenso wenig wird eine

---

38 So Latte 1960, 87f. und Scullard 1985, 161. Der anklagende Ton Ciceros in Att. 14,14,1 und 14,19,3 unterstützt diese Sichtweise; vgl. ferner Rüpke 1995, 99 Anm. 19.
39 Siehe Obseq. 68; Suet. Aug. 10,1; Plin. nat. 2,93f.; Cic. Att. 15,2,3 (18.5.44).

pompa circensis mit der Statue des Dictators erwähnt. Wie weit hier die unbegründeten Spekulationen gehen, zeigt eine Äußerung von James S. Reid, die noch detaillierter ist als diejenigen von Stefan Weinstock und von diesem als „brilliant"⁴⁰ bezeichnet wird: „Quintus seems to have gone into the Circus with the crown to honour Caesar's victory, but to have taken it off when Caesar's statue appeared in the *pompa circensis*, and roused lamentation".⁴¹

Festzuhalten ist somit, dass die Parilia im Jahre 44 v. Chr. feierlich begangen wurden; auch bescheiden ausgerichtete Circus-Spiele fanden statt. Dass eine Statue Caesars in der *pompa circensis* mitgeführt wurde, ist dagegen nicht überliefert und letztlich unwahrscheinlich, da dies gegen die Interessen des Antonius verstoßen hätte. Dieser hatte weder die Spiele ausgerichtet, noch zu dieser Gelegenheit den Denar RRC 480/22 prägen lassen. Erst kurz zuvor und auch wenig später, nach der Ankunft Octavians in Rom, ist bei verschiedenen Spielen die Ausstellung der *sella Caesaris* und des Kranzes des toten Dictators von Antonius aktiv be- bzw. verhindert worden.⁴² Zusammen mit Dolabella hatte Antonius zudem erst wenige Tage vor den Parilia, Mitte April, den ‚falschen Marius', auch Amatius genannt, hinrichten lassen, als dieser die Verehrung Caesars vorangetrieben hatte.⁴³ Die ganze Politik des Antonius war in dieser Zeit gegen eine allzu forcierte Erinnerung an den Dictator gerichtet; insbesondere die Versuche, Caesar als Gott zu huldigen – direkt oder mittels Durchführung der ihm zu Lebzeiten gestatteten gottgleichen Ehrungen –, sind von Antonius aktiv behindert worden. Kurz vor der Beseitigung des Amatius ist zudem ein Teil der in Rom massenhaft stehenden Bildnisse Caesars abgeräumt worden,⁴⁴ was ohne Zustimmung der Consuln Antonius und Dolabella schwer vorstellbar ist. Erst nach der Ankunft Octavians in Rom und dessen Werben um die Veteranen Caesars änderte Antonius seine Vorgehensweise, um die Unterstützung dieser Klientel nicht zu verlieren: Caesar wurde wieder als verdienter Patron und Vater des Vaterlandes herausgestellt, das Andenken an ihn geehrt – wahrscheinlich auch mittels der Prägung RRC 480/22. Alle Divinisierungsversuche und vergöttlichenden Ehrungen wurden von Antonius aber weiterhin verhindert.⁴⁵

---

40 Weinstock 1971, 367 Anm. 5.
41 Der Wortlaut von J. S. Reid ist in keiner seiner Studien abgedruckt. Zitiert wird er zum ersten Mal bei Tyrell/Purser ²1915, 293f. Sehr wahrscheinlich hat Purser ihn in den unveröffentlichten Aufzeichnungen Reids gefunden; vgl. das Vorwort in Tyrell/Purser ²1915, vi. – Reid findet nicht nur bei Weinstock, sondern auch in weiteren Teilen der Forschung Zustimmung: Fishwick 1987, 73 Anm. 2; Bernstein 1998, 342 Anm. 178; Latham 2016, 110. Vgl. auch die noch fantasievollere Erweiterung bei Morawiecki 1983, 51: Cicero „writes of his own nephew Quintus' victory at the Parilia, where he won a wreath and was, it is thought, the central figure at the *pompa circensis*, since, when the statue of Caesar was brought in, he took off his wreath and started a mourning lament". Zu Recht kritisch dagegen Woytek 2003, 426 Anm. 520; siehe ferner Matijević 2006a, 105f.
42 Siehe Matijević 2018, 225–229.
43 Siehe Matijević 2006a, 52f.
44 Siehe App. civ. 3,3.
45 Siehe Matijević 2006a, 161–171.

Siglen

CIL = *Corpus Inscriptionum Latinarum*. Berlin 1863ff.
RRC = Crawford, M. H.: *Roman Republican Coinage*. Cambridge 1974.

Literaturverzeichnis

Alföldi, A.: *Studien über Caesars Monarchie*. Lund 1953 (= Bulletin de la société royale des lettres de Lund 1952–1953, 1)

Alföldi, A.: *Caesar in 44 v. Chr. 2: Das Zeugnis der Münzen mit einer Revision der Stempel und Stempelverbindungen von Wendelin Kellner*. Bonn 1974 (= Antiquitas 17, Reihe 3)

Becht, E.: *Regeste über die Zeit von Cäsars Ermordung bis zum Umschwung in der Politik des Antonius*. Diss. Freiburg i. Br. 1911

Bernstein, F.: *Ludi publici. Untersuchungen zur Entstehung und Entwicklung der öffentlichen Spiele im republikanischen Rom*. Stuttgart 1998 (= Historia Einzelschriften 119)

Carcopino, J.: *Histoire Ancienne 3: Histoire Romaine 2: La République Romaine de 133 à 44 avant J.-C. 2: César*. 3. Aufl. Paris 1943

Carter, J.: *Appian, The Civil Wars*. London/New York 1996 (= Penguin Classics)

Cole, Sp.: *Cicero and the Rise of Deification in Rome*. Cambridge/New York 2013

Elkins, N. T.: „Coins". In *The Oxford Handbook of Sport and Spectacle in the Ancient World,* hg. von A. Futrell und T. F. Scanlon. Oxford 2021, 351–362

Fishwick, D.: *The Imperial Cult in the Latin West. Studies in the Ruler Cult of the Western Provinces of the Roman Empire 1, 1*. Leiden 1987 (= Ètudes préliminaires aux religions orientales dans l'Empire romain 108)

Gelzer, M.: *Caesar. Der Politiker und Staatsmann*, 6., erw. Aufl. München 1960

Gesche, H.: *Die Vergottung Caesars*. Kallmünz 1968 (= Frankfurter Althistorische Studien 1)

Halkin, L.: *La supplication d'action de grâces chez les Romains*. Paris 1953 (= Bibliothèque de la Faculté de philosophie et Lettres de l'Université de Liège 128)

Latham, J. A.: *Performance, Memory, and Processions in Ancient Rome. The Pompa Circensis from the Late Republic to Late Antiquity*. New York/Cambridge 2016

Latte, K.: *Römische Religionsgeschichte*. München 1960

Matijević, K.: „Antonius und die Vergottung Caesars". In *Rom Germanien und das Reich. Festschrift zu Ehren von Rainer Wiegels anlässlich seines 65. Geburtstages,* hg. von W. Spickermann, K. Matijević und H. H. Steenken. St. Katharinen 2005 (= Pharos 18), 80–103

Matijević, K.: *Marcus Antonius. Consul – Proconsul – Staatsfeind. Die Politik der Jahre 44 und 43 v. Chr.* Rahden/Westf. 2006a (= Osnabrücker Forschungen zu Altertum und Antike-Rezeption 11)

Matijević, K. „Cicero, Antonius und die *acta Caesaris*." *Historia* 55 (2006) 426–450

Matijević, K.: „Nochmals zur Verteilung der Provinzen nach Caesars Ermordung und zur Bedeutung Octavians für die Politik des Antonius im April/Mai 44 v. Chr." *Hermes* 146 (2018) 219–234

Morawiecki, L.: *Political Propaganda in the Coinage of the Late Roman Republic (44–43 B.C.)*. Wroclaw 1983

Ramsey, J.T. „Did Mark Antony contemplate an alliance with his political enemies in July 44 B.C.?" *CPh* 96 (2001) 253–268

Ramsey, J.T./Licht, A.L.: *The Comet of 44 B.C. and Caesar's Funeral Games*. Atlanta 1997 (= American Philological Association/American Classical Studies 39)

Ryan, F.X.; „The Type of the Aedileship of Critonius." *Hermes* 128 (2000) 243–246

Rowan, C.: *From Caesar to Augustus (c. 49 BC–AD 14). Using Coins as Sources*. Cambridge 2019 (= Guides to the Coinage of the Ancient World)

Rüpke, J.: *Kalender und Öffentlichkeit, Die Geschichte der Repräsentation und religiösen Qualifikation von Zeit in Rom*. Berlin/New York 1995 (= Religionsgeschichtliche Versuche und Vorarbeiten 40)

Saner, P.: *Von den Iden des Maerz 44 bis zur dritten Philippica Ciceros (mit einem historischen Kommentar zur dritten Philippica Ciceros)*. Diss. Bern 1988

Scullard, H.H.: *Römische Feste. Kalender und Kult*, redigiert und mit einem Vorwort versehen v. Hans G. Buchholz. Mainz 1985 (= Kulturgeschichte der antiken Welt 25)

Sear, D.R.: *The History and Coinage of the Roman Imperators. 49–27 B.C.* London 1998

Shackleton Bailey, D.R.: *Cicero's letters to Atticus 6*. Cambridge 1967

Tatum, W.J.: *A Noble Ruin. Mark Antony, Civil War, and the Collapse of the Roman Republic*. Oxford 2023

Tempest, K.: *Brutus. The Noble Conspirator*. New Haven/London 2017

Tyrell, R.Y./Purser, L.Cl.: *The Correspondence of M. Tullius Cicero 5*. 2. Aufl. Dublin/London 1915

Weinstock, St.: *Divus Julius*. Oxford 1971

Welch, K.: *Magnus Pius. Sextus Pompeius and the transformation of the Roman Republic*. Swansea 2012

Welch, K.: „Programme and narrative in Civil War 2.118–4.138." In *Appian's Roman History. Empire and Civil War*, hg. von K. Welch. Swansea 2015, 277–304

Welch, K.: „Marcus Antonius: Words and Images." In *The Triumviral Period. Civil War, Political Crisis and Socioeconomic Transformations*, hg. von F. Pina Polo. Zaragoza/Sevilla 2020, 301–323

Woytek, B.: *Arma et nummi. Forschungen zur römischen Finanzgeschichte und Münzprägung der Jahre 49 bis 42 v. Chr.* Wien 2003 (= Veröffentlichungen der Numismatischen Kommission 40, Veröffentlichungen der Kleinasiatischen Kommission 14, Denkschriften der philosophisch-historischen Klasse 312)

Yavetz, Z.: *Plebs and Princeps*. 2., erw. Aufl. New Brunswick/Oxford 1988

Der adelige Meister Eckhart
als geistlicher Abenteurer

Dietmar Mieth

Eckharts „ritterliche" Herkunft

Der Name „Eckhart von Hochheim" bezieht sich auf den Ministerialen „von Hochheim" des Grafen von Wangenheim. Der Vater Meister Eckhart, des dominikanischen „Magisters" hieß ebenfalls Eckhart. Der Name „Eckhart" ist thüringisch im Adel häufig gebräuchlich. Adelige Träger dieses Namens waren in Thüringen schon Kronprätendenten. Bei den Adeligen „von Hochheim" stammt der Name aus dem Dorf Hochheim in der Nähe von Gotha, wo es Besitztümer der Familie gab. Die Burg des Vaters stand jedoch in oder bei Tambach, heute Tambach-Dietharz.

Der amerikanische Historiker Joel F. Harrington hat sich in seinem Buch, das Meister Eckharts Leben und Denken in seinen Kontexten historisch erkundet und nacherzählt, auch mit Eckharts Herkunft, seiner ritterlichen Herkunft, sowie mit seiner literarischen neben seiner religiösen, dominikanischen Ausbildung befasst.[1]

**Wo kann man noch Spuren der adeligen Herkunft
in der Sprache Meister Eckhart finden?**[2]

Auch der Adel der Ministerialen enthielt Privilegien – wie die **Jagd** – und dementsprechend einen erhöhten Lebensstandard in den Mahlzeiten.

Eckhart erzählt:

> „Manche Jahre gingen voraus, da war ich noch nicht geboren. Aber es dauerte nicht lange, da aßen mein Vater und meine Mutter Fleisch mit Brot und Kraut, das in dem Garten wuchs, davon besaß ich mein Leben (possedi me). " (Pr. 51, DW II, S. 474, 2–6)

---

[1] Vgl. Harrington 2018, dt. 2021.
[2] Zitate aus den Wissenschaftlichen Ausgaben im Text. Jeweils meine eigene Übersetzung.

Nun kann man unterstellen, dass der Ritter Eckhart, der Vater, das Fleisch auf der Jagd geschossen hatte. Im Garten konnte es ja nicht wachsen.

„Jagd" ist eine Metapher, die aus adeligen Privilegien stammt. Eckhart benutzt sie gern für Gott: „Gott jagt mit seiner Liebe alle Geschöpfe mit dem Ziel, dass sie Gott zu lieben begehren." (DW III, S. 75,1; ebenso S. 95,1) „Darum ruht der Vater niemals, er jagt und treibt alle Zeit dazu, dass sein Sohn in mir geboren wird." (DW II, S. 258,59 Und umgekehrt: „Wisst, alle Geschöpfe jagen und wirken von Natur aus danach, dass sie Gott gleich werden." (Pr. 69, DW III, S. 171,1, ähnlich DW I, S. 219) „Was du vorher gejagt hast, das jagt nun dich." (DW V, 200,5) „Wer nach etwas jagt, dem wird das Jagen immer schneller, süßer und angenehmer; je weiter es sich vom Ausgangspunkt und von allem, was das Gejagte nicht ist, entfernt, umso ungleicher wird es seinem Ausgangspunt (es verändert sich) und es wird dem gleicher, was es jagt (oder: worum willen es jagt)." (BgT, DW V, S. 32f.)

Eckhart kann Gott mit einem springenden Pferd vergleichen: Gott „gießt sich aus", heißt es dort zunächst, weil dies seine Natur sei. Er entfalte sich ganz in der Schöpfung, ohne sich zu verlieren. „Und das ist für ihn (Gott) lustvoll: in der gleichen Weise, wie derjenige, der ein Ross auf grüner Heide laufen lässt, die zugleich flach und eben wäre, die Natur des Rosses wäre es, sich völlig mit aller seine *Sprungkraft* auf der Heide auszutoben („zemâle ûzgüsse"), das wäre für es lustvoll und entspräche seiner Natur." (Pr. 12, DW I, S. 199,7 – S. 200,3)

Bewegung hat ihren natürlichen Sinn in sich selbst: „Wenn es heißt, jemand laufe um des Laufens willen, dann ist Laufen sein Leben. Wer um des Laufens willen läuft und das *Laufen als Laufen* liebt, der liebt, was er liebt, um des Liebens willen." (LW II, In Eccl. n. 59, S. 287–298,3) Oder es heißt: „Gott kommt *gesprungen* wie ein junger Rehbock." (Pr. 22, DW I, S. 388,8; Hervorhebungen von mir)

Solche Gleichnisse sind Eckhart nicht nur wegen der damaligen Naturkenntnis geläufig – an diesen Stellen kommen sie ganz frisch aus der berührenden Beobachtung des jungen Adeligen. Aber woran wurde er „adelig" gebildet, bevor er seinen religiösen Weg ein schlug?

Adelsepen als Lektüre?

„Aventiure" heißen die mittelalterlichen Epen wie „Erec"."Iwein" „Parzival", „Tristan und Isolde" die man auch „Ritter-Romane" nennen kann, denn die Abfolge der Geschehnisse enthält gefährliche, kämpferisch, problematische aber auch aufbauende Geschehnisse, deren Muster immer mehr auch in bürgerlichen Lese Kreisen bekannt waren bzw. dort vorgetragen wurden, denn es ging ja um die edlen „moraliteiten", also, wie im Tristan des Gottfried von Straßburg, um eine literarische Phantasiewelt des „Edlen", mit der gewiss auch heranwachsende Adels-Sprösslinge zu tun hatten.

Welcher Roman wurde in Eckharts Zeit am meisten gelesen und „geistlich" adaptiert? Parzival, der männliche geistliche Abenteurer findet sich in einem herzoglichen Teppich aus der zweiten Hälfte des 14. Jhs. in Braunschweig. Joel Harrington setzt Eckhart mit dem Parzival-Epos in Beziehung. Ich verweise auf die Geschichte von Tristan und Isolde.

Im „Tristan" Gottfrieds von Straßburg ist „moraliteit" neben „hövscheit" eine Tugend-Haltung, die der Ritter Tristan seine Schülerin Isolde lehrt.³ Was die Zisterzienserinnen, die Tristan-Teppiche stickten⁴, interessierte, war die Nähe von ultimativer Liebe und Tod, also die Intensität der Liebe gegen Widerstand. Das ist der „mystische" Zug, der in der weltlichen Literatur Spuren hinterließ. Bei Marguerite Porete ist es die Liebe im Alexander-Roman.⁵ Dabei spielt vielleicht eine Rolle, dass sich die in ihrem Kloster – für den adeligen Gebrauch? – den Teppich stickende Nonnen eher mit liebenden Frauen als Hauptfiguren im Hinblick auf die Intensität der Liebe identifizieren konnten.

Der Vergleichspunkt zwischen irdischer und geistlicher Liebe ist jeweils die Intensität der Zwei-Einen. Wir finden sie auch in einer Bemerkung des älteren Magisters Eckhart: „Die Liebe hat von ihrer, dass sie fließt und herausspringt aus dem ‚Zwei' als ‚Eines'. ‚Eines' als Eins erzeugt keine Liebe, Zwei als Zwei ebenfalls nicht. (Aber) Zwei als Eines gibt notwendigerweise natürliche, willentliche, hitzige Liebe." (DW V S. 30, 16–18) ⁶

---

3 Vgl. zur Analyse der Ethosstrukturen des „Tristan: Dietmar Mieth, Dichtung, Glaube und Moral, Studien zur Begründung eine Narrativen Ethik, Mit einer Interpretation zum Tristanroman des Gottfried von Straßburg, Mainz 1976, 149 – 208, mit den ausführlichen Nachweise, z. B. 163f. zu den Versen 8000–8013, in denen Tristan, Isolde belehrt: „Under aller dirre lere/gab er ir eine unmüezigkeit,/ die heissen wir moraliteit. Diu kunst diu leret schoene site... morliteit das sueze lesen(deist saelich und reine."
4 Ein solcher Teppich ist im Dom-Museum in Erfurt ausgestellt.
5 Vgl. Le Miroir des âmes simples" übersetzt von Huot de Longchamp, (Spiritualités vivantes 147, Albin Michel 1997), Prolog.
6 Hier geht es um eine Unterscheidung, die doch nur als Unterschiedslosigkeit ausgedrückt werden kann. In einer Predigt heißt es. „Der Meister, der ein Bild mach einem *Menschen* machen will, der macht es nicht nach Konrad oder Heinrich. Machte er hingegen ein Bild nach Konrad oder nach Heinrich, so ginge es ihm nicht um einem Menschen /schlechthin), sondern er meinte (entweder) Konrad oder Heinrich. Macht er aber ein Bild nach Konrad, dann meinte er nicht Heinrich; denn möchte und könnte er (es), dann würde er stets Konrad und (genau) denselben und stets ihm gleich malen. Nun will Gott stets und er kann es, und darum hat Gott dich ihm stets gleich gemacht und als ein Bild seiner selbst. Aber ‚ihm gleich' verweist in einen Fremdes und Fernes. Nun ist aber zwischen dem Menschen und Gott weder Fremde noch Ferne; und darum ist er ihm nicht gleich, vielmehr: es ist mit ihm stets (zu jeder Zeit) gleich und dasselbe, das er zu jeder Zeit ist." (Pr. 77, DW III, S. 342,5–243,2) Quint (S. 243, Anm. 1) verweist hierzu auf eine Predigt bei Jostes, S. 94,31ff.: „Im Bild – Vater –Sohn – hat die Seele Gleichheit, denn der Sohn ist dem Vater gleich. Aber da sie eins sind in ihrem Wesen, darin sind sie nicht gleich, denn Gleichheit ist mit Unterschied verbunden. Also sage ich von der Seele: soll sie in die göttliche ‚Einsheit' kommen, so muss sie die Gleichheit verlieren, die sie in dem ewigen Bild hat." Die Differenz zwischen Einheit und Gleichheit hat auch Auf die Differenz zwischen Gleichheit und Einheit hat auch Largier (vgl. Bd. II, Wort-Register) aufmerksam gemacht. Die hier herangezogene Pr. 77 hat m. E. einen ekstatischen Schluss: „Ich kann und weiß nicht mehr, damit ist diese Rede (sind meine Worte) zu Ende:" (S. 343,3) Ich verstehe dies so: die Bild-Rede, die mit den Unterschieden umgehen muss, ist zu Ende, nun kann die Einheit nicht mehr in Wort-Differenzen ausgedrückt werden. Aber Eckhart versucht es dennoch noch einmal: „Eines dachte ich aber auf meinem Weg (hierher): dass (nämlich) der Mensch in seine Ausdrucksweise so abgeschieden sein sollte, dass er niemanden bzw. nichts anderes meinen sollte als die Gottheit in sich selbst, d.h.: weder Seligkeit noch dieses oder jenes sondern allein Gott als Gott und (damit) die Gottheit in sich selbst. Denn, was immer du anders (in anderen Worten) meinst, das

Vertraut mit der Tristan-Sage[7] und mit Meister Eckhart frage ich: Darf man gedanklich eine Verbindung zwischen Eckhart und Tristan aufbauen? Dass die Liebe über die Ordnung gestellt wird? Dass es eine edlere Auffassung von Moral – „moraliteit" – gibt? Dass Liebe mehr rechtfertigt als das Gesetz? Dass Gott gnädiger ist als das Gesetz: Gott akzeptiert – sympathisierend mit der inneren Bedeutung der irdischen Liebe – die Feuerprobe Isoldes. Hier wird die wörtliche, die ungenaue Wahrheit zu einem erfüllten Gnade-Ersuchen der Liebenden?[8] So viele Geschichten, die in der Bibel erzählt werden, sind keine historische Wahrheit, sondern eine andere Sorte: die narrativ exemplifizierte Wahrheit.

Den Titel „Ritter" gebraucht Eckhart in seinen Predigten selten, z. B. in einer allegorischen Erzählung nach der Erzählung des Herrand von Wildonie über „Die getriu kône"[9], die er verändert. Ich komme darauf zurück.

Eine Erwähnung des Rittertums findet sich in einer – nicht in der Ausgabe DW enthaltenen – Predigt im Zusammenhang mit „Kampf" und mit „Verdienst". Dort geht es um die Betrachtung der Leiden Christi am Kreuz. Bedenken solle man: „auf den Herrn sei alle „Bitterkeit" und alle „Last" gefallen, Schande und Lästerung habe er von Fürsten, Rittern und bösen Knechten ebenso erfahren müssen wie von denen, die am Wege zum Kreuz oben und unten einhergingen. Wie wurde die „Klarheit des ewigen Lichtes bespieen und verspottet und gelästert?" Das habe er ertragen müssen. Wir aber besäßen, so diese Predigt, die Verdienste des Leidens Jesu, das zu seinem Wirken gehört. Diese Verdienste wurden uns zuteil, wie wenn wir sie selbst gewirkt hätten. „Und dies", fährt der Prediger fort, soll unserer Mühe „leichter erträglich machen, denn der gute Ritter klagt nicht über seine Wunden, wenn er auf den König sieht, der mit ihm verwundet ist. Er (Christus als König) bietet uns einen Trank (einen Becher) an, aus dem er selbst vorher getrunken hat. Nichts mutet er uns zu, das er nicht vorher getan oder gelitten hat."[10]

---

ist alles ein Mitsein der Gottheit. Darum trenne alles (unterschiedene) Mitsein der Gottheit und nimm' sie ausschließlich in ihr selbst." In der Predigt 86 unterscheidet Eckhart „Eins und Zwei" zugleich. „Zwei" steht für das Verweilen am Umkreis der Ewigkeit, eins für die Schau ohne Mittel und Bilder. Aber: „Eins wird Zwei, zwei ist Eines." (vgl. DW III, S. 486, 3–9) Für die Schau in der Einheit steht Paulus, für das Wirken in der Zweiheit steht Petrus, aber das sind für Eckhart unterschiedliche Rangordnungen. (Vgl. A.a.O.S. 486, 18f.) Man darf sich fragen: beleibt es bei Eckhart immer bei diesem Wechsel bzw. bei dieser Korrespondenz?

7 Vgl. zu den folgenden Bemerkungen: Dietmar Mieth, Dichtung, Glaube und Moral, Studien zur Begründung einer Narrativen Ethik, Mit einer Interpretation zum Tristanroman Gottfrieds von Straßburg, Mainz 1976, hier 149–208 zur Analyse der Ethos-Strukturen des „Tristan".

8 Man findet in Meister Eckharts berühmten „Erfurter Reden" – meist als „Reden der Unterweisung" (RdU) bekannt – das Gebet: „alliu dîne umaezicheit ervülle mîne îtelkeit und dîn unmaezlichiu, ungegrîflîchiu gotheit ervülle mîne alze snoede verdorben menscheit." Und dann heißt es zum Sünder, der gesteht, dass er nicht büßen kann (!): „Ganc ze im, er ist aleine ein annehmende dankmaemicheit des vaters und ein unmaezic, wâr gesprochen, volkomen lop aller götlîchen güete." (DW V, S. 267, 5f. – S. 268,5) Es ist ein anderer Kontext, gewiss, aber der Geist der Versöhnlichkeit ist deutlich.

9 Vgl. Pr.22, DW I, S. 377, 5 – S. 379, 4. und In Joh, LW III, n. 683, S. 598 und dazu Josef Quint, DW I, S. 378, Anm.1 über die Tradition dieser Erzählung, die Johannes von Sterngassen benutzt und Nikolaus Cusanus fortsetzt.

10 A.a.O.S. 184.

Der edle Mensch – die Muster-Predigt Meister Eckharts

Wenn Meister Eckhart, der Dominikaner in leitenden Ämtern, der Pariser Magister und der deutsche Prediger über den „edlen Menschen" eine Musterpredigt verfasst, sendet er sie als Begleitung zu seinem „Buch der göttlichen Tröstung" (DW V, S. 1–136) als an die Chefin des Hauses Habsburg, die frühere Königin Agnes von Ungarn, die in Königsfelden in der Schweiz residiert und mit dem Papst Johannes XXII korrespondiert. Meister Eckhart stellt sich – vielleicht auf Nachfrage – dieser politisch einflussreichen und spirituell interessierten Frau vor. [11]

Agnes wohnte in der Nähe eines Clarissen-Klosters, das sie unterstützte, und Eckhart von Hochheim, der renommierte Dominikaner, der freilich um diese Zeit (nach 1323?) in Köln in inquisitorische Schwierigkeiten geriet, konnte wohl erwarten, dass die politisch mächtige Agnes, seine beiden Selbst-Vorstellungen, den Traktat und die Predigt „Vom edlen Menschen", mit Interesse studieren würde.

Für Eckhart sind in der Predigt „Vom edlen Menschen" menschliche „Edelkeit" und „Adelsstand" nicht identisch: er zeichnet vielmehr in Angleichung, aber auch in Überbietung des Kirchenvaters Augustinus die spirituellen Stufen eines religiösen Fortschrittes nach.[12]

Standes-Adel löst Eckhart durch Seelenadel ab. Da zeigt die bereits erwähnte Musterpredigt „Vom edlen Menschen". An die Stelle der in späteren Geschichtsschreibung eingesammelten ritterlichen „Tugenden" – maze, êre, milte, triuwe[13] – treten bei ihm die spirituellen „Mönchstugenden": Armut, Demut, Gehorsam, die er durch „Gelassenheit" und „Abgeschiedenheit" ergänzt. Den „Tugenden" oder den „geistlichen Vollkommenheiten" („perfectiones spirituales") gibt er ein eigenes Profil, indem er die Überlieferung de-konstruiert, d. h., um mit Derrida zu sprechen, die spirituellen Muster zugleich ablöst und neu formiert. Nun kann man mit Harrington diesen Neuansatz auch als Weg der Erfahrung beschreiben, er ergibt sich auch aus intellektueller Performance, und erzog, wie die Überlieferung zeigt, durchaus breite Kreise. Wenn ich nun hier „Abenteuer/aventiure" als Metapher aus den Rittergeschichten des 13. Jahrhunderts wähle, um Eckharts Weg zu verfolgen, dann ergänze ich Harrington Nacherzählung aus der vom ihm mit einbezogenen Perspektive des intellektuellen Abenteuers.

---

11 Ich gehe davon aus, dass Eckhart dieses Trostbuch, den „Liber benedictus" für sich selbst in Erinnerung an das philosophische Trostbuch des Boethius verfasst, dabei aber die „göttliche", d. h. die „theologische Tröstung in den Skopus stellt.

12 Vgl. zur genauen Analyse dieser Predigt und ihrer Stufung im Vergleich mit den Aufstiegsstufen bei Augustinus: Markus Vinzent, The Art of Detachment, 104–165.

13 Vgl. Gustav Ehrismann, Die Grundlagen des ritterlichen Tugendsystems, in: Günter Eifler (Hg.), Ritterliches Tugendsystem, Darmstadt 1970, 1–84. und dazu Mieth, Die neuen Tugenden, Ein ethischer Entwurf, Düsseldorf 1984, 35.f. sowie insbesondere zu Thomas von Aquin und Meister Eckhart in der mittelalterlichen Tugend-Debatte: Kathi Beier und Martina Roesner, Thomas von Aquin und Meister Eckhart Über die Tugend, Baden-Baden 2023.

Meister Eckharts geistliche „aventuiren"

Worin bestand das erste geistliche Abenteuer des jungen Adeligen, der in oder bei Tambach oder auch im Nessetal in Thüringen aufwuchs, vermutlich schon zu Hause lesen und schreiben lernen konnte, im nahen Gotha von Dominikanern weiter unterrichtet werden konnte und schließlich als Novize bei den Dominikanern in Erfurt (um 1276) eintrat?[14] Nun, ein erstes Abenteuer war dann sicher das **Interdikt des Mainzer Erzbischofes** für die Stadt Erfurt um 1280, weil diese mehr Selbstständigkeit suchte und sich daher vorübergehend anderen Fürsten anbiederte. Gehen wir davon aus, dass Eckhart diese Zeit noch in Erfurt erlebte, bevor er nach Köln an das „Studium Generale" der Dominikaner kam, dann musste er mit den zum Erzbischof haltenden Dominikanern aus Erfurt für die Gottesdienste bzw. Erteilung von Sakramenten ausziehen[15] Freilich geht Eckhart nie auf entsprechende Erfahrungen und Erlebnisse ein. Solche politisch gemeinten geistlichen Waffen waren ihm aber bald vertraut. Und er selbst gebraucht sie weder, noch ermuntert er dazu.

Eckharts weiteres Abenteuer ist vor allem die Wissenschaft: „**scientia et sapientia**". Von Erfurt aus wird er an das Generalstudium in Köln geschickt – da sammelte der Orden in der Provinz „Teutonia" die besten. Dort war die Schule des Albertus Magnus, des „doctor universalis", der alle Erkenntnisse sammelte und verwertete. In der Kölner Dominikaner-Straße ehrt man auch heute die großen Drei: Albert, Thomas von Aquin und Meister Eckhart. Der Erkenntnisgewinn war für die Dominikaner eine Tür in die Liebe, die er mit Hilfe seiner Erkenntnis aus der Liebe Gottes heraus für sich selbst schöpfen konnte. *Aus* Gott lieben, war eine Vorstellung Eckharts.[16] Sein Abenteuer ist der Versuch, zu zeigen, Offenbarung, also die Schrift, der Vernunft offenbar wird. Er wurde auch „Magister Sacrae Scipturae" genannt. Die Bibel war der einzig zulässige Besitz eines Dominikaners, viele kannten sie – auf Latein – fast auswendig. Sie übersetzen sie für die Auslegung in der Predigt, oft nur teilweise, in Brocken, aber Eckhart hat auch in der Predigt 66 ein ganzes Kapitel des Johannesevangeliums, die Begegnung Jesu mit der Samariterin am Brunnen für seine nicht lateinisch ausgebildeten Dominikanerbrüder übersetzt. (Vgl. Pr. 66, DW III, S. 108ff.) Bibelübersetzungen in die Volkssprache aus dem Latein gab es damals in Paris, aber auch in Österreich. Erst Humanisten wie Luther übersetzten aus den alten Originalsprachen und dies vollständig. Eckhart als Theologe folgte den Kirchenvätern mit dem Projekt, die Bibel von der Offenbarung in eine „Offenbarkeit" für eine philosophische Welterklärung zu verwandeln. Theologie heißt: der Glaube öffnete sich für die Vernunft.[17]

---

14 Vgl. Harrington 109f.
15 Vgl. Nikolaus von Bibra, Der Occultus Erfordensis (1286), hg.v. Christia Mundhenk, Weimar 1997, 288–322.
16 Vgl. Meister Eckhart, Einheit mit Gott, Auswahl Mieth, zuletzt: Ostfildern 2022, 288–322. Eine Zusammenstellung der einschlägigen lateinischen Predigten in der Übersetzung der Ausgabe LW.
17 Vgl. Dietmar Mieth, Offenbarung, Trinitarische Relation und Transformation des Menschen bei Meister Eckhart, in: Maria Bär u. a. (Hg.), In Beziehung sein, Relationalitäten als Ort theologischer Erkenntnis, Für Jochen Hilberath, Ostfildern 2023, 77–90. FS.

Für viele wurde er einmal der „Meister (Magister) Eckhart von Paris", das bedeutete höchste Anerkennung als wissenschaftlicher, und das heißt auch: philosophisch kompetenter Theologe. „Meister" ist hier alles andere als ein „mystischer" Titel, es ist der höchste akademische Adel.

In Frankreich schrieb man nach dem Gehör Eckhart als „Ayghart". So steht es in lateinischen Handschriften. Vielleicht klang das ausgesprochen „E" dunkler und voller, vielleicht sprach Eckhart selbst das „k" in seinem Namen auch weicher aus.

Die Abenteuer eines Dialektikers und Perspektivisten.

Eckhart betrachtete – das war ungewöhnlich – „Einheit" zugleich als Unterscheidbarkeit und als Unterschiedslosigkeit. Denn für Unterscheidungen braucht man Kategorien, also z. B. „Farbe" als Unterscheidungskategorie für Farben oder die Sprache mit ihrem Bild-Charakter. Wenn aber in der Farbe „weiß" wir Eckhart meint, alle Farben gleichsam ohne Eigenfarbe enthalten sind, dann kann man zwar immer noch weiß als Sonderfarbe sehen, aber zugleich als Inbegriff aller Farben.[18]

So ist für ihn das Verhältnis Gott und Mensch: Gott ist im Menschen und der Mensch ist in Gott. Freilich, wenn man sagt: das eine ist im anderen auf die Weise des anderen – das Andere ist im Einen auf die Weise des Einen, dann kann dies nur dann nicht als substantielle Festlegung des „in" verstanden werden, wenn man wie Eckhart alles „in" bzw. „innen" als Prozess, d. h. als Anwesenheit ohne Verweildauer deutet. Bezeichnungen sind ohnehin keine substantiellen Festlegungen: Dass man Gott „Vater" nennen kann, bedeutet nicht, dass man ihn nicht auch „Mutter" nennen kann.

Eckhart ist von anderen bedeutenden Theologen und Philosophen dieser Zeit, z. B. Wilhelm von Ockham, zu unterscheiden. Ockham ist auch heute bekannt durch den Roman „Der Name der Rose". Er fand, auch vorgeladen in Avignon, Eckharts Texte, die gerade von einer päpstlichen Kommission behandelt wurden, wohl nach flüchtiger Einsicht, als abstrus, als „abwegig".[19] Er war bekanntlich wie manche Franziskaner politisch auf der Seite Ludwigs von Bayern; Dominikaner wie Eckhart hielten hingegen wie der Papst Johannes XXII zu den Habsburgern.

Analysiert man Martin Luther philosophisch, so ist er oft näher an Ockham, der zwischen der „potestas dei absoluta", der absoluten Macht Gottes, über die man nichts aussagen konnte, und der „potestas dei ordinata", der Erkenntnis Gottes aus Natur und Heiliger Schrift unterschied.[20] Eckharts philosophisches Abenteuer ist jedoch im Sinne der „Unterscheidung durch Ununterschiedenheit" oder „distinctio per indistinctionen", dass es keinen Unterscheidungsbegriff oder keine Unterscheidungskategorie gibt, die aus

---

18 Vgl. Dietmar Mieth zu Pr. 67 in: Lectura Eckhardi, Bd. IV, 2017, 95–112.
19 Siehe Prozess-Akten: LW V n. 60, S. 590, zitiert in einem späten Traktat Ockhams von 1332 – ohne Kenntnis der Verurteilungsbulle.
20 Zu Luther siehe: Otto Hermann Pesch, Gnade und Rechtfertigung am Vorabend der Reformation. Vortrag im Ökumenischen Forum Heidelberg am 20.7.2007. https://uni-heidelberg.de. PdF

der Sicht eines Dritten auf das Verhältnis von Gott und Mensch angewandt werden kann. Wenn alles fließt, verwandelt sich die Begriffssprache in Metaphorik.[21]

Eckharts Trostbuch mit der Widmung an Agnes von Ungarn kann man auch in Anlehnung an das Trostbuch des Boethius im Gefängnis vor der Hinrichtung (5. Jh.) betrachten. Das wäre eine Anspielung darauf, dass die Umstände sowohl „spirituell" als auch „politisch" sind. Eckhart schrieb die Widmung an Agnes, die vielleicht auch angesichts beginnender Kölner Auseinandersetzungen nach seiner Lehre gefragt hatte, wegen ihrer guten Verbindungen zu Papst Johannes XXII. in Avignon. Freilich hat die Inquisition des Kölner Erzbischofes, Heinrich II von Virneburg, dieses Buch auch als Quelle für ihre Zitaten-Sammlung benutzt.[22]

Das Abenteuer der Menschwerdung Gottes: der Vollzug der Schöpfung Gottes

Die Inkarnation, die Menschwerdung Gottes, behandelt Meister Eckhart ganz im Sinne der griechischen Kirchenväter: Gott wird Mensch, damit die Menschen vergöttlicht werden („theopoiesis").Eckhart ist ein *Inkarnationstheologe*, der die Menschheit in die Ewigkeit Gottes hineindenkt und umgekehrt: Menschwerdung ist von vorneherein (wie in Phil 2, 1–11) der Heilsplan Gottes. Die Menschwerdung Gottes betrifft nicht nur die Person Jesu, sondern sie offenbart die göttliche Bestimmung der Menschheit. Die Menschwerdung bedeutet eine Aufwertung der Würde des Menschen, aber auch seiner Risiken und seiner Verantwortung für die ganze Erde. Nicht die Sünde ist der Motor der Erlösung sondern das Wesen Gottes als seine Selbstveraugabung in der umfassenden rettenden Liebe. Der Mensch als Sünder steht von vorneherein in der Gnade, er muss sich nur stets neu darauf ausrichten und sie bei sich neu wirken lassen.[23]

Das Abenteuer des Predigers: Bildung und Entbildung

Das volkssprachliche Bildungs-Abenteuer teilt Eckhart auf seine Weise mit Dante Alighieri und mit Raimundus Lullus.[24] Es handelt sich spezifisch um das Abenteuer Eckharts als Prediger. Predigt ist seine Berufung. Das gilt für den Predigerorden allgemein, aber Eckhart bringt diese Berufung auf unnachahmliche Weise sowohl spirituell wie sprachlich zur Geltung: seine Predigten werden volkssprachlich in Fülle überliefert (79 fehlen noch in der Ausgabe! Also sprechen wir insgesamt von etwa 200). Er wird zum Predigtmeister oder auch zum „Lebemeister".

Dieses Abenteuer des dialogischen Redens mit dem Volk beginnt bereits in den „Erfurt Lehrgesprächen", die er als Lektor, d.h. als Dozent aus Paris heimgekehrte und zum

---

21 Vgl. Mieth, Metapher s.o.
22 Vgl. DW V, S. 192f.
23 Vgl. RdU, DW V, 13–16; S. 236–248.
24 Vgl. zum möglichen Austausch: Ruedi Imbach, Relations Parisiennes: Lulle, Eckhart et Dante à Paris. A propos du rapport entre la philosophie et le lieu de la sagesse. In: Enrahonar: An International Journal of Theoretical and Practical Reason 61(2018) 107–119.

Prior gewählte etwa 35 jährige Eckhart für Menschen in Erfurt, vielleicht auch in Thüringen, wo er Vikar des Provinzials agiert, gehalten hat. Trotz der Zuweisung in der Handschrift an die Unterweisung für Novizen zeigt der Text klar, dass es auch um weltliche Verhältnisse geht, um die Straße, nicht nur die Kirche, um die farbige Kleidung, nicht nur um Mönchsgewänder.[25] Das Liturgische Stundengebet der Dominikaner ist kein Thema. Wenn vom Beten die Rede ist, dann in einem schlichten, allgemeinen Sinn.

Eckhart besteht das Abenteuer als Volksprediger mit Hilfe seiner genialen Handhabung der deutschen Sprache – in sehr unterschiedlichen Dialekten überliefert- treibt ihn in hohe Ämter empor. Er ist an der Spitze in Paris, an der Spitze der Ordensprovinz, Vikar des Ordensgenerals. Dann folgt der Absturz, etwa seit 1323, also mit über sechzig Jahren, in Köln, wo er das Ordensstudium präsidiert. Er selbst sagt, es sei sein „Ruhm beim Volk" und es sei der „Neid der unverständigen Esel" und es sei sein „Eifer für die Gerechtigkeit", der ihm die Verleumdung durch Ordensbrüder und die Verfolgung durch den Erzbischof eintrage.[26]

Der Inquisitions-Prozess als letztes Abenteuer

Eckhart ist der einzige Pariser Magister, der sich einem Inquisitionsprozess stellen musste, d. h. nicht bloß einer Auseinandersetzung über die richtige Lehre an der Pariser Sorbonne wie die Anklage von Bischof Tempier 1277. Er besteht das Abenteuer seines Häresie-Prozesses glimpflich. Denn letztlich wird er von Papst Johannes XXII nicht als Ketzer verurteilt. Er protestiert gegen das Verfahren, aber er kooperiert 1326 mit einem „Reinigungseid". Diese beeidete Stellungnahme wird in der Dominikanerkirche in Köln von seinem Sekretär auf Latein verlesen und von ihm selbst auf Deutsch übersetzt.

Zum bisher nicht herangezogenen Vergleich: von der als Ketzerin am 1. Juni 1310 auf der „Place de Gréve" in Paris verbrannten Marguerite Porete – etwa gleichaltrig mit Eckhart – wissen wir, dass sie den Eid zur Kooperation mit der Inquisition verweigerte und deswegen, im Sinne eines Druckmittels, vom Inquisitor Wilhelm von Paris, exkommuniziert wurde.[27] Ausgewählte Sätze von Eckharts Lehre werden verurteilt, dabei auch missverstanden.[28] Die Bulle, die Papst Johannes XXII, 1329 nach seinem Tod (28.1.1328 in Avignon) Köln schickt, enthält u.a. den Satz: „Einer, der mehr wissen wollte, als nötig ist". Die päpstliche Kommission in Avignon überprüfte mit ihm selbst die indizierten Sätze. Sie wird sein Abenteuer im Kontext vieler Kontroversen durchaus verstanden haben. Sie wusste, dass das theologische Denken Risiken bestehen muss. Aber das Volk dabei mit einzubeziehen, hielten sie für zu gefährlich. Das erzählt auch eine Geschichte über einen „Pfaffen" der dem Meisters vor dem Straßburger Münster begegnete – das Dominikanerkloster war ja gleich daneben – ihn lobte und zugleich warnte, allzu „hohe Dinge"

---

25 Vgl. RdU, DW V, n.18, 255–258.
26 Vgl. Eckharts "Responsio" zu den Vorwürfen: Prozessakten LW V, S. 275.
27 Vgl. Sean Field a.a.O. 95f.
28 Vgl. Mieth, Meister Eckhart, München 2014, 241–247.

vor „einfachen Leuten" zu behandeln. Eckhart hat darauf am Schluss seines Trostbuches geradezu „sokratisch" mit einem Bildungs-Auftrag geantwortet.[29]

„Mehr wissen, als nötig"... Ein wahrhaft kirchlicher Satz! Heute, unter religiös selbstbestimmten Menschen, gilt die Glaubensfreiheit, die Menschen dürfen selbst entscheiden. Im christlichen Mittelaltersetze betrachtete man religiöse Selbstbestimmung als Quelle der Auflösung einer festen kirchlichen und staatlichen Ordnung.

Eine Rittergeschichte Meister Eckharts

Zwei Mal erzählt Meister Eckhart, wie schon eingangs erwähnt, eine „Ritter"-Geschichte, die auf eine Erzählung des Herrand von Wildonie (13. Jahrhundert) zurückgeht, sie aber verändert. Ich übersetze sie hier:[30]

> „Folgendes ist zu bemerken: Man erzählt von einem Ritter (lat. „miles"), der schön, tüchtig und stark war und eine schöne Gattin hatte, die er liebte. Es geschah ihr (ein Unfall), dass sie ein Auge verlor und so entstellt wurde. Als sie so entstellt war, seufzte sie und klagte sehr. Da fragte sie der Ritter, warum sie so klage. Sie antwortete, sie sei im Herzen so gequält, denn sie könne nicht begreifen, wie er sie noch lieben könne, nachdem sie so entstellt sei. Nachdem er selbst ihr immer wieder versichert hatte, dass er sie dennoch lieben könne, sie aber dennoch, ohne ihm zu glauben, von ihren Klagen nicht abließ, riss der Ritter sich selbst ein Auge aus, um sich ihr in der Entstellung anzugleichen."

So auch Christus. Er wendete uns seine Liebe zu, als wir sterblich und bedürftig waren, nach 2 Kor 8,9: „Obwohl er göttlich war, hielt er seine Göttlichkeit nicht gleich einem Raub fest. Er hat sich selbst entäußert, nahm Knechtsgestalt an und wurde Menschen gleich". Und Phil 2,6–8): „Er hat sich selbst enthöht (erniedrigt), nahm Knechtsgestalt an und wurde dem Menschen gleich".

> „Daher ist beklagen, dass der Mensch ungern das Gewand Christi und das Kleid des Leidens Christi trägt, das er auf Erden trug. Bei uns hält sich ein Mensch für hoch geehrt, wenn er das Gewand eines irdischen Königs trägt, das dieser selbst einmal getragen hat."

Eckhart kehrt die Geschlechterrollen in der Erzählung „Die getriu kône" von Herrand von Wildonie (1230–1278) um:

---

29 BgT Schluss, DW V, S. 59–61.
30 Meister Eckhart 18. Kap. der Auslegung des Johannes-Evangeliums, DW III, n.683, S. 398f.,

In Herrands Erzählung geht es um einen kriegsversehrter Ritter, der ein Auge im Kampf verloren hat. Weil er verunstaltet ist, zweifelt er an der Liebe seiner Gattin. – seine Gattin opfert daher ein Auge, um ihm gleich zu sein.

Eckharts Mitbruder Johannes von Sterngassen wendet diese Geschichte in der Predigt als Anpassung des frommen Christen an das Leiden Jesu am Kreuz an.[31] Eckhart hingegen erzählt sie auch auf Deutsch in seiner Marienpredigt 22, DW I:

„Es gab einmal einen reichen Mann und eine reiche Frau. Da widerfuhr der Frau ein Unfall, so dass sie ein Auge verlor. Darüber wurde sie sehr traurig. Da kam der Mann zu ihr und fragte: „Warum ist du so traurig? Du sollst darüber nicht traurig sein, das du dein Auge verloren hast! Die Frau antwortete: „Es macht mir keinen Kummer, dass ich mein Auge verloren habe, aber ich mach mir Sorgen, dass du ich deswegen weniger liebst, und das acht ich traurig. Der Mann versicherte: Aber ich habe dich lieb! Kurz darauf stach er sich selber ein Auge aus, kam zu seiner Frau und sagte: Damit du mir glaubst, dass ich dich lieb habe, habe ich mich dir gleich gemacht. Jetzt habe ich nur noch ein Auge."

So (wie die Frau in der Geschichte) ist der Mensch: er konnte kaum glauben, dass Gott ihn so sehr liebte, bis Gott sich selbst endlich ‚ein Auge ausstach' und menschliche Natur annahm, das heißt Fleisch geworden ist. (Joh 1,14).[32]

Es scheint mir sinnvoll, was die spirituelle Verwendung des Ritterideals betrifft, einen Blick auf Luthers Zeitgenossen, Erasmus von Rotterdam, zu werfen. Er schrieb ein spirituelles Handbüchlein für den „christlichen Ritter", den „miles christianus". Das wird heute oft mit „für den christlichen Streiter" übersetzt, d. h. man ist sich der Nivellierung des Rittertums auf das kämpferische Dasein jedes Christen bewusst in der Selbsterziehung und Selbstzurücknahme bewußt.[33] Im 19. Jahrhundert hat sich Rittertum romantisch verwandelt: in das Rittertum der Pfadfinder und der christlichen Jugendbewegung.[34] Diese Jugendromantik stammte noch aus der mit der literarischen Romantik beginnenden und national eingestimmten Mittelalter-Renaissance, die heute so nicht mehr verständlich ist. denn das Mittelalter- Bild heute dient nur zu Ausstattungsvariablen der Fiktion-Filme, z. B. des „Herrn der Ringe".[35]

---

31 So Johannes von Sterngassen, freilich innerhalb einer Eckhart zugewiesenen Predigt T 10, die noch vor der Publikation steht.
32 Vgl. Mieth, Meister Eckhart – Einheit mit Gott, Die bedeutendsten Schriften zur Mystik, Ostfildern zuletzt 2022, 134f.
33 Vgl. Alfons Auer, Die vollkommene Frömmigkeit des Christen nach dem Enchiridion militis Christiani des Erasmus von Rotterdam, Düsseldorf 1953.
34 1956 legte ich selbst einmal die Hand auf eine Jugendfahne mit dem Christogramm und empfing die „Ritterweihe".
35 Herr der Ringe

Ritterliche Tugenden im Vergleich zu den Mönchstugenden?

Der Rückblick auf das mittelalterliche Rittertum, auf seine Tugenden und seine Normen führt nicht zu einem klaren, durch Dokumente verbürgten, Schema. Mâze, milte, êre, triuwe, kiusche – ritterliche Tugenden im Mittelalter.[36] Diese Zusammenstellung beruht aber nicht auf einer besonderen Quelle sondern auf der Zusammenstellung besonders erwähnter und pointierter Haltungen in den Ritter-Epen, sie ist also „literarisch". Im Unterricht, den der gebildete Ritter Tristan der Prinzessin Isolde für die „moraliteit" (nach Gottfried von Straßburg) zuteilwerden lässt, wird insbesondere noch die „hövscheit" erwähnt, als das zum Hofe passende Benehmen in Abständen, Gesten, Kleidung. Mit Blick auf Meister Eckhart kann man sagen, dass er als Prior in seinen Erfurter Lehrgesprächen (1294–1298)[37] auch auf die Kleidung zu sprechen kommt. Da geht es aber mehr darum, nicht zu viel Aufmerksamkeit darauf zu verwenden, aber, ohne sie zu vernachlässigen. Man kann aber sicher sein, dass Eckharts Erfurter Lehrgespräche auch unter Laien verbreitet waren und von Laien gelesen wurden.

Armut, Demut (humilitas) und Gehorsam sind die Mönchstugenden, zu denen sich auch ein angemessenes Leben gehörte, worunter die Ehelosigkeit verstanden wurde. Anders die weltlichen Bedingungen bzw. Gaben des guten Lebens und des verantwortlichen Handelns. Besonders bekannt ist der „Reichsspruch" des Walter von der Vogelweide. In diesem werden als „Errungenschaften", die eher „Gaben" sind, notiert: nützliche Güter, gesellschaftliche („weltliche") Ehre und die „Huld", also die Gnade Gottes. Er hält sie für unvereinbar. Die Dreiteilung entspricht im Lateinischen der Unterscheidung von „utile, honestum et gratia", also von Nützlichem, Ehrenhaften und religiös Gnadenhaftem.

Klugheit, Mass, Tapferkeit, Gerechtigkeit sind die Kardinaltugenden, die über diese Unterscheidung hinaus im Anschluss an Aristoteles gelehrt werden.

Die Querverbindung zum Rittertum und Mönchtum ist der Gehorsam: einerseits gilt im Rittertum als Teil der Lehensgesellschaft die Gefolgschaftstreue und andererseits wird im Mönchtum das Gefühl für die Erdennähe („humilitas") des Menschen als Geschöpf gestärkt. Bei Eckhart ist dies das Vertrauen in eine geistliche Führung *von innen*, statt nur von außen.

So heißt es am Beginn der „Erfurter Reden":

„Vom wahren Gehorsam zuerst"

„Wahrer und vollkommener Gehorsam ist eine Tugend vor allen Tugenden, und kein Werk, und sei es noch so groß, kann ohne diese Tugend geschehen oder getan werden. Wie klein oder gering auch immer ein Werk andererseits sein mag – wenn es im wahren Gehorsam getan wird, dann ist es mit größerem Nutzen getan, sei es nun Messe zu lesen oder Messe zu hören, Beten oder Kontemplieren oder was auch immer du dir denken kannst.

---

36 Vgl. Dietmar Mieth, Die neuen Tugenden, Düsseldorf 1984, 35–37.
37 Eine neue zweisprachige Ausgabe mit Kommentar erscheint im Grünewald Verlag, Ostfildern 2024, Hg: Dietmar Mieth/Freimut Löser.

Nimm irgendein Tun, so gering du auch magst, was immer es sei, wahrer Gehorsam macht es dir edler und besser. Gehorsam bewirkt immer und überall in allem das Beste. In der Tat: Gehorsam behindert niemals und bewirkt, dass man, was immer man in allen Unternehmungen tut, nichts versäumt, was aus wahrem Gehorsam entspringt, denn der lässt sich nichts Gutes entgehen. Gehorsam muss sich niemals um etwas sorgen, ihm mangelt es an nichts, was gut ist.

Wo der Mensch in Gehorsam aus sich selbst herausgeht und sich vom Seinen befreit, da muss umgekehrt Gott notgedrungen hineingehen. Denn wenn einer für sich selbst nichts will, muss Gott für diesen in gleicher Weise wollen, wie er für sich selbst will. Wenn ich mich meines Willens in die Hand meines Oberen entäußert habe und nichts für mich selbst will, so muss deshalb Gott für mich wollen, und versäumt er dabei etwas für mich, so versäumt er es für sich selbst. Und so ist es mit allen Dingen: Wo ich nichts für mich will, da will Gott für mich. Jetzt gib acht: Was will er denn für mich, wenn ich nicht für mich will? Dort, wo ich mich selbst ganz lasse, da muss er für mich notwendig alles wollen, was er für sich selbst will, nicht weniger und nicht mehr, und er muss es genau in derselben Weise wollen, in der er es für sich will. Und täte Gott das nicht, so wäre – bei der Wahrheit, die Gott selbst ist! – Gott nicht gerecht und nicht Gott, was doch sein natürliches Sein ist.

Im wahren Gehorsam darf kein „Ich will so oder so" oder „dies oder das" gefunden werden, sondern nur ein vollkommenes Heraustreten aus Dir selbst. Und deshalb darf es in dem allerbesten Gebet, das der Mensch beten kann, weder heißen: „Gib mir diese Tugend oder jene Weise" noch auch „Ja, Herr, gib mir dich selbst oder ewiges Leben", sondern nur: „Herr, gib nichts, als das, was du willst, und tue, Herr, in jeder Weise was auch immer und wie auch immer du willst." Das übertrifft das zuerst erwähnte Gebet wie der Himmel die Erde. Und wenn man das Gebet so verrichtet, hat man gut gebetet; dann nämlich, wenn man in wahrem Gehorsam ganz und gar aus dem eigenen Selbst hinaus und in Gott hinein gegangen ist. Und so wie wahrer Gehorsam kein „Ich will das so!" haben darf, so soll von ihm auch niemals „Ich will nicht!" gehört werden; denn „Ich will nicht!" ist wahres Gift für jeden Gehorsam. Ganz so wie Sankt Augustinus sagt: „Der treue Diener Gottes empfindet keine Lust dabei, dass man ihm sage oder gebe, was er selbst gern hören oder sehen würde; denn sein allererstes und höchstes Bestreben ist es, das zu hören, was Gott am allermeisten gefällt." (RdU, DW V, S. 185–189)

„Adel" ohne Stand – „der edle Mensch" und die allgemeine Menschenwürde

Eckhart erzählt dazu ein Schöpfungsgleichnis:

> „Gott sucht nicht außerhalb seiner selbst, was alle Geschöpfe haben, das hat Gott in sich umfassend (ausnahmslos). Er ist der Boden, der umfassende Ring („reif") aller Geschöpfe. Es ist wohl wahr, das ein Geschöpf vor dem anderen ist, oder doch wenigstens, dass das eine von dem anderen geboren wird. Dennoch gibt dies ihm (dem Nachgeborenen) nicht das Sein. Was vorher da, war behält (nämlich) etwas

von dem Eigenen. Gott ist unterschiedslos in sich selbst bleibend, er „sitzt" gleichsam in sich selber, während sich die Natur mehr ausfaltet. Jedes Geschöpf (verhält sich) entsprechend der Edelkeit (Besonderheit) seiner Natur. Je mehr sie sich nach außen darstellt, umso mehr sitzt sie (verweilt sie) in sich selber. Ein einfacher Stein, etwa ein Tuffstein, der beweist nicht mehr, als dass er ein Stein ist. Ein Edelstein jedoch hat große Kraft (Ausstrahlung) weil er in sich selbst bleibt, weil er in selber einsitzt (ruht). Aus diesem „in sich selbst sein" reckt er jetzt sein Haupt empor und schaut aus. Die Meister sagen: kein Geschöpf habe ein so großes Verweilen in sich selbst wie Leib und Seele (des Menschen). Und doch hat nichts ein so großes Sich-selbst-überschreiten, wie es die Seele nach ihrem obersten Teil hat. .. Gott steht uns bei, und er bleibt bei uns fest und unbewegt.... Mindestens Gottes Name soll in uns eingeschrieben sein. Wir sollen Gottes Bild in uns tragen und sein Licht soll in uns leuchten..." (Pr. 13 A, DW I, S. 225, 4–226, 7)

Die Schöpfung und das Wirken Gottes in der Menschwerdung/Inkarnation bedeuten eine Enthöhung Gottes, eine Anerkennung der Menschenwürde, aber auch eine Selbstzurücknahme in der Demut.

„Was hoch ist, zu dem sagt man: komm herab! Was niedrig ist, zu dem sagt man: komm herauf! Bist du niedrig und wäre ich über dir, so müsste ich hinab zu dir. So handelt Gott: Wenn du dich demütigst, so kommt Gott von oben hernieder und kommt in dich. Die Erde ist dem Himmel das Allerfernste und sie hat sich in einen Winkel (des Universums) geduckt. Da schämt sie (ihrer Niedrigkeit), und sie würde gern noch weiter dem schönen Himmel entfliehen von einem Winkel in den anderen. Wo könnte sie dann (in ihrer Flucht) Halt finden? Flieht sie nach unten, kommt sie zum Himmel, flieht sie nach oben, kann sie ihm doch nicht entfliehen. Er (der Himmel) jagt sie in einen Winkel und drückt seine Kraft in sie und macht sie fruchtbar. Warum (ist das so)? Was am Höchsten oben ist fließt in das Niederste... Willst du hoch sein und erhoben, so musst du niedrig sein... die Demut ist die Wurzel alles Guten... Der demütige Mensch und Gott, das ist Eins. Der demütige Mensch ist Gottes so gewaltig, wie er seiner selbst gewaltig ist... und was Gott ist, das ist er: ein Leben, ein Wirken, ein Sein." (Pr. 14, DW I, S. 233,1–234,1 und S. 234,15; 235, 2.9.13)

Meister Eckharts Abenteuer und ihre Aktualität

Liest man Eckhart im Hinblick auf die aktuelle Welterfahrung, dann erfährt man von ihm: einen Abbau des teleologischen – d.h. nach vorne auf Ziele gerichteten – Bewusstseins, eine Kritik der planenden Vernunft, in Distanz zur der Bestimmtheit durch Effekte, eine Predigt gegen den „homo oeconomicus", der nur im eigenen Interesse handeln kann. (vgl. Pr.1, DW I, S. 4–20) Meister Eckhart verbindet Selbstschließung mit dem Wirken in der Zeit/Welt". (Vgl. Pr. 86, DW III, S. 481ff.)) Er geht davon aus, dass Gott

„reines Wirken" („lûter wurken" – actus purus) ist. Gottes Wirken ist kreativ: schöpferisch, rettend. Für den Menschen kommt es darauf an, **aus** Gott und mit ihm zu wirken. Unser Wort „Wirklichkeit" geht auf diesen Gedanken zurück und hat also religiöse Wurzel. Die „Einheit im Wirken" kann auch als schöpferisches Mit-wirken verstanden werden. Der Mitwirkende findet zu seinem wahren Selbst gleichsam durch den auf ihn zurückwirkenden inneren „Mehrwert" seines Handelns. Dazu muss er nicht nur sein Handeln, sondern auch sein Leben praktisch ändern. Auf ihn wirkt primär nicht, was nach außen, sondern was nach innen geht. Man kann dies „Selbstverwirklichung" nennen oder auch „Selbsterwirkung". „Gott wirkt und ich werde." (Pr.6, DW I, 114,5) Denn das „Selbst" ist innerlich schon da, entsteht aber erst, indem es sich findet. „Werde der du bist." Bezogen auf Handeln im gehobenen Sinn des „Wirkens", d. h. zweckfrei, unabhängig und souverän, heißt das: es kommt darauf an, **woraus** der Mensch wirkt, nicht, **woraufhin** er wirkt. Das Tun macht ihn nicht gut – er macht sein Tun gut. Inwiefern kommt es dabei auf „Erkennen" an? Man kann dies als eine existentielle Einsicht verstehen, die sich durch ihr wiederholte Selbsterzählen und Erinnern im Spiegelgrund des Ursprungs, also im Seelengrund" des Menschen festsetzt: ein Bewusstsein, in einer verdankten Beziehung zu stehen. Das erkennende Wirken und das wirkende Erkennen bilden – auch ohne besondere Erlebnisse- Erfahrenheit aus, also einen Zustand der Abrufbarkeit dieses Lebens als Wirken vom Grund auf. Damit werden Zielsetzungen üblicher Art, wie wir sie aus der Leistungs- Konkurrenz- und Konsumwelt kennen, gegenstandslos: das Leben lebt darum, dass es lebt. Seine Intensität kommt nicht aus dem Erfolg, sondern aus der Steigerung des „Ich" auf dem Rücken des Wirkens. Das Meditative dieses Vorgangs ist im Wirken selbst präsent, ohne davon abgehoben zu sein. „Leben ohne Warum" ist aber auch „Lieben ohne Worumwillen", in diesem Sinne selbstlos und hingabefähig. Aktivität ist zugleich bei Eckhart: Durchlässigkeit für die eigentliche Wirklichkeit – das Wirken Gottes, das freilich nicht einfach an den irdischen Vorgängen abgelesen werden kann.

Eckhart bietet als Mittel gegen Stress, Burnout, Sinnverlust: Loslösung, innere Distanz, Gelassenheit, Zeitgefühl für die Gegenwart, Gespür für die religiöse Unmittelbarkeit: eine ständig fließende Quelle der Verlebendigung des Lebens.

Die innere Wahrnehmung kann mit einem „Strömungsgefühl" verglichen werden. Eckhart benutzt hier ähnlich wie die Begine Marguerite Porete den Wasserkreislauf als Beispiel: von der Quelle bis zum Meer und aus den Meereswolken durch den Regen wieder zurück. Er benutzt den Durst als Beispiel: wer Durst hat, hat immer Durst, was er auch sonst tut. (Vgl. RdU Nr. 6, DFW V, S. 206, 1–7) Der aus Gott seinen Willen formende Mensch trägt Gott wie eine „Kappe um den Kopf" oder er hat die Feinschmeckerzunge, die ihn das Köstliche am Wein stets herausschmecken lässt. (Vgl. RdU Nr. 11, DW V, S. 228,4–9)

„Im Wirken schauen", d. h. sich immer wieder neu ausrichten und dann der wiedergewonnenen inneren Ausrichtung konsequent folgen. Wer dabei falle, meint Eckhart, könne ja gleich wieder aufstehen. Ein Weg durch das Tal ist kein Verlust im Aufstieg. Aufgeweckt werden heißt, die Ausrichtung wieder finden. Dann geschieht Auferstehung schon jetzt.

Vor allem Loslassen ist erforderlich, um sich überlassen zu können. Die persönlichen Fähigkeiten („perfectiones spirituales"), die sich aus dieser Konzeption ergeben, sind bei Meister Eckhart:[38]

- Loslösung von falschen Bindungen und innere Freiheit
- Individuell different sein, aber ohne Bindung an Eigenheiten und Eitelkeiten
- Gelassenheit, Selbstrelativierung, Vorteile der Überlassenheit
- „Nicht haben, nicht Wissen, nicht Wollen" – diese große Selbstzurücknahme nennt Eckhart „wahre Armut" (Pr. 52, DW II, S. 486ff.) oder auch „Abgeschiedenheit" (Vgl. DW V, 400ff.)
- Gerechtigkeit als innere Ausrichtung, die sich an der Gerechtigkeit Gottes orientiert, die daher Vergebung und Versöhnung zuteilt.
- Demut als Endlichkeits-Bewusstsein des Geschöpfes (s. o.)
- Gehorsam als Hörfähigkeit Aufmerksamkeit und Achtsamkeit für die Gaben Gottes und ihre Weitergabe
- innerer Frieden und innere Ruhe, die aus dem gelassenen Wirken stammt.
- keine Bindung an bestimmte Rezepte, Aufmerksamkeit, Beweglichkeit, Flexibilität
- Durchbrechen der Konventionen (Das nennt der Philosoph Jacques Derrida: „Dekonstruktion". Etwas durchstreichen und doch behalten.)

Eckharts Methode besteht darin, einen ersten Zugriff auf die geistliche Tradition zu dekonstruieren, d.h. zu zeigen, was die „Vervollkommnung" nicht ist, (z.B. nicht „verlassen haben", sondern „gelassen sein"), um sodann zu zeigen, was der Grund, das wahre Fundament, in sich selbst ist, um schließlich den „Durchbruch" dorthin zu stützen. Denn diese Fähigkeiten sind einerseits „rezeptlos". In gewisser Weise sind sie auch „normlos", zugleich aber in breiter Pluralität, die sich auch sprachlich zeigt, darstellbar. Die Zugangswege über die einzelnen „perfectiones" sind nach den individuellen Vorgegebenheiten verschieden, aber ihre Verallgemeinerungskriterien sind gleich: Die „perfectiones" müssen „ohne Woraufhin" (âne warumbe) im "Ursprung", in ihrem „Woraus" verstanden werden.

Quelle

Meister Eckhart, *Die Deutschen (DW) und die Lateinischen (LW) Werke*. Stuttgart 1935ff., zitiert im Text mit Band, Predigtnummer oder Titel, Seitenzahl und Zeilenangabe.

---

38 Vgl. Mieth, Mystik und Lebenskunst 2004, 96–98.

Literaturverzeichnis

Harrington, J. F.: *Meister Eckhart, Der Mönch, der die Kirche herausforderte und seinen eigenen Weg zu Gott fand.* München 2021 (engl. Originaltitel: *Dangerous Mystic. Meister Eckharts Path to God within.* Penguin 2018)

Kirchgässner, B. (Hg.): *Christliche Spiritualität und Mystik, Begriffsklärungen.* St. Ottilien 2011

Mieth, D.: *Im Wirken schauen. Die Einheit von vita activa und contemplativa* (zuerst 1969), neu bearbeitet Darmstadt 2018

ders.: *Meister Eckhart: Mystik und Lebenskunst.* Düsseldorf 2004

ders.: *Meister Eckhart.* München 2014 (= Beck, Reihe Denker)

ders.: *Meister Eckhart, Einheit mit Gott. Eine Auswahl aus den Deutschen und Lateinischen Schriften.* Ostfildern 2014/2022

ders.: *Meister Eckhart, Vom Atmen der Seele.* Reclam 2014

Panzig, E. A.: *Gelâzenheit und Abegescheidenheit, Eine Einführung in das theologische Denken des Meister Eckhart.* Leipzig 2005

Witte, K. H.: *Meister Eckhart, Leben aus dem Grund des Lebens.* Freiburg/München 2013

Valentinian, Equitius und die Ballistarium-Inschrift aus Wien

Fritz Mitthof

Martin Mosser und Ekkehard Weber haben unlängst einen sehr bedeutsamen epigraphischen Neufund aus Wien vorgelegt.[1] Es handelt sich um Reste eines Kalksteinblocks mit einer spätantiken Bauinschrift, die von der Wiederherstellung eines Artilleriedepots (*ballistarium*)[2] unter Kaiser Valentinian I. zeugt. Die Fragmente des Blocks wurden in der mittelalterlichen Verfüllung des Grabens vor der östlichen Lagermauer gefunden; der ursprüngliche Standort des Ballistariums ist unweit der Fundstelle im angrenzenden Lagerbereich zu vermuten. Das Monument bestätigt neuerlich die seit langem bestehende Erkenntnis, dass unter diesem Kaiser und seinen Mitregenten die militärischen Anlagen zum Schutz der Reichsgrenzen systematisch erneuert, verstärkt und erweitert wurden. Für den mittleren Donaulimes sind diese Aktivitäten sowohl archäologisch als auch epigraphisch besonders gut fassbar.[3]

Die fünfzeilige Inschrift auf der Frontseite des Blocks ist in eine mit Rosetten geschmückte *tabula ansata* eingefasst. Ihr Wortlaut hat sich allerdings nur sehr lückenhaft erhalten. Die nachstehende Rekonstruktion ist E. Weber zu verdanken, dem es gelungen ist, einen zeilengerechten, vollständigen Text vorzuschlagen. Seine Ergänzungen stützen sich teilweise auf Parallelen in anderen militärischen Bauinschriften aus der Regierungszeit Valentinians (s. unten Anm. 10); daneben schlägt er aber auch für jene Textstellen, an denen das Formular der Inschrift völlig singulär ist, sehr überzeugende Lösungen vor.[4] Der von ihm wiederhergestellte Text lautet wie folgt:[5]

---

1 Mosser / Weber 2023.
2 Zur gut begründeten Annahme, dass unter dem Begriff *ballistarium* ein Artilleriedepot und nicht eine Geschützplattform zu verstehen ist, s. Mosser / Weber 2023, 170–171.
3 Aus der reichen Literatur zur Thematik seien folgende Beiträge genannt: Soproni 1985, 11–12; Genser 1990, 21–22; Genser 2001, 34–35.
4 Besondere Aufmerksamkeit verdienen zwei einzigartige Wendungen: Z. 1–2 *triumfantes glorio]siter Augusti* und Z. 4 *ar[te militum*.
5 Unsicher oder *exempli gratia* ergänzte Textpartien sind kursiv gedruckt. Der Umfang des Textverlustes auf der linken Seite sowie zwischen den beiden erhaltenen Partien des Blocks dürfte zwar ungefähr feststehen (den besten Anhaltspunkt für den Textverlust auf der linken Seite liefert der Anfang von Z. 3, wo die abgekürzten Elemente der Titulatur und der Individualname eines Kaisers zu ergänzen sind), lässt sich aber hinsichtlich der Buchstabenzahl nicht exakt ermitteln, da nirgends

1 [*Iudicio*⁶ Impp(eratorum) Caess(arum) d]d(ominorum) nn(ostrorum) Vale[n]tiniani et [Valentis *trium-*
2 [*fantium glorio*]siter Augg(ustorum) et or[dina]ti[one *saluberrima(?)* I]mp(eratoris)
3 [Caesar(is) d(omini) n(ostri) **Grati**]ani Aug(usti) ballista[rium *castror(um) decim*]an(orum)
4 [*Vindobonens(ium)*] restauratum ar[*te militum curam agen*]te⁷
5 [*Tempsonio(?)*]⁸ Urs]icino v(iro) p(erfectissimo) duc[e *Pann(oniae) prim(ae) et Nor(ici) rip(ensis)*].

Vom Individualnamen des Herrschers in Z. 3 ist nur die Endung im Genitiv *-ani* erhalten. Nach Webers Ansicht ist Kaiser Gratian gemeint, der in den vorangehenden Textpartien nicht vorzukommen scheint. Grundsätzlich wäre aber auch denkbar, dass an dieser Stelle Valentinian, der bereits in Z. 1 erscheint, ein zweites Mal genannt war.⁹ Im Folgenden werden Argumente präsentiert, die für diese alternative Interpretation sprechen, und der mögliche Hintergrund dieser Konstellation erörtert.

Drei Befehlsebenen: *iudicium — ordinatio — cura*

Die Inschrift bezeugt eine hierarchische Befehlsstruktur und einen Instanzenzug über drei Befehlsebenen, wie sie auch in einer Reihe von anderen Monumenten, die von militärischen Bauvorhaben aus der Regierungszeit Valentinians berichten, begegnen:¹⁰ An

---

ein zwingend zu ergänzendes Formular vorliegt und zudem unbekannt ist, ob und wie die einzelnen Wörter abgekürzt waren und wo Ligaturen verwendet wurden.

6 Die engsten Parallelen (s. unten Anm. 10) bezeugen an dieser Stelle mehrfach die Wendung *iudicio pincipali*, doch scheint hierfür in unserer Inschrift der Platz zu fehlen; s. Mosser / Weber 2023, 169 Anm. 35.

7 Statt *curam agen*]te wäre auch *curan*]te oder *insisten*]te denkbar; s. die in Anm. 10 angeführten Parallelen.

8 Wie der Gentilname des in Kleininschriften vom norisch-pannonischen Limes vielfach bezeugten Dux Ursicinus lautete, ist unklar. In den bislang bekannten Texten (zusammengestellt bei Petznek 2021) geht dem Cognomen oftmals ein abgekürztes TEMP( ) voran, das zumeist zu *temp(ore)* aufgelöst, bisweilen aber auch als Gentilname *Tempsonius* oder *Temporius* gedeutet wurde (vgl. Petznek 2021, 70), was allerdings ein höchst ungewöhnlicher Name wäre, zumal für eine solche Person mit mutmaßlich nicht-römischem Hintergrund. Plausibler wäre, dass Ursicinus einen anderen Gentilnamen führte, und zwar am ehesten *Flavius*, den alle Angehörigen der spätantiken *militia* als Statusbezeichnung trugen. Zudem ist an dieser Stelle zu beachten, dass in den engen Parallelen (s. unten Anm. 10) Gentilnamen in der Regel nicht genannt werden. Vielleicht fehlte also auch in unserer Inschrift eine solche Angabe; die letzte Zeile der Inschrift könnte stattdessen eingerückt oder zentriert gewesen sein.

9 Diese Möglichkeit wird im Beitrag von Mosser / Weber ebenfalls erwähnt, aber nicht weiter in Betracht gezogen (Mosser / Weber 2023, 168 Anm. 28).

10 Die im vorliegenden Kontext wichtigsten Parallelen stammen gleich der Wiener Inschrift vom norischen und pannonischen Donaulimes: CIL III 5670a (+ p. 1844) = ILS 774 (Ybbs a. d. Donau; 370 n. Chr.); CIL III 14358, 11 (Carnuntum; 367–375 n. Chr. [eventuell 375, falls ein Zusammen-

erster Stelle wird in solchen Texten die Beschlussfassung durch das Herrscherkollegium (*iudicio / iussione* vel sim.) genannt, an zweiter Stelle die Anordnung auf Durchführung dieses Beschlusses durch den Oberkommandierenden im betreffenden Reichsteil (*ordinante / ordinatione / disponente / dispositione* vel sim.), und an dritter Stelle die konkrete Umsetzung des Bauvorhabens vor Ort durch den regionalen oder lokalen Kommandeur (*curante / insistente* vel sim.).

Überraschend ist allerdings, dass im vorliegenden Monument, anders als in den Vergleichsfällen, die Mittelebene nicht von einer hochrangigen Militärperson, sondern von einem Mitglied des Kaiserkollegiums bekleidet wird, wie die erhaltenen Elemente der Kaisertitulatur *Imp(erator)* am Ende von Z. 2 und *Aug(ustus)* in Z. 3 zweifelsfrei zeigen. Nach den Parallelen vom mittleren Donaulimes wäre hier eigentlich die Nennung des *comes et magister militum* Equitius zu erwarten, der während beinahe der gesamten Regierungszeit Valentinians das Oberkommando über die Truppen im Illyricum ausübte.

Valentinian und nicht Gratian

Das Kaiserkollegium, das am Anfang der Wiener Inschrift (Z. 1–2) genannt wird, bestand offenkundig nur aus zwei und nicht aus drei Mitgliedern. Für diese Annahme liefert der Text zwei starke Indizien: Die Verwendung von Doppelbuchstaben in der Abkürzung der erhaltenen Elemente der Kaisertitulatur DD NN und AVGG (bei drei Kaisern wären stattdessen Dreifachbuchstaben DDD NNN und AVGGG zu erwarten) sowie die Position des *et* zwischen den Namen von Valentinian und Valens (im Falle eines Dreierkollegiums unter Einschluss von Gratian wäre hingegen mit der Formel *Valentinianus Valens et Gratianus* zu rechnen). Zudem lässt sich die Ergänzung des Namens Gratians am Anfang der Inschrift auch aus Platzgründen fast sicher ausschließen: Die dann anzunehmende Namenfolge *Vale[n]tiniani et [Valentis et Gratiani]* wäre wohl zu lang, um noch einen sinnvollen sprachlichen Anschluss an die nächsten erhaltenen Textpartien *glorio]siter Augg(ustorum)* zu ermöglichen. Dies alles spricht gegen die Annahme einer Erwähnung Gratians in Z. 1–2 unserer Inschrift.

Was hingegen die Ergänzung des Namens Gratians in Z. 3 betrifft, so lassen sich auch diesbezüglich zwei wichtige Einwände vorbringen. Zunächst ist es aus sachlichen Gründen höchst unwahrscheinlich, dass der jugendliche Gratian, der mit acht Jahren von seinem Vater zum gleichrangigen Mitregenten (*Augustus*) bestellt wurde und sich in der Folgezeit stets an dessen Seite aufhielt, damals die Funktion des für einen Reichsteil

---

hang mit dem Aufenthalt Valentinians an der Donau bzw. in Carnuntum bestehen sollte; s. unten]); CIL III 10596 = ILS 762 = RIU 770 (Esztergom; Nov. 365–Aug. 367 n. Chr. [Equitius bereits *mag. mil.*, aber noch vor der Erhebung Gratians]); CIL III 3653 = ILS 775 = RIU 771 (Esztergom; 371 n. Chr.); RIU 804 (Visegrád; 372 n. Chr.); AE 2000, 1223 = RIU Suppl. 127 (Visegrád; 371 n. Chr.); zu diesen Inschriften s. Mosser / Weber 2023, 166–168; vgl. Soproni 1985, 107–112; Lenski 2002, 377–378 (dort wird CIL III 10596 ins Jahr 367 datiert). Als Beispiel für einen anderen Reichsteil ließe sich ein Monument aus der Provinz Arabia nennen: CIL III 88 = ILS 773 = I.Jordanie 5, 127 = IGLS 21-5,127 (Umm el-Jimal; 371 n. Chr.).

zuständigen Oberkommandierenden repräsentiert haben sollte, und dies sogar in einer Zone, die von den Herrschern nicht direkt kontrolliert wurde. Bekanntlich residierten Valentinian und Gratian mit ihrem Hof zunächst in Oberitalien (Spätsommer 364–Herbst 365) und dann in Gallien (Herbst 365–Frühjahr 375).[11] Erst ein halbes Jahr vor seinem Tod im November 375 begab sich Valentinian nach Pannonien; er verweilte in dieser Periode unter anderem für drei Monate in Carnuntum. Hingegen befand sich Gratian, mittlerweile 16 Jahre alt, damals nicht mehr bei seinem Vater, sondern blieb in Gallien zurück, um das Herrschertum im Westen zu repräsentieren.

Ferner ist in dieser Frage ein wichtiger formaler Aspekt zu beachten: Es zählt zu den Usancen der spätantiken Herrscherbezeichnung, dass in Texten, die einen kaiserlichen Beschluss dokumentieren, das gesamte Kollegium aufgezählt wird. Eine funktionale Aufspaltung der Herrscher in solche, die eine übergeordnete Ebene (*iudicium / iussio*), und solche, die eine untergeordnete Ebene (*ordinatio / dispositio*) vertreten, hätte dem Prinzip der grundsätzlichen Gleichrangigkeit der Kaiser widersprochen. Dieses Prinzip hatte schon in Zeiten der Tetrarchie gegolten, als noch zwischen *Augusti* und *Caesares* unterschieden wurden, und war folgerichtig auch in unserer Zeit, als es nur noch *Augusti* gab, wirksam. Unter dieser Perspektive scheint eine separate Nennung Gratians in Z. 2–3 der Wiener Inschrift kaum denkbar.

Hingegen lassen sich im epigraphischen Material durchaus Fälle einer Doppelnennung von Herrschern finden, so etwa das Ehrenmonument für die *fides* und *virtus* der im Gotenkrieg siegreichen Soldaten vom Forum Romanum, in welchem Honorius zweimal erscheint: zunächst als Mitglied des Gesamtkollegiums, dann aber auch als dessen für Italien zuständiger Repräsentant.[12] In einem ähnlichen Sinn ließe sich auch die zweimalige Erwähnung Valentinians im vorliegenden Monument verstehen: Zum einen wäre er als Mitglied des Gesamtkollegiums genannt worden, zum anderen als dessen Repräsentant im betreffenden Reichsteil.

Valentinian anstelle von Equitius

Equitius (gelegentlich auch in der Schreibung Aequitius) war wie Valentinian ein ranghoher Offizier der Palastgarde aus Pannonien, der bei der Vergabe des Kaisertums nach dem Tode Jovians im Februar 364 in der Heeresversammlung zu Nikaia eine wichtige Rolle spielte. Er wurde zunächst selbst als einer der möglichen Kandidaten genannt, unterstützte dann jedoch die Erhebung Valentinians entscheidend und erwies sich diesem in der Folgezeit als treuer Gefolgsmann, besonders während der Procopius-Erhebung (s. unten).[13] Recht bald nach der Aufteilung der Zuständigkeitssphären zwischen Valentinian und

---

11 Zum Itinerar Valentinians (und Gratians) s. Seeck 1919, 214–246.
12 CIL VI 31987, 2–4: *dominorum nostrorum Arcadi Honori Theodosi perennium Augustorum*; 6–7: *felicitate aeterni principis domini nostri Honori*.
13 Zur Person des Equitius s. Seeck 1907; Enßlin 1931, 122–128; Demandt 1970, 588–589; PLRE I Equitius 2; Lenski 2002, 21. 57. 74–76. 81–82.

Valens im Sommer 364 wurde Equitius von Valentinian zum *comes rei militaris per Illyricum* bestellt. Im Zuge der Erhebung des Procopius im November 365 wurde er zum *comes et magister militum per Illyricum* befördert. Diese Funktion übte er bis zum Tode Valentinians im Jahr 375 aus. Im Jahr 374 wurde seine Karriere mit dem Konsulat an der Seite Gratians gekrönt.[14] Nach Valentinians unerwartetem Tod betrieb er gemeinsam mit Merobaudes die Erhebung Valentinians II.

In den Bauinschriften vom mittleren Donaulimes aus dieser Zeit ist Equitius regelmäßig als verantwortlicher Akteur auf der zweiten Befehlsebene und damit als Urheber der *ordinatio* bzw. *dispositio* fassbar. Vor diesem Hintergrund wäre eigentlich zu erwarten, dass er auch in dem Wiener Monument genannt würde. Seine Nichterwähnung lässt sich nur so erklären, dass er in dieser Zeit entweder noch nicht im Amt war oder aber dringende politische Gründe bestanden, nicht ihn, sondern den Kaiser als Vertreter der Mittelebene zu nennen.

Kontext und Datierung der Inschrift

Die vorangehenden Ausführungen haben gezeigt, dass die in unserer Inschrift erwähnte *ordinatio* eher auf Valentinian als auf Gratian zurückzugehen scheint, und dass sie somit in jedem Fall in der Zeit zwischen dem Regierungsantritt von Valentinian und Valens einerseits sowie der Erhebung Gratians andererseits entstanden sein dürfte (Februar/März 364–August 367). Zudem ist deutlich geworden, dass nach einer Erklärung zu suchen ist, weshalb Equitius in dem Text unerwähnt bleibt. Eine sichere Antwort auf diese Frage ist zwar nicht möglich, aber es lassen sich, wie es scheint, zwei plausible Szenarien benennen, die zugleich den für die Datierung des Wiener Monuments in Frage kommenden Zeitraum weiter einschränken:[15]

1. Die Inschrift könnte aus der frühesten Phase der Herrschaft Valentinians stammen, und zwar aus der Zeit, bevor dieser den Equitius mit dem Oberkommando im Illyricum betraute. Sie wäre dann entweder zwischen Frühjahr 364 und Herbst 364 (dem Zeitpunkt der Ernennung des Equitius zum *comes rei militaris*) oder aber alternativ zwischen Frühjahr 364 und Herbst 365 (dem Zeitpunkt der Beförderung desselben zum *magister militum*) zu datieren.
2. Die Inschrift stammt aus der Zeit der Procopius-Erhebung, die von September 365 bis Mai 366 dauerte.[16] Gleich zu Beginn der Revolte unternahm Procopius von Konstantinopel aus den Versuch, die Truppen des Illyricums zum Abfall von Valentinian und zum Übertritt auf seine Seite zu bewegen. Er setzte dabei auch finanzielle Mittel ein, und ein Wiener Münzschatz könnte darauf hindeuten, dass seine Bestechungsgelder

---

14 Belege bei Bagnall *et al.* 1987, 282–283.
15 Einen Überblick über die im folgenden genannten Ereignisse der Kaisergeschichte und ihre Datierung bieten Kienast *et al.* 2017, 313–320.
16 Zu Procopius s. Ehling 2018.

damals bis Vindobona gelangt sind.[17] Equitius unterband die Aktionen des Procopius erfolgreich, ließ dessen Emissäre gefangennehmen und hinrichten und blockierte die wichtigsten Pässe zwischen dem Illyricum und Thrakien. Wenig später stieß er seinerseits auf der Via militaris nach Thrakien vor und belagerte Philippopolis (Plovdiv). Es scheint gut vorstellbar, dass Valentinian in dieser turbulenten Phase seiner noch jungen Herrschaft, als seine Kontrolle über das Illyricum gefährdet war, besonderen Wert darauf legte, nicht nur als Mitglied des Kaiserkollegiums, sondern zugleich auch als der für diesen Reichsteil zuständige Herrscher gewürdigt zu werden, um seine Präsenz gegenüber Militär und Provinzbevölkerung zu stärken und seinen Machtanspruch zu betonen. Dies gilt vor allem für jenen kritischen Moment, als Equitius für einige Monate jenseits der östlichen Grenzen des Illyricums operierte.

Der neue Textvorschlag

Basierend auf den vorangehenden Überlegungen sei abschließend eine geringfügig adaptierte Version der eingangs angeführten Textrekonstruktion von E. Weber präsentiert, in welcher nunmehr Valentinian anstelle von Gratian erscheint:

1 [*Iudicio* Impp(eratorum) Caess(arum) d]d(ominorum) nn(ostrorum) Vale[n]tiniani et [Valentis *trium-*
2 *fantium glorio*]siter Augg(ustorum) et or[dina]ti[one *saluberrima (?)* I]mp(eratoris)
3 [Caes(aris)[18] d(omini) n(ostri) **Valentini**]ani Aug(usti) ballista[rium *castror(um) decim*]an(orum)
4 [*Vindobonens(ium)*] restauratum ar[te militum curam agen]te
5 [*Tempsonio (?)* Urs]icino v(iro) p(erfectissimo) duc[e *Pann(oniae) prim(ae) et Nor(ici) rip(ensis)*].

---

17 So Lenski 2002, 75 Anm. 38 unter Verweis auf Polaschek 1925. Letzterer präsentiert zwei Wiener Münzschätze aus dem 4. Jh. n. Chr., darunter einen Hortfund, der neben einigen älteren Goldmünzen hauptsächlich solche von Valentinian, Valens und Gratian (aber nicht Valentinians II.) sowie in weitaus geringerer Zahl solche des Procopius umfasst. Dies zeigt, dass in der Regierungszeit Valentinians in Vindobona Münzen des Procopius umliefen, und es könnte durchaus sein, dass diese ursprünglich aus den Bestechungsgeldern des Jahres 365 stammten. Jedoch besteht sicherlich kein direkter Zusammenhang des betreffenden Schatzes mit der Procopius-Usurpation, schon allein wegen des Vorkommens von Münzen Gratians, die auf eine Deponierung des Schatzes nicht schon während der Erhebung 365/366, sondern erst 367 oder später hinweisen. Dennoch ist die Präsenz von Münzen des Procopius in dem Wiener Schatz durchaus bemerkenswert, da offenbar für das gesamte Illyricum singulär; zumindest sind bei Duncan 1993 keine weiteren Hort- oder Streufunde von Prägungen des Procopius aus dieser Zone erfasst (s. bes. ebd. S. 26 zu den bislang nachgewiesenen Münztypen des 4. Jh. in Gold und Silber aus Carnuntum).
18 Bei Ergänzung des Namens Valentinians, der länger ist als der Name Gratians, kann an dieser Stelle statt *CAESAR(is)* (so Weber aus Platzgründen) die üblichere Abkürzung *CAES(aris)* angenommen werden.

Literaturverzeichnis

Bagnall, R. S. *et al.*: *Consuls of the Later Roman Empire*. Atlanta 1987

Demandt, A.: *RE Suppl.* 12 (1970) 553–790 s. v. magister militum

Duncan, G. L.: *Coin Circulation in the Danubian and Balkan Provinces of the Roman Empire AD 294–578*. London 1993

Ehling, K.: *Reallexikon für Antike und Christentum* 28 (2018) 186–198 s. v. Procopius (Gegenkaiser)

Enßlin, W.: „Zum Heermeisteramt des spätrömischen Reiches, Teil II: Die *magistri militum* des 4. Jahrhunderts." *Klio* 24 (1931) 102–147

Genser, K.: *Der Donaulimes in Österreich*. Aalen 1990

Genser, K.: *Entstehung und Entwicklung des mittleren Donaulimes*. Linz 2001

Kienast, D./Eck, W./Heil, M.: *Römische Kaisertabelle. Grundzüge einer römischen Kaiserchronologie*. 6., überarbeitete Aufl. Darmstadt 2017

Lenski, N.: *Failure of Empire. Valens and the Roman State in the Fourth Century A.D.* Berkeley 2002

Mosser, M./Weber, E.: „Eine spätrömische Bauinschrift aus dem Legionslager Vindobona." *Fundort Wien* 26 (2023) 160–172

Petznek, B.: „Ein spätrömischer Ziegelstempel aus Carnuntum." *Römisches Österreich* 44 (2021) 61–74

Polaschek, E.: „Zwei römische Münzschätze aus Wien." *Numismatische Zeitschrift* 58 (1925) 127–132

Seeck, O.: *RE* VI.1 (1917) 321–322 s. v. Equitius 1)

Seeck, O.: *Regesten der Kaiser und Päpste für die Jahre 311 bis 476 n. Chr.* Stuttgart 1919

Soproni, S.: *Die letzten Jahrzehnte des pannonischen Limes*. München 1985

Exemplum et Imitatio

Bemerkungen zu einem Athena-Nike-Stater Alexanders des Großen aus dem Münzkabinett des Universalmuseums Joanneum und zu zwei keltischen Nachprägungen dieses Typs vom Frauenberg bei Leibnitz

Karl Peitler

Dieser Beitrag ist dem Jubilar Prof. Wolfgang Spickermann mit allen guten Wünschen zu seinem 65. Geburtstag gewidmet. Er gliedert sich in vier Teile. Die Einleitung befasst sich mit der 2023 gezeigten Sonderausstellung „Eulen nach Athen tragen" und der Bedeutung Anton Prokeschs von Osten (1795–1876) für die Münzensammlung des Universalmuseums Joanneum. Es folgen die Vorstellung eines posthumen Athena-Nike-Staters Alexanders des Großen, der, von Prokesch 1837 dem Joanneum geschenkt, in der genannten Ausstellung präsentiert wurde, und eine allgemeine Beschreibung dieses Münztyps. Dann wird näher auf zwei keltische Athena-Nike-Nachprägungen eingegangen, die auf dem Frauenberg bei Leibnitz 2019 im Zuge archäologischer Grabungen geborgen wurden. Der Beitrag schließt mit kurzgefassten Überlegungen zum Transfer der Athena-Nike-Statere von den Griechen zu den Kelten, die in den größeren Rahmen der allgemeinen Kulturtransferforschung gestellt werden.

1 Einleitung

1.1 Sonderausstellung „Eulen nach Athen tragen. Münzen des antiken Griechenlands"

Die Münzen des antiken Griechenlands vermitteln uns ein ungemein lebendiges und buntes Bild der griechischen Kultur, der sich auch Johann Wolfgang von Goethe (1749–1832) nicht entziehen konnte, als ihm auf seiner Italienreise in Palermo das Medaillenkabinett des Prinzen Torremuzza mit offensichtlich prachtvollen griechischen Münzen gezeigt wurde: „Welch ein Gewinn, wenn man auch nur vorläufig übersieht, wie die alte Welt mit Städten übersäet war, deren kleinste, wo nicht eine ganze Reihe der Kunstgeschichte, wenigstens doch einige Epochen derselben uns in köstlichen Münzen hinterließ. Aus diesem Schubkasten lacht uns ein unendlicher Frühling von Blüten und Früchten der Kunst, eines in höherem Sinne geführten Lebensgewerbes und was nicht alles noch mehr hervor.

Der Glanz der sizilischen Städte, jetzt verdunkelt, glänzt aus diesen geformten Metallen wieder frisch entgegen."[1]

Die reiche Bilderwelt der griechischen Münzprägung, aber auch ihre Vielfalt und Ausbreitung über drei Kontinente war Gegenstand der Sonderausstellung „Eulen nach Athen tragen", die 280 altgriechische Münzen aus den Sammlungen der Münzkabinette des Universalmuseums Joanneum und der Stadt Winterthur in der Schweiz sowie des Instituts für Antike der Universität Graz im Sonderausstellungsraum des Münzkabinetts des Universalmuseums Joanneum vom 11. Mai bis 31. Oktober 2023 in Schloss Eggenberg zeigte und von knapp 18.000 Interessierten besucht wurde. Kuratiert wurde die Schau vom Jubilar Wolfgang Spickermann sowie von Margit Linder, Christian Schinzel, Marc Philipp Wahl und dem Verfasser dieser Zeilen.[2]

In die Ausstellung sind neue Forschungsergebnisse zur Herkunft der beiden Grazer Sammlungen eingeflossen. Es konnte nachgewiesen werden, dass die griechischen Münzen der Universität Graz und des Universalmuseums Joanneum abgeschlossene Sammlungskomplexe aus dem 19. Jh. sind und sich um ihre Vergrößerung insbesondere der aus Graz stammende Sammler, Gelehrte und Diplomat Anton Prokesch von Osten[3] (1795–1876) verdient machte. Prokesch übergab aber nicht nur an die Grazer Sammlungen, sondern auch an das Münzkabinett Winterthur Schenkungen.[4] Deswegen war ihm in der Ausstellung ein eigener Abschnitt gewidmet, in dem neben den Münzen auch Archivalien präsentiert wurden, die zur Klärung der Provenienzen der griechischen Prägungen in der Münzensammlung des Universalmuseums Joanneum und des Instituts für Antike der Universität Graz beigetragen haben.[5]

Wie die numismatischen Objekte der anderen Sammlungsbereiche gelangten auch sehr viele griechische Münzen als Schenkungen und nicht durch Kauf in das Joanneum. Auslöser dafür waren öffentliche Mitteilungen und Aufrufe des Museumsgründers Erzherzog Johann[6] (1782–1859), das Joanneum beim Aufbau seiner Sammlungen zu unterstützen. Motive für die Schenkenden werden neben ihrem Patriotismus für die Steiermark – das Joanneum wurde als innerösterreichisches Nationalmuseum gegründet[7] – und ihrem historischem Interesse wohl auch ihr Geltungsbedürfnis gewesen sein, wurde man doch bei einer Zuwendung an das Museum namentlich im Jahresbericht

---

1 Goethe, Italienische Reise, Eintrag vom 12. April 1787 (MA 1992, Bd. 15, 310).
2 Ausführlich zur Sonderausstellung „Eulen nach Athen tragen": Linder u. a. 2023; Peitler 2023a.
3 Zu Leben und Wirken von Anton Prokesch von Osten: Bertsch 2005; Peitler/Trinkl 2019.
4 Schinzel 2019.
5 Zum Wartingerschen Münzkatalog und zum Zahnschen Zettelkatalog als den für die Klärung der Provenienzen der griechischen Münzen des Universalmuseums Joanneum relevanten archivalischen Quellen: Linder u. a. 2023, 12–15; zum Pichlerschen Zettelkatalog, der für die Eruierung der Herkunft der griechischen Münzen des Instituts für Antike der Universität Graz zentralen archivalischen Quelle: Linder u. a. 2023, 19.
6 Aus den zahlreichen Publikationen zu Erzherzog Johann sei an dieser Stelle auf folgende Monografien und Sammelwerke verwiesen: Nenning 1982; Pickl 1982; Magenschab 2008; Riegler 2009; Wirnsberger 2009.
7 Zur Gründung des Joanneums im Jahr 1811: Harnoncourt-Unverzagt 2011; Raffler 2011.

genannt.[8] Als Übergeber von griechischen Münzen traten immer wieder auch bekannte Persönlichkeiten in Erscheinung. Allen voran steht Erzherzog Johann selbst, der seinem Museum nicht nur Medaillen[9] auf berühmte Persönlichkeiten des griechischen Freiheitskampfes wie Petros Mavromichalis[10] (1765–1818) oder Germanos, den Erzbischof von Patras[11] (1771–1826), sondern auch einige antike griechische Münzen schenkte. Dazu gesellten sich der erste Landesarchivar der Steiermark und Registrar für das Archiv sowie die Münz- und Antikensammlung des Joanneums, Joseph Wartinger[12] (1773–1861), der Landwirtschaftsfachmann Ludwig Mandell[13] (1784–1848), die Botaniker Alois Traunfellner[14] (1782–1840), Theodor Heldreich[15] (1822–1902) und Franz Unger[16] (1800–1870), der Diplomat und Orientreisende Rudolf Oskar Gödel-Lannoy[17] (1814–1883), aber auch der Resident der East India Company in Bagdad, Claudius James Rich[18] (1786–1820).

1.2 Anton Prokesch von Osten und die griechischen Münzen des Universalmuseums Joanneum

Die größte Zahl an antiken griechischen Münzen übergab dem Joanneum jedoch Anton Prokesch von Osten.[19] Als Mann mit vielseitigen wissenschaftlichen Interessen widmete sich Prokesch neben der Ägyptologie[20], Archäologie[21], Epigraphik[22] und Geografie[23] vor allem der Numismatik, der seine große Leidenschaft galt. In seinem Buch *Anton Prokesch von Osten (1795–1876). Ein Diplomat Österreichs in Athen und an der Hohen Pforte. Beiträge zur Wahrnehmung des Orients im Europa des 19. Jahrhunderts* beschreibt dies Daniel Bertsch folgendermaßen: „Die Numismatik erhielt in Prokeschs Leben besonders in Zeiten außergewöhnlicher Belastungen einen besonderen Stellenwert; dann vertiefte er sich

---

8 Zum großen Engagement, das Erzherzog Johann vor allem beim Ausbau der archäologischen und numismatischen Sammlungen des Joanneums an den Tag legte, zu den Personen, die den Aufrufen des Museumsgründers folgten und dem Joanneum Schenkungen übergaben, aber auch zu den unterschiedlichen Motiven ihrer Freigebigkeit: Modl/Ertl 2016, 31f.
9 Zur von Konrad Lange gestalteten Medaillenserie auf die griechischen Freiheitskämpfer im Münzkabinett des Universalmuseums Joanneum: Peitler 2023b.
10 BLS 1979, Bd. 3, s. v. Mavromichalis, Petros.
11 BLS 1976, Bd. 2, s. v. Germanos (eigentl. Georgios).
12 Hammer-Luza 2007.
13 ÖBL 1973, Bd. 6, 46.
14 ÖBL 2015, Bd. 14, 431f.
15 NDB 1969, Bd. 8, 467.
16 BLKÖ 1884, Bd. 49, 44–61.
17 Brudermann 2019.
18 Galter 2013.
19 Zur Bedeutung von Prokesch für die Sammlung griechischer Münzen im Münzkabinett des Universalmuseums Joanneum vgl. auch: Peitler 2011; Linder u. a. 2023, 10–12.
20 Bertsch 2005, 152–160; Czerny 2019.
21 Bertsch 2005, 497–522; Knauß 2019; Modl 2019.
22 Bertsch 2005, 492–496; Taeuber 2019.
23 Bertsch 2005, 522–529.

in Münzstudien und zog sich damit in eine Welt zurück, die ihm von den politischen Geschäften Entspannung bot. In den Tagebüchern notierte er nach stundenlanger Beschäftigung mit seiner Sammlung oder dem Studium der numismatischen Fachliteratur meist lapidar: An Münzen mich erholt."[24]

Vor allem in den Jahren seiner diplomatischen Tätigkeit als Vertreter Österreichs in Athen[25] (1834–1849) und an der Hohen Pforte[26] (1856–1871) übergab er dem Joanneum immer wieder griechische Münzen. Der entscheidende Impuls für diese Schenkungen ging vom Aufenthalt Erzherzog Johanns in Athen im Jahr 1837 aus. Der Habsburger war als Vertreter seines Neffen Kaiser Ferdinand I. (1793–1875) über das Zarenreich und Konstantinopel nach Athen gereist, wo er mit Otto I. (1815–1867), von 1832 bis 1862 erster König von Griechenland, zusammentraf und sich von Prokesch über die politischen Entwicklungen im jungen Königreich unterrichten ließ. Auch im Briefwechsel zwischen Erzherzog Johann und Prokesch finden dessen Schenkungen an das Joanneum ihre Erwähnung. 1839 schreibt Prokesch an den Habsburger: „Auch dem Johanneum, einer Anstalt, in der ich Stifter und Vaterland ehre und liebe, sende ich durch diese Gelegenheit eine Gabe: 600 Medaillen aus griechischer und römischer, nur wenige aus neuerer Zeit, und viele gute darunter."[27] In den Jahresberichten des Joanneums und den in der Abteilung Archäologie & Münzkabinett des Universalmuseums Joanneum verwahrten archivalischen Quellen lassen sich Schenkungen griechischer Münzen von Prokesch an das Joanneum in den Jahren 1827, 1836, 1837, 1839, 1840, 1846, 1867 und 1871 nachweisen. Als Prokesch 1876 starb, zeigte das Joanneum eine Sonderausstellung mit den griechischen Münzen, die das Museum all die Jahre hindurch von ihm erhalten hatte.[28]

Prokesch sammelte vor allem Münzen aus der Zeit der Autonomie der Poleis, aber auch Prägungen der makedonischen, syrischen und parthischen Könige. Seine Sammlung an Münzen Alexanders des Großen (356–323 v. Chr.) gehörte zu den vollständigsten ihrer Art im 19. Jh.[29] Prokesch hatte im Laufe seiner jahrzehntelangen Sammeltätigkeit eine der umfangreichsten Privatsammlungen an griechischen Münzen aufgebaut. In den letzten Jahren seines Lebens veräußerte er seine Sammlung an das Berliner Münzkabinett,[30] ohne sie vorher dem kaiserlichen Münz- und Antikenkabinett in Wien zum Kauf angeboten zu haben. Diesen für einen österreichischen Diplomaten, der über mehrere Jahrzehnte hindurch im außenpolitischen Dienst höchste Positionen bekleidet hatte, sehr ungewöhnlichen Schritt setzte Prokesch wohl deshalb, weil er sich von den Stellen in Wien ungerecht

---

24 Bertsch 2005, 466. Zum Numismatiker Prokesch: Bertsch 2005, 465–492; Dahmen 2019; Peitler/Schindel/Sinisi 2019; Schinzel 2019.
25 Bertsch 2005, 231–266; Kurdiovsky 2019; Moutafidou 2019.
26 Bertsch 2005, 361–436; Haider-Wilson/Portmann 2019.
27 Prokesch an Erzherzog Johann, Athen, 20. Mai 1839 (Schlossar 1898, 86).
28 Kuratorium 1911, 294.
29 Bertsch 2005, 459.
30 Zu den Details der Erwerbung durch den preußischen Fiskus: Bertsch 2005, 482–486; zur Bedeutung der Erwerbung für das Berliner Münzkabinett: Dahmen 2019, 190–192.

Abb. 1: Alexander der Große (356–323 v. Chr.), Stater, posthum (311–305 v. Chr.), Münzstätte Babylon, 19 mm (M 2:1), 8,53 g, Price, 1991, Nr. 3749a, Universalmuseum Joanneum, Münzkabinett, Inv.-Nr. 52.414, Fotos: Universalmuseum Joanneum/N. Lackner

behandelt fühlte.[31] Über seine Ablösung als Botschafter an der Hohen Pforte und Versetzung in den Ruhestand im Jahr 1871 war er verbittert. Dem Joanneum und der Universität Graz blieb er aber nach wie vor verbunden, wie es Schenkungen aus jenem Jahr zeigen.[32]

2 Die Athena-Nike-Statere Alexanders des Großen

2.1 Beispiel aus dem Joanneum

Zu den Münzen Alexanders des Großen, die Prokesch dem Joanneum schenkte und die in der Sonderausstellung „Eulen nach Athen tragen" präsentiert wurden, gehört auch ein Stater des Makedonenkönigs, der auf seiner Vorderseite den Kopf der Göttin Athena mit korinthischem Helm, dessen Kessel ein Greif ziert, nach rechts zeigt, während auf der Rückseite eine Nike dargestellt ist, die in der ausgestreckten Rechten einen Kranz und in der Linken ein stabförmiges Gebilde hält. Die Inschrift lautet: ΑΛΕΞΑΝΔΡΟΥ ΒΑΣΙΛΕΩΣ (Abb. 1). Die Münze wurde dem Joanneum vom österreichischen Diplomaten 1837 geschenkt, das war jenes Jahr, als sich Erzherzog Johann in Athen aufhielt. Aus den auf der Rückseite der Münze angebrachten Beizeichen – oben im linken Feld MI, unten im linken Feld MP in einem Kranz – kann nach Martin Jessop Price abgeleitet werden, dass es sich um eine posthume Prägung handelt und sie in den Jahren 311 bis 305 v. Chr. in der Münzstätte Babylon hergestellt wurde.[33]

---

31 Für Bertsch 2005, 469, spiegeln sich im Verkauf an das Berliner Münzkabinett und in den Schenkungen an das Joanneum Prokeschs Abneigung gegen die Wiener Kulturpolitik und seine lokalpatriotische Grundhaltung gegenüber der Steiermark wider.

32 Schreiben Prokeschs an Friedrich Pichler, Konstantinopel, 3. März 1871 (Universalmuseum Joanneum, Archiv Abteilung Archäologie & Münzkabinett, Jahresakten 1871, Nr. 44).

33 Alexander der Große (356–323 v. Chr.), Stater, posthum (311–305 v. Chr.), Münzstätte Babylon, Price 1991, Nr. 3749a, Gold, 19 mm, 8,53 g, Inv.-Nr. 52.414, Universalmuseum Joanneum, Münzkabinett (Linder u. a. 2023, 71, Nr. 80).

2.2 Prägezeit und Münzstätten

Die umfassende Studie zur Münzprägung Alexanders des Großen und seines Nachfolgers Philipp III. Arrhidaios (359–317 v. Chr.), die Price 1991 vorlegte, gibt uns zur Herstellung von Goldmünzen dieses Typs, die nach den charakteristischen Darstellungen auf Avers und Revers als Athena-Nike-Statere bezeichnet werden, folgende Informationen: Während der Herrschaft Alexanders des Großen wurden sie in 18 Münzstätten hergestellt,[34] ihre Produktion erreichte in den Jahren 325 bis 323 v. Chr. einen Höhepunkt, als die Soldzahlungen für die aus dem Osten zurückkehrenden Teilnehmer am Feldzug gegen Dareios III. (381–330 v. Chr.) anstanden.[35] Nach Alexanders Tod wurden unter Philipp Arrhidaios Statere dieses Typs in 23 Prägestätten hergestellt,[36] in den Jahren bis 300 v. Chr. waren es 20 Münzstätten, in denen sie geprägt wurden.[37] Im 3. Jh. v. Chr. ging ihre Produktion allmählich zurück, in den Münzstätten am Schwarzen Meer wurde die Prägung dieser Statere jedoch bis ca. 200 v. Chr. beibehalten, um bei den keltische Stämmen mit ihrer Zahlung den Frieden zu erkaufen.[38] Ihr Gewicht bewegt sich von 8,40 bis 8,65 g, wobei es zwischen den Exemplaren, die zu Alexanders Lebzeiten und nach seinem Tod geprägt wurden, keinen erkennbaren Gewichtsunterschied gibt.[39]

2.3 Bildmotive

Die Wahl der Motive auf den Stateren vom Athena-Nike-Typ hängt mit der Erneuerung des von seinem Vater Philipp II. (382–336 n. Chr.) begründeten Korinthischen Bundes durch Alexander den Großen und mit seinem Feldzug gegen Dareios III. zusammen.[40] Athenas Haupt auf der Vorderseite ist von einem korinthischen Helm bedeckt, wohl eine Anspielung darauf, dass Athena auch die Schutzgöttin von Korinth war, jener Polis, in der Alexanders Vater die Griechen zur Allianz vereinigt hatte.[41] Bei Homer, den Alexander sehr schätzte,[42] hatte Athena die Rolle einer Beschützerin und Begleiterin der Helden. Alexanders besondere Beziehung zu Athena zeigte sich darin, dass er ihr in Ilion seine Rüstung als Weihegeschenk darbrachte und dafür einige heilige Waffen, von denen man glaubte, dass sie noch aus dem troischen Krieg erhalten wären, auf seinem Feldzug mitnehmen und in den Schlachten von seinen Hypaspisten voraustragen ließ.[43] Nach der Schlacht am Granikos im Mai 334 v. Chr. bedankte sich Alexander bei Athena für den errungenen Sieg und weihte ihr einen Teil der Beute, 300 persische Rüstungen, die er mit

---

34 Price 1991, 72.
35 Price 1991, 73.
36 Price 1991, 73.
37 Price 1991, 74.
38 Price 1991, 76.
39 Price 1991, 41.
40 Price 1991, 29f.
41 Diese Vermutung äußerten bereits Svoronos 1914, 116, und Newell 1937, 13.
42 Plu. Alex. 8,1–2 und 26.
43 Arr. An. 1,11,7–8.

der Aufschrift versehen ließ: „Ἀλέξανδρος ὁ Φιλίππου καὶ οἱ Ἕλληνες πλὴν Λακεδαιμονίων ἀπὸ τῶν βαρβάρων τῶν τὴν Ἀσίαν κατοικούντων / Alexander, der Sohn des Philipp, und die Hellenen außer den Spartanern von den Barbaren, die Asien bewohnen."[44] Während der Kranz in der Rechten der geflügelten Siegesgöttin auf der Rückseite der Statere vom Athena-Nike-Typ als Symbol des zu erhoffenden oder bereits errungenen Sieges über die Perser außer Zweifel steht, herrscht in der Forschung keine Einigung darüber, was der Grund dafür war, dass der Nike als zweites Attribut eine Stylis – und darum handelt es sich bei dem stabförmigen Gebilde in ihrer Linken[45] – in die Hand gegeben wurde, zumal die Stylides auf Schiffen aufgestellt wurden und dort die Funktion eines sakralen Symbols hatten, Alexander der Große aber das Perserreich bekanntlich durch große Landschlachten – Gaugamela (331 v. Chr.), Issos (333 v. Chr.), Granikos (334 v. Chr.) – eroberte. Drei Erklärungen wurden bislang geboten: Während Gerhard Kleiner meint, die Stylis sei eine Anspielung auf die Einnahme der Inselfestung Tyros durch Alexander im Jahr 332 v. Chr.,[46] und Martin Jessop Price die Vermutung äußert, die Stylis sei als Symbol der Erinnerung an den großen Seesieg der Griechen gegen die Perser bei Salamis im Jahr 480 v. Chr. aufzufassen, aus dem die Hoffnung und der Optimismus für einen weiteren großen Sieg in der nahen Zukunft geschöpft werden könnte,[47] vertritt Wilhelm Bernhard Kaiser die Ansicht, dass die Siegesgöttin mit ihrer Stylis den erfolgreichen Übergang über den Hellespont und die Eröffnung des Feldzuges gegen den Perserkönig im Frühjahr 334 symbolisiere.[48] Welche der drei Deutungen auch immer zutrifft, klar ist, dass diese Szene nur von jemandem veranlasst bzw. gestaltet werden konnte, der über ein großes Wissen um die Symbole der griechischen Kultur und um einzelne Ereignisse aus dem Feldzug Alexanders des Großen gegen die Perser verfügte.

3 Zwei keltische Nachprägungen des Athena-Nike-Staters vom Frauenberg bei Leibnitz

3.1 *Auffindung*

Die latènezeitliche Höhensiedlung auf dem 381 m hohen Frauenberg bei Leibnitz mit seinen nach drei Seiten steil abfallenden Hängen, seinen plateauförmigen Flächen im Bereich der Kuppe und seiner verkehrsgeografisch günstigen Lage unweit der Einmündung der Sulm in die Mur war ein Ort, dem nach Ausweis der Funde, die unter anderem eine eigene Münzprägung in keltischer Zeit nahelegen, in den letzten beiden Jahrhunderten v. Chr. in der südlichen Steiermark und darüber hinaus im gesamten Südostalpenraum

---

44 Plu. Alex. 16,8. Übersetzung aus dem Altgriechischen vom Verf.
45 So bereits Svoronos 1914.
46 Kleiner 1949, 20.
47 Price 1981, 81, Nr. 163; Price 1991, 29f.
48 Kaiser 1986.

eine besondere Rolle zukam.⁴⁹ Seit mehreren Jahren wird derjenige Teil des latènezeitlichen Siedlungsareals, auf dem später in römischer Zeit der Tempelbezirk errichtet wurde, von der Archäologisch-Sozialen Initiative Steiermark archäologisch erforscht (Grabungsleitung: Dr. Bernhard Schrettle).⁵⁰ In der Grabung des Jahres 2019 wurde die Untersuchung des Tempelvorplatzes, die 2018 begonnen wurde, weitergeführt. Dabei sollten eine bereits bekannte Mauer, die bei älteren Grabungen schon in Verbindung mit einem Vorgängerbau des Tempels gebracht worden war, und ihre Datierung untersucht werden. Darüber hinaus sollte geklärt werden, wie in der Spätantike der Tempelvorplatz nach der Zerstörung des heidnischen Tempels umgestaltet wurde und welche Reste aus dieser Phase übriggeblieben waren.⁵¹ Im Verlauf der Grabung wurden im Juni 2019 in einem spätantiken Kontext, in dem sich römische Glasfragmente und andere Kleinfunde befanden, überraschenderweise auch zwei keltische Goldmünzen entdeckt,⁵² die aufgrund ihrer Fundsituation zwar nur eine relative Aussagekraft für die Besiedelungsgeschichte des Frauenbergs haben, trotzdem aber als wichtige, durch weitere Forschung zu bestätigende Hinweise auf die Bedeutung des Frauenbergs auch in der frühen Latènezeit gelten dürfen.

3.2 *Einordung in das System von Militký* ⁵³

Es handelt sich bei den beiden Münzen um keltische Nachprägungen des oben beschriebenen Staters vom Athena-Nike-Typ Alexanders des Großen. Die beiden Statere, die in einem kurzen Beitrag an etwas abgelegener Stelle bereits vorgestellt wurden,⁵⁴ sollen hier nun etwas ausführlicher behandelt werden.⁵⁵

Der eine der beiden Statere (Abb. 2) weist einen oblongen Schrötling (23 x 18 mm) und ein Gewicht von 8,47 Gramm auf, der andere (Abb. 3) wiegt bei einem Durchmesser von 19 mm 8,45 Gramm. Die beiden Nachprägungen der Athena-Nike-Statere wurden zusammen mit zwei weiteren keltischen Goldmünzen, die in der Münzensammlung des Universalmuseums Joanneum verwahrt werden, in der Abteilung Naturkunde des Universalmuseums Joanneum mit dem Rasterelektronenmikroskop auf ihren Feingehalt untersucht.⁵⁶ Bei den beiden Vergleichsstücken handelte es sich um Muschelstatere⁵⁷, die in

---

49 Tiefengraber 2015b; Lehner/Schrettle 2016.
50 Schrettle 2014; Schrettle 2019.
51 Schrettle/Peitler 2019, 30.
52 Vgl. die Online-Berichte: ohne Verf.: Tempelmuseum Frauenberg (27.11.2023) sowie: ohne Verf.: Erlebnis Archäologie (27.11.2023). Im Rahmen einer ‚Archäologiecomic'-Serie gab der Fund Anlass zur Gestaltung des Heftes *Goldrausch am Frauenberg* (Coetzee/Schrettle 2020).
53 Militký 2018.
54 Schrettle/Peitler 2019.
55 Der Verf. dankt Dr. Bernhard Schrettle, dass er ihm die beiden Statere für die Bearbeitung zur Verfügung gestellt hat.
56 Anlage: Rasterelektronenmikroskop JEOL JSM-6610LV. Der Verf. dankt Dr. Hans-Peter Bojar, Abteilung Naturkunde des Universalmuseums Joanneum, für die Untersuchung der Münzen.
57 Universalmuseum Joanneum, Münzkabinett, Inv.-Nr. 50.064 (6,72 g, 15,5 mm) und Inv.-Nr. 50.065 (6,95 g, 11,2 mm).

Abb. 2: Kelten, Stater, Athena-Nike-Typ, 320–250 v. Chr.,
23 x 18 mm (M 2:1), 8,47 g, Militký 2018, I:05, Fotos: Universalmuseum Joanneum/N. Lackner

der Forschung gemeiniglich mit den Boii in Zusammenhang gebracht und in eine jüngere Prägestufe als die Imitationen der Athena-Nike-Statere eingeordnet werden. Wie erwartet, erbrachte die Untersuchung unterschiedliche Ergebnisse. Während bei den beiden Muschelstateren der Goldgehalt bei 86,90 und bei 83,66 Gewichtsprozent liegt, ist der Goldanteil der zwei Athena-Nike-Statere signifikant höher und beträgt 97,30 bzw. 98,13 Gewichtsprozent. Dies könnte ein Hinweis darauf sein, dass für die Prägung der jüngeren Münzen Berggold verwendet wurde, während die beiden Athena-Nike-Statere aus Flussgold hergestellt wurden. Der Unterschied könnte freilich auch daraus erklärt werden, dass das generell bei antiken Gold- und Silbermünzen und so auch bei keltischen Goldmünzen zu beobachtende Phänomen, dass jüngere Prägungen tendenziell leichter sind als ältere, oftmals mit der bewussten Verschlechterung ihres Feingehalts einhergeht.[58]

Die Vorderseiten der beiden Münzen ziert der nach rechts blickende Kopf der Athena mit hohem korinthischen Helm und wallendem Helmbusch, wobei auf dem Kessel des Helms, den Athena auf der etwas schwereren Münze trägt, die Windungen einer Schlange angedeutet sind (Abb. 2).

Die Rückseiten der beiden Statere werden von der geflügelten Siegesgöttin eingenommen. Auf der etwas schwereren Münze schreitet Nike nach links und hält in der Rechten einen Kranz und in der gesenkten Linken eine Stylis, den auf dem Heck von Schiffen angebrachten Flaggenstock. Am oberen Rand der Münze ist die Stange der Stylis mit ihren Querhölzern gut zu erkennen. Darunter sind hinter dem Flügel senkrecht verlaufende Buchstaben angebracht, die der griechischen Legende ΑΛΕΞΑΝ(ΔΡΟΥ) nachempfunden sind. Um Reste von Buchstaben handelt es sich auch bei den Zeichen ober- und unterhalb der ausgestreckten Rechten der Figur, die die griechische Beschriftung ΒΑ – ΣΙΛΕΩΣ wiedergeben sollen (Abb. 2).

---

58 Diese Beobachtung machte bereits Paulsen 1933, 6.

In seiner richtungsweisenden Studie zum keltischen Münzwesen des 3. und 2. Jhs. v. Chr. in Böhmen unterteilt Jiří Militký die Nachprägungen der Alexander-Statere vom Athena-Nike-Typ in 17 Gruppen.[59] Der schwerere Stater vom Frauenberg lässt sich in die fünfte Gruppe einordnen, von der bislang zwölf Exemplare bekannt sind.[60]

Auf dem leichteren Stater schreitet die Siegesgöttin nach rechts und ist gerade noch zu erkennen, dass sie in ihrer ausgestreckten Rechten einen Kranz hält. Hinter ihrem linken Flügel sind buchstabenähnliche Zeichen angebracht (Abb. 3). Die Münze kann der achten Gruppe der Statere vom Athena-Nike-Typ zugeordnet werden, von der Militký in seiner Studie nur ein einziges Exemplar auflisten konnte.[61]

3.3 Herkunft und Alter

Stellt man sich die Frage nach dem Entstehungsort der beiden Nachprägungen der Statere vom Athena-Nike-Typ, die auf dem Frauenberg gefunden wurden, so muss er mit Militký zunächst in Mittel- und Ostböhmen und in Mittel- und Südmähren als den Regionen mit der höchsten Fundkonzentration an Münzen dieses Typs gesucht werden.[62] Das Auftreten von stempelgleichen Stücken kann bei der Behandlung dieser Frage eine zusätzliche Hilfe sein. Das schwerere Exemplar vom Frauenberg hat ein Pendant in der Staatlichen Münzsammlung München, für dessen Prägung eindeutig derselbe Rückseitenstempel und wohl auch derselbe Vorderseitenstempel wie beim Frauenberger Exemplar verwendet wurde, weil die Unterschiede des Münzbildes auf dem Avers plausibel daraus erklärt werden können, dass der Stempel bei der Prägung der Münze vom Frauenberg noch besser erhalten war als bei der Herstellung des Münchner Stücks. Leider ist der Fundort der Münchner Münze[63] nicht bekannt. Nun hat Peter Kos[64] darauf aufmerksam gemacht, dass ein im Arheološki muzej u Zagrebu verwahrter Altfund[65] aus der Zeit um 1840, der aus der Nähe von Radoboj in der Gespanschaft Krapinja-Zagorje im nordwestlichen Kroatien stammt, mit der Frauenberger Münze sowohl im Avers als auch im Revers stempelident ist und beide Münzen deswegen aus ein und derselben Münzstätte stammen müssen. Aus dieser Tatsache und aus dem Umstand, dass in der Region südwestlich und südlich des Unterlaufs der Mur und südlich des Unterlaufs der Drau insgesamt sechs Imitationen von Alexander-Stateren bekannt sind – neben den beiden Frauenberger Stücken und der Münze aus Radoboj können noch Gepräge aus Ludbreg (Kroatien), Varaždin (Kroatien) und Podzemelj in der Bela Krajina (Slowenien) beigebracht werden –, leitet Kos die

---

59 Militký 2018, 13–20.
60 Militký 2018, 17, 38–42 (Skupina I:05).
61 Militký 2018, 18, 44 (Skupina I:08).
62 Militký 2018, 446. Weil diese Regionen traditionell mit dem Siedlungsgebiet der keltischen Boii in Zusammenhang gebracht werden, werden ihnen diese Nachprägungen für gewöhnlich auch zugeordnet (vgl. Militký 2018, 419). Kritisch zu dieser Zuschreibung: Salač 2015, 140–143.
63 Staatliche Münzsammlung München, Inv.-Nr. MC 1208, 8,52 g, 19,6 mm (= Militký 2018, 40f., I:05.1/8[1]).
64 Kos 2021.
65 Arheološki muzej u Zagrebu, Inv.-Nr. ZG 1188, 8,46 g, 17 x 19 mm.

Abb. 3: Kelten, Stater, Athena-Nike-Typ, 320–250 v. Chr.,
19 mm (M 2:1), 8,45 g, Militký 2018, I:08, Fotos: Universalmuseum Joanneum/N. Lackner

Schlussfolgerung ab, dass durch diese Gruppe, die unter den Imitationen von Stateren Alexanders des Großen die südlichste ist, eine regionale Produktion von Imitationen der Alexander-Statere greifbar und damit die These von Tomislav Bilić[66] bestätigt wird, dass im nordwestlichen Kroatien lokal hergestellte Imitationen von Alexander-Stateren des Athena-Nike-Typs im 3. Jh. v. Chr. umgelaufen sind.[67] An dieser Stelle darf darauf hingewiesen werden, dass die einzige weitere Nachprägung eines Athena-Nike-Staters aus der achten Gruppe nach Militký, die neben der Münze vom Frauenberg bekannt ist, im Ungarischen Nationalmuseum verwahrt wird. Das Budapester Stück[68] kann aber die These von Bilić nicht stützen, weil sein Fundort unbekannt ist.

Die Datierung von Nachprägungen der Alexander-Statere vom Athena-Nike-Typ ist schwierig, weil sie nur selten in stratifizierten archäologischen Kontexten gefunden werden. Auch die Fundlage der beiden Frauenberger Stücke hilft für ihre Datierung nicht weiter, weil sie aus spätantiken Schichten stammen. Militký ordnet die Prägungen der Athena-Nike-Imitationen einem numismatischen Horizont A 1 zu, den er mit der Phase LT B2 der Latènezeit gleichsetzt und absolutchronologisch in die Jahre 330 bis 260/250 v. Chr. datiert.[69] Bilić[70] ist der Ansicht, dass das Gewicht der Statere aus Raboboj (8,46 g) und Ludbreg (8,21 g) ihre Entstehung in den Jahren 320 bis 260 v. Chr. nahelegt. Auch für die beiden Frauenberger Münzen darf eine Herstellung in den Jahren 320 bis 250 v. Chr. angenommen werden. Somit sind sie die ältesten Münzen, die bislang in der Steiermark im Zuge von archäologischen Grabungen geborgen wurden.[71]

---

66 Bilić 2017, 228f.

67 Kos 2021, 27.

68 Ungarisches Nationalmuseum, Inv.-Nr. 4A-1986-2, 8,49 g, 18,7 x 18,1 mm (= Militký 2018, 44f., I:08.1/1 [1]).

69 Militký 2018, 12f., 445.

70 Bilić 2017, 229.

71 Eine angeblich im Jahr 1880 in Graz-Algersdorf gefundene Aes-Prägung des Philipp III. Arrhidaios aus dem Jahr 320 v. Chr. gilt als verschollen und kann nicht in einen archäologischen Kontext gebracht werden (Schachinger 2006, 233, Katalog 1 – Prägeherren Nr. 1). Die wenigen keltischen Statere, die wir noch aus der Steiermark kennen, können gleichfalls keinem archäologischen Kon-

4 Überlegungen zum Kulturtransfer der Athena-Nike-Statere

Unter Einbeziehung der Kulturtransferforschung sollen kurzgefasste Überlegungen zum Transfer der Athena-Nike-Statere von den Griechen zu den Kelten und ihrer Rekontextualisierung bei den Kelten an den Schluss dieses Beitrages gestellt werden. Die Begründer der Kulturtransferforschung Michel Espagne und Michael Werner sprachen sich bei der Untersuchung kultureller Transfers gegen diffusionistische Ansätze aus, in denen oftmals von einem Kulturgefälle zwischen einer als überlegen angesehenen Ursprungskultur und einer vermeintlich minderwertigen aufnehmenden Kultur ausgegangen wird, und wiesen darauf hin, dass stattdessen der Blick auf die Dynamik der Rezeptionsvorgänge und auf den von den Bedürfnissen der Aufnahmekultur gesteuerten Aneignungsprozess gelegt werden sollte.[72]

Militký und Kos rekonstruieren den Transfer der Athena-Nike-Statere von den Griechen zu den Kelten folgendermaßen: Die Athena-Nike-Statere Alexanders des Großen seien in erster Linie als Soldzahlungen oder Kriegsbeute bis zu den Kelten in Mitteleuropa gelangt, müssen aber hier zumeist eingeschmolzen worden sein, weil sich nur sehr wenige Funde derartiger Münzen nachweisen lassen.[73] Als Vorbilder für die keltischen Nachprägungen hätten in erster Linie frühe Alexander-Statere gedient.[74] Nach Militký hatten diese Nachprägungen als Erzeugnisse der ältesten Produktionsstufe der keltischen Münzprägung noch nicht die Funktion von allgemein verbreiteten Zahlungsmitteln, sondern „die Münzen waren in dieser Zeit wahrscheinlich das Vorrecht der Eliten, welche entweder direkte oder übermittelte Erfahrungen mit ihnen aus der griechischen Welt hatten".[75] Zu dieser Annahme veranlasst ihn die Beobachtung, dass von den Athena-Nike-Nachprägungen bislang keine Teilstücke gefunden wurden, neben ihnen offensichtlich keine Silbernominale umgelaufen sind,[76] es also in der Zeit, als die Athena-Nike-Nachprägungen angefertigt wurden, bei den in Mitteleuropa ansässigen Kelten noch kein abgestuftes Nominalsystem gab, sondern diese großen Goldmünzen alleine in Verwendung waren.

Aus der Perspektive der Kulturtransferforschung betrachtet, handelt es sich bei der Übernahme der Athena-Nike-Statere durch die Kelten um einen kulturellen Transfer, in dessen Verlauf die Kelten nicht passiv blieben, sondern Prägungen anfertigten, die in der keltischen Kultur eine andere Kontextualisierung erfuhren, als ihre Vorbilder in der griechischen Herkunftskultur hatten. Wenn diese Nachprägungen bei den Kelten nun wirklich, wie Militký meint, keine allgemein verbreiteten Zahlungsmittel waren, drängen sich natürlich die Fragen auf, worin die Motivation für ihre Herstellung lag und welche

---

text zugeordnet werden und gehören alle der jüngeren boischen Goldprägung, der so genannten Muschelreihe, an. Von diesen fünf Muschelstateren wurden zwei auf dem Frauenberg und jeweils einer auf dem Platsch, in Gleisdorf und in Frohnleiten gefunden (Schachinger 2006, 25, Katalog 1 – Prägeherren, Nrn. 6–10, vgl. auch Tiefengraber 2015a, 663).

72 Espagne/Werner 1988; zusammengefasst bei Middell 2016, 23.
73 Militký 2018, 446.
74 Kos 2021, 23.
75 Militký 2018, 446.
76 Militký 2018, 446.

konkrete Funktion ihnen zugeteilt wurde. Die keltischen Prägeherren nahmen nicht nur den Aufwand auf sich, mit der Münzprägung eine neuartige Technologie einzuführen, sondern ließen auch Schrötlinge aus einem kostbaren Material mit einem normierten Gewicht herstellen und diese mit Darstellungen versehen, die fremden und, wie unter „2.3 Bildmotive" dargestellt, speziellen kulturellen Traditionen nachempfunden waren. Nach Burke[77] liegt hier ein Kulturtransfer vor, bei dem die bezugnehmende Seite über ein stark ausgeprägtes Rezeptionsvermögen verfügte und fremdem Kulturgut gegenüber sehr aufgeschlossen war. Vielleicht sollte die Übernahme der Athena-Nike-Statere durch die Kelten unter dem Blickwinkel der Theorie der Bezugnahme betrachtet werden, die von Gareth Evans entwickelt wurde und sich mit dem Informationshintergrund beschäftigt, den Bezugnehmende haben.[78] Es erscheint jedenfalls angebracht und auch zeitgemäß, den Begriff ‚Barbarisierung'[79], der in der keltischen Numismatik für Münzen verwendet wird, bei deren Gestaltung sich die Kelten von den griechischen Vorbildern entfernten und sich einer spezifischen Stilisierung befleißigten, durch einen nicht wertenden Ausdruck zu ersetzen. Eine exklusive Verwendung der Nachprägungen durch eine elitäre gesellschaftliche Schicht, wie es Militký vermutet, erscheint plausibel. In welcher Form dies erfolgte – ob als Wertaufbewahrungs-, außergewöhnliches Zahlungsmittel oder repräsentatives Geschenk –, muss an dieser Stelle offenbleiben. Möglicherweise haben wir es hier mit einem Phänomen zu tun, für dessen Erklärung eine ökonomische Motivation allein zu kurz greift, sondern auch soziale und kulturelle Faktoren berücksichtigt werden müssen.

Literaturverzeichnis

Arr. An. = *Flaviani Arriani quae exstant omnia. Vol. I Alexandri Anabasin continens*, edidit Antoon Gerard Roos. Lipsiae 1907

Bertsch, D.: *Anton Prokesch von Osten (1795–1876). Ein Diplomat Österreichs in Athen und an der Hohen Pforte. Beiträge zur Wahrnehmung des Orients im Europa des 19. Jahrhunderts*. München 2005 (= Südosteuropäische Arbeiten 123)

Bilić, T.: „Coin Circulation in the Pre-Imperial Period in North-West Croatia." *Vjesnik Arheološkog muzeja u Zagrebu* 50 (2017) 223–253

BLKÖ = Wurzbach von, C.: *Biographisches Lexikon des Kaiserthums Oesterreich*. 60 Bde. Wien 1856–1891

BLS = Bernath, M./Schroeder von, F. (Hg.): *Biographisches Lexikon zur Geschichte Südosteuropas*. 4 Bde. München 1974–1981

Brudermann, B.: „Rudolf Gödel-Lannoy. Diplomat, Orientreisender, Sammler, Kulturmensch mit Kärntner Wurzeln." *Die Brücke* 15 (2019) 43

Burke, P.: *Kultureller Austausch*. Frankfurt am Main 2000

---

77 Burke 2000, 13, 26.
78 Evans 1982, 401–446.
79 Z. B. Militký 2018, 446.

Coetzee, P./Schrettle, B.: *Goldrausch am Frauenberg. Keltische Goldmünzen aus dem Boiergebiet auf dem Frauenberg bei Leibnitz*. o.O. 2020

Czerny, E.: „Anton Prokesch von Osten und sein Beitrag zur frühen Ägyptologie." In Peitler/Trinkl 2019, 154–177

Dahmen, K.: „Die Münzsammlung des Grafen Prokesch von Osten in Berlin (und die Arbeit damit)." In Peitler/Trinkl 2019, 190–195

Espagne, M./Werner, M. (Hg.): *Transferts. Les Relations interculturelles dans l'espace franco-allemand (XVIIIe et XIXe siècle)*. Paris 1988

Evans, G.: *Spielarten der Bezugnahme*. Berlin 1982

Galter, H.: „Am Anfang stand Babylon. Claudius James Rich und die Anfänge der altorientalischen Sammlungen." In *Formen des Alltäglichen in der Antike. Festschrift für Ingomar Weiler zum 75. Geburtstag*, hg. von P. Mauritsch und Ch. Ulf. Graz 2023 (= Grazer Universitätsverlag – Allgemeine wissenschaftliche Reihe 33 = Nummi et Litterae VII) 853–871

Haider-Wilson, B./Portmann, M.: „Anton Prokesch von Osten als Diplomat in Konstantinopel – (k)ein Seismograph für das Verhältnis von Okzident und Orient? Ein Beitrag zur Gleichzeitigkeit des Ungleichzeitigen." In Peitler/Trinkl 2019, 104–115

Hammer-Luza, E.: „Josef Wartinger (1773–1861). Der erste steirische Landesarchivar." In *Die Kunst des Archivierens, Steiermärkisches Landesarchiv, Ausstellungsbegleiter 5*, hg. von J. Riegler. Graz 2007, 41–44

Harnoncourt-Unverzagt, F.: „Erzherzog Johann und die Statuten des Joanneums." In *200 Jahre Universalmuseum Joanneum 1811–2011*, hg. von P. Pakesch und W. Muchitsch. Graz 2011, 12–15

Kaiser, W. B.: „Alexanders Goldmünzen." *Schweizerische numismatische Rundschau = Revue suisse de numismatique = Rivista svizzera di numismatica* 65 (1986) 41–57

Kleiner, G.: *Alexanders Reichsmünzen*. Berlin 1949 (= Abhandlungen der deutschen Akademie der Wissenschaften, phil.-hist. Kl., Jg. 1947, Nr. 5)

Knauß, F. S.: „Anton Prokesch von Osten und Ludwig I." In Peitler/Trinkl 2019, 26–38

Kos, P.: „A Celtic Gold Stater from the Vicinity of Radoboj (Croatia)." *Vjesnik Arheološkog muzeja u Zagrebu* 54 (2021) 21–29

Kuratorium des Landesmuseums Joanneum (Hg.): *Das steiermärkische Landesmuseum Joanneum und seine Sammlungen. Mit Zustimmung des steiermärkischen Landes-Ausschusses zur 100jährigen Gründungsfeier des Joanneums herausgegeben*. Graz 1911

Kurdiovsky, R.: „Anton Prokesch von Osten und Theophil Hansen. Architektonischer Kulturtransfer zwischen Athen und Wien vom Vormärz bis zur Mitte des 19. Jahrhunderts." In Peitler/Trinkl 2019, 116–131

Lehner, M./Schrettle, B. (Hg.): *Zentralort und Tempelberg. Siedlungs- und Kulturentwicklung am Frauenberg bei Leibnitz im Vergleich. Akten des Kolloquiums im Schloss Seggau am 4. und 5. Mai 2015*. Wien 2016 (= Veröffentlichungen des Instituts für Archäologie der Universität Graz 15 = Studien zur Archäologie in der Steiermark 1)

Linder, M./Peitler, K./Schinzel, Chr./Spickermann, W./Wahl, M. Ph.: *Eulen nach Athen tragen. Münzen des antiken Griechenlands. Begleitband zur Ausstellung des Universalmuseums Joanneum in Kooperation mit dem Münzkabinett Winterthur und dem Ins-*

titut für Antike der Universität Graz. Graz 2023 (= Schild von Steier, Kleine Schriften 26/2023)

MA = Johann Wolfgang Goethe: *Sämtliche Werke nach Epochen seines Schaffens.* Münchner Ausgabe. 21 Bde. in 33, hg. von K. Richter in Zusammenarbeit mit H. G. Göpfert, N. Miller, G. Sauder und E. Zehm. München 1985–1998

Magenschab, H.: *Erzherzog Joann. Bauer. Bürger. Visionär.* Graz 2008

Middell, M.: Kulturtransfer, Transferts culturels. Version 1.0, in: Docupedia-Zeitgeschichte, 28.01.2016, http://docupedia.de/zg/middell_kulturtransfer_v1_de_2016 (13.01.2024)

Militký, J.: *Keltské mincovnictví ve 3. a 2. století před kristem v Čecháh / Keltisches Münzwesen im 3. und 2. Jahrhundert vor Christus in Böhmen.* Praha 2018

Modl, D.: „Anton Prokesch von Osten und seine Reisen in Griechenland aus Sicht der Archäologie". In Peitler/Trinkl 2019, 48–91

Modl, D. /Ertl, Cl.: „Laienforscher im österreichischen Kaiserhaus – Erzherzog Johann (1782–1859) und die Archäologie." In *Graben, Entdecken, Sammeln – Laienforscher in der Geschichte der Archäologie Österreichs,* hg. von F. M. Müller. Wien/Berlin/Münster 2016, 21–56

Moutafidou, A.: „Anton Prokesch von Osten in Griechenland. Philhellenismus, Absolutismus und Europapolitik." In Peitler/Trinkl 2019, 40–47

NDB = Historische Kommission bei der Bayerischen Akademie der Wissenschaften (Hg.): *Neue Deutsche Biographie.* 27 Bde. Berlin 1953–2021

Nenning, G.: *Erzherzog Johann. Mythos und Wirklichkeit.* Wien 1982

Newell, E.: *Royal Greek Portrait Coins.* Racine 1937

o. Verf.: Tempelmuseum Frauenberg: Aktuelles. Sensationeller Goldmünzenfund, https:/www.tempelmuseum-frauenberg.at/aktuelles (27.11.2023)

o. Verf.: Boisch-keltische Münzfunde vor dem römischen Tempel am Frauenberg. Erlebnis-Archäologie-Blog, https://www.archaeologie-erlebnis.eu/blog-1 (27.11.2023)

ÖBL = Österreichische Akademie der Wissenschaften (Hg.): *Österreichisches Biographisches Lexikon 1815–1950.* 16 Bde. Wien 1957–2022

Paulsen, R.: *Die ostkeltische Münzprägung. Die Münzprägung der Boier mit Berücksichtigung der vorboiischen Prägungen.* Leipzig/Wien 1933

Peitler, K.: „Anton Prokesch-Osten and the Greek Coins of the Coin Collection at the Universalmuseum Joanneum in Graz, Austria." In *Proceedings of the XIVth International Numismatic Congress Glasgow 2009,* edited by N. Holmes. Glasgow 2011, 1310–1322

Peitler, K.: „Das Sammlertum des österreichischen Diplomaten Anton Prokesch von Osten (1795–1876) und seine Schenkungen an die archäologische und numismatische Sammlung des Universalmuseums Joanneum." In *Graben, Entdecken, Sammeln – Laienforscher in der Geschichte der Archäologie Österreichs,* hg. von F. M. Müller, Wien/Berlin/Münster 2016, 187–203

Peitler, K.: „Eulen nach Athen tragen. Münzen des antiken Griechenlands – Zur Ausstellung im Münzkabinett des Universalmuseums Joanneum in Graz." *Numismatisches Nachrichtenblatt* 72 (2023) 337–339

Peitler, K.: „Gott aber führte sie bis nach Graz. Konrad Langes Medaillenserie auf die griechischen Freiheitskämpfer im Münzkabinett des Universalmuseums Joanneum."

In *Itineraria – II. Rund ums Mittelmeer. Festschrift für Peter Scherrer zum 65. Geburtstag,* hg. von U. Lohner-Urban, W. Spickermann und E. Trinkl. Graz 2023 (= Keryx 10), 383–393

Peitler, K. /Schindel, N./Sinisi, F.: „Anton Prokesch von Osten und die parthischen Münzen im Münzkabinett des Universalmuseums Joanneum." In Peitler/Trinkl 2019, 210–222

Peitler, K./Trinkl, E. (Hg.): *Anton Prokesch von Osten – Sammler, Gelehrter und Vermittler zwischen den Kulturen.* Graz 2019 (= Schild von Steier 28 = Veröffentlichungen des Instituts für Archäologie der Karl-Franzens-Universität Graz 17)

Pickl, O. (Hg.): *Erzherzog Johann von Österreich. Sein Wirken in seiner Zeit. Festschrift zur 200. Wiederkehr seines Geburtstages.* Graz 1982 (= Forschungen zur geschichtlichen Landeskunde der Steiermark 33)

Plu. Alex. = *Plutarchi Vitae Parallelae. Vol. II. Fasc. 2. Philopoemen et Titus Flaminius – Pelopidas et Marcellus – Alexander et Caesar,* ediderunt Hans Gärtner et Konrad Ziegler. Stutgardiae et Lipsiae 1994

Price, M.J.: *Die Münzen der Welt. Ein Handbuch über 2500 Jahre Geld- und Kulturgeschichte.* Freiburg 1981

Price, M.J.: *The Coinage in the Name of Alexander the Great and Philip Arrhidaeus. A British Museum Catalogue.* Zurich/London 1991

Raffler, M.: „Joanneum und nationale Identität." In *200 Jahre Universalmuseum Joanneum 1811–2011,* hg. von P. Pakesch und W. Muchitsch. Graz 2011, 16–19

Riegler, J. (Hg.): *Erzherzog Johann – Mensch und Mythos.* Graz 2009

Salač, V.: „Urboiohaemum, Boiohaemum und Böhmen." In *Boier zwischen Realität und Fiktion. Akten des Internationalen Kolloquiums in Český Krumlov vom 14.–16.11.2013,* hg. von M. Karwowski, V. Salač und S. Sievers. Bonn 2015, 117–148

Schachinger, U.: *Der antike Münzumlauf in der Steiermark. Die Fundmünzen der römischen Zeit in Österreich, Abteilung VI, Steiermark.* Wien 2006 (= Veröffentlichungen der Numismatischen Kommission 43 = Forschungen zur geschichtlichen Landeskunde der Steiermark 49)

Schinzel, Ch.: „ ‚Da uns gleiche Lust und gleicher Eifer für die numismatischen Denkmäler längst vergangener Zeiten verbindet.' – Der Briefwechsel zwischen Anton Prokesch von Osten und Friedrich Imhoof-Blumer." In Peitler/Trinkl 2019, 196–208

Schlossar, A. (Hg.): *Briefwechsel zwischen Erzherzog Johann Baptist von Oesterreich und Anton Graf von Prokesch-Osten. Nebst Auszügen aus den Tagebuchblättern des Erzherzogs Johann über seinen Aufenthalt in Athen im November 1837.* Stuttgart 1898

Schrettle, B.: *Der römische Tempelbezirk auf dem Frauenberg bei Leibnitz. Architektonische Funde der Grabungen 1951 bis 1953 sowie Ergebnisse der archäologischen Untersuchungen 2008 bis 2013.* Wien 2014 (= Fundberichte aus Österreich. Materialheft A 21).

Schrettle, B.: *Neue Forschungen im römischen Heiligtum auf dem Frauenberg bei Leibnitz. Grabungsergebnisse 2013–2016.* Graz/Wien 2019 (= Studien zur Archäologie der Steiermark 11)

Schrettle, B./Peitler, K.: „Boische Goldmünzen aus der archäologischen Grabung am Tempelvorplatz im Jahr 2019." *Sprechende Steine* 33 (2019) 30–34

Svoronos, I. N.: „Stylides, Ancres Hierae, Aphlasta, Stoloi, Acrostolia, Embola, Proembola et Totems Marins." *Journal Numismatique* 16 (1914) 81–152

Taeuber, H.: „Der Beitrag Anton Prokeschs von Osten zur Epigraphik." In Peitler/Trinkl 2019, 184–188

Tiefengraber, G.: „Eisenzeit." In *Urgeschichte und Römerzeit in der Steiermark, Geschichte der Steiermark 1*, hg. von B. Hebert. Wien/Köln/Weimar 2015a, 485–682

Tiefengraber, G.: „Eine ausgewählte Fundstelle: Die latènezeitliche Siedlung am Frauenberg bei Leibnitz." In *Urgeschichte und Römerzeit in der Steiermark, Geschichte der Steiermark 1*, hg. von Bernhard Hebert. Wien/Köln/Weimar 2015b, 621–625

Wirnsberger, K. (Hg.): *Erzherzog Johann. Visionär der Habsburger*. o.O. 2009

Bemerkungen zum Codex Gissensis:
Goten in der papyrologischen Überlieferung

Patrick Reinard

In der Gießener Papyrussammlung werden zahlreiche wichtige Texte verwahrt, die in kulturhistorischer Hinsicht unschätzbare Informationen überliefern. Als sehr spannender Text, der sowohl für die althistorische, religionsgeschichtliche und papyrologische Forschung als auch für die Mediävistik sowie Ältere Deutsche Philologie bemerkenswert ist, ist der sogenannte Codex Gissensis anzusehen.[1] Dieser ist heute aber leider verloren. Als Schutzmaßnahme wurden die Pergamentblätter während des Zweiten Weltkries in einen Tresor der Dresdner Bank in Gießen gebracht. Allerdings drang dort 1945 Hochwasser der Lahn ein und sorgte – nicht nur an den Pergamenten, sondern auch an weiteren Texten der Papyrussammlung – leider für nachhaltige Beschädigung. Die Blätter mit dem Codex Gissensis gingen sogar zur Gänze verloren[2] oder wurden damals entwendet.[3]

Dieser kurze Beitrag verfolgt zwei Ziele: Er möchte einerseits den bemerkenswerten Befund des Codex Gissensis, der jenseits der Spezialliteratur wenig bekannt ist, vorstellen. Andererseits wird eine kurze Bemerkung zur Diskussion erfolgen, wie ein solch singulärer Text nach Ägypten gekommen sein könnte.

1   Codex Gissensis

Photographien der heute verschollenen Blätter des Codex Gissensis wurden 1910 angefertigt und in der *editio princeps* abgedruckt.[4] Die Qualität der Abbildungen leidet aber bis

---

1   Inventarnummer: PbuG Inv. Nr. 18 / Handschr. 651 /20; vgl. Kuhlmann 1994, 196 (= P.Giss.Lit. 5.9); Gundel 1962, 25; Gundel 1977, 36f.; Glaue/Helm 1910, 2.
2   Ebbinghaus 1989, 276; Scardigli/Manfredi 1991, 423 u. 426.
3   Gundel 1962, 25: „Nach 1945 nicht mehr vorhanden; wahrscheinlich durch Grundwasser völlig zerstört"; Gundel 1977, 37: „... oder 1945/6 verloren"; Kuhlmann 1994, 196; vgl. auch Gundel 1963, 12.
4   Glaue/Helm 1910; vgl. ebenfalls Glaue 1910; Hoskier 1911; Streitberg 1965, 493–498; Haelst 1976, 364, Nr. 1205; CPL 53; ChLA 8/1200; Scardigli/Manfredi 1991; Gryson 1999, 60, Nr. 36; Bischof 2009, 243; Falluomini 2010; für weitere Literatur vgl. u. a. De Ricci 1921, 278; Gundel 1962, 25; Hougthon 2017, 228; eine Darstellung der Forschungsgeschichte bieten Scardigli/Manfredi 1991, 419–427.

heute, wie Ebbinghaus betont, unter der schwachen Papiergüte.⁵ Allerdings besaß Helm wohl Kopien auf besserem Papier, die später Ebbinghaus zur Verfügung standen. Dieser schreibt: „Over the years I have found that these prints are slowly fading. As I have learnt from experts in the photographic trade, such fading is unavoidable with photographs from that early period and cannot be arrested".⁶ Vereinzelt findet sich in der Forschung die Angabe, dass die Phototafeln bzw. -negative in den Nachkriegswirren verloren gegangen seien,⁷ was jedoch nicht zutreffend ist.⁸

Die beiden Pergamentblätter waren ursprünglich zusammengefügt.⁹ Sie überliefern ein Fragment eines Codex, der eine lateinische und eine gotische Abschrift bzw. Übersetzung des Lukas-Evangeliums bietet. Der lateinische Text steht jeweils auf der rechten, der gotische auf der linken Seite:¹⁰

> Haarseite (S. 16), Gotisch: Lk 24,13–17   Haarseite (S. 1), Latein: Lk 23,3–6
> Fleischseite (S. 2), Gotisch: Lk 23,11–14   Fleischseite (S. 15), Latein: Lk 24,5–9

Auch wenn der Text nur fragmentarisch erhalten geblieben ist (Maße 12,5 x 15,5 cm),¹¹ kann die Konzeption des Codex doch sicher erkannt werden: Der lateinische und gotische Text war jeweils identisch, d. h. in etwa die gleiche Passage des Lukas-Evangeliums stand in beiden Sprachen nebeneinander auf einer ‚Doppelseite'.¹² Auf den Fleisch- und Haarseiten (also auf ‚Vorder-' und ‚Rückseite' der ‚Doppelseite') sind jeweils andere Passagen des Lukasevangeliums aufgeschrieben, wodurch es möglich war, zum einen den Umfang des Textes – sofern man eine ganze Abschrift des Evangeliums voraussetzt – sowie zum anderen die Position der Pergamentblätter innerhalb des Codex abzuschätzen. Vermutlich handelt es sich um die Seiten 1 und 2 sowie 15 und 16.¹³ Folglich müsste der Codex aus insgesamt vier Lagen¹⁴ zu je zwei Blättern, die ca. 24–25 Zeilen aufweisen, bestanden haben;¹⁵ die Zeilenlänge variierte, dürfte aber durchschnittlich bei ca. 19 cm gelegen haben.¹⁶ Das Format der nur fragmentarisch erhalten gebliebenen Blätter lässt sich

---

5   Für Abbildungen vgl. auch Kuhlmann 1994, Taf. XIII u. XIV; Scardigli 1994, Taf. 7; Scardigli/Manfredi 1991, 424f.; ChLA 8/1200.
6   Ebbinghaus 1989, 276.
7   Z. B. Ebbinghaus 1989, 276.
8   Vgl. zu anderweitigen Aussagen: Kuhlmann 1994, 196, Anm. 91: „Vielmehr befindet sich im Papyrusraum der Gießener Universitätsbibliothek sowohl ein Negativ als auch mehrere Photographien der Handschrift".
9   Kuhlmann 1994, 196.
10 Scardigli 1994, 531; Scardigli/Manfredi 1991, 435f.; vgl. auch Burkitt 1910, 612; Kuhlmann 1994, 196.
11 Kuhlmann 1994, 196; die Größenangaben variieren in der Literatur: vgl. Gundel 1977, 36f.; Scardigli/Manfredi 1991, 427; Falluomini 2010, 311 mit Anm. 12.
12 Kuhlmann 1994, 196f.
13 Kuhlmann 1994, 197.
14 Man darf von einem Quaternio sprechen; vgl. Kuhlmann 1994, 197; vgl. auch die Rekonstruktionszeichnung bei Scardigli/Manfredi 1991, 423; Falluomini 2010, 314.
15 Kuhlmann 1994, 197.
16 Kuhlmann 1994, 198.

erschließen: Man kann von einer ursprünglichen Breite von ca. 21–24 cm und einer Höhe – wobei oben ein bewusst freigelassener Rand von 3 cm auf den Photos zu erkennen ist – von mindestens ca. 27 cm ausgehen.[17]

Vereinzelt wurde in der Forschung erwogen, ob es sich bei dem Codex Gissensis um ein Palimpsest handeln könnte, doch ist dies auszuschließen.[18] Das Blatt vermittelt, wie bereits Glaue/Helm anmerkten, den Eindruck, etwas abgenutzt, aber nicht bewusst abgerieben zu sein.[19] Deshalb liegt kein Palimpsest vor, sondern das Blatt könnte in einem Akt der Wiederverwendung z. B. als „cover of a note-book"[20] oder dergleichen gedient haben.

Die Datierung kann lediglich anhand der Paläographie erwogen werden. Nach Kuhlmann ist eine Entstehung am Anfang des 6. Jh. n. Chr. anzunehmen;[21] ein paläographisch erschlossener Terminus ante quem in der Mitte des 6. Jh. n. Chr. kann grob durch einen Vergleich mit gotisch-lateinischen Papyri aus Italien eruiert werden;[22] für die lateinische Handschrift können als Vergleichsmaterial verschiedene Codices, u. a. auch PSI 12/1272 = Seider 1981, Nr. 73 aus Ägypten, angeführt werden.[23]

Im Zuge der „Verlosung der im Geschäftsjahr 1907/8 erworbenen Ankäufe des deutschen Papyruskartells, die am 14. Juli 1908 in Berlin vorgenommen wurde", gelangte das Pergamentblatt als Nr. 15 in die damalige Gießener Großherzogliche Universitätsbibliothek.[24] Zur Herkunft des Fragments ist nur bekannt, dass ein ägyptischer Händler das Dorf Schêkh ʿAbâde, das östlich des antiken Antinoë (= Antinouopolis) liegt, als Fundort angegeben hat.[25] Der Händler selbst soll gebürtig aus Melâwi al-Arîsch gewesen sein.[26]

Auf eine konkrete Funktion oder Bestimmung des Codex könnte lediglich die Besonderheit hinweisen, dass einige Zeilenanfänge sowohl in der lateinischen wie auch in der gotischen Ausführung bewusst eingerückt wurden; es liegt folglich eine kolometrische Gliederung vor, die „ein richtiges Vorlesen im Gottesdienst erleichtert" haben könnte.[27]

---

17 Kuhlmann 1994, 198; vgl. auch Falluomini 2010, 312.
18 Ebbinghaus 1989, 277; Kuhlmann 1994, 197.
19 Ebbinghaus 1989, 277.
20 Ebbinghaus 1989, 277; Kuhlmann 1994, 197. Aus der sekundären Verwendung resultieren einige ‚Kritzeleien' auf der Haarseite.
21 Scardigli/Manfredi 1991, 432–435; Kuhlmann 1994, 198f.; Falluomini 2010, 316 u. 332. In der *editio princeps* wurde für eine Entstehung bereits im 5. Jh. n. Chr. plädiert; so auch Gundel 1962, 25; beide Datierungsvorschläge wurden z. B. im CPL 53 oder bei Haelst 1976, Nr. 1205 angegeben. Durchgesetzt hat sich in der Forschung inzwischen die Datierung in die erste Hälfte des 6. Jh. n. Chr.
22 Kuhlmann 1994, 199 (mit der Literatur in Anm. 105); als Vergleich dient eine Verkaufsurkunde: vgl. Tjäder 1982, Nr. 34.
23 Kuhlmann 1994, 1999; vgl. Seider 1981, Nr. 61, 63 u. 73, Taf. XXXII–XXXIII sowie XXXVIII; vgl. auch Scardigli/Manfredi 1991, 434f. mit Verweisen auf weitere Vergleichstexte.
24 Glaue/Helm 1910, 1; Kuhlmann 1994, 196.
25 Glaue/Helm 1910, 1; Gundel 1962, 25; Kuhlmann 1994, 196; zum Fundort vgl. auch Scardigli/Manfredi 1991, 428.
26 Kuhlmann 1994, 196.
27 Kuhlmann 1994, 197.

Nach diesen kurzen einführenden Bemerkungen soll der Text nachfolgend wiedergegeben werden; dabei erfolgt die Wiedergabe nach Kuhlmann 1994, 203–205:[28]

    Haarseite, S. 16, Gotisch: Lk 24,13–17   Haarseite, S. 1, Latein: Lk 23,3–6
1   *gagga]ndans*   1   ....
     wis]andein ana spaurde   ....
     Iairu]salem   *tu es rex [Iudaeorum*
     ] qui r[espondit
5   *]*   5   *Pilatus au[tem*
     ] nihil inve[nio
     ]   ....
     ] quia comm[ovet
     si]k iddja miÞ im   *per univ[ersam*
10 *habaid]a ei ni ufkun☐edeina ina*   10 *incipiens a [Galilaea*
     hvile]ika Þo   *Pilatus au[tem*
                                                                                 interroga[vit

    Fleischseite, S. 2, Gotisch: Lk 23,11–14   Fleischseite, S. 15, Latein: Lk 24,5–9
1   *]bairhtaim*   1   *quid queri[stis*
     Peilat]u   *non es[t*
     frijond]s sis   *recordam[ini*
     Peilatu]s in Þamma dag<a>   *in Galil[aea<m>*
5   *w]iÞra sik misso*   5   *quia oport[et*
     ]   *tradi in ma[nus*
     g]udjans   *et cruci[figi*
     ]manageins qaÞ   *et tertia di[e*
     m]annan   *et recorda[tae*
10 *m]anagein*   10 ....
     so]kjands   *a monu[mento*

---

28 Vgl. auch Streitberg 1965, 495f.; Scardigli/Manfredi 1991, 435f.; Falluomini 2010, 320–324; für die Wiedergabe des lateinischen Textes vgl. auch Glaue/Helm 1910, 7 u. 8f., wo der Text weitestgehend nach dem Codex Brixianus (*f*) ergänzt ist; außerdem für die Wiedergabe des gotischen Textes auch Glaue/Helm 1910, 20f.; wie in der Forschung erwiesen, ist der Codex Brixianus (*f*) die wesentliche Vorlage für den Codex Gissensis; vgl. u.a. Kuhlmann 1994, 200–202; Burkitt 1910, 612f.; für ergänzte Textfassungen vgl. auch CPL 53. Ein großer wissenschaftliche Wert des Codex Gissensis liegt zweifellos darin, dass er neue Überlegungen zur gegenseitigen Beeinflussung bzw. zu Abhängigkeiten des griechischen, lateinischen und gotischen Textes des Lukasevangeliums erlaubt. Dies soll hier jedoch nicht im Fokus stehen; verwiesen sei auf die wichtige Studie von Falluomini 2010 sowie auf die u.a. bei Kuhlmann 1994 diskutierte Literatur.
Folgende Buchstaben im gotischen Text sind nur teilweise erhalten, können aber sicher erschlossen werden: Fleischseite (S. 2): b in Z. 1; u in Z. 2; das zweite a in Z. 4; u in Z. 7; m in Z. 8; k in Z. 11; Haarseite (S. 16): das erste n in Z. 1; beide e in Z. 2; l und e in Z. 3; das erste i, Þ und im in Z. 9; das erste a, das erste e sowie das zweite n und -ede- in Z. 10; -ika- in Z. 11.

Editorische oder textkritische Bemerkungen sollen hier nicht erfolgen. In Ergänzung zu der Edition von Kuhlmann soll hier lediglich eine Wortliste angegeben werden, die für weitere Forschungsarbeiten vielleicht nützlich sein kann; dabei wird für die Bedeutung der gotischen Wörter jeweils auf die entsprechenden Einträge in W. Streitberg, Die Gotische Bibel, Bd. 2: Gotisch-Griechisch-Deutsches Wörterbuch (6. Aufl. 2000), G. Köbler, Gotisches Wörterbuch (1989), ders., Gotisch-neuhochdeutsches und neuhochdeutsch-gotisches Wörterbuch (1981) sowie O. Priese, Deutsch-gotisches Wörterbuch (1933) verwiesen. Außerdem folgt eine Übersetzung, in welcher die auf den Pergamentblättern überlieferten Textteile jeweils markiert sind; die Übertragung folgt der Einheitsübersetzung.

Lateinische Wörter

a	Haarseite Z. 10, Fleischseite Z. 11
autem	Haarseite Z. 5, Z. 11
commovere	Haarseite Z. 8
crucifigere	Fleischseite Z. 7
dies	Fleischseite Z. 8
esse	Haarseite Z. 3, Fleischseite Z. 2
et	Fleischseite Z. 7, Z. 8, Z. 9
Galilea	Haarseite Z. 10, Fleischseite Z. 4
in	Fleischseite Z. 4, Z. 6
incipere	Haarseite Z. 10
invenire	Haarseite Z. 6
interrogare	Haarseite Z. 12
Iudaeus	Haarseite Z. 3
manus	Fleischseite Z. 6
monumentum	Fleischseite Z. 11
nihil	Haarseite Z. 6
non	Fleischseite Z. 2
oportere	Fleischseite Z. 5
per	Haarseite Z. 9
Pilatus	Haarseite Z. 5, Z. 11
quero	Fleischseite Z. 1
qui	Haarseite Z. 4
quid	Fleischseite Z. 1
quia	Haarseite Z. 8, Fleischseite Z. 5
recordari	Fleischseite Z. 9
recordo	Fleischseite Z. 3
respondere	Haarseite Z. 4
rex	Haarseite Z. 3
tertia	Fleischseite Z. 8
tradere	Fleischseite Z. 6
tu	Haarseite Z. 3
universa	Haarseite Z. 9

Gotische Wörter

ana	Haarseite Z. 2: Streitberg S. 8; Köbler S. 36; ders. S. 7: „an, auf, darauf, außerdem", hier „etwa"[29]
bairhts	Fleischseite Z. 1: Streitberg S. 16; Köbler S. 37; ders. S. 16; Priese S. 20: „hell, offenbar", hier für „weiß"[30]
dags	Fleischseite Z. 4: Streitberg S. 24; Köbler S. 110; ders. S. 23; Priese S. 37: „Tag"
ei	Haarseite Z. 10: Streitberg S. 29; Köbler S. 131ff.: = ὅτι („dass")
frijonds	Fleischseite Z. 3: Streitberg S. 39; Köbler S. 171; ders. S. 36; Priese S. 15: „Freund"
gaggan	Haarseite Z. 1: Streitberg S. 42; Köbler S. 187; ders. S. 41; Priese S. 16: „gehen" / „sich begeben"
gudja	Fleischseite Z.7: Streitberg S. 51; Köbler S. 246; ders. S. 54; Priese S. 30: „Priester"
haban?	Haarseite Z. 10: Streitberg S. 51; Köbler S. 250; ders. S. 55; Priese S. 19 „haben, besitzen"[31]
hvileiks	Haarseite Z.11: Streitberg S. 63f.; Köbler S. 286; ders. S. 64: „wie beschaffen, welches"
Iairusalem	Haarseite Z. 3: Streitberg S. 64: „Jerusalem"
iddja	Haarseite Z. 9: Streitberg S. 65; Köbler S. 289: Präteritum zu *gaggan* „gehen"[32]
in	Fleischseite Z. 4: Streitberg S. 66; Köbler S. 294; ders. S. 64: „in, auf, an, unter"
ina	Haarseite Z. 10: Streitberg S. 69: = Personalpronomen Akk. Sg. von *is* = „er"[33], hier: „ihn"
im	Haarseite Z. 9: Streitberg S. 66 u. 69: = Personalpronomen Dat. Pl. von *is* = „er",[34] hier: „ihnen"
managei	Fleischseite Z. 8, Z. 10: Streitberg S. 89; Köbler 372; ders. S. 78; Priese S. 27: „Volk, Menge"
manna	Fleischseite Z. 9: Streitberg S. 90; Köbler S. 375; ders. S. 79; Priese S. 27: „Mann"
misso	Fleischseite Z. 5: Streitberg S. 95; Köbler S. 390; ders. S. 82; Priese S. 11: „einander"
miþ	Haarseite Z. 9: Streitberg S. 96; Köbler S. 391; ders. S. 82; Priese S. 27: „mit, bei, unter"
ni	Haarseite Z. 10: Streitberg S. 100; Köbler S. 406; ders. S. 85; Priese S. 28: „nicht"
Peilatus	Fleischseite Z. 2, Z. 4: Streitberg S. 105: „(Pontius) Pilatus"
qaþ	Fleischseite Z. 8: Streitberg S. 107; Köbler S. 426: von *qiþan* („reden, sagen")
sik	Fleischseite Z. 5, Haarseite Z. 9: Streitberg S. 118; Köbler S. 473; ders. S. 97: „sich"
sis	Fleischseite Z. 3: Streitberg S. 118; Köbler S. 473; ders. S. 98: „sich"

---

29 Kuhlmann 1994, 206.
30 Kuhlmann 1994, 205; vgl. auch Falluomini 2010, 325.
31 Vgl. Kuhlmann 1994, 207.
32 Vgl. Kuhlmann 1994, 206.
33 Kuhlmann 1994, 207.
34 Kuhlmann 1994, 206.

sokjan	Fleischseite Z. 11: Streitberg S. 126; Köbler S. 493; ders. S. 102; Priese S. 36: „suchen", hier wohl *us/sokjands* = „verhören"[35]
spaurds	Haarseite Z. 2: Streitberg S. 127; Köbler S. 494; ders. S. 102; Priese S. 31: „Rennbahn"
Þamma	Fleischseite Z. 4: Streitberg S. 112: Demonstrativartikel (*sa, so, ▫ata*),[36] hier: „diesem"
Þo	Haarseite Z. 11: Streitberg S. 112: Demonstrativartikel (*sa, so, ▫ata*),[37] hier „diese"
ufkunnan	Haarseite Z. 10: Streitberg S. 76f.; Köbler S. 567; ders. S. 119; Priese S. 12: „erkennen"[38]
wisan	Haarseite Z. 2: Streitberg S. 175f.; Köbler S. 638; ders. S. 137; Priese S. 34: „sein, existieren"
wiÞra	Fleischseite Z. 5: Streitberg S. 177; Köbler S. 648; ders. S. 138; Priese S. 46: „vor, gegen, wider"

Übersetzung[39]

Haarseite, S. 1, Latein: Lk 23,3–6[40]

(23,3) Pilatus fragte ihn: **Bist du der König der Juden? Er antwortete ihm:** Du sagst es. (**4**) **Da sagte Pilatus zu den Hohenpriestern und zum Volk: Ich finde nicht**, dass dieser Mensch eines Verbrechens schuldig ist. (5) Sie aber blieben hartnäckig und sagten: Er **wiegelt das Volk auf** und verbreitet seine Lehre **im ganzen jüdischen Land von Galiläa** bis hierher. (6) **Als Pilatus das hörte, fragte er**, ob der Mann ein Galiläer sei.

Fleischseite, S. 2, Gotisch: Lk 23,11–14

(23,11) Herodes und seine Soldaten zeigten ihm offen ihre Verachtung. Er trieb seinen Spott mit Jesus, ließ ihm **ein Prunkgewand** umhängen und schickte ihn so zu **Pilatus** zurück. (12) **An diesem Tag** wurden Herodes und **Pilatus Freunde**; vorher **waren sie Feinde gewesen**. (13) Pilatus rief die **Hohenpriester** und die anderen führenden Männer und **das Volk** zusammen (14) und **sagte** zu ihnen: Ihr habt mir diesen **Menschen** hergebracht und behauptet, er wiegle **das Volk** auf. Ich selbst habe ihn in eurer Gegenwart **verhört** und habe keine der Anklagen, die ihr gegen diesen Menschen vorgebracht habt, bestätigt gefunden.

---

35 Kuhlmann 1994, 206.
36 Vgl. auch Köbler 1981, 113.
37 Vgl. auch Köbler 1981, 116.
38 Vgl. auch Falluomini 2010, 325.
39 Fett gedruckt sind jeweils die überlieferten Textpassagen.
40 In den ersten beiden Zeilen der Haarseite (S. 1) können lediglich Buchstabenreste festgestellt werden, die vermutlich noch das Ende von Lk 23,2 beinhaltet haben könnten.

Fleischseite, S. 15, Latein: Lk 24,5–9
(24,5) Die Frauen erschraken und blickten zu Boden. Die Männer aber sagten zu ihnen: **Was sucht ihr** den Lebenden bei den Toten? (6) **Er ist nicht** hier, sondern er ist auferstanden. **Erinnert euch** an das, was er euch gesagt hat, als er noch **in Galiläa** war: (7) Der Menschensohn muss **in die Hände** der Sünder **ausgeliefert und gekreuzigt werden und am dritten Tag** auferstehen. (8) Da **erinnerten sie sich** an seine Worte. (9) Und sie kehrten **vom Grab** in die Stadt zurück und berichteten alles den Elf und den anderen Jüngern.

Haarseite, S. 16, Gotisch: Lk 24,13–17
(24,13) Am gleichen Tag waren zwei von den Jüngern auf dem Weg in ein Dorf namens Emmaus **(gegangen)**, das **(etwa)** sechzig **Stadien** von **Jerusalem entfernt ist.** (14) Sie sprachen miteinander über all das, was sich ereignet hatte. (15) Während sie redeten und ihre Gedanken austauschten, kam Jesus hinzu und **ging mit ihnen**. (16) Doch sie waren wie mit Blindheit geschlagen, **sodass sie ihn nicht erkannten**. (17) Er fragte sie: **Was sind das für Dinge**, über die ihr auf eurem Weg miteinander redet? Da blieben sie traurig stehen, ...

2   Goten in Ägypten?

In der Forschung herrscht Ungewissheit hinsichtlich der Frage, „wie dieses in Schrift und Textgestaltung so sehr mit Italien verbundene Fragment nach Ägypten gelangen konnte".[41] Bereits Glaue[42] erwog, ob der Text als eine Art „Regimentsbibel"[43] mit germanischen Soldaten ins Nilland bzw. in die Thebais gekommen sein könnte.[44] Dies wurde allerdings zurückgewiesen, da entsprechende Truppenverlegungen nicht nachgewiesen seien.[45] Auch Glaue selbst sah in der Anwesenheit von gotisch-germanischen Soldaten keine gute Erklärung für die Existenz einer lateinisch-gotischen Bibelabschrift.[46] Vielmehr brachte er eine Verfolgung als Erklärung vor: In der Zeit des Kaisers Valens sollen gemäß einer Angabe in der Kirchengeschichte des Theodoret Christen aus Edessa in die Thebais sowie nach Antinoë vertrieben worden sein; unter ihnen mit Eulogios und Pro-

---

41 Kuhlmann 1994, 202; zur Herkunft aus Italien vgl. auch Falluomini 2010, 317ff. u. 332f., die aber auch erwägt, dass der Codex Gissensis eine im vandalischen Nordafrika angefertigte Abschrift einer Vorlage aus Italien sein könnte.
42 Zudem äußerte er auch folgende Überlegung, der er freilich nicht folgen wollte: „Sollen wir nun aber zu der wenig erfreulichen Auskunft greifen, unser Stück sei durch Zufall nach Ägypten verschlagen worden, etwa als Notizbuchdeckel, als der es vielleicht später einmal – einigen Spuren nach zu schließen – gedient hat?"; vgl. Glaue/Helm 1910, 4. In der zitierten Studie hat Glaue den 1. Teil (S. 1–17) verfasst.
43 Glaue/Helm 1910, 5; vgl. auch ebd. 13.
44 So auch Schubart 1918, 241.
45 Kuhlmann 1994, 202: „... doch sind solche Truppenbewegungen im 5./6. Jh. n.C. nicht belegt".
46 Vgl. auch Glaue 1910, 244ff.

togenes auch ‚Oberhäupter' der lokalen Kirche.⁴⁷ Das Schicksal, nach Antinoë verbannt zu werden, ereilte wenige Jahrzehnte später vielleicht auch Palladius bzw. dieser dürfte zumindest durch Antinoë gereist sein.⁴⁸ Die bereits angemerkte Datenbank ‚The Migration of Faith. Clerical Exile in Late Antiquity – 325–600' listet des Weiteren als Individuen, die im 6. Jh. n. Chr. nach Antinoë verbannt wurden, auch noch Frontinus von Salona, Rusticus und Felix samt Personen aus ihrem Umfeld sowie Flavius Ioannes, den Kappadokier auf.⁴⁹ Auch ein Bischof, der durch Verbannung nach Ägypten kam oder – wie z. B. Athanasius aus der Verbannung in das Nilland zurückkam, könnte folglich theoretisch den Codex mitgeführt haben, der schließlich nach Antinoë gelangte.⁵⁰

Ferner wurde überlegt, dass ggfs. ein arianisch-gotischer bzw. -germanischer Mönch und Klosterangehöriger das Werk mitgebracht haben könnte; so vermutet etwa Glaue, dass das ägyptische Mönchtum „auch auf fromme Goten seine Anziehungskraft ausgeübt haben wird".⁵¹ Kuhlmann schätzt dies jedoch „wegen der Abneigung der Arianer gegen Zölibat und Mönchtum" als „sehr unsicher" ein.⁵²

Des Weiteren muss auch die Möglichkeit bedacht werden, dass eine gotisch-lateinische Ausgabe aus theologischem und textkritisch-philologischem Interesse nach Ägypten geschickt worden ist.⁵³ Textfunde, sowohl dokumentarische als auch literarische, die aus fernen Regionen in die Nilprovinz gelangten, sind bezeugt.⁵⁴

Denkbar ist auch eine Herkunft aus dem vandalischen Nordafrika, wo die gotische Sprache und die gotische Bibel gewiss verbreitet gewesen sind.⁵⁵ Dabei erscheint allerdings die Idee, dass (ost)römische Soldaten, die aus Ägypten beim Angriff auf Ostrom gegen das Vandalenreich geschickt wurden, den Codex mit ins Nilland gebracht hätten, arg konstruiert und eher unglaubwürdig zu sein.⁵⁶ Naheliegender und wichtiger ist eher der

---

47 Theodor. Eccl. Hist. 4,18; vgl. Glaue/Helm 1910, 5; vgl. auch die beiden entsprechenden Einträge in der Datenbank ‚The Migration of Faith. Clerical Exile in Late Antiquity – 325–600' (www.clericalexile.org), die aus einem Forschungsprojekt von J. Hillner resultiert; vgl. auch allgemein zur Thematik Hillner 2016.
48 Glaue/Helm 1910, 6.
49 https://www.clericalexile.org/results?keyword=Antinoopolis&exileDateStart=&exileDateEnd=&isVenerated=&interactionDate=&interactionDateEnd=&locationExiledToCount=&search_bottom=.
50 Lediglich angemerkt sei, dass in besagter Stadt durchaus zahlreiche christlich-literarische Texte erhalten geblieben sind; verwiesen sei hier lediglich exemplarisch auf P.Ant. 1/14, ein hagiographisches Fragment in lateinischer Sprache, das in die zweite Hälfte des 5. Jh. n. Chr. datiert wird; vgl. zu diesem Text auch Minutoli 2014, 93. Allgemein zum Exil christlicher Würdenträger vgl. Hillner 2016.
51 Glaue/Helm 1910, 6; vgl. ebd. 13f.
52 Kuhlmann 1994, 202.
53 Bagnall 1993, 304 weist bspw. auf „evidence for heterodox works" in den Schriften des Athanasius hin. Zwar ist dies eher unwahrscheinlich, aber der Codex Gissensis könnte theoretisch ein Rest solcher importierter ‚Literatur' sein.
54 Exemplarisch sei auf das auf Pergament aufgeschriebene Vergil-Fragment P.Oxy. 50/3553 (5. Jh. n. Chr.) hingewiesen, das wahrscheinlich nicht in Ägypten angefertigt wurde, sondern später dorthin gekommen ist; vgl. P.Oxy. 50/3553 Einl.
55 Falluomini 2010, 318 u. 332f.
56 Rühl 1911.

von Falluomini vorgebrachte Verweis auf eine literarische Überlieferung: Theodosius der Archidiakon überliefert in seiner im 6. Jh. n. Chr. entstandenen Schrift ‚Über die Stätten des Heiligen Landes' folgende Information: ... *in Aegypto ciuitas Memphis ... sunt monasteria duo: uno est religionis Wandalorum et aliud Romanorum*.[57] Eine Verbindung mit einem ‚vandalischen' Kloster würde die Existenz des Codex Gissensis verständlich machen.

Warum und wie der Codex nach Ägypten und innerhalb des Nillandes schließlich nach Antinoë gelangt ist, kann auch hier nicht final beantwortet werden. Allerdings lohnt es sich dem Erklärungsansatz, der von einem Zusammenhang mit Goten im Militärdienst ausging, nochmals nachzugehen. Die Annahme, dass für die Präsenz gotischer bzw. germanischer Soldaten nach Ägypten im 5./6. Jh. n. Chr. keine Quellen vorliegen, ist zurückzuweisen.[58] Dokumentarische Evidenz belegt die Anwesenheit von Soldaten, die explizit als ‚Goten' bezeichnet werden:[59]

Der Papyrus SB 1/4689[60] ist auf der *recto*- und der *verso*-Seite[61] beschrieben. Er stammt aus dem Arsinoites und ist in der Zeitspanne 4. Jh. bis 7. Jh. n. Chr. entstanden. Trotz des fragmentarischen Zustands ist ersichtlich, dass es sich um eine Abrechnung über Zahlungen handelt; wahrscheinlich ist von Soldzahlungen auszugehen. Auf dem *recto* steht folgender Text:

1   [– ca. ? –] ζαμβλαγαρρ( ) [– ca. ? –]
     [– ca. ? –] κερ(άτια) λα, γί(νονται) [– ca. ? –]
     [– ca. ? – Γ]όθθοις ϋ[– ca. ? –]
     [– ca. ? – ἀποσ]τ[ο]λίῳ κέρμα(τος) κ
5   [– ca. ? –]δ... κέρμ(ατος) κερ(άτια) ς
     [– ca. ? –] υἱ(ὸς) ὑ(πὲρ) Γόθθ(ων) θ.

Die Z. 3 („... für die Goten ...") und Z. 6 („... NN, der Sohn, zugunsten der Goten 9 (Keratien).") bieten jeweils einen Nachweis für die Präsenz von Goten, die man als Soldaten interpretieren kann.[62]

---

57 De situ terrae sanctae 14; vgl. Falluomini 2010, 333.
58 In der Spätantike wurde zumeist lokal rekrutiert, aber auch Soldaten aus anderen Region des Reiches (z. B. Syrer) sind nachgewiesen; vgl. Bagnall 1993, 176.
59 Bereits Perrone 2011, 141 hat in ihrer umsichtigen Analyse von P.Berol. inv. 13927 = SB 26/16648 ausgeführt: „..., the presence of Goths in Egypt is testified by a number of documentary papyri dated between the IIIrd and VIIth century (mainly originating from Oxyrhynchus), ...". Allerdings wurden keinerlei Quellenbelege angegeben.
60 Wessely 1889, 133, Appendix 85; BL III 171 zur Lesung von *recto* Z. 3.
61 Zur *verso*-Seite vgl. Bagnall/Worp 1978, 245 (= BL VII 185).
62 So auch schon Kießling 1923, 734 in seiner Besprechung von SB I: „... da Γόθθοι die Goten, d. h. gotische Söldner sind".

Belege für die Bezeichnung γόθθος sind in den Papyri auf den ersten Blick selten.[63] Die eigentlich übliche Schreibweise für ‚Gote' in der literarischen Überlieferung ist Γότθος;[64] auch Preisigke gibt in WB I 303 an: Γόθθος (= Γότθος) an.[65] Ebenfalls gängig ist die Schreibung mit Omega anstelle des ersten Omikrons. Die Schreibvariante mit doppeltem Theta, die in SB 1/4689 vorliegt, ist in den dokumentarischen Quellen in Ägypten häufig gewesen. Sie fand in den Kaisertitulaturen Verbreitung, in denen der Siegername *Gothicus* aufgenommen war. Dieser ist für Aurelian und Probus in der papyrologischen Überlieferung des Nillandes recht breit nachgewiesen. Nachstehend die Quellenzeugnisse für die beiden Kaiser:[66]

> Aurelian: P.Ups.Frid. 6 Z. 18: Γουνθικοῦ; P.Lips. 1/119 verso II Z. 8: Γουντικοῦ; P.Mich. 14/676 Z. 23: Γουθθικοῦ; P.Oxy. 7/1036 Z. 39: Γ[ο]υ[νθ]ικοῦ; P.Oxy. 12/1455 Z. 23: Γοθθικοῦ; P.Oxy. 14/1633 Z. 33: Γ[ο]θθικοῦ; P.Oxy. 40/2902 Z. 18: Γουνθικοῦ; P.Oxy. 49/3498 Z. 38: Γοθθικοῦ; P.Oslo 3/85 Z. 23: Γουνθικοῦ; P.Oslo 3/96 Z. 12: Γουνθικοῦ; P.Strasb. 4/280 Z. 22: Γουνθικο[ῦ]; PSI 12/1231 Z. 17: Γουθικοῦ; SB 16/13034 = SB 1/5225 = BGU 4/1074 Z. 13: Γωθικοῦ.
> Probus: P.Cair.Isid. 93 Z. 2: Γουνθι(κοῦ); P.Oxy. Hels. 42 Z. 14f.: Γοθ[ι]/κοῦ; P.Laur. 4/163 Z. 12: Γωθικοῦ; P.Lond. 3/1243 Z. 19: Γοθεικοῦ; P.Mich. 11/610 Z. 44: Γοθεικοῦ; P.Oxy 10/1256 Z. 20: Γοθθικοῦ; P.Oxy. 12/1562 Z. 1: Γοθθικοῦ; P.Oxy. 12/1562 Z. 27: Γοθθικοῦ; P.Oxy. 14/1631 Z. 35: Γοθθικοῦ; P.Oxy. 14/1694 Z. 36: Γοθθικοῦ; P.Oxy. 14/1713 Z. 21: Γοττικοῦ; P.Strasb. 4/264 Z. 1: Γοθθικοῦ; PSI 7/807 Z. 29: Γοθθικοῦ.

Im 4. Jh. n. Chr. ist der Siegername auch in konstantinischer Zeit noch vereinzelt bezeugt: SB 16/12306 Z. 1: Γουνθικ[ὸς].[67]

Der Überblick zur Angabe des Siegernamens verdeutlicht, dass es eine gewisse Vielfalt in der Ausführung des Wortes gegeben hat. Die Schreibung variiert selbst innerhalb eines Textes, wie P.Oxy. 12/1562 für die Kaisertitulatur des Probus aufzeigt. Nicht ungewöhnlich ist die Ausführung des Siegernamens mit -ουν- (P.Cair.Isid. 93; P.Ups.Frid. 6; P.Lips. 1/119; P.Oxy. 7/1036; P.Oxy. 40/2902; P.Oslo 3/96; P.Strasb. 4/280) oder mit -ου- (P.Mich. 14/676; PSI 12/1231), was jeweils häufiger aus der Zeit Aurelians überliefert ist. Außerdem kommt vereinzelt die Schreibweise mit doppeltem Tau (P.Oxy. 14/1713), einfachem Tau (P.Lips. 1/119) oder mit Diphthong nach dem Theta (P.Lond. 3/1243) vor.

---

63 Vgl. WB I 303. Die Bezeichnung bzw. eine ‚Vorform' könnte bis in die Mitte des 2. Jh. n. Chr. zumindest in hochgelehrten Kreisen in Alexandria vereinzelt bekannt gewesen sein. Ptolemaios erwähnt in seinem geographischen Werk Γοῦται; Ptol. 2,11,16; vgl. Wolfram 2009, 31 u. 48.

64 Vgl. BDAG 441; DGE IV 837 (jeweils mit Quellenverweisen); vgl. auch Benseler. Griechisch-deutsches Schulwörterbuch, bearbeitet v. A. Kaegi, neubearbeitet v. A. Clausing / F. Eckstein / H. Haas / H. Schroff / L. Wohleb, unveränderter ND der 15. Aufl. (1931), Leipzig 2004, 155.

65 Lat. Gothi; vgl. Georges I 2952 Lewis/Short 1975, 820; mittellat. Gothi aus gr. *Got(t)hoi*; zur Etymologie vgl. u. a. Hoad 1996, 198; Kluge 2002, 366.

66 Vgl. Bureth 1964, 123f.; Peachin 1990, 402f. u. 440f.; WB III 66; WB Suppl. 1, 348; WB Suppl. 2, 239; WB Suppl. 3, 385.

67 WB Suppl. 3, 387.

Der Überblick zu dem *Gothicus*-Siegernamen in den Kaisertitulaturen zeigt, dass in SB 1/4689 Z. 3 u. 6 zweifellos ‚Goten' gemeint sind. Weitere Belege können in Papyri des Apionen-Archivs ausfindig gemacht werden. In der langen Weinabrechnung P.Oxy. 27/2480[68] (565/566 n. Chr.) steht in Col. III Z. 39 folgender Eintrag:[69] τοῖς βουκκελλαρ(ίοις) δι(πλᾶ) ιβ, τοῖ[ς σ]παδαρ(ίοις) δι(πλᾶ) η, τοῖς Γόθθ(οις) δι(πλᾶ) δ („für die *bucellarii* 12 dipla[70] (Wein), für die *spatharii* 8 dipla (Wein), für die Goten 4 dipla (Wein)"). Zweifellos sind die ‚Goten' als Soldaten oder Wachpersonal zu interpretieren, wie die Termini βουκκελλάριος und σπαθάριος anzeigen;[71] *buccellarii* werden vielfach, mitunter auch samt ihrem Tribun, in der Abrechnung erwähnt: Col. II Z. 3, 6, 8 u. 13; Col. III Z. 29, 35 u. 49; Col. IV Z. 55, 64, 66, 68, 72, 74, 75 u. 76; Col. V Z. 74, 80, 87, 89 u. 94; Col. VI Z. 110 u. 117. Des Weiteren werden ‚Rekruten' / ‚Neulinge' genannt: Col. II Z. 16; Col. III Z. 30; Col. IV Z. 70; Col. VI Z. 102, 103, 109, 111, 112 u 115.[72]

Ein sehr ähnliches Dokument aus dem gleichen Archiv stellt PSI 8/953 dar, ein ‚Conti di spese dell' amministrazione degli Apioni';[73] diese Abrechnung stammt aus der Zeit 567/568 n. Chr.[74] In Col. III Z. 17 steht folgender Eintrag: τοῖς πα[ιδα]ρ(ίοις) Γόθθ(οις) καὶ γυναιξ(ὶν) καὶ ἄλλ(οις) λόγ(ῳ) ἀ[ναλ(ώματος)] ... („für die gotischen Kinder / Unfreien (?) und die Frauen auf die Ausgabenrechnung (des Monats NN) ..."); in Col. IV Z. 32, Col. V Z. 46, Col. V Z. 47 sowie Col. VIII Z. 84 wird dieser Eintrag wiederholt.[75] Auch *buccellarii* werden in PSI 8/953 mehrfach erwähnt (z. B. Col. III Z. 18; Col. IV Z. 38; Col. V Z. 41, 45 u. 48), wobei – wie bei den Goten – ebenfalls Frauen und Kinder mitaufgezählt werden. Unabhängig davon, ob man παιδάριον hier als ‚Kind' oder als ‚Sklave'[76] verstehen möchte, darf man aus diesem Kontext wohl folgern, dass der dienstliche Einsatz von Goten bzw. gotischen Familien belegt wird. In Kombination mit P.Oxy. 27/2480 liegt hier ebenfalls ein militärischer Kontext nahe.

---

68 Zu diesem Papyrus vgl. allgemein auch Hickey 2012, 95ff. u. 112ff.
69 WB Suppl. 1, 401; vgl. auch BL VIII 259; BL IX 196; BL X 149; BL XII 146.
70 Zur Maßeinheit διπλοῦν vgl. Hickey 2012, 190f.
71 WB III 205 u. 219; LSJ 1623. Bei *spadarios* liegt sehr wahrscheinlich eine Verschreibung von *spatharios* vor. Die Lesung bzw. Ergänzung [σ]παδαρ(ίοις) wird durch PSI 8/955 Frag. Nr. 1 Z. 5 und P.Oxy. 16/2045 verso Z. 15 nahegelegt, ist aber nicht gänzlich sicher, ggfs. könnte – wie im Zeilenkommentar der Erstedition ausgeführt – hier auch παδαρ(ίοις) zu erwägen sein; vgl. PSI 8/953 und PSI 8/956. Der militärische Kontext macht diese Interpretation allerdings eher unwahrscheinlich. P.Oxy. 27/2480 dokumentiert die Ausgaben an drei in gewisser Hinsicht gleichartige Personengruppen, die jeweils mit militärischen Aufgaben verbunden werden können. Demgegenüber dokumentieren die beiden PSI-Texte jeweils Ausgaben an einzelne Personengruppen samt Ehefrauen. Der Terminus *spatharios* ist auch in literarischen Quellen mit militärischer Konnotation bzw. häufiger im Kontext von Leibwache oder dem Wächterwesen bezeugt; vgl. z. B. Joh. Mal. Chron. 13,23: LSJ 1623.
72 Zu den ‚Military Distributions' in dieser Abrechnung vgl. Hickey 2012, 111ff.
73 Zu diesem Papyrus vgl. auch Diethart 2002, 150; vgl. allgemein auch BL IX 318; BL X 245; BL XI 248.
74 Zur Datierung vgl. BL V 125 (gegen BL III 226).
75 Jeweils steht die Schreibform Γόθθ(οις), wozu in der Erstedition Γόθθ(οις) = l. Γόθ(οις) angemerkt wird.
76 WB II 220.

Als drittes, allerdings nur fragmentarisch erhaltenes Abrechnungsdokument aus dem Apionen-Archiv ist PSI 8/956 zu nennen, das ebenfalls auf 567/568 n. Chr. zu datieren ist.[77] In Fragment Nr. 3 ist in Z. 26 überliefert: [– ca.? – παιδ]αρ(ίοις) Γόθθ(οις) ἀπερχομ(ένοις) ἐν[-ca.?-] („… für die weggehenden gotischen Kinder …"). Auch PSI 8/956 nennt *buccellarii* (Frag. Nr. 1 Z. 3, 5, 8 u. 11; Frag. Nr. 3 Z. 30; Frag. Nr. 4 Z. 35). Zudem werden verschiedene andere Tätigkeits- und Berufsbezeichnungen aufgelistet, für die Ausgaben verzeichnet sind: u. a. Helfer / Aufseher / Boten (σύμμαχος; Frag. Nr. 1 Z. 2), Metzger / Köche (μάγειρος;[78] Frag. Nr. 4 Z. 36), Arbeiter (ἐργάτης;[79] Frag. Nr. 4 Z. 38) oder Maler (ζωγράφος;[80] Frag Nr. 6 (?) Z. 48). Auch P.Oxy. 27/2480 nennt andere Berufs- und Tätigkeitsangaben, für die Ausgaben gelistet sind; z. B. Schuhmacher (σκουτοποιός;[81] Col. V Z. 99), Metzger / Köche (μάγειρος; Col. III Z. 40; Frag. B Z. 174 u. 218; Frag. C Z. 225, 231 u. 237) oder Notare (νοτάριος; Frag. Nr. 4 Z. 268–270). Aus all dem darf man schließen, dass im Umfeld der reichen Apionen-Familie die Präsenz von Goten, die militärisch-polizeiliche Aufgaben übernommen haben dürften, offensichtlich normal und üblich gewesen ist.

Auch literarische Quellen nennen die Anwesenheit germanischer Soldaten im spätantiken Ägypten: Zosimos überliefert, dass in der Zeit des Theodosius des Großen westgotische Einheiten nach Ägypten geschickt worden seien.[82] Hinzu kommen höhere Befehlshaber, die germanisch-gotischer Herkunft waren; z. B. der als *dux Aegypti* bezeugte Merobaudes (Cod. Theod. 11,30,43) oder gotische ‚Offiziere', die von Gainas, dem Magister militum in Konstantinopel, in die Nilprovinz geschickt wurden (Soc. 6,6; Sozom. 8,4).[83]

Des Weiteren sind in der Notitia Dignitatum Truppen aufgelistet, deren Namen von germanischen Stammesbezeichnungen herrühren: 28,25 (Vandalen), 28,30 (Raeter), 28,43 (Juthungen), 31,51 u. 31,67 (Franken), 31,56 (Quaden), 31,61 (Chamaven) und 31,63 (Alamannen).[84] Φράγγοι werden auch in einer papyrologisch-dokumentarischen Quelle erwähnt: SB 24/16188 = P.Vindob. G 14307[85] (2. Hälfte 6. Jh. n. Chr.).[86] In der Forschung wird aber nachvollziehbar ausgeführt: „Unter Franci sind selbstverständlich keine fränkischen Stammeskrieger zu verstehen; vielmehr handelt es sich um eine kolloquiale Bezeichnung für Soldaten der *ala I Francorum* in Contra Apollonos (= Not. Dig. 31,51) oder Soldaten der *cohors VII Francorum* in Diopolis (Theben)".[87] Diese beiden Einheiten sind in der Notitia Dignitatum verzeichnet (31,51 u. 31,67).

Es bleibt somit bei Truppennamen in der Notitia Dignitatum letztlich sehr unwahrscheinlich, dass die jeweilige Bezeichnung auf die Herkunft der Soldaten schließen lässt.

---

77 Vgl. Gascou 1970, 71 entgegen der allgemeinen Datierung in das 6. Jh. n. Chr. in der *editio princeps*.
78 Ruffing 2008, II 649 – 655.
79 Zu dieser Tätigkeitsbezeichnung vgl. Reinard 2022, 212ff.
80 Zu dieser Berufsbezeichnung vgl. Ruffing 2008, II 533ff.; Drexhage 2000.
81 Zu dieser Berufsbezeichnung vgl. Ruffing 2008, II 755.
82 Zos. 4,30; vgl. Glaue/Helm 1910, 4.
83 Vgl. Glaue/Helm 1910, 5 (mit weiteren literarischen Quellen); Glaue 1910, 245.
84 Glaue/Helm 1910, 4.
85 Palme 2011, 112, Nr. 54.
86 Bagnall/Palme 1996.
87 Palme 2011, 112.

Bemerkenswert ist, dass in diesem Truppenverzeichnis gerade keine gotischen Einheiten für Ägypten aufgelistet sind. Dabei sind es gerade die Goten, die in den Papyri durchaus zu fassen sind, wie die bereits angeführten Quellenzeugnisse beweisen.

Die Bezeichnung Goten wird auch in einem Berliner Papyrus überliefert: P.Berol. inv. 13927 = SB 26/16648[88] stammt aus dem 5./6. Jh. n. Chr. und ist als ein aus zwei Kolumnen bestehendes ‚Programm einer Festveranstaltung' samt interessanter ‚Notizen benötigter Requisiten' anzusprechen.[89] In Col. I Z. 7 steht der Eintrag: ζ τὰ τῶν Γόθθων. Über dem Zeta ist ein horizontaler Strich, der Buchstabe ist also als Zahlzeichen zu interpretieren. Im Col. II Z. 44–48 folgt dann: ζ ἰς (= εἰς) τὸ τῶν Γόθθων[90] / χλωρὰ ἰς (= εἰς) τὸν ποταμὸ(ν) / τρηβυνάρην (= τριβυνάριον) τῷ ποταμῷ[91] / σχήματα Γόθθων / καὶ Γοθθίσσῶν. Auch in Z. 44 markiert ein horizontaler Strich das Zeta als Zahlzeichen. Die Verschreibung ἰς statt εἰς ist bekanntlich verbreitet und liegt auch in Col. II Z. 28, 35, 38, 40 und 42 vor.[92]

Zu übersetzen sind die kurzen Textauszüge wie folgt: „7. Die Szene der[93] Goten" (Col. I Z. 7) und „7. Für die Szene der Goten: Grünzeug für den Fluss, Tribüne am Fluss, Gewänder der Goten und Gotinnen".[94] Was genau hier mit ‚Fluss' gemeint ist, hat Manteuffel lediglich allgemein kommentiert: „fluvius humana specie indutus in scaenam prodit".[95] Der Papyrus zeigt, dass im Rahmen eines Theaterspiels eine gemischte gotische Personengruppe aufgetreten ist, die für den Zuschauer anhand ihrer Kleidung identifizierbar war. Man kann erwägen, ob das Theaterstück vielleicht eine Migrationsthematik auf die Bühne gebracht hat: Sollte der *potamos* aus gotischen Menschen vielleicht einen auf Reisen befindlichen Personenverband darstellen?[96] Dann wäre das Auftreten von Frauen und Männern verständlich. Ein bloßes kriegerisches Ereignis dürfte wohl nicht dargestellt worden sein, denn in diesem Fall würde man wohl nur gotische Krieger erwarten. In der

---

88 Erstedition: Manteuffel 1929; vgl. zu diesem Papyrus auch Tedeschi 2002, 182 f., Nr. 32; Cazzaniga 1958, 7–19; vgl. auch die Bemerkungen ebd. 136; eine alte Abbildung des Papyrus ist ebd. 28 publiziert und eine sehr hochwertige über die Berliner Datenbank abrufbar (https://berlpap.smb.museum/03946/ [20.12.2023]). Schon Manteuffel (ebd. 31) hat allgemein eine Verbindung zwischen dem Berliner Papyrus und dem lateinisch-gotischen Fragment aus Gießen angedacht; allgemein zu dem Berliner Papyrus vgl. auch Rollinger 2024, 308, Anm. 114.

89 So der Titel des Papyrus in SB XXVI. In der Berliner Datenbank wird der Text als ‚Auflistung von Theater- und Musikszenen und der jeweiligen Requisiten' bezeichnet.

90 Gemäß der bereits angesprochenen eigentlichen Schreibweise (s.o.) kommentiert Manteuffel 1929, 31: Γόθθων = Γότθων; vgl. zur Schreibweise auch Cazzaniga 1958, 15.

91 Zu Col. II Z. 46 und dem Terminus τρηβυνάρην / τριβυνάριον vgl. auch PSI Com. 12, 167, Anm. 8 (= Lex.Pap.Mat. III, Nr. 4); vgl. zur Interpretation dieses Wortes auch Perrone 2011, 139 f.

92 Mayser 1970, 60ff.

93 Ggfs. sollte man die Pluralform ta hier überdenken, da in Col. II eindeutig die Singularform vorliegt; vgl. Perrone 2011, vgl. Perrone 2011, 139 f.

94 Vgl. auch die Übersetzung bei Tedeschi 2002, 184: „7 Scena die Goti" bzw. „7 Per la scena die Goti: verzura per il fiume, palco sul fiume, indumenti die Goti e delle donne die Goti"; ferner Manteuffel 1929, 31: „7. (scaena) Gothorum" bzw. „7. ad (scaenam) Gothorum: color viridis in usum Fluvii, pallium Fluvio, vestimenta Gothorum ac Gotharum".

95 Manteuffel 1929, 32.

96 Vgl. Cazzaniga 1958, 16.

Forschung wurde auch erwogen, ob der ‚Fluss' vielleicht mit der Donau und das Theaterstück mit historischen Ereignissen zu verbinden sein könnte.[97]

Bei der Interpretation der Textstelle ist gewiss Vorsicht geboten. Allerdings scheint die Szenenbeschreibung zumindest zu belegen, dass man mit ‚Goten' im spätantiken Ägypten konkrete spezifische Merkmale bzw. Vorstellungen verbunden hat. Wie authentisch diese waren, kann nicht eingeschätzt werden. Allerdings deuten die papyrologischen Quellen an, dass es zumindest in manchen Orten durchaus möglich war, Personen zu begegnen, die man als ‚Goten' bezeichnet hat. Dabei scheint es sich nicht um eine kolloquiale Truppenbezeichnung gehandelt zu haben.

Hierzu könnten auch archäologische Befunde passen, die die Präsenz ‚germanischer' Sachgüter im spätantiken Ägypten bezeugen. In Gurob im Fayum wurde z. B. ein im 4. Jh. oder frühen 5. Jh. n. Chr. entstandener ‚dress pin' germanisch-nordeuropäischer Herkunft gefunden; des Weiteren anführen kann man z. B. ein „bucket pendant – a type of amulet known from areas beyond the Roman frontier and associated with ‚broadly Germanic groups'."[98] Hier können die verschiedenen archäologischen Belege[99] nicht diskutiert werden, jedoch darf mit Swift/Stoner/Pudsey 2022, 113 festgehalten werden: „The presence of culturally ‚Germanic' trends attest to the way in which Egypt was affected by Germanic culture in the late Roman period no less than provinces in closer proximity to areas of direct Germanic migrations, probably via its influence on army culture". Natürlich haben die archäologischen Funde keine unmittelbare Beweiskraft hinsichtlich der hier verfolgten Fragestellung. Sie müssen nicht unmittelbar von Goten oder Individuen aus einem germanisch-gotischen Kulturkreis – wie auch immer man sich diesen vorstellen mag – herrühren, sondern können auch auf anderem Wege nach Ägypten gelangt sein.

Bemerkenswert ist in diesem Zusammenhang das Wort γοθθοειδής. Mit ihm wird, so Johannes Diethart, in einem Wiener Papyrus (P.Vindob. G 29.938) eine ‚Pfefferbüchse' (πεπεροπαστάριον) beschrieben.[100] Diethart führt aus, dass hier entweder „eine direkte Herkunft aus dem gotischen Bereich" oder aber ein „Modetrend" anzunehmen ist, der darin bestand, dass man einzelne Produkte nach einer bestimmten Machart benannte, auch wenn diese nicht aus der eigentlich namensgebenden Region stammten oder von der entsprechenden Personengruppe hergestellt wurden.[101] Vergleichbar kennt man aus dem spätantiken

---

97 Cazzaniga 1958, 16; vgl. zu dieser These auch Perrone 2011, 140f., die einerseits die bei Jordanes überlieferte vermeintliche Invasion von Goten in Ägypten in der zweiten Hälfte des 3. Jh. n. Chr. (Get. 29,104) sowie andererseits einen angeblichen frühen (mythischen) Kontakt zwischen Ägypten und Skythen / Thraken, der von Herodot für die Zeit des Sesostris behauptet wird (2,103f.), als denkbare ‚Vorlagen' vorbringt. Die Historizität beider Ereignisse kann man problematisieren und skeptisch sein, ob diese in 5./6. Jh. n. Chr. als ‚Theaterstoffe' gedient haben.
98 Swift/Stoner/Pudsey 2022, 54f. u. 84.
99 Quellenmaterial zu Germanen im spätantik-byzantinischen Ägypten hat auch Kortenbeutel 1939 vorgelegt; seine Interpretationen und Deutungen waren klar ideologisch beeinflusst; vgl. hierzu Voss 2013, 286f.
100 Diethart 2002, 150.
101 Diethart 2002, 150.

papyrologischen Befund z. B. hunnische Kleider[102] oder armenische Stiefel.[103] Bedenkt man – bei aller geäußerten Vorsicht – die angesprochenen archäologischen Fundstücke, scheint ein direkter Zusammenhang des Wortes γοθθοειδής mit gotischen Personen bzw. mit Sachgütern aus einem gotischen Kulturkreis zumindest nicht ausgeschlossen. Dies passt auch zu dem Eindruck, den der Berliner ‚Theater-Papyrus' hinsichtlich der Fähigkeit vermittelt, anhand einzelner Äußerlichkeiten auf eine gotische Herkunft zu schließen.

Auch dank onomastischer Informationen lassen sich Hinweise auf Goten im spätantiken Ägypten fassen. In CPR 9/6 und CPR 9/7 wird jeweils ein Mann mit dem Namen Φλάουιος Δαγαλάιφος dokumentiert (Z. 4 bzw. Z. 14). Bei den Quellen handelt es sich um ein Vertragsfragment sowie um einen Pachtvertrag; beide Urkunden datieren in das 6. Jh. n. Chr. und gehören zum Archiv des Eulogios, Georgios und Kallinikos.[104] Der Name Dagalaiphos ist als gotisch aufzufassen.[105] Individuen mit Namen, die man als germanisch deuten könnte, sind auch in dem aus dem Herakleopolites stammenden Listendokument CPR 8/56 verzeichnet, das in das 5./6. Jh. n. Chr. datiert.[106]

Bemerkenswert ist auch ein Namenbefund aus dem berühmten Kloster von Abu Mena. Auf den als O.AbuMina 373, O.AbuMina 427, O.AbuMina 821 und O.AbuMina 893 publizierten Quittungen, die alle aus der 1. Hälfte des 7. Jh. n. Chr. stammen, ist der Personenname Γόθος verzeichnet; der kurze Text von O.AbuMina 427 lautet z. B.: † ἀπὸ Ἰάνη (l. Ἰωάννου) Γό/θο(υ) ὀνικὲ (l. ὀνικαὶ) / φ(ορὰ) α. In der Edition wird vorgeschlagen, statt Γόθος jeweils den ebenfalls in den Ostraka aus Abu Mena bekannten Namen Γόνθος zu erkennen.[107] Völlig auszuschließen ist die Anwesenheit eines gewissen ‚Gothos' im Kloster von Abu Mena allerdings nicht.

Sehr interessant ist auch eine Quellenstelle aus dem ägyptischen Klosterleben, die Johannes Diethart angeführt hat:[108] Ein ägyptischer Mönch beklagt ein ‚gotisches' Verhalten seines Schülers. Jedoch ist aus der entsprechenden Textstelle nicht sicher zu erkennen, „ob mit dem ‚gotischen Auftreten' vielleicht eine geradezu sprichwörtliche gotische Rüpelhaftigkeit oder eine vermeintliche Unkultiviertheit gemeint" sein könnte.[109] In beiden Fällen wäre aber nicht ausgeschlossen, dass die ‚Redewendung' einst durch entsprechende Erfahrungen mit gotischen Personen entstanden sein könnte.

Sehr vereinzelt lassen sich Personen aus einem germanischen Umfeld auch in früheren Jahrhunderten bereits in der papyrologischen Überlieferung nachweisen. Nur ein Bei-

---

102 Diethart/Kislinger 1987.
103 P. Harrauer 51.
104 Zur Datierung des Archivs in die Zeit um 551 n. Chr. vgl. BL IX 69.
105 Vgl. den Zeilenkommentar zu CPR 9/6 sowie Diethart 2002, 150. Träger dieses Namens sind ansonsten epigraphisch und literarisch bezeugt; drei Personen, die germanischer Herkunft waren, amtierten in der Spätantike als Konsuln; vgl. O. Seeck, RE IV,2, 1901, Sp. 1983–1984.
106 Vgl. den Zeilenkommentar in der Erstedition; zum Ort vgl. BL VIII 115.
107 Litinas 2008, 52, 154, 165 u. 244.
108 Diethart 2002, 150 mit dem wörtlichen Quellenzitat und dem Literaturverweis auf P. B. Paschou, Neon Meterikon. Agnosta kai anekdota paterika kai asketika keimena peri timion kai. hagion Gynaikon, Athen 1990, 40.
109 Diethart 2002, 150.

spiel soll hier noch angeführt werden: In SB 3/6221,[110] einer Namensliste aus Elephantine, aufgeschrieben im 2. Jh. n. Chr. auf einem Ostrakon, steht in Z. 8: Βαλουβουργ Σήνονι σιβύλλᾳ. Die anderen Namen in den Z. 1–10 verweisen alle in einen militärischen Kontext bzw. in das Umfeld des Statthalterstabs[111] und stehen im Dativ. *Baloubourg* scheint nicht dekliniert zu sein, aber *Senoni* ist als Dativ zu interpretieren; auf der Scherbe ist nach dem Alpha in *sibylla* noch ein I zu sehen,[112] das als Iota adscriptum zu deuten ist. Wir können den Listeneintrag also auffassen als: „(für) Waluburg Senonis, sibylle". Der Name Waluburg / Walburg ist – soweit ich sehe – ansonsten in Ägypten nicht bezeugt. Gleiches gilt für Senonis. Könnte dieser Name vielleicht auf die Stämme der keltischen Senonen oder der germanischen Semnonen, einen Teilstamm der Sueben, verweisen? Letztere dürften aufgrund des Personennamens Waluburg wahrscheinlicher sein; dementsprechend wird in der Erstedition auch die Interpretation Σήνονι = l. Σέμνονι vorgeschlagen.[113]

Mit σιβύλλα ist hier kein Name, sondern eine Tätigkeitsbezeichnung gemeint. Der Name Sibylla kommt zwar in wenigen Papyri vor,[114] doch stammen diese alle aus der Spätantike und auch die Stellung an dritter Position in dem Listeneintrag spricht gegen eine Deutung als Personenname. Dann bleibt nur, in Waluburg eine Wahrsagerin oder Seherin[115] zu sehen, die im Umfeld des *praefectus Aegypti et Alexandriae* wirkte.

Dieses eine Beispiel soll lediglich andeuten, dass im Laufe der römischen Kaiserzeit häufig Individuen aus dem germanischen Kulturkreis in das Land der Pyramiden gekommen sein können, auch wenn sich dies nur sehr bedingt im Quellenbefund niedergeschlagen hat. Der papyrologische Befund für Goten aus dem 5./6. Jh. n. Chr. scheint dagegen relativ stark zu sein. Entsprechende Personen waren über längere Zeit in Ägypten präsent, wobei in erster Linie der Einsatz im militärischen Bereich naheliegend gewesen sein dürfte. Vielleicht ist die Existenz des lateinisch-gotischen Lukasevangeliums deshalb auch am ehesten mit diesen Personengruppen zu erklären.[116]

---

110 Schubart 1917, 328ff., Nr. 1.
111 Vgl. zu diesem Text auch Stauner 2004, 423, Nr. 413 (nur Z. 1f.). Nach der sechsten Zeile erfolgt ein horizontaler Strich, der die ersten sechs von den folgenden vier Einträgen abtrennt. Während oberhalb des Trennstrichs Armeeangehörige aufgelistet sind, stehen unterhalb neben dem bereits zitierten Eintrag in Z. 8 noch ein Walker namens Narkissos, ein gewisser Horion Agathon und ein namenloser Freigelassener des Statthalters. Hierbei dürfte es sich am ehesten um Personen aus dem engeren Umfeld eines *praefectus Aegypti et Alexandriae* handeln.
112 Vgl. die digital verfügbare Abbildung: https://berlpap.smb.museum/00331/ [14.12.2023]; vgl. auch Schubart 1917, 331, Abb. 109.
113 Zu den Semnonen vgl. exemplarisch: Tac. Germ. 39.
114 SB 16/12525 (5.–7. Jh. n. Chr.); P.Ross.Georg. 3/33 (6. Jh. n. Chr.); P.Cair.Masp. 3/67300 (6. Jh. n. Chr.); P.Lond. 5/1695 (6. Jh. n. Chr.); BGU 19/2810 (6. Jh. n. Chr.); vgl. Preisigke 1922, 383; Foraboschi 1967–1971, 293.
115 Zu *sibylle* als Bezeichnung für ‚Seherin' vgl. allgemein Walde 2001, 499f.
116 Abschließend sei noch auf eine interessante, aber nicht zu verifizierende Beobachtung hingewiesen, auf die Scardigli/Manfredi 1991, 435 aufmerksam gemacht haben. In den sekundären Kritzeleien wollen sie auf der Fleischseite im mittleren Bereich eine Figur erkennen, die in militärischer Tracht dargestellt sein könnte. Selbst wenn man diese Darstellung nachempfinden könnte – vgl. die kritische Einschätzung bei Kuhlmann 1994, 197 in Anm. 93 – wäre ein Bezug zu potenziellen

Literaturverzeichnis

Bagnall, R. S.: *Egypt in Late Antiquity.* New Jersey 1993
Bagnall, R. S./Palme, B.: „Franks in Sixth-century Egypt." *Tyche* 11 (1996) 1–10
Bagnall, R. S./Worp, K. A.: „Chronological Notes on Byzantine Documents, I." *BASP* 15 (1978) 233–246
Bischoff, B.: *Paläographie des römischen Altertums und des abendländischen Mittelalters.* Mit einer Auswahlbibliographie 1986–2008 v. W. Koch. Berlin[4] 2009
Bureth, P.: *Les Titulatures impériales dans les papyrus, les ostraca et les inscriptions d'Égypte (30 a. C. – 284 p. C.).* Bruxelles 1964
Burkitt, F. C.: „A gothic-latin fragment from Antinoe." *Journal of Theological Studies* 11 (1910) 611–613
Cazzaniga, I.: „Note marginali al papiro Berlinese 13927 (V–VI sec. D. C.): Un inventario di oggetti necessari per rappresentazioni sceniche." *SCO* 7 (1958) 7–19
De Ricci, S.: „Bulletin papyrologique IV (1904–1912, Deuxième partie)." *Revue des Études Grecques* 34 (1921) 275–336
Diethart, J.: „Lexikographische Lesefrüchte III. Weitere Bemerkungen zu ‚Liddell-Scott', ‚Revised Supplement' 1996 und G. W. H. Lampe, A Patristic Greek Lexicon." *APF* 48,1 (2002) 147–155
Diethart J./Kislinger, E.: „ ‚Hunnisches' auf einem Wiener Papyrus." *Tyche* 2 (1987) 5–10
Ebbinghaus, E. A.: „Some Observations on Codex Gissensis." *General Linguistics* 29,4 (1989) 276–278
Drexhage, H.-J.: „Zur wirtschaftlichen Situation der Maler (ζωγράφοι) im ptolemäischen, römischen und spätantiken Ägypten nach den Papyri." In *Munus. FS für Hans Wiegartz,* hg. von T. Mattern, unter Mitarbeit v. D. Korol. Münster 2000, 71–94
Falluomini, C.: „Il codice gotico-latino di Gießen e la Chiesa vandalica." In *Lingua et ingenium. Studi su Fulgenzio di Ruspe e il suo contesto,* hg. von A. Piras. Cagliari 2010, 309–340
Foraboschi, D.: *Onomasticon alterum papyrologicum, Supplemento al Namenbuch di F. Preisigke.* Milan 1967–1971
Gascou, J.: „La détention collégiale de l'autorité pagarchique dans l'Égypte Byzantine." *Byzantion* 42 (1972) 60–72
Glaue, P.: „Aus einer verlorenen Handschrift der Goten." *Deutsche Rundschau* 143 (1910) 240–253
Glaue, P./Helm, K.: „Das gotisch-lateinische Bibelfragment der Großherzoglichen Universitätsbibliothek Gießen." *Zeitschrift für die neutestamentliche Wissenschaft* 11,1 (1910) 1–38
Gryson, R.: *Altlateinische Handschriften. Répertoire descriptif.* Freiburg 1999
Gundel, H G.: *Kurzberichte aus den Gießener Papyrus-Sammlungen Nr. 12.* Gießen 1962

‚Lesern' des Codex nicht gegeben. Wann die Zweitnutzungen und das Gekritzel entstanden sind, ist nicht datierbar und ob überhaupt eine solche Darstellung existierte, kann heute nicht mehr überprüft werden.

Gundel, H. G.: *Kurzberichte aus den Gießener Papyrus-Sammlungen Nr. 15.* Gießen 1963

Gundel, H. G.: *Kurzberichte aus den Gießener Papyrus-Sammlungen Nr. 39.* Gießen 1977

Haelst, J. van: *Catalogue des Papyrus littéraires Juifs et Chrétiens.* Paris 1976

Hickey, T. M.: *Wine, Wealth, and the State in Late Antique Egypt. The House of Apion at Oxyrhynchus.* Ann Arbor 2012

Hillner, J. (Hrsg.): *Clerical Exile in Late Antiquity.* Frankfurt a. M. 2016

Hoad, T. F.: *The Concise Oxford Dictionary of English Etymology.* Oxford 1986, ND 1996

Hoskier, H. C.: „The Antinoe Gothic-Latin Fragment." *Journal of Theological Studies* 12 (1911) 456–457

Hougthon, H. A. G.: *The Latin New Testament. A Guide to its Early History.* Oxford 2017

Kießling, E.: „Besprechung v. F. Preisigke, Sammelbuch griechischer Urkunden aus Ägypten, ..." *Philologische Wochenschrift* 43 (1923) Sp. 733–735

Kluge, Fr.: *Etymologisches Wörterbuch der deutschen Sprache,* bearbeitet v. E. Seebold. Berlin²⁴ u. a. 2002

Köbler, G.: *Gotisch-neuhochdeutsches und neuhochdeutsch-gotisches Wörterbuch.* Giessen 1981

Köbler, G.: *Gotisches Wörterbuch.* Leiden u. a. 1989

Kuhlmann, P. A.: *Die Giessener literarischen Papyri und die Caracalla-Erlasse. Edition, Übersetzung und Kommentar.* Giessen 1994

Lewis, C. T./Short, C.: *A Latin Dictionary founded on Andrews' Edition of Freund's Latin Dictionary. Revised, enlarged, and in great part rewritten.* Oxford 1879, ND 1975

Litinas, N.: *Greek Ostraca from Abu Mina (O.AbuMina).* Berlin/New York 2008

Manteuffel, G.: „Studia Papyrologica II (4. Apparatus mimici libellus)." *Eos* 32 (1929) 27–33

Mayser, E.: *Grammatik der griechischen Papyri aus der Ptolemäerzeit. Bd. 1: Laut- und Wortlehre. I. Teil: Einleitung und Lautlehre.* Zweite Aufl. bearbeitet v. H. Schmoll. Berlin 1970

Minutoli, D.: „Considerazioni su PSI XIII 1299 e PSI XIII 1306." *Anal. Pap.* 26 (2014) 83–98

Palme B. (Hg.): *Die Legionäre des Kaisers. Soldatenleben im römischen Ägypten.* Wien 2011

Peachin, M.: *Roman Imperial Titulature and Chronology, A. D. 235–284.* Amsterdam 1990

Perrone, S.: „Back to the backstage: the papyrus P. Berol. 13927." *Trends in Classics* 3 (2011) 126–153

Preisigke, Fr.: *Namenbuch enthaltend alle griechischen, lateinischen, ägyptischen, hebräischen, arabischen und sonstigen semitischen und nichtsemitischen Menschennamen, soweit sie in griechischen Urkunden (Papyri, Ostraka, Inschriften, Mumienschildern usw) Ägyptens sich vorfinden.* Heidelberg 1922, ND Amsterdam 1967

Priese, O.: *Deutsch-gotisches Wörterbuch nebst einem Anhange enthaltend eine sachlich geordnete Übersicht des gotischen Wortschatzes und eine Sammlung von Redensarten und Sprüchen.* Halle³ 1933

Reinard, P.: „Zu einigen Berufs- und Tätigkeitsbezeichnungen in Papyri, Ostraka und Inschriften – Altes und Neues: Teil I (Alpha bis Lambda)." *MBAH* 40 (2022) 189–249

Rollinger, Chr.: *Zeremoniell und Herrschaft in der Spätantike. Die Rituale des Kaiserhofs in Konstantinopel.* Stuttgart 2024

Ruffing, K.: *Die berufliche Spezialisierung in Handel und Handwerk. Untersuchungen zu ihrer Entwicklung und zu ihren Bedingungen in der römischen Kaiserzeit im östlichen Mittelmeerraum auf der Grundlage der griechischen Inschriften und Papyri*, 2 Bde. Rahden 2008

Rühl, F.: „Zur Herkunft des lateinisch-gotischen Bibelfragments." *Zeitschrift für die Neutestamentliche Wissenschaft und die Kunde des Urchristentums* 12 (1911) 85–86

Scardigli, P.: „Zur Typologie der gotischen Handschriftenüberlieferung." In *Studien zum Altgermanischen. FS für Heinrich Beck,* hg. von H. Uecker. Berlin 1994, 527–538

Scardigli, P./Manfredi, M.: „Note sul frammento gotico-latino di Giessen." In *Geist und Zeit. Wirkungen des Mittelalters in Literatur und Sprache. FS für Roswitha Wisniewski.* Frankfurt a. M. 1991, 419–437

Schubart, W.: „Ägyptische Abteilung (Papyrussammlung)." *Amtliche Berichte aus den Königlichen Kunstsammlungen* 38,12 (1917) 328–333

Schubart, W.: *Einführung in die Papyruskunde.* Berlin 1918

Seider, R.: *Paläographie der lateinischen Papyri in drei Bänden.* Bd. II,2: *Juristische und christliche Texte.* Stuttgart 1981

Stauner, K.: *Das offizielle Schriftwesen des römischen Heeres von Augustus bis Gallienus (27 v. Chr. – 268 n. Chr.). Eine Untersuchung zu Struktur, Funktion und Bedeutung der offiziellen militärischen Verwaltungsdokumentation und zu deren Schreibern.* Bonn 2004

Streitberg, W.: *Die Gotische Bibel.* Bd. 1: *Der gotische Text und seine griechische Vorlage. Mit Einleitung, Lesarten und Quellennachweisen sowie den kleineren Denkmälern als Anhang.* Heidelberg[5] 1965

Streitberg, W.: *Die Gotische Bibel.* Bd. 2: *Gotisch-Griechisch-Deutsches Wörterbuch (um zwei neue Wörter ergänzt v. P. Scardigli).* Heidelberg[6] 2000

Swift, E./Stoner, J./Pudsey, A.: *A Social Archaeology of Roman and Late Antique Egypt. Artefacts of Everday Life.* Oxford 2022

Tedeschi, G.: „Lo spettacolo in età ellenistica e tardo antica nella documentazione epigrafica e papiracea." *Pap. Lup.* 11 (2002) 89–187

Tjäder, J.-O.: *Die nichtliterarischen lateinischen Papyri Italiens aus der Zeit 445–700.* Bd. 2. Lund 1982

Voss, S.: „Der lange Arm des Nationalsozialismus. Zur Geschichte der Abteilung Kairo des DAI im ‚Dritten Reich'." In *Ägyptologen und Ägyptologien zwischen Kaiserreich und Gründung der beiden deutschen Staaten. Reflexionen zur Geschichte und Episteme eines altertumswissenschaftlichen Fachs im 150. Jahr der Zeitschrift für Ägyptische Sprache und Altertumskunde,* hg. von S. Bickel. Berlin 2013, 267–298

Walde, Chr.: „Sibylle." *DNP* 11 (2001) Sp. 499–501

Wolfram, H.: *Die Goten. Von den Anfängen bis zur Mitte des sechsten Jahrhunderts.* München[5] 2009

Wessely, C.: *Die Pariser Papyri des Fundes von El-Faijûm.* Wien 1889

"Wo man singt, da lass' Dich ruhig nieder, böse Menschen haben keine Lieder":
Musik und die Bildung radikaler religiöser Gruppen

Jörg Rüpke

1 Einführung

Nicht mit seinem wissenschaftlichen Œuvre, aber mit der Person Wolfgang Spickermanns verbinde ich das Thema Musik. Auch in meinen eigenen Arbeiten habe ich Musik nur sehr beiläufig berührt, sei es als akustisches Mittel, unglücksverheißende Töne bei Ritualen zu überschallen, sei es ein Mittel, dem Mond während einer Mondfinsternis beizustehen. Laura Feldts Frage nach den Ursachen religiöser emotionaler Intensivierung und Radikalisierung und meine eigene Frage nach der Ausbildung religiöser Gruppen und überörtlicher, auf religiöser Kommunikation beruhender Formationen hat mich nun erneut und tatsächlich „intensiviert" auf das Thema geführt: Musik in der Form des Gesangs als ein wichtiges Instrument für die Bildung religiöser Gruppen und deren Intensivierung bis hin zur „radikalen Hingabe".[1] Das in der Überschrift zitierte deutsche Sprichwort legt das Vorurteil offen, das bisher den Blick auf dieses Phänomen verhinderte, wenn von religiösem Radikalismus oder Fundamentalismus die Rede ist: „Wo man singt, da lass dich ruhig nieder, böse Menschen haben keine Lieder." Bei dem Spruch scheint es sich um die volkstümliche Kurzform einer Strophe von Johann Gottfried Seume (1763–1810) zu handeln, einem hochgebildeten Gelehrten aus einfachen Verhältnissen, der sein Leben nach der Habilitation dem Ziel widmete, die Welt zu Fuß kennenzulernen, unter anderem durch den Dienst in der russischen und amerikanischen Armee.[2] So ist es zumindest der Anspruch auf eigene Erfahrung als empirische Grundlage, den er in der ersten Strophe seines Liedes „Die Gesänge" formuliert: „Wo man singet, laß dich ruhig nieder, / Ohne Furcht, was man im Lande glaubt; / Wo man singet, wird kein Mensch beraubt; / Bösewichter haben keine Lieder."

Wie der Vergleich der beiden Versionen zeigt, wurde ein für mein Thema sehr wichtiges Element durch das populäre Sprichwort geglättet (vielleicht ist das der Grund für seine Beliebtheit). Es geht nicht um Menschen mit möglicherweise schlechten Absichten oder moralischem Versagen, sondern um die tatsächliche Ausführung von Straftaten, un-

---

1 Zu letzterem Feldt 2022.
2 Zu Seume, Meyer 2001; Sangmeister 2010; Preisendörfer 2012.

abhängig von jeglichem (und ich denke, wir können für Seume hinzufügen, religiösen) Glauben: Nur für diesen Kontext wird das Fehlen von Musik ausgesagt.

2   Forschungsstand

Ein ernsthafter Forschungsstand zu meiner Fragestellung fehlt. Es gibt nur Fragmente, eine Balkanisierung der Forschung oder besser gesagt, um auf meine eigene institutionelle Genealogie zurückzugreifen, eine Thüringisierung der Kunst, eine lose umgrenzte Region von vielen und kleinsten Staaten, oder eben Forschungsbeiträgen. Ausschlaggebend dafür ist die disziplinäre Trennung von Musikgeschichte und Religionsgeschichte, von Musikwissenschaft und Religionswissenschaft. Für das Christentum ist die Kirchenlied-Forschung ein kleines Feld einiger Spezialisten.[3] Abgesehen von Ambrosius als vermeintlichem Erfinder des Kirchenliedes und Martin Luther[4] (und einigen anderen Reformatoren bzw. Reformatoren wie Nikolai Frederik Severin Grundtvig, 1783–1872), die das Singen als treibende Kraft für den Erfolg der Reformation ansehen,[5] stand die Praxis des Singens kaum im Zentrum der Kirchengeschichte. Wie in der Religionsgeschichte allgemein wurden – wenn überhaupt – Texte als wichtig erachtet.[6] Die griechisch-römische Antike ist hier noch einmal stärker ins Hintertreffen geraten, da die Lieder aus der Antike meist ohne jegliche oder interpretierbare Belege der Musik überliefert wurden; sie waren also in altphilologischer Perspektive vollständig eingebettet in die spärlichen textlichen Reste dessen, was man „Literatur" nannte.[7] Es ist sicherlich meiner eigenen partiellen disziplinären Identität als klassischer Philologe geschuldet, dass ich selbst bei einer früheren Gelegenheit Poesie ohne die Klangdimension jenseits von Alliterationen und Rhythmus in die Diskussion über religiöse Gruppenbildung eingebracht habe.[8] Nicht zuletzt waren die Akteure, oft weiblich, von niedrigem Status oder anonym, auch für die männlichen Universitäten des 19. und 20. Jahrhunderts nicht sonderlich attraktiv.

Und doch gibt es viele Belege und sogar einzelne Studien, die als Ausgangsbasis dienen können. Für diese Festschrift will ich aus der „lose definierten Region", dem globalen Thüringen, nur einige Punkte in grober chronologischer Reihenfolge herausgreifen, wobei der Schwerpunkt auf der Zeit zwischen dem 3. Jahrhundert v. Chr. und dem 8. Jahrhundert n. Chr. liegen soll.

---

3   Siehe z. B., Scheitler 2000.
4   Z. B. Korth et al. 2017; Leaver 2017.
5   Brown 2005.
6   Siehe Gladigow 2005, und dort zur Religionsphilologie.
7   Das schloss einige musikwissenschaftliche Arbeiten nicht aus, etwa Quasten 1930; Wille 1967; U. Rüpke 1988; Fless 1995; Fless and Moede 2007.
8   J. Rüpke 2023b.

2.1 Indischer, chinesischer und japanischer buddhistischer Gesang

Bereits das Sutta Pitaka der als Pāli-Kanon klassifizierten Texte enthält eine Sammlung von Hymnen, die *Therīgāthā* genannt werden, von denen einige möglicherweise auf die frühesten buddhistischen Nonnen in den Jahrhunderten nach Buddha zurückgehen und in Pāli um das 1. Jahrhundert v. Chr. niedergeschrieben wurden.[9] Diese Texte waren nicht nur eine individuelle Aneignung der buddhistischen Tradition und eine Stärkung der prekären Stellung der weiblichen Mönche und ihres Geschlechts, sondern auch eine Möglichkeit, sich religiöse Autorität anzuzeigen.[10] Dies ist nur ein Beispiel für die allgemeine Bedeutung von Liedern beziehungsweise Hymnen: Ich werde in diesem Beitrag den Begriff Hymne verwenden, um die impliziten oder expliziten Bezüge dieser Texte auf göttliche Akteure hervorzuheben. Dabei schließe ich auch erzählende Texte ein, obwohl der Begriff des Hymnus oft auf nicht-erzählende, zum Beispiel lobpreisende oder meditierende Texte („chants", „Gesänge") eingeführt wird.

Die Bedeutung jener Praktiken, die um solche Texte herum entwickelt oder von ihnen geprägt wurden, insbesondere in ihren populäreren Formen (Mahāyāna), für die frühen indischen Buddhisten ist erst jüngst herausgearbeitet worden.[11] Die Übertragung von Hymnen nach China und die Möglichkeiten der Aneignung dieser Gattung für neue Gruppen, ob Elite oder Nicht-Elite, können kaum unterschätzt werden. Solche Hymnen sind sogar in den monumentalen Sutra-Inschriften auf dem Berg Tie in der Provinz Shandong (6. Jahrhundert n. Chr.) zu finden.[12] Noch wichtiger ist, dass sie die Musik in den chinesischen Schwemmebenen und in der Folge weit darüber hinaus massiv beeinflusst hat.[13] In japanischen buddhistischen Einrichtungen waren Rituale, die sich auf das Singen von Hymnen *(kōshiki* und *jingi kōshiki)* konzentrierten, von großer Bedeutung für deren jeweilige Popularität.[14]

2.2 Spätantikes Judentum

Bei den Texten, die für das spätantike Judentum zu erwähnen sind, handelte es sich um eine hymnische Gattung, die die Kluft zwischen zwei diskursiven Welten überbrückte. Auf der einen Seite standen die biblischen textlichen Erzähltraditionen und die intensiv genutzte poetische Sammlung der Psalmen. Sie wurden alle sorgfältig abgeschrieben und kommentiert, um ein gemeinsames Verständnis inmitten eines unbegrenzten Streits über die Auslegung zu bewahren. Auf der anderen Seite standen die lokalen und volkstümlichen Interessen an der Aneignung und Anpassung dieses Textwissens und seiner hochgradig ritualisierten Verwendung. Hymnen, die sogenannte „Gebete" *(piyutim)* er-

---

9 Hallisey 2015.
10 Chakraborty 2018.
11 Drewes 2010b, 2010a, 2015.
12 Ledderose 2019.
13 周虹 2006; Monoglische Epen: Le Teng 2016.
14 Guelberg 2016; Mross 2022.

schlossen Formeln und Themen jenseits etablierter Ritualtexte und wucherten in einem Ausmaß, das erst in jüngster Zeit von der Forschung wieder aufgegriffen wurde.[15] Dazu gehörte auch die theatralische Dimension von Aufführungen solcher Hymnen, bei denen dem Rezitator vielleicht ein Chor aus zwei Personen zur Seite gestellt wurde.[16] Die Theatralik religiöser Darbietungen in griechisch-römischen Institutionen hat dafür vermutlich die Vorlage geliefert. Für den Dichter und Interpreten würde dies eine Position der Autorität neben den etablierten Autoritäten bieten, die ihrerseits auf überörtlich verbreiteten Texten beruhte.[17] Natürlich wurden die neuen Hymnen ebenfalls schriftlich fixiert und konnten so weit über den Ort der Entstehung und ursprünglichen Aufführung hinaus zirkulieren. Die Kairoer Genizah, eine „Müllhalde" für unbrauchbar gewordenes Schriftgut, zeugt von der weiten Verbreitung solcher Texte.

2.3   Spätantike lateinische, griechische und syrische Christenheit

Wie ich selbst in dem schon genannten Aufsatz gezeigt habe, sollten die klassischen lateinischen (und griechischen) Vorläufer der spätantiken Hymnen als Hintergrund für den persönlichen und innovativen Charakter der letzteren nicht unterschätzt werden.[18] Mysterienrituale spielten dabei eine besondere Rolle, von den Kaisermysterien über Isis und Mithras bis zu den neuplatonischen Hymnen.[19] Wie wir für die jüdische Ritualdichtung gesehen haben, ermöglichte auch die christliche Poesie nicht nur die Aneignung von Erzählungen und theologischen Konzepten, sondern auch die Begründung der spezifisch religiösen Autorität ihrer Komponisten (die uns als Männer gegenübertreten) gegenüber einer sich rasch entwickelnden klerikalen Hierarchie.[20]

Die Zuschreibung der Urheberschaft an Amtsträger war eine Möglichkeit, solche Auswirkungen zu mildern. Die Auswirkungen einer solchen Strategie zeigen sich im Fall der syrischen Hymnen, die dem Bischof Ephrem von Nisibis zugeschrieben werden. Viel plausibler als diese umfassende Zuschreibung ist die Hypothese einer sehr heterogenen Entstehung einzelner Einheiten, die erst später zu größeren und damit professionalisierten Zyklen zusammengefügt wurden.[21]

Neben solchen Hymnen ist die Möglichkeit, auch Epen zu singen, nicht auszuschließen; selbst die christliche Prosa wurde melodisch rezitiert (Kantillation), und auch jüdische Bibeltexte und koranische Suren wurden oft auf diese Weise vorgetragen. Der professionelle Charakter der Epikproduktion[22] ermöglichte es nur wenigen Personen, sich

---

15   Lieber 2014, 2018; für den weiteren Kontext, Kalmin and Schwartz 2003; Visotzky and Tilly 2021.
16   Siehe Lieber 2014, 546.
17   Swartz 2017.
18   J. Rüpke 2023b.
19   Kirichenko 2005; Hickson Hahn 2007; Witulski 2011; Belayche 2013; Gordon 2020. Für Proclus, Agosti 2015.
20   Pollmann 2013; vgl. Nr. 17.
21   Siehe jetzt Hartung 2018.
22   Siehe J. Rüpke and Bianchi Mancini 2024.

zentrale religiöse Texte und andere Musiktraditionen anzueignen und zu vermischen.[23] Die Intensivierung der affektiven Komponente war nicht das geringste Interesse an solchen Unternehmungen.[24]

2.4 Frühislam

Zugegebenermaßen bin ich nicht mehr Spezialist für frühislamische Texte als für chinesisch-buddhistische Hymnen. Und doch haben sachkundige und mutige Stimmen über die Einflüsse von Hymnen auf die Entstehung des Korans in einem kulturellen Kontext spekuliert, der stark von (proto-)arabischen Hymnen christlicher Herkunft geprägt war.[25] Hier würde ich die bereits erwähnten jüdischen Praktiken ebenso hinzufügen wie außerjüdisch-christliche Musiktraditionen auf der arabischen Halbinsel. Wie die Hymnen der frühsten buddhistischen Nonnen ist auch der Koran eine nach dem mechanischen Kriterium der Länge geordnete Sammlung von poetischen Texten – hier, die erste Sure ausgenommen, in absteigender Länge, dort in aufsteigender.

2.5 Die mittelalterliche mitteleuropäische Christenheit

Abschließend möchte ich kurz auf die hohe Variabilität und Produktivität der nachlateinischen christlichen Hymnologie des Mittelalters hinweisen.[26] Von besonderem Interesse ist der Prozess der Übersetzung. Abgesehen von neuen Versifikationen, die es ermöglichten, solche Texte (oder ihre stark veränderten Derivate) weiterhin zu singen, waren Prosaübersetzungen keine Seltenheit. Offensichtlich dienten sie einer persönlicheren Form der individuellen Lektüre und Meditation solcher Texte, auch ohne den eigentlichen (und oft gemeinschaftlichen) Gesang.[27] Der hier vorgeschlagene Zugriff behauptet nicht, dass Inhalte irrelevant seien!

3 Ein Modell zur Rolle von Gesang für die Bildung religiöser Gruppen und intensivierte religiöse Praxis

Wie der kurze Überblick über die weit verstreuten, aber eben auch stark verbreiteten Belege (der sicherlich noch erweitert werden könnte, z.B. für die avestischen Yashts[28]) gezeigt hat, sind Hymnen und Gesang hoch relevant. Relevant für die Weitergabe und insbesondere die breitere soziale Aneignung religiöser Traditionen, relevant auch für die Auswei-

---

23 Siehe Cutino 2020; Furbetta 2020; Herrero de Jáuregui 2020; Lestrade 2020.
24 Z.B.. Shanzer 2020.
25 Lüling 1993; siehe auch Lüling 2003, Müller-Luckner and Nagel 2016.
26 Z.B. Haug, März and Welker 2004; Stock 2013.
27 Kulagina, Lallinger and Janota 2022.
28 Texte: Lommel 1927.

tung der mit religiöser Autorität ausgestatteten Positionen. Relevant schließlich auch für die emotionale Intensivierung.

Was ich auf dieser Grundlage vorschlage, ist ein zweistufiges Modell von Prozessen der Bildung translokaler religiöser Gruppen, die wir als „Religionen" bezeichnen könnten, und lokaler Intensivierungen, die zu radikaler Hingabe und radikaler Religion führen. Es geht mir hier um Gruppierungen und Gruppen, nicht um Individuen und ihre vielleicht prekären Netzwerke.[29]

Ich schlage vor, zunächst über das Zusammenspiel von Transport und lokaler Aneignung nachzudenken, dessen Ergebnis man als „Verbreitung religiöser Kommunikation" und Bildung von „Religionen" bezeichnen könnte. Welche Art von Daten werden zwischen den Knotenpunkten verarbeitet und bilden so ein Netzwerk (um eine andere Sprache mit einem anderen Schwerpunkt zu verwenden)? Vermutlich stehen im Vordergrund Narrative. Narrative ermöglichen nicht nur die Weitergabe von Informationen (ob wahr oder nicht), sondern auch die Akzentuierung und Variation, die Vergrößerung und Verkleinerung und vor allem die Strukturierung der Realität in Form von menschlichem (und übermenschlichem) Handeln.[30] Als solche sind sie einprägsam, bieten Identifikation und lassen genügend Raum, um sehr unterschiedliche Beziehungen herzustellen und sehr unterschiedliche Verständnisse der erzählten Ereignisse und Personen zu schaffen, ohne die Menschen zu zwingen, nicht zu den Leserinnen oder Lesern bzw. Zuhörerinnen und Zuhörern (wie wir es für die Mehrheit der Rezipienten in vormodernen Kulturen voraussetzen müssen) gehören zu wollen. Erzählungen können um Ereignisse herum organisiert werden (Schöpfung, Wanderungen, Kriege, Passionsgeschichten). Ab der zweiten Hälfte des ersten Jahrtausends v. Chr. gewinnt die biographische Organisation an Popularität; ich vermute, dass unsere Vorstellung von Religionsstiftern eher ein Produkt einer solchen Erzählstrategie als eine historische Tatsache ist.

Da sie ohnehin einer Re-Oralisierung bedürfen, konnten Erzählungen sowohl in textlicher Form als auch in Form komplexer Bilder transportiert werden; die Kultbilder des Mithras sind ein erstaunliches Zeugnis für hohe Konstanz im Kern bei gleichzeitig hoher Varianz in Details und Nebenszenen. Die dionysische Bildsprache hatte diese Aufgabe schon einige Jahrhunderte früher übernommen. Statuen oder Reliefs von Isis und Buddha wuchsen, auch wenn sie nur grundlegende Hinweise auf die mit ihnen verbundenen Erzählungen enthielten; aufgrund ihrer spezifischen Ästhetik konnten sie solche Erzählungen evozieren und dann als Gedächtnisstütze für diese dienen. So wie die ikonografischen Entwürfe kopiert werden konnten, konnten auch die Handlungen (der Plot) oder die Erzählstrukturen kopiert werden. Ich verweise nur auf die Verbreitung von Lebensläufen christlicher oder buddhistischer Mönche und von „Akten", d. h. Taten, von Aposteln oder Märtyrern.

Ich will nicht bestreiten, dass auch nicht-narrative ästhetische Muster oder rituelle Muster übertragen werden können. Die Ästhetik der Tempel mit Hexastylos-Fassade, der Obelisken, der Stupas, der Synagogen und später der Basiliken hat dies getan. Es handelte

---

29 Siehe Mulsow 2012.
30 Siehe Koschorke 2012; Caracciolo, Marcussen and Rodriguez 2022; Dawson and Mäkelä 2023.

sich dabei zugleich um Handlungsmuster, die mit dem Monument soziale Beziehungen aufbauten, Arbeitsplätze boten und so den Lebensunterhalt verteilten, zur Teilnahme einluden und dauerhafte Beziehungen zu solchen Orten und Monumenten vorbereiteten.[31] Analytisch führt dies bereits in die (nur logische) zweite Phase der Aneignung. Nutzung, Graffiti, Widmungen und wiederum die Erzählung über die Biographie des Objekts boten Aneignungsmöglichkeiten für viele Menschen auch mit niedrigem sozialem Status; Renovierung und Erweiterung beschäftigten und beteiligten die Wohlhabenderen.

Die emotionale Beteiligung konnte sich auf Miniaturnachbildungen konzentrieren, die an andere Orte mitgenommen wurden. Für die Anwesenden war der rituelle Gebrauch eine wichtige Quelle für die Bindung auf mehreren Ebenen, angefangen bei den Gegenständen, den Mitreligiösen, den Sponsoren und den göttlichen Adressaten. Der Gesang oder das Singen konnte ein Teil davon sein, war aber auch leicht an andere Orte zu transportieren. Das Loben der göttlichen Referenzpunkte, die Formulierung des eigenen Verhältnisses zu ihnen oder des eigenen Platzes in der größeren Geschichte der anderen konnte vorformuliert vorgefunden oder in Hymnen formuliert werden. Hier konnten die erwähnten Erzählungen, wie auch immer sie überliefert sind, Stoff bieten, ohne Grenzen zu bilden. Wie in meinem Beispiel eines deutschen Liedes und Sprichworts könnte sich die Rezeption leicht auf die erste und letzte Zeile konzentrieren und nicht auf alles, was dazwischen liegt. Sie können mit anderen oder allein gesungen, vorgelesen oder auswendig gelernt werden. All dies bot eine Reihe von Aktivitäten und Qualitäten, die gezählt, öffentlich oder privat ausgeführt und von einem selbst und anderen bewertet werden konnten. Eine Intensivierung konnte erreicht, vorgeschrieben und kontrolliert werden.

4 Beschränkungen

Trotz der geografischen und zeitlichen Spannweite der Fälle, auf denen sie aufbaut, ist meine Modellierung offensichtlich an die Medien[32] und an Kulturtechniken wie die Schrift gebunden, die sich durch die Vor-Gutenberg- und Gutenberg-Welt des Drucks und die Digitalisierung und Virtualisierung eines Großteils der Kommunikation in jüngerer Zeit verändert haben oder zumindest ergänzt und teilweise ersetzt werden. Trotz aller sinnvollen Analogieschlüsse und des heuristischen Werts von Anachronismen müssen solche Unterschiede im Auge behalten werden. Sie laden dazu ein, die Breite und Tiefe der vielen kleinen Gräben, die die große Kluft zwischen den Formen radikaler Religion damals und heute ausmachen oder auch nicht, genauer zu vermessen.

Die grundlegende Forschungsfrage bleibt auf beiden Seiten offen: Können Radikale singen? Ich behaupte, dass auch sie entgegen der allgemeinen deutschen Überlieferung singen. Wolfgang Spickermann ist ein Beispiel dafür.

---

31 J. Rüpke 2023a.
32 Für Erzählungen, Ryan and Thon 2014.

Literaturverzeichnis

Agosti, G.: „Chanter les dieux dans la société chrétienne: les Hymnes de Proclus dans le contexte dulturel et religieux de leur temps." In *Fabriquer du divin: Constructions et ajustements de la représentation des dieux dans l'Antiquité,* hg. von N. Belayche und V. Pirenne-Delforge. Liège 2015 (= Collection Religions: Comparatisme – Histoire – Anthropologie 5), 183–211

Belayche, N.: „L'évolution des formes rituelles: hymnes et mystèria." In *Panthée: Religious Transformations in the Graeco-Roman Empire,* hg. von L. Bricault und C. Bonnet. Leiden 2013 (= Religions in the Graeco-Roman World 177), 17–40

Brown, Ch.B.: *Singing the Gospel: Lutheran hymns and the success of the Reformation.* Cambridge. Mass. 2005 (= Harvard historical studies 148)

Caracciolo, M./Marcussen, M.K./Rodriguez, D.: *Narrating Nonhuman Spaces. Form, Story, and Experience Beyond Anthropocentrism.* [online text] 2022

Chakraborty, K.: „Radical Grace. Hymning of ‚Womanhood' in Therigatha" *Feminist Theology* 26(2) (2018) 160–170

Cutino, M.: „Fictions poétiques et vérités bibliques dans les réécritures vétéro et néotestamentaires en vers: Questions méthodologiques." In *Poetry, Bible and Theology from Late Antiquity to the Middle Ages,* hg. von M. Cutino. Berlin 2020 (= Millennium Studies 86), 13–26

Dawson, P./Mäkelä, M. (Hg.): *Routledge Companion to Narrative Theory.* London 2023

Drewes, D.: „Early Indian Mahāyāna Buddhism I: Recent Scholarship." (2. 2010a 55–65

Drewes, D.: „Early Indian Mahāyāna Buddhism II: New Perspectives." (2. 2010b 66–74

Drewes, D.: *Oral Texts in Indian Mahāyāna* (2. 2015

Feldt, L.: „Total devotion in the ancient world: emotions and narrative in radical religion." *Religion* 53(1) (2022) 1–23

Fless, F.: *Opferdiener und Kultmusiker auf stadtrömischen historischen Reliefs: Untersuchungen zur Ikonographie, Funktion und Benennung.* Mainz 1995

Fless, F./Moede, K.: „Music and Dance: Forms of Representation in Pictorial and Written Sources." In *A Companion to Roman Religion,* hg. von J. Rüpke. Oxford 2007, 249–62

Furbetta, L.: „Avit de Vienne et Dracontius en rapport: ‚Chanter' et ‚expliquer' la Bible entre formation scolaire et création poétique." In *Poetry, Bible and Theology from Late Antiquity to the Middle Ages,* hg. von M. Cutino. Berlin 2020 (= Millennium Studies 86), 57–74

Gladigow, B.: *Religionswissenschaft als Kulturwissenschaft.* Stuttgart 2005 (= Religionswissenschaft heute 1)

Gordon, R.L.: „(Re-) modelling religious experience: Some experiments with hymnic form in the imperial period." In *Lived Religion in the Ancient Mediterranean World: Approaching Religious Transformations from Archaeology, History and Classics,* hg von V. Gasparini *et al.* Berlin 2020, 23–48

Guelberg, N.: *Jingi kōshiki. A Neglected Field of Study.* (1. 2016,

Hallisey, Ch.: *Therigatha: Poems of the first Buddhist women.* Cambridge, Mass. 2015 (= Murty classical library of India 3)

Hartung, B.: *The Authorship and Dating of the Syriac Corpus attributed to Ephrem of Nisibis: A Reassessment* (2: 2018,

Haug, A./März, Ch./Welker, L. (Hg.): *Der lateinische Hymnus im Mittelalter. Überlieferung – Ästhetik – Ausstrahlung.* Kassel 2004 (= Monumenta monodica medii aevi)

Herrero de Jáuregui, M.: „Gregory of Nazianzus' Hymn to Parthenie (II.1.2.1–214): Christianizing Greek Theogonies." In *Poetry, Bible and Theology from Late Antiquity to the Middle Ages,* hg. von M. Cutino. Berlin 2020 (= Millennium Studies 86), 259–72

Hickson Hahn, F.: „Performing the Sacred: Prayer and Hymns." In *A Companion to Roman Religion,* hg. von J. Rüpke. Oxford 2007, 235–48

Kalmin, R. L./Schwartz, S. (Hg.): *Jewish culture and society under the Christian Roman Empire (Interdisciplinary studies in ancient culture and religion.* 3), Leuven 2003

Kirichenko, A.: „Hymnus invicto: The structure of Mithraic cult images with multiple." *Göttinger Forum für Altertumswissenschaft* 8 (2005) 1–15

Korth, H.-O. *et al.*: *Lass uns leuchten des Lebens Wort. Die Lieder Martin Luthers.* Halle 2017

Koschorke, A.: *Wahrheit und Erfindung: Grundzüge einer Allgemeinen Erzähltheorie.* Frankfurt/Main 2012

Kulagina, P./Lallinger, F./Janota, J.: *Vom Hymnus zum Gebet. Gattungs- und Gebrauchswechsel liturgischer Lieder in Mittelalter und Früher Neuzeit.* Berlin/Boston 2022 (= Liturgie und Volkssprache 6)

Le Teng, A.: „The Influence of Buddhist Culture on the Mongolian Epic Jangar." 教育与社会科学综合 = *Education & Social Sciences* | 哲学与人文科学 = *Literature/History/Philosophy* 30 (2016) 250–3

Leaver, R. A.: *The whole church sings: Congregational singing in Luther's Wittenberg.* Grand Rapids, Michigan 2017 (= Calvin Institute of Christian worship liturgical studies)

Ledderose, L.: „5. Stone Hymn – The Buddhist Colophon of 579 Engraved on Mount Tie, Shandong." In *Buddhism and the Dynamics of Transculturality,* hg. von B. Kellner. Berlin 2019, 101–18

Lestrade, R.: „Usage des sources poétiques classiques et perspectives ‚théologqiues' dans l'Heptateuchos de Cyprien le Gaulois (Ve s.)." In *Poetry, Bible and Theology from Late Antiquity to the Middle Ages,* hg. von M. Cutino. Berlin 2020 (= Millennium Studies 86), 105–26

Lieber, L. S.: *Setting the Stage: The Theatricality of Jewish Aramaic Poetry from Late Antiquity.* (4. 2014

Lieber, L. S.: *Jewish Aramaic poetry from late antiquity : translations and commentaries.* Leiden 2018 (= Études sur le Judaïsme médiéval 75 | Cambridge Genizah studies 8)

Lommel, H.: *Die Yäšt's des Awesta. Mit Namenliste und Sachverzeichnis.* Göttingen 1927 (= Quellen der Religionsgeschichte 15)

Lüling, G.: *Über den Urkoran : Ansätze zur Rekonstruktion der vorislamisch-christlichen Strophenlieder im Koran.* (Korr., jedoch im Haupttext (S. 1-542) seitengleiche 2. Aufl. edn.) Erlangen 1993

Lüling, G.: *A challenge to Islam for reformation : the rediscovery and reliable reconstruction of a comprehensive pre-Islamic Christian hymnal hidden in the Koran under earliest Islamic reinterpretations.* 1st ed. edn. Delhi 2003

Meyer, U.: *Politische Rhetorik: Theorie, Analyse und Geschichte der Redekunst am Beispiel des Spätaufklärers Johann Gottfried Seume,* Paderborn 2001

Mross, M.: *Memory, Music, Manuscripts.* Honolulu 2022 (= Kuroda Studies in East Asian Buddhism 33)

Müller-Luckner, E./Nagel, T. (Hg.): *Der Koran und sein religiöses und kulturelles Umfeld.* München 2016 (= Schriften des Historischen Kollegs 72)

Mulsow, M.: *Prekäres Wissen. Eine andere Ideengeschichte der Frühen Neuzeit.* Berlin 2012

Pollmann, K.: *Establishing Authority in Christian Poetry of Latin Late Antiquity* 3. 2013

Preisendörfer, B.: *Der waghalsige Reisende. Johann Gottfried Seume und das ungeschützte Leben.* Berlin 2012

Quasten, J.: *Musik und Gesang in den Kulten der heidnischen Antike und christlichen Frühzeit.* Münster 1930 (= Liturgiegeschichtliche Quellen und Forschungen 25)

Rüpke, J.: „Urban monumentality and religion." In *Measuring the World against the Body. (Contextualising the Sacred),* hg. von D. Pavel *et al.* Turnhout 2023a, forthcoming

Rüpke, J.: „Veneration of Venus in Roman Lyrics as a Basis for a Heuristic of Total Devotion." *Religion* 53(1) (2023b) 68–86

Rüpke, J./Bianchi Mancini, S.: *Antike Epik. Hexametrische Großdichtung von Homer bis in die Spätantike.* 3., korr. und aktual. Aufl. edn., Marburg 2024 (= Nova Classica 1)

Rüpke, U.: *Die Quellen von Varros De musica.* Unveröff. Magisterarbeit Tübingen 1988

Ryan, M.-L./Thon, J.-N.: *Storyworlds across media. Toward a media-conscious narratology.* Lincoln 2014 (= Frontiers of narrative)

Sangmeister, D.: *Seume und einige seiner Zeitgenossen. Beiträge zu Leben und Werk eines eigensinnigen Spätaufklärers [zum 200. Todestag von Johann Gottfried Seume (1763–1810)],* trans. Johann Gottfried Seume. Erfurt 2010 (= Deutschlands achtzehntes Jahrhundert)

Scheitler, I. (Hg.): *Geistliches Lied und Kirchenlied im 19. Jahrhundert. Theologische, musikologische und literaturwissenschaftliche Aspekte.* Tübingen 2000 (Mainzer hymnologische Studien 2)

Shanzer, D.: „Grave Matters: Love, Death, Resurrection, and Reception in the De laudibus Domini." In *Poetry, Bible and Theology from Late Antiquity to the Middle Ages,* hg. von M. Cutino. Berlin 2020 (= Millennium Studies 86), 289–308

Stock, A.: *Lateinische Hymnen.* Zweite Auflage edn. Berlin 2013

Swartz, M.D.: „Rhetorical Indications of the Poet's Craft in the Ancient Synagogue." In *Beyond Priesthood: Religious Entrepreneurs and Innovators in the Roman Empire,* hg. von G. Petridou, R. Gordon und J. Rüpke. Berlin 2017 (= Religionsgeschichtliche Versuche und Vorarbeiten 66), 231–51

Visotzky, B.L./Tilly, M.: *Judaism II. Literature.* 1. Auflage edn. Stuttgart 2021 (= Die Religionen der Menschheit 27,2)

Wille, G.: *Musica Romana: Die Bedeutung der Musik im Leben der Römer.* Amsterdam 1967

Witulski, Th.: „Die Hymnoden des asianischen Kultes der Dea Roma und des Divi filius Augustus – Anmerkungen zu einer Berufsgruppe innerhalb der kultisch-religiösen Kaiserverehrung." *Osnabrücker Online-Beiträge zu den Altertumswissenschaften* 14, 2011

周虹:略论中国佛教音乐系统的形成 : = *A Brief Comment on the Formation of Chinese Buddhist Music System.* 2006 (哲学与人文科学 = Literature/ History/ Philosophy | 教育与社会科学综合 = Education & Social Sciences 7)

Ankunft im Hafen –
Schiffe, Verkehr und Verbindungen im Römischen Reich

Christoph Schäfer

„Cato ließ im Senat, so wird erzählt, während er die Toga aufnahm, absichtlich ein paar afrikanische Feigen fallen, und als man ihre Größe und Güte bewunderte, sagte er: ‚Das Land, das diese Feigen trägt, ist nur drei Tage Seefahrt von Rom entfernt."[1] Wir werden im Lauf unserer Untersuchung auf diese Aussage zurückkommen.

Von Karthago nach Rom zu segeln war eine Sache, tatsächlich in den Hafen einzulaufen eine andere. Die sichere Ankunft im Hafen konnte für die antiken Seeleute eine echte Herausforderung darstellen. Es lohnt sich daher, sich kritisch mit den nautischen Gegebenheiten und Herausforderungen auseinanderzusetzen, die Häfen für Seeleute mit sich brachten.

Tatsache ist, dass zunächst einmal die Annäherung eine besondere Aufgabe war. Wenn weithin sichtbare Landmarken vorhanden waren, fiel die Orientierung auch im Zeitalter vor GPS nicht schwer, sofern die meteorologischen Bedingungen eine gute Sicht zuließen. Der antike Seemann konnte sich an der Sonne und den Sternen orientieren. Er kannte sich mit den typischen Wetterbedingungen jeder Jahreszeit aus. Solange die Windverhältnisse stabil waren, konnte er auch anhand der Windrichtung, des Wellengangs und der Strömungen, die er in aller Regel kannte, navigieren.[2] Schwirig wurde es allerdings bei wechselnden Winden und unsichtigem Wetter. In diesem Fall blieb nur die Hoffnung, Land zu erspähen und, was noch wichtiger war, Landmarken rechtzeitig zu erkennen, um sich neu orientieren zu können.

Neben einem stabilen Wind konnten auch Strömungen – sofern sie bekannt waren – zur Navigation herangezogen werden. Auf jeden Fall fuhr man in der römischen Kaiserzeit über die offene See. Pascal Arnaud hat diesbezüglich bahnbrechende Forschung geleistet und insbesondere in seinem Buch „Les routes de la navigation antique" die Seeverbindungen im Mittelmeerraum mit der Doppelkompetenz des Altertumswissenschaftlers und des versierten Seglers analysiert.[3] Ende 2015 hat dann Pascal Warnking für die Simulation der Seerouten und Fahrzeiten nautische Software mit den antiken Quellen kombiniert.[4]

---

[1] Plut. Cat. Mai. 27,1.
[2] Zur Navigation in der antiken Welt siehe Arnaud 2005, 50–60. 2020, 61–71. Beresford 2013, 174–212.
[3] Arnaud 2005, 2. erweiterte Aufl. 2020.
[4] Warnking 2015.

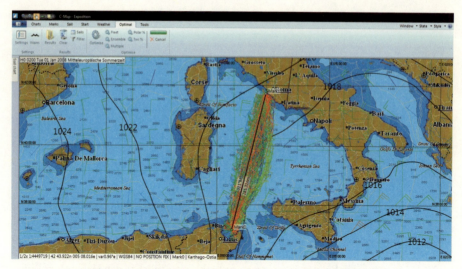

Abb. 1: Seeroute Karthago – Rom (Ostia) im April (P. Warnking)

Es sind vor allem Massengüter, die man auf Tausenden von Schiffen transportierte. Dies wird besonders deutlich bei der Versorgung der germanischen Provinzen mit Öl, weil Öl nicht vor Ort produziert werden konnte, sondern komplett aus dem Mittelmeerraum importiert wurde. In Mainz, wo im 1. Jh. mehr als eine Legion, ab dem Jahr 93 dann nur noch die XXII Primigenia P. F. stationiert war, kamen die frühesten Importe in Amphoren des Typs Brindisi aus Süditalien; die Typen Tripolitana I u. II belegen Lieferungen aus Nordafrika ebenfalls in der Anfangszeit der römischen Präsenz. Die über 1500 aus der Baetica stammenden Amphoren vom Typ Dressel 20 marginalisieren aber geradezu die wenigen anderen Typen für den Öltransport, die durchweg in weniger als zehn Exemplaren belegt sind.[5] Nahezu das gesamte Öl in den germanischen Provinzen wurde also aus der Baetica an den Rhein transportiert. Große Unternehmer wie die Caecilii ließen ihre Amphoren über die Atlantikroute quer über die Biskaya in die Rheinmündung verschiffen. Von dort wurde das Öl mit kleineren Schiffen in die Lager und Siedlungen am germanischen Limes gebracht. Kleinere Unternehmer transportierten ihr Öl über die Rhône – Saône – Mosel-Route ins römische Germanien. Damit verdienten Sie immer noch genug. Der Handel rentierte sich auch für sie, obwohl die Transportkosten ungleich höher lagen und mehr als das Doppelte im Vergleich zur Atlantikroute betrugen. Damit fügt sich ihr Verhalten ein in die moderne Transportkostentheorie, nach der nicht nur die Gewinnmaximierung, sondern auch irrationale Elemente wie soziale Verbindungen, Gewohnheiten oder ähnliches die Entscheidung von Händlern für die Wahl des Transportweges und der Transportmittel beeinflussen.[6]

---

5   Ehmig 2003, 26ff.
6   Schäfer 2016, 212–241. Schäfer 2017, 98–106.

Rom als der Hotspot des antiken Seehandels schlechthin war Abnehmer riesiger Mengen an importierten Waren, darunter auch Olivenöl. Der für die kontinuierliche Versorgung der Metropole erforderliche Schiffsraum wurde zumeist von privaten Reedern oder Schifffahrtsgesellschaften bereitgestellt.[7]

Leistungsfähigkeit antiker Schiffe

Zunächst ein Blick auf die Schiffe selbst unter Berücksichtigung unseres Verständnisses des Hafenverkehrs von Ostia. Was die Größe angeht, können wir uns auf mehrere Hundert bekannte Wracks aus der Kaiserzeit stützen.[8]

Kleinere Schiffe mit einer Ladekapazität von etwa 20–30 t wurden flexibel und für unterschiedliche Ladungen eingesetzt, wie die Wracks von Procchio/Elba oder Le Cavalière/Côte d'Azur zeigen.[9] Ein sehr gut erhaltenes Beispiel für ein solches Schiff ist das Wrack Nr. 2 in der Bucht von Laurons, westlich von Marseille.[10]

Andere Schiffe besaßen eine Tragfähigkeit von etwa 60–80 t, um 150 t oder sogar um 300 t. Sicherlich transportierten auch die größeren Schiffe Beifracht, allerdings hat man sich offenbar mit zunehmender Kapazität auf *ein* Frachtgut als Hauptfracht konzentriert. Das 38 m lange Wrack „La Madrague de Giens" konnte zum Beispiel mehr als 6.000 oder sogar fast 8.000 Weinamphoren (nahezu alle Dressel 1 B) transportieren.[11]

Allerdings barg die Schiffsgröße auch ein gewisses Risiko, denn die Superfrachter mussten auch einigermaßen ausgelastet werden, um profitabel zu sein und konnten damals wie heute nur die größten Häfen anlaufen. Lukian beschreibt einen Getreidefrachter von 53 m Länge, 14 m Breite und einer Kapazität von 1300 t, der bei einem Sturm im Piraeus Schutz gesucht hatte.[12] Schiffe dieser Größe stellten aber aus besagten Gründen eine Ausnahme dar.

Für die Kalkulation ihrer Leistungsfähigkeit liefern die Experimente mit den Nachbauten römischer Militärschiffe wichtige Hinweise. Hierüber erhalten wir Daten, die Prognosen hinsichtlich der Segeleigenschaften der Handelsschiffe erlauben. Diese müssen mindestens so gut am Wind gesegelt sein wie die primär für Ruderantrieb optimierten Kriegsschiffe. Es gibt lediglich eine Möglichkeit, genaue Daten zu gewinnen, um die Segeleigenschaften historischer Schiffskonstruktionen zu messen. Denn auch im Zeitalter von GPS reicht es nicht es nicht, die Fahrt eines Schiffes über Grund zu messen. Um valide Daten zu erhalten, muss die in den GPS-Daten inkludierte Drift des Schiffes, d. h. seine Versetzung durch Strom und Wind, berücksichtigt werden.

---

7   Harris 1993, 16–18. Arnaud 2016, 137–140 und 141–147.
8   Parker 1992. Nantet 2016.
9   Nantet 2016, 449–451 und 338–342.
10 Gassend, Liou und Ximénès 1984, 75–105. Pomey 1985, 132. Nantet 2016, 475–478.
11 Pomey 1982, 133–154. Pomey und Tchernia 1978, 233–234. schätzen die Kapazität auf 6.000–7.000 Amphoren Dressel 1 B. Nantet 2016, 358 geht von einer Kapazität von bis zu knapp 8.000 Dressel 1 B aus. Vgl. Pomey und Rieth 2005, 93–97. Tchernia, Pomey und Hesnard 1978.
12 Lukian. Navig. 5–9. Rougé 1966, 69–70. Casson 1971, 186–189.

Abb. 2: Die „Victoria", ein Oberstimm Typ 1 Militärschiff, das zwischen 2007 und 2008 rekonstruiert wurde. Grundlage dafür war ein archäologischer Befund vom Ende des ersten Jahrhunderts n. Chr.[13]

Abb. 3: Die „Lusoria Rhenana", ein Militärschiff vom Typ Mainz A, rekonstruiert zwischen 2010 und 2011

Ein Nachbau eines römischen Handelsschiffs wurde 2019 an der Universität Trier fertiggestellt. Die Tests dieses Schiffes sind noch im Gang. Im Rahmen von Experimenten mit drei Nachbauten antiker Militärschiffe konnten immerhin schon ähnliche Segeleigenschaften untersucht werden.

---

13 Bockius 2002. Aßkamp und Schäfer 2008. Schäfer und Wagener 2008, 93–113.

Hierfür haben Astrophysiker der Technischen Universität Hamburg-Harburg und des Massachusetts Institute of Technology (MIT) die Software des NX-2 Systems von Silva-Nexus weiterentwickelt. Damit konnten das ursprünglich für den America's Cup entwickelte Messsystem an die Bedürfnisse römischer Schiffsrekonstruktionen angepasst und die versetzungsbereinigten Werte zu Fahrtrichtung und -geschwindigkeit unter Segel ermittelt werden.[14]

In einem Polardiagramm lassen sich die Segeleigenschaften des Schiffes darstellen.

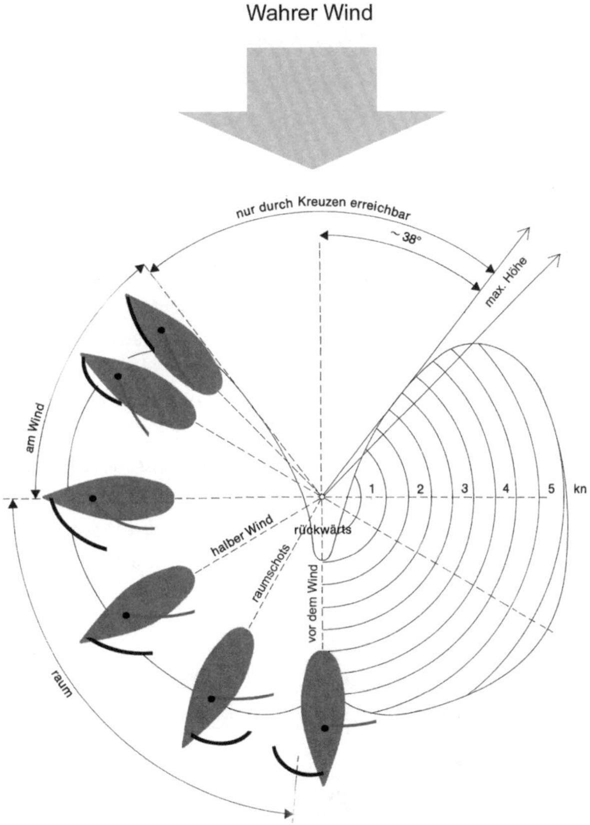

Abb. 4: Polardiagramm einer modernen Segelyacht

---

14 Günther und Wawrzyn 2008, 111–122. Günther und Wawrzyn 2016, 236–250.

Mit der Rekonstruktion eines römischen Flussschiffs vom Typ Oberstimm 1, das auf die Zeit um 100 n. Chr. datiert wird, konnten genügend Daten zur Fertigung des folgenden Diagramms gesammelt werden:

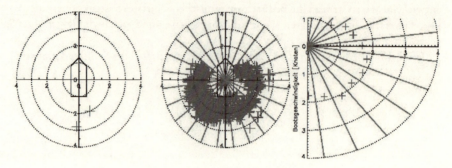

Abb. 5: Polardiagramm der Victoria (Typ Oberstimm 1)

Experimente mit dem für die Antike und das Mittelalter typischen Rahsegel haben gezeigt – die Versetzung durch Strom und Wind herausgerechnet –, dass römische Schiffe nicht nur vor dem Wind oder raumschots, sondern auch auf Halbwindkurs und sogar leicht am Wind gesegelt werden konnten.[15] Wenn Schiffe, die in erster Linie für den Ruderantrieb konzipiert waren, solche Segeleigenschaften aufweisen, kann man davon ausgehen, dass Segelschiffe, die für die offene See konzipiert waren, noch bessere Leistungen erbrachten. Neue Daten – zum ersten Mal auch für ein römisches Handelsschiff – werden derzeit mit dem bereits erwähnten Nachbau von Laurons 2 gesammelt. Diese werden unser Wissen hinsichtlich der Fahreigenschaften antiker Frachtschiffe erheblich erweitern.

Hafenbetrieb

Welche Konsequenzen haben diese Ergebnisse für unser Verständnis des Hafens von Ostia?

Die vorherrschenden Winde kommen aus Nord bis Nordwest, insbesondere die nördliche Tramontana, die vom italienischen Festland her weht. Im Winter können die Winde in der Nähe von Talmündungen beträchtlich auffrischen. Dies kann wiederum zu einem raschen Temperaturabfall führen. Im Frühjahr und Herbst ist mit Sturm und frischen Winden zu rechnen. Oft werden die vorherrschenden Winde in Landnähe durch thermische Winde überlagert. Das typische Mittelmeerklima mit leichten Temperaturschwankungen in der Mitte des Jahres bietet ideale Segelbedingungen von März bis November. Die thermischen Winde sind in der Regel in den nördlichen Regionen stärker. Im Sommer sind je nach Großwetterlage auch südliche Winde möglich; der Scirocco kann große

---

15 Whitewright 2011, 7–10. Arnaud 2011, 147–160.

Mengen an Staub und Sand vom afrikanischen Kontinent mit sich führen.[16] Halbwindkurse stellen nach den Messungen mit dem NX2-System keinerlei Problem für die mit Rahsegeln ausgestatteten römischen Schiffe dar.

Wie Pascal Arnaud gezeigt und Pascal Warnking mit Hilfe einer nautischen Software bestätigt hat, konnte ein von Karthago kommendes Segelschiff tatsächlich innerhalb von drei Tagen den Hafen von Rom erreichen.[17] Cato der Ältere hatte Recht, und seine Botschaft war klar: Angesichts der vorherrschenden nautischen Bedingungen war Karthago tatsächlich näher an Rom, als die Senatoren dachten, und der alte Feind konnte in kürzester Zeit an der römischen Küste auftauchen.

Was die Transportkosten anbelangt, so können wir eine näherungsweise Kalkulation vorschlagen. Richard Duncan-Jones hat nach sorgfältiger Prüfung der schriftlichen Belege für den Handelsverkehr ein Verhältnis von 1:4,9:28–56 errechnet, wenn man die relativen Kosten des See-, Fluss- und Landtransports vergleicht.[18] Sicherlich ist dies eine konservative Schätzung, die allerdings nicht ohne Kritik geblieben ist. Michel Polfer bezweifelt die hohen Kosten des Landtransports und zieht Vergleichsdaten aus dem England des 17. Jahrhunderts vor, die von D.P.S. Peacock vorgelegt wurden, und kommt so zu einem Verhältnis von 1:4,7:22,6.[19] Dagegen kalkuliert Pascal Arnaud mit einer deutlich größeren Differenz als Peacock. Unter Berücksichtigung der spezifischen Bedingungen der Schifffahrt im Zeitalter der Segelschiffe prognostiziert er ein Kostenverhältnis von mindestens 1:30 zwischen Seetransport und Landtransport.[20]

Kürzlich hat P. Warnking überzeugend dargelegt, dass die Gesamtdauer der Beförderung und nicht die Entfernung oder das Transportmittel den größten Einfluss auf die Transportkosten hat.[21] Es sei darauf hingewiesen, dass dies ausschließlich auf den Transportentfernungen beruht und die Kosten für Umschlag bzw. Umladen sowie die potenziellen Kosten für Verluste durch Verschütten oder Diebstahl noch nicht berücksichtigt sind. Insofern dürfen wir getrost das 30-40fache an Kosten für den Warentransfer über Land im Vergleich zum Transport über See veranschlagen.[22]

Der Schiffsverkehr vor Ostia/Portus muss außerordentlich intensiv und oft herausfordernd gewesen sein.[23] Bei der Ankunft vom offenen Meer her bietet die flache Küstenlinie kaum Anhaltspunkte für die Identifizierung von Landmarken. Ein Leuchtturm wie

---

16 Zu den nautischen Bedingungen von Ostia siehe Deutsches Hydrographisches Institut, Mittelmeer-Handbuch II, 1952, 287. ESYS Online Hafenhandbuch Italien: Ostia (https://www.esys.org/rev_info/Italien/Ostia.html) (18.03.2020).
17 Arnaud 2005, 162–163. Warnking 2015, 203–207. Warnking 2016, 66–68.
18 Duncan-Jones ²1982, 368.
19 Polfer 1991, 287–290. Peacock 1978, 49.
20 Arnaud 2018, 21–35, Tabelle 3.1.
21 Warnking 2015, 322–324 und 340–343.
22 Schäfer 2023, 759f.
23 Das Hafengebiet und die Lage von Ostia und Portus wurden von Keay 2012, 39–48 untersucht. Keay 2016, 295–303. Vgl. Keay et. al. 2005. Ein Vergleich der Kapazitäten der wichtigsten Häfen wurde von Wilson, Schörle und Rice 2012, 381 vorgenommen.

Abb. 6: Die antiken Häfen von Ostia (S. Keay)

der Pharos von Portus war daher zur Orientierung notwendig.²⁴ Bei der Annäherung an den Hafen können Westwinde – also Winde, die vom Meer kommen – zu einer Kreuzsee führen, d. h. zu einer Kreuzung von Wellen, die aus verschiedenen Richtungen kommen. In diesen Fällen ist eine sorgfältige Navigation erforderlich.²⁵

Infolge starker und anhaltender Winde versandet die Hafeneinfahrt des heutigen *Porto turistico di Roma* regelmäßig und muss ausgebaggert werden.²⁶ Auch die Tibermündung neigt zur Versandung, weshalb schon in der römischen Kaiserzeit große Schiffe nicht den Tiber stromaufwärts bis nach Rom fahren konnten.²⁷

Was die konkrete Art und Weise des Einlaufens in Portus betrifft, so ist es hilfreich, die Situation am Canale di Fiumicino zu vergleichen. Es herrscht ein anhaltender Weststrom, der unmittelbar vor der Einfahrt nach Nord-Nordwest dreht und dann der Küstenlinie folgt. Unmittelbar vor der Einfahrt herrscht erheblicher Wellengang und bei starkem auflandigem Wind auch eine entsprechende Brandung. Es ist daher empfehlenswert, die Kanaleinfahrt mit relativ hoher Geschwindigkeit zu passieren.²⁸

---

24 Keay 2012, 41 und 44. Bolder-Boos 2014, 42.
25 Die Windverhältnisse des Römischen Reiches im Mittelmeerraum entsprechen den heutigen (Murray 1987, 167). Wir können also die heute gemessenen Windverhältnisse auf die Situation in der Antike übertragen. Zu den heutigen Wetterverhältnissen an der Küste vor Ostia siehe Deutsches Hydrographisches Institut, Mittelmeer-Handbuch II, 1952, 285–287. Heikell und Heikell 2019, 181. ESYS Online Hafenhandbuch Italien: Ostia (https://www.esys.org/rev_info/Italien/Ostia.html) (10.01.2024).
26 Heikell und Heikell 2019, 181.
27 Zum Flusshandel auf dem Tiber vgl. Campbell 2012, 315–320.
28 Deutsches Hydrographisches Institut, Mittelmeer-Handbuch II, 1952, 286–288. Heikell and Heikell 2019, 175–176. ESYS Online Hafenhandbuch Italien: Ostia (https://www.esys.org/rev_info/Italien/Ostia.html) (18.03.2020).

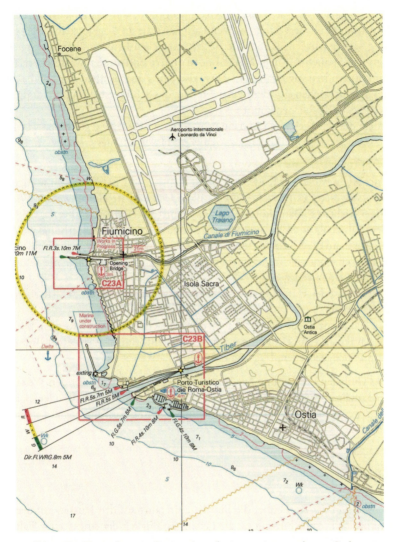

Abb. 7: Die Küstenlage vor Ostia – Ausschnitt aus einer modernen Seekarte[29]

Die Einfahrt in den Hafen von Portus war wahrscheinlich mit ähnlichen Problemen verbunden. Die Seeleute mussten eine Querströmung berücksichtigen und daher mit relativ hoher Geschwindigkeit in das Hafenbecken einlaufen, wo sie schnell die Segel bergen und beidrehen konnten.

---

29 NV Atlas IT 2, 2017, Adjoining C8.

Da große Schiffe viel Platz zum Schwojen benötigen, war das Ankern im Hafen sicherlich nicht das übliche Verfahren. Wenn am Kai oder an der Pier kein Liegeplatz zur Verfügung stand, wurden die Schiffe höchstwahrscheinlich mit Leinen festgemacht, die mit großen Steinen auf dem Meeresboden fixiert und an der Wasseroberfläche an Schwimmkörpern befestigt waren. Es muss also eine Art Bojenfeld gegeben haben, wo man nach dem Beidrehen eine der Leinen greifen, das Schiff erst einmal aufstoppen und bis auf weiteres liegen bleiben konnte.[30]

Nachdem die Segel geborgen und ein provisorischer Liegeplatz gefunden worden waren, gab es verschiedene Methoden, das Schiff im Hafen zu bugsieren bzw. an einen anderen Platz zu verlegen:

1. Am leichtesten war es für Rudersegler oder kleinere Schiffe mit einigen wenigen Riemen, vorausgesetzt es herrschte Windstille oder es wehte ein schwacher Wind aus günstiger Richtung. Dann konnte man das Schiff aus eigener Kraft verlegen.
2. Größere Fahrzeuge wurden durch Schlepper bugsiert, kleine Ruderboote vielen Riemen zogen dann die Schiffe an ihren Liegeplatz – auch dies bei wenig Wind.
3. Hatte man eine oder mehrere Leinen an Land gebracht, konnte man die Schiffe mithilfe dieser Leinen verlegen.
4. War der Grund des Hafenbeckens nicht zu tief, so ließen sich die Schiffe auch durch Staken bewegen.
5. Lag ein Schiff auf Reede konnte es auch durch Leichtern entladen werden. Die Leichter der Antike sind zumeist Prahme gewesen, kastenförmige, oben offene Binnenfahrzeuge mit hochgezogenem Bug und Heck.

Nach dem Umladen der Ladung auf Binnenschiffe wurden diese für den Weitertransport über Kanäle oder Flüsse verwendet; sie konnten getreidelt, gestakt oder sogar gesegelt werden, wenn die Windverhältnisse günstig waren und das Fahrzeug mit einem Segel ausgestattet war.[31]

Konnektivität

Seehäfen waren in der Regel über die Binnenschifffahrt auf den Flüssen mit dem Hinterland verbunden. Auch hier gilt es, die Leistungsfähigkeit der eingesetzten Fahrzeuge zu erfassen und hochzurechnen. 2016 und 2017 hat ein Team aus Forschenden und Studierenden der Universität Trier auf der Mosel Versuche mit dem Modell eines römischen Lastkahns durchgeführt.

Grundlage für die Rekonstruktion war der Prahm von Bevaix. Es handelt sich um ein simples, vergleichsweise plump wirkendes Fahrzeug, das aber hohe Tragfähigkeit mit

---

30 Diesen Hinweis verdanke ich Pascal Arnaud, mit dem ich den Inhalt dieses Artikels diskutieren konnte.
31 Zu Flussschiffen vgl. de Weerd 1982 und 1988. Bockius 2000, 2002 und 2003. Bockius 2007, 92–96. Djaoui 2017, 63–83.

Abb. 8: Schleppen des Lastkahns nach dem Vorbild des Prahms von Bevaix

geringem Tiefgang verbindet. Daher waren solche flachgehenden Prahme auch für Flüsse und Bäche geeignet, die wir heute gar nicht mehr als schiffbar betrachten würden.

Dutzendfach ist dieser Schiffstyp in Gallien und Germanien im archäologischen Befund nachgewiesen worden. Nach Plänen von Beat Arnold und Ronald Bockius wurde ein Modell des im Lac de Neuchatel bei Bevaix gefundenen kaiserzeitlichen Prahms im Verhältnis 1:2 angefertigt.[32]

Für die Tests entwickelten Maschinenbauer der Hochschule Trier unter Leitung von Karl Hofmann-von Kap-herr ein umfangreiches Testinstrumentarium zum Erfassen der Kräfte, die bei den verschiedenen Antriebsarten auftreten. Diese Messinstrumente wurden dann mit dem nautischen NX-2-Messsystem kombiniert, das schon früher bei den Testfahrten mit den 1:1 Rekonstruktionen der Mainzer Römerschiffe („Lusoria Rhenana" und „Regina") und des trajanzeitlichen Militärschiffs Oberstimm 1 ("Victoria") erfolgreich eingesetzt wurde.[33] Durch die Kombination der verschiedenen Messgeräte konnten „versetzungsfreie" Daten zur Leistungsfähigkeit speziell von Prahmen erhoben, d. h. die Drift durch Strom und Wind herausgerechnet werden.

Ende September 2016 wurde als erste Antriebsart das Treideln mithilfe von elektronischen Sensoren einer gründlichen Untersuchung unterzogen, denn insbesondere stromaufwärts und bei fehlender Windunterstützung wurden römische Lastschiffe an Leinen mit menschlicher Muskelkraft gezogen.

Noch komplizierter gestaltete sich das Erfassen der Antriebskräfte beim Staken, d. h. beim Fortbewegen des Wasserfahrzeugs mit einer Stakstange durch Abstoßen vom Grund des Gewässers. Die hierfür entwickelte Messvorrichtung besteht aus zwei inein-

---

32 Arnold 1992. Bockius 2000, 112. Bockius 2003, 449.
33 Günther und Wawrzyn 2008, 111–122. Günther und Wawrzyn 2016, 236–250. Schäfer und Wagener 2016, 116–118.

Abb. 9: Rekonstruktion des Trierer Binnenschiffs auf der Grundlage des Prahms von Bevaix

ander geführten und mit einem Sensor versehenen Aluminiumrohren mit unterschiedlichen Längen. Für den Einsatz des Messstaks wurde zusätzlich eine schwimmend gelagerte Plattform mit Kraftmesszelle konstruiert.[34]

Beim Staken muss eine Person eine wesentlich größere Energiemenge aufwenden, um das Schiff anzutreiben, als beim Treideln. Die auf der Mosel gesammelten Daten zeigen, dass das Treideln eines voll beladenen Prahms etwa ein Drittel der Energiemenge im Vergleich zum Staken benötigt. Außerdem ist das Staken im Vergleich dazu eine viel anspruchsvollere Technik, die ein hohes Maß an Geschicklichkeit erfordert. Das Treideln hingegen kann auch von ungeschulten Personen übernommen werden.

Als Hauptantriebsart für die Prahme gilt zwar das Treideln. Auf einschlägigen Reliefs findet man bei römischen Lastkähnen aber immer wieder einen Mast oder zumindest einen Maststummel, an dem die Treideltaue festgeknüpft waren und der als Mast fungieren konnte. Es stellt sich daher die Frage, inwieweit nicht auch Segel als Antrieb gedient haben und wie effektiv diese alternative Antriebsart von den römischen Binnenschiffern genutzt werden konnte.

Entgegen allen Erwartungen war sogar das Segeln mit halbem Wind problemlos möglich und auch die Abdrift durch den senkrecht zur Schiffsmittelachse einfallenden Wind war verhältnismäßig gering. Zurückzuführen ist dies auf die über die ganze Schiffslänge senkrecht abfallende Bordwand mit „scharfer Kante", die das Fahrzeug bei leichter Krängung mit der leeseitigen Rumpfkante wie ein Schwert im Wasser stabilisiert. Auch bei einer Windstärke von 4 Beaufort war der Prahm noch gut beherrschbar. Auf Halbwindkurs wurde sogar eine Spitzengeschwindigkeit von 5,7 Knoten gemessen.[35]

---

34 Hofmann-von Kap-herr und Schäfer 2017, 78–81.
35 Hofmann-von Kap-herr und Schäfer 2017, 81–83.

Die Messsysteme und -methoden, die für römische Militärschiffe und Prahme entwickelt wurden, können in Zukunft auch auf andere rekonstruierte antike Schiffe übertragen werden – und auf Nachbauten aus anderen historischen Epochen.[36] Die Rekonstruktion des Handelsschiffes Laurons 2 („Bissula"), die derzeit in Trier und vor der südfranzösischen Küste getestet wird, wird erstmals genaue und verlässliche Daten über die Leistung eines seegängigen, in der römischen Kaiserzeit üblichen Schiffstyps liefern. Die Ergebnisse der Tests und Experimente mit dem Typ Laurons 2 werden wesentlich dazu beitragen, die bisherigen Kalkulationen zur römischen Seeschifffahrt zu verbessern. Dies wiederum könnte für die Analyse von Hafensituationen wie in Portus von Nutzen sein.

Literaturverzeichnis

Aßkamp, R./Schäfer, Ch. (Hg.): *Projekt Römerschiff. Nachbau und Erprobung für die Ausstellung „Imperium Konflikt Mythos – 2000 Jahre Varusschlacht".* Hamburg 2008

Arnaud, P.: „Cities and Maritime Trade under the Roman Empire." In *Connecting the Ancient World. Mediterranean Shipping, Maritime Networks and their Impact*, hg. von Ch. Schäfer. Rahden/Westf. 2016 (Pharos 38), 115–172

Arnaud, P.: *Les routes de la navigation antique. Itinéraires en Méditerranée.* Paris 2005; 2. Aufl. *Les routes de la navigation antique. Itinéraires en Méditerranée et Mer Noire.* Arles 2020

Arnaud, P.: „Reconstituting the maritime routes of the Roman Empire." In *Advances in Shipping Data Analysis and Modeling,* hg. von C. Ducruet. London 2018, 21–35

Arnaud, P.: „Sailing 90° from the wind: norm or exception?" In *Maritime Technology in the Ancient Economy: Ship-Design and Navigation,* hg. von W. V. Harris und K. Iara. Portsmouth 2011, 147–160

Arnold, B.: *Batellerie gallo-romaine sur le lac de Neuchâtel 2.* Saint-Blaise 1992 (= Arch. Neuchâteloise 13)

Beresford, J.: *The Ancient Sailing Season.* Leiden 2012

Bockius, R.: „Antike Prahme. Monumentale Zeugnisse keltisch-römischer Binnenschiffahrt aus dem 2. Jh. v. Chr. bis ins 3. Jh. n. Chr." *JRGZM* 47/2 (2000) [2003] 439–493

Bockius, R.: „Antike Schwergutfrachter – Zeugnisse römischen Schiffbaus und Gütertransports." In *Steinbruch und Bergwerk. Denkmäler römischer Technikgeschichte zwischen Eifel und Rhein.* Mainz 2000, 110–132 (= Vulkanpark-Forschungen 2)

Bockius, R.: „Die Schiffe von Zwammerdam." In *Römerzeitliche Schiffsfunde in der Datenbank „Navis I",* hg. von A. Mees und B. Pferdehirt. Mainz 2002 (= Kataloge vor- und frühgeschichtlicher Altertümer 29), 40–49

Bockius, R.: *Schifffahrt und Schiffbau in der Antike.* Stuttgart 2007

---

36 So hat B. Dreyer bei der Wiederholung der Nachbauten und Tests der Typen von Oberstimm und Mainz dieses Messsystem immerhin schon teilweise adaptiert. Die Angaben über sein Vorgehen bei den Messungen sind jedoch zum Teil unklar und legen methodische Schwächen offen. Ausdrücke wie „Panzerwende" sind nicht Bestandteil der nautischen Terminologie. Cf. Dreyer 2022, 429, 459 u. 463.

Bolder-Boos, M.: *Ostia – der Hafen Roms.* Darmstadt 2014

Campbell, B.: *Rivers and the Power of Ancient Rome.* Chapel Hill 2012

Casson, L.: *Ships and Seamanship in the Ancient World.* Princeton 1971

de Weerd, M. D.: „Sind ‚keltische' Schiffe römisch? Zur angeblich keltischen Tradition des Schiffstyps von Zwammerdam." *JRGZM* 34,2 (1982) 387–410

de Weerd, M. D.: *Schepen voor Zwammerdam.* Academisch Proefschrift Universiteit van Amsterdam, Amsterdam 1988

Deutsches Hydrographisches Institut: *Mittelmeer-Handbuch II. Teil: West- und Südküste Italiens, Sardinien und Sizilien.* Hamburg ⁴1952

Djaoui, D.: „Circulation et diffusion des marchandises depuis le delta du Rhône." In *Potins et pots de vins. Échange, commerce et transport vers la Gaule du Nord. Exposition créée au Musée du Malgré-Tout à Treignes (Belgique) et présentée du 3 décembre 2016 au 17 avril 2017*, hg. von P. Cattelain und A. Leblon. Treignes 2017, 63–83

Dreyer, B. (Hg.): *Die Fridericiana Alexandrina Navis (F. A. N.).* Darmstadt 2022

Duncan-Jones, R.: *The Economy of the Roman Empire. Quantitative Studies.* Cambridge et al. ²1982

Ehmig, U.: *Die römischen Amphoren aus Mainz.* Möhnesee 2003 (= Frankfurter Archäologische Schriften 4)

ESYS Europäisches Segel-Informationssystem, Online Hafenhandbuch Italien: Ostia, https://www.esys.org/rev_info/Italien/Ostia.html (18.03.2020)

Gassend, J.-M./Liou, B./Ximénès, S.: „L'épave 2 de l'*anse des Laurons* (Martigues, Bouches-du-Rhône)." *Archaeonautica* 4 (1984) 75–105

Günther, H. M./Wawrzyn, A. Ch.: „Technische Details der Tests mit dem NX2-System." In Ch. Schäfer: *Lusoria – ein Römerschiff im Experiment.* Hamburg 2008, 111–122

Günther, H. M./Wawrzyn, A. Ch.: „Technische Auswertung der Testfahrten." In *Lusoria Rhenana – ein römisches Schiff am Rhein. Neue Forschungen zu einem spätantiken Schiffstyp,* hg. von F. Brechtel, Ch. Schäfer und G. Wagener. Hamburg 2016, 236–250

Harris, W. V.: „Between Archaic and Modern: Some current problems in the history of the Roman Economy." In *The Inscribed Economy. Production and Distribution in the Roman Empire in the Light of instrumentum domesticum. The Proceedings of a Conference held at the American Academy in Rome on 10-11 January 1992*, hg. von V. W. Harris. Ann Arbor 1993, 11–29

Hofmann-von Kap-herr, K./Schäfer, Ch.: „Experimentelle Archäologie trifft auf Schifffahrt. Ein römischer Prahm im Test". *Antike Welt* 5 (2017) 76–83

Heikell, R./Heikell, L.: *Küstenhandbuch Italien. Ventimiglia-Brindisi, mit Sardinien, Sizilien und Malta.* Bielefeld ⁵2019

Keay, S.: „Portus in its Mediterranean context." In *Ancient ports. The geography of connections. Proceedings of an International Conference at the Department of Archaeology and Ancient History, Uppsala University, 23-25 September 2010*, hg. von K. Höghammar, B. Alroth und A. Lindhagen. Uppsala 2016, 291–322

Keay, S.: „The port system of Imperial Rome." In *Rome, Portus and the Mediterranean,* hg. von S. Keay. London 2012 (= Archaeological Monographs of the British School at Rome 21), 33–67

Keay, S./Millet, M./Paroli, L./Strutt, K.: *Portus. An archeological survey of the port of imperial Rome 1998–2001*. London 2005 (= Archeological Monographs of the British School at Rome 18)

Murray, W. M.: „Do Modern Winds Equal Ancient Winds?" *MHR* 2 (1987) 167

Nantet, E.: *Phortia. Le tonnage des navires de commerce en Méditerranée du VIIIᵉ siècle av. l'ère chrétienne au VIIᵉ siècle de l'ère chrétienne*. Rennes 2016

NV Atlas IT 2, Elba to Naples. Eckernförde 2017

Parker, A.: *Ancient Shipwrecks of the Mediterranean and the Roman Provinces*. Oxford 1992

Pomey P./Rieth, E.: *L'archéologie navale*. Paris 2005 (= Collection "Archéologiques")

Pomey, P.: „Le navire romain de la Madrague de Giens." In *Comptes rendus des séances de l'Académie des Inscriptions et Belles-Lettres*, 126,1 (1982) 133–154

Pomey, P./Tchernia, A.: „Le tonnage maximum des navires de commerce romains." *Archaeonautica* 2 (1978) 233–251

Pomey P.: „Un caboteur de la fin du IIᵉ s. ap. J.-C.: l'épave 2 de L'anse de Laurons." In *Archéologie sous-marine sur les côtes de France. Vingt ans de recherches*. Nantes 1985, 132

Rougé, J.: *Recherches sur l'organisation du commerce maritime en Mediterranée sous l'empire romain*. Paris 1966

Parker, A. J.: *Ancient Shipwrecks of the Mediterranean & the Roman Provinces*. Oxford 1992 (= BAR International Series 580)

Peacock, D. P. S.: „The Rhine and the problem of Gaulish wine in Roman Britain." In *Roman shipping and trade: Britain and the Rhine provinces*, hg. von J. du Plat Taylor und H. Cleere. London 1978, 49–51 (= CBA Research Report 24)

Polfer, M.: „Der Transport über den Landweg – ein Hemmschuh für die Wirtschaft der römischen Kaiserzeit." *Helinium* 31 (1991) 273–295

Schäfer, Ch./Wagener, G.: „Die ersten Testfahrten des Typs Oberstimm 1." In *Projekt Römerschiff. Nachbau und Erprobung für die Ausstellung „Imperium Konflikt Mythos – 2000 Jahre Varusschlacht"*. Hamburg 2008, 93–113

Schäfer, Ch./Wagener, G.: „Testfahrten mit der Lusoria Rhenana." In *Lusoria Rhenana – ein römisches Schiff am Rhein. Neue Forschungen zu einem spätantiken Schiffstyp*, hg. von F. Brechtel, Ch. Schäfer und G. Wagener. Hamburg 2016, 111–133

Schäfer, Ch.: „Oil for Germany. Some thoughts on Roman long-distance trade." In *Connecting the Ancient World. Mediterranean Shipping, Maritime Networks and their Impact*, hg. von Ch. Schäfer. Rahden/Westf. 2016, 211–248 (= Pharos 38)

Schäfer, Ch.: „The debate on ancient economy as a ‚battlefield' and the question of transport routes to the Rhine region." In *Economía romana. Nuevas perspectivas / The Roman economy. New perspectives*, hg. von J. Remesal Rodríguez. Barcelona 2017, 89–118

Schäfer, Ch.: „Die Vernetzung der Wirtschaft: Handel, Mobilität und Warenzirkulation." In S. von Reden/K. Ruffing: *Handbuch Antike Wirtschaft*. Berlin/Boston 2023, 743–767

Tchernia, A./Pomey, P./Hesnard, A.: *L'épave romaine de la Madrague de Giens (Var) (Gallia, XXXIVᵉ sup.)*. Paris 1978

Warnking, P.: *Der römische Seehandel in seiner Blütezeit. Rahmenbedingungen, Seerouten, Wirtschaftlichkeit*. Rahden/Westf. 2015 (= Pharos 36)

Warnking, P.: „Roman trade routes in the Mediterranean Sea: Modelling the routes and duration of ancient travel with modern offshore regatta software." In *Connecting the Ancient World. Mediterranean Shipping, Maritime Networks and their Impact,* hg. von Ch. Schäfer. Rahden/Westf. 2016, 45–90 (= Pharos 38)

Whitewright, J.: „The potential performance of ancient Mediterranean sailing rigs." *IJNA* 40.1 (2011) 2–17

Wilson, A./Schörle, K./Rice, C.: „Roman ports and Mediterranean connectivity." In *Rome, Portus and the Mediterranean,* hg. von S. Keay. London 2012, 367–391 (= Archaeological Monographs of the British School at Rome 21)

Die Gotenepisoden in Eugippius' Vita sancti Severini – historische Begebenheiten oder theologische Konstruktionen?

Peter Scherrer

Lieber Wolfgang, Deine wissenschaftlichen Interessen haben sich neben Lukian einerseits auf Religion, andererseits auf German(i)en und drittens auf die Spätantike konzentriert, in meinem bescheidenen Versuch, Dir eine kleine Freude zu bereiten, gehe ich daher auf alle drei genannten Themen gleichermaßen zu und bewege mich dabei weitgehend in Noricum, also zugleich im Umfeld Deiner nunmehrigen Wirkungsstätte Graz.

Die Vita sancti Severini des Eugippius[1] ist lange als historische und archäologische Quelle verstanden worden, sogar das von Severin in Favianis gegründete Kloster (VS c. 4,6; 10,1; 22,4; 23,1; 31,6) glaubte man in den 1950er Jahren gefunden zu haben.[2] Noch A. Demandt schrieb in seinem Handbuch „Die Spätantike" 1989 mit großer Gewissheit zur Quellengattung der Heiligenviten unter ausdrücklicher Nennung von Eugippius' Severinsvita: „Polemik und Wundersucht abgerechnet, bieten diese Texte verlässliche Fakten."[3] Ähnlich verstand H. Wolfram auch 1995 die Quelle: „Wenn Severin daher taktische Anweisungen gab, strategische Konzepte entwickelte und mit den von der Zentrale aufgegebenen Föderatenkönigen Verträge schloss, wenn ihn Barbaren, darunter Odoaker, auf dem Weg nach Italien besuchten, wenn er die ‚Fürsorge für die Provinz' übernahm und sich die Provinzialen nicht bloß seiner ‚Leitung' anvertrauten, sondern sogar Anspruch darauf erhoben, ‚der Heilige möge seine Weisungsbefugnis ausüben', dann

---

[1] Im Folgenden VS, hier zitiert nach Noll 1981. – Die Literatur zur VS ist mittlerweile fast unübersehbar; einen Überblick über das späte 20. Jahrhundert bietet etwa Pillinger 1999; Eine rezente Darstellung vieler Aspekte im severinszeitlichen Noricum, auch anhand der VS, bei Bratož 2022, 306–320 und 503–511. Hier werden selektiv Autorinnen und Autoren herangezogen, deren Textverständnis typisch für bestimmte Ausrichtungen und Haltungen ist, Vollständigkeit ist weder beabsichtigt noch (in diesem Rahmen) möglich. Auf Hinzufügung einer Übersetzung verzichte ich hier aus mehreren Gründen. Im Internet abrufbar: https://katholischebuecher.files.wordpress.com/2016/11/hl-severin-vita-sancti-sever-katholische-kirche.pdf. – Vielleicht gelingt es der österreichischen Forschung doch eines Tages, eine allgemein zugängliche, fachlich autorisierte und zeitgemäße Übersetzung mit einem würdigen Kommentar zu erarbeiten.

[2] Zusammenfassend zur Interpretation des Befundes Harreither 1999, 35; vgl. auch Pülz 2015, 82; zur „Archäologie der Severinsorte" vgl. auch Ubl 1982; Pülz 2015, bes. 81f.

[3] Demandt 1989, 4.

will sich ‚der moderne Historiker' nicht mit dem Heiligen zufrieden geben, sondern fragt nach dem ‚eigentlichen Severin'."[4]

Dagegen bildete sich allerdings schon in den 1970er Jahren eine andere Sichtweise heraus, die zunehmend das hagiographische Element in den Vordergrund stellte.[5] Einen Meilenstein in dieser Hinsicht stellt die Zusammenschau der Charakteristik von Severin zwischen historischer Person und Heiligengestalt in der modernen Forschung durch R. Bratož 1994 dar, wenn er einleitend schreibt: „Der Autor hat die Absicht, die Wahrheit zu berichten, jedoch ist diese sehr stilisiert und verschönert. Als Synthese von Fiktion und Realität entfernt sich der hagiographische Text von der Wirklichkeit aufgrund von drei Hauptursachen: wegen der Figur des Haupthelden selbst, wegen der mündlichen Überlieferung und damit des zeitlichen Abstands und wegen der Endredaktion des Autors. Das Ziel des Autors ist normalerweise die Apologie des Helden (mit eventueller Korrektur eines falschen Bildes), die damit verbundene Idealisierung, sowie schließlich die Belehrung im Sinne einer Ermunterung des Lesers zur Sittlichkeit und geistlichen Erziehung im Einklang mit dem idealisierten Bild des Heiligen."[6] Ähnlich urteilten etwa Ph. Régerat[7] und A. Schwarcz,[8] die allerdings – wie auch Bratož selbst[9] – die Hoffnung auf historische Informationen in der Schrift trotzdem faktisch aufrecht hielten.

Eine besondere Stellung in der VS nehmen die bisher ausschließlich historisch interpretierten Gotenepisoden ein, da sich an ihnen zeigen lässt, dass Eugippius bei diesen Begebenheiten keineswegs historische Begebenheiten zu erzählen beabsichtigte, sondern auch hier der hagiographische Kontext überwog, wenn er nicht überhaupt zu einer völligen Erfindung dieser Ereignisse führte. Schon länger ist eine gewisse Gotenfeindlichkeit beim Autor Eugippius und seiner um 511 in Lucullanum bei Neapel geschriebenen Heiligenvita konzediert worden. So beurteilte H. Wolfram Eugippius als „Angehörigen der antigotischen Minderheit im römischen Klerus".[10] Ch. Stadermann hat jüngst den Einstellungswandel römischer Autoren im Verlauf vom späten 4. in das frühe 6. Jh. ausführlich dargestellt.[11] Während um 400, etwa bei Ambrosius von Mailand oder Ammianus

---

4 Wolfram 1995, 47.
5 Zuerst Lotter 1976, der allerdings trotzdem und teilweise sogar völlig überzogen die historische Auswertung vorantrieb und Severin von Noricum sogar mit dem *consul* von 461 gleichsetzen wollte; zu dieser Sichtweise der Person Severins (völlig ablehnend) etwa Bratož 1994, 248–250. – Die eigentlich hagiographische Betrachtung des Werks beginnt mit Bratož 1983, bes. 15–20.
6 Bratož 1996, 222 (die abwägende Gegenüberstellung der Meinungen vor allem S. 247–252).
7 Régerat 1996, 193: „Die Vita Severini ist primär ein Bericht über die Wundertaten eines von Gott gesandten Mannes namens Severin; den geographischen Rahmen der Handlung geben die ostalpinen Provinzen Noricum ripense und Noricum mediterraneum ab, ...". – 194: "Wir müssen uns nämlich immer wieder vergegenwärtigen, dass die Vita keine Geschichtsschreibung im uns heute geläufigen Sinne bietet, sondern ganz bewußt und durchwegs Hagiographie, d.h. sie filtert den historischen Stoff, wobei für uns wichtige Zusammenhänge verdunkelt oder gar für immer verloren gegangen sind." Vgl. auch Régerat 2005.
8 Schwarcz 2001, 26: "The Vita is a hagiographical source."
9 Bratož 2022, passim (vgl. oben Anm. 1).
10 Wolfram 1987, 24.
11 Stadermann 2017, 94.

Marcellinus, die Gotengefahr als überwindbar erachtetet wurde und Rom gestärkt aus diesen Auseinandersetzungen hervorgehen würde, griff in der 2. Etappe die Einsicht um sich, dass diese Barbaren römischen Boden nie wieder verlassen würden und eine Akkulturation (Sidonius Apollinaris) oder der gemeinsame christliche Glaube (Orosius) einen Weg zu erträglicher Koexistenz ebnen würde. „Wurde im frühen 5. Jahrhundert nicht am Fortbestand des römischen Staates gezweifelt, verändert sich diese Sichtweise im Laufe des 5. Jahrhunderts, was als dritte Etappe in der Wahrnehmung der Barbaren bezeichnet werden kann. Im ausgehenden 5. Jahrhundert macht sich nämlich eine zunehmend pessimistischere Grundhaltung der Menschen gegenüber ihrer Gegenwart breit, so dass selbst der Untergang des Römischen Reiches nicht mehr ausgeschlossen scheint."

Eugippius gehört in die nächste Generation, die den Untergang (West-)Roms bereits erlebt hat. Während er jedoch anscheinend Sympathien für Odovacer, hegte, der – obwohl Barbar – als hoher Offizier und Verwandter des byzantinischen Kaiserhauses noch irgendwie in das System passte und dem er Severin die Regierung in Italien prophezeien ließ (VS c. 7), hatten die Ostgoten in seinen Augen dieses Herrschaftssystem endgültig zu Fall gebracht. Stadermann arbeitet anhand der Epifaniusvita des Ennodius von Padua (verfasst um 500) klar heraus, dass die bereits unter westgotischer Botmäßigkeit stehenden Teile Galliens schon unter Kaiser Iulius Nepos nicht mehr als Reichsboden gesehen wurden.[12]

„Das Römische Reich hatte sich in Ennodius' Wahrnehmung im Westen in seinen Grenzen auf Italien zurückgezogen, eine Sicht, die Eugippius in seiner um 511 verfassten Lebensbeschreibung des Severin von Noricum teilt. Ausführlich schildert er den Überlebenskampf der provinzialrömischen Bevölkerung Noricums und Pannoniens, die von Barbaren bedrängt wurde, die in das Reich einfielen, das für Eugippius in seinen alten Grenzen zu bestehen aufgehört hatte.[13] Das Imperium lebte in Italien als dem *solum Romanum* fort."[14] Noch weiter ging W. Goffart, wenn er die Vita Severini als antigotischen historischen Roman bezeichnete,[15] wobei diese These in der Forschung vielleicht nur deshalb kaum rezipiert wurde, weil es sich eben nicht um einen historischen Roman, sondern eine Hagiographie handelt, wodurch das eigentlich positive Ergebnis, die Gotenkritik, mit auf der Strecke blieb.

Die (christliche) Konfession der jeweiligen Barbaren hatte jedoch nur bedingt Schuld an einer negativen Sichtweise, die eher nur in theologischen Disputen zu tragen kam.[16] So konnte Eugippius die Rugier als durchwegs erträgliche „Schutzherren" der Provinzialen in Ufernoricum darstellen und ihre etwas hilflos dargestellten Könige durften sich ratsuchend an ihn wenden (VS c. 3–5; Vertrag c. 31,1–6). Andere Autoren wie Paulus Dia-

---

12 Stadermann 2017, 216f.; Ennod. v. Epif. c. 88.
13 VS c. 20: *Per idem tempus, quo Romanum constabat imperium, multorum milites oppidorum pro custodia limitis publicis stipendiis alebantur; qua consuetudine desinente simul militares turmae sunt deletae cum limite.*
14 Stadermann 2017, 216f.
15 Goffart 2001, bes. 36–39.
16 Stadermann 2017, etwa 71 oder 96.

conus[17] und Ennodius[18] jedoch zeichneten von den Rugiern[19], deren Reste unter ihrem letzten Anführer Fredericus sich nach 488 den Ostgoten angeschlossen und Wohnung im Etschtal genommen hatten, ein verheerendes Bild. Hier setzt zurecht wieder R. Bratož an, der die Sichtweise des Ennodius damit erklärt, dass „im Geiste der hagiographischen Stilisierung ... Bischof Epiphanius mit Predigten (*sermo num suorum melle*) dank seiner Heiligkeit die wunderbare Verbesserung des gesamten rugischen Volkes erwirken" sollte.[20] Im Gegensatz dazu also wollte Eugippius die Goten bewusst als Hort des Bösen hochstilisieren, die wie wir sehen werden, als habgierig, hochfahrend, hinterhältig und vieles Schlechte mehr geschildert werden.

Sehen wir uns nun die einzelnen Episoden genauer an. Die erste Erwähnung der Goten tritt schon früh, in VS c. 5, auf:

Rugorum siquidem rex, nomine Flaccitheus, in ipsis regni sui coepit nutare primordiis habens Gothos ex inferiore Pannonia vehementer infensos, quorum innumera multitudine terrebatur. Is ergo beatissimum Severinum in suis periculis tamquam caeleste oraculum consulebat. Ad quem, dum vehementius turbaretur, adveniens deflebat se a Gothorum principibus ad Italiam transitum postulasse, a quibus se non dubitabat, quia hoc ei denegatum fuerat, occidendum. Tunc ergo a viro Dei hoc responsum praedictus accepit: "Si nos una catholica fides annecteret, magis me de vitae perpetuitate debuisti consulere: sed quia de praesenti tantum salute sollicitus, quae nobis est communis, interrogas, instruendus ausculta. Gothorum nec copia nec adversitate turbaberis, quia cito securus eis discedentibus tu desiderata prosperitate regnabis: tantum ne humilitatis meae monita praetermittas. Non te itaque pigeat pacem appetere etiam minimorum, numquam propriis virtutibus innitaris. „Maledictus", -inquit- Scriptura, „qui confidit in homine et ponit carnem brachium suum et a domino recedit cor eius". Disce igitur insidias cavere, non ponere: in lectulo quippe tuo pacifico fine transibis. Qui cum tali animatus oraculo laetus abscederet, perlato sibi, quod turba latronum aliquos captivasset ex Rugis, virum Dei misit protinus consulendum. Qui sanctis eum mandatis, ne praedones sequeretur, domino revelante praemonuit dicens: «Si eos secutus fueris, occideris. Cave, ne amnem transeas et insidiis, quae tibi in tribus locis paratae sunt, improvida mente succumbas: nam cito nuntius fidelis adveniet, qui te de his omnibus efficiat certiorem.» Tunc duo captivorum, ab ipsis hostium sedibus fugientes, ea per ordinem retulerunt, quae beatissimus vir Christo sibi revelante praedixerat. Igitur, frustratis insidiis adversantium, Flaccitheus incrementis auctus prosperioribus vitam rebus tranquillissimis terminavit.

---

17 Paul. Diac. hist. Rom. 15, 18.
18 Ennod. v. Epif. 118f.: *hominibus omni feritate immanibus, quos atrox et acerba vis animorum ad cotidiana scelera sollicitabat... perversitas naturalis.*
19 Ausführlich zu den Rugiern: Steinacher 2017, bes. 127-129 und 133-135.
20 Bratož 2017, 217f.; vgl. auch Bratož 2022, 516.

Der noch ganz unerfahrene Rugierkönig Flaccitheus fürchtete sich demnach vor der unüberschaubaren Menge Goten, die ihn von Pannonia inferior aus bedrängten, weswegen er den heiligsten (*beatissimimum*) Severinus in seiner Bedrängnis wie ein himmlisches Orakel befragte, da er von den Führern der Goten Durchgangserlaubnis nach Italien erbeten hatte und nun nicht wusste, ob die Rugier den Zug wagen sollten.

Die Einleitung der Episode zielt also ohne ein bestimmtes Ereignis als Anlass nur darauf, den Heiligen ins Spiel zu bringen. Dabei wird für die Lokalisierung der Goten mit Pannonia inferior ein völlig anachronistischer Terminus gewählt, da die so bezeichnete Provinz bereits seit der Tetrarchie Diocletians nicht mehr existierte. Anzunehmen, dass dies ein bloßes Versehen oder eine Unkenntnis des Verfassers Eugippius war, wäre naiv. Der Rückgriff erfolgte wohl bewusst um die Allgemeingültigkeit und Zeitlosigkeit solcher Gefahrensituationen hervorzuheben und das Auftreten Severins von einem bestimmten Ereignis weg auf eine eschatologische Ebene hinzubringen. Dies verdeutlicht Severin selbst, wenn er Flaccitheus zu verstehen gibt, dass dieser aufgrund seines häretischen Glaubens keinen Rat in Bezug auf sein Seelenheil erwarten dürfe und Severin ihm nur für das Diesseits Hilfe leisten könne. Severin sagt dem Rugierkönig dann voraus, dass die Goten bald abziehen würden und keine Gefahr für ihn darstellten, wenn er eine gottgefällige und gerechte Herrschaft führe und sich vor dem Legen von Hinterhalten hüte. Diese in der gegebenen Situation eigentlich zusammenhanglose Ermahnung wird (wunderbarerweise) sogleich schlagend. Denn gleich darauf (VS c. 5.3) werden einige Rugier von Barbaren (die Goten werden hier gar nicht mehr erwähnt) gefangengenommen und der hilflose Flaccitheus muss schon wieder bei Severin um Rat vorstellig werden. Severin gibt ihm den Rat, die Dinge auf sich beruhen zu lassen, da er bei Überschreiten des Stromes [scil. der Donau] und Verfolgung der Gegner [auf pannonischem Gebiet] in einen von drei gelegten Hinterhalten gelangen und im Kampfe fallen werde. Und schon rasch erfährt Flaccitheus von zwei aus der Gefangenschaft entflohenen und zurückgekehrten Rugiern, wie recht der Heilige in allem hatte.

Die ganze Episode dient vordergründig nur dazu, Severin als göttlich erleuchteten Ratgeber des Rugierkönigs darzustellen[21] und die Geschichte vom feindlichen Hinterhalt soll ihn davon abhalten, ähnliche Aktionen selbst zu starten. Die Goten spielen eigentlich gar keine aktive Rolle; sie dienen als ‚Werkzeug Gottes' und sind lediglich dazu da, die Rugier am Zug nach Italien zu hindern. Eine geschichtliche Auswertung oder gar Datierung des Ereignisses auf 468, wie dies immer wieder geschehen ist,[22] scheitert schon daran, dass die Goten anonym bleiben, keiner ihrer Führer genannt wird, der geographisch-chronologi-

---

21 Vgl. zu dieser Rolle Severins als Heiligentopos Bratož 1994, bes. 236: „Am bedeutendsten sind die Kontakte mit Herrschern, die persönlich, mittels Gesandter oder durch Korrespondenz zustande kamen. Dabei sind in der Regel die Herrscher diejenigen, die Kontakt mit dem Gottesmann suchen. Beim Kontakt selbst, vor allem wenn es um eine persönliche Begegnung geht, tritt der Gottesmann immer als die stärkere Seite auf, die im Gespräch das erste und letzte Wort hat (VS 5; 8; 19,1–4; 31; 32,1; 40; 42)."

22 In jüngerer Zeit etwa: Régerat 1996, 198, der meint, die Rugier wollten in Italien in die römische Armee eintreten; oder Wolfram 1990, 265–268, bzw. Wolfram 1995, 53–55, der aus der VS ableitet, dass die Rugier unter Flaccitheus 467 den *patricius* Rikimer gegen in Noricum eingedrungene Ost-

sche Raum ganz bewusst unbestimmt bleibt (Pannonia inf.); auch wird der Hinterhalt offensichtlich gar nicht von den Goten, sondern anderen, ebenfalls anonymen Barbaren gelegt. Der Sinn der ganzen Episode ist ein ganz anderer. Eugippius weiß natürlich, dass die Rugier (abgesehen von bescheidenen Resten) nicht nach Italien ziehen werden, sondern ihr Reich von Odovacer bzw. dessen Bruder Hunwulf 487/88 zerstört wurde. Die ganze Episode stellt somit lediglich und ausschließlich den heilsgeschichtlichen Antipol zur Abwanderung der Romanen von Noricum ripense nach Italia dar, bei deren Voraussage Eugippius seinen Heiligen zum neuen Moses hochstilisiert. Die Rugier sind eben, wie 511 jeder weiß, nicht ein ‚auserwähltes Volk', auch wenn Flaccitheus insgesamt kein ‚übler Kerl' ist. Und auch Odovacer ist in der ganzen Vita nur ein Werkzeug Gottes, der die Herrschaft in Italien übernehmen darf (VS c. 7) um die Rugier zu vernichten und die Romanen nach Italien zu beordern, dann hat er ausgedient, wie Severin indirekt selbst mit der Prophezeiung der Regierungszeit von 13–14 Jahren voraussagt (VS c. 33); ein gottgefälliger Mann und König ist er (als Barbar und Arianer[23]) deswegen aber noch lange nicht.

Grundsätzlich ganz ähnliche Züge wie das eben besprochene Beispiel zeigt auch die Episode VS c. 17,4–5 in der räuberische Goten aus Tiburnia (Teurnia) für Ufernoricum bestimmte Hilfsgüter, vor allem Altkleider, als Abfindung erhalten und – solchermaßen zufriedengestellt – wieder abziehen.

> *Pro decimis autem, ut diximus, dandis, quibus pauperes alerentur, Norici quoque populos missis exhortabatur epistolis. Ex qua consuetudine cum ad eum nonnullam erogandarum vestium copiam direxissent, interrogavit eos, qui venerant, si ex oppido quoque Tiburniae similis collatio mitteretur. Respondentibus etiam inde protinus affuturos, vir Dei nequaquam eos venire signavit, sed dilatam eorum oblationem praedixit barbaris offerendam. Itaque non multo post cives Tiburniae vario cum obsidentibus Gothis certamine dimicantes vix inita foederis pactione inter cetera etiam largitionem iam in unum collatam, quam mittere famulo Dei distulerant, hostibus obtulerunt.*

Die Goten treten hier wieder nur auf, um als ‚Werkzeug Gottes' die – im Vergleich zur übrigen Provinz wohl relativ wohlhabenden – Einwohner der *metropolis Tiburnia* (vgl. dazu auch VS c. 21), die den Zehent nicht abliefern wollten, zu bestrafen und ihnen zu zeigen, dass *caritas* belohnt würde. Darüber hinaus ergibt sich für Severin wieder einmal die Gelegenheit seine Voraussagefähigkeit, nämlich dass die Lieferung aus Tiburnia nicht eintreffen werde, auszuspielen.

Die zahlreichen Versuche einer historischen Einordnung der Episode und eine versuchte Verbindung mit den 472/73 unter Vidimer vom südlichen Pannonien nach Italien ziehenden Goten[24] sind gekünstelt und unfruchtbar. Vidimer wird sich wegen einiger

---

goten unterstützt hätten, danach aber ein Paradigmenwechsel und eine ostgotenfreundliche Politik eingeleitet worden wären.
23 Zur Haltung Severins gegenüber den Arianern vgl. Régerat 1998.
24 Vgl. etwa Wolfram 1995, 47; sehr vorsichtig Schwarcz 2000, 60f. mit Anm. 7: „Möglicherweise gehört die Nachricht von der Eintreibung des *Canon vestium* durch Goten in Teurnia bei Eugippi-

Altkleider den riesigen Zeitverlust im Drautal bis Teurnia hinaufzuziehen, kaum angetan haben, vielmehr zog er sicher von Poetovio (Ptuj) entlang der Bernsteinroute nach Süden und gelangte – wie wenig später (488) auch Theoderich – über Emona (Ljubljana) nach Italien, wo ihn Odovacer am Isonzo erwartete.[25] Ob dabei im Zuge von Fourage-Aktionen einige gotische Krieger bis nach Tiburnia gelangten,[26] muss natürlich dahingestellt bleiben, eine „Belagerung" der Stadt (*obsidentibus Gothis*), wie sie im Text angesprochen wird,[27] ist aber historisch bei diesem Unternehmen kaum wahrscheinlich zu machen. Eugippius geht es einzig darum, die seherische Gabe Severins und die Folgen für Säumigkeit bei *caritas* herauszuarbeiten, die – wie in VS c. 5 anonymen – Goten dienen lediglich als Vollstrecker des göttlichen Willens.

Dies wird besonders deutlich, wenn wir den Antipol zu dieser Episode in Betracht ziehen, der in VS c. 29 erzählt wird. Hier macht sich der Noriker Maximus „mitten im kalten Winter … mit vielen angeworbenen Begleitern" auf um Kleider „über die höchsten Gipfel der Alpen" für die Armen und Gefangene nach Norden zu bringen. In verzweifelter Situation erscheint dem Führer der Gruppe der Heilige, der ihm Mut zuspricht. Bald darauf erscheint der Gruppe ein riesiger Bär um ihr den Weg zu weisen und sogar auszutreten. Bei ihrer Ankunft informiert Severin sein Umfeld bereits über die wundersame Bärengeschichte.

Völlig anders ist die letzte hier zu besprechende Gotenepisode gestaltet. Sie betrifft Giso, die aus dem Amalerhaus stammende Gemahlin des Rugierkönigs Feletheus (oder Feva), die in VS c. 8,1–2 als *feralis et noxia* gezeichnet wird, die ihren Mann von Milde abhielt und viele Ungerechtigkeiten verübte, ja sogar Katholiken zu Arianern umtaufen lassen wollte und Romanen an ihren Hof zur Fronarbeit verschleppte. Als Severin sie ermahnte und sie von ihrem Tun abbringen wollte, ließ sie ihn grob abblitzen: „*Ora -inquit- tibi, serve Dei, in tua cellula delitescens: liceat nobis de servis nostris ordinare, quod volumus.*"

Klarerweise trat das Unvermeidliche, nämlich die Zähmung der Königin durch Gott – wie Severin sofort voraussagte – alsbald ein, und Gisos – auch in VS c. 40,1 angesprochene – Goldgier und Schmucksucht, wird ihr beinahe zum Verhängnis, als von ihr gefangen gehaltene barbarische Goldschmiede mit der verzweifelten Geiselnahme ihres Sohnes Fredericus ihre Freiheit erpressen (VS c. 8,3–4):

> *Haec igitur audiens homo Dei: „Confido -inquit- in Domino Iesu Christo, quia necessitate compelletur explere, quod prava voluntate despexit." Velox itaque secuta correptio prostravit animos arrogantis. Quosdam enim aurifices barbaros pro fabricandis regalibus ornamentis clauserat arta custodia. Ad hos filius memorati regis admodum*

---

us, Vita Severini 17.4, zum Zug des Vidimir." – Die Gleichsetzung findet sich neuerdings auch bei Bratož 2022, 311 und 503f.

25 Vgl. Demandt 1989, 180f.; Schwarcz 2000, 62, setzt den Zug Theoderichs versehentlich in das Jahr 489.
26 Vgl. allgemein dazu Berndt 2018, der (ohne Bezugnahme auf die VS) S. 69 auch die Züge der Brüder Valamer, Thiudimer und Vidimer unter den zahlreichen gotischen Raubverbänden erwähnt.
27 Vgl. dazu etwa Noll 1981, 132 Komm. zu VS c. 17: „Die Belagerung von Tiburnia fand im Zuge des Gotenzugs 472 unter Widimer statt und steht mit den in VS 5 genannten Ereignissen in Verbindung." –Der Umweg nach Teurnia war gewaltig, von Poetovio aus war (und ist) es nach Tergeste (Triest) sogar etwas weniger weit als nach Teurnia, beide Strecken betragen ca. 240 km.

parvulus, nomine Fredericus, eodem die, quo regina servum Dei contempserat, puerili motu concitus introivit. Tunc aurifices infantis pectori gladium posuerunt dicentes, quod, si quis ad eos absque iuramenti praesidio ingredi conaretur, parvulum regium primitus transfigentes semet ipsos postea trucidarent, quippe cum sibi nullam spem vitae promitterent, macerati diuturnis ergastulis. His auditis regina crudelis et impia, vestibus dolore conscissis, talia clamitabat: „O serve Domini Severine, sic, sic a Deo tuo inlatae vindicantur iniuriae! Hanc mei contemptus ultionem effusis precibus postulasti, ut in mea viscera vindicares!" Itaque multiplici contritione ac miserabili lamentatione discurrens fatebatur se pro scelere contemptus, quod in servum Dei commiserat, plagae praesentis ultione percelli confestimque, directis equitibus, veniam petitura et Romanos, quos eodem die tulerat, pro quibus et rogantem contempserat, retransmisit et aurifices accipientes protinus sacramentum ac dimittentes infantulum pariter et ipsi dimissi sunt.

Die von Eugippius angeprangerte Goldsucht der Königin gehört tatsächlich zu den systemimmanenten Mechanismen der Völkerwanderungszeit[28] und hat wenig mit der Charakteristik einzelner Personen[29] zu tun. Vordergründig könnte man sich auch damit begnügen, Königin Gisos Charakterisierung als typisch für Eugippius zu sehen, die wieder einmal lediglich die Hintergrundfolie für ein von Severin prophezeites Bestrafungsereignis bildet. Die Sachlage wird aber dadurch verkompliziert, dass die Forschung schon im 19. Jahrhundert Züge der Wielandsage in der Episode erkannt hat.[30] Im Wesentlichen konzentrierte man sich dabei auf die Frage, ob der Wielandstoff einerseits am rugischen Hof und andererseits dem heiligen Severin überhaupt bekannt gewesen sein konnte.

Wir müssen uns aber vielmehr fragen, ob der Stoff dem Autor Eugippius bekannt gewesen sein kann und wenn, was er damit für Absichten verfolgt hat. Eine Brücke dazu baut eine wichtige Arbeit von F. R. Schröder, der das Wielandlied als originär gotischen Stoff einschätzt, der in Grundzügen zumindest schon im 4. Jh. n. Chr. vorlag und in dem der gotische Anführer Widigoia, wahrscheinlich 322 im Kampf gegen die Römer gefallen, als die älteste bekannte Gestalt der gotischen Geschichte und als „der Krieger Tapferster"[31] in Heldenliedern verehrt wurde. In der Wielandsage wird er zu dessen Sohn.[32] Damit kann sowohl die Verbindung der Episode in der VS mit der Gotin Giso[33]

---

28 So bereits Noll 1981, 126; vgl. ausführlich zum Thema etwa Hardt 2013 und 2018.

29 Wie etwa bei Wolfram 1990, 18f., oder Wolfram 1995, 56: „Der Schmuck der Königin Giso stammte von barbarischen Künstlern. Anscheinend konnten nur solche Goldschmiede dem pontisch-gotischen Geschmack der Amalerin genügen und «königliche» Schätze von der Art herstellen, wie sie etwa die Grabbeigaben aus Untersiebenbrunn so eindrucksvoll bezeugen."

30 Vgl. etwa: Müllenhoff 1889, 454; Jiriczek 1898, 30f.; Noll 1981, 126 Komm. zu VS c. 8 (mit weiterer Lit.); Wolfram 1995, 56: „Die Geschichte enthält Motive, die sich später zur Wielandssage verdichteten." Bradley 1990, 42, sieht die Episode in der VS als Beweis für die Entstehung der Wielandsage im Donauraum an, wo auch Züge von Dädalus mitaufgenommen worden seien. Ablehnend zu einer Verbindung der VS mit Wieland äußern sich etwa Becker – Casket 1973, 167.

31 Jordanes 42.178.

32 Schröder 1977, 377–380.

33 Vgl. jetzt dazu Bratož 2022, 506–509.

erklärt als auch ein grundsätzliches Wissen um den Stoff bei Eugippius, der im ostgotisch regierten Italien lebte, vorausgesetzt werden. Das Motiv bei Eugippius, den Stoff zu verwenden, muss gar nicht unbedingt auf einen historischen Kern zurückgehen, es bietet einfach eine willkommene Gelegenheit, die Manipulation der Giso durch Severin darzustellen. Dennoch ist die Erzählung recht ungeschickt zusammengestellt, denn die Geiselnahme geht eigentlich ohne aktives Zutun des Heiligen glimpflich aus, die Goldschmiede kommen frei und Fredericus wird gerettet. Es genügt dafür die bloße Erkenntnis der Giso, dass sie Severin – und Gott – beleidigt und sich ins Unrecht gesetzt hat. Die Erzählung vom Schmied Wieland, der aus Rache für die von der Königin veranlasste Durchtrennung seiner Kniesehnen die jungen Prinzen tötet und ihre Schwester vergewaltigt und schwängert, verwandelt sich bei Eugippius in eine christliche Heilsbotschaft, in der die irdische Rache für erlittenes Unrecht ausgesetzt wird. Es bleibt allerdings beim diesseitigen Heilserlebnis; dieses glückt jedoch nachhaltig, da die Bekehrung der Giso bis zum Tode Severins anhält, wie dessen Gespräch mit dem Königspaar (VS c. 40,1–3) eindrücklich zeigt, bei dem er den König zu guter Regierung ermahnt und Giso ihre Liebe zum König über die Gold- und Schmucksucht stellt:

> *Deinde post multos agones et diuturna certamina, cum se idem beatus Severinus de hoc saeculo transiturum deo revelante sensisset, memoratum Rugorum regem Fevam cum uxore eius crudelissima nomine Giso ad se venire commonuit. Quem cum salutaribus exhortatus esset affatibus, ut ita cum sibi subiectis ageret, quo se iugiter cogitaret pro statu regni sui rationem Domino redditurum, aliisque verbis intrepide monuisset, protenta manu regis pectus ostendens reginam his interrogationibus arguebat: „Hanc -inquit- animam, Giso, an aurum argentumque plus diligis?" Cumque illa maritum se diceret cunctis opibus anteferre, vir Dei sapienter adiecit: „Ergo -inquit- desine innocentes opprimere, ne illorum afflictio vestram magis dissipet potestatem: etenim mansuetudinem regiam tu saepe convellis." at illa: „Cur -inquit- nos sic accipis, serve Dei?" cui ipse: „Contestor" -ait- vos ego, humillimus iam profecturus ad Deum, ut ab iniquis actibus temperantes piis insistatis operibus. Huc usque regnum vestrum, auctore Domino, prosperatum est: iam ex hoc vos videritis." His monitis rex cum coniuge sufficienter instructi valedicentes ei profecti sunt.*

Diese Beschränkung auf das irdische Heil des Königspaares ist jedoch insofern konsequent, als Severin ja schon beim ersten Kontakt zum rugischen König Flaccitheus (VS c. 5) sich wegen dessen arianischen Glaubens für dessen Seelenheil als unzuständig erklärt hat.

Zusammenfassend lässt sich feststellen, dass sämtliche Episoden der Vita Severini, in denen Goten auftreten oder erwähnt werden, auch völlig ohne historischen Wahrheitsanspruch allein durch die Absicht des Eugippius, eine hagiographische Schrift zu verfassen, aus der (ihm bekannten) Tradition solcher Werke und dem allgemeinen Wissen seiner Zeit heraus erklärbar sind. Ob das eine oder andere Element – über bloße Namen und allgemein bekannte Tatsachen wie gotische Heerzüge in dieser Zeit hinaus – historisch tatsächlich verankert war, können wir nur feststellen, wenn eine unabhängige weitere Quelle dies berichtet. Ansonsten sind HistorikerInnen und ArchäologInnen gut beraten, wenn sie – auch in allen anderen Teilen der Vita – das Leben des Heiligen Mannes Severin von Eugippius nicht als Quelle in ihrem Bereich nutzen, sondern dies TheologInnen und LiteraturwissenschafterInnen überlassen; bei diesen wiederum entschuldige ich mich für mein Dilettieren in ihrem Bereich und begründe dieses mit der Hoffnung, dass meine bescheidenen Ausführungen lediglich als Anregung verstanden sein wollen, die Forschung von berufener Seite aus weiter zu vertiefen.

Literaturverzeichnis

Becker, A./Casket, F.: *Zu den Bildern und Inschriften des Runenkästchens von Auzon.* Regensburg 1973

Berndt, G. M.: „Gewaltsame Ressourcenbeschaffung – Zu einigen raubwirtschaftlichen Praktiken gotischer Kriegergruppen." In *Pillages, Tributs, Captifs. Prédation et sociétés de l'Antiquité tardive au haut Moyen Âge,* hg. von R. Keller und L. Sarti. Paris 2018 (= Histoire ancienne et médiévale 153), 69–87

Bradley, J.: „Sorcerer or Symbol? Weland the Smith in Anglo-Saxon Sculpture and Verse." *Pacific Coast Philology* 25 (1990) 39–48

Bratož, R.: *Severinus von Noricum und seine Zeit.* Wien 1983 (= DenkschrWien 165)

Bratož, R.: „Der ‚heilige Mann' und seine Biographie (unter besonderer Berücksichtigung von: Eugippius, Leben des heiligen Severin)." In *Historiographie im frühen Mittelalter,* hg. von A. Scharer und G. Scheibelreiter. Wien/München 1994, 222–252

Bratož, R.: „Zur Präsenz und Mobilität ethnischer Kleingruppen im Alpen-Adria-Raum während der Ostgotenherrschaft." In *AD AMUSSIM. Festschrift zum 65. Geburtstag von Franz Glaser,* hg. von I. Dörfler, P. Gleirscher, S. Ladstätter und I. Pucker. Klagenfurt am Wörthersee 2017, 215–248

Demandt, A.: *Die Spätantike. Römische Geschichte von Diocletian bis Justinian 284–565 n. Chr.* München 1989 (= HdA III 6)

Goffart, W.: „Does the Vita S. Severini have an underside?" In *Eugippius und Severin. Der Autor, der Text und der Heilige,* hg. von W. Pohl und M. Diesenberger. Wien 2001, 33–40

Hardt, M.: „Gold, Prestige, Herrschaft. Warum der Schatz den König macht." In *Macht des Goldes, Gold der Macht. Herrschafts- und Jenseitsrepräsentation zwischen Antike und Frühmittelalter im mittleren Donauraum, Forschungen zu Spätantike und Mittelalter 2,* hg. von M. Hart und O. Heinrich-Tamáska. Weinstadt 2013, 525–533

Hardt, M.: „Gentile Königsherrschaft und das Gold der Reiterkrieger – eine Wechselbeziehung im ersten nachchristlichen Jahrtausend." In *Pillages, Tributs, Captifs. Prédation et sociétés de l'Antiquité tardive au haut Moyen Âge,* hg. von R. Keller und L. Sarti. Paris 2018 (= Histoire ancienne et médiévale 153), 121–138

Harreither, R.: „Das frühe Christentum im Limesgebiet. Von den Anfängen bis zum Ende der römischen Herrschaft." In R. Harreither und R. Pillinger: *Frühes Christentum am österreichischen Donaulimes, Ausstellung im Niederösterreichischen Landesmuseum für Frühgeschichte im Schloss Traismauer, 8. Mai bis 1. November 1999.* Wien 1999, 6–45

Jiriczek, O. L.: *Deutsche Heldensagen*. Bd. 1. Straßburg 1898

Lotter, F.: *Severinus von Noricum, Legende und historische Wirklichkeit. Untersuchungen zur Phase des Übergangs von spätantiken zu mittelalterlichen Denk- und Lebensformen.* Stuttgart 1976 (= Monographien zur Geschichte des Mittelalters 12)

Noll, R.: *Eugippius, Das Leben des Heiligen Severin, lateinisch und deutsch, Einführung, Übersetzung und Erläuterung.* Passau 1981

Pillinger, R.: „Bibliographie zur Vita sancti Severini (1980–1998)." *Mitteilungen zur christlichen Archäologie* 5 (1999) 93–96

Pülz, A.: „Frühes Christentum am österreichischen Limesabschnitt." In *Der römische Limes in Österreich. Führer zu den archäologischen Denkmälern*, hg. von V. Gassner und A. Pülz. Wien 2015, 79–85

Régerat, Ph.: „Italien in der Vita Severini: sein Erscheinungsbild und sein Verhältnis zu Noricum." In *Westillyricum und Nordostitalien in der spätrömischen Zeit*, hg. von R. Bratož. Ljubljana 1996 (Situla 34), 193–206

Régerat, Ph.: „Der Arianismus in der Vita Severini." *Wiener Studien* 111 (1998) 243–251

Régerat, Ph.: „ ,Vir Dei' als Leitbild in der Spätantike: Das Beispiel der ,Vita Severini' des Eugippius." In *Zwischen Historiographie und Hagiographie. Ausgewählte Beiträge zur Erforschung der Spätantike*, hg. von J. Dummer und M. Vielberg. Stuttgart 2005, 61–78

Schwarcz, A.: „Der Nordadria- und Westbalkanraum im 6. Jahrhundert zwischen Goten und Byzantinern." In *Slovenija in sosednje dežele med antiko in karolinško dobo : Začetki slovenské etnogeneze. - Slowenien und die Nachbarländer zwischen Antike und karolingischer Epoche. Anfänge der slowenischen Ethnogenese.* Bd. 1, hg. von R. Bratož. Narodni Muzej Slovenije, Ljubljana 2000 (= Situla 39), 59–71

Schwarcz, A.: „Severinus of Noricum between fact and fiction." In *Eugippius und Severin. Der Autor, der Text und der Heilige*, hg. von W. Pohl und M. Diesenberger. Wien 2001, 25–31

Schröder, F. R.: „Die Wielandsage." *Beiträge zur Geschichte der deutschen Sprache und Literatur* 99 (1977) 375–394

Stadermann, Ch.: *Gothus. Konstruktion und Rezeption von Gotenbildern in narrativen Schriften des merowingerzeitlichen Gallien.* Stuttgart 2017 (= Roma Aeterna. Beiträge zu Spätantike und Frühmittelalter 6)

Steinacher, R.: *Rom und die Barbaren. Völker im Alpen- und Donauraum (300–600).* Stuttgart 2017

Ubl, H.: „Die archäologische Erforschung der Severinsorte und das Ende der Römerzeit im Donau-Alpen-Raum." In *Severin. Zwischen Römerzeit und Völkerwanderung.* Linz 1982, 71–97

Wolfram H.: *Die Geburt Mitteleuropas. Geschichte Österreichs vor seiner Entstehung.* Wien 1987

Wolfram, H.: *Die Goten. Von den Anfängen bis zur Mitte des sechsten Jahrhunderts. Entwurf einer historischen Ethnographie.* ³München 1990

Wolfram, H.: *Grenzen und Räume. Geschichte Österreichs vor seiner Entstehung. Österreichische Geschichte 378–907.* Wien 1995

DAS NETZWERK DER ANTIKEN PHILOSOPHIE:
Die Placita philosophorum bei Eusebius und Plutarch*

Charlotte Schubert

In welcher Weise sammelte man in der Antike Material, wie wurde exzerpiert, zitiert, zusammengefaßt, ergänzt und kommentiert, insbesondere wenn es um die Darlegung weltanschaulich gegensätzlicher Positionen ging? Die Beantwortung dieser Fragen ist von entscheidender Bedeutung, um einerseits die Stufen insbesondere zwischen paganer und christlicher Traditionsbildung zu rekonstruieren, andererseits aber auch, um die individuelle Handschrift einzelner Autoren zu erkennen,[1] vor allem wenn es um das Bedürfnis ging, die eigene Position zu autorisieren.[2] Schließlich sei noch ein dritter Gesichtspunkt angeführt: die lange Zeit beliebte Tendenz, Autoren, die nicht zu den „Großen" (wie auch immer das jeweils begründet wurde) gezählt wurden, als bloße Materialsammler und teilweise sogar als ‚Buntschriftsteller' abzuqualifizieren. Gerade für Plutarch und Eusebius sind diese arrogant-hierarchisierenden Einstufungen in den letzten beiden Jahrzehnten immer weiter zurückgenommen worden.[3] Auch aus diesem Grund lohnt ein Blick in die Details der Schreibprozesse, die so nicht nur Einblick in die Traditionsbildung erlauben, sondern auch Aufschluß geben über die Entwicklung philosophischer, religiöser und auch ideologischer Narrative. Vor allem aber wird heute viel deutlicher gesehen, dass die vielen Zitate und Referenzen auf ältere Dichter und Autoren (ältere und zeitgenössische) kein idiosynkratisches Zurschaustellen des eigenen „Zettelkastens" sind, oder, noch schlimmer, lediglich blindes Aneinanderreihen von Bildungshäppchen. Die wegweisenden Arbeiten aus der Intertextualitätsforschung haben hinlänglich gezeigt, dass

---

* Diese Untersuchung, die für einen althistorischen Beitrag möglicherweise als etwas untypisch angesehen werden kann, ist eine Reverenz dem Jubilar gegenüber, dessen eigene Forschung und Projekte den Bereich der Digital Humanities in Deutschland und Österreich maßgeblich vorangetrieben und geprägt haben.
1 Dorandi 2014 und 1991. Insb. Markschies 2007, 238 zu Eusebius.
2 Markschies 2007, 231.
3 Für Plutarch sei hier hingewiesen auf die verschiedenen Companion-Bände von Wiley-Blackwell (A Companion to Plutarch, hrsg. v. M. Beck 2014), Cambridge UP (The Cambridge Companion to Plutarch, hrsg. v. F. Titchener, A. Zadorojnyi 2023) und Brill (Brill's Companion to the Reception of Plutarch, hrsg. v. S. Xenophontos, K. Oikonomopoulou 2019). Für Eusebius s. p.p.t. Markschies 2007, 227–238.

Anspielungen, Zitate und Paraphrasen auf diverse Sinnkonstruktionen verweisen, deren Referenzbeziehungen uns ganze Netzwerke von Ideen und Traditionsentwicklungen erkennen lassen.[4]

Angesichts der für viele antike Autoren höchst fragmentierten Überlieferung stellt sich allerdings ein nicht zu unterschätzendes Problem. Heutige Fragmentsammlungen ebenso wie antike Anthologien, Exzerptsammlungen etc. dekontextualisieren und rekontextualisieren Textpassagen als „Zitate" durch Herauslösen und Neuplatzieren, Umordnen, Ergänzen, Tilgen und Ersetzen sowie durch eine stark konstruierte Unterscheidung zwischen wörtlichen („echt") und nicht-wörtlichen Zitaten („unecht"). Durch den Einsatz digitaler Textanalysetechniken wird dies gleichsam noch auf eine Metaebene gehoben: Texte werden in Zeichen und Wortketten aufgelöst, neu zusammengesetzt und eröffnen weitere Bedeutungsspielräume. Die der digitalen Textanalyse zugrundeliegende Transformation bewegt sich zwar aufgrund ihrer algorithmischen Vorgehensweise in einem grundsätzlich anderen methodischen Feld als die in der Hermeneutik begründete, sie läßt sich aber, wie im Folgenden gezeigt werden soll, durchaus auch mit einer anschließenden hermeneutischen Vorgehensweise der Interpretation verbinden, die die Herauslösung bzw. Auflösung der Texte an den Kontext der Werke rückbindet. Der Einsatz von Methoden der digitalen Textanalyse wird hier zeigen, wie die unterschiedlichen Methodenfelder sinnvoll kombiniert und nutzbar gemacht werden können, um gerade in dem genannten Feld der antiken Traditionsbildung für weltanschaulich geprägte Narrative neue Erschließungswege zu ermöglichen.[5]

Ein interessanter und für eine solches Vorgehen geeigneter Fall in diesem weiten Feld sind die Untersuchungen zur Entstehung der antiken Doxographie,[6] anhand derer dieses Ineinanderspielen von digitaler Analyse und textinterpretativer Rekontextualisierung von Narrativen sich in einen Dialog bringen läßt. Ein berühmtes Beispiel für die „Rekonstruktion" eines verlorenen Textes durch Dekontextualisierung ist H. Diels' geniale Rekonstruktion eines Aëtius als Autor einer mehrfach aus-, ab- und umgeschriebenen antiken Philosophiegeschichte, die ein besonders eindrückliches Beispiel antiker Traditionsbildung ist. Aus Diels' Hypothese, niedergelegt in den Doxographi Graeci von 1879, ist unter dem Label „Doxographie" ein eigener Forschungszweig entstanden, der sich mit Abhängigkeiten und Werkkontexten von Aristoteles und Theophrast bis hin zu dem syrischen Qusta ibn Luca und den byzantinischen Autoren beschäftigt hat. Mittelpunkt dieses Forschungszweiges ist die im Rahmen des Werks von Plutarch erhaltene Schrift Placita philosophorum, eine Zusammenstellung zur antiken Philosophie, heute Ausgangspunkt aller Diskussionen über die Konzepte und Schulen antiker philosophischer Lehren.[7] Es scheint nur soviel deutlich zu sein, daß diese Placita die Zusammenfassung

---

4 Grundsätzlich dazu Schubert 2020b mit Literatur.
5 Vgl. dazu grundsätzlich Schubert 2020a.
6 Zur Prägung bzw. sogar im wörtlichen Sinne Erfindung des Begriffs durch Diels: Mansfeld/Runia 1997 und Lebedev 2016.
7 Einen konzisen Überblick geben Mansfeld/Runia 1997 und in der monumentalen Fortsetzung in Mansfeld/Runia 2009a, 2009b, 2017 und 2020; vgl. Lebedev 2016.

eines oder mehrerer älterer Werke in Form von Notizen oder Zusammenfassungen sind. In den Editionen und Untersuchungen dieser Schrift in ihrem Verhältnis zu anderen Werken sind auch immer die Zitate und gleich- oder ähnlich lautende Stellen der späteren ausführlich betrachtet worden.[8]

Eine besondere Gruppe bilden in diesem Kontext die Schriften der Kirchenväter, die in ihrer Auseinandersetzung mit der griechischen Philosophie – geleitet von ihrem Interesse an Legitimation durch Widerlegung – die Gegenpositionen Platons und der Naturphilosophen ausführlich aufgriffen. Dafür war ein Werk wie das der Placita philosophorum äußerst nützlich und mag das Studium der Originale, soweit vorhanden und greifbar, teilweise durchaus ersetzt haben. Insofern ist es auch nicht übermäßig erstaunlich, dass Platon, Aristoteles, die Naturphilosophen und klassische Dichter als Zeugen der griechischen Philosophie aufgerufen werden, die es aus christlicher Sicht aber immer zu widerlegen galt. Vor dem Hintergrund ist es aufschlußreich, wie diese Überlieferung strukturiert und weitergegeben wurde, und in welchem Verhältnis Gemeinsamkeiten, Parallelen oder Unterschiede einerseits gerade in den Schriften der Kirchenväter, die sich explizit und im historischen Durchgang mit der Widerlegung der Positionen der griechischen Philosophie befassen, und den Placita philosophorum andererseits stehen, um dieses Ineinander und Gegeneinander der Positionen aufzuschlüsseln.

1 Die Frage nach dem Anfang und der Bezug auf Thales

Die Frage danach, wie alles – der Kosmos und die Evolution insgesamt – begonnen hat, ist in jeder Philosophie zentral. Nicht nur bei Aristoteles in der Metaphysik 983b6–984a4 wird – hier auch unter Hinweis auf die gegensätzlichen Meinungen der ersten Philosophen – die Ansicht von Thales diskutiert, der das Wasser als Ursprung von allem annahm.[9] Oft wird auch Homers Betonung der Rolle des Okeanos in diesem Zusammenhang gesehen.[10] Diese Verbindung von Homer mit Thales läßt sich recht gut durch die Jahrhunderte verfolgen. Ein Beispiel ist etwa Ps.-Justin, der, zwar seinem doxographischen

---

8 Plutarchs Placita, Ps.-Galen und Stobaios von Diels, Doxographi Graeci, 1879=1965 und Mansfeld/Runia, 1997 und 2009; für Eusebius s. insb. die Edition der Praeparatio Evangelica von Mras und v.a. die Monographie von Carriker 2003. Aber auch die ausf. Testmonienapparate in den Editionen von Marcovich zu Athenagoras, Legatio pro Christianis (PTS 31), Berlin / New York 1990 und Hippolytos, Refutatio omnium haeresium (PTS 25) Berlin/New York 1986 sowie in Teilen auch in der Edition der Placita philosophorum von G. Lachenaud, Plutarque, Oeuvres morales, tome XII/2, Opinions des philosophes, Paris 1993 (Collection des Universités de France) und Jürgen *Mau*, Plutarchi Moralia V 2,1, Leipzig 1971.
9 Vgl. z.B. Clem.Strom. 6,14–15; diese Textpassage ist eine Paraphrase zu Hom.Il.14, 246.
10 Herodot 4, 36 und 2, 21 und 2, 23 (kritisch zu Homer), vglb. ist dies mit der Homer-Kritik bei Xenophanes und Heraklit. Strabon I, 1–3 stimmt Homer zu und bezieht sich dafür auf Eratosthenes, Poseidonios und Hipparch. Vgl. Plut., De Iside 364 d1–2. Zu den Kirchenvätern: Schwab 2012, 184f. zu Eusebius; vgl. Schwab 2012, 35, der zu Irenäus auf die Ergebnisse von Mansfeld verweist und zu weiteren Vergleichsstellen für die Verbindung mit Homer u.a. auf Aristoteles Met.983 b20ff.

Quellenmaterial folgend, die Bezugnahme auf Homer dem Thales selbst zuschreibt, aber für die Feststellung, dass sich Thales mit der Ansicht „dass der Okeanos Ursprung von allem sei" direkt auf Homer bezogen habe, keine Quelle benennt.[11] Der Bezug auf Thales als demjenigen, der das Wasser als die erste Ursache von allem angenommen habe, ist vor allem in der Kommentarliteratur zu Aristoteles und Platon und dann bei den Kirchenvätern außerordentlich prominent, wie die Visualisierung einer entsprechenden Paraphrasensuche über die antike griechische Literatur zeigt:[12]

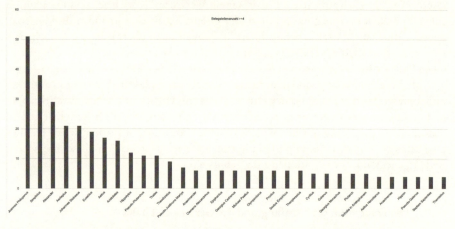

Abb. 1: Paraphrasensuche mit https://paraphrasis.org für den Satz Plac.Phil. 875 e1:
Θαλῆς ὁ Μιλήσιος ἀρχὴν τῶν ὄντων ἀπεφήνατο τὸ ὕδωρ

Schon Diels hat ausführlich untersucht, welche Anklänge bzw. Hinweise auf eine Benutzung der Placita bei Philo Judaeus, Athenagoras, Hippolytos und Eusebius vorliegen.[13] Da aber mit Ausnahme der Praeparatio Evangelica des Eusebius Plutarch nie als Autor dieser Placita Philosophorum genannt wird und es sich bei den Parallelen meist um Zitate handelt, die die Kirchenväter aus anderen Quellen genommen haben könnten, wird heute sowohl die Frage, ob sich die genannten Kirchenväter in ihren Widerlegungen der griechischen Philosophie auf ein einziges, notizenhaft angelegtes Handbuch gestützt

---

11   Ps.-Justin, Cohortatio 5, 4, 40ff. Marcovich; Marcovich verweist auch im app.font. auf die Placita. Den Satz Θαλῆς ὁ Μιλήσιος ἀρχὴν τῶν ὄντων ἀπεφήνατο τὸ ὕδωρ zitiert Ps.-Justin in Cohoratio 3,2, 12f. Zu dem Homervers und der Placita-Überlieferung: Schubert 2017; vgl. Schwab 2012, 206–8 und Schwab 2012, 165f. zu Eusebius, PE 10,4, 17–18.
12   Die Suche nach Plac.Phil. 875 e1: Θαλῆς ὁ Μιλήσιος ἀρχὴν τῶν ὄντων ἀπεφήνατο τὸ ὕδωρ ist über das ganze Korpus des TLG-E durchgeführt worden und hat 501 Treffer ergeben; für diese Auswertung sind nur Ergebnisse berücksichtigt worden, in denen mindestens 4 Treffer/Autor angezeigt wurden. Diese Paraphrasensuche ist im von der VW-Stiftung geförderten Projekt Digital Plato entwickelt worden und steht frei unter https://paraphrasis.org zur Verfügung.
13   Auch des Places 1982, 45–47führt die Stellen in seiner Übersicht zu Plutarch auf, kommentiert oder analysiert sie jedoch nicht weiter.

haben, als ebenso offen betrachtet wie diejenige, wer der Autor dieses Handbuches gewesen ist. Tatsächlich ist Eusebius' Praeparatio Evangelica die einzige Schrift dieser Gruppe, in der nicht nur Plutarch als Referenz genannt, sondern auch das Werk mit seinem Titel Περὶ τῶν ἀρεσκόντων τοῖς φιλοσόφοις φυσικῶν δογμάτων (Euseb. 14,13,9) ausdrücklich als Quelle bezeichnet wird. Trotzdem ist es auffällig, dass einem Autor wie Eusebius so wenig Glauben geschenkt wird, der ausführlich aus diesen Placita zitiert und diese explizit dem Autor Plutarch (als Plutarch von Chaironea bezeichnet, daher ist keine Verwechslung möglich) zuschreibt.[14]

Möglicherweise liegt der Grund darin, dass man Eusebius lange weder als Theologe noch als Historiker wirklich ernst genommen hat.[15] Ebenso wenig sind die Muster und intellektuellen Netzwerke in der Mehrfach- und Parallelverwendung von Zitaten und Paraphrasen für die Antike bisher in größerem Stil erforscht worden. Im Gegensatz zu der immer durch eine gewisse Subjektivität in der Auswahl von Zeugnissen, ihrer Disposition und ihrer Subsumierung unter bestimmte übergreifende Gesichtspunkte geprägten Rekontextualisierung[16] kann die digitale Textanalyse mit den Methoden des Textminings eine automatisch generierte Übersicht der Parallelen zusammenstellen, die auf der Basis einer algorithmischen Vorgehensweise in großen Textmengen Gemeinsamkeiten und Unterschiede identifiziert,[17] ohne dass die klassische Hermeneutik ins Spiel kommt. Auch dies ist natürlich eine Rekontextualisierung, indem Textpassagen herausgelöst und neuplatziert werden, aber, wie eingangs schon angedeutet, so soll hier gezeigt werden, dass es durchaus möglich und gewinnbringend ist, das Textmining mit klassischen Interpretationsverfahren in einen Dialog zu bringen. Vor allem mit dem Konzept der intertextuellen Netzwerke lassen sich durch dieses Vorgehen im Hinblick auf die Mehrfach- und Parallelverwendung von Zitaten und Paraphrasen Herauslösungen aus einem diskursiven Zirkulationszusammenhang und „Wiedereinfädelung" in völlig andere rekonstruieren,[18] die ohne die maschinelle Textanalyse nicht sichtbar gemacht werden können. Für Eusebius zeigt sich in einer graphischen Visualisierung von automatisch generierten Parallelen zu dem Text seiner Praeparatio Evangelica bereits auf den ersten Blick ein interessantes Muster:[19]

---

14 So bei Diels und Mansfeld/Runia a.a.O. und des Places 1982, 46. Vgl. zu den Indizien, die doch für Plutarch als Autor der Placita sprechen ausf. Schubert 2017 und die Entgegnung von Mansfeld in Mansfeld/Runia 2020, 217 sowie 1616, der meine Untersuchung sehr polemisch als ‚misguided' bezeichnet.

15 Markschies 2007, 223ff. zu einer Würdigung der Kirchengeschichte des Eusebius. Vgl. bereits Timpe 1989, 196!

16 Vgl. dazu die Arbeiten von L.van der Stockt, der dies für Plutarch mehrfach gezeigt hat: L. van der Stockt 1987, 281–292; ders., 2002, 331–340 und 2004, 115–140; zu Plutarch als Autor der Placita auf der Grundlage einer dieserart vorgehenden Untersuchung: Schubert 2017.

17 Die Methode ist unter Dokumentation/Wissensdatenbank bei www.eaqua.net beschrieben. Vgl. dazu auch Wittig/Willkommen 2019.

18 Zu dem Begriff „Wiedereinfädelung" im Zusammenhang der De- und Rekontextualisierung vgl. Jäger 2011, 316. Ausf. zu dem Vorgehen eines autor- und werkübergreifenden Vergleichs in Kombination mit dem Textmining-gestützten Zitatvergleich: Schubert/ Weiß 2015.

19 Die Analysen der Visualisierungen in Abb. 2, 3 und 5 sind mit dem Textvergleichstool des Portals

Abb. 2: Parallelstellen zur Praeparatio Evangelica: 17.196 Treffer in 348 Autoren und 1042 Werken

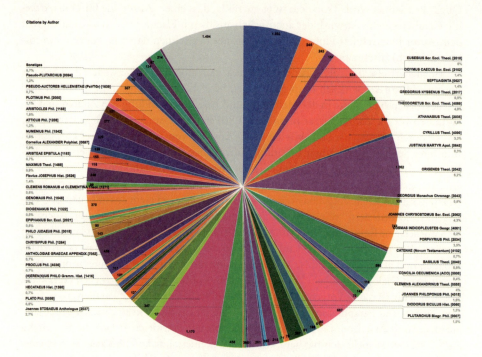

Abb. 3: Visualisierung der am häufigsten bei Eusebius in der Praeparatio Evangelica gefundenen Parallelstellen

Bei einer detaillierten Überprüfung dieser Parallelstellen zeigt ein erster Blick auf den Beginn des 14. Buches der Praeparatio Evangelica, dass Eusebius zwar einerseits sehr genau zitiert hat, andererseits auch, wie ein Blick auf 14,14 sofort belegt, dass er zwar Passagen aus den Placita übernommen, sie jedoch z. T. umgeordnet, kommentiert und durch Einfügung anderer Quellen annotiert hat. Insbesondere signalisiert der Abschnitt zu Demokrit/ Epikur und v. a. zu Anaxagoras, dass Eusebius hier nicht ohne eigene Recherche einer Anthologie bspw. zu den Naturphilosophen gefolgt ist, sondern dass er sein Material verändert und über Hinzuziehung von weiteren Quellen auch seine Sicht dieser Entwicklung belegt hat.

---

eAQUA (http://www.eaqua.net) durchgeführt worden. Zu den Features von eAQUA vgl. Wittig/ Willkommen 2019.

Tabelle 1:

Plutarch, Placita		Eusebius, Praeparatio Evangelica (aus d. Placita)	Eusebius, Praeparatio Evangelica (nicht aus d. Placita)	
Thales	875e	Thales		14,14,1
Anaximander	876a	Anaximander		14,14,2
Anaximenes	876b	Anaximenes		14,14,3
Anaxagoras	876c	Heraklit und Hippasos		14,14,4
Archelaos	876e	Demokrit und Epikur		14,14,5
Pythagoras	876f	Empedokles		14,14,6
Heraklit+ Hippasos	877d		Kommentar d. Eusebius	14,14,7
Epikur	877dc		Anaxagoras	14,14,8
Demokrit	877ef			15,1–11
Empedokles	878a			

Dass diese Anordnung nur teilweise chronologisch vorgeht, ist nicht ungewöhnlich.[20] Eusebius hat den Abschnitt über Heraklit nach vorn gezogen, Demokrit und Epikur zusammengefaßt, wobei in dieser Zusammenfassung die Reihenfolge aus den Placita umgekehrt und wohl – wie eine Korrektur formuliert[21] – Epikur als ein die Philosophie des Demokrit erweiternder und korrigierender Vertreter des Atomismus charakterisiert wird, während das zeitliche Verhältnis der beiden zueinander in den Placita – vor allem aufgrund der merkwürdigen Chronologie, die Epikur in die Reihe der Philosophen des 5. Jahrhunderts rückt – nicht so genau differenziert wird.

Hieraus ergeben sich nun mehrere Fragen: Wie gut kannte Eusebius das Werk Plutarchs? Und hat Eusebius auch andere Werke Plutarchs benutzt und läßt sich erkennen, dass es sich hierbei um eine Spezifik der Kirchenväter handelt?

Ein Hinweis ergibt sich auch aus einer Visualisierung der stilometrischen Untersuchung des Werks von Eusebius und Plutarch:[22] Die Clusteranalyse der gesamten Werkko-

---

20 Bicknell 1982, 194–201.
21 Praeparatio Evangelica 14,14,5: Δημόκριτος, ᾧ μετὰ πλεῖστον Ἐπίκουρος ἠκολούθησεν, ἀρχὰς τῶν ὄντων σώματα ἄτομα, ….
22 Die Visualisierung basiert auf einer stilometrischen Analyse eines Korpus von 192 Dateien (1.139.896 Token, alle Werke der 5 genannten Autoren) und der Analyse mit dem Distanzmaß Cosinus Delta des R-Packages StyloAH (0.7.4.8). StyloAH ist eine von H. Kahl (Trier) weiterentwickelte Version von M. Eders Stylo (M. Eder, J. Rybicki, M. Kestemont, M. (2016). Stylometry with R: a package for computational text analysis. R Journal, 8(1), 2016, 107–21, https://github.com/computationalstylistics/stylo), die spezielle Filter und Einstellungsmöglichkeiten für altgriechische

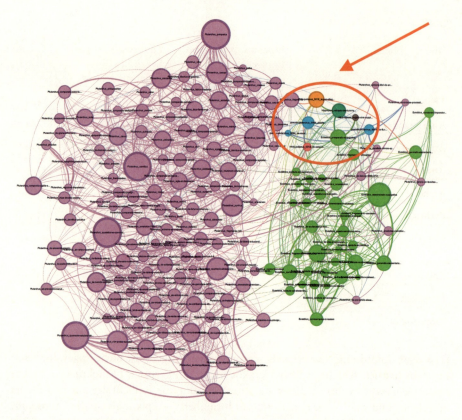

Abb. 4: Visualisierung der Clusteranalyse mit Gephi für Eusebius, Philo Judaeus, Athenagoras, Hippolytos sowie den Placita Philosophorum

prora von Plutarch und Eusebius unter Einbeziehung anderer Autoren wie Philo Judaeus, Athenagoras und Hippolytos zeigt ein eindeutiges Cluster für die plutarchischen Placita und die Praeparatio Evangelica des Eusebius in ihrer Verbindung zu den genannten Autoren (in Abb. 4 markiert):

Texte implementiert hat: https://github.com/ecomp-shONgit/styloAH. Die Visualisierung der Ergebnisse aus den Werken der genannten Autoren ist auf der Grundlage der Ausgabe aus StyloAH mit Gephi im Layout OpenOrd durchgeführt worden. Vgl. für eine ausf. Beschreibung des Vorgehens Schubert 2020 und 2022 (mit Lit.).

2 Was zitiert Eusebius in der Praeparatio Evangelica aus Plutarchs Werk?[23]

Eusebius kannte Plutarchs Werk offenbar recht gut.[24] Auf Plutarchs De E apud Delphos verweist er im 11. Buch der Praeparatio Evangelica mit der Angabe (Praeparatio Evangelica 11, 10, Ende), dass er aus Plutarchs diesbezüglichem Werk zitieren würde, ebenso für De defectu oraculorum im 5. Buch der Praeparatio Evangelica (5,3, Ende), im Buch 3 (3,3, Pref.11) zu De Iside et Osiride (351c–384c). Aus allen drei Werken zitiert Eusebius ausgiebig,[25] und zwar unter sorgfältiger Angabe der Quelle: Mit dem Textvergleichstool aus eAQUA werden 377 Treffer identifiziert, die Visualisierung, die auf diesen Zahlen beruht, zeigt dass die häufigsten die Schriften De defectu oraculorum, De Iside et Osiride, die Consolatio ad Apollonium und De E apud Delphos sind (s. Abb. 5).

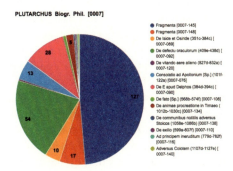

Abb. 5: Parallelen zwischen Plutarch und Eusebius' Praeparatio Evangelica

---

23 Für Platon wurde dies ausf. von Dodds anhand des Gorgias untersucht: Carriker 2003, 45ff.; vgl. dazu Mras, Praeparatio Evangelica, Einleitung LV: κατὰ λέξιν!

24 Dies ist ausf. von Carriker a.a.O. berücksichtigt und von Mansfeld/Runia 1997 analysiert worden, daher wird hier nur eine kurze Zusammenfassung gegeben. Die hier und im Folgenden aus der Analyse mit eAQUA verwendeten Ergebnisse sind im Text insoweit in der klassischen Form als Belegstellen eingefügt. eAQUA gibt die Treffer in Tabellenform (als CSV-Tabellen exportierbar) aus. Diese Tabellen, die hier aus Platzgründen nicht eingefügt werden können, werden zum Download unter https://charlotteschubert.de/publikationen/ bereitgestellt.

25 Die Ergebnisse sind mit Hilfe der Zitationsanalyse von eAQUA erstellt worden und liegen unter o.g. Link als CSV-Tabellen vor. Die Textgrundlage dieser Analyse sind die Ausgaben, die auch im TLG-E enthalten sind, die jedoch für die hier vorgelegte Detailanalyse mit neueren bzw. anderen Editionen abgeglichen und auf deren Basis die Ergebnisse aus eAQUA entsprechend für die vorliegende Interpretation geprüft worden sind. Für die inhaltliche Auswertung sind aus den Ergebnissen von eAQUA hier nur die parallelen Textpassagen aus den erhaltenen Werken Plutarchs berücksichtigt, nicht diejenigen, die in den Fragmentausgaben enthalten sind, da diese wiederum aus erhaltenen Werken extrahiert wurden. Zu der Methode der Zitationsanalyse: Schubert/Weiß 2015 und die dort zitierte Literatur. Zu dem Portal eAQUA (www.eaqua.net) vgl.ebd. die Wissensdatenbank sowie Wittig/Willkommen 2019.

3   Hat Eusebius auch andere Werke Plutarchs benutzt?

Carriker leitet aus den vielen Parallelstellen ab, dass Eusebius aus Florilegien zitiert habe.[26] Ob man dem so ohne weiteres folgen kann, soll hier nun genauer analysiert werden anhand der Frage, ob es auch weitere Parallelen zwischen der Praeparatio Evangelica und Plutarchs Werken gibt. Aufgrund der zahlreichen wörtlichen Übereinstimmungen zwischen Plutarchs Werken Consolatio ad Apollonium, De fato und De animae und der Praeparatio Evangelica des Eusebius scheint es doch sehr unwahrscheinlich, dass – angesichts dieser Vielzahl von Übereinstimmungen zwischen den beiden Autoren in thematisch sehr unterschiedlichen Werken – Eusebius hier aus einem Florilegium zitiert hat und nicht direkt aus Plutarch.[27]

Der Ansicht von Carriker widerspricht etwa eine Passage wie die zu Beginn des dritten Buches der Praeparatio Evangelica, in der Eusebius sich auf eine nicht erhaltene Schrift des Plutarch (De Daedalis Plataeensibus)[28] bezieht. Zuerst faßt Eusebius den ganzen Mythos mitsamt der Erklärung Plutarchs zusammen, dann kommentiert er Plutarchs Vorgehen kritisch (ὥσπερ ἐπιλελησμένος τῆς ἀποδόσεως) und begründet so, warum er ihn anschließend mit dessen eigenen Worten zitiert (Praeparatio Evangelica 3, praef.4–5). Eusebius bemüht sich erkennbar, seine Zitate aus Plutarch einzubetten, indem er nicht nur den Kontext des eigenen Werkes immer wieder rekapituliert, sondern mit Hinweisen auf Differenz und Übereinstimmung den Leser direkt anspricht und die gewünschte Richtung für das Verständnis der folgenden Zitatpassage vorbahnt.[29]

Noch deutlicher wird das Verhältnis, wenn man in Betracht zieht, *wie* Eusebius in der Praeparatio Evangelica aus den Placita zitiert. Ein Indiz dafür, dass die durchaus bekannte Verwendung der Placita durch Eusebius mehr zeigt, als bisher angenommen, ergibt sich aus seiner Verwendung eines Homer-Zitats, das auch Plutarch mehrfach verwendet hat: Ὠκεανοῦ, ὅς περ γένεσις πάντεσσι τέτυκται· (Homer, Il. 14,246). Eusebius (Praeparatio Evangelica 14,14,1) zitiert den Vers hier eindeutig nach den Placita: Ὠκεανός, ὅσπερ γένεσις πάντεσσι τέτυκται.[30]

Diese kleine syntaktische Angleichung wäre angesichts der Bekanntheit Homers nicht weiter bemerkenswert. Plutarch zitiert den Vers Homers aus der Ilias 14,246 in mehreren

---

26   Insb. in der Praeparatio Evangelica, vgl. Carriker 2003, 51.
27   Insgesamt finden sich 261 Parallelen in 13 Werken des Plutarch (ohne die Placita!) in der Praeparatio Evangelica.
28   Praeparatio 3,1,1–7. Vgl. Carriker 2003, 114. Zu den Daedala und Plutarchs Erklärung des Mythos: P. van Nuffelen 2011, 54f.
29   So z.B. ganz deutlich in 11,10,15: Θέα δὲ πρὸς τούτοις εἰ μὴ τὸν παρόντα νοῦν ἐπὶ πλεῖον καὶ ὁ Πλούταρχος ἐξαπλῶν συντρέχοι ἂν ταῖς τε προκειμέναις φωναῖς τῶν φιλοσόφων καὶ ταῖς αὖθις Ἑβραίων κειμέναις ἐν ἑτέραις θεολογίαις, δι' ὧν τοτὲ μὲν εἰσάγεται λέγων ὁ χρηματίζων θεός.
30   Mras: Ὠκεανόν, ὅσπερ γένεσις πάντεσσι τέτυκται. Aber: im app.crit. nach B: Ὠκεανός, ὅσπερ γένεσις πάντεσσι τέτυκται. (Zur Qualität von B schreibt Mras XXI: „Aber seine Vorlage war sehr gut. An den wenigen Stellen, wo B im Gegensatz zu allen anderen Hss. mehr bietet ..., wird man kaum umhin können, hier echten Text zu sehen."

Werken, darüberhinaus wird er auch in den Placita verwendet,[31] als 'Der Ursprung ist der Okeanos, der Stammvater aller Götter' (πάντεσσι, von allem', bezogen auf die vorher genannten ‚Fluten' oder den ‚Strom')[32] hier in derselben Variante verwendet wie auch bei Eusebius: immer mit der kleinen syntaktischen Angleichung, die Okeanos in den Nominativ statt dem bei Homer stehenden Genitiv setzt: Ὠκεανός, ὅσπερ γένεσις πάντεσσι τέτυκται.[33]

Das im Grunde in diesem Kontext einen Gegensatz dazu bildende Zitat aus Homers Ilias 14,201: τε θεῶν γένεσιν καὶ μητέρα Τηθύν, das Eusebius sowohl in einer aus Diodor stammenden Passage[34] wie auch in einer aus Platon verwendet,[35] hat Eusebius ohne eine syntaktische Angleichung zitiert, also exakt nach Homer.

In der Praeparatio Evangelica 14, 20,1 geht Eusebius ausführlicher auf die Thematik des Okeanos als des Ursprungs und Anfangs von allem ein.[36] Dieser Abschnitt dürfte ein Hinweis auf Eusebius' Plutarch-Lektüre sein: Zwar wird der gesamte Abschnitt z. T. in der Forschung als Zitat aus Aristokles eingeordnet,[37] aber dagegen sprechen die Formulierungen und insbesondere, dass Eusebius hier nicht explizit auf einen Quellautor referiert, sondern offenbar Positionen mehrerer Autoren zusammenfassend referiert. So beginnt der Abschnitt mit „Γεγόνασι δέ τινες", an das sich ἔνιοι μέντοι φασὶ anschließt und dann folgt eine Zusammenfassung der Position Platons aus dem Timaios: πρὸς δὲ τούτους εἴποι τις ἂν ἃ καὶ Πλάτων ἐν Θεαιτήτῳ (mit Bezug auf Plat. Theait. 161c-162a), die ebenfalls

---

31 Ausführlich hierzu Schubert 2017.
32 Vgl. zu Hom. Il.14, 246 und 201; ad loc. Krieter-Spiro 2015, 120 u. 98f.
33 Der Vers findet sich als Zitat in den Placita philosophorum 875f. und in Plut., De facie in orbe lunae 938d (Pohlenz) und als Paraphrase in De Iside et Osiride 364d (Sieveking); Vgl. [Heraklit], Quaestiones Homericae 22,6 (Buffière) – zeitlich nach Alexander Ephesius (12,8) geschrieben –; Athenagoras, Legatio 18,3; Julian, Εἰς τὸν βασιλέα Ἥλιον πρὸς Σαλούστιον 27; Ps.-Justin, Cohortatio 5,4,42 (Marcovich); Stobaios, Anthol. 1,10,2; Ps.-Plutarch, De Homero 2 (Kindstrand); Eusebius, Praeparatio 14,14,1; Eustathius, Commentarii ad Homeri Iliadem 3, 615 (van der Valk); Scholia in Iliadem ad 14,246 und ad 14,274 (Erbse); Schol. in Theocr. 8,33,1 Wendel. Ausf. in Schubert (2017) behandelt.
34 Zitat des Verses in Praeparatio Evangelica 3, 3, 5, und 14,4,1: Praeparatio Evangelica 3, 3, 5 aus Diod; das Zitat bei Diod. 3, 56, 2 und 1, 12, 5.
35 Plat. Theait. 152d-153a, wo der Vers auch zitiert wird, und Praeparatio Evangelica 14,4,1.
36 Γεγόνασι δέ τινες οἱ ἀξιοῦντες τῇ αἰσθήσει καὶ ταῖς φαντασίαις μόναις δεῖν πιστεύειν. ἔνιοι μέντοι φασὶ καὶ τὸν Ὅμηρον αἰνίττεσθαι τὸ τοιοῦτο πάντων ἀποφαίνοντα τὸν Ὠκεανὸν ἀρχήν, ὡς ἐν ῥύσει τῶν πραγμάτων ὄν-των· ὧν δ' ἴσμεν ἔοικε μὲν καὶ Μητρόδωρος ὁ Χῖος τὸ αὐτὸ τοῦτο λέγειν, οὐ μὴν ἀλλ' ἀντικρὺς γε Πρωταγόρας ὁ Ἀβδηρίτης εἶπεν. οὗτος γὰρ ἔφη 'μέτρον εἶναι πάντων χρημάτων τὸν ἄνθρωπον, τῶν μὲν ὄντων ὡς ἔστι, τῶν δ' οὐκ ὄντων ὡς οὐκ ἔστιν·("Es gibt einige, die behaupten, man solle nur den Sinnen und den Vorstellungen Glauben schenken. Einige sagen sogar, dass Homer darauf hinweist, indem er den Ozean als den Ursprung von allem darstellt, als wäre er in der Entstehung der Dinge gegenwärtig. Von denen, die wir kennen, scheint auch Metrodoros von Chios dasselbe zu sagen, aber im Gegensatz dazu hat sich Protagoras von Abdera geäußert. Denn er sagte: Der Mensch ist das Maß aller Dinge, der existierenden, dass sie sind, und der nicht existierenden, dass sie nicht sind.")
37 Frg.5 Mullach, dazu Carriker 2003, 51 und 82f.; dies wird von Carriker als Quelle betrachtet; dagegen spricht aber eindeutig, dass Eusebius seine Quellen nach dem ganz klaren Schema ‚Autor – Textpassage' nennt, wenn er aus einem Autor zitiert oder sich auf diesen bezieht. Auf Textpassagen aus Aristokles bezieht er sich nur im 11. Buch der Praeparatio, wo er ihn auch explizit benennt.

referierend zusammenfaßt. Das spricht alles sehr dafür, dass der ganze Abschnitt, im Unterschied zu den direkten Zitatpassagen eine Zusammenfassung verschiedener Positionen ist, die Eusebius selbst verfaßt hat.

Da nun Eusebius in der Praeparatio Evangelica für einzelne Philosophen Passagen zitiert und auch referiert, die nicht auf die Placita zurückzuführen sind und auch in der weiteren Placita-Tradition bei Pseudo-Galen und Stobaios nicht erhalten sind,[38] ist verschiedentlich diskutiert worden, dass Eusebius in der Bibliothek von Caesarea, in der er gearbeitet hat, ein anderes Exemplar der Placita vorgefunden haben könnte.[39] Demgegenüber sind Mansfeld und Runia zu dem Schluß gekommen, dass, ungeachtet der Autorenreferenz, die Eusebius in aller Deutlichkeit formuliert, die von Eusebius verwendeten Placita nicht von Plutarch selbst stammen können, weil sie in den Werken Plutarchs, die ihm sicher zuzuschreiben sind, keine Hinweise auf eine philosophiehistorische Arbeitsweise sehen.[40]

Doch da sich gerade aus der Verwendung und Verarbeitung von Zitaten haben sich Hinweise darauf ergeben, dass das Material, das in den Placita eingearbeitet wurde, auch in anderen Werken Plutarchs zu erkennen ist, liegt die Vermutung nahe, dass nicht nur die Placita tatsächlich von Plutarch stammen, wovon Eusebius ausgeht. Insofern kann auch die Art und Weise der Zitatanordnung und Verarbeitung Aufschluß darüber geben, wie sich die philosophiehistorische Tradition in dieser Zeit entwickelt hat. Daher sollen im Folgenden auch die Werke herangezogen werden, die Parallelen zu der Praeparatio Evangelica als auch gleichermaßen den Placita aufweisen.

4 Eusebius im Vergleich zu anderen christlichen Autoren und die plutarchische Placita-Tradition

Die Parallelen bei den Autoren Philo Judaeus, Athenagoras und Hippolytos zu den Placita sind bekannt. Weniger bekannt ist allerdings, welche Hinweise sich im Detail ergeben,

---

38 Z.B. das Anaxagoras-Zitat in 10,14,12 Ἦν γὰρ ἀρχήν", φησί, "τὰ πράγματα ὁμοῦ πεφυρμένα· Νοῦς δὲ εἰσελθὼν αὐτὰ ἐκ τῆς ἀταξίας εἰς τάξιν ἤγαγεν" („Denn am Anfang, sagt er, waren alle Dinge zusammen vermischt, aber als der Verstand eintrat, führte er sie aus der Unordnung in eine Ordnung") und vor allem die lange Passage zu Anaxagoras in 14,14,9, in der Eusebius diese Passage wiederholt.

39 Dazu Lebedev 2016, 601f.: Der erhaltene Text der Placita (=P) ist seiner Ansicht nach ein stark gekürzter Text bzw. stark gekürzte persönliche Kopie eines größeren Handbuches (P+), aus dem mehr als 90% der Definitionen, Erklärungen, Einführungen und Bemerkungen entfernt wurden; P+ lag auch Stobaios vor, natürlich auch dem „Kompilator von Ps,Plut.s Placita, wahrscheinlich auch Porphyrios, ev. auch Ps.Galen; P wurde die Quelle der späteren patristischen, byz. und arabischen Doxographie. Lebedev vermutet, weil P nicht vor Eusebius explizit mit dem Autor Plutarch verbunden wird, könnte die erhaltene Version von P auf die Kopie des Eusebius zurückgehen. Dem widersprechen allerdings die erhaltenen Papyrus-Fragmente, die eindeutig P widergeben.

40 Mansfeld/Runia: 1997, 123: „Certainly the contents of the work are consistent with Plutarch's strong interests in the history of philosophy" und a.a.O.123 Anm. 13: „To our knowledge there are no doxographical passages in Plutarch's genuine works which suggest use of this particular document or other works like it. References to well-known doxai are found for example at Mor 288B, 22Aff., 1115B and in De facie passim, but they are not directly dependent on the Placita as far as we can tell."

wenn man die Verwendung und Anordnung von Zitaten vergleicht, wie sie sich aus der Textmining-Analyse ergeben:

4.1 Philo Judaeus

Ein Zitat aus Euripides, das insgesamt viermal bei Philo verwendet wird, ist von Diels als Hinweis auf eine Benutzung der Placita durch Philo gewertet worden:[41] Dreimal steht es in De aeternitate mundi und einmal in den Legum allegoriae.[42] Da es sowohl in den Placita als auch bei Pseudo-Galen in der Historia philosopha zitiert wird, hat Diels dies als Indiz für eine – chronologisch vor Plutarch liegende – Verwendung der Placita angesehen, die ein wichtiger Baustein für seine These war, dass die Placita-Tradition auf eine vorplutarchische Zeit zurückverweist. Allerdings läßt sich aus der Verwendung dieses Zitats allein kein Beleg pro oder contra ableiten und da es keine weiteren Parallelen zu den Placita gibt, ist m. E. hier Vorsicht geboten.

4.2 Athenagoras

Athenagoras' Legatio wird von Diels im Testimonienapparat als Textzeuge für die Placita genannt, Mansfeld und Runia lehnen jedoch Diels' These, dass Athenagoras' Legatio der terminus ante quem sei, ab: „The parallels to which he draws attention are too general to allow this conclusion beyond all doubt. We prefer to regard these as drawing on the broader tradition."[43]

Zwar zitiert auch Athenagoras das hier schon angeführte Zitat aus Euripides (Legatio 22,1), aber ein deutlicherer Hinweis ist ein anderes Zitat: In Legatio 18,3 zitiert Athenagoras den Vers aus Homers Ilias 14,246 mit der gleichen syntaktischen Angleichung, die auch Plutarch verwendet: Ὠκεανός, ὅσπερ γένεσις πάντεσσι τέτυκται. Ist dies ein Indiz dafür, dass auch Athenagoras die Plutarchischen Placita verwendet hat? Dafür läßt sich nun tatsächlich einiges anführen: Athenagoras verwendet die gleiche naturphilosophisch begründete Ursprungsthese wie sie sich in den Placita und auch bei Eusebius findet.[44] Das Zitat aus Homer, Ilias 14, 246 steht bei Eusebius in einem Kontext, der derselbe ist wie bei Athenagoras, denn Eusebius führt in der Praeparatio Evangelica 3,3,5 und 14,4,1 (Mras) zu Hom.Il.14,201 (Okeanos und Thetys als Stammeltern aller Götter) ebenso den Vers aus Homer Il. 14,201 als Beleg an:[45] Ὠκεανόν τε θεῶν γένεσιν καὶ μητέρα Τηθύν. Bei

---

41 Fragment F 839 Kannicht: Philo, De aeternitate mundi, 5, 8-10: θνῄσκει δ' οὐδὲν τῶν γιγνομένων, διακρινόμενον δ' ἄλλο πρὸς ἄλλο μορφὴν ἑτέραν ἀπέδειξεν. Die weiteren Belege bei Kannicht.
42 Philo Judaeus, Legum allegoriarum 1, 7, 3; De aeternitate mundi 5, 8 und 30, 10-12.
43 Doxographi Graeci, 1879, 306; Mansfeld/Runia 1997, 15. Ausf. a.a.O. 312f.
44 Athenag. Legatio 18,3: οὐκ ἐξ ἀρχῆς, ὥς φασιν, ἦσαν οἱ θεοί, ἀλλ' οὕτως γέγονεν αὐτῶν ἕκαστος ὡς γιγνόμεθα ἡμεῖς· καὶ τοῦτο πᾶσιν αὐτοῖς ξυμφωνεῖται, Ὁμήρου μὲν [γὰρ] λέγοντος Ὠκεανόν τε, θεῶν γένεσιν, καὶ μητέρα Τηθύν ...(Die Götter, so sagen sie, waren nicht von Anfang an, sondern jeder von ihnen entstand so, wie wir entstehen; und dies stimmt bei allen überein, wie Homer sagt: Ozean, der Ursprung der Götter, und Mutter Tethys ...)
45 Bei Plutarch so nur in der pseudoplutarchischen Schrift in De Homero 1040 (Kindstrand).

Eusebius steht dies in Buch 3 der Praeparatio Evangelica. Doch obwohl Okeanos und Thetys als Stammeltern aller Götter bei Homer auftreten, wird hier eine naturphilosophische Auslegung präsentiert! Genauso in Buch 14, 13,9 – hier allerdings mit Bezug auf Hom.Il. 14, 246 –, d.h. auch wieder genauso wie es auch in den Placita präsentiert wird. Diese Argumentationsrichtung findet sich wiederum ebenso bei Athenagoras, Legatio 18, der sogar die beiden Verse aus der Ilias (14, 201 und 14, 246) in einem Abschnitt nebeneinander als Beleg für diese naturphilosophische Auslegung zitiert.

Zwei weitere Parallelen bei Athenagoras sind Legatio 23,2 (Marcovich): πρῶτος Θαλῆς διαιρεῖ, ὡς οἱ τὰ ἐκείνου ἀκριβοῦντες μνημονεύουσιν, εἰς θεόν, εἰς δαίμονας, εἰς ἥρωας. ἀλλὰ "θεὸν" μὲν "τὸν νοῦν τοῦ κόσμου" ἄγει, "δαίμονας" δὲ "οὐσίας" νοεῖ "ψυχικὰς καὶ ἥρωας τὰς κεχωρισμένας ψυχὰς" τῶν ἀνθρώπων, "ἀγαθοὺς μὲν τὰς ἀγαθάς, κακοὺς δὲ τὰς φαύλους". – eine Paraphrase zu Plut. Plac. 882 b4, die auch bei Eusebius in der Praeparatio Evangelica 15,43,3 zu finden ist –, und Athenagoras, Legatio 6,5 Marcovich:[46] Εἰ γὰρ ὁ μὲν θεὸς πῦρ τεχνικόν, ὁδῷ βαδίζον ἐπὶ γενέσει κόσμου, ἐμπεριειληφὸς ἅπαντας τοὺς σπερματικοὺς λόγους, καθ᾽ οὓς ἕκαστα καθ᾽ εἱμαρμένην γίγνεται, eine leichte Umformulierung zu Placita 881f8–9.[47] Hier nennt Athenagoras nicht die Stoiker, sondern stattdessen einen „Gott". Auch Eusebius hat diese Stelle (Praeparatio Evangelica: 14,16,9), zitiert die Placita an dieser Stelle jedoch ganz wörtlich.

Hier ist nun der Schluß zulässig, dass sowohl Athenagoras ebenso wie Eusebius die Placita verwendet hat, allerdings in sehr viel geringerem Maß und – im Gegensatz zu Eusebius, der ganze Textpassagen wörtlich zitiert – seiner Argumentation entsprechend angepaßt, um zu belegen, dass die philosophischen Begründungen der Transzendenz in der griechischen Philosophie unlogisch, inkonsistent und unglaubhaft sind.

4.3   *Hippolytos, Refutatio omnium haeresium*

In Hippolytos' Refutatio finden sich sowohl zu den Placita, Athenagoras und Eusebius gleichlautende Zitate (aus Empedokles und Hesiod) wie auch textuelle Parallelen, die in einem Fall, ebenso wie bei Athenagoras mit einer leichten Umformulierung als Paraphrase angesehen werden können:

Bei der Parallele Hippolyt. Ref. 1,8,1 ἔφη δὲ γηΐνην εἶναι τὴν σελήνην ἔχειν τε ἐν αὐτῇ πεδία <καὶ ὄρη> καὶ φάραγγας handelt es sich um eine leichte Paraphrasierung zu Plut. Plac.891 c2–3, die auch Parallelen bei Ps.-Galen, Eusebius und Theodoret hat.[48]

---

46 Mansfedl/Runia 1997, 312ff.: Athenagoras, Legatio 6.2–4 [Platon, Aristoteles, Stoiker], 16.1; Marcovich im Testimonienapp. verweist auf Diels, Doxographi Graeci 5 und Plat. Tim. 29a2], 23.4 [Marcovich im Testimonienapp: Plat. Phaedr. 246 e4–6; Plut. Non posse suaviter 1102e], im Detail Mansfedl/Runia 312ff., die alle Passagen durchgehen.

47 Οἱ Στωικοὶ νοερὸν θεὸν ἀποφαίνονται, πῦρ τεχνικὸν ὁδῷ βαδίζον ἐπὶ γένεσιν κόσμου, ἐμπεριειληφὸς πάντας τοὺς σπερματικοὺς λόγους, καθ᾽ οὓς ἕκαστα καθ᾽ εἱμαρμένην γίνεται·(Die Stoiker erklären einen geistigen Gott, ein kunstfertiges Feuer, das auf dem Weg zur Entstehung der Welt voranschreitet und alle samenartigen Vernunftprinzipien umfasst, wonach jedes Ding gemäß seinem Schicksal entsteht.)

48 Schwab 272f. zur Genese der thaletischen Prinzipienannahme bei Theodoret.

Das Zitat aus Hesiod: Κοῖόν τε Κρεῖόν θ᾽ Ὑπερίονά τ᾽ Ἰαπετόν (Hesiod, Theogonie 134) in Refutatio 1,26 wird sehr oft in der antiken Literatur zitiert, ebenso wie die Verse des Empedokles, die aus dem Fragment B6 stammen.

Plut.Plac. 878 a5–7 zitiert aus Empedokles folgendermaßen:

'τέσσαρα τῶν πάντων ῥιζώματα πρῶτον ἄκουε·
Ζεὺς αἰθὴρ Ἥρη τε φερέσβιος ἠδ᾽ Ἀϊδωνεύς,
Νῆστίς θ᾽, ἣ δακρύοις τέγγει κρούνωμα βρότειον.'[49]

Die Zeilen aus Empedokles:

Ζεὺς ἀρ<γ>ὴς Ἥρη τε φερέσβιος ἠδ᾽ Ἀϊδωνεύς,
Νῆστίς θ᾽, ἣ δακρύοις τέγγει κρούνωμα βρότειον[50]

sind bei Eusebius als wörtliches Zitat aus Plutarchs Placita gekennzeichnet und ebenso zitiert dies Athenagoras, Legatio 22,1–2. Allerdings zitieren Eusebius[51], die Placita und Athenagoras Ζεὺς als αἰθήρ, während Hippolytos den Ζεὺς-Vers ohne diese Deutung hat.[52] Da auch dieses Fragment des Empedokles sehr oft in der antiken Literatur zitiert wird,[53] kann es allein noch nicht als Beleg für eine Verwendung der Placita gelten. Es ist daher auch diskutiert worden, ob Hippolytos vielleicht den Vers verändert oder aus einem anderen Werk Plutarchs zu Empedokles genommen haben könnte.[54]

Allerdings zeigen die Parallelen Hippolytos, Refutatio 1,8,1 und Eusebius, Praeparatio Evangelica 15,23,5 zu Plut.Plac. 891 c2 zu Anaxagoras und Demokrit (Ἀναξαγόρας Δημόκριτος στερέωμα διάπυρον, ἔχον ἐν ἑαυτῷ πεδία καὶ ὄρη καὶ φάραγγας[55] – ein Satz, der kein Dichterzitat ist, sondern ein typisch doxographisches Lemma) – eine klare und eindeutige Textidentität zwischen den Placita philosophorum einerseits und Hippolytos, Eusebius und Theodoret andererseits.[56]

---

49 Höre zuerst von den vier Wurzeln aller Dinge: der schimmernde Zeus und Hera, die lebensspendende Erde und Hades, Nestis, die mit ihren Tränen die sterbliche Quelle benetzt (ÜS nach W.Kranz).
50 Euseb. Praeparatio Evangelica 14,14,6. eAQUA listet noch weitere Treffer auf, die unter o.g. Link in Tabelle 2 zu finden sind.
51 Bei Eusebius lt. App.crit. bei Mras ad 14,14,6: in den Hss αἰθήρ.
52 Hippolyt. Ref.7,29,4: Bei Marcovich ist <αἰθήρ> ergänzt nach den Parallelstellen (app.crit. von Marcovich, vgl. 10,7,5), aber aus dem Kontext geht hervor, dass Hippolytos meint: Ζεύς ἐστι, <φησί,> τὸ πῦρ; genauso steht es bei Athenagoras, Legatio 22,1 (= 68,1 Marcovich).
53 Hershbell 1971, 156ff.
54 Im Lamprias-Katalog wird ein Werk Plutarchs über Empedokles genannt; Hershbell a.a.O. kommt zu dem Ergebnis, dass Hippolyt nicht aus Plutarch zitiert habe, sondern direkt aus Empedokles' Original.
55 Anaxagoras und Demokrit [beschreiben] eine feste, feurige Struktur, die in sich Ebenen, Berge und Schluchten enthält.
56 Bei Pseudo-Galen: πέτρον ἢ μύδρον, die Namen sind von Diels, Doxographi Graeci 62, 6 ergänzt.

4.4 Die Papyrus-Überlieferung

Neun Papyrus-Fragmente aus Antinopolis mit Textpassagen aus der Placita philosophorum, die J. Johnson entdeckt und J. W. Barns[57] 1960 publiziert hat, werden in das spätere 3. Jahrhundert – also in jedem Fall vor die Abfassungszeit der Praeparatio Evangelica von Eusebius, aber nach Athenagoras und Hippolytos – datiert. Barns sieht Abweichungen zu dem Text der Placita wie auch demjenigen bei Pseudo-Galen, meint allerdings, dass insgesamt eine größere Übereinstimmung zu dem bei Diels rekonstruierten Text zu erkennen sei. Dem haben Mansfeld und Runia widersprochen und da auf den Papyrus-Fragmenten tatsächlich nur sehr kurze Wortbestandteile bzw. einzelne Buchstaben vom Beginn und oder dem Ende der Zeilen erhalten sind,[58] ist aus der Papyrus-Überlieferung lediglich zu entnehmen, dass es – wie auch der Vergleich mit Athenagoras und Hippolytos zeigt – zwischen den Placita und der Praeparatio Evangelica des Eusebius Zwischenstufen der Überlieferung gegeben hat.

5   Fazit

Eusebius zitiert ausführlich und explizit aus den Placita philosophorum und hatte ganz offensichtlich keine Zweifel daran, dass das Werk von Plutarch selbst war. Die Papyrusfragmente zeigen uns deutlich, dass Eusebius keinesfalls der Autor dieser Zusammenstellung gewesen sein kann, die uns in den Placita philosophorum enthalten ist.[59] Aus den Parallelen zu den Placita in Athenagoras' Legatio und Hippolytos' Refutatio kann man schließen, dass auch ihnen dieses Werk vorgelegen hat. Athenagoras greift eine sowohl in den Placita verwendete als auch in anderen Schriften Plutarchs ausgearbeitete Argumentation auf, arbeitet aber anders als Eusebius, indem er z. T. paraphrasiert und das Material anders anordnet.

Da die Placita und einige Schriften Plutarchs eine Handschrift zeigen,[60] die auf Plutarch als Autor dieser Placita hinweisen, und diese in seinem Werkkontext erhaltene Schrift die erste und älteste erhaltene dieserart einer Zusammenstellung zu den Positionen der antiken Philosophie ist, scheint es nicht unbegründet, in Plutarch den Autor dieser Zusammenstellung anzunehmen, die den hier betrachteten Werken der Kirchenväter vorlag. Auch wenn dieses Buch – als Anthologie oder als Philosophiegeschichte – schon vor Plutarch existierte, so ist doch erkennbar, dass die Kirchenväter Athenagoras, Hippolytos und insbesondere Eusebius einen besonderen Fokus auf die Version aus dem Werkkontext Plutarchs gelegt haben, auf dessen Grundlage und nach dessen Muster sie

---

57 J. W. Barns/ H. Zilliacus, The Antinopolis Papyri II (1960) Nr. 85, 74–83; ausf. besprochen bei Mansfeld/Runia 1997, 126ff.
58 Barns 1960, 75; Mansfeld/Runia 1997, 129.
59 So jedoch eine der Vermutungen von Lebedev 2016.
60 Schubert 2017.

eine eigene, durchaus in der jeweiligen Anordnung differierende Widerlegung der griechischen Philosophie als christliche Doxographie verfaßt haben.

Aus dem Vergleich der Zitate und Paraphrasen zeigt sich auch, wie unterschiedlich die Kirchenväter gearbeitet haben. Eusebius' Methode ist jedoch bemerkenswert anders als die des Athenagoras und Hippolytos: Er läßt den griechischen Philosophen ihre Stimme und ihre Namen, konstruiert auch andere Kommunikationsebenen, indem er gerade nicht paraphrasiert, sondern die Ebenen von Zitat, Kommentar und Widerlegung deutlich trennt und billigt ihnen dadurch auch eine ganz andere Relevanz zu.

Eusebius' Vorgehen steht hier deutlich im Gegensatz zu demjenigen, für das die Vergangenheit dazu dient, die eigene Position zu beglaubigen, ohne dass dem eine an expliziten Aussagen orientierte Analyse zugrundeliegt. Vielmehr soll bei ihm das, was als eigene Wahrheit gilt, beglaubigt werden. Man kann dies durchaus mit einer geschichtswissenschaftlichen Arbeitsweise vergleichen, die keineswegs ein einfaches Exzerpieren, Paraphrasieren oder simples Aneinanderreihen ist, sondern eine klare Trennung zwischen den historischen Positionen und der eigenen vornimmt, ohne die anderen und vorangehenden Autoren zu marginalisieren, so dass die Veränderungen und Differenzen offengelegt werden. Damit verläßt Eusebius die rein deskriptive Ebene und konstruiert gerade in der Abgrenzung zu Griechen und Juden doch auch wieder eine eigenständige Form der historischen Kontinuität

Diese Art der Kontinuität wird sichtbar, wenn man die hier herausgearbeiteten Ketten von Markierungen in Zitaten und Paraphrasen betrachtet: Mit Hilfe einer Kombination von digitaler Textanalyse und einer interpretativen Feinanalyse werden die Verdichtungen aus einer sehr langen Überlieferungs- und Traditionsgeschichte von der Antike bis zu ihren heutigen Umformungen in Editionen und Fragmentausgaben neu herausgestellt und lesbar: Die eingangs gestellte Frage danach, wie in der Antike Philosophiegeschichte geschrieben wurde, zeigt am Beispiel von Plutarch und Eusebius, wie fluktuierend die Texte verwendet wurden, wie auch die Handschrift des jeweiligen Autors rekonstruiert und welche intellektuelle Dynamik daraus sichtbar gemacht werden kann.

Literaturverzeichnis

Barns, J. W./Zilliacus, H.: *The Antinopolis Papyri II.* 1960, Nr.85
Bicknell, P.: „Melissus' Way of Seeming?" *Phronesis* 27 (1982) 194–201
Carriker, A.: *The Library of Eusebius of Caesarea.* Leiden 2003
Dorandi, T.: „Ancient ἐκδόσεις: Further Lexical Observations on Some Galen's Texts." *LPh* 2 (2014) 1–23
Dorandi, T.: „Den Autoren über die Schulter geschaut." *ZPE* 87 (1991) 11–33
Diels, H.: *Doxographi Graeci.* 1879 = 1965
Hershbell, J.: „Plutarch as a Source for Empedocles Re-Examined." *AJPh* 92 (1971) 156–184
Jäger, L.: „Intermedialität – Intramedialität – Transkriptivität. Überlegungen zu einigen Prinzipien der kulturellen Semiosis." In *Sprache intermedial. Stimme und Schrift, Bild und Ton,* hg. von A. Deppermann und A. Linke. Berlin 2011, 299-324.

Krieter-Spiro, M. in: *Homers Ilias (Basler Kommentar) Bd.X: 14. Gesang, Fasz. 2: Kommentar,* hg. von A. Bierl und J. Latacz. Berlin/New York 2015, 120 u. 98f.

Lebedev A.: „The Origin and Transmission of the Doxographical Tradition Placita Philosophorum (Arius Didymus, Ps.-Plutarch, Stobaeus, Theodoret, Nemesius, Porphyrius)." In *Proceedings of the Memorial Tronsky Conference, Institute for Linguistic Studies of the Russian Academy of Sciences at St. Petersburg.* T. 20(2). St. Petersburg 2016, 573–633

Mansfeld, J./Runia, D.: *Aëtiana. The Method and Intellectual Context of a Doxographer, Volume I: The Sources.* Leiden 1997 (= Philosophia Antiqua 73)

Mansfeld, J./Runia, D.: *Aëtiana. The Method and Intellectual Context of a Doxographer, Volume II: The Compendium.* Leiden 2009a (= Philosophia Antiqua 114)

Mansfeld, J./Runia, D.: *Aëtiana. The Method and Intellectual Context of a Doxographer, Volume III: Studies in the Doxographical Traditions of Greek Philosophy.* Leiden 2009b (= Philosophia Antiqua 118)

Mansfeld, J./Runia, D.: *Aëtiana. The Method and Intellectual Context of a Doxographer, Volume IV: Towards an Edition of the Aëtian Placita: Papers of the Melbourne Colloquium on Ancient Doxography.* Leiden 2018 (= Philosophia Antiqua 148)

Mansfeld, J./Runia, D.: *Aëtiana. Volume V. 1–4: An Edition of the text of the Placita with a Commentary and a Collection of Related Texts.* Leiden 2020 (= Philosophia Antiqua 153.1–4)

Markschies, Ch.: *Origenes und sein Erbe.* Berlin/New York 2007

van Nuffelen P.: *Rethinking the Gods: Philosophical Readings of Religion in the Post-Hellenistic Period.* Cambridge 2011

des Places, É.: *Eusèbe de Césarée commentateur.* Paris 1982

Schubert, Ch.: „Die Arbeitsweise Plutarchs: Notizen, Zitate und Placita." *Rheinisches Museum für Philologie* (2017) 43-57

Schubert, Ch.: „Zur Standortbestimmung des Digitalen in den Altertumswissenschaften. Textanalyse am Beispiel des Corpus Hippocraticum und des hippokratischen Eides." *Gymnasium* 127 (2020) 305–327

Schubert, Ch.: „Von der Fragmentarisierung zur digitalen Rekontextualisierung: Neue Perspektiven der digitalen Textanalyse." In *Rekontextualisierung als Forschungsparadigma des Digitalen,* hg. von S. Meier-Vieracker, G. Viehhauser und P. Sahle. Norderstedt 2020a (= Schriftenreihe – Institut für Dokumentologie und Editorik 14), 81–95, https://kups.ub.uni-koeln.de/29429/ (17.1.2024)

Schubert, Ch.: „Intertextuality and Digital Humanties." In *Special issue: Digital Methods for Intextuality Studies,* hg. von P. Molitor und R. Ritter. Berlin/ New York 2020b (= it – Information Technology 62), 53-59, https://doi.org/10.1515/itit-2019-0036 (17.1.2024)

Schubert, Ch.: „Pseudo-Xenophon oder Xenophon: Wer schrieb wann die Athenaion Politeia?" *Gymnasium* 129 (2022) 405–430

Schubert, Ch./Weiß, A.: „Die Hypomnemata bei Plutarch und Clemens: Ein Textmining-gestützter Vergleich der Arbeitsweise zweier ‚Sophisten'." *Hermes* 143 (2015) 447-471

Schwab, A.: *Thales von Milet in der frühen christlichen Literatur.* Berlin/New York 2012

van der Stockt, L.: „Plutarch's Use of Literature. Sources and Citations in the Quaestiones Romanae." *Ancient Society* 18 (1987) 281–292

van der Stockt, L: „Καρπος Ἐκ Φιλίας Ἡγεμονικῆς (mor. 814c): Plutarch's Observations on the ‚Old-boy Network'." In Ph.A. Stadter/L. van der Stockt: *Sage and Emperor.* Leuven 2002, 115–140

van der Stockt, L: „Plutarch in Plutarch: the Problem of the Hypomnemata." In *La Biblioteca Di Plutarco. Atti Del IX Convegno Plutarcheo Pavia, 13–15 Giugno 2002.* Neapel 2004, 331–340

Timpe, D.: „Was ist Kirchengeschichte? Zum Gattungscharakter der Historia Ecclesiastica des Eusebius." In *FS Robert Werner zu seinem 65. Geburtstag,* hg. von W. Dahlheim. Konstanz 1989 (Xenia. Konstanzer Althistorische Vorträge und Forschungen 22), 171–204

Wittig, J./Willkommen, C.: *Digital Classics in der Praxis: Arbeiten mit eAQUA: Eine Einführung mit Beispielen.* Heidelberg 2019 (= Digital Classics Books 2)

Pragmatik ohne Dogma –
Zur Organisation früher Christengemeinden

Meret Strothmann

Das Jahr 100 n. Chr. warf viele Christen in die Realität zurück. Der Messias war nicht erschienen. Mit der Einrichtung in der irdischen Umwelt nach der Katastrophe boten sich Spielräume für neue Entwicklungen und Konzepte. Die Neuorientierung erstreckte sich auch auf das Selbstverständnis des Christentums, das sich so gar nicht in das zeitgenössische Verständnis von Religion[1] fügte. Römische Religion war Ausdruck einer aktuellen Anzeige der Beziehung zwischen den Römern und ihren überirdischen Mitbewohnern,[2] die ihr Gefallen oder ihren Missfallen durch entsprechende Aktionen bekundeten. Dabei ging es immer um das hier und jetzt. Insgesamt waren Religiosität und Religionsausübung nicht dazu geeignet, Konflikte zu schüren oder Krisen auszulösen, sondern ein eher harmonisierendes säkulares Bindeglied, auch wenn sie im Kaiserkult bisweilen Hierarchisierungspotential durch konkurrierende Kultpraxis innerhalb der städtischen Oberschichten darstellte.

Eher schon konnte das Christentum unter philosophische Grundmuster gefasst werden. Hier war von jeher Raum für Welterklärungsmodelle, vor allem aber moralische Werturteile, deren Begründungen auf der metaphysischen Ebene lagen. Sowohl von ihrem Gegenstand als auch von ihrer Methodik konnte die Philosophie Ansätze zur Radikalisierung bieten und Entscheidungen fordern, sich auf die eine oder andere Seite zu stellen. Die Fülle an unterschiedlichen Zugängen zur Philosophie konnte Aspekte eines friedlichen Zusammenlebens favorisieren, aber auch eine unerbittliche Haltung gegenüber Andersdenkenden auf Grund eigener Überlegenheit, die sich aus rational basierten oder außerhalb der menschlichen Sphäre liegenden Argumenten ergab, evozieren. Mit Justin fassen wir einen der ersten Gelehrten, die das Christentum in diesem Sinn als Phi-

---

[1] Zur Präsenz von Religion und dem römischen Verständnis von Religiosität vgl. Jörg Rüpke zur „Selbstverständlichkeit von Religion". Rüpke zeigt hier sehr anschaulich auf, wie stark religiöse Begrifflichkeiten im Nachhinein christlich aufgeladen wurden (Rüpke, Jörg: *Die Religion der Römer*. München ²2006, 11–18).

[2] Bernhard Linke erläutert dies mit Bezug auf John Scheid in seiner Einführung zur antiken Religion (Scheid, John: „Numa et Jupiter ou lex dieux citoyens de Rome," *Archives des sciences sociales des religions* 59 (1985), 41–53: Linke, Bernhard: *Antike Religion*. München 2014, 93).

losophie verstanden; er blieb als Christ erklärt Philosoph.[3] Spätestens jetzt standen die Christen vor dem Problem, dass die Ausübung ihrer Religion als kollektive Bedrohung empfunden werden konnte. Mit dieser Auffassung des Christentums als Philosophie, nicht als Religion, waren die Türen geöffnet, die neue Lehre als allein gültiges Konzept festzulegen. Die Überlieferung zeigt indes, dass sich sehr viel mehr Christen als Bürger des römischen Reiches denn als radikal und alleinseligmachend verstanden und damit mehrheitlich einer gemäßigten philosophischen Position angehörten. Sie passten sich ganz unterschiedlichen Bedingungen an, und lokale Vielfalt wurde gefördert.[4] Auch an Opferzeremonien nahmen sie teil und verstanden sich als die besseren und bewussteren Bürger des Reiches.[5] Ein Zeugnis des 2. Jh. n. Chr. aus der Schrift an Diognet unterstreicht das:

„Christen sind nämlich weder durch ein Land noch durch eine Sprache noch durch Sitten von den übrigen Menschen verschieden. Denn weder bewohnen sie irgendwelche eigenen Städte, noch bedienen sie sich einer eigenen Sprache, noch führen sie ein auffälliges Leben. ... Sie bewohnen griechische und barbarische Städte, wie immer es sich bei einem jeden ergeben hat und sie folgen den einheimischen Sitten in Kleidung und Essen und der übrigen Lebensweise, und sie legen anerkanntermaßen eine staunenswerte Beschaffenheit ihres Lebens in der Gemeinschaft (*politeia*) an den Tag. Sie bewohnen jeder seine Vaterstadt, ... sie haben Anteil wie Bürger und erdulden alles wie Fremde. Jede Fremde ist für sie Vaterland. Auf Erden weilen sie, aber im Himmel haben sie Bürgerrecht. Sie gehorchen den erlassenen Gesetzen, und mit ihrer eigenen Lebensweise überbieten sie die Gesetze."[6]

Wenn sich Christen als Bürger des römischen Reiches verstanden und sogar den Kaiserkult bedienen konnten, indem sie Gebete für das Wohl des Kaisers an ihren Gott richteten,[7] was war dann das Problem? Es war die Zuspitzung durch Konstantin, das Christentum in einer speziellen Ausrichtung als Möglichkeit der Durchsetzung von Macht zu nutzen.[8] Bereits ein Jahr nach der Eliminierung seines letzten Gegners Licinius berief er das Konzil von Nicäa ein. Offenbar war ihm die Zusammenkunft der christlichen Bischöfe zur Stabilisierung seiner gerade gewonnenen Alleinherrschaft nützlich, da ihm bewusst war, dass die Bischöfe, anders als die römischen Magistrate, eine Kontinuität in der Administration

---

3   Justin, Dial. 2,1–8,3, dazu Vetten, Claus Peter, s. v. Justin: Lexikon der antiken christlichen Literatur, ³2002, 411–414. Leppin bezeichnet Justin sehr hübsch als „freischaffenden Vertreter des Christentums" (Leppin: *Frühe Christen* 174).
4   Leppin: *Frühe Christen* 18.
5   Leppin: *Frühe Christen* 11. Es sei nur auf Röm. 13,1–7 verwiesen. Hier gilt es nicht um der Strafe, sondern um des Gewissens willen sich der Obrigkeit unterzuordnen.
6   Schrift an Diognet 5,1–10. Wengst, Klaus: *Didache (Apostellehre), Barnabasbrief, Zweiter Klemensbrief, Schrift an Diognet*, Darmstadt 1984; vgl. die Bemerkungen dazu bei Leppin: *Frühe Christen* 357.
7   So z. B. bei Origenes, Cels. 8,73 belegt. Origenes, Contra Celsum, übers. von Claudia Barthold, eingel. und komm. von Michael Fiedrowicz, Freiburg 2011/2012 (Fontes Christiani Bd. 50).
8   Leppin: *Frühe Christen* 354f.

garantierten und ebenso eine Instanz darstellten, der durch ihre moralische Integrität auch rechtliche Befugnisse zustanden, die in einem späteren Amtscharisma zu fassen sind.

Als Instrumentarium der Macht im Verbund mit der Verortung des Christentums als mögliche beste Philosophie gewann die junge Glaubensrichtung eine neue Qualität, die zu enormen Verwerfungen, Spannungen und Spaltungen vor allem auf der Führungsebene führte, die oft in unerbittlichen Konflikt miteinander gerieten. Inwieweit aber waren die christlichen Ortsgemeinden in diese Auseinandersetzungen involviert, was beschäftigte sie? Wo lagen ihre Interessen oder Intentionen? Spiegelt sich die auf höchster Ebene aufgeladene Stimmung in den Zusammenkünften der Gemeinden? Eine mögliche Antwort auf diese Fragen soll in der Überlieferung bereits vorkonstantinischer Kirchenordnungen gesucht werden, die sicherlich auch im 4. Jh. noch gültig waren. Besonders die Kirchenordnungen der Didache und der Traditio Apostolica bilden die Grundlage dieses Beitrags.[9] Diese Ordnungen folgen keinem systematischen Muster, an Hand dessen dogmatische oder ideologische Fragen theologisch diskutiert werden, sondern befassen sich speziell mit den aktuellen zeitlichen Umständen, der praktischen Umsetzung christlicher Ideen und bilden das Christentum sehr lebensweltlich ab. Ihnen liegt einzig ein Konzept zugrunde: die drängendsten Fragen der stark anwachsenden Christengemeinden praktisch anzugehen und verbindlich zu lösen. Im Umkehrschluss lässt sich formulieren, dass Fragen und Problemstellungen, die die Gemeinden nicht oder nur wenig berührten, keinen Eingang in die Kirchenordnungen gefunden haben. In der direkten vergleichenden Betrachtung dieser beiden Schriften zu den Grundsätzen christlichen Glaubens lassen sich anschaulich Tendenzen und neue Schwerpunktsetzungen aufzeigen, die in konkret benannten Einzelpunkten fassbar sind. So ging es zunächst um die Überprüfung der Glaubwürdigkeit schriftlicher und mündlicher Zeugnisse, da konkurrierende Konzepte in gesprochenem Wort und schriftlicher Fassung zirkulierten, die zur Positionierung herausforderten, und um die zentralen christlichen Kernpunkte Taufe und Eucharistie. Daher werden diese Aspekte in den Fokus des Beitrags gerückt.

Zu Didache und Traditio Apostolica (TA)

Das auf jüdischer Lehrtradition basierende Zwei-Wege-Traktat[10] eröffnet die an der Wende zum 2. Jh. n. Chr. vielleicht in Syrien oder Palästina[11] entstandene Didache. Ihr einlei-

---

9   Mit der Didache um 100 n. Chr., der Traditio Apostolica und der Didaskalie (Syrien) aus dem 3. Jh. n. Chr. sowie der apostolischen Kirchenordnung aus dem dritten oder frühen vierten Jh. n. Chr. kennen wir insgesamt vier größere Sammlungen von christlichen Glaubensgrundsätzen aus vorkonstantinischer Zeit (Schöllgen: Einleitung 13).
10 Es sei nur kurz darauf verwiesen, dass die Zwei-Wege-Lehre in der gesamten heidnischen Antike verbreitet war, so z. B. schon bei Herodot 1,11, als Gyges nur die zwei wenig attraktiven Möglichkeiten blieben, zu sterben oder den König umzubringen. Auch Kroisos und Solon verkörpern die Wahl zwischen zwei Wegen (Hdt. 1,30). Allen Beispielen gemeinsam ist, dass der Mensch die Wahl hat und in der Lage ist, sein Schicksal aktiv zu gestalten.
11 Schöllgen: Einleitung 85.

tender Abschnitt kommt völlig ohne Christus, seinen Tod und seine Auferstehung aus.[12] Auch im Taufritus scheinen jüdische Wurzeln auf, so darf erst getauft werden, wenn die Zwei-Wege-Lehre verstanden ist,[13] und beim christlich adaptierten Wochenfasten wurden nur die Tage geändert.[14] In den Gebeten zur Abendmahlsfeier zeigen sich ebenfalls enge Bezüge zum Judentum, wenn Gott dem Vater für den „Heiligen Weinstock Davids" gedankt wird.[15] Der Weinstock galt weithin als Metapher Israels für das auserwählte Volk und verweist hier wohl auf die christliche Gemeinde als neues Israel.[16] Bekräftigungsformeln und Mahnungen am Schluss der Didache mit ihren eschatologischen Ausblicken haben ebenfalls Vorbilder in vielen vergleichbaren jüdischen Quellen.[17] So liegt insgesamt eher ein Ursprung aus dem judenchristlichen Umfeld nahe.[18] Die Organisationsform der Gemeinden unterschied sich vor allem in den hier noch weniger abgegrenzten Zuständigkeitsbereichen der Führungsebene wesentlich von den in der Traditio Apostolica eingeführten klaren Kompetenzfeldern des Klerus, hier ist vor allem die Stellung des Bischofs[19] von Interesse, dessen komplexe Aufgaben in der Gemeindeführung in Traditio Apostolica thematisiert werden. Insgesamt aber waren die Fragen und Probleme dieselben auch in dieser nun wesentlich stärker vom griechisch-römischen Umfeld geprägten Schrift.[20] Vor allem in der Vorbereitung und im Ablauf der Taufe sowie der Abendmahlsfeier werden sehr viel klarere Regeln und Vorschriften als noch in der Didache aufgestellt. Vergeblich sucht man auch hier allerdings Entscheidungshilfen zu theologisch aufgeladenen Problemen, die die kirchlichen Führungsebenen stark bewegten, vielmehr galt es den rasanten Zulauf zu den christlichen Gemeinden zu ordnen. Sehr attraktiv war der christliche Glaube auch für Sklaven, die innerhalb der christlichen Wertewelt auf ein besseres Ansehen hoffen konnten. Zu den ersten Fragen gehörte, ob der Anwärter ein Sklave oder verheiratet sei[21] War der *dominus* pagan, musste der Sklave ein untadeliges Leben und Gehorsam nachweisen, aber auch wenn sein Herr Christ war, so blieb er weiterhin Sklave. Der christliche Herr wurde sogar ausdrücklich nach seiner Zustimmung gefragt, die zwingend für die Aufnahme des Sklaven war. Es war selbstverständlich, dass reiche Christen

---

12 Schöllgen: Einleitung 38.
13 Did. 7,1.
14 Schöllgen: Einleitung 46–48.
15 Did. 9,2.
16 So Schöllgen, Komm. zu Did. 9,2, S. 120f.
17 So Schöllgen: Einleitung 77.
18 Wengst: *Didache (Apostellehre), Barnabasbrief, Zweiter Klemensbrief, Schrift an Diognet*, 96, Anm. 52 mit Bezug auf Did. 6,2.
19 Welchem Druck der Bischof ausgesetzt war und in welchem massiven Spannungsfeld zwischen Vorbild und Machtpolitik sich der Verantwortungsträger ständig befand, zeigt Leppin an zwei sehr markanten Beispielen auf, Cyprian von Karthago und Paulus von Samosata (Leppin: *Frühe Christen* 196–205).
20 Die in Ägypten entstandene Kirchenordnung der Traditio Apostolica ist ursprünglich auf Griechisch verfasst und vielleicht von Hippolytos von Rom ins Lateinische übersetzt worden, das griechische Original ist aber gänzlich verloren (Geerlings: Einleitung 146–149).
21 Geerlings: Einleitung 179.

Sklaven hielten,²² dass reiche Christinnen Goldschmuck trugen,²³ dass Christen zur See fuhren und Handel trieben²⁴ und dass auch bei den Christen die Begräbnisse finanziell unterstützt wurden.²⁵ Der größere Teil der neuen Glaubensrichtung entstammte wahrscheinlich den weniger Wohlhabenden, es fanden sich aber durchaus auch Angehörige der Oberschicht.²⁶ In jedem Fall blieben die Christen den Anforderungen der römischen Gesellschaft verpflichtet²⁷ und sahen es als ihre Hauptaufgabe an, sich dort zu verorten. Daneben finden sich einige Bemerkungen zur Gottesdienstordnung und in beiden Schriften zahlreiche wörtlich wiedergegebene Gebete, denen schon die Anfänge einer Liturgie innewohnen.²⁸ Was aber weder in der Didache noch in der Traditio Apostolica auch nur anklingt, sind speziell bzw. einseitig ausgerichtete exkludierende Glaubensbekenntnisse, christologische Fragestellungen²⁹ oder Konzepte einer Glaubenstheorie. Nichts, was auf der Führungsebene unter den Vorzeichen einer auf der geistlichen Ebene machtpolitisch orientierten Ordnung diskutiert wurde, fand auch nur als mögliche Begründung für eine Glaubenseinstellung Eingang in die beiden Kirchenordnungen.

---

22 TA 15.
23 TA 21.
24 TA 33.
25 TA 40.
26 Leppin hob zu Recht hervor, dass es sich in der Zeit der frühen Christen eher um Einzelfälle gehandelt hat (Leppin: *Frühe Christen* 411).
27 Das zeigte sich auch bei den Soldaten. Tertullian geht von einer großen Zahl christlicher Soldaten im römischen Heer aus, Tert. Apol. 42,3. Es sei nur auf das Regenwunder unter Marcus Aurelius verwiesen, das nur Sinn ergibt, wenn es sich um christliche Soldaten gehandelt hat (Leppin: *Frühe Christen* 396). Zur Dichotomie des christlichen Soldaten Leppin: *Frühe Christen* 392-402.
28 Das Gebet war Ausdruck individueller sowie kollektiver Glaubenspraxis. In der Didache wird das Vaterunser wörtlich wiedergegeben (Did. 8,2), weitere Gebete betreffen den Dank für das Brot (Did. 9,2) und den Wein (Did. 9,3) und das Dankgebet nach dem Essen (Did. 10,2-6), das deutliche Anlehnungen an jüdische Mahlgebete zeigt (Schöllgen: Einleitung 51). In der TA wird gefordert, dass es auch denen erlaubt sein soll, Gebete zu sprechen, die vielleicht nicht dafür ausgebildet sind und nur ein kurzes Gebet sprechen (TA 9), auch z. B. Witwen werden zum Gebet bestellt (TA 10). Wichtig sind die Gebete der Funktionsträger nach ihrer Einsetzung und Gebete anlässlich heiliger Handlungen, so das Dankgebet (TA 4), der Dank für Brot und Wein (TA 5), das Gebet bei der Weihe des Presbyters (TA 7) und des Diakons (TA 8) und weitere Gebete. Ein ganzer Abschnitt wird den richtigen Zeitpunkten und der Einstellung zum Gebet gewidmet (TA 41).
29 Für die Christologie verweist Schenke mit Bezug auf Hengel zu Recht darauf, dass entscheidende Fragen dazu bereits in den paulinischen Briefen Antworten fanden. Seinen frühesten Brief richtete Paulus ca. 50 n.Chr. an die Thessalonicher, er liegt damit nur knapp 20 Jahre nach dem Tod des Messias, und weist im Vergleich zu seinen letzten Zeilen aus Rom ca. 56/57 n.Chr. keine signifikanten Änderungen in der christologischen Grundanschauung auf, so dass mit dem Jahr 50 die christologischen Grundfesten bereits standen (Schenke, Ludger: *Die Urgemeinde*. Stuttgart 1990, 121, zu den christologischen Anschauungen der Urgemeinde insgesamt 116-156). Es blieb den hohen Kirchenvertretern des frühen vierten Jh. vorbehalten, über Christus und seine Naturen im Blick auf die Erlösung zu streiten.

Auftrag an die christliche Gemeinde: Wacht über Euer Leben [30]

Diese Aufforderung war an die Christen an der Wende zum 2. Jh.n.Chr. gerichtet und leitete den letzten Abschnitt der Lehre der Didache zum Großen Weltgericht ein, das man in naher Zukunft erwartet hatte.[31] Mit den sog. Christenbriefen des Plinius standen neue Herausforderungen an, der von Rom initiierte Prozess der Trennung zwischen Juden und Christen wurde nun sichtbar.[32] War Paulus noch davon überzeugt, dass Christen[33] „die wahren Juden seien", so reichte diese Definition nun nicht mehr aus, scharfe Distinktionsmerkmale wie die Taufe und zunehmend auch die Auffassung und Durchführung des Abendmahls unterstrichen den Trennungsprozess[34] zwischen Juden und Christen.[35] Die durch Konflikte entstandene Vielfalt christlicher Gruppierungen war dabei letztlich auch ein Grund für den Erfolg der neuen Bewegung um den jüdischen Wanderprediger.[36] Freilich waren Akzeptanz und Toleranz in manchen Gruppen nur schwer erkennbare Stärken innerhalb des jungen Christentums, aber nicht zuletzt die Möglichkeit offiziell auf der Grundlage des Auftrags Christi, allen die neue Botschaft zu verkünden,[37] bestehende Gemeinden zu verlassen, neue zu gründen und damit eigene Einflussbereiche zu schaffen, machte das Christentum attraktiv. Im Prozess der Ausbreitung blieben Kommunikation und Austausch zentrales konstitutives Element und so gestaltete sich

---

30 Did. 16,1.
31 Um künftig besser vorbereitet zu sein, wird ein neuer Katalog von Zeichen an die Hand gegeben. In fünf Phasen vollzieht sich danach die Endzeit: Zuerst treten vermehrt Pseudopropheten auf (Did. 16,3), dann erscheint der Antichrist (Did. 16,4), anschließend werden die Gläubigen wie im Feuer geprüft und geläutert (Did. 16,4), bevor in den letzten beiden Etappen das Zeichen Christi und schließlich er selbst in den Wolken erscheint (Did. 16,6–7; 16,8).
32 Der Trennungsprozess war weniger intentional oder organisiert als vielmehr Reaktion auf Verunsicherung oder mögliche Störung der römischen Ordnung. Besonders klar lässt sich dies unter Trajan im Verhalten gegenüber den Christen mit den genannten Briefen (Plin. Ep. 10,96; 10,97), gegenüber den Juden im Diasporaaufstand fassen. Trajan wandte sich dann aber nicht gegen alle Juden, sondern vornehmlich gegen die Aufständischen, da allerdings mit aller Härte, wie Christopher Weikert herausgearbeitet hat (Weikert, Christopher: *Von Jerusalem zu Aelia Capitolina*. Göttingen 2016, 198–200).
33 Dass es „die Christen" in ihrer Reinform nicht gab, ist vielfach betont worden, zuletzt Hartmut Leppin in seiner einschlägigen Studie zum frühen Christentum. Besonders die praktische Seite des Christentums, die Leppin immer wieder betont, soll hier zur Sprache kommen.
34 Leppin sieht in Taufe und Abendmahl die wichtigsten Distinktionsmerkmale zum Judentum (Leppin: *Frühe Christen* 15).
35 Das interne Interesse einer Trennung war denkbar gering, erst der Impuls von außen veranlasste Christen verstärkt sich vom Judentum zu separieren. Die jüdischen Wurzeln in Form des Alten Testamentes blieben lange Zeit ein aktives Argument in der christlichen Rechtfertigung, so beriefen sich die Kirchenväter umfassend auf die Geschichte Israels. Eusebius z.B. nutzte hierzu auch sehr intensiv die Jüdischen Altertümer des Flavius Josephus.
36 Schon in den Briefen des Paulus an die Gemeinden werden sehr unterschiedliche Problematiken sichtbar, die mit dem Standort der jeweiligen Gemeinde verbunden sind, so z.B. Irrlehrer (Kol. 2,8; 2,16), Ausschweifung und Unordnung (2. Kor. 12,21) oder Zwist zwischen Christen, die vormals Juden und solchen, die einst Heiden waren (Eph. 2,11–12).
37 In Matth. 28,18–20 als Missionsbefehl gefasst.

diese Formierungsphase sehr kontrovers, aber auch sehr lebendig, zumal die ersten Versammlungsstätten dafür einen sehr geeigneten Raum boten. Wo ließ es sich besser und intensiver diskutieren als im eigenen Haus, der vertrauten Umgebung, die Heimat bedeutete, nachdem die Christen zunächst nach dem Vorbild Christi stets in den Synagogen gelehrt hatten?[38] Bei aller Vielfalt einte die Christen die Gewissheit, dass mit dem Tod und der Auferstehung Christi eine neue Zeit angebrochen sei, in der erneuerte Regeln besonders im Umgang miteinander gelten sollten. Durch Fürsorge und Nächstenliebe sollten sie sich auszeichnen, aber wie konnte logistisch die Gabenverteilung effizient organisiert werden, zumal man in großer Gefahr stand, dass diese Fürsorge von Betrügern ausgenutzt wurde?[39] Wie war mit Wanderpredigern zu verfahren, die sich nicht selten einzunisten drohten? Daran schloss sich gleich die nächste Frage an, wer überhaupt über die nötige Autorität, Maßstäbe zu setzen und Regularien zu erlassen, verfügte. Es mussten nachvollziehbare und kontrollierbare Aufnahmekriterien geschaffen werden, wobei die Taufe als Initiationsritus eine entscheidende Rolle übernahm. Erklärte Aufgabe der Gemeinden war es dann, die getauften neuen Mitglieder im Glauben in die Gemeinden zu integrieren und zu stärken, wofür gemeinsame Mahlzeiten den passenden Rahmen boten, sei es als Sättigungsmahl oder als symbolische Feier des letzten Mahls Christi auf Erden. Hier ergaben sich durch die Gottesdienste in den Häusern neue Gefahrenzonen, weil gemeinsamen Mahlzeiten ein massives Konfliktpotential innewohnte. Die soziale Egalität konnte hier leicht durch kompetitive Mechanismen ausgehebelt werden, was z. B. die mitgebrachten Speisen oder die Tischordnung betraf. So bedurfte das zu Beginn tägliche Miteinander in den Häusern klarer Regeln.

Glaubwürdigkeit und Autorität

Grundsätzlich war Glaubwürdigkeit nur gewährleistet, wenn man sich auf die 12 Apostel, die einzige von den Gemeinden uneingeschränkt akzeptierte Autorität, berufen konnte. In der „Didache der 12 Apostel"[40] wird dieser Anspruch bereits im Titel deutlich, für die Traditio Apostolica liegt zumindest der Ursprung durch die 12 Apostel nahe, wobei zu betonen ist, dass den Ordnungen die Zeugnisse aller 12 Apostel zugrundeliegen müssen,

---

38 Hierzu die umfassende Untersuchung von Peter Wick. Das „Privathaus" war als sozialer und sakraler Bezugsrahmen auch für Gottesdienstversammlungen sehr gut geeignet (117–120). So ist das Haus der „angemessene und adäquate Ort Gottesdienst zu feiern, die Form der Versammlung wird dem Haus angepasst und nicht umgekehrt." (239) Dazu, wie die Gottesdienstgestaltung mit Gebeten, Brotbrechen und Lesungen konkret für den Hausgottesdienst umgesetzt wurde vgl. Wick 281–297 (Wick, Peter: *Die urchristlichen Gottesdienste*. Stuttgart ²2003). In Jerusalem versammelten sich die Christen in Privathäuern (Schenke: *Urgemeinde* 89f.) Aus Rom selbst haben wir aus nachkonstantinischer Zeit Beispiele für die Umwandlung von Empfangshallen und Höfe in den Häusern reicher Christen zu Kirchen (Brown, Peter: *Der Schatz im Himmel*. Stuttgart ²2018, 377).
39 Schöllgen: Einführung 15.
40 Zum Titel Schöllgen: Einleitung 25f.

nicht nur eines einzigen.⁴¹ Bis zur Etablierung der Synoden, in denen die Bischöfe ihre Urteile mittels der Autorität des Heiligen Geistes fällten, womit die pseudapostolischen Schriften an Zulauf allmählich verloren, war noch etwas Zeit.⁴² Die Bischöfe erhielten vor allem in der Traditio Apostolica ihren festen Platz, neben den Presbytern und Diakonen wurden ihnen in einer recht exakten Ordnung spezifische Kompetenzen und Aufgaben zugewiesen, durch deren hierarchisches Gefälle auch die abgestufte Autorität der einzelnen Funktionsträger prüfbar festgelegt wurde.⁴³

Aber das geschriebene Wort konkurrierte immer wieder mit dem gesprochenen. Viele Wanderprediger überzeugten mit ihrem charismatischen Auftreten, ihre Ausführungen standen dabei nicht immer im Einklang mit der apostolischen Lehre. Die Traditio Apostolica beantwortet diese drängenden Fragen, indem sie auf die Urteilskraft der in hierarchischer Ordnung vorgestellten Gemeindevorsteher verwies, in der Didache dagegen finden sich konkrete Anweisungen für die ganze Gemeinde, da diese Autoritäten noch nicht greifbar waren. Wanderprediger sollen jedenfalls freundlich aufgenommen werden und bis zu zwei Tagen Gastfreundschaft genießen, einen Ruhetag bekommen und versorgt werden, dann aber sollen sie ihrer Wege ziehen.⁴⁴ Hielten sie sich einen dritten Tag auf, so waren sie als Pseudopropheten abzulehnen.⁴⁵ An ihrer Lehre der christlichen Nächstenliebe und an ihrem Tun sollten sie gemessen werden: Sie durften keinen Proviant verlangen und schon gar keine Bezahlung.⁴⁶ Wenn er im Geist redet, so war auch das zu prüfen. Verlangte er im Geist nach einer Mahlzeit, so wurde er als Pseudoprophet beurteilt, wenn er wirklich davon aß.⁴⁷ Mit dem warnenden Hinweis darauf, dass allerdings wahre Propheten auch ihrer Nahrung wert seien, sollte Ausgewogenheit im Vorgehen garantiert werden.⁴⁸ So prüfte man insgesamt gleichzeitig die Glaubwürdigkeit des Redners und sorgte dem Missbrauch durch Ausnutzung vor.

Die Taufe

Der in die christliche Lehre übernommene Inhalt des jüdischen zwei-Wege-Traktats zu Beginn der Didache zeigt den Taufanwärter:innen den Weg des Heils und des Ver-

---

41 Besonders deutlich wird das an der Didaskalie, in der festgehalten wurde, dass sie ein „Produkt des aus der Apostelgeschichte bekannten Apostelkonzils von Jerusalem ist." (Schöllgen: Einführung 19).
42 Schöllgen: Einführung 21.
43 Geerlings: Einleitung 169–176.
44 Did. 11,4–5.
45 Did. 11,5.
46 Did. 11,6. Das ist schon bei Paulus so, der in Korinth seinem Handwerk nachging (Apg 18,3). Er bezeugt von sich, dass er niemals Bezahlung genommen habe (2. Kor. 11,7–9). Diese Vorschrift wurde im Übrigen auf jeden Durchreisenden angewendet. Jeder soll aufgenommen, dann aber geprüft werden. Zwei bis drei Tage lang soll man ihn unterstützen, dann soll er sein Handwerk aufnehmen, wenn er bleiben möchte. Wenn er nicht bereit war zu arbeiten, so soll man ihn ablehnen (Did. 12,1–5).
47 Did. 11,8–9.
48 Did. 13,1.

derbens auf.[49] Für die Taufe als Initiationsritus ist ein Fasten von ein bis zwei Tagen vorgeschrieben,[50] dann geht es um die Taufe selbst. Hier wird fließendes gegenüber stehendem Wasser zwar bevorzugt, wenn aber keine ausreichende Menge Wasser zum Untertauchen vorhanden war, konnte die Taufe auch mit dem dreimaligen Übergießen des Kopfes mit Wasser vollzogen werden und auch die Taufe in warmem Wasser war erlaubt.[51] Auf weitere mögliche Prinzipien eines Taufrituals fehlt jeder Hinweis, weder werden eine spirituelle Vorbereitungszeit des Taufanwärters mit entsprechenden Verpflichtungen genannt noch wird erwähnt, wer überhaupt zur Durchführung der Taufe berechtigt ist. Der Fokus auf den materiellen Aspekt des Wassers überrascht, aber fast noch mehr die Variabilität in den Ausgestaltungsformen. Es war offenbar von Interesse, den Taufakt den äußeren Bedingungen anzupassen und hier keine Regularien aufzuerlegen, die im Vorfeld zu Konflikten um die korrekte Auslegung des Tauferlebnisses geführt hätten. Hier herrschte augenscheinlich Klärungsbedarf. Auf der einen Seite war das Vorbild der Taufe Christi maßgeblich, der durch Untertauchen in fließendem Wasser getauft wurde, auf der anderen Seite aber war man nun so weit, die symbolische Kraft des Taufaktes durch Übergießen des Kopfes mit Wasser anzuerkennen, und so die Ansprüche mit der Realität zu synchronisieren.

In der Traditio Apostolica (TA) hatten die Zulassungsprüfung zum Christentum und ihre allgemeinen Bestimmungen allerdings weit schärfere Formen angenommen, die aus einer Negativ- und einer Positivprüfung bestand. Unter anderem wurde hier bestimmten Berufssparten der Zugang zur Taufe verwehrt, wenn sie nicht ihre Tätigkeit einengten oder ganz aufgaben.[52] Die Taufanwärter:innen hatten ihren untadeligen Lebenswandel auch mit Krankenbesuchen und der aktiven Unterstützung von Witwen zu untermauern um die Zulassung zur Taufe zu erlangen.[53] In einem etwa dreijährigen intensiven Katechumenat wurden die Anwärter:innen auf ihr weiteres geistliches Leben als Gemeindemitglieder vorbereitet.[54] Nach erfolgreicher eingehender Sichtung des bisherigen Lebenswandels und einer Befragung zur Motivation sich zum Christentum zu bekennen, durften die Taufanwärter:innen sich unter strengen Auflagen zur Taufe anmelden. Am Donnerstag vor dem Taufakt sollten die Täuflinge baden, am Freitag fasten und sich am Ostersamstag an einem Ort versammeln. Der amtierende Bischof war für das exorzierende Gebet verantwortlich,[55] in der Osternacht sollten die Täuflinge wachen, während sie den Worten der Heiligen Schrift lauschten, die ihnen vorgelesen wurde.[56] Die Taufe selbst

---

49 Did. 1–6; Schöllgen: Einleitung 40.
50 Did. 7,4.
51 Did. 7,1–3.
52 TA 16. So z. B. mussten Bordellbesitzer ihr Geschäft abgeben, Schauspieler, Wagenlenker und Gladiatoren wurden ebenfalls zur Aufgabe ihres Berufs angehalten, Maler oder Bildhauer sollten sich nicht mehr an Götzenbildern versuchen und natürlich Priester von ihrer Tätigkeit Abstand nehmen (TA 16).
53 TA 20.
54 TA 17.
55 „*Et cum cessaverit exorcitare...*" (TA 20)
56 TA 20.

wurde in der Regel nicht als Einzeltaufe, sondern en bloc zur Osternacht durchgeführt („denn ihr seid in seinen Tod getauft"), neben dem Bischof selbst waren mindestens zwei Diakone und drei Presbyter an der Taufe beteiligt.[57] Initiiert wurde der Vorgang mit einem Weihegebet für Wasser und Öl, gefolgt vom Bekenntnis der Gläubigen, dem Teufel abzuschwören, dann erfolgten eine Salbung und die Taufe durch dreimaliges Untertauchen und das dreigliedrige Glaubensbekenntnis.[58] Hier sollte Wasser genommen werden, „das aus einer Quelle oder von oben herabfließt."[59] In einer drückenden Lage könne man sich aber auch „des Wassers bedienen, das man vorfindet."[60] Durch eine zweite Salbung, dieses Mal nur der Stirn, und Handauflegen wurde der Heilige Geist einbezogen. Die Taufe hatte den Gehalt eines klaren Initiationsritus angenommen, mittels dessen der enorme Zulauf reguliert werden konnte, sie fungierte aber auch als weithin sichtbares Distinktionsmerkmal gegenüber den Juden. Die erhöhten Auflagen sind deutlich zu spüren, Kontrollen und Gewissensprüfungen sollen die Übereinstimmung von Einstellung und Leben bekunden, um den Funktionsträgern und der Gemeinde die nötige Sicherheit in der Aufnahme neuer Christen zu vermitteln, die in einer gemeinsamen Abendmahlsfeier endete, an der die Neuen nun erstmals teilnehmen durften.[61]

Das Abendmahl

Für die Feier des Abendmahls bzw. der Eucharistie wurden ähnlich praktische Bestimmungen wie für die Taufe empfohlen. Ob das Mahl ein Sättigungsmahl war oder ein rituelles, ist in der Didache nicht ganz deutlich zu fassen.[62] So sind die Kapitel 9–10 unter die Überschrift der Eucharistie gefasst, im Text heißt es dann, dass nach der Sättigung Dank zu sagen sei.[63] Zu welcher Tageszeit das Mahl gefeiert wurde, war aktuell nicht von Interesse, vielmehr standen offenbar die Gebete im Zentrum der Auseinandersetzungen an der Wende zum 2. Jh.n.Chr., deren exakte Formulierung es festzuhalten galt. Drei Gebete sind im Wortlaut aufgenommen, die ersten beiden wurden als Dankgebete für den Kelch[64] und das Brot[65] gesprochen, das dritte sollte den Dank nach der Sättigung ausdrü-

---

57 Geerlings: Einleitung 186, zu den Schritten der Taufe 187–189.
58 TA 21.
59 TA 21.
60 TA 21.
61 Did. 9,5, auch in TA 27, wo es heißt, dass die Katechumenen an der *cena dominica* noch nicht teilnehmen durften.
62 Herrenmahl und Sättigungsmahl waren anfangs noch eng verbunden (Geerlings: Einleitung 189; Lietzmann, Hans: *Messe und Herrenmahl. Eine Studie zur Geschichte der Liturgie.* Berlin ³1955, 197–201. Für ein Sättigungsmahl mit anschließendem Symposium sprach sich Klinghardt aus (Klinghardt, Matthias: *Gemeinschaftsmahl und Mahlgemeinschaft. Soziologie und Liturgie frühchristlicher Mahlfeiern.* Tübingen/Basel 1996, 477–479).
63 Did. 10,1.
64 Did. 9,2.
65 Did. 9,3–4.

cken.⁶⁶ Die Gebete können am ehesten als „Mahlgebete eines liturgisch geordneten Sättigungsmahls im Sinn einer Agapefeier verstanden werden, der sich eine Eucharistiefeier im engeren Sinn anschloß."⁶⁷ Ein Blick in die TA bestätigt die Praxis des einer Eucharistiefeier vorangehenden Sättigungsmahls, hier sogar durch das Hereintragen einer Lampe bei Anbruch der Dunkelheit explizit als Abendmahlzeit definiert.⁶⁸ Der Bischof trat in ein Wechsel-Dankgebet mit der Gemeinde ein, dessen Form im Wortlaut angegeben wird. Bevor aber das Mahl beginnt und jeder sein eigenes Brot bricht, sollen alle vom Bischof ein Stückchen Brot empfangen, ebenso „einen Becher nehmen und über ihm Dank sagen. Das sei eine Eulogie, keine Eucharistie".⁶⁹ Den gemeinsamen Mahlzeiten wurde ein umfangreicher Raum in der TA gewidmet, um den oben genannten Problemen zu begegnen. So wurden ganz unterschiedliche Typen von Mahlzeiten in ihrem Ablauf teilweise recht strikt reguliert.⁷⁰ Neben Maßhalten in Speise und Trank wird eine zurückhaltende Kommunikation geboten, so dass der Gastgeber nicht beschämt wurde.⁷¹ Man solle nicht gierig alles aufessen, sondern es dem Gastgeber ermöglichen, ein *apophoreton*,⁷² ein Gastgeschenk, nach Ende des Mahls mit nach Hause zu geben und sich auch dann benehmen, wenn der Bischof nicht anwesend war, sondern der Presbyter oder der Diakon. Offenbar gerieten gemeinsame Agapefeiern manches Mal zu Gelagen, die dann ihren Vorbildcharakter als missionarisches Instrument verloren. Hier griffen die Regeln der Kirchenordnung klar als Reaktion auf bestehende Missstände in individuelle Haushaltsführungen ein und versuchten die Mahlzeiten wieder auf ihren christlichen Kern zu orientieren. Vom Mahl getrennt wurde die Eucharistiefeier begangen, die einen deutlich sakramentaleren Charakter angenommen hatte,⁷³ rituelle Elemente wie der Kelch und das Hochgebet bestimmten jetzt stärker den Ablauf. Auch hier sind wieder Mechanismen zur Sicherstellung einer möglichst reibungslos agierenden Gemeinde inklusive der Handlungen ihrer Bischöfe tonangebend, deren Weihe mit einer Eucharistiefeier bekräftigt wurde.⁷⁴ Am Sonntag sollte nach Möglichkeit der Bischof eigenhändig das Brot an das gesamte Volk austeilen, während Presbyter und Diakone das Brot brachen. Der Diakon brachte dem Presbyter das Brot der Eucharistie, der sich selbst das Brot für sich nahm, bevor auch er an das Volk austeile.⁷⁵ Jeder Gläubige solle die Eucharistie ohne eine vorher eingenommene

---

66 Did. 10,2–6.
67 So schlüssig Schöllgen: Einleitung 53. Er verweist in diesem Kontext auf Parallelen im Neuen Testament.
68 TA 25.
69 TA 26.
70 So z. B. das Mahl mit Witwen, die sicher aus Gründen moralischer Integrität vor dem Abend wieder nach Hause entlassen werden sollten, auch wenn sie betagt waren (TA 30). Zur Einordnung der Witwen insgesamt, denen „man nicht gleich vertrauen soll" vgl. TA 10.
71 TA 28; TA 29.
72 Zum *apophoreton* Geerlings: Einleitung 197f.
73 Geerlings: Einleitung 193.
74 TA 4.
75 TA 22.

Mahlzeit erhalten,[76] Ungläubige sollten sie keinesfalls bekommen.[77] Zudem musste streng dafür Sorge getragen werden, dass weder Brot auf die Erde fiel noch Eucharistiewein verschüttet wurde, da sonst Dämonen Anteil am Leib und Blut Christi nehmen könnten.[78]

Den sehr knappen Bemerkungen der Didache, die fast ausschließlich die Gebetspraxis betreffen, stehen recht exakte Regularien und Vorschriften zur korrekten Durchführung der Eucharistie in der Traditio Apostolica gegenüber. Wie schon im Abschnitt zur Taufe wurden im Gegensatz zur Didache die Akteure bei der Eucharistiefeier konkret angesprochen und in ihren Aufgabengebieten unterwiesen. Der offensichtliche Bedarf eines stärker hierarchisierten und exakter gerahmten Ablaufs der Gottesdienste sowohl für den regelmäßigen Gottesdienst als auch für besondere Anlässe ist neben dem Zuwachs an Gemeinden wohl den neuen Bedingungen angepasst. Die durch gemeinsame Mahlzeiten in den Häusern geprägten Agapefeiern und anschließende Gottesdienste wurden geordnet, immer häufiger wurden jedoch Gottesdienste in Räumen durchgeführt, die nicht mehr individuell geprägt waren und damit keine unmittelbare Sicherheit mehr boten.[79] Durch die zunehmende rituelle Praxis in Taufe und Eucharistie konnten die sich wandelnden äußeren Bedingungen aufgefangen und Sicherheit durch den inneren geordneten und stärker vorhersehbaren Ablauf des Gottesdienstes gewährleistet werden.

Schluss

Welche Herausforderungen und Probleme die frühen Christengemeinden wirklich umtrieb und beschäftigten, lässt sich an den Schriften der Didache und der Traditio Apostolica sehr schön zeigen. Auffällig sind die sehr unterschiedlichen Problemfelder in der Wahrnehmung der Gemeinden bzw. der Führungsebene. Wo in Konzilien unter der Leitung von Herrschern und Bischöfen um ein Dogma, ein orthodox ausgerichtetes Glaubensverständnis und seine Definition auch als Basis eines machtorientierten Entscheidungsprozesses gestritten wurde, ging es den Gemeinden um die lebensweltliche Praxis ihres Glaubens und die Regelung des Christentums im Alltag. Pointiert könnte man sagen, dass die Krisen im erweiterten Bezugssystem nicht ihr Problem waren, ihnen waren individuelle Lösungsansätze und die Synchronisierung eines christlichen Alltags mit den Bedingungen der Umwelt wichtig. Dabei interessierte sie der innerkirchliche Diskurs unter politischen Vorzeichen viel weniger als die äußeren Lebensumstände in einer griechisch-römisch geprägten Gesellschaft. Die Traditio Apostolica behandelt jedoch für ihre Zeit weitere zentrale Themen, die hier bewusst ausgelassen worden sind.

---

76 TA 36; Zu Recht betont hier Geerlings, dass es nicht vorrangig um ein Nüchternheitsgebot ging, sondern um den apotropäischen Charakter des Brotes, das so vor Vergiftungen schützen konnte (Geerlings, Komm. z. St.).
77 TA 37.
78 TA 37 (Brot); TA 38 (Wein) vgl. Geerlings, Komm. z.St.
79 Christliche Gottesdienste anlässlich größerer Feste fanden in den geräumigen Basiliken statt, die vielleicht zunächst nicht für die wöchentlichen Gottesdienste genutzt wurden (Brown: *Schatz im Himmel* 371).

Wilhelm Geerlings stellte schon in seiner Einleitung fest, dass in der Traditio Apostolica bereits ein recht geschlossenes Bild der Kirche betreffs ihrer Amtsträger vermittelt wird, die Trennung zwischen Laien und Klerus ist klar abgebildet.[80] „Der kultisch und lehrend wirkende Amtsträger ist der monarchische Bischof, der von Beratern und Helfern umgeben ist."[81] Alle anderen Amtsträger sind ihm nachgeordnet, in seiner Machtfülle kommt er dem Hohepriester des Alten Testaments gleich. Zu Beginn des 2. Jh. gab es noch drei Amtsmodelle, einmal das sehr offene der Didache, dann die kollegiale Führung des ersten Clemensbriefes, schließlich den Monepiskopat des Ignatius von Antiochien mit Tendenz zum „monarchischen Bischof", das sich vollständig durchgesetzt hat.[82] Gerade Ignatius von Antiochien bietet mit seinen Briefen, die etwa zur Zeit der Didache verfasst wurden, klare Anhaltspunkte für die Entwicklung einer Theologie u. a. mit den Schwerpunkten Christologie und Ekklesiologie,[83] so dass in dieser Art von Schriften sehr wohl – anders als in der Kirchenordnung – übergreifende Konzepte gefasst werden können, wie bereits in den Briefen des Paulus. Schon zu Beginn des 3. Jh. bildeten in vielen Städten die Bischöfe das kontinuierliche Element der Obrigkeit. Wenn sich die römische Administration mit den kirchlichen Würdenträgern ins Benehmen setzte, konnten ihre Belange effizient und langfristig erfolgreich durchgesetzt werden. Aufgrund der sakralen Legitimation und seiner lebenslangen Amtsführung genoss der Bischof außerordentliche Autorität, die gerade z. B. für die Rechtsprechung von enormem Nutzen war. Die Scharnierfunktion der Bischöfe als treibende Kräfte im Kampf der römischen Kaiser um Macht und Einfluss und gleichzeitig ihre Stellung als Vorgesetzte der einzelnen Ortsgemeinden mit individuellen Konzepten und Regularien macht sie zu Schlüsselfiguren der gesellschaftlichen und politischen Ordnung der Spätantike. Es bleibt eine spannende Frage, unter welchen Vorzeichen die Kooperation zwischen geistlichem und weltlichem Rom sich formierte und wie sie real funktionierte. Diesem äußerst aussichtsreichen Forschungsvorhaben hatte sich Wolfgang Spickermann einst gewidmet und vielleicht besteht mit diesem Anstoß Hoffnung, dass er es doch noch in die Tat umsetzt.

Quellen

Die Apostolischen Väter, eingel. u. übers. von Andreas Lindemann; Henning Paulsen, Tübingen 1992

Didache (Zwölf-Apostel-Lehre); Traditio Apostolica (Apostolische Überlieferung), eingel. und übers. von Georg Schöllgen; Wilhelm Geerlings, Freiburg ²1991 (Fontes Christiani 1)

Origenes, Contra Celsum, übers. von Claudia Barthold, eingel. u. komm. von Michael Fiedrowicz, Freiburg 2011/2012 (Fontes Christiani 50)

---

80 Geerlings: Einleitung 207.
81 Geerlings: Einleitung 207.
82 Geerlings: Einleitung 208 und Wick: *Urchristliche Gottesdienste* 373–374.
83 Die Apostolischen Väter, eingel. u. übers. von Andreas Lindemann; Henning Paulsen, Tübingen 1992, 176f.

Literaturverzeichnis

Brown, P.: *Der Schatz im Himmel. Der Aufstieg des Christentums und der Untergang des römischen Weltreiches.* Stuttgart ²2018
Klinghardt, M.: *Gemeinschaftsmahl und Mahlgemeinschaft. Soziologie und Liturgie frühchristlicher Mahlfeiern.* Tübingen/Basel 1996
Leppin, H.: *Die frühen Christen. Von den Anfängen bis Konstantin.* Stuttgart 2018
Lietzmann, H.: *Messe und Herrenmahl. Eine Studie zur Geschichte der Liturgie.* Berlin ³1955
Linke, B.: *Antike Religion.* München 2014
Rükpe, J.: *Die Religion der Römer.* München ²2006
Scheid, J.: „Numa et Jupiter ou lex dieux citoyens de Rome." *Archives des sciences sociales des religions* 59 (1985) 41–53
Schenke, L.: *Die Urgemeinde. Geschichtliche und theologische Entwicklung.* Stuttgart 1990
Vetten, C.-P.: „Justin." *Lexikon der antiken christlichen Literatur* (³2002) 411–414
Weikert, Ch.: *Von Jerusalem zu Aelia Capitolina.* Göttingen 2016
Wengst, K.: *Didache (Apostellehre), Barnabasbrief, Zweiter Klemensbrief, Schrift an Diognet.* Darmstadt 1984
Wick, P.: *Die urchristlichen Gottesdienste. Entstehung und Entwicklung im Rahmen der frühjüdischen Tempel- Synagogen- und Hausfrömmigkeit.* Stuttgart ²2003

KA-PA-TI-JA
Eine Priesterin auf ‚Abwegen'

Klaus Tausend

Obwohl das mykenische Griechenland im 14. und 13. Jh. v. Chr.– entgegen einigen anderslautenden Forschungsmeinungen[1] – wohl niemals[2] politisch geeint war, so gilt dies nicht für andere Bereiche der mykenischen Kultur. Vielmehr zeigen zumindest die von Palästen dominierten Bereiche des griechischen Festlandslands[3] sowie Kreta, die Kykladen, die Inseln im Osten der Ägäis und auch Teile der Westküste Kleinasiens eine solche Fülle an Gemeinsamkeiten, dass von intensiven Kontakten und einem regen Austausch ausgegangen werden muss. Eine Reihe von Berufen bzw. Tätigkeiten verlangte von den damit befassten Personen ein mehr oder minder großes Maß an Mobilität. Vor allem zählen hierzu jene Tätigkeiten, bei denen der oftmalige Ortswechsel ein unabdingbarer Bestandteil der Tätigkeit selbst war, wie bei den Berufsgruppen der Händler und der Seeleute[4]. Dieser nicht zuletzt durch den Handel geförderte Austausch beschränkte sich nicht allein auf materielle Güter[5], geistige Vorstellungen und Ideen[6] sowie politisch-gesellschaftliche Konzepte und deren Veränderungen[7] sondern auch auf die Träger all dessen. Dies bedeutet also, dass man in der mykenischen Welt mit einer gewissen Mobilität von Einzelpersonen aber auch ganzen Bevölkerungsgruppen zu rechnen hat.m

In erster Linie gilt dies für Arbeitskräfte – einschließlich Sklaven –, die mehr oder minder niedrige Tätigkeiten zu verrichten hatten. Eine Reihe von Linear B-Texten, so-

---

1 So u. a. B. Eder, Überlegungen zur politischen Geographie der mykenischen Welt, oder: Argumente die überregionale Bedeutung Mykenes in der spätbronzezeitlichen Antiqua X VIII (2009) 5–46.
2 Dies gilt natürlich auch für die Jahrhunderte davor.
3 So die Argolis, Lakonien, Messenien, Attika, Boiotien und der Osten Thessaliens.
4 Siehe die Zusammenstellung (inklusive Literatur) bei O. Dickinson, The Aegean Bronze Age (Cambridge 1994) 250–256.
5 Siehe z. B. die Auflistung von Möbelstücken kretischer Herkunft im Archiv von Pylos: Ta 641, Ta 709.
6 Dies gilt vor allem für die religiösen Vorstellungen, zumal in Knossos und Pylos – die Paläste über die genauere Zeugnisse zur Verfügung stehen – großteils dieselben Gottheiten verehrt wurden, wenngleich in sehr unterschiedlicher Gewichtung. So war in Knossos offenbar Zeus die wichtigste Gottheit, während in Pylos Poseidon die meiste Verehrung genoss.
7 Dafür spricht u. a. die völlig gleichartige gesellschaftliche Gliederung sowie die Verwaltungsstruktur (einschließlich der Beamten) in Knossos und Pylos.

wohl im Palastarchiv von Pylos als auch in dem von Knossos bezeugt die Anwesenheit solcher Menschen, die aus anderen Gebieten der mykenischen Welt stammten.

Besonders deutlich wird dies in den Listen von Arbeiterinnen im Palast von Pylos. Die Schriftdokumente, die das Vorhandensein von Werktätigen aus der Fremde im Reich von Pylos nahelegen, finden sich vornehmlich in den Aa, Ab, Ad und An Serien[8] des Archivs, wobei schon deren Aufstellung, die sich in der Benennung widerspiegelt, die Zusammengehörigkeit nahelegt.

In diesen Serien sind Personen weiblichen Geschlechts sowie deren Söhne und Töchter aufgelistet. Bei allen Personen handelt es sich um Arbeiter im Palast von Pylos, die Zuteilungen bestimmter Güter erhalten. In unserem Zusammenhang ist die Herkunft dieser Personen wichtig, die in vielen Fällen angegeben ist. Folgende Herkunftsorte sind hier belegt oder können erschlossen werden: die Inseln Kythera, Chios und Lemnos sowie Knidos, Milet, Zephyra (= Halikarnassos) und Asia, womit der nordwestlichste Teil Kleinasiens (die Troas) gemeint sein dürfte[9].

Mit Ausnahme der südlich der Peloponnes gelegenen Insel Kythera liegen alle Herkunftsorte an der kleinasiatischen Küste oder auf Inseln vor dieser Küste[10]. Der mykenische Palast von Pylos hat demnach Arbeitskräfte aus dem kleinasiatischen Raum bezogen. Möglicherweise wurden sie im Zuge von Raubfahrten pylischer Schiffe entlang der Küste Kleinasiens erbeutet, die neben ‚üblichen' Plünderungsaktionen auch der ‚Sklavenjagd' nachgingen[11]. Unzweifelhaft handelt es sich bei diesen aus dem kleinasiatischen Raum stammenden Frauen um solche, die eine gewisse Mobilität aufweisen. Sollte es sich bei ihnen allerdings um freiwillig in Pylos arbeitende Frauen und nicht um Sklavinnen gehandelt haben, so ist allerdings auffällig, dass ie alle aus Kleinasien stammten. Möglicherweise existierte im kleinasiatischen Küstengebiet eine Art Vermittlungsstelle[12], an der sowohl Sklaven als auch freie Personen als Arbeitskräfte angeworben werden konnten. Auf jeden Fall stammten ale Personen aus Orten, die in dieser Zeit von Mykenern besiedelt oder als Stützpunkte genutzt wurden. Besonders gilt dies für die von der nahe der Peloponnes gelegenen Insel Kythera, die zweifellos dem engeren mykenischen Kulturgebiet zuzurechnen ist, stammenden Frauen. In der Tafel pylischen An 607 sind Frauen aufgelistet, die als do-e-ra (Z 3) bezeichnet werden, und in denen man[13] wohl Palastsklavinen sehen muß, und bei denen es sich meist um Gersteköchinnen im Palast handelte.

---

8   Aa 61, Aa 506, Aa 701, Aa 770, Aa 792, Aa 798, Aa 1180, Ab 186, Ab 189, Ab 382, Ab 515, Ab 562, Ab 573, Ad 380, Ad 390, Ad 664, Ad 683, Ad 675, Ad 690, An 292, Aa 506, Aa 701, Aa 770, Aa 792, Aa 798, Aa 1180, Ab 186, An 292

9   Dies entspricht der in hethitischen Texten zu findenden Landschaftsbezeichnung Assuwa.

10 In den genannten pylischen Serien sind noch weitere Herkunftsangaben vorhanden, die jedoch mit keinem in historischer Zeit belegbaren Ort in Verbindung gebracht werden können.

11 Siehe J.Fischer, Sklaverei und Menschenhandel im mykenischen Griechenland, in: H.Heinen (Hg.), Menschenraub, Menschenhandel und Sklaverei in antiker und moderner Perspektive (Stuttgart 2008) 45–84.

12 Vergleichbar dem großen Sklavenmarkt von Chios in späterer Zeit.

13 Diese Tafel wurde eingehend von S.Deger-Jalkotzy, The Women of PY An 607, in: Minos 13 (1972) 137ff. und dies. E-QE-TA 57–62 behandelt.

Zusammen mit den oben genannten Tafeln, die von Frauen aus Kythera sprechen, kann man festhalten, dass es im Reich von Pylos eine Kolonie von Kytheraiern gab[14], die als freie Arbeitskräfte im Palast von Pylos bestimmten Tätigkeiten nachgingen. Dies bedeutet aber, dass diese Personen offenbar freiwillig ihre Heimat Kythera verlassen hatten, um im ‚Ausland' ihrem Beruf nachzugehen.

Neben diesen Personen, die in größeren Gruppen abseits ihrer Heimatorte arbeiteten und meist niedrigere Arbeiten – zum Teil als Sklaven – verrichteten, lebten in den einzelnen Palaststaaten Griechenlands auch Menschen, deren Anwesenheit auf ihre persönlichen Leistungen, ihre Fähigkeiten und Funktionen zurückzuführen sind, und die aus diesem Grund in den Linear B-Texten (zuweilen) auch namentlich erwähnt werden. Zu diesen abseits ihrer Herkunftsgebiete tätigen Personen sind im mykenischen Griechenland wie in vielen anderen vergleichbaren Kulturen auch in erster Linie Künstler und hochspezialisierte Handwerker in Betracht zu erwähnen.

Zwar existieren keine unmittelbaren Zeugnisse für den Aufenthalt von Künstlern. Baumeistern und mit der Produktion von Artefakten befassten Handwerkern im mykenischen Griechenland außerhalb ihrer Heimat, doch stehen indirekte Belege in Form von Kunstgegenständen aller Art zur Verfügung. Die gilt vor allem für kretischer Erzeugnisse in den Siedlungen und Palästen sowie in den Gräbern der mykenischen Oberschicht in weiten Teilen des mykenischen Gebietes[15]. –, von denen stellvertretend für viele etwa der Becher von Vaphio genannt sei. Dass auch in den Linear B-Listen zueilen Gegenstände kretischer Herkunft erwähnt werden, wurde bereits oben gesagt.

Es besteht hier jedoch das Problem, dass weder die archäologisch bezeugten Gegenstände kretischer Provenienz noch die in den Linear B-Texten mit dem Vermerk „kretische Arbeit" verzeichneten Artefakte darüber Auskunft geben können, wo sie gefertigt wurden. Man kann also nicht sagen, ob diese Dinge zwar in Kreta gefertigt sodann aber ins mykenische Griechenland exportiert wurden oder aber ob sie von kretischen Handwerkern im Auftrag mykenischer Fürsten an deren Palästen und Burgen in Griechenland selbst hergestellt wurden. Nur im zweiten Fall hätten wir es aber mit der Anwesenheit von Vertretern einer hochspezialisierten Berufsgruppe im ‚Ausland' zu tun.

In einem Fall dürfte allerdings die Anwesenheit von Künstlern bzw. Handwerkern außerhalb ihres Herkunftsortes sehr wahrscheinlich sein. Zwei der bedeutendsten und größten Tholosgräber der mykenischen Zeit, das sogenannte „Schatzhaus des Atreus" in Mykene und das „Schatzhaus des Minyas" im boiotischen Orchomenos zeigen so große Ähnlichkeiten; sowohl Bauweise als auch Ausgestaltung – besonders das Vorhandensein einer Nebenkammer, die bislang in keinem anderen Tholosgrab festgestellt werden konnte –, dass der Schluss naheliegt, beide Grabbauten wurden vom selben Baumeister oder

---

14 In diese Richtung äußerte sich bereits J.Chadwick, Dokumenten in Mycenaean Greek (Cambridge 1973) 167.
15 Stellvertretend für viele sei hier nur der Becher von Vaphio genannt, der zwar in einem Kuppelgrab in Lakonien gefunden wurde, dessen Arbeit und der Inhalt seiner Darstellungen jedoch deutlich seine kretische Provenienz verraten.

zumindest von Angehörigen der selben Werkstätte errichtet[16]. Da die beiden Gräber aber an Orten errichtet wurden, die nicht gerade in nächster Nachbarschaft lagen, müssen entweder Architekten und Handwerker aus Mykene eine Zeit lang nach Orchomenos gegangen sein müssen, um für den dortigen Herrscher zu arbeiten – oder Leute aus Boiotien arbeiteten in der Argolis.

Zwei spezielle Fälle von im Ausland tätigen Personen, die zudem einzeln erwähnt werden, sind im Archiv des Palastes von Theben in Boiotien registriert[17].

Die Fq-Serie der Linear B-Texte aus diesem Archiv stammt aus dem letzten Viertel des 13. Jh. und verzeichnet Zuteilungen diverser Produkte (vor allem Lebensmittel) seitens des Palastes an verschiedene offenbar hochgestellte oder für den Palast wichtige Personen. Meist handelt es sich hierbei um namentlich bekannte Männer, in denen an wohl Repräsentanten der Verwaltung des Reiches sehen darf. In einigen Fällen jedoch findet sich statt des Personennamens eine Herkunftsangabe der vom Palast mit Zuwendungen begabten Person. Zu diesen zählt auch ein Mann, der in den Tafeln Fq 177 und Fq 198 als Empfänger aufscheint und als *mi-ra-ti-jo* bezeichnet wird. Diese Bezeichnug wiederum ist eindeutig mit *milasios* zu transkribieren, bedeutet also „der Mann aus Milet". Der Palast von Theben hatte somit offenkundig Veranlassung, eine Apanage für eine zweifellos bedeutende Persönlichkeit aus Milet auszusetzen, was wohl dafür spricht, dass Theben in irgendeiner Beziehung zu Milet stand. Bedenkt man, dass Milet in dieser Zeit ein von Mykenern besiedelter Ort war, so wäre es dankbar, dass Milet ein thebanischer Außenposten auf dem kleinasiatischen Festland war. In diesem Fall – doch ist dies selbstverständlich nur eine Vermutung – könnte der in den Linear B-Texten erwähnte *mi-ra-ti-jo* vielleicht der ehemalige Statthalter von Theben in Milet gewesen sein, der nach dem endgültigen Verlust dieses kleinasiatischen Brückenkopfes nach Theben geflüchtet ist und fortan im Palast seines Herrschers (auf ‚Staatskosten') lebte. Vorstellbar wäre freilich auch, dass es sich bei diesem Mann um einen Gesandten oder eine andere Art von diplomatischem Vertreter Milets im Palast von Theben gehandelt hat. Auf jeden Fall belegt er eine wie immer auch geartete enge Beziehung zwischen Theben und Milet am Ende des 13. Jh. v. Chr.

Ein ähnlich gelagerter Fall liegt wohl in den Tafeln Gp 227 (Zeile 2) und Fq 229 (Zeile 4) vor. Hier ist jeweils – neben anderen Personen – ein als *ra-ke-da-mo-ni-jo*[18] bezeichneter Mann genannt, was sicherlich als *Lakedaimonios* also „der Lakedaimonier" zu lesen ist. Es handelt sich bei ihm also offenkundig um jemanden, der nicht aus dem Reich von Theben sondern aus Lakonien (bzw. Lakedaimon) stammte aber im Palast von Theben lebte und eine Funktion ausübte. Worin diese Funktion bestand ist auch hier nicht bekannt, doch kann man wohl mangels irgendwelcher Hinweise ausschließen, dass der Palast von Theben eine Art Außenposten in Lakedaimon, also dem mykenischen Palast im Eurota-

---

16 Siehe R. Hope-Simpson, Mycenaen Greece (Park Ridge 1981) 61.
17 Aravantinos Vassilis L., Old and new evidence for the Palatial Society in Mycenaean Thebes, in: Laffineur Robert, Niemeier Wolf-Dietrich (Hgg.), Politeia. Society and State in the Aegean Bronze Age, Liège 1995, 613–622.
18 In der Tafel Fq 229 in der – wohl falschen – Schreibung ra-ke-da-mi-ni-jo.

stal hatte[19]. Nichtsdestotrotz dürfte die betreffende Peron von eben dort stammen, weshalb sie sich jedoch in Theben aufgehalten hat und die bedeutenden Zuwendungen seitens des Palastes erhalten hat, ist unbekannt. Zu denken wäre auch in diesem Fall – doch dies muss Spekulation bleiben – an einen Gesandten (Botschafter) aus Lakedaimon in Theben, oder aber an einen ranghohen Flüchtling, der für Theben Wert hatte. Jedenfalls handelt es sich auch hier um jemanden, der seine Funktion bzw. Tätigkeit – aus welchem Grund auch immer – außerhalb seiner Heimat ausübte und dafür bezahlt wurde.

Eine weitere Einzelperson fremdländischer Herkunft wird mehrfach in den Texten des Palastarchivs von Pylos erwähnt. Es handelt sich hierbei um eine Dame namens *ka-pa-ti-ja*, was – sofern es sich nicht um einen nicht weiter deutbaren Individualnamen handelt – als Herkunftsbezeichnung, *karpathia*, also die Frau aus Karpathos, zu lesen ist. Wenn man nicht an die sehr weit hergeholte Deutung: Frau aus den Karpathen denken will, so bedeutet dies dass sie von der Insel Karpathos stammte.

Der Name *ka-pa-ti-ja* ist in insgesamt vier Tafeln des Archivs von Pylos erwähnt. Die Tafel **Eb 338** hält unter anderem fest, dass *ka-pa-ti-ja* als *ka-ra-wi-po-ro* Gemeindeland einer bestimmten Größe im Distrikt *pa-ki-ja-ne* zur Nutzung besitzt.

ka-pa-ti-ja , ka-ra-wi-po[-ro pa-ki-]ja-pi , e-ke-qe , to-so-de , pe-mo
ke-ke-me-no , ko-to-no dwo , o-pe-ro-sa-de , wo-zo-e , o-w-wo-ze GRA[

Ähnlich erscheint *ka-pa-ti-ja* in **Ep 704,7** einer Tafel die ausschließlich Kultpersonal und deren Landbesitz verzeichnet, als im Besitz von Gemeindeland befindlich.

ka-pa-ti-ja , ka-ra-wi-po-ro , e-ke , ke-ke-me-no , o-pe-ro-sa , du-wo-u-pi , wo-ze-e , o-u-wo-ze
to-so[pe-mo GRA]

Ep 539,9 erwähnt einen Mann mit defekt überliefertem Namen, der als Sklave oder Diener der *ka-pa-ti-ja* ebenfalls Gemeindeland in Besitz hat.

pu[.]-da-ka , ka-pa-ti-ja , do-e-ro , o-na-to , e-ke , ke-ke-me-na , ko-to-na , pa-ro , da-mo to-so , pe-mo GRA

---

19 In Frage kommen **für diesen m**ykenischen Palast in Lakonien vielleicht die Anlage von Aj. Vasilios, in der auch eine Linear B-Archiv vorhanden war, oder die Stätte von Palaiopyrgi nahe dem großen Kuppelgrab von Vaphio. Kilian-Dirlmeier Imma, Das Kuppelgrab von Vapheio. Die Beigabenausstattung in der Steinkiste. Untersuchungen zur Sozialstruktur in späthelladischer Zeit, in: Jb. RGZM 34 (1987) 197–212. Chapin Anne P., Davies Brent, Hitchcock Louise A., The Vapheio Tholos Tomb and the Construction of a Sacred landscape in Laconia Greece, Paris 2014. Aravantinos Vassilis, Vasilogamvrou Adamantia: The first Linear B documents from Ayios Vasileios (Lakonia), in: Carlier Pierre et al., *Études* mycéniennes 2010. Actes du XIIIe colloque international sur les textes égéens (= Bibliotheca di «Pasiphae». Band X). Fabrizio Serra, Pisa 2012, 43f.

In **Un 443,3** schließlich erscheint ihr Name in nicht näher zu bestimmenden Zusammenhang.

]do-ke , ka-pa-ti-ja HORD 2

Unzweifelhaft geht aus diesen Linear B-Texten hervor, dass *ka-pa-ti-ja* eine *ka-ra-wi-po-ro* (*klawiphoros* = „Schlüsselträgerin") war, eine hochrangige Funktionsträgerin im Kultbetrieb des Reiches von Pylos. Zwar kann nichts Genaueres über diese mit dem Kult zusammenhängende Funktion ausgesagt werden, doch geht allein schon aus der Erwähnung in **Ep 704** hervor, dass sie, ähnlich der aus einer anderen Pylostafel[20] bekannten *i-je.re-ja* (*hiereia* = Priesterin) *e-ri-ta* eine wichtige Funktion in einem der pylischen Heiligtümer bekleidet haben muß. Die Bedeutung der *ka-ra-wi-po-ro* geht aus einer Pylostafel[21] hervor, deren Text an die wichtigsten Funktionäre in den pylischen Provinzen gerichtet war; hier werden die *ka-ra-wi-po-ro* neben den *ko-re-te-re* (Bezirksvorstehern), den *du-ma-te* (Gemeindebeamten) und anderen Aufsichtsbeamten genannt. Da in Jn 829 die *ka-ra-wi-po-ro* nicht aber die Priester genannt werden, ist anzunehmen, dass es sich bei den *ka-ra-wi-po-ro* anders als bei den Priestern und Priesterinnen um Personen handelte, die vor allem – aber wohl nicht ausschließlich – mit den wirtschaftlichen Belangen von Heiligtümern befasst waren. Dementsprechend beziehen sich auch alle Tafeln, in denen *ka-ra-wi-po-ro* Erwähnung finden, auf Belange des Landbesitzes und dessen Erträge und Abgaben.

Festzuhalten bleibt jedenfalls, dass die *ka-ra-wi-po-ro* *ka-pa-ti-ja* im Reich von Pylos, genauer gesagt im Distrikt *pa-ki-ja-ne*[22], in dem sich besonders viele Heiligtümer befanden, gewirkt hat. Dieser Distrikt und vor allem die dort befindlichen Heiligtümer standen zudem in enger Verbindung mit dem Palast von Pylos, was *ka-pa-ti-ja* als Person aus dem engeren Kreis der Elite des Reiches wahrscheinlich macht.

Dies bringt uns nun zurück zur Herkunftsfrage der *ka-pa-ti-ja*. Geht man davon aus, dass, was wohl – wie schon oben gesagt – am wahrscheinlichsten ist, *ka-pa-ti-ja* kein Eigenname ist sondern eine Herkunftsbezeichnung, so stellt sich die Frage: Warum gelangte eine Frau von der Insel Karpathos auf eine hohe Position innerhalb der Kulte im Reich von Pylos? Darüber hinaus ist zu fragen, ob ihre Herkunft aus Karpathos damit zusammenhängt, dass sie eine hohe Position im Kult von Pylos erlangt hat. Es sei daher ein kurzer Blick auf die Insel Karpathos geworfen.

Die zum Dodekanes zählende Insel Karpathos liegt etwa auf dem halben Wege von der Ostküste Kretas zur Insel Rhodos. Nicht zuletzt aufgrund ihrer geographischen Lage geriet Karpathos schon früh in den Ausstrahlungsbereich Kretas und wurde somit Teil des minoischen Kulturraumes[23]. Neben der kleinen Nachbarinsel Kasos stand vor allem

---

20 Eb 297
21 Jn 829
22 Der Ort geht aus Eb 338 hervor.
23 T. Marketou, The small Islands of the Dodacanese and the case of the South Dodacanese: Karpathos and Kasos in the Bronze Age, in: E. H. Cline (Hg.), The Oxford Handbook of the Bronze Age Aegean (Oxford 2010) 266–268.

Karpathos unter starkem minoischen Einfluss, der sich besonders in den Phasen Mittelminoisch III und Spätminoisch IA (17./16. Jh. v. Chr.) auswirkte, wobei vor allem die minoische Siedlung von Pigadia (heute der Ort Karpathos) zu nennen ist[24]. Nach der Machtergreifung der Mykener in weiten Teilen der Insel Kreta (15./14. Jh.) ging auch auf den Inseln der Dodekanes der minoische Einfluss nahe nahtlos in einen mykenischen über[25].

In der Späten Bronzezeit ist Pigadia/Karpathos das mykenische Zentrum der Insel, wobei in erster Linie die Fundplätze Xenona (Siedlung) und Makelli (Gräber)[26] von Bedeutung sind. Die minoischen Siedlungen der Insel wurden teils zerstört, auf jeden Fall aber nacheinander durch mykenische ersetzt[27]. Abgesehen von Karpathos sind hier noch einige Gräber im Nordteil der Insel sowie im Bereich von Arkasa[28] – wenige Kilometer vom Hauptort Pigadia entfernt – zu erwähnen, wo sich auch eine mykenische Befestigungsanlage befunden hat. Unzweifelhaft geht aus diesen Fundstätten hervor, dass Karpathos – besonders Karpathos/Pigadia – ein mit dem Festland – besonders der Peloponnes – in engem Austausch stehender Teil der mykenischen Welt war, der nach Ausweis der Nekropolen, der Siedlung von Pigadia und der Burganlage von einiger Bedeutung gewesen sein muss.

Nach dem Ende der mykenischen Zeit wurde Karpathos von wohl aus der Argolis stammenden dorischen Kolonisten besiedelt[29]. Von den Siedlungen auf der Insel waren Arkasa, Brykus, Karpathos, Porthmos und Eteokarpathioi die bedeutendsten[30]. Auffallend bei der ‚dorischen Geographie' von Karpathos ist das häufige Auftreten von Heiligtümern und topographischen Bezeichnungen, die den Namen des Gottes Poseidon tragen. So existierte unweit der ‚Hauptstadt' Karpathos ein Heiligtum des Poteidaon[31] und des südliche Kap der Insel wurde Poseidon genannt und Ptolemaios[32] kennt einen Ort namens Poseidion, der sonst Porthmos genannt wird.

Die Häufigkeit von popographischen Namen auf der Insel, die mit Poseidon in Zusammenhang stehen, vor allem aber die Existenz eines – bislang allerdings nicht sicher lokalisierten – Heiligtums dieses Gottes im Umland der Stadt Karpathos/Pigadia bezeugt wohl deutlich die Bedeutug, um nicht zu sagen: die Allgegenwärtigkeit dieser Gottheit auf der dorischen Insel[33] Karpathos.

---

24 E. M. Melas, The Islands of Karpathos, Saros and Kasos in the Neolithic and Bronze Age (= SIMA 68), Götheborg 1985, 27–30, 159–162.
25 E. M. Melas, Minoan and Mycenaean Settlement in Kasos and Karpathos, in: Bulletin of the Institute of Classical Studies 30 (1983) 53–61.
26 R. Hope Simpson, Mycenaean Greece (Park Ridge 1980) 199.
27 R. Hope Simpson/J. F. Lazenby, Notes from the Dodecanese III, in: ABSA 68 (1973) 127–179.
28 Melas, The Islands of Karpathos, Saros and Kasos in the Neolithic and Bronze Age (= SIMA 68), Götheborg 1985, 37–40.
29 Diod.5,54,4.
30 Strab.10,5,17.
31 IG 12,1 Nr. 978.
32 5,2,33.
33 Allerdings bezeugt der Name des Ortes „Eteokarpathioi" das Vorhandensein von nicht unerheblichen Teilen der vordorischen Bevölkerung auf der Insel.

In Anbetracht der Voraussetzungen und Umstände der dorischen Besiedelung der Insel Karpathos stellt sich allerdings eine Frage, die einer Erklärung bedarf. In den vornehmlich von dorischen Gemeinden besetzten Teilen Griechenlands dominieren eindeutig Kulte, welche die Gottheit Apollon im Zentrum der Ritualhandlungen stellen. In besonderer Weise zeigt dies das von Dorern bewohnte Gebiet im Südwesten der kleinasiatischen Küste, in welchem den dort beheimateten Orten Knidos, Kos, Halikarnassos, Lindos, Ialysos und Kameiros – letztere auf Rhodos, der Nachbarinsel von Karpathos gelegen – das gemeinsame Heiligtum des Apollon am Triopion-Vorgebirge in der Nähe von Knidos als zentraler kultischer Versammlungsplatz diente[34].

Ähnliches gilt für das vermutliche Herkunftsgebiet der dorischen Siedler auf Karpathos, für die Argolis. In dieser Landschaft ist allenthalben der Kult des Apollon Pythaieus (oder Pythios) verbreitet. Das Zentrum und größtes Heiligtum des Apollonkultes in der Argolis bildet der Apollontempel auf der Deiras von Argos im Zentrum der Stadt[35]. Neben dem Apollon Pythaieus/Pythios genoss Apollon in Argos auch mit der Epiklese „Lykeios" große Verehrung und hatte einen Tempel nahe der Agora der Stadt[36]. Man kann also mit Recht behaupten, dass Kulte des Gottes Apollon das öffentliche rituelle Leben der Stadt Argos beherrschen, und man könnte erwarten, dass argivische Kolonisten den Kult dieser Gottheit verbreiteten, wo immer sie sich niederließen[37]. Der Kult des Apollon Pythaieus war abgesehen von Argos selbst auch in anderen Orten der Argolis, nämlich in Hermione[38], Troizen[39], Asine[40] und Aigina[41] – allesamt dorische Gemeinwesen – verbreitet[42].

Die angesprochene erklärungsbedürftige Diskrepanz ist wohl augenscheinlich: Während in den meisten von dorischer Bevölkerung dominierten Gebieten Griechenlands vor allem aber in der Argolis der Gott Apollon und seine Kulte die führende Rolle spielten, finden sich auf der dorischen Insel Karpathos, die – wie gesagt – von Kolonsten aus der Argolis besiedelt worden war, keine Hinweise auf einen Apollonkult auf der Insel. Vielmehr nahm auf Karpathos Poseidon diesen Platz als allenthalben kultisch verehrter Gott ein.

Es existiert allerdings eine Parallele zu diesem zunächst unerklärlich anmutenden Phänomen: ein weit verbreiteter Kult des Poseidon in mitten dorischen Siedlungsgebietes.

---

34 Hdt.4,38 und 5,153.
35 Paus.2,24,1 vgl. Hdt.6,92,1f. und Thuk.5,93.
36 Thuk.5,47,1–12; Paus.2,19,3.
37 Zu Apollon Pythaieus siehe O.Höfer, s. v. Pythaieus (2), in: W.H.Roscher, Lexikon der antiken Mythologie 3,2 (1902–1909) 3365–3369 und W.S.Barrett, Asine und Apollon Pythaieus, in: Hermes 82 (1954) 421–444.
38 Paus.2,35,2.
39 Bakch.frg.3,58.
40 Paus.2,36,5.
41 Pind.Nem.3,70.
42 An dorischen Gebieten außerhalb der Argolis, in denen Apollon Pythaieus/Pythios verehrt wurde sind Lakonien und die Inel Rhodos zu nennen; nict zu vergessen ist natürlich der in einem der bedutendsten Heiligtümer des archaischen Griechenland beheimatete Apollonkult im dorischen Korinth.

Auf der Insel Kalaureia im Saonischen Golf, von der Ostküste der Argolis nur durch einen schmalen 300 Meter breiten Meeresarm getrennt, stand ein Tempel des Poseidon, der auch das Zentrum einer Amphiktyonie war[43]. Dieser Kultgemeinschaft, die sich regelmäßig zu gemeinsamen Opferhandlungen im Poseidonheiligtum von Kalaureia traf, gehörten vor allem Orte mit dorisch sprechender Bevölkerung an wie Hermione, Epidauros, Aigina, Nauplion und Prasiai (in Lakonien) sowie als nicht von Dorern besiedelt Städte Athen und Orchomenos (in Boiotien). Zu einem nicht genauer bestimmbaren Zeitpunkt – wohl im 7. oder 6. Jh. v. Chr. traten noch die großen dorischen Gemeinden Argos und Sparta bei[44]. Als kultische Besonderheit trafen in dieser Amphiktyonie also großteils Gemeinden mit dorischer Bevölkerung zur gemeinsamen Kulthandlungen zusammen, die einer Gottheit galten, Poseidon, die sonst in dorischen Gebieten eine nur sehr geringe Bedeutung hatte.

Die Erklärung für diesen befremdlichen Umstand dürfte in der Tatsache liegen, dass alle ursprünglich der Amphiktyonie angehörenden Orte[45] vor der Besiedelung und Übernahme durch dorische Gruppen ionische bzw. minyische Bevölkerung aufwiesen, bei welchen der Gott Poseidon eine wichtige Rolle spielte und hauptsächlich verehrt wurde. Dies gilt übrigens auch für den Ort Troizen, der der Insel Kalaureia unmittelbar gegenüber liegt, ursprünglich von Ioniern besiedelt war und stark in den Poseidonkult involviert war[46].

In den Orten der Amphiktyonie von Kalaureia siedelte ursprünglich eine Bevölkerung, die ionisch/minyischer Herkunft war und vor allem Poseidon verehrte, die in ionischen Gebieten am meisten verehrte Gottheit – man denke nur an Athen oder das Zenralheiligtum der kleinasiatischen Ionier, das Panionion. Das Alter des Poseidonkultes auf Kalaureia geht also auf vordorische Zeiten zurück und könnte bis in mykenische Zeit reichen[47]. Die dorischen Siedler, die sich in den genannten Orten der Amphiktyonie niederließen und diese in der Folge auch sprachlich prägten, übernahmen offenbar den Poseidonkult von der Vorbevölkerung und betrieben ihn zusammen mit den sicherlichen vorhandenen Resten der ‚alten' Bewohner weiter, obwohl Poseidon ansonsten bei den Dorern kaum eine Rolle spielte.

Legt man nun dieses anhand der Amphiktyonie von Kalaureia entwickelte Modell, demzufolge großteils dorische Gemeinwesen den Kult des sonst bei den Dorern kaum verehrten Gottes Poseidon betreiben, weil sie dessen Kult von der vordorischen Bevölkerung ihres Siedlungsgebietes übernommen hatten, auf den Fall der Insel Karpathos um, so ergibt sich folgendes Bild: Die vor allem von Dorern bewohnten Siedlungen und Regionen der Insel Karpathos, betrieben an vielen Orten einen Kult des Poseidon, weil sie diesen von der vordorischen Bevölkerung der Insel übernommen hatten, obwohl im Herkunftsgebiet der dorischen Siedler – der Argolis – der Poseidonkult kaum eine Rolle

---

43 Strab. 8,6,14.
44 Hiezu E. Curtius, Der Seebund vob Kalaureia, in: Hermes 10 (1876) 385–392 und T. Kelly, The Calaurian Amphictyony, in: AJA 70 (1966) 113–121.
45 Also nicht Argos und Sparta.
46 Plut. Thes. 6,1; Strab. 8,6,14 und Paus. 2,30,5. Übrigens hatte Troizen auch den Beinamen Poseidonia.
47 B. P. Harland, The Calaurian Amphiktyony, in: AJA 29 (1925) 160–171.

spielte. Unter der vordorischen Bevölkerung von Karpathos, die den Kult des Poseidon allenthalben betrieben hatte, ist wohl die mykenische Bevölkerung der Insel zu verstehen. Im mykenischen Karpathos war demnach der Kult des Poseidon weit verbreitet und spielte eine besondere Rolle.

Doch nun zurück zu *ka-pa-ti-ja*: Wenn diese ‚Priesterin' tatsächlich von der Insel Karpathos stammte und ihr ‚Handwerk' nicht erst in ihrer neuen Heimat Pylos erlernt hatte – was natürlich möglich wäre, wenn auch nicht wahrscheinlich –, so war sie auch in Karpathos als Priesterin tätig. Angesichts der weiten Verbreitung des Poseidonkultes auf der Insel schon in mykenischer Zeit, ist es wahrscheinlich, dass *ka-pa-ti-ja* auch in Karpathos im Dienste des Gottes Poseidon gestanden hatte.

Unter der Annahme des eben skizzierten ‚Vorlebens' der *ka-pa-ti-ja* als im Kultbetrieb des Gottes Poseidon in Karpathos tätige Person erklärt sich vielleicht auch ihre Anwesenheit in Pylos. Sie bekleidete hier in Pylos die Funktion einer *ka-ra-wi-po-ro*, dh. einer *klawiphoros*, und stand nach der Reihenfolge, welche die Tafel **Eb 32** suggeriert, an der zweiten Stelle hinter der Priesterin (i-je-re-ja = *hiereia*) des jeweiligen Heiligtums[48]. Als solche hatte sie der Gemeinde gehörige Ländereien zur Nutung in Besitz und ihr war zudem eine Person in dienstlich unterstellt, welche ebenfalls solche Ländereien besaß. Man kann also dvon ausgehen, dass *ka-pa-ti-ja* eine gehobene Stellung im Kultbetrieb des Reiches von Pylos, vielleicht mit wirtschaftlichen Belangen befaßt, einnahm und nicht nur in dienender Funktion – etwa als Tempeldienerin – tätig war.

Betrachtet man nun die aus den Linear B-Dokumenten ablesbaren kultischen Verhältnisse in Pylos, so zeigt sich, dass sowohl hinsichtlich der Häufigkeit der Erwähnungen, als auch die Anzahl der Heiligtümer[49] betreffend und vor allem bezüglich der Menge an Opfergaben[50] Poseidon eindeutig die am meisten verehrte (männliche) Gottheit im pylischen Reich war. Betrachtet man nun die Linear B-Texte genauer, in denen Poseidon oder ein Heiligtum des Poseidon – meist in Verbindung mit zahlreichen Opfergaben – erwähnt weren, so zeigt sich, dass vor allem Dokumente die aus dem Distrikt *pa-ki-ja-ne* stammen oder sich auf diesen beziehen, besonders oft aufscheinen[51]. Hierbei sind vor allem zwei Texte von Interesse: Der eine, **Tn 316**, belegt, dass in *pa-ki-ja-ne* eine besonders bedeutendes Heiligtum – vielleicht das Hauptheiligtum – des Poseidon stand und der zweite, **Fr 1224**, gibt an, dass in einem Monat, der nah pa-ki-ka-ne benannt ist die wichtigen Opfer an Poseidon stattgefunden haben. Aus diesen Linear B-Texten kann man wohl schließen, dass Poseidon nicht nur im pylischen Reich besondere Verehrung genoss, sondern auch, dass diese vor allem im Distrikt *pa-ki-ja-ne* praktiziert wurde.

---

48 In späterer Zeit war *klakophoros* die Bezeichnung einer Priesterin in Messene (IG 5 (I)1447) und *kleidouchos* der einer Priesterin in Attika.

49 P. De Fidio, I Dosmoi Pilii a Poseidon una Terra Sacra di Età Micenea (Incunabula Graeca 65), Rom 1977.

50 M.L.Lang, Es proportions, in: E.L.Bennett (Hg.), Mycenaean Studies, Madison 1964, 37–51; L.Baubach, The Mycenaean Contribution to the study of Greek Religion in the Bronze Age, in: Studi Micenei ed Egeo-Antolici 20 (1979) 143–160.

51 Zu Opfergaben siehe u. a. Tn 187, Es 646 und Es 649.

An dieser Stelle sei daran erinnert, dass zwar in den pylischen Liear B-Texten nicht erwähnt wird, in welchem Heiligtum (des Poseidon?) *ka-pa-ti-ja* ihren Dienst als *ka-ra-wi-po-ro* versehen hat, auch ist nicht bekannt, wo sich dieses Heiligtum befand, doch geht klar aus der Tafel **Ep 704,7** hervor, wo sich die wirtschaftliche Basis der *ka-pa-ti-ja* befand: Sie besaß Gemeindeland zur wirtschaftlichen Nutzung im Distrikt *pa-ki-ja-ne*.

Fassen wir die – zugegebenermaßen oft aus Schlussfolgerungen gewonnenen – Informatonen zur *ka-pa-ti-ja* zusammen: Sie stammte wohl aus der zwischen Kreta und Rhodos gelegenen dorischen Insel Karpathos, die in nachmykenischer Zeit für ihre Poseidonkulte bekannt war, obwohl der Poseidonkult in dorischen Gemeinden nur selten betrieben wurde. Die Verehrung dieses Gottes in Karpathos könnte demnach ein Erbe der (mykenischen) Vorbevölkerung der Insel sein. Da *ka-pa-ti-ja* in Pylos eine hohe kultische Funktion innehatte, ist zu vermuten, dass sie eine solche auch auf ihrer Heimatinsel bekleidete, und zwar im Dienste der in mykenischer Zeit auf der Insel beherrschenden Gottheit Poseidon. Möglicherweise fungierte sie danach auch in Pylos in einem der Heiligtümer des männlichen Hauptgottes des Reiches, des Poseidon, als Kultperson – als *klawiphoros*. Dies tat sie wohl in *pa-ki-ja-ne*, wo sich das Hauptheiligtum des Poseidon befand und *ka-pa-ti-ja* landwirtschaftlichen Besitz hatte. Unbeantwortet bleibt allerdings die Frage, warum *ka-pa-ti-ja* zwar iher Profession ‚treu geblieben' ist, jedoch den Ort ihrer Tätigkeit – von Karpathos nach Pylos – gewechselt hat. Ob sie aus eigenem Antrieb nach Pylos umgezogen ist, ob sie aufgrund ihrer Erfahrung im Poseidonkult abgeworben wurde oder gar von pylischen ‚Piraten' verschleppt worden ist, muß offenbleiben – alle drei Varianten sind für andere Berufsgruppen im mykenischen Griechenland belegbar.

Literaturverzeichnis

Aravantinos, V.: „Vasilogamvrou Adamantia: The first Linear B documents from Ayios Vasileios (Lakonia)." In Études *mycéniennes 2010. Actes du XIIIe colloque international sur les textes* égéens, hg. von P. Carlier *et al.* Pisa 2012 (= Biblioteca di „Pasiphae" X) 43f.

Aravantinos, V. L.: „Old and new evidence for the Palatial Society in Mycenaean Thebes." In *Politeia. Society and State in the Aegean Bronze Age,* hg. von R. Laffineur und W.-D. Niemeier. Liège 1995, 613–622

Barrett, W. S.: „Asine und Apollon Pythaieus." *Hermes* 82 (1954) 421–444

Baubach, L.: "The Mycenaean Contribution to the study of Greek Religion in the Bronze Age." *Studi Micenei ed Egeo-Antolici* 20 (1979) 143–160

Chadwick, J.: *Dokuments in Mycenaean Greek.* Cambridge 1973

Chapin Anne, P./Davies B./Hitchcock L. A.: *The Vapheio Tholos Tomb and the Construction of a Sacred landscape in Laconia Greece.* Paris 2014

Curtius, E.: „Der Seebund vob Kalaureia." *Hermes* 10 (1876) 385–392

De Fidio, P.: *I Dosmoi Pilii a Poseidon una Terra Sacra di Età Micenea.* Rom 1977 (= Incunabula Graeca 65)

Deger-Jalkotzy, S.: „The Women of PY An 607." *Minos* 13 (1972) 137ff.

Dickinson, O.: *The Aegean Bronze Age.* Cambridge 1994

Eder, B.: „Überlegungen zur politischen Geographie der mykenischen Welt, oder: Argumente die überregionale Bedeutung Mykenes in der spätbronzezeitlichen Ägäis." *Geografica Antiqua* 18 (2009) 5–46

Fischer, J.: „Sklaverei und Menschenhandel im mykenischen Griechenland." In *Menschenraub, Menschenhandel und Sklaverei in antiker und moderner Perspektive*, hg. von H. Heinen. Stuttgart 2008

Harland, B.P.: „The Calaurian Amphiktyony." *AJA* 29 (1925) 160–171

Höfer, O.: s.v. Pythaieus (2). In W.H.Roscher: *Lexikon der antiken Mythologie* 3,2 (1902–1909) 3365–3369

Hope Simpson, R./ Lazenby, J.F.: „Notes from the Dodecanese III." *ABSA* 68 (1973) 127–179

Hope Simpson, R.: *Mycenaean Greece.* Park Ridge 1980

Kelly, T.: „The Calaurian Amphictyony." *AJA* 70 (1966) 113–121

Kilian-Dirlmeier, I.: „Das Kuppelgrab von Vapheio. Die Beigabenausstattung in der Steinkiste. Untersuchungen zur Sozialstruktur in späthelladischer Zeit." *Jb. RGZM* 34 (1987) 197–212

Lang, M.L.: „Es proportions." In *Mycenaean Studies*, hg. von E.L. Bennett. Madison 1964, 37–51

Marketou, T.: „The small Islands of the Dodacanese and the case of the South Dodacanese: Karpathos and Kasos in the Bronze Age." In *The Oxford Handbook of the Bronze Age Aegean*, hg. von E.H. Cline. Oxford 2010, 266–268

Melas, E.M.: „Minoan and Mycenaean Settlement in Kasos and Karpathos." *Bulletin of the Institute of Classical Studies* 30 (1983) 53–61

Melas, E.M.: *The Islands of Karpathos, Saros and Kasos in the Neolithic and Bronze Age.* Götheborg 1985 (= SIMA 68)

Semnonische Sibyllen?
Überlegungen zur ethnischen Zugehörigkeit germanischer Seherinnen

Sabine Tausend

Seit der enthusiastischen Beschreibung des Tacitus sind mantische Fähigkeiten ein unverzichtbares Qualitätsmerkmal germanischer Frauen. Im achten Kapitel der Germania erfährt man, dass ihnen *sanctum aliquid et providum* innewohne. Umgehend wird – wohl mit einem boshaften Seitenhieb auf römische Gepflogenheiten der Divinisierung von Kaiserinnen – präzisiert, dass man ihnen zwar göttliche Wesenszüge zubilligte, sie jedoch keineswegs zu Göttinnen erhob. In diesem Zusammenhang wird Veleda[1] erwähnt, die lange Zeit bei vielen einen göttlichen Platz eingenommen haben soll. Im Gegensatz zur *olim* verehrten Albruna[2] und „einigen anderen mehr"[3] namentlich nicht genannten Germaninnen, wird Veleda zeitlich verbindlich Vespasian zugeordnet.

Die Ausführungen des Tacitus gestatten die Schlussfolgerung, dass germanische Frauen generell über seherische Gaben verfügten, weshalb man sie achtete und ihren Rat respektierte. Allerdings sind Veleda und Albruna der Beweis dafür, dass es – über ubiquitär vorhandene hausmütterliche mantische Fähigkeiten hinausgehend – auch Spezialistinnen gab, die in Krisensituationen konsultiert worden sind.

Angesichts der so betonten weiblichen Fähigkeiten und Fertigkeiten ist es mehr als verwunderlich, dass im zehnten Kapitel der Germania, welches ausführlich sämtliche praktizierten Auspizien und Orakel auflistet, weibliches Kultpersonal völlig fehlt. Bei im Interesse des Gemeinwesens vorgebrachten Anfragen agieren der Stammespriester oder das Oberhaupt des Stammes, während private Vorzeichen vom *pater familias* eingeholt werden. Die Deutung von Vogelflug und Vogelstimmen, die Auslegung der Pferdemantik bleiben ebenso wie die Losorakel eine rein männliche Domäne.[4]

---

[1] Spickermann, Wolfgang, „Veleda", In *DNP*. http://dx.doi.org/10.1163/1574-9347_dnp_e1229280 (Online abgerufen am 15 January 2024)
[2] Spickermann, Wolfgang, „Albruna", In: *DNP*. http://dx.doi.org/10.1163/1574-9347_dnp_e113230 (Online abgerufen am 15 January 2024)
[3] *Vidimus sub divo Vespasiano Veledam diu apud plerosque numinis loco habitam; sed et olim Albrunam et compluris alias venerati sunt, non adulatione nec tamquam facerent deas.*
[4] Tac. Germ.10. Lediglich Germ.43 erwähnt einen *sacerdos muliebri ornatu* als Diener der mit Kastor und Pollux verglichenen Alken.

Die hymnische Schilderung der seherischen Begabung germanischer Frauen, die Tacitus offeriert, speist sich bedauerlicherweise aus einem eher dürftigen Fundus, der das Wirken mantischer Expertinnen beschreibt. In Anbetracht dieser vom römischen Berichterstatter gesamtgermanisch und flächendeckend verorteten zukunftsdeutenden Fähigkeiten stellt sich die Frage, ob diese Qualitäten tatsächlich allen Germaninnen zu eigen waren oder anerkannte Autoritäten eine besondere lokale Herkunft aufweisen.

Wenden wir uns den namentlich erwähnten Koryphäen zu, deren regionale Provenienz gesichert ist.

Bei einem aus dem 2. Jh. n. Chr. stammenden Ostrakon aus dem ägyptischen Elephantine handelt es sich möglicherweise um eine Soldliste der im Haushalt eines *praefectus Aegypti* beschäftigten Personen. Auf dieser findet sich – in auffallend niedrigem Rang in der vorletzten Zeile – Βαλουβουργ Σήνονι σιβύλλα verzeichnet. Eine Konjektur von Σήνονι zu Σή(μ)νονι ist sehr wahrscheinlich. Beim Namen Waluburg dürfte es sich weniger um einen Eigennamen als um eine Berufsbezeichnung handeln.[5]

Angaben zu ihrer Person oder ihrem Aufgabenbereich enthält die Inschrift nicht. Möglicherweise gelangte die Seherin als Begleiterin eines ranghohen römischen Offiziers nach Ägypten. Nach einem Walker und vor einem Freigelassenen aufgeführt, nimmt sie wohl keine prominente Position in der Hausgemeinschaft ein. Da der Name ihres Dienstgebers, des ἔπαρχος, nicht überliefert ist, muss auch die Zuordnung der auf dieser Liste angeführten Personen spekulativ bleiben.

Will man nicht vermuten, dass sie im Haushalt des Militärs von Rang als vertraute und geschätzte Wahrsagerin und Ratgeberin tätig gewesen ist, – wofür das gegenständliche Ostrakon keinerlei Hinweise bietet – könnte man annehmen, Waluburg sei als politisch unruhiges Element auf die Nilinsel verbannt worden. Aus einer vermuteten Exilierung ließe sich mit großer Wahrscheinlichkeit ableiten, dass es sich bei der Semnonin um eine prominente und politisch aktive Frau gehandelt haben muss.[6]

Mit an Sicherheit grenzender Wahrscheinlichkeit dürfte es sich bei Ganna, die den Semnonenkönig Masyos nach Rom begleitet hat, um eine Seherin mit eben dieser Stammeszugehörigkeit gehandelt haben.

Eine im Gefolge des Königs reisende Seherin scheint jedenfalls unverzichtbarer Bestandteil einer germanischen Delegation nach Rom gewesen zu sein. So wird der um das Jahr 92 zu Domitian reisende Semnonenkönig Masyos erwartungsgemäß von einer Jungfrau namens Ganna begleitet. Cassius Dio[7] verortet sie zeitlich vage nach Veleda,[8] erwähnt jedoch ihre Nationalität mit keiner Silbe.[9] Beim Namen Ganna scheint es sich

---

5 Spickermann, Wolfgang, „Waluburg", In *DNP*. http://dx.doi.org/10.1163/1574-9347_dnp_e12208850 (Online abgerufen am 12 January 2024)
6 Tausend, Sabine, „Germanische Seherinnen" In *Im Inneren Germaniens. Beziehungen zwischen den germanischen Stämmen vom 1. Jh. v. Chr. bis zum 2. Jh. n. Chr.*, edited by Klaus Tausend. Stuttgart 2009, 155–174, hier 167–169.
7 Dio 67,5,3.
8 Γάννα παρθένος ἦν μετὰ τὴν Οὐελήδαν ...
9 Simek, Rudolf, „Ganna", In *LGM*, 122f. Zur Nationalität der Seherin Naumann, Hans: „Der König und die Seherin." Zeitschrift für deutsche Philologie 63 (1938) 347–358, 349. Dazu auch Volkmann,

nicht um einen Individualnamen zu handeln, sondern vielmehr um eine von altnordisch *gandr*, Zauberstab, abgeleitete Berufsbezeichnung.[10]

Vom römischen Kaiser mit allen Ehren empfangen, wie Cassius Dio ausdrücklich betont, kann Ganna eine ebenso bedeutende Position eingenommen haben wie Veleda. Allerdings werden keine Gründe für die Audienz des Semnonenkönigs bei Domitian namhaft gemacht. Rom könnte in den Semnonen – ähnlich wie in den Lugiern – potentielle Verbündete gegen die Markomannen gesehen haben und derartig vorteilhafte diplomatische Beziehungen in der gegenwärtig prekären Situation ausspielen wollen. Mit ebenso guten Gründen könnte man allerdings auch vermuten, dass die Semnonen – wie schon in der Vergangenheit zu Zeiten Marbods[11] und später wiederum unter Mark Aurel[12] – mit den Markomannen verbündet waren. Die den Semnonen innerhalb der suebischen Stammesgruppe zukommende hervorragende Bedeutung könnte die Anwesenheit und namentliche Erwähnung von Masyos und Ganna im Rahmen dieser Delegation erklären: Der König und seine Seherin wären im Zuge von Friedensverhandlungen nach Rom gereist und Ganna hätte – wie vormals Veleda im Bataveraufstand – im Markomannenkrieg eine prominente Rolle gespielt.

Bemerkenswert an der Notiz des Cassius Dio ist der Umstand, dass Ganna durch die allerdings sehr unpräzise Zeitangabe μετὰ τὴν Οὐελήδαν mit aller gebotenen Vorsicht als Nachfolgerin Veledas im Amt deklariert wird. Diese Anmerkung lässt sich dahingehend interpretieren, dass es jeweils lediglich eine Seherin von überregionaler Bedeutung gegeben hat, die auch geeignet war, Gesandtschaften zu begleiten und andere offizielle Aufgaben wahrzunehmen. Mit großer Wahrscheinlichkeit wurde diese beratende Funktion lebenslänglich ausgeübt.

Bei den bereits angesprochenen, im achten Kapitel der *Germania* namentlich erwähnten Spezialistinnen Albruna und Veleda handelt es sich offenkundig um prominente Seherinnen von überregionaler Bedeutung. Während Tacitus Albruna lediglich in der *Germania* namentlich erwähnt, setzt er sich im Bericht über den Bataveraufstand ausführlich mit dem Wirken Veledas auseinander.

Er führt die Seherin mit der Bemerkung ein, dass die Insurgenten ihr Munius Lupercus, den Kommandanten der XV. Legion von Castra Vetera, als Geschenk übersandt hätten. In diesem Zusammenhang fühlt sich der Autor wohl bemüßigt zu erklären, um wen es sich bei der Empfängerin dieser eher befremdlichen Gabe handle, wenn er ausführt: *Munius Lupercus legatus legionis inter dona missus Veledae. ea virgo nationis Bructerae late imperitabat, vetere apud Germanos more, quo plerasque feminarum fatidicas et augescente superstitione arbitrantur deas. tuncque Veledae auctoritas adolevit; nam prosperas Germa-*

Hans: „Germanische Seherinnen in römischen Diensten." In *Endoxos Duleia: Kleinere Schriften zur Alten Geschichte. Hans Volkmann. Zum 75. Geburtstag des Verfassers am 19.3.1975*, edited by Heinz Bellen. Berlin/New York 1975, 235–243, 238

10 Timpe, Dieter: "Ganna", In *RGA* 10 (2010), 429f.; Sundqvist, Olof: "Cultic Leaders and Religious Specialists". In. *The Pre-Christian Religions of the North, History and Structures II*, edited by Jens Peter Schjødt/ John Lindow/ Anders Andrén. Brepols 2020, 739–780

11 Strab. 7,1,3; Tac. ann. 2,44–46

12 HA Marc. 4,22,1; Eutr. 8,13,1

*nis res et excidium legionum praedixerat, sed Lupercus in itinere interfectus.*¹³ Die Angaben bleiben dürftig und der Leser erfährt lediglich, dass eine Jungfrau aus dem Stamm der Brukterer weithin über die Geister herrschte und an Ansehen beträchtlich gewann, weil sie ihren Stammesbrüdern den Sieg prophezeit hatte.

Bedauerlicherweise wird nicht erläutert, was Veleda mit der auf dem Weg zu ihr bedauerlicherweise bereits ermordeten Gabe hätte anfangen sollen. War der hochrangige Offizier als Ehrengeschenk für die berühmte Frau gedacht, oder hätte die Seherin ihn wie kimbrische Priesterinnen enthaupten und aus seinem Blut weissagen sollen?

An anderer Stelle fordern die Agrippinenser *arbitrum habebimus Civilem et Veledam, apud quos pacta sancientur.* Daraufhin pilgern reichlich mit Geschenken beladene Gesandte zu Veleda und Civilis und tragen ihre Bitten vor. Diese Passage legt nahe, in der Wahrsagerin nicht nur dekoratives feminines Zubehör des Civilis zu sehen. Veleda wird als dem militärischen Führer gewissermaßen gleichberechtigt und politisch tonangebend präsentiert.

Hier präzisiert Tacitus *sed coram adire adloquique Veledam negatum: arcebantur aspectu quo venerationis plus inesset. ipsa edita in turre; delectus e propinquis consulta responsaque ut internuntius numinis portabat.*¹⁴ Um die Verehrung der Seherin zu steigern und sie der menschlichen Sphäre zu entrücken, war es keinem Bittsteller erlaubt, sich ihr persönlich zu nähern. Sie hauste abgeschieden in einem hohen Turm und einer ihrer Verwandten nahm Anfragen entgegen und überbrachte ihre Antworten, wie der Mittelsmann einer Gottheit.

Wenig später gelingt es den Germanen, die nachlässig bewachte Rheinflotte zu überfallen und das Flaggschiff des Kommandanten zu kapern. Das Admiralsschiff wurde die Lippe hinauf geschleppt und Veleda zum Geschenk gemacht.¹⁵ Nicht unwahrscheinlich, wenngleich unbeweisbar ist die Annahme, sie habe den Dreiruderer als Siegesopfer verbrennen lassen.

Als die Situation für die Römer kritisch wird, strengt Cerialis seinerseits geheime Verhandlungen mit den Hauptpersonen des Aufstandes, Civilis und Veleda, an. Während er den Batavern Frieden in Aussicht stellt und Civilis Verzeihung verspricht, ermahnt er die Seherin, ihrem Geschick in letzter Minute eine glückliche Wendung zu geben und auf eine prorömische Haltung umzuschwenken.¹⁶

Nach dem Abfall der rechtsrheinischen Stämme wägen nun auch die Bataver Vor- und Nachteile der Freiheit ab und kommen letztlich zu dem Schluß: *Proximum id libertati; et si dominorum electio sit, honestius principes Romanorum quam Germanorum feminas tolerari.*¹⁷

Da über die finale Beilegung des Kriegs in den erhaltenen Büchern der Historien nicht mehr berichtet wird, fehlen auch Informationen über das von Cerialis so düster vatizinierte Schicksal Veledas. Aus Anspielungen in einem Preisgedicht auf C. Rutilius

---

13 Tac. hist. 4,61,2
14 Tac. hist. 4,65,4
15 Tac. hist. 5,22,3: *Multa luce revecti hostes captivis navibus, praetoriam triremem flumine Lupia donum Veledae traxere.*
16 Tac. hist. 5,24,1: *Veledam propinquosque monebat fortunam belli, tot cladibus adversam, opportuno erga populum Romanum merito mutare.*
17 Tac. hist. 5,25,2f.

Gallicus[18] lässt sich vermuten, dass die Seherin nach Rom deportiert worden ist, was mit den Angaben des Tacitus zu korrespondieren scheint, der im achten Kapitel der *Germania vidimus* verwendet. Allerdings lässt sich aus beiden Textpartien keineswegs zwingend eine Gefangennahme und Verbringung Veledas nach Rom ableiten. Da sie sowohl bei den Verhandlungen um Köln als auch beim Friedensschluss prorömisch agiert haben soll, wäre eine Asylgewährung wohl wahrscheinlicher als eine Verschleppung wider Willen.

Ein im Jahre 1926 bei Ausgrabungen in Ardea entdecktes und von M. Guarducci veröffentlichtes Epigramm scheint geeignet, Auskunft über den weiteren Lebensweg der Seherin zu geben, wenn dem Kaiser spöttisch nahegelegt wird, „die lange, aufgeblasene Jungfrau, die die Rheinwassertrinker verehren" als Lychnomantis[19] für ihren Lebensunterhalt arbeiten zu lassen. Damit sei – ungeachtet der Qualität ihrer Prophezeiungen – jedenfalls eine Person gefunden, die die Lampendochte in gutem Zustand erhalte.[20] Allerdings ergibt sich daraus nicht notwendigerweise, dass Veleda tatsächlich in Ardea gelebt und niedrige Tempeldienste verrichtet haben muss. Viel wahrscheinlicher ist es, dass sie ihrer Profession auch im Exil ungehindert nachgehen konnte. Bemerkenswert erscheint in diesem Kontext lediglich der Umstand, dass diese Stadt als bevorzugter Internierungsort für in den Bacchanalienprozeß verwickelte Personen galt. Unter diesem Aspekt betrachtet, spräche einiges dafür, auch eine möglicherweise renitente germanische Seherin dorthin zu verbringen.[21]

Aus dem taciteischen Bericht lässt sich mit Sicherheit lediglich extrapolieren, dass es sich bei Veleda um eine über die Grenzen ihres Stammes, der Brukterer, hinaus politisch aktive religiöse Spezialistin handelt.

Die Tatsache, dass Albruna gemeinsam mit Veleda genannt wird, legt nahe, auch dieser Frau mantische Qualitäten zuzueignen. Auch die Interpretation des sprechenden Namens, „diejenige, die mit dem geheimen Wissen der albischen Geister ausgestattet ist" oder „die vertraute Freundin elbischer Wesen" – wiederum eher eine Berufsbezeichnung als ein Individualname – weist der Frau zukunftsdeutendes Potential zu. Bedauerlicherweise verzichtet Tacitus darauf, sie und andere ungenannt bleibende germanische Prophetinnen zu beschreiben. Aus der vagen Zeitangabe *olim* lässt sich lediglich mit einiger Sicherheit erschließen, dass sie *vor* Veleda gewirkt haben müssen. Auch gestattet dieses Adverb mit aller gebotenen Vorsicht eine präzisere Eingrenzung dieser unbestimmten Zeitangabe. Taciteisches Raisonnement charakterisiert *Albis...flumen inclutum et notum olim: nunc tantum auditur.*[22] Auf diese Weise konstruiert er knapp aber einprägsam den Unterschied zwischen Vergangenheit und Gegenwart. Während der Fluss einst hochbe-

---

18 Stat. silv. 1,4,90: *non vacat Arctoas acies Rhenumque rebellem captivaeque preces Veledae et, quae maxima nuper gloria, depositam Dacis pereuntibus Vrbem pandere, (...)*
19 Bei der Λυχνομαντεία handelt es sich um eine Form der Pyromantie. Hierbei erschließt sich die Zukunft aus dem Licht der brennenden Lampe sowie den Funken, welche beim Schneuzen des Dochtes entstehen.
20 Merkelbach, Reinhold, „Das Epigramm auf Veleda" *ZPE 43* (1981) 241
21 Scardigli, Barbara: „Germanische Gefangene." In *Germani in Italia*, edited by Barbara Scardigli and Piergiuseppe Scardigli. Roma 1994, 117–150
22 Tac. ann. 2,14,4; Germ. 41,2

rühmt und wohlbekannt gewesen sei, kenne man ihn gegenwärtig nur noch vom Hörensagen. *Olim* steht hier für jene längst vergangene Zeit, in welcher die Elbe von drei Heeresverbänden aufgesucht worden ist, also die Zeit zwischen 9 v. Chr. und 5 n. Chr., während sich *nunc* auf die traurige Gegenwart des Jahres 98 n. Chr. bezieht.[23] Extrapoliert man nun die Deutung von *olim* als Chiffre für die aktive römische Germanenpolitik des ersten nachchristlichen Jahrhunderts, wird die *einst* tätige Albruna der präzise der Regierungszeit Vespasians, also der Gegenwart des Tacitus, zugeordneten Veleda vorangestellt.

Bei ihr könnte es sich möglicherweise um die dem kaiserlichen Prinzen Drusus an der Elbe entgegentretende Frau handeln. Diese *mulier humana amplior* soll ihm – bemerkenswert polyglott – in lateinischer Sprache untersagt haben, weiter in germanische Gebiete einzudringen.[24] Mit den Aussagen Suetons weitgehend konform erwähnt Cassius Dio[25] eine γυνὴ γάρ τις μείζων (...) κατὰ ἀνθρώπου φύσιν, die dem römischen Eroberer im Jahre 9 v. Chr. mit dem Hinweis auf sein baldiges Ende nachdrücklich Einhalt geboten haben soll. Dieser bei Cassius Dio legendenhaft ausgeschmückte Auftritt einer furchteinflößenden Frau wird von Sueton wesentlich knapper und ohne Ankündigung des bevorstehenden Todes bereits mit der ersten Kampagne des Drusus in den Jahren 12/11 v. Chr. in Zusammenhang gebracht.

Will man nun die *barbara mulier* als germanische Prophetin deuten, die den Eroberungsplänen der Römer eine unmissverständliche Absage erteilt, erhebt sich die Frage, ob die Erscheinung das kontinuierliche Vordringen Roms aus eigenem Antrieb im Keim zu ersticken suchte, oder ob sie diese Mission in jemandes Auftrag erfüllte. Der dürftige Quellenbestand gestattet keine Beantwortung. Vielmehr scheint die durch eine übernatürliche Gestalt vermittelte Aufforderung zur Umkehr an der Elbe zu signalisieren, dass das Ende der römischen Expansion auf göttlichen Willen erfolgt.[26] Aus diesem Grunde resümiert Johne: „Unstrittig ist, daß hinter der Frauengestalt das Wissen um germanische Seherinnen steht"[27].

Jedenfalls wäre die dem Drusus entgegentretende barbarische Frau gewiss die ideale Besetzung für eine Seherin vom Format Veledas, die bei einem größeren Zusammenschluss germanischer Stämme mitwirkte. Dies scheint auch Tacitus anzudeuten, wenn er Albruna gewissermaßen als Vorgängerin Veledas agieren lässt.

Selbstredend fehlen Angaben über die Herkunft der überlebensgroßen Frau. Da sie Drusus an der Elbe entgegentrat, wird es sich wohl um eine Semnonin oder Hermundurin handeln, die mit der von Tacitus namentlich erwähnten Albruna identisch sein könnte.

Unter die mit prophetischen Gaben ausgestatteten weiblichen Autoritäten wird auch Gambara, die Mutter der Winnilierfürsten Ibor und Agio eingereiht. Die *Origo gentis*

---

23 Siehe dazu Johne, Klaus-Peter: *Die Römer an der Elbe*. Berlin 2006, 229.
24 Suet. Claud. 1.
25 Dio 55,1,3.
26 Timpe, Dieter: „Drusus' Umkehr an der Elbe." *RhMPh* (1967), 289–306
27 Johne, Klaus-Peter: *Die Römer an der Elbe*. Berlin 2006, 100

Langobardorum[28] und Paulus Diaconus[29] erwähnen Gambara als Frau, die mit ihren Söhnen eine als *principatus* charakterisierte Herrschaft ausübt. Unter dem Ansturm der Wandalenherzöge Ambri und Assi, soll sich Gambara hilfesuchend an die Göttin Freyja gewandt haben. Auf diese Weise mutiert sie zur zentralen Figur der langobardischen Ursprungssage. Listig beschwatzt die Göttin ihren Gemahl, den Winniliern den Sieg zu schenken. Diese Episode ist das Aition für die Annahme des Namens Langobarden, wie sich die siegreichen Winniler seit dieser Zeit nennen. Während in der jüngeren Überlieferung, der aus dem 9. Jh. stammenden *Historia Langobardorum Codicis Gothani*, die Söhne Gambaras nicht mehr genannt werden, tritt sie selbst als Pythia und Sibylle in Erscheinung.[30] Allerdings wird der in der jüngeren Quelle hervorgehobene prophetische Charakter Gambaras nicht näher ausgeführt. Wohl vor allem wegen des ebenfalls eine Zunftbezeichnung darstellenden Namens[31] spricht sich Naumann[32] vehement für ihre Einordnung in diese Gruppe aus. In der Literatur erscheint sie unangefochten als „weise Frau", die „wie Weleda bei den Brukterern auch politischen Einfluß ausübte".[33]

Während wir hinsichtlich ihrer Bedeutung und ihres politischen Handlungsspielraumes weitgehend auf Vermutungen angewiesen sind, gibt es keinerlei Zweifel an ihrer Stammeszugehörigkeit.

---

28 Origo 1: *inter quos erat gens parva quae winnilis vocabatur. Et erat cum eis mulier nomine gambara, habebatque duos filios, nomen uni ybor et nomen alteri agio; ipsi cum matre sua nomine gambara principatum tenebant super winniles.*

29 Paul. Diac. 1,3: *(...) Horum erat ducum mater nomine Gambara, mulier quantum inter suos et ingenio acris et consiliis provida; de cuius in rebus dubiis prudentia non minimum confidebant.* Siehe auch Paul. Diac. 1,7: *(...) Tunc Ibor et Aio, adnitente matre Gambara, deliberant, melius esse armis libertatem tueri, quam tributorum eandem solutione foedare.*

30 Historia Langobardorum Codicis Gothani 1: *Asserunt antiqui parentes langobardorum, per gambaram parentem suam pro quid exitus aut movicio seu visitatio eorum fuisset, deinter serpentibus parentes eorum breviati exissent, sanguinea et aspera progenies, et sine lege. In terra italiae adventantes, fluentem lac et mel, et quod amplius est, salutem invenerunt baptismatis, et vestigia sanctae trinitatis recipientes, inter numerum bonorum effecti sunt. In illis impletum est: „Non inputatur peccatum, cum lex non esset". Primis lupi rapaces, postea agni inter dominicum gregem pascentes; proinde tanta laus et gratia referenda est deo, qui illos de stercore inter iustorum numerum collocavit, nisi davitica impleta prophetia: „Et de stercore eriens pauperem, sedere facit eum cum principibus populi sui". Sic suprascripta gambara cum eisdem movita adserebat, non ut prophetaret quae nesciebat, sed phitonissa inter sibillae cognomina, dicens, eo quod ille superna visitatione movissent, ut de spina rosa efficetur, nesciens in qualia, nisi divinandum perspicerit. Moviti itaque non ex necessitate aut duricia cordis aut parentum oppressione, sed ut ex alto salutem consequeretur, asserit exituros. Mirumque est omnibus et inauditum, videre, ubi non fuit meritum parentum, talis salus refulgere, qui deinter mucrones spinarum odoramenta aeclesiarum inventi sunt; sicut ipse misericors filius dei antea praedixerat: „Non veni vocare iustos, sed peccatores". Isti fuerunt, unde ipse salvator ad iudaeos in proverbiis dicens: „Habeo alias oves, quae non sunt ex hoc ovili; et illas me oportet adduci ad aquam vivam poscendam"*

31 Jarnut, Jörg: „Gambara" In *RGA* 10 (1998) 406

32 Naumann, Hans: „Der König und die Seherin." Zeitschrift für deutsche Philologie 63 (1938) 347–358, 349

33 Schmidt, Ludwig: *Die Ostgermanen*. München 1969, 619

Bereits Caesar erwähnt ein Kollektiv mantisch begabter Frauen um Ariovist, das über zukunftsdeutende Qualitäten verfügt, wenn er die Bedeutung der germanischen *matres familiae* hervorhebt. Durch das Befragen von Losstäbchen erforschen sie den opportunen Zeitpunkt, eine Schlacht zu schlagen. Ihre Erkenntnisse sind für die militärischen Anführer verbindlich und letztlich meist schlachtentscheidend.[34] Bei diesen Frauen scheint es sich *expressis verbis* nicht um speziell ausgebildetes weibliches Kultpersonal zu handeln. Dennoch ist die Annahme, eine gefolgschaftlich organisierte Kriegerschar – in diesem Fall handelt es sich ja nicht um wandernde Stämme – hätte eine große Anzahl weissagender Familienmütter mit sich geführt, wenig wahrscheinlich.

Plutarch[35] berichtet ebenfalls von den die Schlacht hinauszögernden μαντεύματα τῶν ἱερῶν γυναικῶν. Die hier ausdrücklich als heilig apostrophierten Frauen vermögen, – wie ausschließlich dieser an kultpraktischen Fragen generell besonders interessierte Autor präzisiert[36] – aus Strudeln im Wasser die Zukunft zu erkennen. Derartige hydromantische Praktiken scheinen ebenfalls spezielle Kenntnisse zu erfordern, die über die Fähigkeit von Laien weit hinausgehen.

Wenngleich wir nicht in der Lage sind, aus dem dürftigen Quellenbestand den Ausbildungsgrad der weissagenden Frauen zu ermitteln, lässt sich die Frage nach ihrer Herkunft problemlos beantworten. Die um Ariovist versammelten *matres familiae* sind Suebinnen.

Auch die Kimbern bedienen sich der Fertigkeiten ihrer Seherinnen. Strabon[37] berichtet, dass bei diesem Volk den Frauen eine wichtige Funktion bei der Ausübung diverser Opfer- und Weissagungsriten zukomme. Speziell gekleidete Priesterinnen, ἱέρειαι, empfangen – mit einem Schwert bewaffnet – Kriegsgefangene, bekränzen diese feierlich und enthaupten sie über einem Kessel mit großem Fassungsvermögen. Das Fließen des Blutes inspiriert sie und befähigt sie zu Prophezeiungen. Während die aus dem Blut weissagenden Priesterinnen gewissermaßen Hydromantik betreiben, gewinnen wiederum andere aus der Beschau der Eingeweide Erkenntnisse über künftige Geschehnisse.

Der römische Feldherr Marius hatte die Nützlichkeit einer publikumswirksam agierenden Seherin bereits erkannt. Im Gegensatz zu Gaius Gracchus, Sulla, Caesar und Verres, die männlichen Spezialisten der Wahrsagekunst vertraut hatten,[38] ließ sich Marius vor den entscheidenden Schlachten gegen Kimbern und Teutonen von der syrischen Prophetin Martha begleiten. Diese gefiel sich darin, das Heer in ihrer Sänfte zu eskortieren und, prunkvoll in einen Purpurmantel gehüllt, Opferhandlungen zu vollziehen. Als wichtiges Utensil erwähnt Plutarch eine mit Bändern und Kränzen geschmückte

---

34 Caes. BG 1,50,4. Das Hinauszögern der Entscheidungsschlacht bis zum nächsten Neumond wird von Caesar mit der bedingungslosen Orakelgläubigkeit seiner barbarischen Gegner erklärt.
35 Plut. Caes. 19,8. Vgl. auch Dio 38,48.
36 Lediglich der von Plutarch abhängige Clemens Alexandrinus (strom. 1,72,3) erwähnt ebenfalls hydromantische Praktiken.
37 Poseidonios FGrH 87 F 31,3 = Strab. 7,2,3.
38 Rosenberger, Veit: *Gezähmte Götter: das Prodigienwesen der römischen Republik*. Stuttgart 1998, 226 mit Quellen und Literatur

Lanze.³⁹ Die Frage, ob der römische Feldherr persönlich an die divinatorischen Qualitäten Marthas glaubte, lässt sich natürlich nicht beantworten. Der Umstand, dass Frontin den geschickt inszenierten Einsatz der syrischen Prophetin unter die Kriegslisten reiht⁴⁰, sollte allerdings dazu anregen, die Fragestellung dahingehend zu modifizieren, inwieweit Marius durch die Instrumentalisierung einer Seherin den Zeitgenossen eine privilegierte Verbindung zu den Göttern zu demonstrieren trachtete. Vermutlich sollte man in diesem Zusammenhang nicht primär an die Römer denken, die es zu beeindrucken galt. Wesentlich wichtigere Adressaten einer derartigen Inszenierung scheinen die feindlichen Kimbern zu sein, bei denen mit mantischen Fähigkeiten begabte Frauen zum unverzichtbaren Kultpersonal gehören.

Die Stammeszugehörigkeit der von Strabon beschriebenen kimbrischen Frauen lässt sich nicht ermitteln. Sie könnten bereits den aus Jütland auswandernden Gruppen angehört haben oder sich dem Stamm erst auf seinem langen Weg⁴¹ durch das Gebiet der Elbgermanen angeschlossen haben.

Eine namentlich nicht genannte Germanin, die als Wahrsagerin agierte, ist bei Sueton überliefert. Dieser mokiert sich über den verderblichen Einfluss einer *Chatta mulier*, die Vitellius ständig an seiner Seite wissen wollte.⁴² Dieser Frau soll er *velut oraculo* vertraut und ihren Ratschlägen bedingungslos gehorcht haben.⁴³ Die diesem Kaiser auch anderen Orts nachgesagte sklavische Gottesfurcht und Orakelgläubigkeit⁴⁴ scheint geeignet, die Glaubwürdigkeit dieser Behauptung zu stärken. Zudem lässt sich vermuten, dass der in Köln auf den Schild gehobene Vitellius – möglicherweise inspiriert von lokalen Vorbildern – eine germanische Seherin in beratender Funktion permanent mit sich führte.⁴⁵

Zur eingangs formulierten Frage nach der regionalen Herkunft germanischer Seherinnen lässt sich resümieren, dass eine präzise Angabe lediglich für die in Elephantine wirkende Waluburg belegt ist, die auf einem Ostrakon als Semnonin bezeichnet wird. Damit hat sie ihren Ursprung in dem Stamm, welcher nach der Behauptung des Tacitus⁴⁶ den Kern aller suebischen Verbände ausmachte.

Mit hoher Wahrscheinlichkeit gilt das auch für Ganna, die den Semnonenkönig Masyos nach Rom begleitet hat.

---

39 Plut. Mar. 17. Siehe auch Val. Max. 1,2,4. (Nepot.): *Syriam mulierem Marius in castris habebat sacricolam ex cuius se auctoritate asserebat omnia aggredi.*
40 Front. strat. 1,11,12
41 Poseidonios FGrHist 87F31,1-2 = Strab. 7,2,1-2
42 Suet. Vit. 14,5
43 Zu den Prophezeiungen der Seherin siehe Lorsch, Robin S.: *Omina imperii: the omens of power received by the Roman emperors from Augustus to Domitian, their religious interpretation and political influence.* Chapel Hill/ North Carolina 1993, 36
44 Carré, Renée : Vitellius et les dieux. In: *Pouvoir, divination et prédestination dans le monde antique.* (= (=*Collection ISTA*, 717). Besançon 1999, 43–79
45 Eine Auswahl an von römischen Kaisern konsultierten auswärtigen Spezialisten bietet Weber, Gregor: *Kaiser, Träume und Visionen in Prinzipat und Spätantike.* Stuttgart 2000, 117
46 Tac. Germ. 39

Eine ähnliche lokale Provenienz darf man wohl ebenfalls für die in der Germania erwähnte Albruna sowie die übermenschlich große Seherin, die Drusus an der Elbe Einhalt gebietet, annehmen, sofern diese beiden Gestalten nicht ohnehin ident sind. Auf jeden Fall entstammten sie einer der an der mittleren Elbe siedelnden suebischen Gruppen, Semnonen oder Hermunduren.

Gambara, die in der *Historia Langobardorum* als Seherin tituliert wird, war unzweifelhaft eine Langobardin und gehörte somit zu einem Stamm der suebischen Völkerfamilie.

Hinsichtlich der Seherinnen im Gefolge des Ariovist, jenen von Caesar erwähnten *matres familiae,* ist zwar die spezifische Stammeszugehörigkeit (Markomanninnen, Quadinnen etc.) nicht feststellbar, unzweifelhaft gehörten sie aber zu den Sueben.

Das weibliche Kultpersonal der Kimbern rekrutierte sich entweder aus einem in Jütland siedelnden Stamm (Kimbern, Teutonen, Ambronen) oder aber aus einer der zahlreichen Gruppen, auf welche die Kimbern auf ihrer Wanderung von Jütland nach Böhmen gestoßen sind. In letzterem Fall wären auch diese mantischen Autoritäten Suebinnen aus dem Flussgebiet der Elbe gewesen.

Während bei den bislang besprochenen Exempla eine suebische Herkunft gesichert oder wenigstens wahrscheinlich ist, gestaltet sich eine Antwort auf die lokale Herkunft Veledas und der *Chatta mulier* des Vitellius deutlich komplizierter.

Veleda war eine Brukterin, die Seherin des Vitellius eine Chattin. Beide Stämme werden gewöhnlich nicht den suebischen Gruppen zugeordnet.

Veleda betreffend sei auf eine Anmerkung des Ptolemaios[47] verwiesen, in der die Brukterer zu den Suebenstämmen gezählt werden. Diese Stelle bezeugt – wenn schon nicht die Zugehörigkeit der Brukterer zu den Sueben – wenigstens eine starke kulturelle Nähe zu diesen, wobei Ptolemaios auffällig zwischen den sogenannten „großen" Brukterern, zu denen Velada gehörte, und den „kleinen" Brukterern differenziert. Möglicherweise erklärt sich diese ‚Zweiteilung' des Stammes aus dem Zusammenschluss zweier ursprünglich nicht verwandter Gruppen, von denen die eine, die späteren „kleinen" Brukterer, aus dem unteren Rheingebiet kam, während die andere aus dem Elberaum stammte.

Eine Verbindung zwischen der namenlosen Chattin, der Vitellius bedingungslos vertraut haben soll, zu den Sueben ist nur auf Umwegen wahrscheinlich zu machen. Der intensivste Kontakt zwischen Sueben und Chatten lässt sich wohl für die zweite Hälfte des ersten vorchristlichen Jahrhunderts annehmen, in dem die Chatten – wie auch andere Stämme – zum Machtbereich der Sueben gehörten. Deren Herrschaftsgebiet erstreckte sich vom Rhein-Main-Gebiet bis zur *Bacenis silva* (dem Harz), welche die Grenze zum Territorium der Cherusker markierte.[48] Aus diesen geographischen Angaben lässt sich erschließen, dass die suebische Einflusssphäre auch die historisch bezeugten späteren Wohnsitze der Chatten in Hessen umfasste. Bezeichnenderweise taucht der Name Chatten in den Quellen erst auf, nachdem der überwiegende Teil der suebischen Gruppen bereits nach Böhmen abgewandert war.[49] Ob es sich bei den Chatten um einen Teil der

---

47 Ptol. 2,11,8–9
48 Caes. BG 6,10
49 Vell. 2,108,2; Strab. 7,1,3

Sueben handelte, oder ob sie ‚nur' unter suebischer Herrschaft gestanden haben, kann nicht entschieden werden.

Eine Synopse des Quellenbestandes zur Frage nach der regionalen Herkunft germanischer Seherinnen gestattet folgenden Befund:

Die überwiegende Anzahl mantisch begabter Frauen rekrutiert sich unmittelbar aus suebischer Deszendenz oder hat mit suebischen Gruppen in engem Kontakt und Austausch gelebt.

Einige stammen aus dem Kerngebiet der Sueben, vom Stamm der Semnonen.

Selbst wenn einige der postulierten Verbindungen zu den Sueben unsicher sind oder gar falsch sein mögen, bleibt die unbestreitbare Tatsache bestehen, dass Suebinnen bzw. Semnoninnen eine auffallend prominente Rolle bei der Besetzung des ‚Instruments' überregional bekannter germanischer Seherinnen eingenommen haben.

Angesichts der langen Liste römisch-germanischer Beziehungen vom ersten Jahrhundert vor bis zum zweiten Jahrhundert nach Christus verwundert, dass Seherinnen in diesem Kontext kaum in Erscheinung getreten sind. Dies gilt für die Kriege des Drusus, Tiberius, Varus und Germanicus in augusteisch-tiberianischer Zeit ebenso wie für die Auseinandersetzungen mit Friesen und Chauken in der Mitte des ersten Jahrhunderts. In all diese kriegerischen Auseinandersetzungen waren Stämme des Rhein-Weser-germanischen Raums bzw. Nordseegermanen verwickelt. In diesem Kontext müssen lediglich zwei Ausnahmen konstatiert werden: Drusus, dessen Feldzüge sich primär gegen Rhein-Wesergermanische Gruppen richteten, traf auf eine Seherin. Allerdings ereignete sich dieses Zusammentreffen an der Elbe, also im Suebengebiet. In einer der der größten Kontroversen Roms mit den Germanen am Rhein tritt eine Seherin, Veleda, in Erscheinung. Allerdings ist ihre Zugehörigkeit zu den Sueben – wie ausführlich dargelegt – zumindest möglich.

Ein ganz anderes Bild zeigt sich in den Kriegen Roms mit suebischen Gruppen wie mit den Heeren des Ariovist oder in den Markomannenkriegen Domitians und Mark Aurels. Hier finden sich in nahezu allen Konflikten germanische Seherinnen an der Seite suebischer Heerführer. Als Fazit dieser diachronen und regionalen Betrachtungen bleibt festzuhalten, dass ungeachtet zahlreicher kriegerischer Auseinandersetzungen Seherinnen kaum je von entscheidender Bedeutung waren, es sei denn, die Kämpfe wurden zwischen Rom und den Suebenstämmen ausgetragen.

Aus diesem Umstand resultiert die Frage, was den besonderen Status der Semnonen/ Sueben hinsichtlich kultischer Belange im Allgemeinen sowie der Seherinnen im Besonderen rechtfertigt.

Bezüglich der Überlieferung zu Religion und Kult bei den Germanen muss eingestanden werden, dass der Quellenbestand generell äußert dürftig ist. Allerdings ist bemerkenswert, dass die religiösen Spezifika keines Stamms ausführlicher referiert werden als die der Semnonen.

Zum einen stammen von ihm – der Eigenwahrnehmung der Sueben zufolge – alle anderen suebischen Gruppen ab. Tacitus bezeichnet sie als *vetustissimi Sueborum*[50] und

---

50 Tac. Germ. 39

würdigt sie als das Stammvolk sämtlicher elbgermanischen Sueben. Diese geglaubte oder tatsächliche gemeinsame Herkunft manifestiert sich unter andrem in periodischen kollektiv vollzogenen Kulthandlungen.[51] Die Abhaltung schauerlicher und befremdlicher Riten wird vom römischen Autor unter *superstitio* rubriziert.

Dass die einzelnen suebischen Stämme auch über diese religiösen Bande hinausgehende politisch militärische Beziehungen unterhielten, zeigen eine Koalition suebischer Gruppen unter Marbod sowie die Markomannenkriege unter Domitian und Mark Aurel.[52]

Zweifellos kam dem Stamm der Semnonen – auch in der Fremdwahrnehmung der Römer – eine weit über sein Territorium hinausreichende Stellung bei allen suebischen Völkerschaften zu, welche letztendlich in der Autorität der Semnonen auf kultisch-religiösem Sektor begründet war. Bedenkt man zudem das weite Siedlungsgebiet suebischer Gruppen innerhalb der Germania, verwundert es wenig, dass vermehrt Seherinnen im Konnex mit Sueben/Semnonen von römischen Beobachtern registriert werden.

Literaturverzeichnis

Carré, R.: „Vitellius et les dieux." In *Pouvoir, divination et prédestination dans le monde antique*. Besançon 1999 (= *Collection ISTA 717*), 43–79

Jarnut, J.: „Gambara." *RGA* 10 (1998) 406

Johne, K.-P.: *Die Römer an der Elbe*. Berlin 2006

Lorsch, R. S.: *Omina imperii: the omens of power received by the Roman emperors from Augustus to Domitian, their religious interpretation and political influence*. Chapel Hill/North Carolina 1993

Merkelbach, R.: „Das Epigramm auf Veleda" *ZPE 43* (1981) 241

Naumann, H.: „Der König und die Seherin." *Zeitschrift für deutsche Philologie* 63 (1938) 347–358

Rosenberger, V.: *Gezähmte Götter: das Prodigienwesen der römischen Republik*. Stuttgart 1998

Scardigli, B.: „Germanische Gefangene." In *Germani in Italia*, hg. von B. Scardigli und Piergiuseppe Scardigli. Roma 1994, 117–150

Schmidt, L.: *Die Ostgermanen*. München 1969

Simek, R.: „Ganna." *LGM* 122f.

---

51 Ebda: *Vetustissimos se nobilissimosque Sueborum Semnones memorant; fides antiquitatis religione firmatur. Stato tempore in silvam auguriis patrum et prisca formidine sacram omnes eiusdem sanguinis populi legationibus coeunt caesoque publice homine celebrant barbari ritus horrenda primordia. Est et alia luco reverentia: nemo nisi vinculo ligatus ingreditur, ut minor et potestatem numinis prae se ferens. Si forte prolapsus est, attolli et insurgere haud licitum: per humum evolvuntur. Eoque omnis superstitio respicit, tamquam inde initia gentis, ibi regnator omnium deus, cetera subiecta atque parentia. Adicit auctoritatem fortuna Semnonum: centum pagi iis habitantur magnoque corpore efficitur ut se Sueborum caput credant.*

52 Tausend, Klaus: *Im Inneren Germaniens. Beziehungen zwischen den germanischen Stämmen vom 1. Jh. v. Chr. bis zum 2. Jh. n. Chr*. Stuttgart 2009, 143f. mit Quellen und Literatur

Spickermann, W.: „Albruna." *DNP* http://dx.doi.org/10.1163/1574-9347_dnp_e113230 (online abgerufen am 15 January 2024)

Spickermann, W.: „Veleda." In *DNP* http://dx.doi.org/10.1163/1574-9347_dnp_e1229280 (online abgerufen am 15 January 2024)

Spickermann, W.: „Waluburg." *DNP* http://dx.doi.org/10.1163/1574-9347_dnp_e12208850 (Online abgerufen am 12 January 2024)

Sundqvist, O.: *„Cultic Leaders and Religious Specialists." In The Pre-Christian Religions of the North, History and Structures II, hg. von J. P. Schjødt, J. Lindow und A. Andrén. Brepols 2020, 739–780*

Tausend, K.: *Im Inneren Germaniens. Beziehungen zwischen den germanischen Stämmen vom 1. Jh. v. Chr. bis zum 2. Jh. n. Chr.* Stuttgart 2009

Tausend, S.: *„Germanische Seherinnen." In Im Inneren Germaniens. Beziehungen zwischen den germanischen Stämmen vom 1. Jh. v. Chr. bis zum 2. Jh. n. Chr. hg. von K. Tausend.* Stuttgart 2009, 155–174

Timpe, D.: „Drusus' Umkehr an der Elbe." *RhMPh* (1967) 289–306

Timpe, D.: „Ganna." *RGA* 10 (2010) 429f.

Volkmann, H.: „Germanische Seherinnen in römischen Diensten." In *Endoxos Duleia: Kleinere Schriften zur Alten Geschichte. Hans Volkmann. Zum 75. Geburtstag des Verfassers am 19.3.1975,* hg. von H. Bellen. Berlin/New York 1975, 235–243

Weber, G.: *Kaiser, Träume und Visionen in Prinzipat und Spätantike.* Stuttgart 2000

Kaiserzeitliche Bleisiegel und Plombengraffiti aus *Iuvavum* – Salzburg

Reinhold Wedenig

Vorbemerkung

Gegenstand dieser Zeilen ist eine Fundgruppe, der seitens der numismatischen und byzantinistischen Forschung von jeher Beachtung geschenkt wurde. Seit längerem werden gerade die kaiserzeitlichen Bleiplomben auch von archäologischer, althistorischer und epigraphischer Seite verstärkt wahrgenommen: das demonstrieren die Editionen in neueren Inschriftencorpora und die Analysen aufschlussreicher Exemplare[1]. Daran und nicht zuletzt am lebhaften Interesse des Jubilars für die Instrumenta inscripta und ihre kultur- und wirtschaftsgeschichtlichen Facetten möchte dieser Beitrag gewissermaßen anknüpfen.

In Salzburg gefundene Bleiplomben sind erstmals vor 15 Jahren veröffentlicht worden[2]. Seither ist der Fundbestand in der Stadtzone von *Iuvavum* durch den professionellen Einsatz der Metallsonde bei stadtarchäologischen Aktivitäten ständig angewachsen. Die systematische Aufnahme archäologischer Fundstücke mit Alltagsinschriften (*instrumentum domesticum*) ergab fast 60 Exemplare[3]. Diese und weitere, bislang unpublizierte Plombenfunde aus den Jahren 2016–2018 sollen hier kurz erläutert werden. Sie alle wurden im Zuge des ÖAW-Projekts T.E.NOR. mit maßgeblicher Unterstützung durch die zuständigen Salzburger Archäologen dokumentiert[4].

---

[1] Still 1993 resümiert den damaligen Kenntnisstand; zu Bleiplomben in Editionen s. RIB Vol. II, Fasc. 1 (1990) bzw. in der Onlineversion: https://romaninscriptionsofbritain.org/instrumentum/2411; CIIP (Corpus Inscriptionum Iudaeae/Palaestinae) I-V (2010–2023) passim (s.v. lead seal). Beachtenswert sind etwa spezifische Bleisiegel im Kontext früher Bleigewinnung in Germanien (Kritzinger 2017, 87–90) und Hispanien (Antolinos Marín –Díaz Ariño y Mariano – Guillén Riquelme 2013, 104–117).

[2] Chr. Farka, in: Hofer 2009, 85 (Fundstelle Residenzplatz); Thüry 2010, 86f. (Fundstelle Villa Loig).

[3] Vorlage von 57 Stäbchenplomben mit Abbildungen bei Wedenig 2014, 490–496.

[4] Vor allem dank Mag. Ulli Hampel (Salzburg Museum/Archäologie) und Dr. Peter Höglinger (Bundesdenkmalamt/Landeskonservatorat Salzburg). Das Langzeitprojekt *Testimonia Epigraphica Norica*, initiiert von Manfred Hainzmann (Univ. Graz), widmet sich den römerzeitlichen Kleininschriften aus Noricum und Österreich und ist seit 2002 an der Österreichischen Akademie der Wis-

Allgemeines zu Funktion und Form

Römerzeitliche Siegel zur Beglaubigung oder als Schutz von Schriftstücken bestanden normalerweise aus Wachs oder Lehm (respektive Siegelton), haben sich aber in den Nordwestprovinzen kaum erhalten[5]. Die weitaus robusteren Siegel aus Blei, die hier in größerer Zahl auftreten, dienten wohl in erster Linie zur Plombierung von Transportgut und Warensendungen, eigneten sich aber auch für andere Zwecke, wie etwa zum Verschluss von Geldsäcken – z.B. in Form eines mit Riemen zugezogenen und verplombten Lederbeutels[6]. Laut gängiger Ansicht waren bis in die Spätantike keine Schriftdokumente mit Blei gesiegelt worden[7]. Ein ägyptisches Ostrakon, das erst vor wenigen Jahren veröffentlicht wurde, nennt jedoch ein bleiversiegeltes Briefbündel (ἀπόδεσμος) und erbringt so den Nachweis, dass die offizielle Briefpost in Ägypten im 2. Jh. n. Chr. durchaus mit Blei versiegelt werden konnte[8]. Warum sollte das nicht auch bei Schriftstücken im Westen des Kaiserreiches praktiziert worden sein?

Hinsichtlich der Form, Größe und Prägung zeigen die Siegel- bzw. Plombenfunde eine große Variationsbreite. Es existiert zwar keine verbindliche Typengliederung oder Nomenklatur, doch bieten bestehende Referenzwerke, etwa zu den (privaten) Plombenfunden aus Trier, eine praktikable Systematik. Das angekündigte Katalogwerk zu den Funden im Rheinischen Landesmuseum Trier soll da eine Abhilfe nicht nur in terminologischer und typologischer Hinsicht schaffen[9].

Bleiplomben und Zollabfertigung

Neben der Sicherung dürften die verschiedenartigen Bleisiegel hauptsächlich zur Beglaubigung und Kennzeichnung der plombierten Objekte gedient haben. Dieser besitzanzeigende Aspekt kam, einem stimmigen Erklärungsmodell zufolge[10], beim Ferntransport über Zollgrenzen hinweg zum Tragen. Bei professionellen Sammeltransporten konnten die einzelnen Güter anhand solcher Besitz-Plomben zugewiesen und nötigenfalls von den

---

senschaften (ÖAW-Forschungszentrum Graz), beim Österreichischen Archäologischen Institut (ÖAI), angesiedelt (Spickermann – Wedenig 2022, 139–147).

5 Haensch 1996, 462.
6 Vgl. Knickrehm 2010/2011, 123–126: Rekonstruktion ausgehend von severerzeitlichen Rundplomben aus Trier. Zu einem beprägten Bleietikett aus Salzburg als möglichen Beutelverschluss s. Wedenig 2016, 735–737.
7 Kritzinger 2015, 200.
8 Cuvigny 2019, 81 analysiert die betreffende Textstelle (a.O. 90 Document 1, col. iii, 38–39) in einem Postverzeichnis vom Februar 161 n.Chr., das als Abschrift auf einem Amphorenfragment erhalten ist. Der Hinweis darauf wird Prof. Dr. Rudolf Haensch (DAI/AEK München) verdankt.
9 Typologie bei Still 1995, Vol. I, 35–53; Formgliederung bei Leukel 1995,14f. u. Leukel 2002, 9f. Ein laufendes Projekt „Römische Bleisiegel – Bestandskatalog des Rheinischen Landesmuseums Trier" (R. Loscheider) bezweckt die Erstellung eines typologisch aufgebauten Katalogwerkes (Loscheider 2018).
10 Kritzinger 2015, 215f.

Zöllnern mit den „Frachtpapieren" abgeglichen werden[11]. Mithilfe von Plomben konnte also diverse Frachtgüter sowohl gesichert als auch konkret zugewiesen werden. Viele der Plombenprägungen mit Buchstabenfolgen, die als Initialen oder Kürzel von Personennamen erklärbar sind, werden ja seit langem als sog. Händler- oder Warenplomben dem kommerziellen Bereich zugerechnet[12]. Ihre doppelte Funktion betraf, besonders im Fall zusammengesetzter Ladungen, einerseits die Sicherung der versendeten Ware vor Diebstahl, andererseits deren Zuweisung an den Eigentümer – ein nicht unerheblicher Aspekt bei Transportschäden oder -verlusten[13]. Außerdem dürften sie, wie schon gesagt, als Eigentümermarken bei der Abfertigung im Zollverkehr nützlich oder notwendig gewesen sein, ohne per se etwas über den Zollstatus der Waren auszusagen.

Genuine „Zollplomben" mit Nennung von Zollbezirk oder station erscheinen recht selten, sodass vermutet wurde, dass seitens der Zöllner auch andere Plombenarten verwendet wurden[14]. Von Zollabgaben befreit waren die Sendungen privilegierter Personen und Gruppen, insbesondere Kaiser und Militär[15], die durch entsprechende Plomben markiert waren. Für gewöhnlich wurden Plomben erst am Bestimmungsort der Transportgüter entfernt und entsorgt[16]. Eine Vielzahl von Plombenfunden wäre daher an Zwischenstationen nicht zu erwarten, geschweige denn bei Zollstationen vorauszusetzen.

Die überregionale Fundverteilung weist vermehrt Funde von Bleiplomben öffentlichen Charakters in Verwaltungszentren aus[17]. Plomben privater oder kommerzieller Natur, die offensichtlich einen beträchtlichen Teil des Fundmaterials ausmachen, zeigen hingegen eine breitere Fundstreuung.[18] Dass sich fehlende Bestandsvorlagen der Plombenfunde in den musealen Sammlungen nachteilig für die Beurteilung der Quellensituation auswirken, ist eine leidige Tatsache.

---

11 Vgl. Kritzinger 2023, 334–340 zum Verzollungsvorgang und den vorauszusetzenden Frachtpapieren und Zollquittungen.
12 Viele Abkürzungen mutmaßlicher Namen fallen bei Still 1995, Vol. I, 122–134 in die Kategorie der „Miscalleanous Sealings".
13 Still 1995, Vol. I, 128. 131f.; vgl. Ehmig 2014, 92f. zur stückgenauen Identifizierung des Ladegutes bei Schiffstransporten im Kontext von Frachtvertrag und Transportrisiko.
14 Siehe Still 1995, Vol. I, 80–84 zur Kategorie „Taxation sealings" und zur möglichen Verwendung von städtischen oder kaiserlichen Plomben auch für Zollbelange.
15 Stoll 2023, 636.
16 Die teils enormen Distanzen veranschaulichen Trierer Funde von Plomben des 3.–4. Jhs. n. Chr. mit Nennung der kleinasiatischen Städte *Ephesos*, *Smyrna* und *Tavium* (Schwinden 2018, 428–430. 436f. Nr. 4–6) sowie andere Plomben mit geographischen Namen (vgl. Wedenig 2016, 737–743 zu einer Trierer Fundplombe mit Bezug auf *Aguntum* in Noricum).
17 Kritzinger 2015, 210f.
18 Nachweise zur überregionalen Fundverteilung gemäß Forschungsstand bei Kritzinger 2015 und Still 1995.

Zum Kenntnisstand in den benachbarten Regionen von Salzburg

In den letzten Jahrzehnten sind diverse Funde römerzeitlicher Bleiplomben aus Österreich publiziert worden, doch ist der aktuelle Kenntnisstand mangels systematischer Erhebungen unbefriedigend. Neben dem bekannten österreichischen Fundort *Carnuntum* sind etliche ländliche Fundplätze in Nordwestpannonnien wie auch im Bereich des Limes entlang der Donau bekannt, weiters die norischen Zentralorte *Lauriacum*, *Iuvavum* und *Flavia Solva*[19], sowie einige verkehrswichtige Örtlichkeiten im alpinen Raetien[20]. Im bayerischen Alpenvorland sind insbesondere Fundstellen in der Limeszone und an der Provinzgrenze zu nennen[21]. Von einigen Plätzen sind größere Fundzahlen bekannt, doch kann von veritablen Fundmassen mit tausenden Stücken wie in Lyon oder Trier keine Rede sein[22]. Davon unbenommen sind Plombenfunde entlang römischer Straßenrouten, an verkehrsrelevanten Plätzen oder an Zentralorten ziviler oder militärischer Art sowie in deren Weichbild am ehesten als Niederschlag von Warenströmen erklärbar.

Auch wenn der verbreitete Einsatz von Metalldetektoren vielerorts für eine deutliche Fundvermehrung sorgt[23], dürfte ähnlich wie bei den Münzen von einer beträchtlichen Dunkelziffer unbeachteter oder verheimlichter, der Fachwelt unzugänglicher Plombenfunde auszugehen sein. Angesichts solcher Umstände erübrigen sich Schlussfolgerungen aus einer wohl nur scheinbaren Fundleere weiter Gebiete.

Fundsituation in Salzburg

In *Iuvavum* streuen Plombenfunde über mehrere Bereiche der antik bebauten Stadt beiderseits des Salzach-Flusses. Die Fundzahlen sind keineswegs vergleichbar mit denjenigen von Lyon, Trier und London, damals weit bedeutenderen Städten, wo zudem der Flusstransport von Waren eine Rolle spielte. Vielmehr erhebt sich wegen der relativ geringen Gesamtzahl der Salzburger Plombenfunde die Frage, ob das aktuelle Fundbild mit dem Vorherrschen des stäbchenförmigen Plombentyps bloß dem Zufall geschuldet ist oder ob sich darin schon eine Tendenz oder gar ein lokaltypisches Muster abzeichnet – künftige Bodenfunde werden darauf Antwort geben. Auffällig ist der bislang äußerst kleine Anteil „öffentlicher" Plomben, vertreten durch eine münzähnliche Rundplombe mit Umschrift

---

19 Dembski 1975; Winter 1996 zu Plombenfunden im Barbaricum nördlich des Donaulimes (Deutsch Wagram, Oberweiden); Wassiliou – Winter 2000 (Flavia Solva).
20 Höck 2003, 66–69 (Zirl-Martinsbühel, Innsbruck-Wilten); Grabherr 2002, 37 Abb. 4 (Biberwier).
21 Einige Fundstellen: Grundremmingen-Bürgle, Burghöfe, Dambach, Passau (Bender 2000; Selke 2014, 113); Weber 2007, 196 zu Plombenfunden im Vicus *Pons Aeni*/Pfaffenhofen, wo im Nahbereich eine Zollstation des *publicum portorii Illyrici* vermutet wird.
22 Zu Lyon s. Grenier 1934, 643–663; France 2001, 60–65.
23 In Großbritannien gehören Plomben zu den gängigen Metallfunden: s. The Portable Antiquities Scheme's database (https://finds.org.uk/database).

und Kaiserportrait (Constantius II.), wogegen bei Orten mit großem Fundaufkommen kaiserliche Plomben rund 15–20 % des Gesamtvolumens ausmachen[24].

Art und Streuung der Plombenfunde

Sonst gängige Plombentypen wie etwa Rundformen mit münzähnlicher Prägung sind im Salzburger Fundmaterial selten[25]. Vorherrschend sind längliche, flachgepresste Quaderformen mit rechteckig eingetieftem Prägefeld, die in Materialvorlagen aus Trier als „stäbchenförmige Plomben" bezeichnet wurden[26]. Die Salzburger Exemplare dieses Typs gehen wohl ebenfalls auf vorgefertigte Rohlinge zurück[27], die überwiegend einseitig und zwar mittels Prägezange, also durch Prägen von festem Blei, beprägt wurden. Sie zeigen durchwegs mittige, quer zum länglichen Prägefeld verlaufende Fadenkanäle, die beim Prägevorgang zusammengequetscht worden waren, um durchlaufende und überlappende Schnüre zu fixieren. Den engen Fadenlöchern nach zu schließen, dürften solche Plombenschnüre zu filigran für eine Beanspruchung als Packschnur gewesen sein – für den soliden Verschluss von voluminösem Transportgut war daher eine zusätzliche Verschnürung erforderlich.

Wie Tab. 1 zeigt, ist in Salzburg der Großteil der Prägungen auf den Stäbchenplomben überhaupt nur durch ein einziges Fundexemplar vertreten.

---

24 Kritzinger 2015, 212. Der überaus hohe Anteil (54,55 %) an kaiserlichen Plomben in Noricum bei Still 1995, Vol. I, 143f. Fig. 2–3 resultiert aus dem Verhältnis (6 von 11) zur äußerst geringen Gesamtzahl der (damals) vorgelegenen Plombenfunde von lediglich zwei Fundorten (*Lauriacum, Flavia Solva*) und besitzt daher keine Relevanz.

25 Vorgelegt wurden bisher zwei münzähnliche Rundplomben des 4. Jhs. n. Chr: eine einseitig geprägte Kaiserplombe des Constantius II. und eine zweiseitig geprägte Bildplombe mit Darstellung der Göttin Victoria auf beiden Seiten (Publikationsnachweise bei Wedenig 2014, 484 Anm. 25–26).

26 Der Ausdruck „Stäbchen-Plombe" in den Monographien über Trierer Plombenfunde in Privatbesitz (Leukel 1995, Leukel 2001) geht auf Hans-Joachim Kann zurück (Leukel 2014/2015, 80).

27 Abgebildet und erläutert bei Leukel 2002, 114 Nr. 325–328 u. S. 142f.

Tab. 1: Nach Fundzahlen (1–6 Exemplare) gereihter Überblick zu den Prägungen der Salzburger Stäbchenplomben (einschließlich Tab. 3; ohne rudimentäre Stücke; ohne Ligaturen und Lesvarianten). Hervorgehoben sind die an mehreren Fundstellen aufgetretenen Plombenprägungen

Anzahl:	1				2	3	4	5	6
	AL.AT	MLA	Q.L.S	TAC	L.T.C	L.HL	IM	PAL	LLM
	C.TS	MP	QS+	THA		L.S.V	L.C.L		
	CTS(?)	MVT	QVP	TRS7		L.V.M	LH		
	GSS	PSI	QTA	VCV		SVVC			
	L.A.S	PSP							
	LVC	P.V.P		[.]AP					

Von den öfter bezeugten Prägungen (Tab. 1, Anzahl der Plombenfunde: 2–6) sind fünf jeweils nur an einer Fundstelle (bzw. einem Fundbereich) aufgetreten: IM; L.T.C; L.V.M; SVVC; PAL.

Lediglich folgende Plombenprägungen sind an mehr als einer Fundstelle bzw. einem Fundbereich (x F) aufgetaucht und zwar

– im Stadtteil links der Salzach: L.HL (2 F); LH (1 F + Villa Loig); L.C.L
  (1 F + Villa Glas)
– im Stadtteil rechts der Salzach: L.S.V. (2 F), LLM (1 F + Villa Loig).

Es fällt auf, dass keine einzige Plombenprägung sowohl in dem einen als auch in dem anderen Stadtteil (getrennt durch die Salzach) vertreten ist. Interessanterweise finden einige Plombenfunde von den stadtnahen Villen Glas und Loig Entsprechungen bei prägegleichen Stäbchenplomben aus der Innenstadt (links und rechts der Salzach)[28], was wohl mit dem Warenverkehr zu tun hatte. Künftige stadtarchäologische Aktivitäten lassen eine Verdichtung und bessere Aussagekraft des Fundbildes erwarten.

Zeitstellung der stäbchenförmigen Plomben

Die in *Iuvavum* entsorgten Plomben waren wohl von vornherein in den Siedlungsabfall geraten; in eng datierten Fundkontexten sind sie bisher nicht aufgetaucht[29]. Nachdem die Prägungen der hiesigen Stäbchenplomben keine Kaisernennungen oder andere Da-

---

28 Weiterführende Literatur zu den beiden Villenanlagen bei Wedenig 2014, 483.
29 Hinweise auf eine Zeitstellung im 3. Jh. für einige Stücke aus der Villa Loig bei Wedenig 2014, 485.

tierungsindizien enthalten, fällt ihre zeitliche Zuordnung schwer. Andernorts gefundene Exemplare mit Kaisernamen belegen den Gebrauch dieses Plombentyps vom 1. bis wenigstens zum 4. Jh. n. Chr.

Übersicht zu den Prägungen auf Stäbchenplomben

Die nachfolgende Tabelle vermittelt einen Überblick zu den Plombeninschriften (Tab. 2). Sie stellt eine reduzierte und vereinfachte Wiedergabe der tabellarischen Information in der Erstpublikation dar, wo nähere Angaben zu Abmessung, Gewicht und Auffindung der einzelnen Stücke stehen[30]; die Nummerierung wurde beibehalten. Die Länge der aufgelisteten Plomben liegt zwischen 13 und 28 mm, das Gewicht zwischen 2 und 12 g.

Tab. 2: Übersicht zu den Prägungen und Graffiti auf stäbchenförmigen Bleiplomben aus Salzburg mit Angabe von Lesvariante (vel), Buchstabenligatur ^, Buchstabenrudiment +

Nr.	Prägung VS ‖ RS	Graffito RS	Nr.	Prägung VS ‖ RS	Graffito RS
1	C°TS		30	°L°T°C°	
2	CTS (vel) CIS ‖ [- - -]		31	L°V°M(?)	
3	GSS (vel) QSS(?)		32	L°V°M(?)	CLAV
4	IM	OPTATO	33	MLA	
5	IM(?)		34	MP(?)	
6	IM(?) (vel) IM^I		35	MVT (vel) AVT	
7	[I]M(?)		36	PAL	
8	L°A°S(?)		37	PAL	
9	L°C°L		38	PAL	
10	L°C°L		39	PAL ‖ M	
11	L°C°L		40	PAL	CXXV(?)
12	L°C°L ‖ +(?)		41	PSP	A++OS(?)
13	L^H		42	P°V°P(?)	
14	L^H		43	Q°L°S (vel) Q°T°S	M[.]R(?)
15	L^H		44	Q(?)S+	

---

30 Wedenig 2014, 490–494.

Nr.	Prägung VS || RS	Graffito RS
16	L^H	
17	L°H^L	
18	L[°]H^L	
19	L°H[^L]	
20	LLM	
21	LLM	
22	LLM	*seitlich:* IIII(?)
23	LLM	IN(?)
24	LLM (vel) LLN^+	
25	LLM (vel) LLN^+	VIATOR
26	[LL]M (vel) [L°V°]M	-AV (vel) AV-
27	L♥S♥V	
28	L♥[S]♥V	
29	°L°T°C°	

Nr.	Prägung VS || RS	Graffito RS
45	QTA	
46	SVVC	
47	SVVC	LV^PIVS (vel) AV^PIVS
48	SVVC	MACR(?)
49	TAC (vel) IAC	
50	TH^A (vel) TH+	
51	TRS7	
52	VCV (vel) VOV	
53	[.]AP (vel) [.(?)]MP	
54	[.]+[.](?)	
55	++(?)	
56	++(?)	
57	+++(?)	

Plombenfunde der Jahre 2016–2018 (Abb. 1)

Die unten beschriebenen Stücke wurden ebenfalls im Zuge der seit Jahren konsequent betriebenen stadtarchäologischen Tätigkeit in der Salzburger Altstadt angetroffen[31]. Die Plomben fanden sich bei baubegleitenden Maßnahmen an kleinflächigen Baustellen und sind anhand der Fundlage nicht genau datierbar. Diesen bedauerlichen Umstand teilen sie mit nahezu allen bislang bekannten Plombenfunden aus Salzburg. Es handelt sich ebenfalls um Exemplare vom stäbchenförmiger Typ mit jeweils einem, ungefähr mittigen, beim Prägevorgang zusammengedrückten Fadenloch, das quer zur Langseite verläuft (Verlauf von 12 h nach 6 h). Die Vorderseiten zeigen ein eingetieftes, annähernd rechteckiges Prägefeld mit erhabenen Buchstaben. Die im nachfolgenden Text gebotene Auflösung abgekürzter Personennamen steht der Einfachheit halber im Nominativ, auch wenn in Analogie zu vielen Besitzergraffiti auf *instrumentum domesticum* am ehesten ein Genetiv zu erwarten wäre.

---

[31] s. die archäologischen Maßnahmenberichte im digitalen Teil der Fundchronik, in: Fundberichte aus Österreich 55, 2016 – 57, 2018.

Abb. 1: Bleiplomben aus Salzburg, Fundjahre 2016 – 2018 (Tab. 3 Nr. 1–5). Jeweils oben die Vorderseite, unten die Rückseite mit Ansicht nach Kippen entlang der Längsachse (Nr. 1, 2, 4) oder der Querachse (Nr. 3, 5) des Stückes (Foto: R. Wedenig)

Verwahrort zum Zeitpunkt der Erfassung: Bundesdenkmalamt, Landeskonservatorat Salzburg.

Tab. 3: Stäbchenförmige Bleiplomben aus Salzburg, gefunden 2016–2018

Nr.	VS Prägung	RS Graffito	L × B × D (mm)	Gew. (g)	Abb.
1	AL°AT		15,5 × 8,4 × 4,2	2,68	Abb. 1,1
2	L♥S[♥]V	INGII	18,0 × 8,0 × 5,8	4,15	Abb. 1,2
3	LVC	(?)	19,5 × 9,0 × 5,7	4,70	Abb. 1,3
4	PSI	*streifige Struktur*	16,4 × 9,0 × 3,8	3,00	Abb. 1,4
5	Q°V°P	(?)	15,8 × 8,7 × 4,9	2,90	Abb. 1,5

ad Tab. 3 Nr. 1 (Abb. 1,1)
FO: Getreidegasse, Fundjahr: 2016. Im Aushub einer Leitungskünette im Abschnitt Getreidegasse West[32].

Die Prägung enthält die durch Interpunktion getrennte Buchstabenfolge AL.AT, deren Deutung nicht klar ist. Vielleicht war es die Abkürzung *Al(- - -) At(- - -)* eines Personennamens mit geläufigen *duo nomina*, bestehend aus einem Gentilnamen wie *Albius* oder *Albinius* und aus einem Cognomen wie *Atticus* oder *Atilianus*.

Es wäre jedoch mit Blick auf andere Bleiplomben, wo militärische Einheiten genannt sind, nicht abwegig, an eine Truppenangabe zu denken. Mit dem Alenkürzel AL beprägte Plomben, gefolgt vom abgekürzten Truppennamen, gibt es mehrfach, z.B. *al(ae) Sa(binianae)*[33]. Die vorliegende Abkürzung ließe sich auflösen zu *al(ae) At(ectorigianae)* bzw. zu *al(ae) At(ectorum)* mit dem noch vor dem 3. Jh. n.Chr. vereinfachten Namen dieser Auxiliareinheit. Die unter Augustus oder schon früher aufgestellte *ala I Gallorum Atectorigiana* war in nachaugusteischer und vorflavischer Zeit möglicherweise im Rheingebiet oder schon im Balkanraum stationiert, danach an der unteren Donau, zeitweilig in Dacia Inferior; öfter bezeugt ist Moesia Inferior als langjährige Standortprovinz im 2. und 3. Jh. n.Chr.[34] Das Auftreten einer solchen militärischen Plombe weitab von den sonst bekannten Einsatzgebieten der Truppe sucht allerdings nach einer Erklärung.

Eine andere Stäbchenplombe aus Salzburg (Tab. 2 Nr. 51) kann ebenfalls nur mit Vorbehalt dem militärischen Sektor zugeschrieben werden (Abb. 2); sie fällt auch in formaler Hinsicht auf, da sie zwei parallele Fadenlöcher besitzt[35]. Das letzte Zeichen der Prägung TRS7 ist vermutlich ein C inversum, gebräuchliche Abkürzung für *centurio* oder *centu-*

---

32 KG/OG Salzburg, BDA-archäologische Maßnahme-Nr. 56537.16.02, Fund-Nr. 3/81.
33 RIB II/1, 2411.61–90 bes. 86 (South Shields); wie die meisten militärischen Plomben aus Britannien sind dort auch die Plomben mit Alenbezeichnungen zweiseitig beprägt (Still 1995, Vol. I, 102f.).
34 Zur *ala Atectorigiana* s. Spaul 1994, 48f. und ausführlicher Matei-Popescu 2010, 178–181.
35 Beschrieben in der Erstpublikation: Wedenig 2014, 486f.

ria, sodass sich eine Auflösung mit *T(iti) R(- - -) S(- - -) c(enturionis)* anbietet – also „(Besitz) des Zenturios T(itus) R(- - -) S(- - -)"[36]. Die dazugehörige Einheit war vielleicht am gleichen versiegelten Besitzobjekt auf einer weiteren militärischen Plombe – mit bloßer Truppenangabe – angeführt, wie sie im Salzburger Fundmaterial nicht nachzuweisen ist.

Keineswegs als Truppenbezeichnung kann die Plombenprägung L.V.M (Tab. 2 Nr. 26.31.32) gelten[37], wiewohl die Initiale L nicht selten als Legionskürzel bei militärischen Plomben auftritt.[38] Hinzuweisen bleibt jedenfalls auf die Existenz von Legionsangaben – ohne mitgenannter Person – auf gleichartigen, d.h. einseitig geprägten Stäbchenplomben aus *Carnuntum*[39].

Auszuschließen ist eine Deutung des hakenförmigen Zeichens (C retrograd) als Sigle von *contrascriptor*, einem subalternen Zollbeamten unfreier Stellung, die sich weder mit dem Auftreten von *tria nomina* noch mit den sonst überlieferten Kürzeln für diese Berufsbezeichnung vereinbaren lässt[40].

Abb. 2: Bleiplombe aus Salzburg (Tab. 2 Nr. 51). Oben die Vorderseite mit Prägung TRS7, unten Schrägansicht der Seitenfläche mit zwei Fadenlöchern (Foto: R. Wedenig)

---

36 Zur Argumentation von R.S.O. Tomlin für die Auflösung als *c(enturio)*, wenn das C-Kürzel nach dem Personennamen auf Bleiplomben steht, und als *c(enturia)* bei vorangestelltem C-Kürzel s. Still 1995. Vol. I. 98f.
37 Alle Exemplare kommen von anderer Fundstelle, ebenfalls aus dem Stadtteil rechts der Salzach.
38 Vgl. RIB II/1, 2411.68–79. Die Abkürzung *l(egio) V M(acedonica)* erscheint (ohne Trennzeichen) öfter bei Ziegelstempeln aus Dakien und Pannonien (z.B. CIL III 15174a, Mursa).
39 AE 2002, 1167a–b; abgebildet und eingehend kommentiert von Dietz 2002.
40 Ebenso unwahrscheinlich wirkt eine Auflösung zu *T(- - -) R(- - -) s(ervus) c(ontrascriptor)*. Zu den Siglen s. France 2009, 100f. Fig. 3; ausführliche Quellennachweise zu den *contrascriptores* bei Kritzinger 2016.

ad Tab. 3 Nr. 2 (Abb. 1,2)
FO: Giselakai, Fundjahr: 2016. Im römischen Fundmaterial aus einer der stark abfallenden Schwemmschichten, interpretiert als einstige Uferböschung der Salzach an der rechtsseitigen Altstadt[41].

Die mit auffälligen Trennzeichen in Form von Hederae versehene Buchstabenprägung L.S.V findet eine prägegleiche Entsprechung bei zwei weiteren Plomben aus Salzburg (Tab. 2, Nr. 27–28), die ebenfalls aus der rechtsseitigen Altstadt, aber von einer anderen Fundstelle, stammen: von den Außenmaßen her kleiner und leichter, weisen sie dieselbe Fehlstelle beim zweiten Trennzeichen, einer (mutmaßlichen) Hedera, auf, die von einem beschädigten Plombenstempel oder einer lädierten Prägezange herrührt. Naheliegend ist eine Deutung als *tria nomina*-Initialen *L(ucius) S(- - -) V(- - -)*. Bemerkenswert ist der gute Erhaltungszustand der Ritzung INGII auf der Rückseite. Das Graffito steht, ebenso wie die anderen Plombengraffiti, gegengerichtet zur Buchstabenstellung der vorderseitigen Prägung, ist also bei Drehung der Vorderseite um 180° lesbar. Es dreht sich um ein Namenkürzel *Inge(nuus)* oder um eine ähnliche, darauf zurückgehende Namenform, geschrieben in der geläufigen Majuskelkursive mit einem kursiven, zweistrichigen E. Das unauffällige und überaus stark verbreitete Cognomen *Ingenuus* würde man naheliegenderweise mit einer freigeborenen Person verbinden.

ad Tab. 3 Nr. 3 (Abb. 1,3)
FO: Residenzplatz, Fundjahr: 2018. Bei umfangreichen Grabungen am Residenzplatz im Abschnitt West[42].

Die Buchstabenfolge LVC enthält keine Trennzeichen und kann entweder als Namenkürzel für einen verbreiteten lateinischen Personennamen wie *Luc(ius)* oder *Luc(ilius)* oder als abgekürzter Personename mit den tria nomina Initialen *L(ucius) V(- - -) C(- - -)* betrachtet werden. Die schwachen Reste dünnstrichiger Schräglinien auf der Rückseite sind eher akzidentell entstanden und nicht als Reste einer intentionellen Beschriftung zu bewerten.

ad Tab. 3 Nr. 4 (Abb. 1,4)
FO: Getreidegasse, Fundjahr: 2016. Streufund aus Leitungskünetten in der Getreidegasse im Abschnitt West[43].

---

41 KG/OG Salzburg, BDA-archäologische Maßnahme-Nr. 56537.16.10, Fund-Nr. 71/3. Zum Umbau Hotel Stein s. D. Imre – D. Leiner, [Fundbericht] KG Salzburg, SG Salzburg, MNr. 56537.16.10, in: Fundberichte aus Österreich 55, 2016, 428–430; Bleiplombe dort erwähnt im digitalen Teil der Fundchronik 2016, D6425 (S. 24). Zu Altfunden vom Giselakai in der rechtsseitigen Altstadt s. Höglinger 2012, 24–26 Abb. 23 und Thüry 2014, 19f. Abb. 8.
42 KG/OG Salzburg, BDA-archäologische Maßnahme-Nr. 56537.18.05, FNr. 11/103. Zur Grabung: B. Niedermayr – U. Hampel, [Fundbericht] KG Salzburg, SG Salzburg, MNr. 56537.18.05, in: Fundberichte aus Österreich 57, 2018, 368–371.
43 KG/OG Salzburg, BDA-archäologische Maßnahme-Nr. 56537.16.02, FNr. 3/46. Zur Untersuchung s. B. Niedermayr – U. Hampel, [Fundbericht] KG Salzburg, SG Salzburg, MNr. 56537.16.02, in:

Die Buchstabenprägung PSI ist trotz fehlender Interpunktion leicht erklärbar als Abkürzung eines Personennamens mit den *tria nomina*-Initialen *P(ublius) S(- - -) I(- - -)*. Die schräg verlaufenden Unebenheiten auf der Rückseite ergeben eine streifige Struktur, die an einen Holzabdruck erinnert. Auf Plombenfunde mit abgedrückter Holzmaserung auf der Rückseite wurde schon öfter hingewiesen. Allerdings beziehen sich diese Fälle auf andere Plombentypen, deren Prägung durch Abdruck in flüssiges Blei erfolgt war: diese könnten direkt an hölzernen Behältern oder Schreibtäfelchen angebracht gewesen sein[44]. Bei Stäbchenplomben wie beim gegenständlichen Exemplar, geht es jedoch um eine Prägung in festes Blei, wo ein Rohling mittels Prägezange beprägt wurde[45]. Es ist vorstellbar, dass der Holzabdruck schon auf dem Rohling existiert hatte oder dass die Prägezange selbst einen derartigen Abdruck beim Prägen des Rohlings hinterließ.

ad Tab. 3 Nr. 5 (Abb. 1,5)
FO: Alter Markt, Fundjahr: 2017. Grabungsarbeiten Oberfläche Alter Markt Süd[46].
Die eingeprägte Buchstabenfolge Q.V.P wäre auch ohne die vorhandenen Interpunktionen am ehesten als abgekürzter Personenname mit den *tria nomina*-Initialen *Q(uintus) V(- - -) P(- - -)* zu deuten. Dieselbe Buchstabenkombination zeigt eine stäbchenförmige Plombe aus Deutsch Wagram (Niederösterreich) im unmittelbaren Vorfeld des Donaulimes bei Vindobona in Westpannonien[47]. Deren Prägung unterscheidet sich auf den ersten Blick nur durch die offenbar fehlenden Interpunktionszeichen, die bei der Salzburger Plombe ohnehin eher flach und keineswegs prominent wirken. Ebendiese Buchstabenkombination taucht weiters auf einer andersförmigen Bleiplombe (Rundtyp) aus Lyon auf, besitzt jedoch keine Interpunktion und wird von Palmetten gerahmt[48].

Das erwähnte Vergleichsstück aus Deutsch Wagram weist ein Graffito auf der Rückseite auf (s. u.). Hingegen fragt sich beim Salzburger Stück, ob einige schwache und teils gekrümmte Linien auf der Rückseite ebenfalls Reste einer Ritzinschrift (vielleicht mit den Buchstabenresten ... PR ...) oder nur zufällige Kratzspuren darstellen.

Fundberichte aus Österreich 55, 2016, 424f. Foto der Plombe (VS) im digitalen Teil der Fundchronik 2016, D6335 (S. 38).

44 Beispiele bei Still 1995, Vol. I, 60 („accidental impressions of wood grain") und Leukel 1995, 19 Abb. 628. 136 Nr. 628 („Stoffstruktur?").
45 Zur Herstellung von Stäbchenplomben s. Leukel 2002, 142f.
46 KG/OG Salzburg, BDA-archäologische Maßnahme-Nr. 56537.16.24, FNr. 5/3. Zur Grabung: M. Schraffl – U. Hampel, [Fundbericht] KG Salzburg, SG Salzburg, MNr. 56537.16.24, in: Fundberichte aus Österreich 56, 2017, 372f. Foto der Plombe (VS) im digitalen Teil der Fundchronik 2017, in: Fundberichte aus Österreich 56, 2017, D4991 (S. 10).
47 Deutsch Wagram in Niederösterreich (Winter 1996, 41 Nr. 30).
48 Dissard 1905, 186 Nr. 1121.

Plombengraffiti (Abb. 3)

Ein Aspekt fällt beim Salzburger Material besonders ins Auge, nämlich das Auftreten von Ritzinschriften auf der glatten (unbeprägten) Rückseite mehrerer stäbchenförmiger Plomben. Neben Exemplaren mit unklaren Schriftzügen oder Strichfolgen gibt es solche mit Buchstabenformen in der Majuskelkursive: erkennbar sind die im Nominativ ausgeschriebenen Personennamen *Viator* und *Lupius* (Lesvariante *Aupius*, jeweils mit VP-Nexus) sowie *Optato* als Dativ von *Optatus*; außerdem die geläufigen Namenkürzel *Clau(dius)* und *Macr(inus)*[49], zu denen nun auch *Inge(nuus)* tritt. Sie stehen hier als Einzelnamen und sind zumindest optional als *cognomina* oder als *nomina simplicia* ansprechbar. Abgesehen von *Lupius* (Lesvariante *Aupius*) gehören sie zu den eher unauffälligen und keineswegs seltenen lateinischen Personennamen.

Die Vorderseiten dieser Stücke weisen zumeist unterschiedliche Buchstabenprägungen auf. Eine Ausnahme bilden die Plomben(graffiti) zweier unterschiedlicher Fundstellen: bei der einen Fundstelle begegnen *Lupius* (Lesvariante *Aupius*) und *Macr(inus)* auf zwei identisch geprägten Plomben; bei der anderen Fundstelle wiederholt sich offenbar die Ritzung *Clau(dius)* auf einem Plombenfragment mit möglicherweise derselben Prägung[50]. Dabei ist anzumerken, dass in Salzburg gleichartig beprägte Plomben (ohne Graffiti) wiederholt an ein und derselben Fundstelle vorkamen (s.o. die Bemerkungen zu Tab. 1).

Angesichts der begrenzten inhaltlichen Aussagen und des kleinen Materialumfanges lassen sich aus solchen Beobachtungen kaum weitere Schlüsse ziehen. Andererseits stehen die Salzburger Plombengraffiti nicht isoliert da, denn Einritzungen auf demselben Plombentyp (stäbchenförmig mit einseitiger Prägung) sind auch von anderen Fundorten her bekannt, etwa aus Trier, wo etliche Stücke mit eingeritzten Zeichen, Zahlen und Buchstabenfolgen existieren[51].

Aus Deutsch Wagram in Niederösterreich (nördlich der Donau bei Wien) stammt die oben (ad Tab. 3 Nr. 5) angeführte Stäbchenplombe mit der rückseitigen Ritzung III(?) SVR, bei der ein Namenkürzel *Sur(us?)* in Frage käme[52].

Ein Personenname wurde auch hinter der Ritzung NICNI (Lesvariante NAGNI) auf der Rückseite einer Plombe vom niedermoesischen Donaulimes vermutet[53]; das Stück gehört zu den 1950–1970 gemachten Plombenfunden vom römischen Siedlungsgelände bei Izvoarele/Pârjoaia, in der Nähe des (mutmaßlichen) Auxiliarkastells Sucidava. Ob es der Name eines Militärangehörigen war, wie in Betracht gezogen wurde[54], muss offenbleiben.

---

49 Beschrieben und abgebildet bei Wedenig 2014, 490–496.
50 Tab. 1 Nr. 47–48 und Nr. 26 mit Graffito [CL?]AV auf Rückseite.
51 Abbildungsverweise zu Leukel 1995 bei Wedenig 2014, 487 Anm. 40.
52 In der Publikation (Winter 1996, 41 Nr. 30) wird das Graffito nicht kommentiert.
53 Die Vorderseite zeigt die Buchstabenprägung DZC (Lesvariante OZ…): Culicǎ 1975, 248f. Pl. VII Nr. 79; Lesvarianten laut Still 1995, Vol. II, 542 Nr. 1586.
54 Culicǎ 1976, 118 Pl. VII Nr. 79.

Abb. 3: Plombengraffiti auf Rückseiten in Auswahl, Nummern wie in Tab. 2: OPTATO (Nr. 4); VIATOR (Nr. 25); [CL]AV (Nr. 26), CLAV (Nr. 32), LV^PIVS (Lesvariante AV^PIVS) (Nr. 47), MACR (Nr. 48) Das Stück unten rechts mit INGII (ohne Nr.) gehört zu Tab. 3 Nr. 2 bzw. Abb. 1,2 (Foto: R. Wedenig)

Ansonsten ist den angeführten Plomben mit Graffiti gemeinsam, dass sie auf der Vorderseite Prägungen mit Buchstabenfolgen aufweisen, die vorrangig als Initialen oder Kürzel von Personennamen in Frage kommen und offensichtlich nicht auf Kaiser(haus), Militär oder Administration bezug nehmen. Die betreffenden Plomben dürften also im privaten oder kommerziellen Bereich verwendet worden sein.

Die Anbringung und Geltungsdauer solcher Plombengraffiti wird sich wahrscheinlich auf den Funktionszeitraum der intakten Plomben beschränkt haben. Das illustriert eine verbogene Plombe aus Salzburg mit aufgerissenem Fadenkanal: dazu kam es naheliegenderweise bei der Entfernung vom plombierten Objekt oder Transportgut, wobei auch die bestehende Ritzinschrift VI-ATOR geteilt wurde (Abb. 3 Nr. 25).

Eine Nachnutzung entsorgter Plomben als Schriftträger dürfte hingegen kaum der Fall oder gar der Regelfall gewesen sein. Wenn also auszuklammern ist, dass diese recht kleinen, unscheinbaren Ritzungen nachträglich auf funktionslos gewordenen Plomben angebracht wurden, so muss dies noch während der Verwendungszeit der Plomben geschehen sein. Das konnte praktisch und technisch gesehen erst nach dem Anbringen der Plomben (Plombierung mittels Prägezange) erfolgt sein oder möglicherweise später, als das plombierte Transportgut am Weg zum Zielort (*Iuvavum*) war, wo dann die nutzlos gewordenen Plomben entfernt wurden.

Leider ist über die Art der plombierten Gegenstände genausowenig bekannt wie über deren Herkunft. Es lässt sich darüber spekulieren, ob die namentlichen Plombengraffiti die Absender, Transporteure oder Empfänger/Besitzer der plombierten Waren oder Gegenstände bezeichneten: vielleicht hatten sich die Namenkürzel der Plombenprägungen auf die Transportunternehmer und die Namengraffiti auf die Besitzer des Frachtgutes bezogen. Eine direkte Verbindung mit Zollaktivitäten lässt sich aus den eingeritzten Namen und Zeichen nicht herauslesen.

Im Salzburger Material wurde ein relativ hoher Anteil an Plombengraffiti – bei zumindest 11 von 62 (17,7 %) der Stäbchenplomben – festgestellt. Der ursprüngliche, im frisch eingeritzten Zustand hervorstechende, metallische Glanz der Ritzungen ist ja längst verblasst, aber dank umsichtiger Restaurierung konnten auch unscheinbare, dünnlinige Strichfolgen auf korrodierten und rissigen Oberflächen sichtbar gemacht werden.

Es ist eher von weit mehr, andernorts unerkannten Plombengraffiti auszugehen, als von einem Sonderfall der Überlieferung in *Iuvavum*.

Schlussbemerkung

Die Fundzahl römerzeitlicher Bleiplomben ist infolge der stadtarchäologischen Aktivitäten in Salzburg deutlich angestiegen. Die breite Streuung der Fundstellen hängt vordergründig mit der Vielzahl archäologisch betreuter Kleinbaustellen zusammen. Im Fundmaterial dominiert bislang der stäbchenförmige, nur einseitig beprägte Plombentyp. Vorhanden ist eine erstaunliche Reihe diverser Prägungen, die alle aus kurzen Buchstabenfolgen bestehen und größtenteils als stark abgekürzte Personennamen (*tria nomina*) erklärbar sind.

Die Graffiti auf der Rückseite einiger Plomben enthalten meist einzelne Personennamen in abgekürzter oder ausgeschriebener Form. Dabei erschließt sich nicht, aus welchem Grund sie dort angebracht wurden – sinnvoll kann es nur im Kontext der Plombenverwendung gewesen sein. Letztlich kann dieser Aspekt anhand der Salzburger Funde diskutiert, jedoch nicht ausreichend erklärt werden. Die Dunkelziffer unerkannter Plombengraffiti dieser Art in anderen Regionen läßt sich nicht abschätzen, stellt aber ein Potenzial für weiterführende Überlegungen dar.

Literaturverzeichnis

Antolinos Marín, J.A./ Díaz Ariño y Mariano, B./ Guillén Riquelme, M.C.: „Minería romana en *Carthago Nova*: el Coto Fortuna (Murcia) y los precintos de plomo de la *Societas Argentifodinarum Ilucronensium*." *Journal of Roman Archaeology* 26 (2013) 88–121

Bender, H.: „Bleiplomben und andere Objekte aus Blei von rätischen Fundplätzen." *Bayerische Vorgeschichtsblätter* 65 (2000) 173–178

Culică, V.: „Plumburi comerciale din cetatea romana-bizantină de la Izvoarele (Dobrogea)." *Pontica* 8 (1975) 215–262

Culică, V.: „Plumburi comerciale din cetatea romana-bizantină de la Izvoarele." *Pontica* 9 (1976) 115–133.

Cuvigny, H.: „Le livre de poste de Turbo, curateur du *praesidium* de Xèron Pelagos (*Aegyptus*)." In *Roman Roads. New Evidence – New Perspectives,* hg. von A. Kolb. Berlin/ Boston 2019, 67–106

Dembski, G.: „Römische Bleisiegel aus Österreich (Eine Materialvorlage)." *Römisches Österreich* 3 (1975) 49–64

Dietz, K.: „Vom Rhein zur Donau: Die legio I Adiutrix auf Bleisiegel aus Carnuntum." In *Zwischen Rom und dem Barbaricum. Festschrift für Titus Kolník zum 70. Geburtstag*, hg. von K. Kuzmová, K. Pieta und J. Rajtár. Nitra 2002 (= Communicationes Instituti Archaeologici Nitriensis Academiae Scientiarum Slovacae 5), 79–83

Dissard, P.: *Collection Récamier. Catalogue des plombes antiques (sceaux, tessères et objets divers)*. Paris 1905

Ehmig, U.: „Werbung oder Konsequenzen aus den Risiken bei Seetransporten? Zur Funktion von Tituli picti auf römischen Amphoren im Kontext von Seedarlehen." In *Lege Artis. Festschrift für Hans-Markus von Kaenel*, hg. von F. Kemmers, Th. Maurer und B. Rabe. Bonn 2014 (= Frankfurter Archäologische Schriften 25), 85–98

France, J.: *Quadrigesima Galliarum. L'organisation douanière des provinces alpestres, gauloises et germaniques de de l'Empire romain (Ier siècle avant J.-C. – IIIe siècle après J.-C.).* Rome 2001 (= Collection de l'École française de Rome)

France, J.: „La station du quarantième des Gaules à Lugdunum des Convènes (Saint-Bertrand-de-Comminges)." *Aquitania* 25 (2009) 95–106

Grabherr, G.: „*Ad radices transitus Alpium* – Eine neuentdeckte römische Siedlung in Biberwier, Tirol." In *Neue Forschungen zur römischen Besiedlung zwischen Oberrhein und Enns. Kolloquium Rosenheim 14.–16. Juni 2000*, hg. von L. Wamser und B. Steidl. Remshalden-Grunbach (= Schriftenreihe der Archäologischen Staatssammlung 3), 35–43

Grenier, A.: *Manuel d'Archéologie gallo-romaine. Deuxième partie /2: L'Archéologie du sol – Navigation. Occupation du sol* = J. Déchelette: *Manuel d'Archéologie préhistorique, celtique et gallo-romaine* VI, 2, Paris 1934

Haensch, R.: „Die Verwendung von Siegeln bei Dokumenten der kaiserzeitlichen Reichsadministration." In *Archives et sceaux du monde hellénistique. Archivi e sigilli nel mondo ellenistico. Torino, Villa Gualino 13–16 gennaio 1993*, hg.von M.-F. Boussac und A. Invernizzi. Athènes 1996 (= Bulletin de Correspondance Hellénique Supplément 29), 449–496

Höck, A.: *Archäologische Forschungen in Teriola 1. Die Rettungsgrabungen auf dem Martinsbühel bei Zirl von 1993–1997. Spätrömische Befunde und Funde zum Kastell.* Wien 2003 (= Fundberichte aus Österreich Materialhefte Reihe A, 14)

Höglinger, P.: „Salzburg/*Iuvavum*. Der römische Stadtteil rechts der Salzach." In *Salzburg, Makartplatz 6. Römisches Gewerbe – Stadtpalais – Bankhaus Spängler,* hg. von P. Höglinger und N. Hofer. Wien 2012 (= Fundberichte aus Österreich, Materialhefte A, Sonderheft 20), 22–27

Hofer, N. (Red.): *Der Residenzplatz. Fenster zu Salzburgs Geschichte. Katalog zur Ausstellung im Salzburg Museum 18. September 2009 bis 15. Jänner 2010.* Wien 2009 (= Fundberichte aus Österreich Materialhefte A, Sonderheft 10)

Knickrehm, W.: „Die Siegel der severischen Kaiser: Gold für Trier?" *Trierer Petermännchen* 24–25 (2010/2011) 117–137

Kritzinger, P.: „Was Bleisiegel über das römische Zollwesen aussagen." In P. Kritzinger, F. Schleicher und T. Stickler: *Studien zum römischen Zollwesen.* Duisburg 2015 (= Reihe Geschichte 7), 195–228

Kritzinger, P. „*Contrascriptores* im römischen Zollwesen." In: *Vir doctus Anatolicus. Studies in Memory of Sencer Şahin. Sencer Şahin Anısına Yazılar,* hg. von B. Takmer, E. N. Akdoğu Arca und N. Gökalp Özdil. Istanbul 2016 (= Philia Supplements 1), 567–589

Kritzinger, P.: „Ein neues Zeugnis eines alten Bekannten: Bleisiegel, Bleihandel und Bleiproduktion in freien Germanien." *Marburger Beiträge zur antiken Handels-, Wirtschafts- und Sozialgeschichte* 35 (2017) 87–107

Kritzinger, P.: „Überlegungen zur Praxis der Zollerhebung in der römischen Kaiserzeit." In *Religion und Epigraphik. Kleinasien, der griechische Orient und die Mittelmeerwelt. Festschrift zum 65. Geburtstag von Walter Ameling,* hg. von D. Hofmann, A. Klingenberg und K. Zimmermann. Bonn 2023 (= Asia Minor Studien 102), 327–343

Leukel, H.-K.: *Römische Bleiplomben aus Trierer Funden.* Trier 1995 (= Wissenschaftliche Reihe der Trierer Münzfreunde e. V. 3)

Leukel, H.-K.: *Römische Bleiplomben aus Trierer Funden 1995–2001.* Trier 2002 (= Wissenschaftliche Reihe der Trierer Münzfreunde e. V. 4)

Leukel, H.-K.: „Römische Fundplomben aus Trier 2002–2015." *Trierer Petermännchen* 28–29 (2014/2015) 79–92

Loscheider, R.: „Römische Bleisiegel. Bestandskatalog des Rheinischen Landesmuseums Trier." In *Verbund zur Erforschung der antiken Kaiserresidenz Trier,* hg. von M. Reuter und T. Mattern. Trier 2018, 52–53

Matei-Popescu, F.: *The Roman Army in Moesia Inferior.* București 2010 (= The Centre for Roman Military Studies 7)

Schwinden, L.: „Vom Ganges an den Rhein. Warenetiketten und Bleiplomben im Fernhandel." In *Warenwege – Warenflüsse. Handel, Logistik und Transport am römischen Niederrhein,* hg. von Chr. Eger = *Xantener Berichte* 32 (2018) 423–441

Selke, V.: *Römische Funde aus Dambach am Limes (1892–2007).* Kallmünz/Opf. 2014 (= Materialhefte zur bayerischen Archäologie. Fundinventare und Ausgrabungsbefunde 100)

Spaul, J. E. H.: *Ala². The auxiliary cavalry units of the prediocletianic imperial Roman army*. Andover 1994

Spickermann W./Wedenig, R.: „Kleininschriften." In *Inschriften edieren und kommentieren. Beiträge zur Editionspraxis, -methodik und -theorie*, hg. von A. Eich. Berlin/Boston 2022 (= Beihefte zu editio 50), 131–147

Still, M. C. W.: „Opening up imperial lead sealings." *Journal of Roman Archaeology* 6 (1993) 403–408

Still, M. C. W.: *Roman Lead Sealings*. Unpublished Doctoral thesis, University of London: University College London, Institute of Archaeology 1995. Internetversion: http://discovery.ucl.ac.uk/1317870/1/294756_Vol_1.pdf; http://discovery.ucl.ac.uk/1317870/2/294756_Vol_2.pdf

Stoll, O.: „Wirtschaft und Militär." In *Handbuch Antike Wirtschaft*, hg. von S. von Reden und K. Ruffing. Berlin/Boston 2023, 629–663

Thüry, G. E.: „Neues zur Epigraphik des römischen Salzburg." *Diomedes. Schriftenreihe des Fachbereiches Altertumswissenschaften, Alte Geschichte, Altertumskunde und Mykenologie der Universität Salzburg, N. F. 5* (2010) 83–88

Thüry, G. E.: *Die Stadtgeschichte des römischen Salzburg. Befunde und Funde bis 1987*. Oxford 2014 (= BAR International Series 2600)

Wassiliou, A.-K./Winter, H.: „Ein neues Bleisiegel des Kaisers Markianos (450–457) aus Flavia Solva (Steiermark)." *Mitteilungen der Österreichischen Numismatischen Gesellschaft* 40/5 (2000) 92–96

Weber, M.: „Militärische Ausrüstungsgegenstände, Pferdegeschirrbestandteile und Fibeln aus dem römischen Vicus Pons Aeni/Pfaffenhofen." *Bayerische Vorgeschichtsblätter* 72 (2007) 151–232

Wedenig, R.: „Bleiplomben mit Stempel- und Ritzinschriften aus Iuvavum (Noricum)." In *Instrumenta inscripta V. Signacula ex aere. Aspetti epigrafici, archeologici, giuridici, prosopografici, collezionistici. Atti del convegno internazionale (Verona, 20–21 settembre 2012)*, a cura di A. Buonopane, S. Braito e C. Girardi. Roma 2014, 479–496

Wedenig, R.: „Überreste kommerzieller Transaktionen in der römischen Kaiserzeit: außergewöhnliche Bleifunde aus Salzburg und Trier." In *'Voce concordi'. Scritti per Claudio Zaccaria*, a cura di F. Mainardis. Trieste 2016 (= Antichità Altoadriatiche 85), 735–745

Winter, H.: „Neue römische Bleibullen aus Ostösterreich (II)." *Mitteilungen der Österreichischen Numismatischen Gesellschaft* 36/3 (1996) 37–46

Ma(u)rusier, Osrhoener und das Heer des Maximinus Thrax

Rainer Wiegels

Wolfgang Spickermann, collegae atque amico

Zur Ausgangssituation

Nach Abbruch der Sassanidenfeldzüge, wohl eher auf Grund beunruhigender Nachrichten von der Donaufront und des Drucks der illyrischen Truppen[1] als wegen des siegreichen Endes derselben,[2] hatte Severus Alexander bis zum Spätjahr 234[3] am Rhein eine große Streitmacht für einen bevorstehenden Germanenfeldzug versammelt. Eine umfangreichere *expeditio Germanica* zur Sicherung der Grenzen, aber auch als militärische Strafaktion, erschien nach den wiederholt vorausgegangenen Einfällen plündernder Scharen aus dem großgermanischen Raum in römisches Reichsgebiet an Rhein und Donau als eine dringende Notwendigkeit und geradezu zwangsläufige Konsequenz. Zu diesem Zweck wurden auch beträchtliche Teile der Armee, welche im Osten operiert hatte und mit starken Truppenkontingenten aus den nördlichen Provinzen, insbesondere aus dem Donauraum, verstärkt worden war, in den Westen verlegt.[4] Die zum großen Teil in diesem Gebiet rekrutierten Soldaten verlangten nach Sicherheit für ihre Heimat und Angehörigen. Zudem erschien der Schutz Italiens gegen mögliche Einfälle aus dem nahen illyrischen Raum dringlicher als die Fortsetzung der Kämpfe im Osten.[5] Nach Sicherungsmaßnahmen an der Ostfront waren der Kaiser, dessen persönliche Anwesenheit

---

[1] Hdn. 6,7,3–5.
[2] HA Sev. Alex. 55; 57,2f. mit ausdrücklicher Abgrenzung gegenüber Herodian; vgl. auch ebd. 59,3.
[3] Alle Zeitangaben beziehen sich im Folgenden auf „n. Chr."
[4] Hdn. 6,3,1f. zu den umfangreichen Rekrutierungen für den Perserfeldzug durch Severus Alexander „in Italien und allen Provinzen [...]. Das gesamte römische Reich geriet in größte hektische Betriebsamkeit." – Vgl. zum Truppenverband des Severus Alexander Wiegels 2014, 97–100; ferner zum Heer unter diesem Kaiser Handy 2009, 150–167. Grundlegende Übersicht zum römischen Heer der Jahre 235–284 bei Speidel 2008 (mit Forschungsstand 2005).
[5] Hdn. 6,7,2–5.

an Rhein und Donau gefordert und erwartet wurde, und mit ihm seine Mutter Mamaea „zusammen mit den übrigen Truppen [...] in großer Eile" an den Rhein gewechselt.⁶

Herodian nimmt die Situation zum Anlass, um auf Besonderheiten des umfangreichen Offensivverbandes einzugehen, den er wie folgt beschreibt:⁷ „Alexander hatte sehr viele Maurusier und eine beträchtliche Anzahl Bogenschützen aus dem Orient von den Osrhoenern mitgebracht und dazu persische Überläufer und Söldner, die ihm, vom Geld verlockt, folgten. Diese bereitete er sogleich zum Einsatz gegen die Germanen vor. Denn gerade solche Truppen machen ihnen am meisten zu schaffen: Die Maurusier schleudern ihre Speere aus großer Entfernung und sind gewandt im Angriff wie im Rückzug; die Bogenschützen aber treffen die ungeschützten Köpfe der Germanen und ihre großen Leiber auch aus der Ferne mit Leichtigkeit wie eine Zielscheibe (***). Im Nahkampf waren sie (d.h. die Germanen) energische Kämpfer und zeigten sich den Römern häufig gewachsen".⁸ Wenig später kommt Herodian nach Ermordung des Severus Alexander im Frühjahr 235 und Übernahme der Herrschaft durch Maximinus Thrax anlässlich des geplanten Übergangs der Streitmacht über den Rhein erneut auf den Truppenverband zu sprechen, den er mit ähnlichen Worten charakterisiert. Deutlich übertreibend heißt es, dass es sich „fast um die gesamte römische Armee" gehandelt habe, die Maximinus

---

6   Hdn. 6,7,6: ... τὴν ὁδὸν μετὰ πολλῆς σπουδῆς ... ohne Hinweis auf Rückreise über Rom; vgl. Aur. Vict., Caes. 24,2: „adolescens, ingenio supra aevum tamen confestim apparatu magno bellum adversum Xerxem, Persarum regem, movet; quo fuso fugatoque in Galliam maturrime contendit; Eutr. 8,23: „susceptoque adversus Persas bello Xerxen, eorum regem, gloriosissime vicit." In den beiden letztgenannten Quellen erkennt Wittaker (zu Hdn. 6,7,5 [p. 125 Anm. 2]) neben einem Medaillon aus 233 einen möglichen Hinweis auf eine Siegesakklamation durch den Senat; vgl. auch Jardé 1925, 85–94 zur geplanten Offensive des Kaisers am Rhein. – Für die Annahme einer Rückreise des Kaisers über Italien und Rom mit Feier eines Triumphs am 25. September 233, der mehrheitlich von der Forschung auf Grund einer Mitteilung in der Historia Augusta (HA Sev. Alex. 56,1f.; 57,4; vgl. Festus 22) für glaubwürdig, aber nach den Überlegungen etwa von Bertrand-Dagenbach 2013, welche den Triumph als späteres Propagandamotiv erklärt, oder – aus anderen Gründen – auch von Eck 2019, bes. 261–266 ebenso für fiktiv gehalten wird wie auch die allenthalben in diesem Zusammenhang als unhistorisch abgewiesene Rede des Severus Alexander vor dem Senat (HA Sev. Alex. 56,2–57,3 [angeblich mit Datum den Senatsakten entnommen]), fehlt es an aussagekräftigen Belegen. Zwar ist auch das Gegenteil hinsichtlich eines gefeierten Triumphes und damit der Reise des Kaisers über die Hauptstadt an den Rhein nicht definitiv auszuschließen, aber doch weniger wahrscheinlich, da sich der Kaiser jedenfalls beim Jahreswechsel 233/234 nicht (mehr?) in Rom bzw. Italien, sondern im Feld befand. Positiv zu einem Aufenthalt des Kaisers in Rom und einem Triumph ebendort aus neuerer Zeit Pearson 2016, 67; Haake 2017, 359–364; Mittag 2017, 450f.; Kienast/Eck/Heil 2017, 171; Moosbauer 2018, 58 (mit Vorbehalten). Anders Eck 2019, bes. 264f. Übereinstimmend mit Eck in Ablehnung eines Romaufenthaltes offenbar de Blois entsprechend Anm. 35 bei Eck a. O. und zuletzt auch Städtler 2021, 236–239; Brandt 2021, 479; differenzierter wiederum Wolters 2023, 224f. mit Anm. 10–16, der einen Triumph und einen kurzen Aufenthalt des Severus Alexander in Rom angesichts der aktuellen Quellenlage nicht für völlig ausgeschlossen hält.
7   Hdn. 6,7,8; vgl. HA Max. duo 11,7f.
8   Übers.: nach W.O. Schmitt/H. Labuske, in: Herrmann 1991, 349. – Vgl. dazu Hdn. 7,2,2 mit ähnlichen Worten.

noch verstärkt habe.⁹ Wiederum werden neben persischen Deserteuren, Söldnern und versklavten Gefangenen¹⁰ von einzelnen Truppenverbänden lediglich die maurischen Speerwerfer und osrhoenischen sowie armenischen Bogenschützen, die teils als Unterworfene, teils als Verbündete in das römische Heer eingegliedert worden seien, genannt und ihr besonderer Nutzen im Kampf gegen die Germanen betont.¹¹ Die Hervorhebung von speziellen Kampfverbänden und von weiteren, ihrer Herkunft und Motivation nach ‚exotischen' Gruppen im römischen Heer durch den Historiker zielt nicht zuletzt darauf, beim Lesepublikum Neugier und Interesse am Ereignisbericht zu wecken bzw. aufrecht zu erhalten. Zugleich bietet dies Herodian die Gelegenheit zu einem erklärenden und belehrenden Exkurs über die insbesondere gegenüber den Germanen erfolgreiche Kampfesweise von Bogenschützen, während ein näheres Eingehen auf die übrigen Formationen wie etwa die Legionen oder die zu erschließende beträchtliche Zahl an weiteren Hilfstruppen (Alen und Kohorten) unterbleibt.¹² Daher lassen sich bis heute neben wenigen gesicherten Hinweisen nur mehr oder weniger begründete Vermutungen über die genaue Zusammensetzung des am Rhein zusammengezogenen Heeres anstellen.¹³ Auch sind die folgenden Auseinandersetzungen zwischen Germanen und Römern im Inneren Germaniens und insbesondere die dokumentierten Vorgänge am Harzhorn bzw. Kahlberg nicht im Detail und chronologisch exakt in die Ereignisgeschichte einzuordnen.¹⁴

---

9   Hdn. 7,2,1f.; HA Max. duo 11,9.
10 Möglich ist, dass sich unter diesen auch Kataphraktarier (Panzerreiter) befanden, vgl. zu diesen ‚Spezialtruppen' Harl 1996; Wiegels 2010/1, 1–5; Wiegels 2013/2; Wiegels 2014, 124–133 mit der Literatur in Anm. 108. Kataphraktarier befanden sich jedenfalls nach HA Sev. Alex. 56,5 (allerdings in fiktivem Zusammenhang berichtet) im Heer des Severus Alexander. Ausdrücklich genannt werden sie zusammen mit Maurusiern, Bogenschützen aus dem Osten und germanischer Kavallerie im Heer des Maximinus Thrax bei seinem Marsch nach Italien (Hdn. 8,1,3).
11 Vgl. auch HA Sev. Alex. 61,8: Armenier, Osrhoener und Parther im Heer beider Regenten, ferner HA Max. duo 11,7–9, sichtlich nach Herodian und wie dieser mit Hervorhebung der besonderen Effektivität von Bogenschützen im Kampf gegen die Germanen; s. ferner HA tyr. trig. 32,3; Zos. 1,15,1 (maurische und gallische [germanische?] [!] Einheiten auf dem Marsch auf Rom vor Aquileia 238) sowie Zon. 12,15, Letztere mit etwas anderer Perspektive als derjenigen des Herodian.
12 Unmittelbar zuvor hatte Herodian (6,7,6f.) in ähnlicher Absicht als stilistisches Mittel den Aufmarsch der Truppen am Rhein und die Vorbereitung des Baus einer Schiffsbrücke über den Fluss zum Anlass genommen, um einen plastisch ausgemalten, wenngleich konventionellen Exkurs über Rhein und Donau und die Schiffbarkeit der Ströme im Sommer und Winter einzuschieben, vgl. dazu etwa Whittacker 1970, ad loc. Anm. 2. – Zum Schriftsteller Herodian und seinem Werk grundlegend Zimmermann 1999; s. ferner Hidber 2006; Martin 2006. – Zu den parallelen Ausführungen in der Biographie des Maximinus Thrax in der Historia Augusta (HA Max. duo) s. die Kommentare von Lippold 1991 und zuletzt Paschoud 2018 (mit umfangreicher Literatur).
13 Fischer 2013, 198–200; Geschwinde/Moosbauer 2013, 352–357; Wiegels 2013/1, 236–241 und ausführlich Wiegels 2014, passim mit der älteren Literatur; zusammenfassend auch Moosbauer 2018, bes. 67–72.
14 Kritisch zu den gängigen Schlussfolgerungen in Bezug auf das Kampfgeschehen am Harzhorn und Kahlberg Steuer 2021, 769–780, der die Interpretation der Funde und Befunde als im Wesentlichen archäologischen Niederschlag eines Kampfgeschehens auf einem „Schlachtfeld" hinterfragt und auf Zusammenhänge mit Opferpraktiken verweist. S. dagegen aber Meyer/Geschwinde/Lönne/

Zu Ma(u)rousiern und Osrhoenern im römischen Heer

Eine knappe Übersicht über „ma(u)rusische" Speerschleuderer und über die erwähnten „orientalischen" bzw. „armenischen" und insbesondere „osrhoenischen" Bogenschützen sowie ihre Bewaffnung haben Meyer/Moosbauer vorgelegt und dabei auch zur Frage des möglichen Nachweises im Fundspektrum vom Harzhorn Stellung bezogen.[15] Herodian oder andere Quellen lassen uns jedoch im Unklaren darüber, woher genau diese Mauren, Osrhoener und weitere Bogenschützen aktuell kamen bzw. als Einheiten an den Rhein verlegt worden waren und wie diese formiert waren. Somit lassen sich nur begründete Vermutungen anstellen entsprechend unserer – nicht zuletzt auf epigraphischen Zeugnissen beruhenden – allgemeinen Kenntnis über diese und weitere „ethnic units".[16]

Maurische Speerschleuderer und orientalische Bogenschützen mit ihrer speziellen Kampfesweise besaßen hohes Ansehen im römischen Heer.[17] Das taktische Zusammenspiel von Speerwerfern und Bogenschützen im römischen Kampfverband war gängige Praxis.[18] Maurische Speerschleuderer kamen verstärkt außer in Afrika besonders im Donauraum, etwa in *Moesia superior*, vor allem aber in *Dacia,* und zwar hier noch vor Mitte des 2. Jahrhunderts, zum Einsatz.[19] Dabei handelte es sich neben kurzfristigen Aufgeboten um verschiedene Verbände von Kohorten und Numeri.[20] Herodian rühmt die zielsicheren numidischen Speerwerfer und herausragenden Reiter, die ihre Pferde ohne Zügel und nur mit einer Reitgerte im Galopp beherrschen.[21] Das Kommando eines *praepositus equitum itemque peditum Iuniorum Maurorum* aus der Zeit des Severus Alexander weist darauf hin, dass diese Numeri gemischte Formationen waren oder zumindest sein konnten.[22] Auf sie sei an dieser Stelle nicht weiter eingegangen.

Schatte 2022, 9–11 mit der Bemerkung (S. 9): „Die Fundverteilung auf Harzhorn und Kahlberg ist nur in geringem Umfang von rituellen Handlungen verändert worden."
15 Meyer/Moosbauer 2013, 223–226; s. auch Harzhorn 2013, 335–342 bzw. 352; Moosbauer 2018, 69f.
16 Grundlegend zu den „ethnic units" Speidel 1975. – S. ferner zu den entsprechenden Alen und Kohorten die Zusammenstellung bei Spaul 1994 und 2000 (tw. revisionsbedürftig) und zu den Numeri Reuter 1999 sowie zuvor Rowell 1937 und Callies 1964; vgl. auch Vittinghoff 1950.
17 Aus demselben geographischen Umfeld stammen die schon von Dio 40,15 eigens gerühmten parthischen Reiter als Speerwerfer und Bogenschützen.
18 Zum Zusammenwirken von „maurusischen Speerwerfern" mit Bogenschützen im Feld vgl. etwa Hdn. 3,3,4 unter Pescennius Niger 193/194.
19 Zu diesen maurischen Verbänden s. auch Speidel 1975, 208–223; Speidel 1993 (zu Ausrüstung und Taktik der Speerschleuderer); Reuter 1999, 391–394 und 503–513 Nr. 106–118 (Einzelnachweise) zu den Mauri equites, teilweise durch Neufunde zu ergänzen. Eine Übersicht auch bei Wiegels 2014, 121 mit Anm. 96.
20 Bei der in Inschriften gelegentlich genannten *ala Maurorum* handelt es sich offenbar eher um eine in der Umgangssprache genutzte Verkürzung für die *ala I Thracum Mauretan(ic)a*, so Speidel 1981, 89–92; Roemer 1990, 144; Spaul 1994,55f. Reuter 1999, 513f. konstatiert, dass eine *ala Maurorum* bislang nicht bezeugt sei und die Auflösung eines vereinzelt gestempelten Ziegels aus *Tibiscum* „AIM" zu *A(la) I M(aurorum)* (nach AE 1971, 404b: *Ala I(uniorum) M(auretanorum)*) unsicher sei.
21 Hdn. 7,9,6.
22 CIL VIII 20996 = ILS 1356 = EDCS-26500066 (*Caesarea*/Cherchel), dazu Wiegels 2014, 120 Anm. 95. Ebd. zu einer Inschrift aus *Muzuca*/Besra/Karachoum (*Africa proconsularis*), welche die

Vorab ist festzuhalten, dass wir für formierte „armenische" Einheiten im Heer des Maximinus, insbesondere für Bogenschützen, die Herodian erwähnt, keine Zeugnisse besitzen.[23] Dies schließt selbstverständlich nicht aus, dass die entsprechende Mitteilung bei Herodian dennoch einen sachgerechten Kern hinsichtlich ad hoc rekrutierter bzw. freiwillig zur Verfügung gestellter Bogenschützen aus dem den Osrhoenern benachbarten Armenien enthalten kann, da Armenien zu dieser Zeit mit Rom als Klientelstaat verbunden war und folglich Hilfskontingente gestellt haben mag. Unter diesen waren insbesondere die *Palmyrenorum sagittarii* berühmt, welche jedoch bei Herodian in dem hier interessierenden Zusammenhang keine ausdrückliche Erwähnung finden, deren Beteiligung am Heeresaufgebot des Alexander Severus und folgend des Maximinus Thrax aber mit guten Gründen angenommen werden kann.[24] Wie in Bezug auf andere Formationen bleibt aber im Einzelnen offen, welche von diesen und welche weiteren Spezialeinheiten beim Heer am Rhein um 234/235 versammelt waren. Im östlichen Reichs- und Grenzgebiet rekrutierte Bogenschützen waren je nach der historischen Entwicklung als effektive mobile Verbände in *alae* (seltener), *cohortes* (zumeist *equitatae*) oder *numeri* formiert und organisiert, sofern sie nicht als ad hoc-Aufgebot unter einheimischer Führung temporär Verwendung fanden. Aber eine längerfristige oder gar dauerhafte Verwendung unorganisierter Soldatenscharen entspricht nicht den Gepflogenheiten der kaiserzeitlichen römischen Armee.

In den Darlegungen des Herodian sind es speziell die Osrhoener im Heer des Maximinus, welche betont hervorgehoben werden. Bevor auf ihre Rolle etwas genauer eingegangen wird, seien insbesondere die nicht sehr zahlreichen epigraphischen Zeugnisse für die Verwendung von *Osrhoeni* im römischen Heer überprüft.

Eine Inschrift auf einem Votivaltar aus *Intercisa*/Dunaújváros (= Dunapentale) in *Pannonia inferior*, errichtet von mehreren Familienangehörigen, mit Darstellung einer Opferszene eines Ehepaares überliefert den folgenden Text:[25]

Beteiligung einer maurischen Einheit an einer nicht näher bezeichneten *expeditio Germanica* belegt, vgl. CIL VIII 12066 = EDCS-24400196.

23 Anders Stein 1932, 122f., der zumindest auf eine *ala Armeniorum (sagittariorum)* schließt, da wir jedenfalls aus späterer Zeit hierfür Belege besitzen, nicht aber für eine *cohors* oder einen *numerus*. – Die Inschrift CIL III 13630 aus *Sadala*/Satala in Cappadocien bietet indessen für eine vermeintliche Ala mit diesem Namen keinen Beleg, s. überzeugend Mitford 1997, 147f. Nr. 12; ferner kurz Spaul 1994, 244 Nr. 3.

24 Grundlegend und ausführlich jetzt Piso/Ţentea 2024a und 2024b (jeweils im Druck und mit umfangreicher Bibliographie; vorläufig Piso 2023, 401 Anm. 1), die auf die vergleichbaren geographischen und strategischen Voraussetzungen ihrer Einsätze in Dakien, Afrika und wohl auch Ägypten verweisen, aber auch auf gewisse Unterschiede hinsichtlich Zahl und struktureller Entwicklungen.

25 CIL III 10307 = ILS 2540 = EDCS-29000548. Vgl. zur Inschrift neben EDCS-29000548 auch HD-Nr.: 037160 und LUPA 6049 mit weiteren Editionen der Inschrift. Abweichungen in Lesung und Ergänzung von Einzelheiten in den verschiedenen Editionen tangieren aber nicht die Identifikation der in unserem Zusammenhang relevanten Inhalte. Z. 4/5 ist HOS/RORVORVM erhalten.

I(ovi) O(ptimo) M(aximo) Barsemis Abbei / dec(urio) ala(e) Firma(e) / Katafractaria(e) / ex numero Hos/ro'en'orum mag(ister) / coh(ortis) ∞ (milliariae) Hemes(enorum) / n(atione?) d(omo) Carr(h)is[26] *et / Aur(elia) Iulia coniu(n)x / eius v(otum) s(olverunt) l(ibentes) m(erito) / Aurelia Phicimim*[27] */ et Aurelia Salia et / filias* (!) *Barsimia Tit/ia(?) [---? nep]ot(es) / c(um) s(upra) s(criptis) p(osuerunt).*[28]

Die Inschrift datiert nach Lőrincz in die Jahre 235–245[29] und belegt die Existenz eines *numerus Osrhoenorum*. Der aus *Carrhae* stammende Soldat stieg als *miles* dieses *numerus* zum *magister* (Exerziermeister)[30] der offenbar in *Intercisa* stationierten *cohors miliaria Hemesenorum civium Romanorum* und weiter zum *decurio* einer schwer gepanzerten Reitereinheit auf.[31] Dies verweist auf einen Reitersoldaten und indirekt auch auf einen berittenen *numerus*.[32] Es bleibt zwar offen, wo der Numerus der Osrhoener als formierte und in das römische Militärsystem eingegliederte Einheit stationiert war,[33] bemerkenswert ist aber die wiederholte Verwendung des Barsemis in Formationen aus verwandtem (orientalischen) Umfeld. Die syrischen *Hemeseni* bildeten offenbar eine berittene Einheit von *sagittarii*.[34]

Eine Inschrift aus dem nordafrikanischen *Kaputtasaccora*/Sidi Bel Abbes in *Mauretania Caesariensis* wirft ebenfalls Fragen auf, die sowohl die Überlieferung als solche als

---

26 Reuter 1999, 520 Nr. 124 im Wesentlichen nach ILS 2540 usw. – Spaul 2000, 462 mit Anm. 12 löst *n. d. carris* nicht auf, will aber möglicherweise darunter einen „Wagenmeister" (*carrus* = Transportwagen für Lasten) erkennen, was nicht überzeugt.
27 *Phicimim* (?) nach Reuter a. O.; alternative Lesung: *Thicimim*.
28 Die drei letzten Zeilen nach Reuter a. O.: *et Aurel(ia) Salia et / filia Barsimia Tit*(?) */ O*(?) *E*(?) *C*(?) *s(upra?) s(criptis?).*
29 Lőrincz 2001, 253 Nr. 320. Vorsichtiger datiert Reuter 1999, 520 zu Nr. 124: Erste Hälfte 3. Jahrhundert.
30 Zu dieser Funktion unterhalb der Stellung eines *centurio* oder *decurio* vgl. Breeze 1976.
31 Von einem absteigenden Cursus gehen auch Harl 1996, 608, Reuter 1999, 520f. oder Lőrincz 2001, 253 Nr. 320 aus. Als *decurio* muss der Dedikant über Fähigkeiten als Reiter verfügt haben, die auch für den Dienst im *numerus Osrhoenorum* maßgebend gewesen sein dürften. Fitz rekonstruiert seinen Cursus wie folgt: *magister cohortis miliariae Hemesenorum, decurio numeri Hemesenorum* (!), *decurio alae katafractariae* (AE 1969/70, 514 [nach J. Fitz, Alba Regia 10, 1969, 182]), erkennt damit im Titulus überhaupt keinen osrhoenischen Numerus. Die beiden (!) Dekurionate hätten seiner Ansicht nach wohl nichts mit Pannonien zu tun. Diese Deutung des Textes wurde unseres Wissens nicht weiter aufgegriffen.
32 Sehr gewagt erscheint uns eine Verbindung mit einer angeblichen *ala I Osrhoenorum sagittaria*, deren Existenz auf Grund eines Ziegelstempels aus *Brigetio*/Komarom (*Pannonia superior*) erschlossen wurde. Dieser ist wohl bislang ohne Parallele und soll SOTALA gelesen worden sein, was vorschlagsweise retrograd zu *ala(e) I O(srhoenorum) s(agittariorum)* ergänzt wurde, vgl. Tentea 2012, 34 mit Verweis. Ohne weiteren Beleg kann mit diesem Zeugnis keine entsprechende Ala rekonstruiert werden.
33 Es liegt zwar nahe, den Donauraum zu vermuten, aber ein entsprechender Beleg fehlt bislang.
34 Spaul 2000, 411–414 mit den Belegen und weiterer Literatur.

auch eine mögliche sachliche Verbindung mit der vorgenannten Inschrift betreffen. Die Grabinschrift, welche anscheinend verloren ist, bietet den folgenden Text:[35]

D(is) M(anibus) s(acrum) / M(arcus) Aurelius Si/ona(?) se[s]q(ui)plic/arius Osdro⸍[en(orum)?] Iunioru(m) e[t] / [A]elius Donat/u(s) Fil[o]/me[oni] Os(rhoeno) / an(norum) XXVI st⸌i⸍p(endiorum) VII /⸌o⸍ MORINO ABAVR(?)

Nicht allenthalben wird die Erweiterung des Namens der hier erwähnten *Osdroeni* (sic!) mit *Iuniores* geteilt, die auch uns angesichts der Überlieferung problematisch erscheint.[36] Die Inschrift wird zwar auch ins 3. Jahrhundert datiert, jedoch spricht nichts für eine unmittelbare Verbindung (Identität) mit den in der vorgenannten Inschrift bezeugten *Osrhoeni*. Die Zählung von *stipendia* deutet zwar auf eine ins römische Militärsystem ein- gegliederte Einheit hin, aber es ist fraglich, ob es sich dabei um einen *numerus* handelt.[37] Auch bleibt zweifelhaft, ob der Sohn *Donatus* mit römischem Namen tatsächlich als seine Herkunft und ‚nationale' Identität *Os(rhoenus)* angegeben hatte.

Wiederholt diskutiert wurde eine dritte Inschrift, welche in *Mogontiacum*/Mainz am Rhein und somit am Sammelplatz des für die *expeditio Germanica* des Jahres 235/236 be- reitgestellten Heeres errichtet wurde. Sie befindet sich auf einem Altar, der lange Zeit unbeachtet unter den Beständen im Depot am „Eisernen Turm" lagerte, bevor K. Zan- gemeister im Jahr 1900 auf ihn stieß und mit Hilfe von A. v. Domaszewski eine Tran- skription der in großen Teilen schwer lesbaren Schriftreste vornahm, die er dann im CIL veröffentlichte.[38] Auf ihr soll der Name der *Osrhoeni* wegen ihrer Verwicklung in die Re- volte gegen den Usurpator Maximinus Thrax eradiert worden sein. Auf beiden Seiten des Altars befinden sich Reliefbilder in vertieftem Rahmen: Links ist eine großblättrige

---

35 Reuter 1999, 520 Nr. 125 mit Zeilentrennung, aber ohne „?" und im Wesentlichen nach Benseddik 1979, 240 Nr. 198 = J. Carcopino, Syria 1925, 134; s. aber auch CIL VIII 9829 (p. 2059).

36 Eine Kontrolle der Lesung ist nicht möglich, vgl. aber die schematische Umsetzung im CIL oder die Wiedergabe in EDCS. Vor allem ist die Textwiedergabe in Z. 5 problematisch mit angeblicher Lesung *Iunioru[m]*. Sie entspricht jedenfalls auch im Weiteren nicht der Wiedergabe im CIL mit der Version Z. 3–8: --- *se[s]q(ui)plic/arius Osdro/[en]oru[m? Aur]/elius Donat/u(s) filius me mor(tuo) / an(norum) XXVI* ---. *Osrhoeni iuniores* sind im Übrigen unbekannt.

37 Reuter 1999, 374–377 hat sich ausführlich mit der Frage der Bedeutung und Zählung von *stipendia* befasst und gelangt bei seiner Überprüfung der Quellen zu dem Schluss, dass bei keinem einzigen Soldaten der ethnischen *numeri* in den Grabinschriften der Begriff der *stipendia* erwähnt wird. An- gehörige dieser *numeri* waren demnach von entsprechenden Zuwendungen ausgeschlossen (S. 376). Dies im Gegensatz zu Vexillationsnumeri. Allerdings bleibt unklar, in welchem Einheitstyp der in der hier wiedergegebenen Inschrift genannte Verstorbene gedient hatte.

38 CIL XIII 6677a (XIII/4 p. 107); dazu v. Domaszewski 1903, 543–545; Körber 1905, 30–32 Nr. 38 (mit Umz.); Riese 32 Nr. 245 (aus 1914, aber ohne genaue Umschrift und Diskussion); Espérandieu 10/1, 57 Nr. 7336 mit Umz. nach Körber; Frenz 1992, 76f. = CSIR II/4 Nr. 32 mit Taf. 29, 1–3 und Umz. nach Körber sowie weiterer Literatur; EDCS 11000719 (eine Schriftzeile fehlt); s. jetzt auch Deppmeyer 2024 (im Druck). – Maße des Altars aus Sandstein: H. 101 cm; Br. 59 cm; T. 40 cm. – Schaft: H. 70 cm; Br. 50 cm; T. 36 cm. – Bh. 4–2,5 cm. – Der Altar befindet sich heute im Landes- museum Mainz.

Pflanze dargestellt, rechts in Aufsicht ein dem Typus des gesamten Monumentes entsprechender Altar mit Opferschale, auf dem ein Fisch liegt. Den Altaraufsatz mit flachem Giebel schmücken vegetabile Ornamente, wobei die Felder über dem Giebel mit kugelförmigen Objekten geschmückt sind. Die Gestaltung des Altars wird der severischen Zeit zugeordnet. Die Schriftseite des Altars wurde offenbar irgendwann aus unbekanntem Anlass vollständig, wenngleich teilweise etwas flüchtig, abgearbeitet und so geglättet, dass sich eine geraute Oberfläche ergab.[39] Unabhängig davon waren aber offenbar weitere Manipulationen am Text vorgenommen worden, darunter vielleicht (!) in der dritten Zeile eine schwächer ausgeführte Rasur, in der sechsten Zeile aber gesichert (!) ein tiefer, begrenzter Eingriff.[40] Entsprechend problematisch ist die Rekonstruktion des ursprünglichen Textes. 1905 hatte K. Körber eine Lesung der Inschrift mit Umzeichnung publiziert, die auch noch 1992 die Grundlage der Edition von H.G. Frenz im Rahmen des CSIR-Projektes bildete.[41] Von der Inschrift sind teilweise nur Buchstabenreste erkennbar und mehr oder weniger sicher identifiziert worden. Der folgende Text wurde von Frenz (nach der Umzeichnung von Körber, aber nicht immer konsequent) vorgeschlagen:

Fortu⸌n⸍ae Reg(inae) / duci ma[.]nae coh(ortis) / II pr(aetoriae) P(iae) V(indicis) [[Maximinia]]nae curạ(m) agent(i)/*(b)us ⊃⊃ (centurionibus) coh(ortis) s(upra) s(criptae) mil(itum) Bṛi(ttorum)[42] */ [e]t [[Osrhoeno]]r(um) I / --- /---/---/*[40] *---/---/ [a]raṃ [po]suit / [de su]o pro [s]alutẹ eo/[r]um.*

Die letzten beiden, gut lesbaren und weitgehend zuverlässig zu ergänzenden Zeilen stehen auf der Basis, die Zeile davor befindet sich unten auf dem Schaft, was anzeigt, dass die gesamte Fläche der Vorderseite des Altars beschriftet war. Es ist demnach von 14 Schriftzeilen in unterschiedlicher Größe auszugehen, wobei im Zuge der Textgestaltung auch Ligaturen verwendet wurden.[43] Die Identifizierung der Buchstaben(reste) in ZZ. 7–11 ist

---

39 Schon Zangemeister vermutete in einer im CIL der Publikation angefügten Anmerkung, dass die Darstellung des Fisches in der Opferszene auf der rechten Seite des Altars als scheinbar christliches Symbol dazu veranlasst haben könnte, dass die Inschrift bei einer Wiederverwendung des Altars in christlichem Kontext umfassend getilgt wurde; s. auch Frenz 1992, 77; neutraler v. Domaszewski 1903, 543. Vermutet wird auch, dass die Schauseite einfach abgewittert sei, was aber noch zu überprüfen ist. – Fische in symbolischer Darstellung als Opfergaben sind häufiger auf antiken Weihedenkmälern bezeugt, und zwar auch im rheinischen Bereich. Zahlreicher sind entsprechende Opferszene mit Früchten, insbesondere bei den Matronenaltären, vgl. jetzt auch Ehmig/Haensch 2023, 113-116 zu Nr. 2 (mit Abb. 2 u. Taf. 3.12), bes. 116 mit Anm. 32.

40 Vgl. zu den Editionen die Literatur in Anm. 38 sowie die folgenden textkritischen Bemerkungen.

41 Versehen für *Bri(ttonum)*? – Körber 1905, 32 las B[rit(onum)]; vgl. auch hier die Anm. 42, 45 und 62.

42 Ligaturen werden gegebenenfalls angezeigt u. a. in Z. 2: DVCI mit eingestelltem V in D (s. auch im Folgenden); zu Beginn von Z. 4: NAE mit AE-Ligatur. Auch Zangemeister ad CIL XIII 6677a in Z. 5 am Ende: B[rit(onum)] („dubitans"), aber problematischer Umzeichnung als BRIT mit IT-Ligatur (von Körber skeptisch bezüglich der genauen Rekonstruktion des Textes beurteilt) und in Z. 2 als Hypothese und mit Bedenken MARINAE mit IR-Ligatur, s. dazu weiter unten.

43 Vgl. dazu die verschiedenen Editionen und folgend die Anm. 45. – Zangemeister vermutete Namenreste.

ganz unsicher. Sie sind jedenfalls nicht sinnvoll zu deuten, so dass auf eine Umschrift an dieser Stelle verzichtet wird.[44] Aber auch die hier wiedergegebene Lesung wird in den Details nicht allenthalben geteilt.[45] Zurückhaltender ist Zangemeister bei der Umzeichnung der Inschrift, notiert aber die Ergänzungsvorschläge von v. Domaszewski (teilweise) in den Anmerkungen zu CIL XIII 6677a.[46] Körber übernahm im Wesentlichen Lesung und Interpretation der Inschrift durch v. Domaszewski aus dem Jahr 1903, bemerkt aber auch, dass dessen Text an manchen Stellen sehr unsicher sei, da es vielfach gar nicht festzustellen sei, ob ein Strich der ursprünglichen Inschrift angehört oder erst zu ihrer Zerstörung eingehauen wurde. Danach sei auch die Abbildung zu beurteilen.[47]

---

44 So notiert Zangemeister zu Z. 12: „admitti potest etiam *dedicavit* ligaturis scriptum", später wollte man noch ein S erkennen und somit *[po]suit* rekonstruieren, was sachlich letztlich nicht entscheidend ist.

45 Die Inschrift nach EDCS-11000719: *Fortu<n=M>ae Reg(inae) / duci MA[I]NAE coh(ortis) / II pr(aetoriae) P(iae) V(indicis) [[Maximinia]]nae cura(m) agent(ibus) / ⊃⊃ (centurionibus) coh(ortis) s(upra) s(criptae) mil(itum) Bri(ttonum) / et [[Osrhoeno]]r(um) I / BOPTO [I]BONVAE / VREC[3]NOVEN / F[3]inte /° [3]atia / [a]ram [po]suit / [de su]o pro salute eo/rum.* – Abweichungen zur Version bei Frenz gegenüber etwa den Editionen im CIL und bei Körber in Z. 1 mit der Lesung *Fortunae* (*Fortuae* wohl irrtümlich in der Datenbank Arachne [ID 3460484] – ohne Unterpunktungen des Textes und mit merkwürdiger Übersetzung), ferner am Übergang Z. 4/5 mit der Version ... *agent(ibus)* / ⊃⊃..., dazu die Diskussion bei Körber bezüglich scheinbar (?) vorhandener Buchstabenreste. – Z. 5 nach CIL: ⊃⊃ *(centurionibus) coh(ortis) s(upra) [s(criptae) mi]l(itum) B[rit(onum)]* mit entsprechend aufgelöster Lesung nach v. Domaszewski im Kommentar. ... *mi]l(itum) Brit(onum)?) et* ... nach Kuhoff 1984, 30 Nr. 34. Problematisch ist die Annahme einer alleine stehenden Haste nach *[[Osrhoeno]]r(um)* am Ende von Z. 6 – nicht im CIL und zweifelhaft bei Körber. Nach Z. 7 in dieser Umschrift fehlt im Vergleich zu der Edition von Frenz 1992 in CSIR II/4 Nr. 32 eine Z. 8 mit den Buchstaben CEM MI[---]EM, deren Verständnis im Textzusammenhang allerdings ebenso offen ist wie diejenige der Buchstabenfolgen in der vorausgehenden und folgenden Zeile. – Ferlut 2022, 413 f. Nr. 178 transkribiert wie folgt: *Fortunae re/duci coh(ortis) / II pr(aetoriae) P(iae) V(indicis) [[Maximinia]]nae cura[m] agent(ibus) / ⊃⊃ (centurionibus) coh(ortis) s(upra) s(criptae) [mi]l(itum) B[rit(tonum)] / et [[Osrhoe]]nor(um) / B[...]onuale / cen[turionu]m / VR[...]VI[...] / [...]nte / [......] / [a]ram [ded]ic[a]vit / [de su]o pro salute eo/rum*, was nicht in allen Details überzeugt, zumal der Buchstabenrest in Z. 2 nach DVCI überhaupt nicht berücksichtigt wird. Sie geht allerdings von einer allenthalben verbreiteten Weihung an Fortuna *Redux* aus.

46 Körber 1905, 31.

47 Zu Zeile 3 vermerkt Zangemeister in seiner Edition im CIL: „Maximinia- erasa sunt sed alio modo quam nomen v.6 scriptum", so dass *[[Maximinia]]nae* (mit AE-Ligatur) zu transkribieren wäre, aber es fragt sich, ob er von einer spezifischen Rasur ausging, da für ihn Unterpunktungen sowohl schlecht lesbare als auch getilgte Buchstaben anzeigen. Jedenfalls wird die Ansicht einer auf den Beinamen des Kaisers beschränkten Rasur von v. Domaszewski 1903, 543 relativiert: „Der Name Maximiniana ist seicht abgemeißelt, wie die anderen Buchstaben der Inschrift. Der Name des Truppenkörpers in Zeile 6 ist dagegen mit Bedacht ausgemeißelt. Demnach darf man annehmen, dass die Rasur des Truppenkörpers einen anderen Grund hatte als den Sturz des Tyrannen." Offenbar erkennt v. Domaszewski keine eigenständige Rasur des kaiserlichen Namens wie bei der Tilgung in Z. 6. Auch die Umzeichnung und Transkription von Körber 1905, 30–32 Nr. 38, denen auch Espérandieu 10/1 57 Nr. 7336 und Frenz in CSIR II/4 76 f. Nr. 32 folgen, zeigen an dieser Stelle der Inschrift keine Rasur an, dagegen wird diese in den Editionen von EDCS, Arachne, LUPA, EDH, Kuhoff 1984, 30 Nr. 34 und Ferlut 2022, 413 f. Nr. 178 übernommen. Neuerdings verneint

Übereinstimmung besteht im Allgemeinen darin, dass wir es mit einem Weihealtar für Fortuna zu tun haben und dass unter anderem eine *cohors II praetoria pia vindex Maximiniana* erwähnt wird. Dazu nimmt man zumeist entsprechend der Beobachtung von Zangemeister an, dass der Name des Kaisers in Z. 3 als Beiname der vorgenannten Praetorianerkohorte eigens, also unabhängig von weiteren Eingriffen in die Schriftseite, eradiert wurde. Wie angemerkt, ist jedoch eine Entscheidung für oder gegen eine Rasur im Namen des *Maximinianus* ohne erneute Autopsie unter Zuhilfenahme gegebenenfalls aktueller technischer Hilfsmittel allein nach Photovergleich problematisch.[48] Grundsätzlich ist es nicht abwegig zu vermuten, dass der Namensbestandteil *Maximiniana* angesichts der über den Kaiser verhängten *damnatio* ab 237/238 getilgt wurde, zwingend ist dies jedoch nicht vorauszusetzen.[49] Zudem hätte dies im vorliegenden Fall nur auf den Namensteil *Maximinia-* zugetroffen, nicht für das zugehörige *-nae* in der Folgezeile. Jedenfalls bleibt von einer diesbezüglichen Festlegung unberührt, dass der Altar in der kurzen Regentschaft des Maximinus Thrax erstellt wurde. Gemäß dem Folgetext mit Nennung militärischer Einheiten darf mit gewisser Wahrscheinlichkeit angenommen werden, dass dies in der Frühphase des Herrschaftsantritts des Kaisers erfolgte, als die Truppen (noch) in Mainz versammelt waren.

Zangemeister vermerkt im CIL, dass Z. 1/2 nicht zu der nahe liegenden Lesung RE/DVCI ergänzt werden könne, da am Schluss von Z. 1 noch ein klein geschriebenes G zu erkennen sei, so dass an dieser Stelle REG(inae) zu lesen und zu ergänzen sei, was aber zweifelhaft ist. Zu Beginn von Z. 2 soll das V von DVCI in D eingeschrieben sein und einen selbständigen Namensteil der Fortuna anzeigen, aber dieses Verständnis der Textfolge in Z. 1/2 ist jedenfalls an Hand der vorliegenden Abbildungen nicht eindeutig nachzuvollziehen und auch nicht allenthalben akzeptiert worden.[50] Auch wenn es selbstverständlich nicht unproblematisch ist, an dieser Stelle – und auch im Folgenden – gegen die Autopsie und Autorität des Erstbearbeiters sowie folgender Autoren und dazu noch durch Athetierung gelesener Buchstaben sowie Verwerfen einer *lectio difficilior* in die Überlieferung einzugreifen, bleiben gegenüber der vorgeschlagenen Lesung zumindest Zweifel. Diese betreffen sowohl die Beifügung von *Reg(ina)* für *Fortuna* (Z. 1) als auch die weitere von

---

Deppmeyer 2024 (im Druck) ausdrücklich die Tilgung des kaiserlichen Beinamens *Maximiniana* in Z. 3/4 der Inschrift, unabhängig von dem unbestrittenen Eingriff in Z. 6 des Textes und auch unabhängig von dem Bemühen, die gesamte Schriftfläche auf dem Mittelblock möglichst zu löschen.

48 Eine erneute Überprüfung am Stein mit entsprechender Edition des gesamten Textes und weiterer Literatur sowie Hinweisen zur Gestaltung ist von K. Matijević/R. Wiegels in Vorbereitung. – Wir belassen es hier bei der Feststellung der Alternative, da eine diesbezügliche Festlegung in unserem Zusammenhang nicht entscheidend ist. Möglich ist, dass der kaiserliche Ehrenname erst der Glättung der gesamten Vorderseite des Altars im Bereich des Schaftes zum Opfer gefallen ist.

49 Vgl. auch Deppmeyer 2024 (im Druck). – Generell wurde der Namensbestandteil *Maximinus* in den Inschriften nach offizieller Ächtung des Kaisers und Verhängem der *memoria damnata* keineswegs immer konsequent getilgt.

50 Vgl. etwa Behrens 1944/45, 10; Spickermann 2003, 547; Ferlut 2022, 413 f. Nr. 178, s. oben Anm. 45, die an Fortunae Reduci festhalten; vgl. ferner die Diskussion bei Wiegels 2014, 123 mit Anm. 102 zur unklaren Forschung und weiterer Literatur.

Dux (Z. 2) und erst recht die Doppelung der beiden Epitheta zu *Fortuna Regina Dux*. Belege für diese Beinamen sind schon jeweils für sich nahezu singulär, die Doppelung wäre ein Hapax,[51] gänzlich auszuschließen ist dieses Verständnis zwar nicht, aber die problematische Lesung an dieser Stelle der Inschrift in Verbindung mit der allgemeinen Quellenlage zu Fortuna legen doch *Re-duci* zumindest nahe. Die Fortsetzung des Textes in Z. 2 mit MARINAE (mit RI-Ligatur) ist eine von Zangemeister im CIL mit Zweifel geäußerte Hypothese; hier schlug v. Domaszewski die Lesung (a)ETERNAE vor und vermerkte: „Fortuna aeterna wäre eine Form des orientalischen Glaubens, der in jener Zeit immer mehr der herrschende wurde."[52] Parallelen für diese Version fehlen ebenfalls weitestgehend.[53] Eine andere, plausiblere Ergänzung des Beinamens der Fortuna, nämlich *Magna*, vertritt I. Piso mit Verweis auf Inschriften aus dem Donauraum.[54] Auch für diese Version finden sich allerdings bislang nur vereinzelte Belege. Aus *Apulum*/Alba Iulia in *Dacia* kennen wir eine heute leider stark fragmentierte Weihinschrift für den *Genius loci* und *Fortuna Magna* auf einem Altar oder einer Statuenbasis;[55] ferner ein Fragment aus *Salona*/Solin in *Dalmatia*.[56] *Magna* ist zweifellos eine durchaus nahe liegende Beifügung zum Namen der allgemein gut dokumentierten Göttin *Fortuna Redux* (oder auch *Regina Dux*?), welche Ergänzung zudem auch in großen Teilen mit den gelesenen Buchstaben übereinstimmt. Ob sich damit eine wie auch immer geartete nähere Beziehung in den Donauraum andeutet, von wo zweifellos Truppen für den Germanenfeldzug an den Rhein

---

51 Siehe aber zu Fortuna Regina CIL III 4399 (*Carnuntum – Pann. sup.*); ferner eine zweisprachige Inschrift ILS 9238a (*Nicaea*/Iznik – *Pontus et Bithynia*), anscheinend ist aber auch hier zumindest der Intention nach *Fortuna Redux* gemeint. – Soweit uns bekannt, ist *Fortunae / Duci* allein durch die Inschrift CIL IX 2194 (p. 849) = ILS 3706 (*Telesia*/Telese – *Samnium*) ohne weiteren Text belegt. Gleichsam ‚doppelte Singularität' der Beinamen zu Fortuna gegenüber der verbreiteten Weihungen an *Fortuna Redux* wäre sehr befremdlich.

52 v. Domaszewski 1903, 542. Übernommen wurde diese Version auch von Körber 1905 zu Nr. 38, jedoch mit Fragezeichen, was auch im Additamentum CIL XIII/4 p. 107 angezeigt wird. Kuhoff 1984, 30 zu Nr. 34: ... *duci [marinae?]*... (... „der Führerin über das Meer"); Fortuna werde hier als Beschützerin des Weges und der Marschstrecke verstanden.

53 *Fortuna Aeterna* ist lediglich durch CIL III 8169 = ILS 1170 (p. 174) (*Ulpiana*/Lipjan – *Moesia sup.*) belegt. Die Weihung zielt hier auf dauerhaftes Glück der senatorischen *domus Furiana*. In der oben in Frage stehenden Inschrift müsste die Göttin Fortuna als *dux aeterna* angesprochen worden sein, was gänzlich ohne Parallele wäre.

54 I. Piso mündlich anlässlich einer Diskussionsrunde zu „Maximinus Thrax in seiner Zeit" in Göttingen im Juni 2023.

55 CIL III 1018 = IDR III/5,1 83 = EDCS-15800048: *Genio loc(i) / et For(tunae) Magnae / Q(uintus) Appianus / Maternus / pro se et M(arco) / Vettio Bel/latori ex / iuss<u=O> l(ibens) m(erito) / [posuit(?)]*. – Gewisse Vorbehalte der Rekonstruktion des oberen Teils der Inschrift, der verloren ist, bei Piso, IDR III/5,1 83. In Z. 3 dürfte der Name des Dedikanten wohl in *Appianius* (oder *A[rr]ianius*?) mit NI-Ligatur zu korrigieren sein, Ligaturen sind in der Inschrift mehrfach verwendet worden. – Zum heutigen Zustand s. etwa die Umschrift in EDH 038099 und die Abb. bei Ubi Erat Lupa 11280 = © Piso Ioan, Cluj, National History Museum of Transylvania.

56 CIL III 14667 = EDCS-32700231. Die Ergänzung von FORT(---) M(---) zu *Fort(unae) M(agnae)* bleibt aber fraglich.

versetzt wurden, bleibe dahingestellt. Im Übrigen belegen nicht wenige Inschriften weitere Beinamen der Göttin wie etwa *Augusta* und *Sancta*.⁵⁷

Trifft das Festhalten an einer Weihung an *Fortuna Redux* oder aber auch *Fortuna Reg(ina) + Dux* (im Sinne von *Redux*?) zu, ist in jedem Fall auch das Verständnis der folgenden Textpassagen im (abhängigen) Genitiv einsichtig. Übereinstimmung besteht durchweg darin, dass im Folgenden die *cohors II pr(aetoria) P(ia) V(index)* mit ihrem möglicherweise etwas flüchtig eradierten, aber jedenfalls noch zuverlässig zu lesenden Beinamen *Maximiniana*⁵⁸ an erster Stelle genannt wird und dass mit Rückbezug u. a. auf eben diese Einheit diejenigen Funktionsträger angeführt werden, welche die Ausführung der Weihung besorgten. Dies waren *centuriones*. Zu lesen und zu ergänzen wäre also zunächst – wie oben wiedergegeben – *coh(ortis) / II pr(aetoriae) P(iae) V(indicis) Maximinia/nae* --- mit fraglicher Rasur des ersten und größten Teils des kaiserlichen Beinamens. Gut erkennbar ist die Ligatur AE am Schluss des Namens zu Beginn von Z. 4, die somit den Genitiv-Casus der gesamten Textpassage anzeigt. Damit bestätigt sich indirekt das Verständnis der Weihung als Dank für bzw. Bitte um eine glückliche Rückkehr oder glückhafte Führung.⁵⁹ Es folgt die Angabe der Zenturionen dieser und weiterer Einheiten, welche für die Weihung Sorge trugen: --- *cura(m) agent(ibus) ƆƆ (centurionibus) coh(ortis) s(upra) s(criptae)* ---, also mit Rückbezug auf die zuvor genannte Praetorianerkohorte und folgend Nennung weiterer Formationen. Letztere werden asyndetisch angefügt und mit *mil(itum)*⁶⁰ eingeleitet, was anzeigt, dass keine regulären Auxiliarformationen wie Alen oder Kohorten genannt waren, sondern aller Wahrscheinlichkeit nach Numeri, wie auch allenthalben angenommen wird.⁶¹ Da der Schluss der Inschrift mit dem Singular *[po]suit* (o. ä.) *[de su]o* ausweist, dass der Altar von einer Einzelperson (oder einem Funktionär, jedenfalls eher als einer Einheit) erstellt bzw. finanziert wurde, muss die entsprechende Angabe im nicht mehr lesbaren unteren Teil der Inschrift gestanden haben.

Die Identifizierung der erwähnten Einheiten bereitet Schwierigkeiten. Die vorstehend wiedergegebenen Transkriptionen des Textes, welche das Bild weitgehender Zuverlässigkeit vermitteln, werden angesichts der problematischen Lesung(en) nicht zu Unrecht skeptisch beurteilt oder zumindest nur unter Vorbehalt übernommen. Dies gilt sowohl

---

57 *Fortuna Redux Augusta*, häufiger mit direktem Bezug zum Kaiser mit und ohne ausdrückliche Namensnennung eines Kaisers. – *Sancta* als Zusatz zu *Fortuna* s. etwa AE 1915, 29; AE 1968, 234. Weitere Beinamen sind etwa *Bona* oder *Pacifera*, s. ausführlich Carter (1900).

58 Zur Praxis der Beifügung des ehrenden kaiserlichen Namens bei Truppenkontingenten s. Bersanetti 1940 u. 1943; Fitz 1983; Hund 2013; Wiegels 2022; Wiegels 2023/1, 121 mit Anm. 51 (jeweils mit der dort genannten weiteren Literatur).

59 Vgl. als eine gewisse Parallele die Weihinschrift CIL XIII 6677 (*Mogontiacum*/Mainz) auf einem Altar: *Pro salute Imp(eratoris) M. Au/rel(ii) [[Commodi]] Antonini / pii felicis / Fortunae Reduci / leg(ionis) XXII Pr(imigeniae) p(iae) f(elicis) C. Gentil/ius Victor vet(eranus) leg(ionis) XXII Pr(imigeniae) p(iae) f(elicis)* --- usw.

60 Als Vermutung von v. Domaszewski bei Zangemeister im CIL notiert, aber generell in der Forschung übernommen.

61 In der Inschrift ist nicht zu erkennen, dass die Bezeichnung *numerus* in dieser oder irgendeiner abgekürzten Form verwendet wurde. Aber ein entsprechender Zusatz ist bei den ‚nationalen Numeri' nicht zwingend zu erwarten, s. etwa Callies 1964, 181–185.

für die Ergänzung eines *numerus Brit(t)onum* als auch eines *numerus Osrhoenorum*, in welcher textgenauen Umsetzung auch immer.[62] Die skizzenhafte Umzeichnung des von Zangemeister gelesenen Textes für *Brit(tonum)* im CIL mit Lücken und Ligaturen erlaubt keine sichere Rekonstruktion, aber es sind auch keine überzeugenderen Alternativen zu erkennen. Solange man diesbezüglich keine weiteren Schlussfolgerungen zieht, mag man es bei einer möglichen, letztlich aber unverbindlichen Hypothese bewenden lassen.

In unserem Zusammenhang von vorrangigem Interesse ist aber die Frage der möglichen oder tatsächlichen Erwähnung von Osrhoenern in einer entsprechenden nationalen Formation am Rhein im Heer des Maximinus Thrax und ihre Nennung in der Mainzer Inschrift, aus der sie dann auf äußerst grobe Weise getilgt worden wäre. Dass der Beginn von Z. 6 mit ET eingeleitet und somit die Reihe der genannten Formationen fortgesetzt wurde, ist ebenso wenig zu bestreiten wie der starke, mit Bedacht ausgeführte tiefe und geradezu brutale Eingriff in das Schriftbild speziell an dieser Stelle. Wie ausgeführt, unterscheidet sich diese bewusste und zielgenaue Zerstörung eindeutig von einer angenommenen (!) Eradierung des kaiserlichen Namens in Z. 3, mit Sicherheit aber von der sekundären Glättung der gesamten Schriftseite auf dem Schaft, sie dürfte also in anderem Zusammenhang erfolgt sein und mag auf einer weniger systematischen als eher spontanen Entscheidung beruhen, aber dies bleibt selbstverständlich hypothetisch. Die Vermutung der ursprünglichen Nennung der *Osrhoeni* geht auf eine Ansicht von v. Domaszewski zurück, die schon Zangemeister in der Edition der Inschrift notierte. Sie hatte dann v. Domaszewski wenig später mit Verweis auf den in den literarischen Quellen bezeugten Erhebungsversuch gegen Maximinus nachdrücklich verteidigt mit dem apodiktischen Ergebnis: „Der Truppenkörper, der auf der Mainzer Inschrift ausgemeißelt wurde, ist der der Osroeni."[63] Mit dem Hinweis auf die literarische Überlieferung

---

62 Vgl. schon Zangemeister zu CIL XIII 6677a, Z. 5 Ende: *B[rit(onum)]* dubitans mit problematischer zeichnerischer Umsetzung von Ligaturen. Körber 1905, 31 vermerkt dazu, dass die von ihm identifizierten Buchstabenreste zumindest teilweise nicht recht zu dem verlangten BRIT stimmen wollen, glaubt aber gemäß eigener Umzeichnung zumindest ein *B* sichern zu können, s. auch oben Anm. 41f. Nicht berücksichtigt wurde der Text in Bezug auf einen *numerus Brittonum* von Stein 1932 oder Rowell 1937. Auch Reuter 1999, 520 Anm. 816 hat die Identifizierung dieses Namens einer Einheit wie desjenigen der folgenden Truppe für zu unsicher angesehen, um die Inschrift in seinen Numerus-Listen zu berücksichtigen; s. auch Kuhoff 1984, 30 Nr. 34 und generell Stein 1932, 272f. zu den in der Inschrift angeblich genannten Formationen. In jedem Fall bliebe unklar, um welchen *numerus Brit(t)onum* es sich handeln würde. Skeptisch beurteilt auch Schumacher 2004, 5 die Erwähnung von Brittones in der Inschrift CIL XIII 6677a, obwohl er die ominöse Nachricht bei Aurelius Victor (Caes. 24,4), nach der Alexander Severus cum paucis in Britannia, ut alii volunt in Gallia, in vico, cui Sicilia est, getötet wurde, mit einer nach Brittones benannten Ortschaft bei Mainz (sc. Bretzenheim) in Verbindung bringt. Dagegen Böhme-Schönberger 2004, 12-16 mit weiterer Literatur. – Allgemein zu den verschiedenen *numeri Brittonum*, von denen eine ganze Reihe in Obergermanien stationiert war, Reuter 1999, 385–389 mit den Belegen 442 Nr. 14 – 467 Nr. 42.

63 v. Domaszewski 1903, 543f. Er sah darin einen Hinweis auf eine *damnatio memoriae*. Wie sich der Gelehrte allerdings die *damnatio* abgesehen von einer Auslöschung von personenbezogenen Angaben, wie etwa von Namen von Usurpatoren, vorstellte und was genau er damit im vorstehenden Fall jenseits der Namenstilgung verband, ist nicht klar. – Zur Sache s. weiter unten.

liegt natürlich die Gefahr eines Zirkelschlusses nahe. Schon (E.) Stein war skeptisch gegenüber der Ergänzung der Inschrift in der Weise *[Osrhoe]nor(um)*.⁶⁴ Ebenso für höchst unsicher hielt Rowell die Ergänzung und verwies darauf, dass die Osrhoener bald danach an dem Germanenkrieg des Kaisers teilnahmen,⁶⁵ „was sie schwerlich getan hätten, wenn sie der *damnatio memoriae* verfallen gewesen wären."⁶⁶ Schon hier zeigt sich die fatale Konsequenz aus der Einordnung der getilgten Passage in der Inschrift als Beleg für eine „*damnatio*" im engeren Sinne, mit der man eine Namensstrafe (welche?) oder sogar die Auflösung der Truppe verbinden will. Whittaker suchte dem (scheinbaren?) Widerspruch zwischen Namenstilgung und Weiterverwendung der *Osrhoeni* im Heer des Maximinus zu entkommen, indem er zwar einerseits an der Ausmeißelung der Truppe in der Inschrift aus Mainz festhielt, aber der Meinung war, dass deren Rebellion möglicherweise erst im Winter 235/236 nach dem Germanien-Feldzug des Maximinus, den er in das Jahr 235 datiert, erfolgt und von Herodian falsch eingeordnet worden sei.⁶⁷ Zum Motiv für das Vorgehen der Osrhoener vermerkt Herodian, dass diese Bogenschützen Alexanders Tod tief bedauert hätten, was jedenfalls auf zeitliche Nähe zur gewaltsamen Thronerhebung des Maximinus sprechen würde.⁶⁸ Nach Loriot steht die Meuterei der Osrhoener nicht zuletzt auch im Zusammenhang mit Spannungen und Rivalitäten zwischen den donauländischen und orientalischen Formationen, nach Pearson waren es die ungewohnten Lebensbedingungen für die Soldaten aus dem Osten und aus Afrika, welche eine rasche Rückkehr in ihre Heimat einforderten. Ein Grund könne insbesondere die Furcht der aus dem Osten stammenden Truppen vor einem Einsatz in einem bevorstehenden Dakerfeldzug gewesen sein.⁶⁹ Insgesamt ist aber die zeitliche Verschiebung der Meuterei der Osrhoener eine wenig plausible Hypothese, und dies unabhängig davon, ob man einer aktuellen Ansicht folgen will, dass die umfangreiche *expeditio Germanica* nicht 235, sondern erst 236 startete. Begründet wird Letzteres vor allem damit, dass der Siegername GERMANICVS in der Titulatur des Kaisers und die Münzprägung mit der Legende VICTORIA GERMANICA sowie der darauf bezogenen Darstellung erst im späteren (?) Verlauf des Jahres 236 den Sieg des Maximinus vermelden würden.⁷⁰ Aber

---

64 Stein 1932, 273f. – Dies ist die Version des Textes v. Domaszewskis. Zangemeister war zurückhaltender gegenüber dieser Umschrift, die er teilweise mit Punkten unterlegte, vgl. auch die oben nach Körber und dem CSIR sowie hier in Anm. 45 wiedergegebenen Versionen mit verschiedenen Abweichungen in den Details. Problematisch zu bestimmen ist nach Fotovergleich auch der oder die am Ende von Z. 6 angeblich noch erhaltene(n) Buchstabe(n). CIL erkennt hier noch eine senkrechte Haste.
65 Hdn. 7,2,1; SHA Max duo 11,7.
66 Rowell 1937, 2548.
67 Whittaker 1970, 156f. Anm. 2; so auch Schumacher 1982, 93–97. Dieser etwas zwanghafte Versuch einer Harmonisierung kann nicht überzeugen.
68 Hdn. 7,1,9; vgl. HA tyr. trig. 32,3 – Letzteres jedoch ohne eigenen Quellenwert.
69 Loriot 1975, 672; Pearson 2016, 77f.
70 Vgl. zuletzt eingehend Wolters 2023 und davor schon Wolters 2013 mit Bezug auf die grundlegende Chronologie der Emissionen von Alram 1989. Anders die traditionelle Ansicht, die zumeist von 235 als dem Jahr des großen Germanien-Feldzugs mit der „Schlacht im Moor" ausgeht. Vgl. unter anderem Stylow 1974, bes. 520–523; Haegemanns 2010, 62–65; Moosbauer, in: Harzhorn 2013, 388f.; Pearson 2016, 90–95; Avraam 2018, 206–209; Moosbauer 2018, 105 usw. Eingehend und mit um-

diese chronologischen Schlussfolgerungen können nicht überzeugen. Unabhängig von der Frage, ob nicht die entsprechende Münzemission bereits etwas früher im Verlauf des Jahres 236 aufgelegt worden sein kann, müsste mit drei größeren Kriegszügen (gegen Germanen, Daker und Sarmaten) innerhalb desselben Jahres 236 gerechnet werden, deren erfolgreiche Beendigung bereits für Ende 236 bezeugt ist.[71] Dies aber wäre kaum plausibel. Ferner ist auf die Situation im Frühjahr 235 bei der gewaltsamen Übernahme der Herrschaft durch Maximinus Thrax zu verweisen, die eine zügige Germanien-Offensive erforderte. Zweifellos bestand für Maximinus Thrax die Notwendigkeit einer raschen charismatischen Herrschaftslegitimierung.[72]

Im Allgemeinen werden aber mit Recht der Umsturzversuch eines Magnus und die Rebellion der Osrhoener unter Führung eines Quartinus ausdrücklich vor den Beginn der militärischen Unternehmungen noch im Jahr 235 datiert (s. weiter unten). Von Haegemans werden in diesem Zusammenhang die harten Strafmaßnahmen des Maximinus betont, welche auch die Tilgung des Namens der osrhoenischen Einheit aus einigen (!) Inschriften zur Folge gehabt hätten.[73] Dieses Vorgehen mag die Behandlung der Inschrift auf dem Mainzer Altar bedingt haben, kann allerdings auch durch einen spontanen Entscheid im Feldheer in Folge aktueller Turbulenzen erfolgt sein und braucht jedenfalls nicht auf eine weitergehende Bestrafung der gesamten Einheit hinzuweisen. Unabhängig von diesen Überlegungen gibt es ohnehin Grund, den Bericht Herodians über die Rebellion des Magnus und die Revolte der Osrhoener zu hinterfragen.[74] Formal lassen sich zwar Spuren der hier in Frage stehenden bewussten und gezielten Ausmerzung eines Namens in Z. 6 der Mainzer Inschrift mit der vorgeschlagenen Ergänzung des Namens

---

fangreichen Literaturangaben aktuell Piso 2024 (im Druck). Die historischen Umstände legen es u. E. näher, dass Maximinus den Winter 235/236 tatsächlich in *Sirmium* an der Donau zusammen mit dem Kern seiner Armee verbracht hat, was auch die literarische Überlieferung nahelegt, und nicht (erneut) in *Mogontiacum*, wie die Forschung neuerdings überwiegend annimmt. Überzeugend dazu jetzt auch die entsprechende Argumentation bei Piso 2024.

71 Konstitutionen vom 7. Januar 237 (s. etwa RMD III 198) in Verbindung mit weiteren Inschriften vermelden dann sicher für das Spätjahr 236 den dreifachen Siegestitel GERMANICVS – DACICVS – SARMATICVS, erweitert jeweils mit MAXIMVS und zusammen mit IMP IIII. Die beiden letzten Titel wurden demnach im Zusammenhang mit Kämpfen des betreffenden Jahres an der Donau erworben. Die Feldzüge scheinen ineinander gegriffen zu haben, da die Reihung dieser beiden Titel in den Inschriften schwankt. – Vgl. jetzt auch zur Sache die ausführliche Diskussion der Münzprägung einschließlich der Medaillons bei Piso 2024.

72 Börm 2008, 77; Hose 2013, 111–115; Lehmann 2018, 177: „eine möglichst rasche und ambitionierte Germanien-Offensive (nach den zuvor entwickelten Plänen) [war] mehr als nur eine Prestigefrage, sondern das Gebot der Stunde." Vgl. dazu Wolters 2023, 225 mit Anm. 18. – S. zur raschen Umsetzung des Vorhabens Hdn. 7,1,6 und HA, Max. duo 10,3.

73 Haegemans 2010, 95: „Punishment appears to have been harsh --- Although not systematically, the name of the Osrhoenian unit was destroyed on some – undated – inscriptions [mit Bezug auf CIL XIII 6677a]. – To state that Maximinus annihilated the unit of the Osrhoenian archers, as Domaszewski and Whittaker do, is excessive." Von einer Auflösung der Einheit ist allerdings weder bei v. Domaszewski noch bei Whittaker die Rede.

74 Dazu Wiegels 2023/2 mit kritischen Hinweisen zur Überlieferung und weiter unten.

der *Osrhoeni* verbinden, insgesamt mahnt aber der Befund zur Zurückhaltung bei allen weiter reichenden Schlüssen, die hierauf aufbauen. Plausible Alternativen zur Ergänzung der Tilgung sind allerdings bislang auch nicht zu erkennen.

Einbezogen wird in die Diskussion über *Osrhoeni* an der germanischen Front auch eine Grabinschrift aus dem italischen *Falerii*/Civita Castellana, Prov. Viterbo. Die Inschrift ist nur handschriftlich in Umzeichnung überliefert und weist insbesondere zu Beginn und am Ende große Lücken auf. Erhalten ist der folgende Text mit den frühen Ergänzungen:[75]

> *[------] / [---]um pra[eposito / ---]ianor(um)*[76] *praeposit[o sagitt/ar]is Orrhoenis praepos[ito] / [e]xplorationis Seiopensis*[77] */ numeri Aurelianensis / praeposito numeri Bri/tonum praeposito ann[o]/nae expeditionis [Ger]/manicae [---] / [------].*

Die Dienststellungen des Befehlshabers verschiedener *numeri* befanden sich – soweit im Text der Inschrift nachzuvollziehen – ausschließlich oder sehr wahrscheinlich im germanischen Bereich. Für die *sagittarii*[78] *Orrhoeni* (sic!) darf dieses jedenfalls auch als plausibel, wenngleich nicht als sicher gelten. Problematischer ist eine Festlegung auf eine bestimmte *expeditio Germanica*. Diese verortete man entweder 213 im Zusammenhang mit dem Germanenkrieg des Caracalla oder aber 235/236 mit dem Germanenkrieg des Maximinus.[79] Die ungeklärte Datierung und die allenfalls hypothetische Annahme einer Verwendung der Truppe am Rhein erlauben es somit nicht, dieses Zeugnis für Osrhoener mit Maximinus Thrax und seinem Feldzug nach Germanien mit ausreichender Gewissheit in Verbindung zu bringen.

Die literarische Überlieferung

Nach Überzeugung des Zeitgenossen Herodian hat Maximinus durch seine Herrschaft eine grundlegende und entscheidende Veränderung von einer milden und ganz und gar

---

75 CIL XI 3104 [p. 1323] = CIL XIII/2 p. 281 (Umzeichnung) = ILS 2765 = EDCS 22300268; dazu ferner v. Domaszewski 1889; Stein 1932, 248–250; Rowell 1937, 2538f. (im Wesentlichen nach Stein a. O.); Reuter 1999, 442 Nr. 16 und 540–544 (zu *numerus exploratorum Seiopensium*).

76 Eine Ergänzung des verlorenen Beginns und des Endes der Inschrift muss unterbleiben. Die vorgeschlagene Möglichkeit, den erhaltenen Anfang (Z. 2) wegen der literarischen Quellen (Herodian und HA – s. oben) als *[numeri Maure]tanorum* zu verstehen (v. Domaszewski 1889, 50), ist schon in CIL XIII/2 p. 281 als nicht mit den Schriftresten übereinstimmend zurückgewiesen worden.

77 v. Domaszewski 1889, 47 Anm. 5 erwog, nach *Seiopensis* ein *[et]* einzufügen, etwa als versehentliche Auslassung in der Inschrift bzw. deren Umzeichnung, hielt es aber auch für möglich, dass die *exploratio Seiopensis* mit Standlager in Miltenberg als Bestandteil eines *numerus Aurelianensis* zu verstehen sei. Kritisch zu einer Ergänzung von *[et]* mit Annahme zweier selbständiger Einheiten Stein 1932, 248f.; Rowell 1937, 2538f.

78 Ergänzung nach v. Domaszewski 1889, 49.

79 Letzteres „vermutlich" nach Reuter 1999, 541 auf der Grundlage von v. Domaszewski 1889, 47f. und dessen angenommener Stationierung des *numerus exploratorum Seiopensium* in Miltenberg.

toleranten Herrschaft (βασιλεία) zu einer grausamen Tyrannei (τυραννίς) bewirkt,[80] womit gleich zu Beginn des Berichts ein generelles Verdikt über die Regierung des Machthabers gefällt wird. Leitmotivisch folgt die Darstellungsweise moralischen Kriterien bei Gegenüberstellung scharfer Gegensätze der Charaktere. Wie Zimmermann hervorhebt, nutzt Herodian das Stilmittel des Chiasmus bei dem Vergleich zwischen Alexander Severus und Maximinus Thrax. Ist ersterer hinsichtlich des Umgangs mit den Standesgenossen und seiner Verhaltensweise in der Innenpolitik konziliant und charakterfest, aber unfähig im Heerwesen, so letzterer umgekehrt ein vorzüglicher *vir militaris*, aber in seinem Verhalten vor allem gegenüber den vornehmen Mitbürgern im Senat, aber auch allgemein hinsichtlich der inneren Verhältnisse im Staat, tyrannisch und brutal gemäß seiner (halb-)barbarischen und unzivilisierten Herkunft.[81] Das Urteil Herodians über die Tyrannis des Maximinus bezieht sich auf dessen gesamter, wenn auch kurzer Regierungszeit; die zweifellos vorhandene Akzeptanz seiner Usurpation zumindest zu Beginn seiner Herrschaft – wie umfassend und bereitwillig auch immer – wird zugunsten vereinfachender Charakterisierung übergangen.[82] „Sofort" habe der neue Machthaber alle Freunde Alexanders, welche diesen begleitet hatten, entfernt, insbesondere Mitglieder des *consilium*, welche der Senat ausgewählt hatte. Einige seien nach Rom zurückgeschickt, andere unter fadenscheinigen Gründen ihrer Verwaltungsposten enthoben worden.[83] Dass dieses in der behaupteten durchgreifenden Form geschah, ist längst widerlegt worden.[84] Erneut werden aber die „tyrannischen Aktivitäten" (τὰ τῆς τυραννίδος ἔργα) betont, welche der ungebildete Kaiser von Beginn an ungestört und unkontrolliert ins Werk habe setzen wollen. So sei auch die Dienerschaft des Alexander, welche den Tod desselben bedauerte, des Hofstaates verwiesen und die meisten Mitgliedersien wegen des Verdachts verräterischer Pläne getötet worden, was zweifellos unabhängig vom Realitätsgehalt eine weitere, wenig glaubhafte Übertreibung ist im Sinne einer scharfen Profilierung des negativen Charakters Maximins.[85] Logische Folge des so gezeichneten Bildes vom Herrscher und seinen verbrecherischen Taten sind im Sinne des herodianischen Geschichtsbildes Reaktionen von Betroffenen, die sowohl Einstellung und Verhaltensweisen des Machthabers schärfen als auch in der Sache die problematische Akzeptanz desselben verdeutlichen können und sollen.

---

80 Hdn. 7,1,1.
81 Zimmermann 1999, 252–254. Um entsprechende Konturen im Bild des Maximinus herauszuarbeiten, hat Herodian nach Zimmermann die Darstellung des germanischen Feldzuges des Kaisers und das Schlachtgeschehen weitgehend mit topischen und fiktiven Elementen überzeichnet. Kritische Einschätzung der Notwendigkeit und Bedeutung der Feldzüge des Maximinus im Norden unter anderem auch bei Drinkwater 2011, 327 und jetzt bei Wiegels 2023/2.
82 Spuren einer positiveren Überlieferung lassen sich in der trümmerhaften weiteren, insbesondere spätantiken und frühbyzantinischen Überlieferung ausmachen, vgl. dazu Wiegels 2024 (im Druck) mit weiterer Literatur. – Mecella 2017, bes. 208 betont, dass Herodian nicht alleine mittels der Kategorien ‚Soldatenkaiser' und ‚Tyrann' erfasst und verstanden werden kann.
83 Hdn. 7,1,3.
84 Verwiesen sei hier nur auf die grundlegende Untersuchung von Dietz 1980.
85 Hdn. 7,1,4.

Belege für die vielfach feindliche Einstellung sowohl im Heer als auch unter den Senatoren und in weiteren Bevölkerungsschichten gegenüber dem neuen Kaiser sind nach Herodian nicht zuletzt die geplanten konterrevolutionären Revolten unter Führung hochrangiger Senatoren.[86] Sie markieren nach dem vermittelten Geschichtsbild durch tätiges Verhalten und Vorgehen im besonderen Maße eine verbreitete negative Einstellung zum neuen Kaiser, aber können auch durch die Reaktion desselben gegen die Eliten bzw. ihm feindlich gesonnene Kreise seine sich steigernde Tyrannei vor Augen führen. Zwei gemäß der Kompositionstechnik Herodians nicht von ungefähr unmittelbar aufeinander folgende Berichte über geplante bzw. gescheiterte Revolten steigern somit das Urteil Herodians über den im Kern barbarischen (μιξοβάρβαρος)[87] und ungebildeten neuen Herrscher.

Besonders die Entdeckung einer Verschwörung, in welcher „viele Zenturionen und weitere Bevölkerungskreise vom Senatorenstand abwärts verwickelt" gewesen sein sollen, hätten Brutalität und Grausamkeit bei Maximinus befördert.[88] Anführer dieses geplanten Umsturzversuches noch im Heerlager soll ein ehemaliger Konsul aus dem Patrizierstand mit Namen Magnus gewesen sein, der eine weitere Gruppe um sich geschart und einige Soldaten überredet haben soll, ihm die Macht zu übertragen.[89] Über die Person des Magnus ist weiter nichts Sicheres bekannt.[90] Auf Einzelheiten des wenig glaubwürdigen Komplotts, welches eine militärische Falle für den mit dem Heer ins Rechtsrheinische übersetzenden Maximinus vorsah, braucht hier nicht näher eingegangen zu werden.[91] Nicht von ungefähr schließt selbst Herodian seinen Bericht ab mit der zweifelnden Bemerkung[92]: „So war die Story von der Beschuldigung, die einige Wahrheit beinhalten mag oder aber von Maximinus erfunden worden war; dies aber ist schwer zu sagen, da es unbestätigt blieb."[93]

In unserem Zusammenhang ist die zweite Revolte gegen Maximinus, von der Herodian direkt im Anschluss an diejenige des Magnus berichtet, von besonderem Interesse. Die Überlieferung bei Herodian und in der Historia Augusta ist allerdings einmal mehr

---

86 Vgl. dazu Bellezza 1964, 90–97 und zuletzt Wiegels 2023/2.
87 Hdn. 6,8,1, weiter ausgeschmückt mit erfundenen Details in HA Max. duo 1,4–6,8, die an dieser Stelle übergangen werden können.
88 Hdn. 7,1,4, danach HA Max. duo 10,1.
89 Dies entspricht nicht ganz der einleitenden Bemerkung von Herodian zu den weiten Bevölkerungskreisen, welche in die Verschwörung verwickelt gewesen sein sollen.
90 PIR² M 100 und P 286, dazu Dietz 1980, 188 Nr. 56 mit Vorbehalt gegenüber der Identifizierung dieses Magnus mit einem C. Petronius Magnus u. a. durch Barbieri 1952, Nr. 1645 oder Loriot 1975, 672. Sein Name ist im Album von *Canusium*/Canossa aus dem Jahr 223 (CIL IX 338 = ILS 6231) verzeichnet, jedoch wurde er später als einziger der über 30 dort verzeichneten Namen von *clarissimi viri* und *patroni* der Gemeinde eradiert. Als möglich übernommen wird die Identifizierung etwa von Haegemanns 2010, 94 und Kienast/Eck/Heil 2017, 179 mit Verweis auf Dig. 23,4,30: C. Petronius Magnus, Prätor unter Septimius Severus oder Caracalla. Pearson 1916, 88f.: „his identity seems assured."
91 Vgl. bes. Hdn. 7,1,4–8; HA Max. duo 10,2.
92 Hdn. 7,1,8; vgl. HA Max. duo 10,5.
93 Vgl. auch Wiegels 2023/2 zu den wenig sinnvollen Planungen sowie grundsätzlichen Zweifeln an dem Realitätsgehalt der Berichte. Contra: Pearson 2016, 88: „The plan was simple but clever."

alles andere als klar und widerspruchsfrei.⁹⁴ Nach Herodian muss der Abfall (ἀπόστασις) der osrhoenischen Bogenschützen von Maximinus zusammen mit der merkwürdigen Proklamation eines Senators konsularischen Ranges und Freundes des Severus Alexander mit Namen Quartinus relativ kurz nach Herrschaftsübernahme des Maximinus erfolgt sein, „da sie den Tod des Alexander bitter beklagten." Erneut wird ein ehemaliger konsularischer Gefährte des Alexander als angeblich unfreiwilliger Anführer lediglich mit seinem Cognomen Quartinus genannt, „der von Maximinus aus dem Heer entlassen worden war", aber schließlich in die fatale Falle der Macht tappte.⁹⁵ Jedoch fiel er einem verräterischen Mord-Anschlag eines seiner Gefährten und vermeintlichen Freundes mit Namen Macedo zum Opfer, der das Vorhaben sodann in der Hoffnung auf Belohnung an Maximinus verriet, aber selber auf dessen Veranlassung hingerichtet wurde.⁹⁶

Nach Herodian hatte Quartinus eine führende, nicht genauer benannte Funktion bei den Osrhoenern inne.⁹⁷ Unklar bleibt die Rolle der Osrhoener als gesamter militärischer Einheit in Abhängigkeit von dem oder den Anführer(n). Angesichts der Situation mit starken Truppenverbänden aus den nicht zuletzt aus dem Donauraum zusammengezogenen Legionen vor Ort, die jedenfalls zu diesem Zeitpunkt Maximinus stützten, wird man sich fragen müssen, welche realistischen Erwartungen und Aussichten selbst für eine Spezialtruppe wie die osrhoenischen Bogenschützen für eine militärische Revolte bestanden. Wie bei Magnus hat sich die Forschung auch bezüglich des Quartinus darum bemüht, Näheres über die Person, die in der parallelen Überlieferung in der HA Titus heißt, sowie ihre politische und soziale Stellung in Erfahrung zu bringen.⁹⁸ Ein ingeniöser Harmonisierungsversuch der beiden Quellenzeugnisse, wonach der Usurpator Titius Quartinus geheißen haben könnte, kann trotz ausdrücklichen Bezugs des Autors der HA in tyr. trig. 32 auf Dexippus außer auf Herodian nicht überzeugen.⁹⁹

Dies führt noch einmal zurück zur Mainzer Inschrift, in welcher der Name der Osrhoener (?) ausgelöscht wurde. Man erblickte darin eine Reaktion auf die niedergeschlagene Revolte der Osrhoener und vermutete sogar die Auflösung der Truppe auf Grund

---

94 Hdn. 7,1,9–12, vgl. HA Max. duo 11 – im Wesentlichen nach Herodian und mit einigen nicht zu überprüfenden, aber insgesamt unwesentlichen weiteren Details, die wohl eher erfunden sind.
95 Hdn. 7,1,9. Der Notiz nach muss er konsularischer Legat gewesen, aber trotz Entbindung von seiner Funktion bei der Truppe anwesend gewesen sein, was zumindest merkwürdig ist. Angeblich erfolgte seine Proklamation gegen seinen Willen – die übliche *recusatio*-Geste besagt allerdings wenig – und ungeplant (Hdn. 7,1,9).
96 Nach Hdn. 7,1,11 soll Maximinus zwar über den fehlgeschlagenen Anschlag erfreut gewesen sein, aber dann habe er den Macedo als einen Anführer der Revolte und zudem ‚falschen Freund' des Quartinus hinrichten lassen.
97 Hdn. 7,1,10.
98 HA, Max. duo 11,2–4; tyr. trig. 32. Vgl. zur Person und ihrer Identifizierung vor allem Barbieri 1952, Nr. 1144; 409f. Nr. 28; 621; Loriot 1975, 672; Dietz 1980, 209 Nr. 73; PIR² Q 9; Haegemanns 2010, 94f.; Kienast/Eck/Heil 2017, 179. – Die biographischen Angaben in HA tyr. trig. 32, wonach er *tribunus Maurorum* und mit einer Calpurnia verheiratet gewesen sei, zu den führenden Männern des Staates gehört, sich in Krieg und Frieden ausgezeichnet sowie sechs Monate geherrscht haben soll, sind sichtlich erfunden.
99 So etwa Whittaker 1970, 157 Anm. 3.

einer ausgesprochenen oder erteilten *damnatio memoriae*. Die Auslöschung des Namens im Zusammenhang mit einem entsprechenden Vorgang zu verorten, erscheint gleichermaßen unwahrscheinlich wie unangemessen. Dass dieses nicht der Fall war, wurde bereits weiter oben aufgezeigt. Es ist zumindest fraglich, ob es überhaupt eine Revolte gab, in welcher die Truppe der Osrhoener grundlegend und entscheidend involviert war.[100] Dies bedeutet nicht, dass es keine Widerstände im Heer des Maximinus nach dessen gewaltsamer Kaiserproklamation gegeben hätte; einflussreiche Kreise mögen entsprechende Versuche im Blick gehabt oder vielleicht auch ins Werk gesetzt haben. Was und wer aber genau hinter dem bewussten und genau gezielten enigmatischen Vorgehen der Löschung eines bestimmten Details in der Mainzer Inschrift stand und wann dies vorgenommen wurde, bleibt offen und bietet Anlass allenfalls zu unverbindlichen Spekulationen.

Literaturverzeichnis

Alram, M.: *Die Münzprägung des Kaisers Maximinus Thrax (235/238)*. Wien 1989 (= Moneta Imp. Rom. 27)

Barbieri, G.: *L'albo senatorio da Settimio Severo a Carino (193–285)*. Rom 1952 (= Studi pubbl. dall' Istituto ital. per la storia antica 6)

Behrens, A.: „Zur Götterverehrung im römischen Mainz." MZ 39/40, 1944/45, 3–10

Bellezza, A.: *Massimino il Trace*. Turin 1964 (= Publ. dell' ist. di storia antica dell' Università di Genova 5)

Benseddik, N.: *Les troupes auxiliaires de l'armée romaine de Maurétanie Césarienne sous le Haut-Empire*. Algier 1979 (ND 1982)

Berger, Fr./Bittmann, F./Geschwinde, M./Lönne, P./Meyer, M./Moosbauer, G.: „Die römisch-germanische Auseinandersetzung am Harzhorn, Lkr. Northeim, Niedersachsen." Germania 88, 2010 (2013) 313–402

Bersanetti, G.M.: „I soprannomi imperiali variabili degli auxilia dell'esercito Romano." *Athenaeum* N.S. 18 (1940) 105–135

Bersanetti, G.M.: „I soprannomi imperiali variabili delle legioni." *Athenaeum* N.S. 21 (1943) 79–91

Bertrand-Dagenbach, C.: „Le triomphe de Sévère Alexandre." *Ktèma* 38 (2013) 341–346

Böhme-Schönberger, A.: „Wurde Alexander Severus in Bretzenheim ermordet?" MZ 2004, 11–16

Börm, H.: „Die Herrschaft des Kaisers Maximinus Thrax und das Sechskaiserjahr 238." *Gymnasium* 115 (2008) 69–86

---

100 Vgl. nur Haegemanns 2010, 94 mit Anm. 102, die vor allem den Bericht in der HA in Frage stellt: „While it is possible that the additional information was extracted from Dexippus or another source, it may with a similar degree of probability be considered to be completely invented" (mit Bezug auf Straub 1968, 102–104). Grundsätzlich skeptisch schon Zimmermann 1999, 256–262, der Zweifel äußert, ob eine Verschwörung je stattgefunden hat; s. auch Wiegels 2023/2.

Brandt, H.: *Die Kaiserzeit. Römische Geschichte von Octavian bis Diocletian.* München 2021 (= HdA III.11)

Brecht, St.: *Die römische Reichskrise von ihrem Ausbruch bis zu ihrem Höhepunkt in der Darstellung byzantinischer Autoren.* Rahden/Westf. 1999 (= Althist. Stud. Univ. Würzburg 1)

Breeze, D. J.: „A Note of the Use of the Titles Optio and Magister below the Centurionate during the Principate." *Britannia* 7 (1976) 127–133

Callies, H.: „Die fremden Truppen im römischen Heer des Prinzipats und die sogenannten nationalen Numeri." *Ber. RGK* 45 (1964) [1965] 130–227

Carter, J. B.: „The Cognomina of the Goddess ‚Fortuna'." *TAPHA* 31 (1900) 60–68

Deppmeyer, K.: „Ein neuer Blick auf die Spuren der *damnatio memoriae* des Maximinus." In *Maximinus Thrax in seiner Zeit. Colloquium d. Akad. d. Wiss. zu Göttingen 28.06.–30.06.2023,* hg. von K. Matijević und R. Wiegels (zum Druck für 2024 vorgesehen)

Dietz, Kh.: *Senatus contra principem. Untersuchungen zur senatorischen Opposition gegen Kaiser Maximinus Thrax.* München 1980 (= Vestigia 29)

Domaszewski, A. v.: „Numeri der Germania superior auf einer Inschrift aus Falerii." *Korr.-Bl. Westdt. Zeitschr.* 8 (1889) 46–50

Domaszewski, A. v.: „Untersuchungen zur römischen Kaisergeschichte V: Denkmäler aus der Zeit des Maximinus Thrax." *Rhein. Mus.* 58 (1903) 538–545

Drinkwater, J.: „Rez. Haegemanns." *JRS* 201 (2011) 327f.

Eck, W.: „Beinamen für stadtrömische Militäreinheiten unter Severus Alexander und dessen angeblicher Triumph über die Perser im Jahr 233." *Chiron* 49 (2019) 251–269

Ehmig, U. /Haensch, R.: „Serie und Individuum. Neue Benefiziarieraltäre aus Mainz." Chiron 53, 2023, 107–152

Espérandieu, É.: *Recueil Général des Bas-Reliefs de la Gaule Romaine* 10,1. Paris 1928

Ferlut, A.: *Le culte des divinités féminines en Gaule Belgique et dans les Germanies sous le Haut-Empire romain.* Bordeaux 2022 (= Scripta Antiqua 162)

Fischer, Th.: „Die Soldaten des Maximinus Thrax. Die Einheiten und ihre Bewaffnung." In *Roms vergessener Feldzug. Die Schlacht am Harzhorn,* hg. von H. Pöppelmann, K. Deppmeyer und W.-D. Steinmetz. Darmstadt 2013 (= Veröffentl. Braunschweiger Landesmus. 115), 198–206

Fitz, J.: *Honorific Titles of Roman Military Units in the 3rd Century.* Bonn 1983

Frenz, H. G.: *Denkmäler römischen Götterkults aus Mainz und Umgebung.* Mainz 1992 (= CSIR II/4, Germania Superior)

Geschwinde, M./Moosbauer, G.: „*Dis Manibus* – Auf den Spuren der Toten der *expeditio Germanica* 235/236 n. Chr." In *Roms vergessener Feldzug. Die Schlacht am Harzhorn,* hg. von H. Pöppelmann, K. Deppmeyer und W.-D. Steinmetz. Darmstadt 2013 (= Veröffentl. Braunschweiger Landesmus. 115), 352–357

Goldbeck, F./Wienand, J. (Hg.): *Der römische Triumph in Prinzipat und Spätantike.* Berlin/Boston (2016) 2017

Haake, M.: „Zwischen Severus Alexanders Triumph über die Sāsāniden im Jahre 233 und den Triumphfeierlichkeiten Diocletians und Maximians im Jahre 303. Zum römischen

Triumph im dritten Jahrhundert n. Chr." In *Der römische Triumph in Prinzipat und Spätantike,* hg. von F. Goldbeck und J. Wienand. Berlin/Boston (2016) 2017, 357–395

Haegemans, K.: *Imperial Authority and Dissent – The Roman Empire in AD 235–238.* Leuven/Paris/Walpole, MA 2010 (= Studia Hellenistica 47)

Handy, M.: *Die Severer und das Heer.* Berlin 2009 (= Studien zur Alten Geschichte 10)

Harl, O.: „Die Kataphraktarier im römischen Heer – Panegyrik und Realität." *Jahrb. RGZM* 43 (1996) 601–627

Herrmann, J. (Hg.): *Griech. u. lat. Quellen zur Frühgesch. Mitteleuropas bis zur Mitte des 1. Jahrtausends u. Z.* Teil III. Berlin 1991

Hidber, Th.: *Herodians Darstellung der Kaisergeschichte nach Marc Aurel.* Basel 2006 (= Schweiz. Beitr. Altertumswiss. 29)

Hose, M.: „Ausgelöschte Geschichte." In *Roms vergessener Feldzug. Die Schlacht am Harzhorn,* hg. von H. Pöppelmann, K. Deppmeyer und W.-D. Steinmetz. Darmstadt 2013 (= Veröffentl. Braunschweiger Landesmus. 115), 111–115

Hund, R.: „Maximiniana – zu einem ehrenden Beinamen militärischer Formationen im frühen 3. Jh. n. Chr." In *Roms vergessener Feldzug. Die Schlacht am Harzhorn,* hg. von H. Pöppelmann, K. Deppmeyer und W.-D. Steinmetz. Darmstadt 2013 (= Veröffentl. Braunschweiger Landesmus. 115), 208–216

Jardé, A.: *Étude critique sur la vie et de règne de Sévère Alexandre.* Paris 1925

Johne, K.-P. (Hg.) unter Mitw. v. U. Hartmann und Th. Gerhardt: *Die Zeit der Soldatenkaiser – Krise und Transformation des Römischen Reiches im 3. Jahrhundert n. Chr., 235–284.* Berlin 2008

Kienast, D./Eck, W./Heil, M.: *Römische Kaisertabelle, Grundzüge einer römischen Kaiserchronologie.* Darmstadt ⁶2017

Körber, K.: *Neue Inschriften des Mainzer Museums. Vierter Nachtrag zum Becker'schen Katalog.* Mainz 1905

Kuhoff, W.: *Quellen zur Geschichte der Alamannen – Inschriften und Münzen* (usw.). Heidelberg 1984 (= Quellen zur Geschichte der Alamannen VI. Heidelberger Akad. d. Wiss. Komm. Alamann. Altkde. 9)

Lehmann, G. A.: *Imperium und Barbaricum. Neue Befunde und Erkenntnisse zu den römisch-germanischen Auseinandersetzungen im nordwestdeutschen Raum, von der augusteischen Okkupationsphase bis zum Germanien-Zug des Maximinus Thrax (235 n. Chr.).* Wien ²2018 (= Österr. Akad. d. Wiss., Sitzungsber. Phil.-hist. Kl. 821)

Lippold, A.: *Kommentar zur Vita Maximini duo der Historia Augusta.* Bonn 1991 (= Antiquitas 4.3.1)

Lörincz, B.: *Die römischen Hilfstruppen in Pannonien während der Prinzipatszeit 1. Die Inschriften.* Wien 2001

Loriot, X.: „Les premièrs années de la grande crise du IIIe siècle. De l'avènement de Maximin le Thrace (235) à la mort de de Gordien III (244)." *ANRW* II 2 (1975) 657–787

Martin, J. P.: „L'image de Maximin le Thrace dans Hérodien." In *La »Crise« de l'Empire romain de Marc Aurèle à Constantin,* hg. von M.-H. Quet. Paris 2006, 95–106

Matijević, K./Wiegels, R. (Hg.): *Maximinus Thrax in seiner Zeit. Colloquium d. Akad. d. Wiss. zu Göttingen 28.06.–30.06.2023* (zum Druck für 2024 vorgesehen)

Mecella, L.: „Tra centro e periferia: πόλεμοι e ἀποστάσεις durante il regno di Massimino il Trace." In *Erodiano tra crisi e trasformazione*, hg. von A. Galimberti. Milano 2017 (= Contributi di storia antica 15), 187–214

Meyer, M./Geschwinde, M./Lönne, P./Schatte, T.: „Harzhorn." *Germ. Altertumskunde Online* (08.12.2022degruyter.dgbricks.com./database/GAO/entry/GAO121html) 1–15.

Meyer, M./Moosbauer, G.: „Osrhoener, Mauren und Germanen. Bogenschützen und Speerschleuderer." In *Roms vergessener Feldzug. Die Schlacht am Harzhorn*, hg. von H. Pöppelmann, K. Deppmeyer und W.-D. Steinmetz. Darmstadt 2013 (= Veröffentl. Braunschweiger Landesmus. 115), 223–226

Mitford, T.B.: „The Inscriptions of Satala (Armenia Minor)." *ZPE* 115, 1997, 137–167

Mittag, P.F.: „Die Triumphatordarstellung auf Münzen und Medaillons in Prinzipat und Spätantike." In *Der römische Triumph in Prinzipat und Spätantike*, hg. von F. Goldbeck und J. Wienand. Berlin/Boston (2016) 2017, 419–452

Moosbauer, G.: *Die vergessene Römerschlacht. Der sensationelle Fund am Harzhorn*. München 2018

Paschoud, Fr.: *Histoire Auguste. Tome IV, 1re partie: Vies des deux Maximins, des trois Gordiens, de Maxime et Balbin*. Paris 2018 (= Coll. des Univ. de France, 421)

Pearson, P.N.: *Maximinus Thrax – From Common Soldier to Emperor of Rome*. Barnsley 2016

Piso, I.: „Beitrag zur palmyrenischen Onomastik in Dakien." In *Religion und Epigraphik. Kleinasien, der giechische Osten und die Mittelmeerwelt. FS zum 65. Geb. W. Ameling.* Bonn 2023 (= Asia Minor Stud. 201)

Piso, I.: „Abermals über Maximinus Thrax und die Provinz Dakien." In *Maximinus Thrax in seiner Zeit. Colloquium d. Akad. d. Wiss. zu Göttingen 28.06.–30.06.2023.* hg. von K. Matijević und R. Wiegels (zum Druck für 2024 vorgesehen).

Piso, I./Tentea, O.: *Les ‚Numeri Palmyrenorum'* (im Druck)

Piso, I./ Tentea, O.: *Les Palmyréniens en Dacie*. Paris 2024 (im Druck)

Pöppelmann, H./Deppmeyer, K./Steinmetz, W.-D. (Hg.): *Roms vergessener Feldzug. Die Schlacht am Harzhorn*. Darmstadt 2013 (= Veröffentl. Braunschweiger Landesmus. 115)

Quet, M.-H. (Hg.): *La „Crise" de l'Empire romain de Marc Aurèle à Constantin*. Paris 2006

Reuter, M.: „Studien zu den *numeri* des Römischen Heeres in der Mittleren Kaiserzeit." *BerRGK* 80 (1999) 357–569

Riese, A.: *Das rheinische Germanien in antiken Inschriften*. Leipzig/Berlin 1914

Roemer, C.: „Diplom für einen Fußsoldaten aus Koptos vom 23. März 179." *ZPE* 82 (1990) 137–153

Rowell, H.T.: s.v. Numerus, *RE* XVII/2 (1937) 1327–1341; 2337–2554

Schumacher, L.: *Römische Kaiser in Mainz im Zeitalter des Principats (27 v.Chr. – 284 n.Chr.)*. Bochum 1982

Schumacher, L.: „Die Sicilia in Mainz-Bretzenheim: Zur Lokalisierung der Ermordung des Kaisers Severus Alexander." *MZ* 99, 2004, 1–10

Spaul, J.E.H.: *Ala 2 – The auxiliary units of the Pre-Diocletianic Imperial Roman Army. A revision and updating of the article written by C. Cichorius (1893)*. Andover 1994

Spaul, J.: *Cohors2 – The Evidence for and a short history of the auxiliary infantry units of the Imperial Roman Army.* Oxford 2000 (= BAR Int. Ser. 841)

Speidel, M.(P.): „The Rise of Ethnic Units in the Roman Empire." *ANRW* II 3 (1975) 202–231

Speidel, M.(P.): „Ala Maurorum? Colloquial Names for Roman Army Units." *Anagennesis* 1 (1981) 89–92 (ND *Mavors* 1 [Amsterdam 1984] 109f.)

Speidel, M.P.: „Mauri equites. The Tactics on Light Cavalry in Mauretania." *Ant. Africaines* 29 (1993) 121–126

Speidel, M.P.: „Das Heer." In *Die Zeit der Soldatenkaiser – Krise und Transformation des Römischen Reiches im 3. Jahrhundert n. Chr., 235–284,* hg. von K.-P. Johne unter Mitw. v. U. Hartmann und Th. Gerhardt (2 Bde.). Berlin 2008, 673–690

Spickermann, W.: *Germania Superior: Religionsgeschichte des römischen Germanien I. Religion der Römischen Provinzen.* Tübingen 2003 (= RRP 2)

Städtler, D.: *Münzen und Denkmäler von und für Severus Alexander. Konstruktion eines Herrscherbildes.* Hamburg 2021

Stein, E.: *Die kaiserlichen Beamten und Truppenkörper im Römischen Deutschland unter dem Prinzipat (mit Benützung von E. Ritterlings Nachlass).* Wien 1932 (= Beitr. zur Verwaltungs- u. Heeresgesch. von Gallien und Germanien 1)

Steuer, H.: *„Germanen" aus Sicht der Archäologie – Neue Thesen zu einem alten Thema.* Berlin/Boston 2021 (= Ergbde. RGA 125)

Straub, J.: „Calpurnia univiria." In *Bonner Historia-Augusta-Colloquium (BHAC) 1966/67.* Bonn 1968, 101–118

Stylow, A.U.: „Ein neuer Meilenstein des Maximinus Thrax in Sardinien und die Straße Karales-Olbia." *Chiron* 4 (1974) 515–532

Tentea, O.: *Ex Oriente ad Danubium. The Syrian auxiliary units on the Danube frontier of the Roman Empire.* (2010) repr. București 2012 (= The Center of Roman Military Studies 6)

Vittinghoff, Fr.: „Zur angeblichen Barbarisierung des römischen Heeres durch die nationalen Numeri." *Historia* 1 (1950) 389–407

Whittaker, C.R.: *Herodian, History of the Empire.* Cambridge 1970 (= LCL 455)

Wiegels, R.: „Panzerreiter an der germanischen Front." *Varuskurier* 12 (2010) 1–5

Wiegels, R.: „Römische Militärpolitik an Rhein und oberer Donau im 2. und frühen 3. Jahrhundert n. Chr." In *Rom und Germanien,* hg. von der Varus-Gesellschaft (usw.). Georgsmarienhütte 2010, 6–41

Wiegels, R.: „Reiter Roms an Germaniens Grenzen im frühen 3. Jh. n. Chr." In *Roms vergessener Feldzug. Die Schlacht am Harzhorn,* hg. von H. Pöppelmann, K. Deppmeyer und W.-D. Steinmetz. Darmstadt 2013 (/1) (= Veröffentl. Braunschweiger Landesmus. 115), 235–241

Wiegels, R.: „Der Reitergrabstein aus Stuttgart-Bad Cannstatt." In *Roms vergessener Feldzug. Die Schlacht am Harzhorn,* hg. von H. Pöppelmann, K. Deppmeyer und W.-D. Steinmetz. Darmstadt 2013 (/2) (= Veröffentl. Braunschweiger Landesmus. 115), 338

Wiegels, R.: „Zu den Heeresformationen an Rhein und oberer Donau in der Zeit des Alexander Severus und des Maximinus Thrax." *Klio* 96 (2014) 93–143

Wiegels, R.: „*Maximiniana*. Ein kaiserlicher Truppenbeiname zwischen Ehrung und Schändung." *Varus-Kurier* 24 (2022) 1–9

Wiegels, R.: „Memoria – Vom gefeierten zum ausgelöschten und entehrenden Erinnern an den Imperator Maximinus Thrax." FeRA 49 (2023/1) 108–126

Wiegels, R.: „Herodian – Gestaltete Geschichte. Revolten im Heerlager des Maximinus Thrax am Rhein?" Varus-Kurier 29 (2023/2) 1–8

Wiegels, R.: „Maximinus Thrax in seiner Zeit: Deutungen und Deutungsversuche." In: *Maximinus Thrax in seiner Zeit. Akten des wiss. Coll. der Akad. d. Wiss. zu Göttingen, Göttingen 28.–30.06.2023*, hg. von K. Matijević und R. Wiegels (zum Druck für 2024 vorgesehen)

Wolters, R.: „Wiedergewonnene Geschichte. Der Feldzug des Maximinus Trax in das Innere Germaniens 235/236 n. Chr. in der numismatischen Überlieferung." In *Roms vergessener Feldzug. Die Schlacht am Harzhorn*, hg. von H. Pöppelmann, K. Deppmeyer und W.-D. Steinmetz. Darmstadt 2013 (= Veröffentl. Braunschweiger Landesmus. 115), 116–123

Wolters, R.: „Numismatik vs. Epigraphik? Zur Chronologie des Maximinus Thrax als Herrscher und der große Sieg über die Germanen." *ZPE* 226 (2023) 223–248

Zimmermann, M.: *Kaiser und Ereignis. Studien zum Geschichtswerk Herodians.* München 1999

Mobility on the Peripheries of Roman Temperate Europe

Greg Woolf

> Das gemeinsame Kennzeichen beider germanische Provinzen ist vor allen, daß Sie, anders als etwa die *Tres Galliae,* aus Heeresbezirken hervorgegangen sind.[1]

In the two magisterial volumes that Wolfgang Spickermann authored on the religious life of Germania Superior and Germania Inferior he drew attention to a distinguishing feature of this part of Rome's empire.[2] While in many other parts of the continental interior, indigenous polities were transformed by stages into something functionally resembling the city-states of the Mediterranean world, in the Germanies the old order suffered much more drastic dislocation, first by conquest and then by long military occupation. New social entities eventually appeared that had no discernable prehistoric antecedents. Many new religious forms appeared too, like the cult of the Matronae or the columns supporting images of Jupiter battling with serpent footed giants, both phenomena unique to the region and only explicable as hybrid creations that drew on several traditions. While in most of Gaul and Britain it is often possible to see how new forms were given to old gods, the Germanies attest much more creativity and more of a sense of discontinuity. A key factor, according to Spickermann was that the populations of the Rhineland were unusually heterogeneous, the product of much greater disruption and greater intrusion, than other parts of Rome's temperate possessions.

Recent discussions of mobility in the Roman world make this suggestive argument even more important, because the contrast Spickermann noted is arguably part of a much larger pattern. For much of the twenty-first century a slow debate has been taking place about the scale of human mobility in antiquity.[3] The earliest of these studies began from a variety of starting points to argue against the thesis that most ancient societies were

---

[1] (Spickermann 2001). Page 13.
[2] (Spickermann 2008, 2003).
[3] Notable contributions include (Moatti 2004, 2006, 2013; Moatti and Kaiser 2007; Moatti 2014; Horden and Purcell 2000, 2020; de Ligt and Tacoma 2016; Tacoma 2016; Lo Cascio, Giardina, and Tacoma 2017; de Ligt and Northwood 2008; Daniels 2022; Clackson et al. 2020; Lassère 2006; Yoo, Zerbini, and Barron 2019).

small worlds characterized by autarchy and relative isolation from one another. Exceptions had always been noted, including major population movements at the end of the Bronze Age, episodes of colonization, and the population movements of Late Antiquity. Major military redeployments were naturally also acknowledged. But these moments were seen as interrupting a normal pattern of extreme localism and substantial stability. That picture was associated with various kinds of primitivism, including Moses Finley's characterization of the ancient economy, and the implications of a gradualist account of modernization in which cultural change and economic growth was associated with increasing levels of cosmopolitanism and connectivity. The most recent studies have moved on from arguing for high levels of mobility to more nuanced investigations of how mobility was gendered, of its seasonality, of the relation between circulation of population and migration streams, in short of who it was who moved, in what numbers, to what ends and with what implications. Recently a number of critical responses have also appeared challenging the high mobility thesis and pointing out how social inequalities and political marginalization intersected with mobility.[4]

It is too soon to describe any new consensus, but it is probably true to say that most researchers have now abandoned the idea of autarkic communities as representing anything other than ancient ideological positions, but that there is also increasing scepticism about the thesis of generalized high levels of mobility. Most of the inhabitants of the ancient Mediterranean were too poor, especially in times of crisis (such as epidemics, famines, earthquakes or invasions), to move long distances at short notice. There is little sign of the infrastructure that would have been needed to facilitate regular mass movements of people. Relatively secure conditions made long distance travel easier in the early Roman Empire than before or immediately after, and major cities provided centres of attraction. But those who took advantage of these new opportunities were a relatively privileged minority, overwhelmingly male, mostly reasonably well off, many of them merchants or skilled artisans. Soldiers and enslaved people were moved on the orders of others. But most freeborn men and almost all freeborn women did indeed live out their lives in relatively small worlds.

One unexplored dimension of these discussions is that virtually all have been focused on the Mediterranean world. In part this is a consequence of the revolutionary new account of Mediterranean ecologies that underpinned the single most important contribution, Peregrine Horden and Nicholas Purcell's *The Corrupting Sea. A study of Mediterranean History*.[5] Although *The Corrupting Sea* did extend its vision well beyond the littoral to consider several of the Mediterranean's continental hinterlands, most of the responses to it have focused on the maritime dimension of their arguments.[6] Maritime archaeology has had a major impact on our understanding of the potentials of ancient travel but much of this work too has been concentrated on the Mediterranean parts of the Roman Empire.

---

4 (Concannon and Mazurek 2016; Isayev 2017; Woolf 2016; Ramgopal 2022).
5 (Horden and Purcell 2000)
6 For instance, (Malkin 2005; Harris 2005; Fentress and Fentress 2001; Shaw 2001).

Nevertheless, there have been studies of mobility in some more continental regions.⁷ It is reasonable to ask what kinds of mobility existed in Rome's temperate provinces.

At first sight the answer might seem straightforward, that mobility was less common in the temperate Empire than in the south. The reasons are clear: those who do still argue for generalized connectivity and high levels of mobility, and also those who have recently expressed some scepticism, tend to see maritime transportation and the urban networks of the early Roman empire as key drivers and facilitators of human mobility. Temperate Europe had very few cities with populations in the high thousands.⁸ Despite praise for various river systems in authors from Strabo to Ausonius, recent studies of navigability have raised doubts about how effective a transport system they provided.⁹ It is clear that most human mobility must have been by road.¹⁰ Roman roads in the northern provinces were further apart and many were difficult to use in the winter months. It might seem evident, therefore, then that mobility in temperate Europe was less dynamic than in the Mediterranean World, however we assess the latter value.

Yet on reflection things seem more complicated. As Wolfgang Spickermann has reminded us, different populations within the temperate empire underwent very different experiences.¹¹ For much of the Roman Europe we are dealing with populations that had been peripheralized within a world empire.¹² Part of the condition of peripherality is that the interests of local communities and economies are subordinated to the demands of metropolitan and imperial élites. It is easy to think of Roman illustrations of this general point. Some peripheral populations, such as the Batavians (but something similar might be said of Jews and Syrians) were recruited in large numbers for military service.¹³ Other regions were targeted for metal extraction: this was true of several areas of the Iberian Peninsula at different periods, but also of central Wales, Transylvania and Jordan.¹⁴ It is also true that peripheral populations were differentially impacted by the presence of Roman garrisons, given the uneven distribution of military bases within the empire. Permanent camps transformed local economies, attracted some civilians, stimulated some service industries but also disrupted local autonomy and security. Other examples might be added of ways in which the peripherality of parts of temperate Europe impacted local populations in a range of ways.

Military recruitment, mining and the imposition of garrisons all had consequences for mobility. Soldiers were recruited, even in the third century CE from a larger region than

---

7   (Braunert 1964; Krier 1981; Wierschowski 2001, 1995).(Haley 1991; Holleran 2016; Eckardt 2010)
8   For various appraisals of the Roman urban system see (Wilson 2011; Hanson 2016; de Ligt and Bintliff 2020; Woolf 2020).
9   (Leveau 1999; Campbell 2012).
10 On the relative and integrated used of land and river transport (Kolb 2001; Adams 2007; Adams and Laurence 2001; Campbell 2012; Schäfer 2016).
11 See also (Mattingly 1997, 2006, 2011) on discrepant experiences of Rome.
12 (Wiegels 2022) building on (Cancik, Rüpke, and Fabricius 2003).
13 (Roymans 2004; Derks 2009).
14 (Hirt 2010; Orejas and Sánchez-Palencia 2002; Edmondson 1987; Mattingly 2011; Carlsen, Ørsted, and Skydsgaard 1994).

that in which they were stationed so there were regular movements to the main garrison areas, even in periods when no tactical relocations were undertaken. Equally the discharge of veterans did not always result in a simple reverse migration-flow.[15] Recruitment and discharge together operated as a constant demographic pump, drawing up young males from a wide area and concentrating them in regions far from home, and then redistributing (slightly fewer) middle-aged males, generally with improved social and economic standing, into designated settlement areas. These areas were often in the peripheries, whether through colonization or increasingly viritane settlement, and in some cases – the Batavians are the key example – back into populations from which further recruitment would take place.

Mining probably produced fewer reverse migration flows, since the conditions in which it was undertaken resulted in the early death of much of the work force, even when they were not condemned criminals or enslaved people. Yet alongside the workforce there were entrepreneurs, many of them working on public contracts.[16] In some cases conquest was followed by immigration of entrepreneurs of this kind. The Dalmatian entrepreneurs documented in the mines of Rosia Montana are a case in point, bringing enslaved people with them or purchasing them once they had arrived. It is likely that other kinds of entrepreneurs followed armies of occupation and episodes of conquest. The capacity of military bases to draw civilians to them is illustrated by the Vindolanda tablets, and by stable isotope analysis of skeletons from Roman Britain.[17] The settlement of the Agri Decumates and of Dacia certainly involved opportunistic migration.

Alongside these populations and places severely disrupted by the demands of the imperial centre, there were other parts of the temperate empire which probably experienced low immigration. There are the territories and peoples that Wolfgang Spickermann used as a contrast with the experience of the Germanies. Tribes that were mostly engaged in agricultural production paid taxes, probably often in kind, but their new elites were charged with tax collection. The evidence of *conductores* or other agents of the procurators is very variable across the empire. The painstaking work of Lothar Wierschowski indicated that most communities did have a small number of visitors, but they were almost entirely from neighbouring communities.[18] Low levels of regional mobility were probably the norm in most of the empire's continental hinterlands: much of Roman Europe may have differed very little in this respect from Egypt, Anatolia, Iberia and indeed Italy.[19]

The picture I am suggesting is of a continent of relatively low and mostly local mobility, yet containing within it a few peripheral areas where the demands of empire seriously disrupted local populations. These were largely consequences of the intersection of environmental and technological factors with the specific way Romans chose to exercise imperial control of the region.

---

15 (Haynes 2013).
16 (Ørsted 1985).
17 (Greene 2015; van Driel-Murray 1997; Eckardt et al. 2010; Eckardt and Müldner 2016).
18 (Wierschowski 1995).
19 I have argued this at greater length in (Woolf 2016).

It is necessary, however, to consider not just the effects of imperial rule but also those of imperial violence, specifically the effects of conquest, deportation and slaving. These impacted populations all along the cutting edge of the empire from the North Sea to the Black Sea, although much of it is recorded only in slight testimonia. Conquest first of all. The scale of mortality and enslavement that took place during Caesar's campaigns in the 50s was recorded at the time, since for many Romans it was something to be celebrated rather than deplored. Recently archaeologists and historians have begun to add to this dossier the material traces of massacres and depopulated landscapes.[20] It is quite likely that further military operations in temperate Europe, such as the campaigns of Drusus and Tiberius in the reign of Augustus, Domitian's campaigns in south-west Germany, and Trajan's various campaigns had similar effects. There is also a good deal of evidence of populations being deliberately moved by Roman generals into the empire across both the Rhine and the Danube during the first century CE.[21] These operations are known mostly through highly ideological texts and monuments but may continue a Republican tradition of moving defeated populations either to reduce risk of resurgent violence or in an attempt to limit the threat from other peoples.[22]

An additional factor in temperate Europe is the consideration that large scale population movements were already known during late prehistory.[23] Mediterranean witnesses catastrophized such movements when they intruded into spaces in which mobility was generally low level and political entities were relatively stable. Raids into central Italy from north of the Apennines, movements into the central Balkans, and onto the Anatolian plateau in the third century BCE and then into southern France and northern Italy at the end of the second century CE were all represented as barbaric threats to civilized peoples. But seen from the perspective of temperate Europe these were probably simply instances of a general phenomenon of population movements, a phenomenon only illuminated in its southern fringe by the accounts of Mediterranean writers. The traditions of the movements of the Volcae, the Tungri and the Treveri are less easy to substantiate, but are not in themselves implausible. Romans seem to have attempted to harness these forces and to move populations that were often much larger than those they had resettled in the course of wars of conquest in northern Italy and the Iberian Peninsula. The resettlements that we can trace all took place around the *limes* – or put otherwise in peripheral regions – and can be thought of as part of a process of frontier making and frontier management. Once again, we see highly localized variations in mobility.

Finally, the trade in slaves. Wars of conquest typically resulted in large numbers of captives being brought back into the interior of the empire. But campaigns of that sort became much rarer after the slowing down of wars of conquest in the early first century CE. Most historians of Roman slavery conclude that trading with outside peoples for enslaved

---

20 (Fernández-Götz, Maschek, and Roymans 2020; Roymans 2019; Fitzpatrick and Haselgrove 2019; Lavan 2020). See also (Padilla Peralta 2020).
21 (Woolf 2017) for a summary of this evidence.
22 (Broadhead 2000; Pina Polo 2009, 2006).
23 (Champion 1980, 2013; Fernández-Götz 2019).

people increased in scale as a response to periods in which fewer captives were available. Slaves were brought from the Black Sea area and probably from Ireland, northern Britain and other parts of temperate Europe. The total numbers are hard to assess, but an annual traffic of tens of thousands of enslaved Europeans seems likely.[24]

Wolfgang Spickermann's investigation of religious activity in the Germanies was founded on painstaking investigation of the epigraphy and archaeology of dozens of communities, each one understood in terms of its specific local history and geography. The key human actors were soldiers and veterans, traders and settlers, and indigenous communities many of them shattered by the military violence of conquest and the structural violence of Roman domination. This brief discussion of mobility north of the Alps cannot match the depth and texture of his analysis but I hope shows the power of his approach when considering just how diverse the experiences of adjacent populations might be. Many of the emperors' subjects north of the Alps did live in relative isolation and stability, in social worlds that were remote from imperial violence so long as they paid their taxes. But there were other populations who, through the misfortune of war or because of the strategic resources located near their homes, did experience major relocations. Life on the periphery was always precarious in early empires. Roman Europe was no exception.

Bibliography

Adams, C.: *Land transport in Roman Egypt. A study of economics and administration in a Roman province.* Oxford 2007 (= Oxford Classical Monographs)

Adams, C./Laurence, R. (eds.): *Travel and Geography in the Roman Empire.* London 2001

Braunert, H.: *Die Binnenwanderung. Studien zur Sozialgeschichte Ägyptens in des Ptolemäer- und Kaiserzeit.* Bonn 1964 (= Bonner historische Forschungen)

Broadhead, W.: "Migration and transformation in northern Italy in the 3rd–1st centuries BC." *Bulletin of the Institute of Classical Studies* 44 (2000) 145–166

Campbell, B.: *Rivers and the Power of Ancient Rome, Studies in the history of Greece and Rome.* Chapel Hill, NC 2012

Cancik, H./Rüpke, J./Fabricius, F. (eds.): *Römische Reichsreligion und Provinzialreligion. Globalisierungs- und Regionalisierungsprozesse in der antiken Religionsgeschichte.* Erfurt 2003

Carlsen, J./Ørsted, P./Skydsgaard, J. E. (eds.): *Landuse in the Roman Empire.* Rome 1994 (= Analecta Romana Instituti Danici)

Champion, T. C.: „Mass migration in later prehistoric Europe." In *Transport Technology and Social Change. Papers delivered at Tekniska Museet Symposium No 2, Stockholm, 1979,* edited by P. Sörbom. Stockholm 1980

Champion, T. C.: „Protohistoric European Migrations." In *Encyclopaedia of Global Human Migration,* edited by I. Ness. Malden MA & Oxford 2013

---

24 (Scheidel 1997, 2011; Harris 1980, 1999) on the larger picture. For specific sources see also (Fentress 2011; Nash Briggs 2003; Schörle 2012).

Clackson, James/James, P./McDonald, K./Tagliapietra, L./Zair, N. (eds.): *Migration, Mobility and Language Contact in and around the Ancient Mediterranean.* Cambridge 2020 (= Cambridge Classical Studies)

Concannon, C./Mazurek, L. A. (eds.): *Across the Corrupting Sea. Post-Braudelian approaches to the Ancient Eastern Mediterranean.* London & New York 2016

Daniels, M. J. (ed.): *Homo Migrans. Modeling Mobility and Migration in Human History.* Albany NY 2022

de Ligt, L./Bintliff, J. (eds.): *Regional Urban Systems in the Roman World, 150 BCE – 250 CE.* Leiden & Boston 2020 (= Mnemosyne Supplements 431)

de Ligt, L./Northwood, S. (eds.): *People, Land and Politics. Demographic developments and the transformation of Roman Italy 300 B. C. – A. D. 14.* Leiden 2008 (= Mnemosyne Supplements)

de Ligt, L./Tacoma, L. E. (eds.): *Migration and Mobility in the Early Roman Empire.* Leiden 2016

Derks, T.: „Ethnic identity in the Roman frontier. The epigraphy of Batavi and other Lower Rhine tribes." In *Ethnic Constructs in Antiquity. The role of power and tradition,* edited by T. Derks and N. Roymans. Amsterdam 2009

Eckardt, H. (ed.): *Roman Diasporas. Archaeological approaches to mobility and diversity in the Roman empire,* Portsmouth, Rhode Island 2010 (= Journal of Roman Archaeology Supplements)

Eckardt, H./ Chenery, C./Leach, S./Lewis, M./Müldner, G./Nimmo, E.: „A long way from home: diaspora communities in Roman Britain." In *Roman Diasporas. Archaeological approaches to mobility and diversity in the Roman empire,* edited by H. Eckardt. Portsmouth, Rhode Island 2010

Eckardt, H./Müldner, G.: „Mobility, Migration and Diasporas in Roman Britain." In *Oxford Handbook of Roman Britain,* edited by M. Millett, L. Revell and A. Moore. Oxford 2016

Edmondson, J.: *Two Industries in Roman Lusitania. Mining and garum production B. A. R. International Series.* Oxford 1987

Fentress, E.: „Slavers on Chariots." In *Money, Trade and Trade Routes in Pre-Islamic North Africa,* edited by A. J. Dowler and E. Galvin. London 2011

Fentress, J./Fentress, E.: „The Hole in the Doughnut. Review of The Corrupting Sea: A Study of Mediterranean History, Peregrine Horden, Nicholas Purcell." *Past & Present* 173 (2001) 203–219

Fernández-Götz, M.: „Migrations in Iron Age Europe: a comparative perspective." In *The Arras Culture of Eastern Yorkshire. Celebrating the Iron Age,* edited by P. Halkon. Oxford & Philadelphia 2019

Fernández-Götz, M./Maschek, D./Roymans, N.: „The Dark Side of the Empire. Roman expansionism between object agency and predatory regime." *Antiquity* 94,378 (2020) 1630–1639

Fitzpatrick, A. J./Haselgrove, C. C. (eds.): *Julius Caesar's Battle for Gaul. New Archaeological Perspectives.* Oxford 2019

Greene, E. M.: "Conubium cum uxoribus: wives and children in the Roman military diplomas." *Journal of Roman Archaeology* 28 (2015) 125–159

Haley, E. W.: *Migration and Economy in Roman Imperial Spain, Aurea Saecula.* Barcelona 1991

Hanson, J. S.: *An Urban Geography of the Roman World. 100 BC – AD 300.* Oxford 2016 (= Archaeopress Roman Archaeology 18)

Harris, W. V.: "Towards a study of the Roman slave trade." In *The Seaborne Commerce of Ancient Rome,* edited by J. H. D'Arms and E. C. Kopff. Rome 1980

Harris, W. V.: "Demography, geography and the sources of Roman slaves." *Journal of Roman Studies* 89 (1999) 62–75

Harris, W. V. (ed.): *Rethinking the Mediterranean.* Oxford 2005

Haynes, I.: *Blood of the Provinces. The Roman Auxilia and the making of provincial society from Augustus to Diocletian.* Oxford 2013

Hirt, A. M.: *Imperial Mines and Quarries in the Roman World. Organizational Aspects 27 BC – AD 235.* Oxford 2010 (= Oxford Classical Monographs)

Holleran, C.: "Labour mobility in the Roman World. A case study of mines in Iberia." In *Migration and Mobility in the Early Roman Empire,* edited by L. de Ligt and L. E. Tacoma. Leiden 2016

Horden, P./Purcell, N.: *The Corrupting Sea. A study of Mediterranean history.* Oxford 2000

Horden, P./Purcell, N.: *The Boundless Sea. Writing Mediterranean History.* London 2020 (= Variorum Collected Studies)

Isayev, E.: *Migration, Mobility and Place in Ancient Italy.* Cambridge 2017

Kolb, A.: "Transport and Communication in the Roman State. The cursus publicus." In *Travel and Geography in the Roman Empire,* edited by C. Adams and R. Laurence. London 2001

Krier, J.: *Die Treverer außerhalb ihrer Civitas. Mobilität und Aufstieg.* Trier 1981 (= Trierer Zeitschrift Beihefte)

Lassère, J.-M.: "La mobilité de population. Migrations individuelles et collectives dans les provinces occidentales du monde romain." In *L'Africa romana 16. Mobilità delle persone e dei popoli, dinamiche migratorie, emigrazioni e immigrazioni nelle province occidentali dell'Impero romano. Atti del XVI convegno di studio, Rabat, 15–19 dicembre 2004,* edited by A. Akkeraz, P. Ruggeri, A. Siraj and C. Vismara. Rome 2006

Lavan, M.: "Devastation. The destruction of populations and human landscapes and the Roman imperial project." In *Reconsidering Roman power. Roman, Greek, Jewish and Christian perceptions and reactions,* edited by K. Berthelot. Rome 2020

Leveau, Ph.: "Le Rhône romain. Dynamiques fluviales, dynamiques sociales." *Gallia* 56 (1999) 1–175

Lo Cascio, E./Giardina, A./Tacoma, L. E. (eds.): *The Impact of Mobility and Migration in the Early Roman Empire.* Impact of Empire. Leiden 2017

Malkin, I. (ed.): *Mediterranean Paradigms and Classical Antiquity.* London & New York 2005

Mattingly, D.: *An Imperial Possession. Britain in the Roman Empire 54 BC – AD 409.* London 2006

Mattingly, D.: *Imperialism, Power and Identity. Experiencing the Roman Empire.* Princeton N. J. & Oxford 2011 (= Miriam S. Balmuth Lectures in Ancient History and Archaeology)

Mattingly, D.: "Metals and Metalla: a Roman copper-mining landscape in the Wadi Faynan, Jordan." In *Imperialism, Power and Identity. Experiencing the Roman Empire*, edited by D. Mattingly. Princeton N.J. & Oxford 2011

Mattingly, D. (ed.): *Dialogues in Roman imperialism. Power, discourse and discrepant experience in the Roman Empire*, edited by J.H. Humphrey, Portsmouth, Rhode Island 1997 (= Journal of Roman Archaeology Supplements)

Moatti, C.: "Translation, Migration, and Communication in the Roman Empire. Three aspects of movement in history." *Classical Antiquity* 25,1 (2006) 109–140

Moatti, C.: "Immigration and Cosmopolitanization." In *Cambridge Companion to Ancient Rome*, edited by P. Erdkamp. Cambridge 2013

Moatti, C.: "Mobility and identity between the second and the fourth centuries. The ‚cosmopolitization' of the Roman empire." In *The City in the Classical and Post-Classical world. Changing contexts of power and identity*, edited by C. Rapp and H.A. Drake. Cambridge & New York 2014

Moatti, C., (ed.): *La mobilité des personnes en Méditerranée de l'antiquité à l'époque moderne. Procédures de contrôle et documents d'identification.* Rome 2004 (= Collection de l'Ecole française de Rome)

Moatti, C./Kaiser, W. (eds.): *Gens de passage en Méditerranée de l'Antiquité à l'époque moderne. Procédures de contrôle et d'identification.* Paris 2007 (= Collection L'atelier méditerranéen)

Nash Briggs, D.: "Metals, Salt and Slaves. Economic links between Gaul and Italy from the eighth to the late sixth centuries BC." *Oxford Journal of Archaeology* 22,3 (2003) 243–259

Orejas, A./ Sánchez-Palencia, F.J.: "Mines, Territorial Organization, and Social Structure in Roman Iberia: Carthago Noua and the Peninsular Northwest." *American Journal of Archaeology* 106,4 (2002) 581–599

Ørsted, P.: *Roman imperial economy and romanization. A study in Roman imperial administration and the public lease system in the Danubian provinces from the first to the third century A.D.* Copenhagen 1985

Padilla Peralta, D.: "Epistemicide: the Roman Case." *Classica. Revista Brasileira de Estudos Clássicos* 33,2 (2020) 151–186

Pina Polo, F.: "Deportation, Kolonisation, Migration. Bevölkerungsverschiebungen im republikanischen Italien und Formen der Identitätsbildung." In *Herrschaft ohne Integration? Rom und Italien in republikanischer Zeit*, edited by M. Jehne and R. Pfeilshifter. Frankfurt 2006

Pina Polo, F.: "Deportation of indigenous population as a strategy for Roman dominion in Hispania." In *Limes XX. Estudios sobre la frontera romana*, edited by A. Morillo Cerdán, R. Hanel and E. Martín Hernández. Madrid 2009

Ramgopal, S.: "Review Article: Connectivity and Disconnectivity in the Roman Empire." *Journal of Roman Studies* (2022) 1–21

Roymans, N.: *Ethnic Identity and Imperial Power. The Batavians in the Roman Empire.* Amsterdam 2004 (= Amsterdam Archaeological Studies)

Roymans, N.: "Caesar's conquest and the archaeology of mass violence in the Germanic frontier zone." In *Julius Caesar's Battle for Gaul. New Archaeological Perspectives*, edited by A. J. Fitzpatrick and C. C. Haselgrove. Oxford 2019

Schäfer, Ch. (ed.): *Connecting the Ancient World. Mediterranean Shipping, Maritime Networks and their Impact.* Rahden/Westf. 2016 (= Pharos. Studien zur griechisch-römischen Antike)

Scheidel, W.: „Quantifying the sources of slaves in the early Roman Empire." *Journal of Roman Studies* 87 (1997) 156–169

Scheidel, W.: „The Roman Slave Supply." In *Cambridge World History of Slavery. Volume 1 The Ancient Mediterranean World*, edited by K. Bradley and P. Cartledge. Cambridge 2011

Schörle, K.: „Saharan Trade in Classical Antiquity." In *Saharan Frontiers. Space and Mobility in North West Africa*, edited by J. McDougall and J. Scheele. Bloomington IN 2012

Shaw, B. D.: „Challenging Braudel. A New Vision of the Mediterranean." *Journal of Roman Archaeology* 14 (2001) 419–53

Spickermann, W.: „Die germanischen Provinzen als Feld religionshistorischer Untersuchungen." In *Religion in den germanischen Provinzen Roms*, edited by W. Spickermann, H. Cancik and J. Rüpke. Tübingen 2001

Spickermann, W.: *Germania Superior.* Tübingen 2003 (= Religion der römischen Provinzen)

Spickermann, W.: *Germania Inferior.* Tübingen 2008 (= Religion der römischen Provinzen)

Tacoma, L. E.: *Moving Romans. Migration to Rome in the Principate.* Oxford 2016

van Driel-Murray, C.: "Women in Camps?" *Jahresbericht / Gesellschaft Pro Vindonissa* (1997) 55–61

Wiegels, R.: "Globalisierung, Glokalisierung, Connectivity. Neuere Forschungsansätze zum Verständnis kulturellen Transfers in römischer Zeit." In *Kultureller Transfer und religiöse Landschaften. Zur Begegnung zwischen Imperium und Barbaricum in der römischen Kaiserzeit*, edited by M. Kresimir and R. WIegels 2022

Wierschowski, L.: *Die regionale Mobilität in Gallien nach den Inschriften des 1. bis 3. Jh. n. Chr. Quantitative Studien zur Sozial- und Wirtschaftsgeschichte der westlichen Provinzen des Romischen Reiches.* Stuttgart 1995 (Historia Einzelschriften 91)

Wierschowski, L.: *Fremde in Gallien – „Gallier" in der Fremde. Die epigraphisch bezeugte Mobilität in, von und nach Gallien vom 1. bis 3. Jh. n. Chr. (Texte – Übersetzungen – Kommentare).* Stuttgart 2001 (= Historia Einzelschriften159)

Wilson, A.: „City sizes and urbanization in the Roman empire." In *Settlement, Urbanization, and Population*, edited by A. Bowman and A. Wilson. Oxford 2011

Woolf, G.: "Movers and Stayers." In *Migration and Mobility in the Early Roman Empire*, edited by L. de Ligt and L. E. Tacoma. Leiden 2016

Woolf, G.: "Moving Peoples in the Early Roman Empire." In *The Impact of Mobility and Migration in the Roman Empire*, edited by E. Lo Cascio, L. E. Tacoma and M. J. Groen-Vallinga. Leiden 2017

Woolf, G.: *The Life and Death of Ancient Cities. A natural history.* New York & Oxford 2020

Yoo, J./Zerbini, A./Barron, C. (eds.): *Migration and Migrant Identities in the Near East from Antiquity to the Middle Ages.* London & New York 2019